Agátě, Petře, Vojtovi

Prague City Gallery
tranzit
JRP|Ringier

Ján Mančuška

First Inventory

První inventura

Space, Language and Story
"Art for me is something that lasts a very short time."

It was given to Ján Mančuška to "rework this world" in an unnaturally short time. Nevertheless, he still managed to create a prodigious system in which individual works represent calculated steps on the path to the most sophisticated expression of an entire complex of ideas relating to human intimacy, identity, and an interpretation of the concept of art. He himself saw his work as a series of connected links in which "one thing supports another". Mančuška was one of the first and possibly most important figures of the post-Revolutionary generation of artists, who studied theory and philosophy in depth and turned their backs on easy solutions. As an artist he felt a great responsibility for the events taking place around him, and within the context of his activism searched out allies and consensus in discussions and literature. This was a reaction to a new situation in which, though the "common enemy" of totalitarianism had been vanquished, the social model that replaced it faced many different forms of spiritual and material distortions. Mančuška became more and more interested in the possibility of using installations composed of everyday items, and later textual objects, video projections and life performance, in order to interrogate the process of perception from the most rudimentary physical experience to complex contextual considerations, the matrices of which extend from the personal to the political.

His mode of expression changed almost from work to work and he drew on different disciplines according to the content he wished to deliver. And yet despite feeling like a novice in each of these new disciplines, with each such experiment he was a professional from the word go. He ensured that his work was always installed in the same spatial coordinates, be this in Basel or New York, because he regarded this to be a fundamental aspect of the realisation of an idea.

Art conserved in museums Mančuška deemed to be a cultural relic. He believed that what he had to say was valid only at the authentic instant of its creation and could not retain the reference points of that moment. However, I believe that the team headed by Vít Havránek, one of Mančuška's closest friends and colleagues, will present his work as vital and vibrant, in no way mothballed, even though now it already belongs to history. Though it is unusual in connection with installations and projections to speak of an unrefined and bare form of a work, this is the effect that several of Mančuška's works have on me. Despite what he thought, the purity, urgency and radicalism that characterise his observations will not lend themselves to being locked up in an archive so easily and quickly.

It is a great honour for us that this first retrospective is taking place at the Prague City Gallery. The exhibition will then travel to the Dom umenia/Kunsthalle in Bratislava and thence to the Moravian Gallery in Brno.

Magdalena Juříková,
Director, Prague City Gallery

Prostor, jazyk a příběh
„Pro mě je umění něco, co trvá velmi krátký čas."

Ján Mančuška „zpracovával tento svět" v nepřirozeně krátkém čase, podařilo se mu však vytvořit rozsáhlý systém, v němž jednotlivé práce představují programované kroky na cestě k co nejpropracovanějšímu vyjádření celého komplexu myšlenek souvisejících s lidskou intimitou, identitou a výkladem pojmu umění. Sám svou práci vnímal jako řetězící se linii, v níž „jedna věc podepírá druhou". Byl jednou z prvních a možná nejdůslednějších osobností porevoluční generace umělců, kteří se intenzivně věnovali studiu teorie a filosofie a rozhodně nehodlali hledat hladkou cestu k cíli. Jako umělec cítil ve své roli velkou odpovědnost za dění kolem sebe a hledal ve svém angažmá spojence a souznění v diskusích i v literatuře. Byla to reakce na novou situaci, kdy byl nenávratně pohřben „společný nepřítel" v podobě totality, nicméně převzatý společenský model se potýkal s různými formami duchovních i materiálních deformací. Senzitivního Mančušku stále intenzivněji zajímaly možnosti, jak prostřednictvím instalací z banálních rekvizit každodenního života, později textových objektů, videoprojekcí a živých představení, prověřovat proces vnímání od základního fyzického prožitku až ke složitým kontextuálním úvahám, jejichž spletí pronikal od osobních témat ke společenským.

Forma jeho vyjádření se proměňovala téměř od záměru k záměru, měnil své „disciplíny" v intencích zvoleného obsahu, a přestože se v nich cítil jako nováček, stal se z něj hned prvním pokusem profesionál. Dbal na to, aby své práce instaloval vždy do stejných prostorových souřadnic, ať to bylo v Basileji či v New Yorku, jelikož to považoval za podstatnou součást realizace myšlenky.

Umění zakonzervované v muzeích pokládal za kulturní relikt. Věřil, že jeho výpověď je platná pouze v autentické chvíli vzniku a nedokáže si zachovat své tehdejší reference. Věřím však, že tým vedený Vítem Havránkem, který byl jedním z nejbližších spolupracovníků a přátel Jána Mančušky, představí jeho dílo jako plně životaschopné a nezakonzervované, přestože je dnes už historií. Nebývá zvykem v souvislosti s instalací a projekcemi hovořit o necizelované a obnažené podobě díla, ale tak na mne některé z nich v Mančuškově podání působí. Čistota, naléhavost a radikalismus, s jakými předkládal svá pozorování, navzdory jeho mínění nepodléhají archivaci tak snadno a rychle.

Je nám ctí, že první pokus o retrospektivu se odehrává na půdě Galerie hlavního města Prahy, odkud výstava poputuje do Domu umenia/Kunsthalle v Bratislavě a svou pouť ukončí v Moravské galerii v Brně.

Magdalena Juříková,
ředitelka Galerie hlavního města Prahy

Foreword to the First Inventory

*Let's analyse the work. Let's invite it into the consulting
room, make it comfortable, have it lie down on the couch
and begin speaking. But wait: the work doesn't speak.
A group of works might possibly be more forthcoming,
but analysis has a cardinal rule in order that the truth be
revealed. The rule is that analysis be carried out one-on-
one, with one analysand and one analyst. Even if a group
of works clamoured to communicate in the form of a mul-
titude, we would have to allow them into the consulting
room one by one, and someone would have to decide on
what order they entered. The other works would remain in
the waiting room, and even if we made our session as short
as possible, the waiting time would become intolerable.
The half-life of some works would be exceeded and they
would begin to decay before their unconscious had had the
chance to speak its truthful discourse.*

*But the work doesn't speak. The work is not a living
organism. It is inanimate. Having said that, artworks are
frequently written about as though they were alive. To
pluck a few examples at random: "it became something
more, it belongs, it is an expression of, it defines and cir-
cumscribes itself, it is motivated in reaction to, it aspires,
it is an aspect of, it proves its worth, rejects ability, it con-
fronts itself, it is perceived, it discourages objectivity, it
attains, it culminates…".*

*There is a clear distinction to be made here between
the person analysing and the person being analysed. The
subject/object. Let's find the traumatic moment of an
object by analysing its speech. Except the work doesn't
speak. Someone has to speak for it. Its creator, the artist.
Sometimes the artist speaks, sometimes not, but never
on the analyst's couch in the presence of an audience.
This would be a diametrically opposed utilisation of
speech. The artist produces, acts. The works themselves,
which no longer belong to the artist, speak on his or her
behalf. When John Cage says that his Music of Changes
is an object more inhuman than human that has the form
of Frankenstein's monster, he is no longer speaking of
"his" work. He is in the position of an analyst holding
out against the transference from a foreign, inhuman
object-work.*

*If works are inanimate, don't speak and are to be
the subject of analysis, then someone has to put words in
their mouths.*

This is a *book inventory*. This book is an inventory of the
works, reproductions, texts and projects of Ján Mančuška
(1972–2011). Work began on the inventory in 2012.[1] The
deadline for completion of the project *First Inventory* was
the exhibition being organised by the Prague City Gallery
in 2015.

An inventory (*inventarium*, lat.) is the name given
to a list of a group of items defined in advance. The ob-
jects, texts, ideas and pictures are linked by joint author-
ship, or in the case of multiple authors by their alliance in
relation to the monograph. In addition, an inventory also
refers to the categories we isolate when distinguishing
between items within the group as a whole. The organ-
isation of this inventory follows no Borgesian, thematic,
theoretical or strictly chronological order. Its classification
system follows the artist's own, which he used both for his
digital archive (works, sketches, texts and reproductions)
and for the material constituents of his work (in his studio
and gallery stock).

A *book inventory* classified on this a priori basis
differs from *book inventio*, a word that might describe the
first two of Mančuška's publications (*Artists, Me, Texts*,
2002–2004 and *Absent*, 2007). At first sight the principle of
an inventory as it appears in the Middle Ages, when it is
refers to a legal and later a commercial list, has little to do
with the concept *inventum* from which it is derived. Cicero
(*De Inventione*, 83–84 BC) uses it in connection with the
research into facts and definitions that a successful orator
must conduct in order to be able to persuade the public of
his arguments. The second meaning, also used by Cicero, is
the ability of a speaker during the course of a speech (rhet-
oric itself being ranked as one of the liberal arts) to come
up with innovative, hitherto unknown definitions, com-
parisons, new tropes, etc on the spot. As later artistic and
scientific practice revealed, these two potentialities, i.e.
research and the ability of thinking to modify our under-
standing, rewrote and create variants of the inventories.

As I have indicated, the editorial concept of this
catalogue is simple. It is a book inventory and not a book
inventio. It attempts to suppress the inventiveness of re-
search. It yields to the artist by respecting his inventory
and leaves the domain of *inventio* to the authors of the sec-
tion *Theoretical Texts*. In the final analysis *First Inventory*
places facts, definitions, values and theoretical interpret-
ations before the reader.

Perhaps no book is capable of containing all of
the material traces of an artist's life. However, this book
sets itself the objective of building on Mančuška's three
previous publications (*Artist, Myself, Texts*, 2002–2004,
Absent, 2007 and *Against Interpretation*, 2011). It doesn't
reproduce certain materials that are important within
the context of the artist's work because they are already
available (especially the texts from the catalogue *Absent*
and the installation instructions contained in *Against
Interpretation*).

First Inventory is divided into five sections:
Works, Texts, Interviews, Reviews and *Theoretical Texts*.
The first section contains a selection of Mančuška's visual,
performative, film and other works. This selection in-
cludes reproductions of works from the artist's previous
publications, which it supplements with several hitherto

1

The list of works was created by Julia Hölz. She was assisted in Prague
by Markéta Stará Condeixa and Markéta Magidová.

unpublished works. It contains examples ranging from
drawings he made at art school to project proposals from
2011 that he was unable to complete. The section also
includes *Explications*, namely short texts that the artist
created for various different occasions. They reflect his
endeavour to track down the precise points of intersection
between his literary and theoretical positions, as well as
the conceptual hinterland of individual works and the
final form thereof. The section *Texts* contains a selection
of essays examining the opinions, bases and references
on which he drew and that in several instances (e.g. *...and
Back Again*, 2004) served directly as the material of his
work. Mančuška's textual (and spoken) output, which he
himself regarded as a creative process running in parallel
with his visual practice, is to begin with characterised by
association (e.g. *Cup*, 2003) and finally by an activist the-
oretical continuum (*permanent criticism*). By means of the
method of permanent criticism this continuum was able
to develop, repudiate and contradict itself. The gradual
movement from *non-spectacular art* (Anatoly Osmolovsky
and Guy Debord), via vernacular phenomenology (drawing
more on the literary and film sources of Milan Kundera
and Pavel Juráček than Jan Patočka), political philosophy
(Giorgio Agamben, Egon Bondy and Slavoj Žižek), and the
Nouveau Roman (Alain Robbe-Grillet, Marguerite Duras
and Věra Linhartová), to the theory of the movement
image (Gilles Deleuze), is a trajectory in which reading and
often highly personal interpretation drive transformations
of language and forms. *Interviews*, of which there are eight
in this book, Mančuška regarded as a kind of public plat-
form. On this platform, art, regarded by the mainstream
media as a closed and self-absorbed domain, enters into
a polemic with both this simplified media construct and
with the current problems of society and politics.

Mančuška sought to create new possibilities
of agency in both his theory and practice. He believed
this was necessary in order to bridge the contradictions
between the generations preceding and following the fall
of the Berlin Wall. He felt that artists were either fixated
upon native artistic forms and traditions or unquestion-
ingly spoke the language of the international art world,
drawing on themes untouched by reflections on a specific
time and place. The new possibilities of agency, as envis-
aged by Mančuška, were to be internationally engaged,
while being capable of recounting stories linked with a spe-
cific place and historical experience. The mosaic of period
formulations is also fleshed out with a selection of several
exhibition *Reviews*. With hindsight we see how these
offered Mančuška the opportunity to encounter sometimes
somewhat outlying interpretations that subsequently in-
cited him to formulate his own position more explicitly.

The selection of *Theoretical Texts* was made in
the interest of evoking the different discourses, activities
and periods in which they were written. As well as the
theoretical and historical relevance of the arguments, the
texts probe the immanence of the problematics of theory
over the last eight years. Reading them poses a poetic

question as to whether it might be possible, following
Mančuška's example, to view the individual arguments
and consensuses of different writers regarding cer-
tain interpretational motifs (e.g. the relationship of the
artist's work to 1960s conceptual art) in terms of "struc-
tured absence".[2] That is, not to look for concordance, in-
tersections or discontinuities, but to investigate the empty
space that arises between them through the act of formula-
tion. An example of such a perspective could be the text by
Markéta Magidová,[3] (not be included in this book) which,
in a comparison of Robbe-Grillet and Mančuška, highlights
the ability of Robbe-Grillet's literary work to *show* and
Mančuška's visual installations to *tell*.

A huge debt of gratitude is owed first and foremost
to City Gallery Prague, which is organising this project,
and its director Magdalena Juříková, Sandra Baborovská,
Kunsthalle Bratislava and its director Juraj Čarný, The
Moravian Gallery in Brno and its director Jan Press,
Ondřej Chrobák and Julia Hölz, who has long been compil-
ing a list of Jána Mančuška's works, Věra Krejčová for her
tireless work on the book that has been a source of inspira-
tion to us all, Markéta Magidová, Markéta Stará Condeixa,
Adéla Svobodová, Lionel Bovier and the publisher
JRP|Ringier, which supported and continues to support
Mančuška's work, the Andrew Kreps Gallery and Andrew
Kreps in person, Meyer Riegger, Jochen Meyer, Thomas
Riegger, the exhibition architects Zbyněk Baladrán and
Tomáš Svoboda, all the writers, photographers, translators
and the owners of art works who participated in this book,
and finally to all the many colleagues and friends of Ján
Mančuška who supported his family.

Vít Havránek

2

Cf. Guillaume Désanges, *Ján Mančuška: The Missing Bit*,
in this volume pp. 367–374.

3

Cf. Markéta Magidová, „Intermedialita popisu. Souvislosti tvorby
Alaina Robbe-Grilleta a Jána Mančušky" [Intermediality of description.
Correlations in the work of Alain Robbe-Grillet and Ján Mančuška],
Česká literatura vol. 63, no. 3/2015 (in print).

Předmluva k První inventuře

Podrobme dílo analýze. Ať se posadí. Ať se položí na divan a začne promlouvat. Ale dílo nemluví. Skupina děl by možná mohla být sdělnější, ale analýza má zákon, proto, aby byla pravdivá. Zákon jednoho analyzovaného a jednoho analytika. I kdyby tu byla skupina děl obtěžkanější nadějí sdělování v multitude, museli bychom vpouštět do místnosti jednoho, jednu po druhé a někdo by musel určit pořadí. Ostatní díla by čekala v čekárně, a i kdybychom striktně dodržovali nejkratší možný čas seance, stával by se čas čekání nesnesitelným. U některých děl by mohl překonat poločas rozpadu a díla by se rozpadla dříve, než by jejich nevědomí mohlo vypracovat svoji pravdivou promluvu.

Ale dílo nemluví. Dílo nepatří mezi živé organismy. Je neživé. I když o uměleckých dílech se často píše, jako kdyby byla živá, vezměme namátkou: stalo se něčím víc, patří, je výrazem, vymezuje se, definuje, chápe samo sebe, je motivováno v reakci, aspiruje, je aspektem, osvědčuje se, odmítá schopnost, konfrontuje se, je vnímáno, brání objektovost, dosahuje, je vyhroceno…

Je tu jasné rozdělení – kdo je analyzující a kdo analyzovaný. Subjekt/objekt. Hledejme traumatický moment objektu pomocí analýzy jeho promluvy. Ale dílo nemluví. Někdo musí mluvit za něj. Jeho autor. Jeho autorka. Někdy mluví, někdy nemluví, ale nikdy na analytickém divanu za přítomnosti diváků. To by bylo diametrálně odlišné užití řeči. Autor produkuje, dělá. Autor je mluven díly, jež už nejsou jeho. Když John Cage říká, že skladba Music of Changes je objekt více nelidský než lidský, jenž má podobu Frankensteinova monstra, nemluví už o „svém" díle. Je v pozici analyzujícího bránícího se protipřenosu od cizího, nelidského objektu-díla.

Pokud jsou díla neživá, nemluví a mají být předmětem analýzy, pak někdo jim musí vložit promluvu do úst.

To, co držíte v ruce, je *kniha inventura*. Rozvrh této publikace vznikl jako knižní záznam inventury prací, reprodukcí, textů, projektů Jána Mančušky (1972–2011). S jejich mapováním se započalo v roce 2012.[1] Projekt *První inventury* má i svůj termín ukončení, kterým se stala výstava organizovaná Galerií hlavního města Prahy v roce 2015.

Inventura (*inventarium*, lat.) je pojmenování pro soupis předem vymezené skupiny předmětů. Inventuru kromě toho charakterizuje i skupina kategorií, k nimž se při rozlišení předmětů uvnitř skupiny přikláníme. Rozvrh tohoto inventáře nemá borgesovský, tematický, teoretický ani výlučně chronologický pořádek. V publikaci je použito členění, jež přebírá Mančuškovo třídění, a sice to, které on sám použil jak pro svůj digitální archív (díla, skici, texty,

reprodukce), tak i pro materiální složky díla (v ateliéru, galerijních skladech).

Kniha inventura je tímto apriorně stanoveným členěním odlišná od knihy inventio, k níž bychom mohli přiřadit první dvě Mančuškou vydané publikace (*Umělci, Já, Texty*, 2002–2004, a *Chybění*, 2007). Na první pohled jen málo spojuje princip inventury s pojmem *inventum*, od nějž byl odvozen. Cicero (*De Inventione*, 83–84 př. n. l.) ho používá v souvislosti s rešerší faktů, definic, jež si musí úspěšný řečník připravit proto, aby mohl publikum přesvědčit o svém argumentu. Druhým významem, v němž je Ciceronem použit, je okamžitá schopnost rétora přijít v průběhu projevu (jenž měl místo mezi svobodnými uměními) s objevnými, doposud neznámými definicemi, srovnáními, novými tropy apod. Jak ukazuje pozdější umělecká i vědecká praxe, oba aspekty inventio – rešeršní průzkum i schopnost myšlení kombinovat fakta a definice – se o inventáře opírají, ale zároveň je přepisují či (re)produkují.

Jak bylo naznačeno výše, editorská koncepce tohoto katalogu je prostá. Je knihou inventurou, není knihou inventio. Tím, že respektuje autorův inventář, potlačuje invenčnost rešerše a doménu inventio přenechává autorům *Teoretických textů*.

Snad žádná kniha nemůže obsahovat všechny materiální záznamy života umělce. Tato si klade za úkol navázat na předchozí tři Mančuškovy publikace (*Umělci, Já, Texty*, 2002–2004, *Absent*, 2007, a *Against Interpretation*, 2011). Proto nereprodukuje některé, pro Mančuškovu práci významné materiály, jež byly publikovány a jsou dosažitelné (především texty z katalogu *Chybění* a explikace, instalační scénáře z knihy *Against Interpretation*).

První inventura je rozdělena do pěti oddílů: *Práce, Texty, Rozhovory, Recenze* a *Teoretické texty*. Složka *Práce* obsahuje výběr Mančuškových vizuálních, performativních, filmových a dalších prací. Výběr se přidržuje reprodukcí děl z jeho autorských publikací, jež doplňuje o některá doposud nepublikovaná díla. Obsahuje práce od školních kreseb až po popis a skici projektů z roku 2011, které již nestihl realizovat. Součástí oddílu jsou také *Explikace* – kratší textové útvary, které autor formuloval pro různé příležitosti. Odráží se v nich snaha o nalezení přesných průsečíků mezi jeho literárně-teoretickým přístupem, konceptuálním scénářem jednotlivých děl, popřípadě jejich finální podobou. *Texty* jsou výběrem Mančuškou dokončených textů, esejisticky formulovaných názorů, východisek a referencí, o něž se bezprostředně opíral a jež mu v některých případech (např. *…a zase zpět*, 2004) přímo posloužily jako materiál díla. Mančuškova textová (ale i řečová) produkce, již on sám chápal jako paralelní tvůrčí proces k vizuální praxi, má charakter zpočátku asociativního (viz např. *Hrnek*, 2003), posléze manifestačně teoretického kontinua (*permanentní kritika*). Toto kontinuum se prostřednictvím metody permanentní kritiky mohlo vyvíjet, popírat i protiřečit si. Postupný pohyb od *nonspektakulárního umění* (Anatolij Osmolovskij, Guy Debord) přes vernakulární fenomenologii (čerpající

Soupis prací vytvářela Julia Hölz a v Praze na něm spolupracovala Markéta Stará Condeixa a Markéta Magidová.

z literárně-filmových zdrojů Milan Kundera, Pavel Juráček,
spíše než z Jana Patočky), politickou filosofii (Giorgio
Agamben, Egon Bondy, Slavoj Žižek), Nový román (Alain
Robbe-Grillet, Marguerite Duras, Věra Linhartová) až
k teorii pohyblivého obrazu (Gilles Deleuze) je trajektorií,
v níž četba i mnohdy subjektivní interpretace pracují jako
motor proměny jazyka i forem. *Rozhovory*, jichž je v knize
přetištěno osm, zastávají v Mančuškově koncepci místo
veřejné tribuny. Na ní umění, mainstreamovými médii
chápané jako uzavřené a sebestředné pole, vstupuje do po-
lemiky jak s touto zjednodušenou mediální představou, tak
s aktuálními problémy společnosti a politickou rétorikou.

Mančuška usiloval o vytvoření nové schopnosti jed-
nání v umělecké teorii i praxi. Tuto potřebu vnímal jako
nutné překlenutí rozporu generací předcházejících i ná-
sledujících pád Berlínské zdi. Umělci se podle jeho názoru
buď upírali k nativistickým uměleckým formám a tradi-
cím, anebo bez výhrad začali mluvit mezinárodním jazy-
kem umění či prostřednictvím témat nedotčených reflexí
v místě a čase. Nová schopnost jednání, jak ji Mančuška
uskutečňoval, měla být internacionálně angažovaná,
a přitom vybavena schopností vyprávět příběhy spojené
s místem a specifickou historickou zkušeností. Mozaiku
dobových formulací doplňuje také výběr několika *Recenzí*
výstav, které se ve zpětném pohledu mohou jevit jako místo
setkávání s odlehlou interpretací, jež autora někdy motivo-
valo k explicitní formulaci vlastních východisek.

Výběr *Teoretických textů* byl veden zájmem revo-
kovat rozdílné diskursy, působení i doby, v nichž vznikaly.
Kromě teoretické i historické relevance argumentů nabízí
i sondu do imanence problematik teorie v posledních osmi
letech. Jejich čtení vzbuzuje i poetickou otázku, zda na
jednotlivé argumenty i shodu autorů na určitých interpre-
tačních motivech (například hledání vztahu Mančuškových
prací ke konceptuálnímu umění 60. let) by se nedalo man-
čuškovským způsobem nahlížet pohledem „strukturova-
ným absencí".[2] Nezastavit se u hledání průniků či variant,
ale zkoumat prázdný prostor, který mezi nimi vzniká.
Příkladem takového pohledu by mohl být zde nepubliko-
vaný text Markéty Magidové,[3] který na komparaci Robbe-
Grilleta a Mančušky akcentuje schopnost Robbe-Grilletova
literárního díla *ukazovat* (*showing*) a Mančuškových vizu-
álních instalací *vyprávět* (*telling*).

Upřímné poděkování patří v první řadě pořádající
instituci – Galerii hlavního města Prahy a její ředitelce
Magdaleně Juříkové, Sandře Baborovské, Kunsthalle
Bratislava a jejímu řediteli Jurajovi Čarnému, Moravské
galerii v Brně a jejímu řediteli Janu Pressovi, Ondřeji
Chrobákovi. Dále Julii Hölz, která dlouhodobě zpracovává

soupis díla Jána Mančušky, Věře Krejčové za její úsilí
při práci na knize, které všechny motivovalo, Markétě
Magidové, Markétě Staré Condeixa, Adéle Svobodové,
Lionelu Bovierovi a vydavatelství JRP|Ringier, které
Mančuškovu práci podporovalo a podporuje, galeriím
Andrew Kreps, Andrewu Krepsovi a Meyer Riegger,
Jochenu Meyerovi, Thomasi Rieggerovi, architektům
výstavy Zbyňku Baladránovi a Tomáši Svobodovi, všem
autorům, fotografům a překladatelům, majitelům děl, kteří
se na knize podíleli, a v neposlední řadě všem kolegům
a přátelům Jána Mančušky, kteří podpořili jeho rodinu.

Vít Havránek

2
Viz Guillaume Désanges, *Ján Mančuška: Chybějící část*,
v tomto svazku s. 403–409.

3
Viz Markéta Magidová, „Intermedialita popisu. Souvislosti tvorby
Alaina Robbe-Grilleta a Jána Mančušky", *Česká literatura* r. 63,
č. 3/2015 (v tisku).

Explications

Explikace

Texts

Texty

Interviews

Rozhovory

Interviews

Rozhovory

Reviews

Recenze

Theoretical Texts

Teoretické texty

Untitled, 1992—1993. Charcoal on paper, 150 × 170 cm.
Private collection, Prague

———————

Bez názvu, 1992—1993. Uhel na papíru, 150 × 170 cm.
Soukromá sbírka, Praha

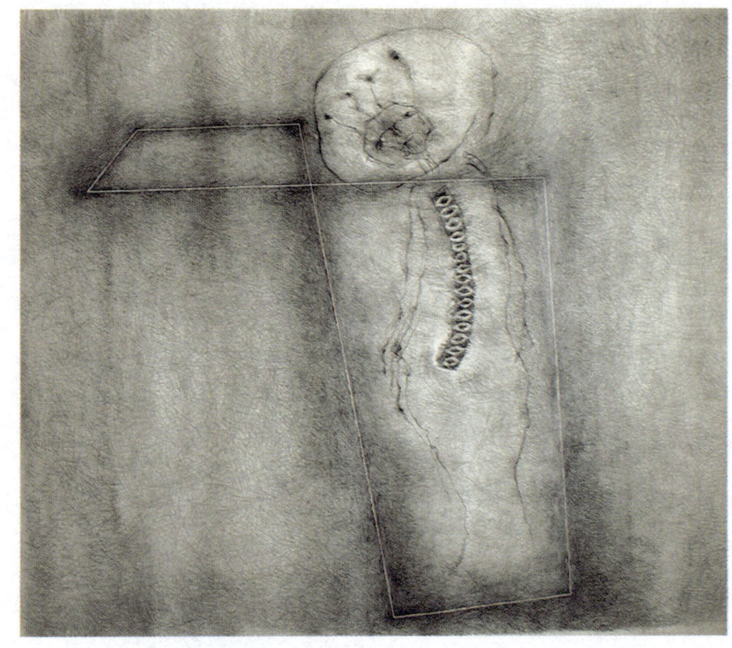

Untitled, 1995—1996. Oil on canvas. Not preserved

———————

Bez názvu, 1995—1996. Olej na plátně. Nedochováno

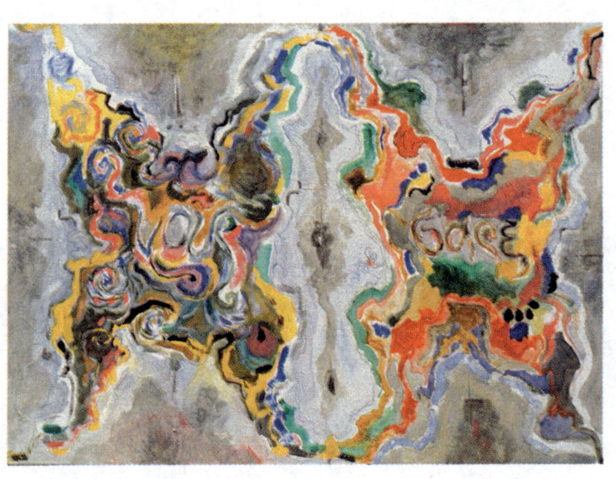
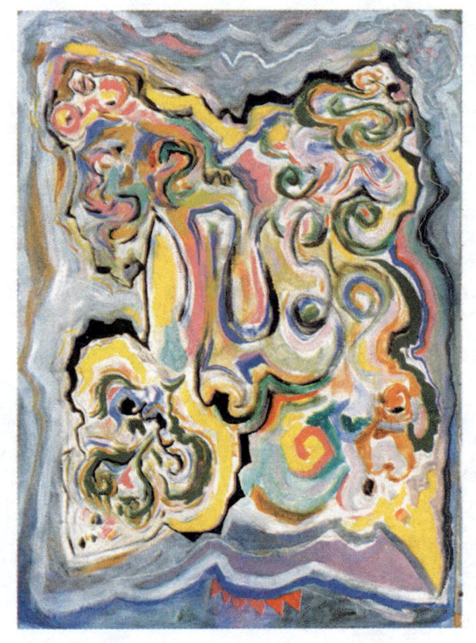
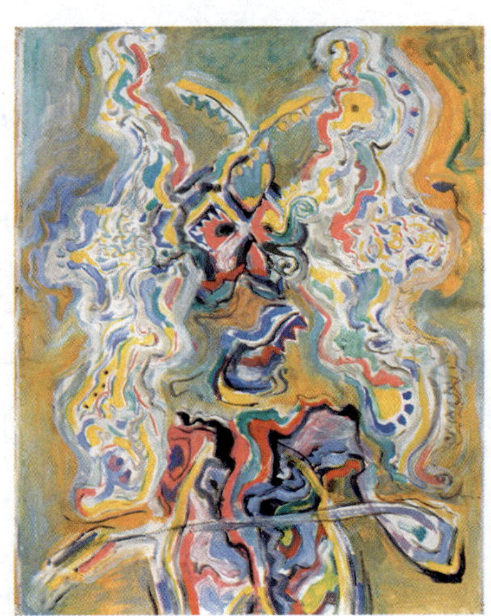

1995—1996

Untitled, 1995—1996. Watercolour on paper, 41.4 × 58 cm

Untitled, 1995—1996. Pencil on paper, 30.6 × 44 cm

Untitled, 1995—1996. Coloured pencil on paper, 29.9 × 42 cm

———————

Bez názvu, 1995—1996. Akvarel na papíru, 41,4 × 58 cm

Bez názvu, 1995—1996. Tužka na papíru, 30,6 × 44 cm

Bez názvu, 1995—1996. Barevná tužka na papíru, 29,9 × 42 cm

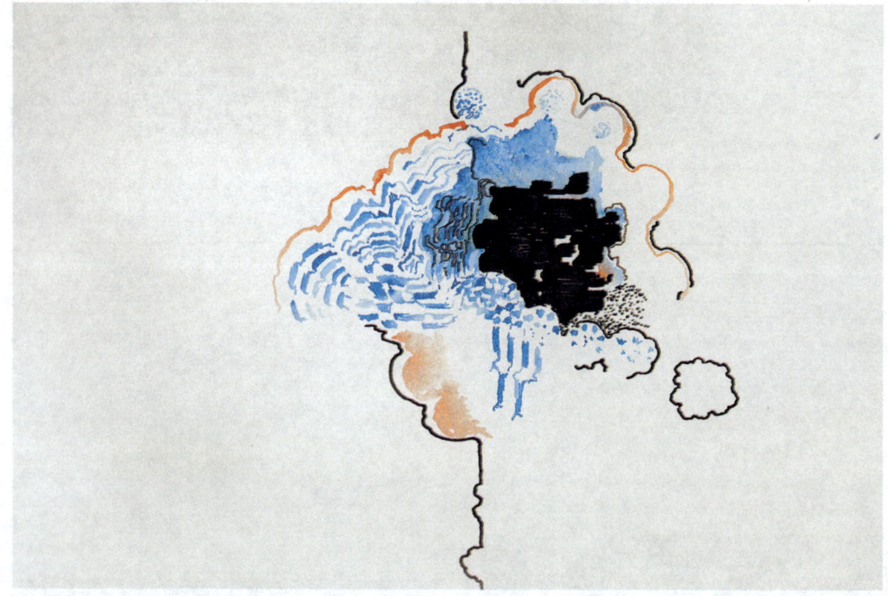

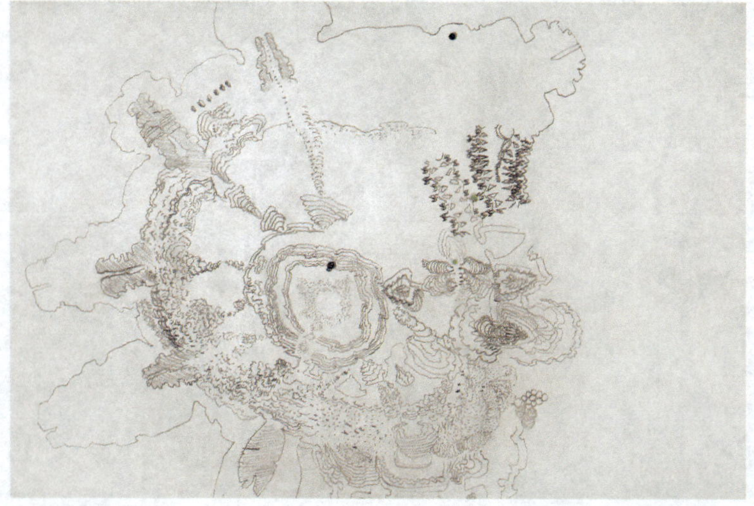

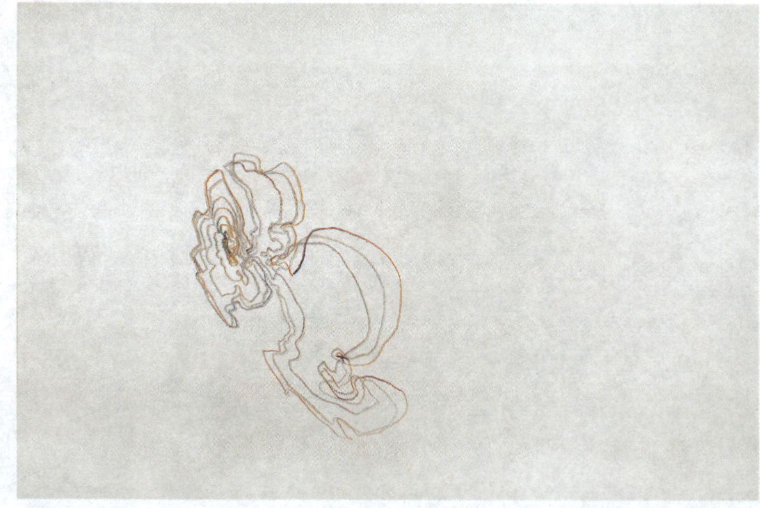

Untitled, 1998. Oil on canvas, each 120 × 170 cm.
The Richard Adam Collection

Bez názvu, 1998. Olej na plátně, každý 120 × 170 cm.
Sbírka Richarda Adama

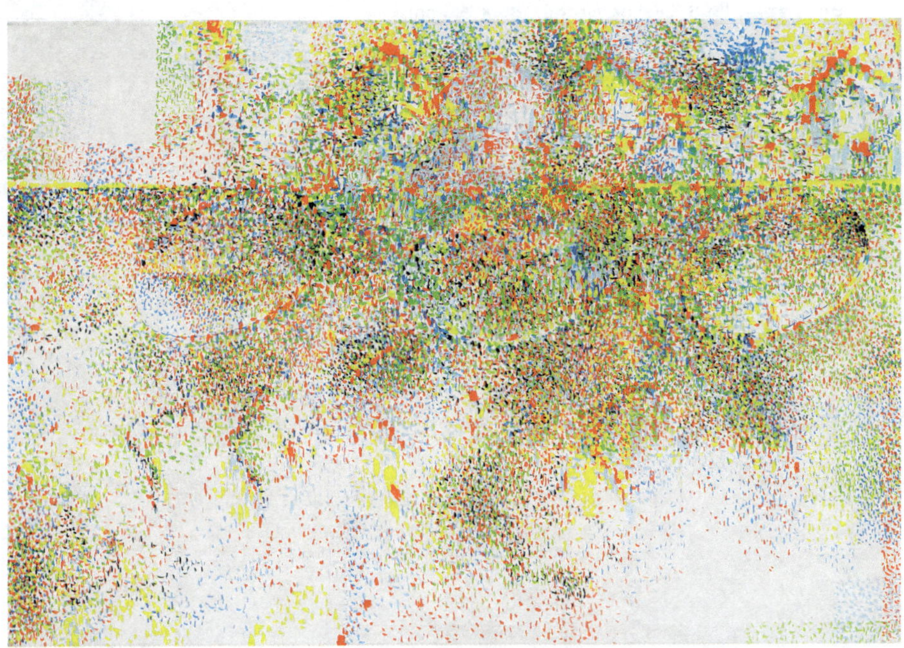

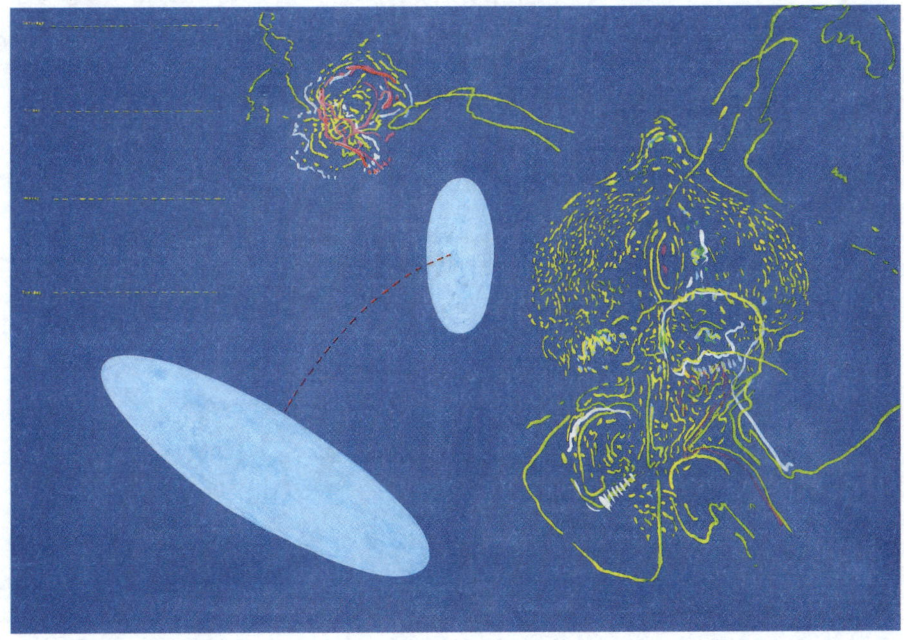

1998

Table and Chair, 1998. Oil on canvas, 70 × 100 cm.
The Richard Adam Collection

Untitled, 1998. Oil on canvas, 185 × 195 cm.
The Richard Adam Collection

Stůl a židle, 1998. Olej na plátně, 70 × 100 cm.
Sbírka Richarda Adama

Bez názvu, 1998. Olej na plátně, 185 × 195 cm.
Sbírka Richarda Adama

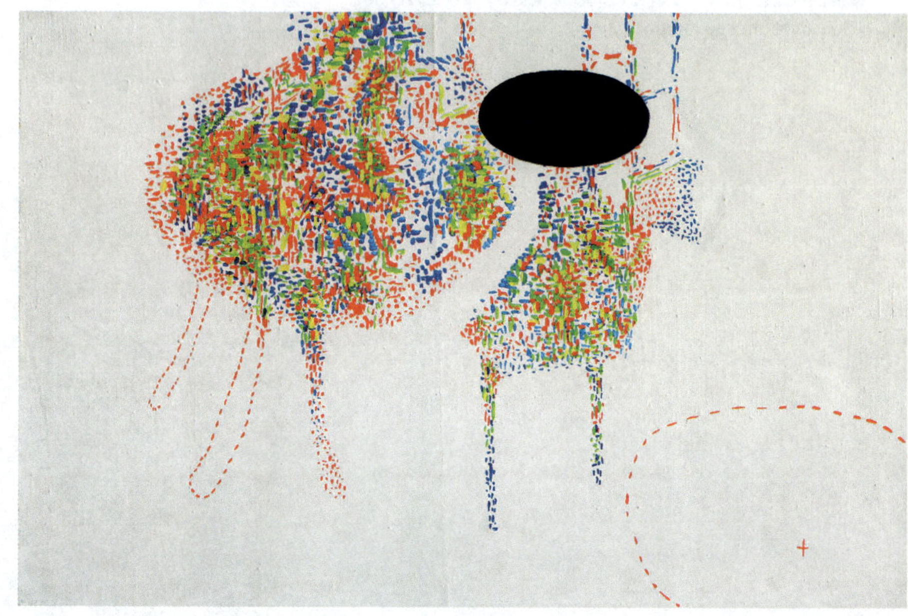

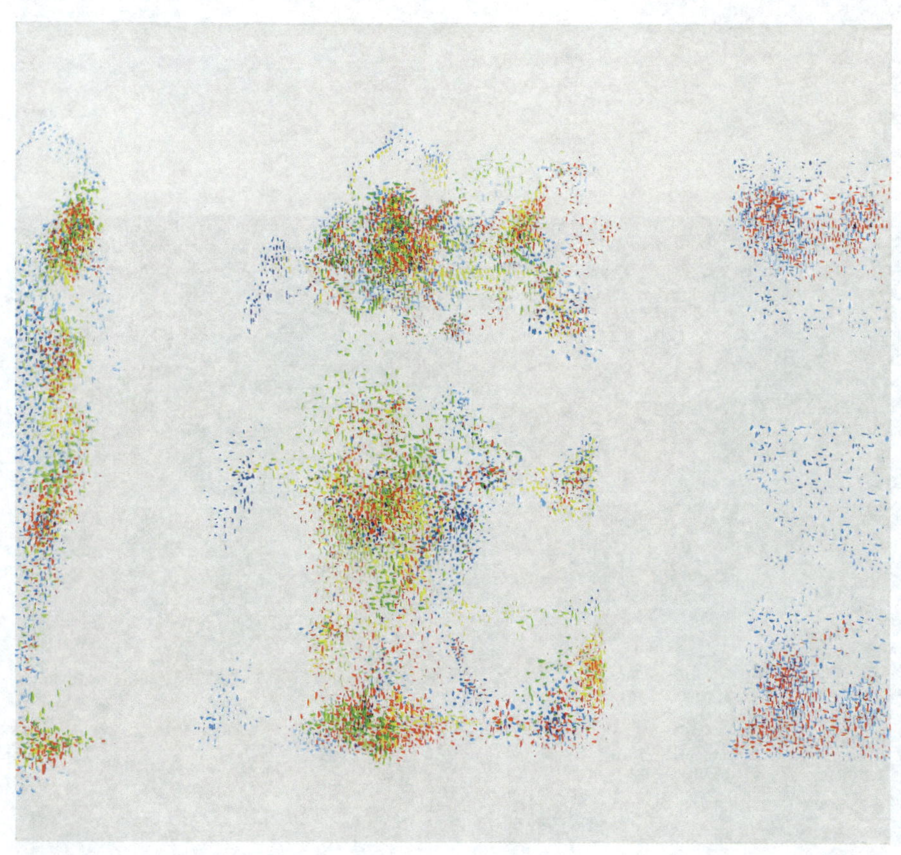

Manual, 1998. Oil on canvas, 90 × 120 cm.
The Richard Adam Collection

Blue Sector, 1998. Oil on canvas, 120 × 170 cm.
Private collection

———————

Manuál, 1998. Olej na plátně, 90 × 120 cm.
Sbírka Richarda Adama

Modrý sektor, 1998. Olej na plátně, 120 × 170 cm.
Soukromá sbírka

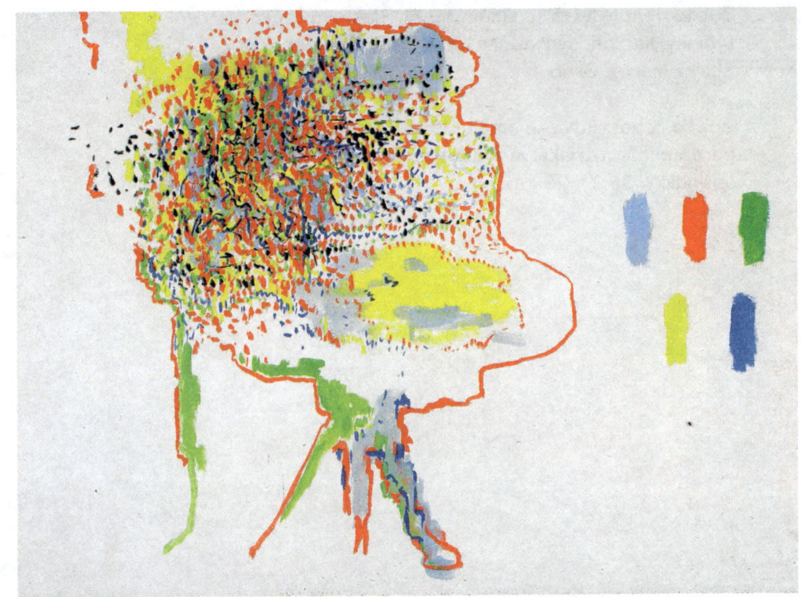

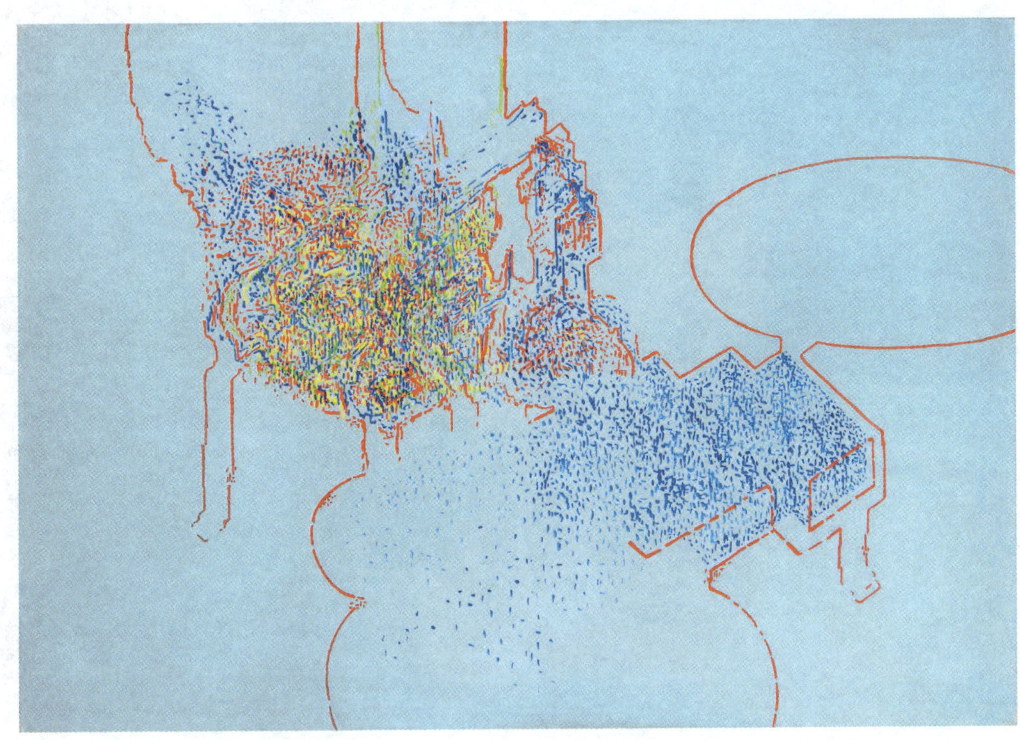

1999

It Only Hurts When I Laugh, 1999. Plastic straws, Q-tips, cardboard, synthetic fabric, wood, fibreboard, 61 × 74 cm. Marek Collection, Brno

It Only Hurts When I Laugh, 1999. Cardboard box, toothpicks, particleboard, plasticine, table tennis ball, needles, pins, 38.9 × 23 × 19 cm

---

Bolí to, jenom když se směju, 1999. Plastová brčka, vatové tyčinky, karton, syntetická látka, dřevo, sololit, 61 × 74 cm. Sbírka Marek, Brno

Bolí to, jenom když se směju, 1999. Kartonová krabice, párátka, dřevotříska, modelína, pingpongový míček, jehly, špendlíky, 38,9 × 23 × 19 cm

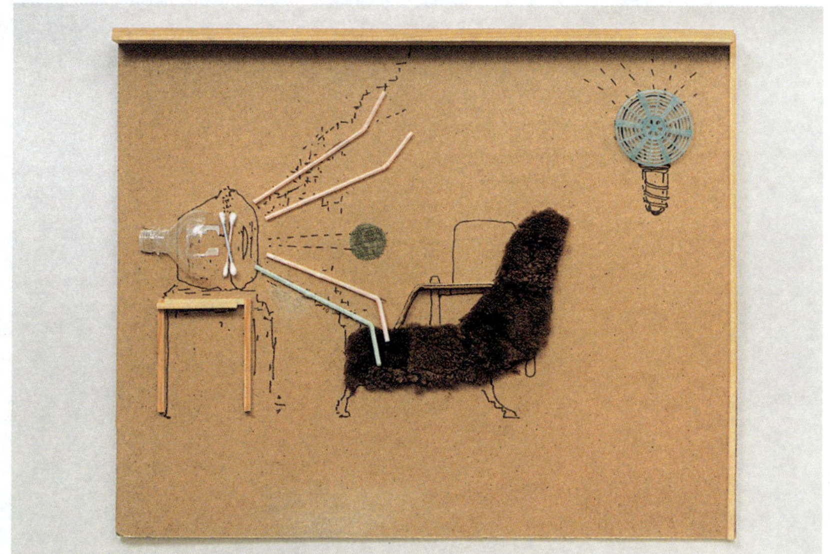

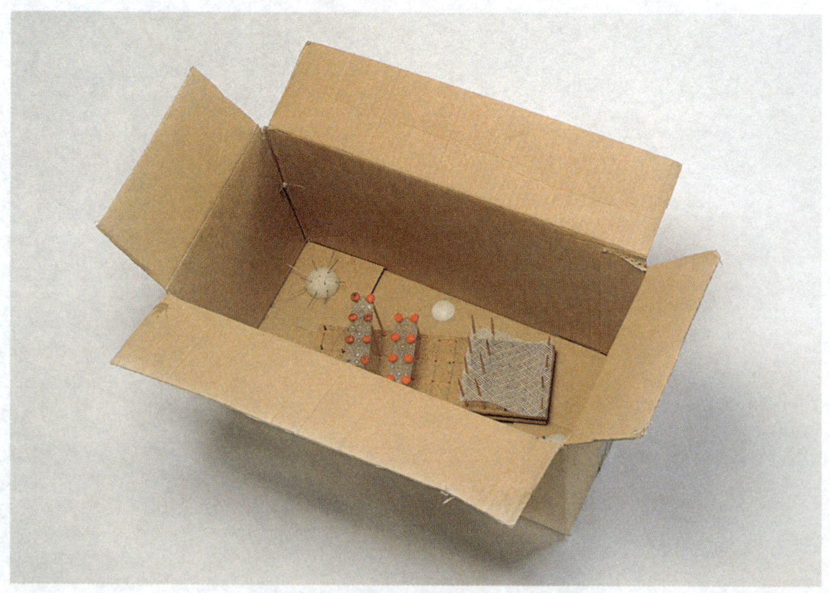

It Only Hurts When I Laugh, 1999. Plastic straws,
polystyrene, bottle caps, nails, fibreboard, 40 × 50 × 9 cm.
Private collection, Prague

It Only Hurts When I Laugh, 1999. Q‑tips, soap holder, wood,
polystyrene, 40 × 50 × 6.5 cm. Private collection, Prague

———————

Bolí to, jenom když se směju, 1999. Plastová brčka,
polystyren, uzávěry od lahví, hřebíky, sololit, 40 × 50 × 9 cm.
Soukromá sbírka, Praha

Bolí to, jenom když se směju, 1999. Vatové tyčinky, držák
na mýdlo, dřevo, polystyren, 40 × 50 × 6,5 cm.
Soukromá sbírka, Praha

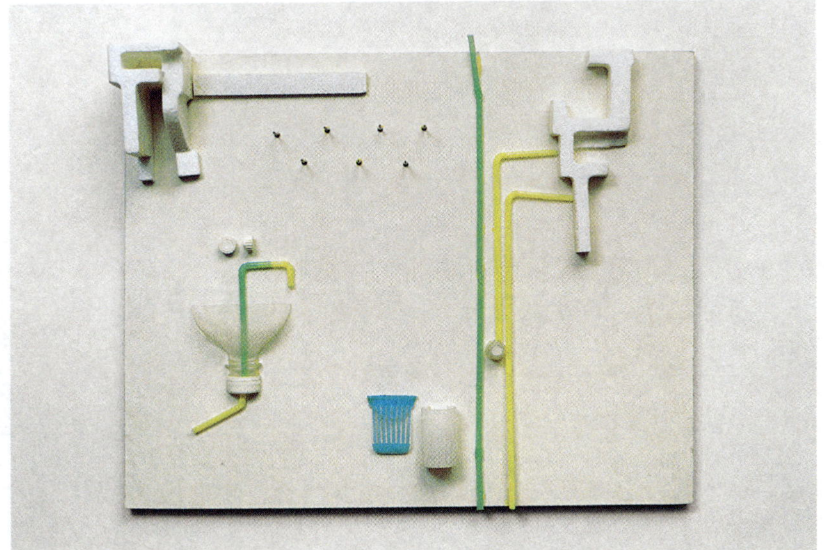

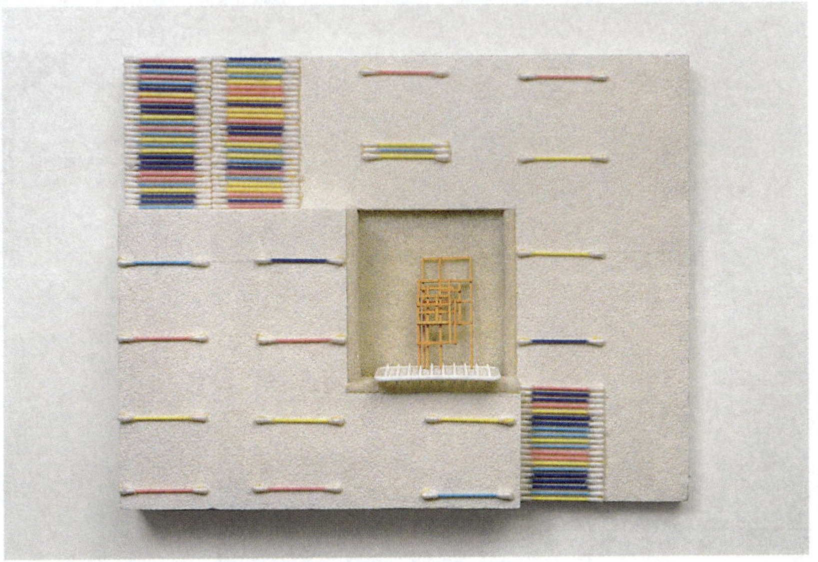

1999

3+1, 1999. Mixed media, dimensions variable. Installation view,
Starter & Sorter Gallery, Prague, 1999. Not preserved

3+1, 1999. Kombinovaná technika, variabilní rozměry.
Pohled od instalalace, Galerie Starter & Sorter, Praha, 1999.
Nedochováno

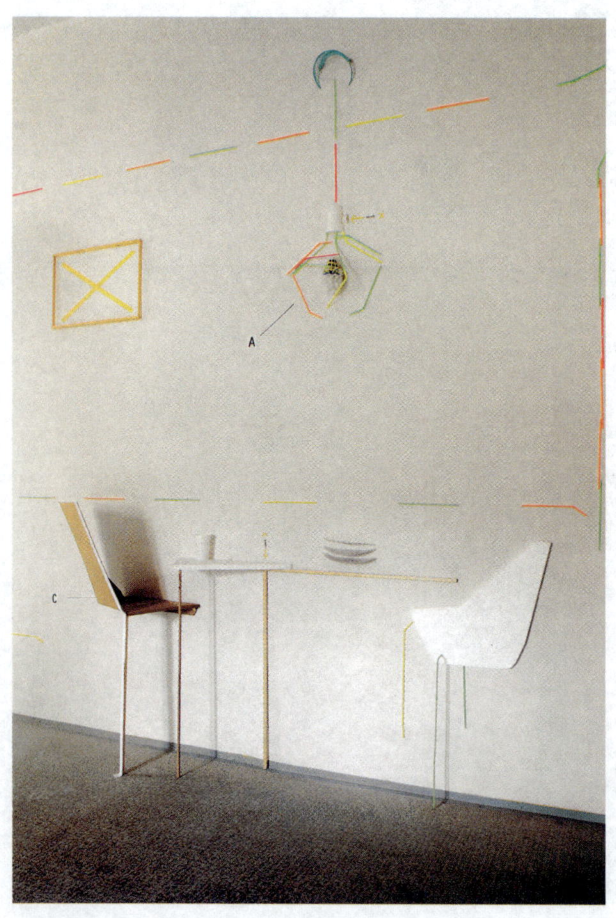

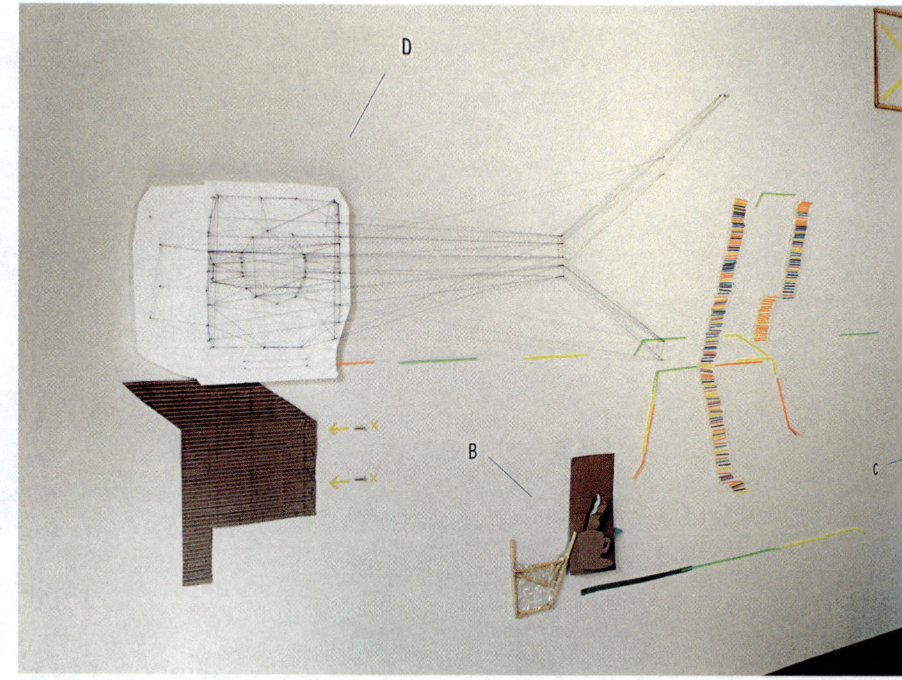

Watch TV (Egg), 1999.
Mixed media. Not preserved

Watch TV (Main Dish), 1999.
Mixed media. Not preserved

Watch TV (Chicken), 1999.
Mixed media. Not preserved

Sleduj TV (Vajíčko), 1999.
Kombinovaná technika. Nedochováno

Sleduj TV (Hlavní chod), 1999.
Kombinovaná technika. Nedochováno

Sleduj TV (Kuře), 1999.
Kombinovaná technika. Nedochováno

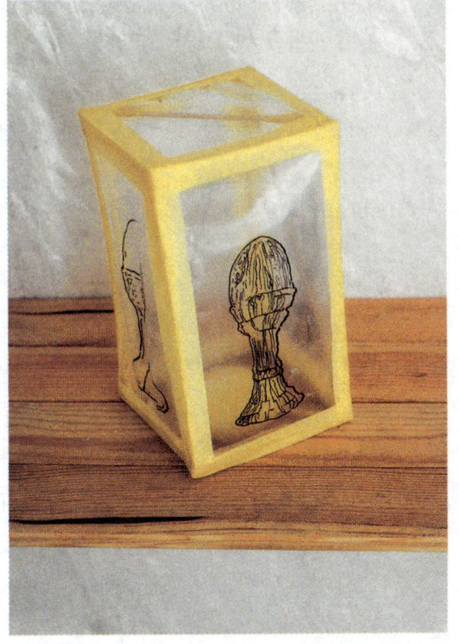

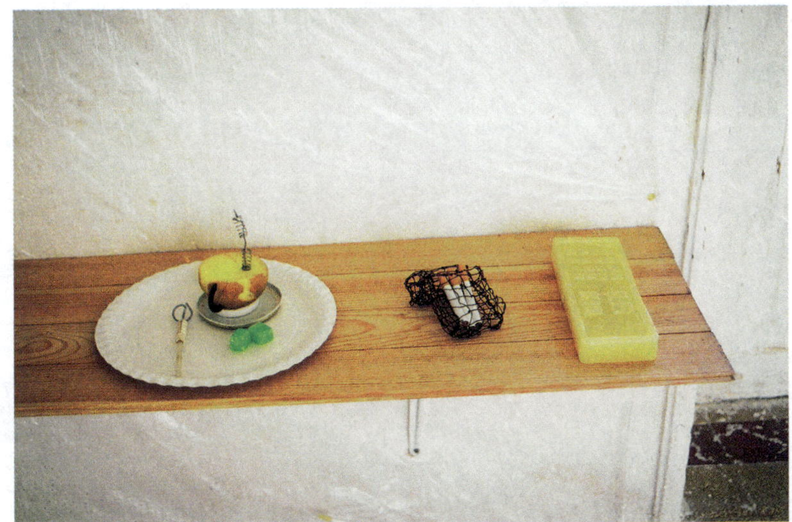

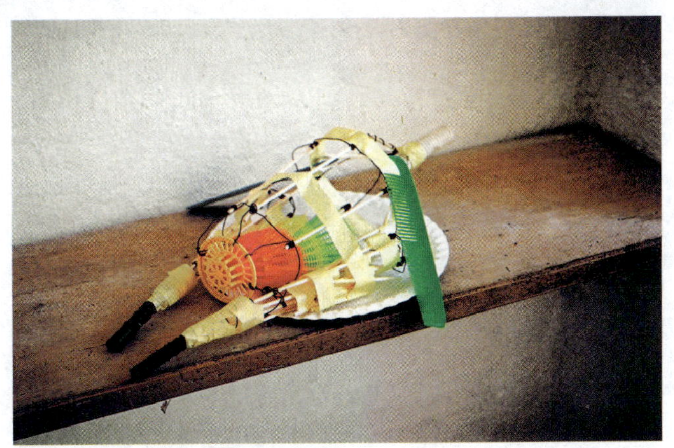

1999

Hard-Boiled, 1999. Black marker, rubber gloves, fibreboard, 46 × 46 × 8 cm. Private collection

Hard-Boiled, 1999. Black marker, matchboxes, fibreboard, 44 × 45 × 4.5 cm. Private collection

Hard-Boiled, 1999. Black marker, plastic fork, brush, fibreboard, 45.5 × 45 × 8 cm. Private collection

---

Natvrdo, 1999. Černý fix, gumové rukavice, sololit, 46 × 46 × 8 cm. Soukromá sbírka

Natvrdo, 1999, Černý fix, krabičky od sirek, sololit, 44 × 45 × 4,5 cm. Soukromá sbírka

Natvrdo, 1999. Černý fix, plastová vidlička, kartáček, sololit, 45,5 × 45 × 8 cm. Soukromá sbírka

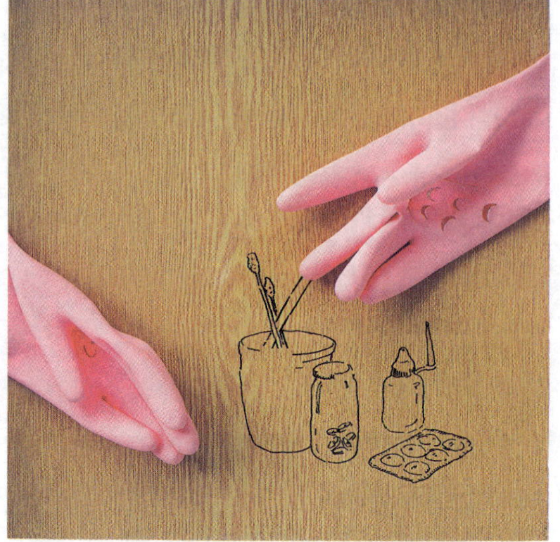

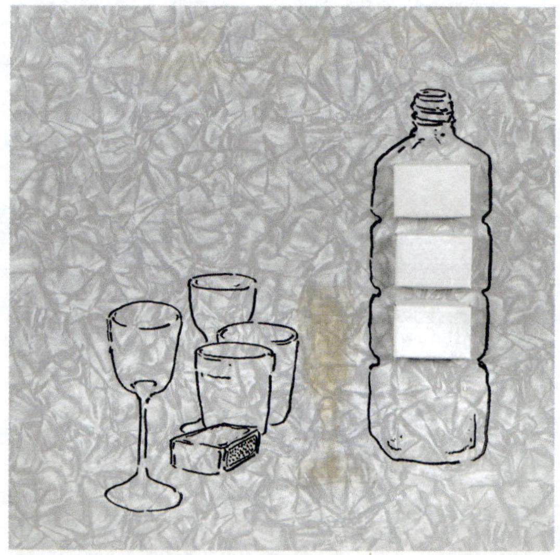

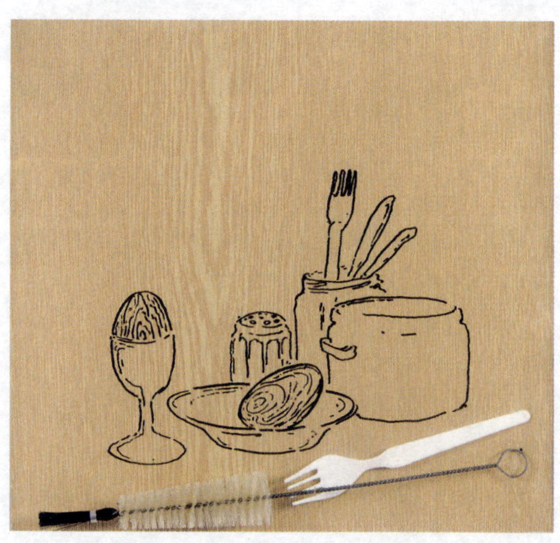

Untitled, 1999. Hardboard, cloth, polythene, skewers, veneer
(kitchen still life), 97.5 × 111.5 × 10.5 cm. Private collection

Bez názvu, 1999. Hobra, tkanina, igelit, špejle, dýha
(kuchyňské zátiší), 97,5 × 111,5 × 10,5 cm. Soukromá sbírka

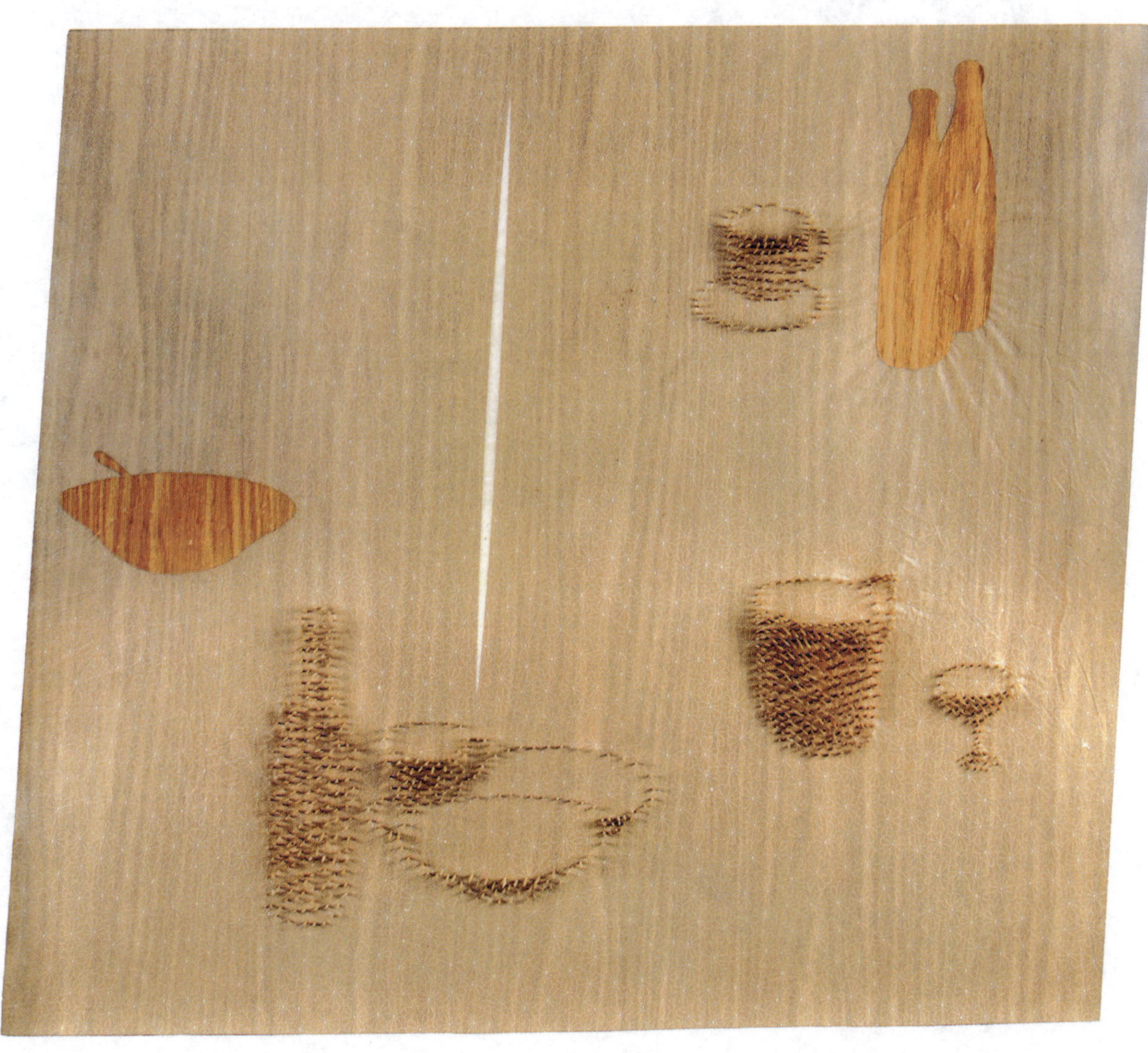

1999

Lesbians, 1999. Black marker on paper, 21 × 29.7 cm,
29.7 × 21 cm. Private collections

Lesby, 1999. Černý fix na papíru, 21 × 29,7 cm, 29,7 × 21 cm.
Soukromé sbírky

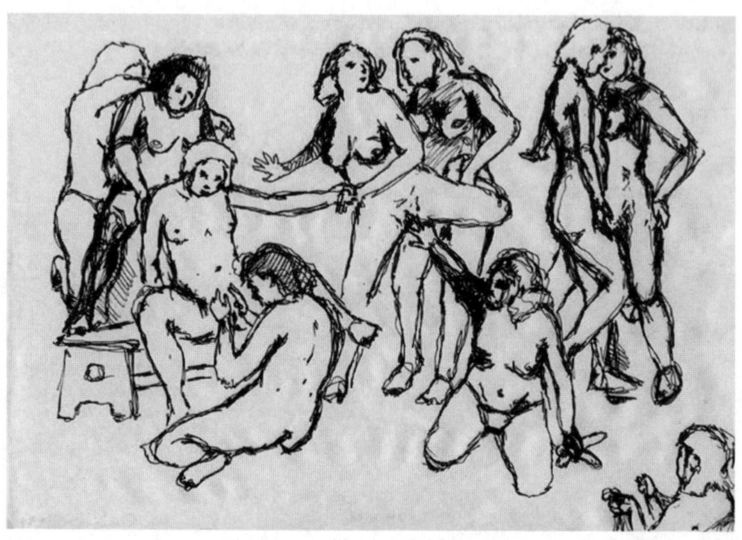

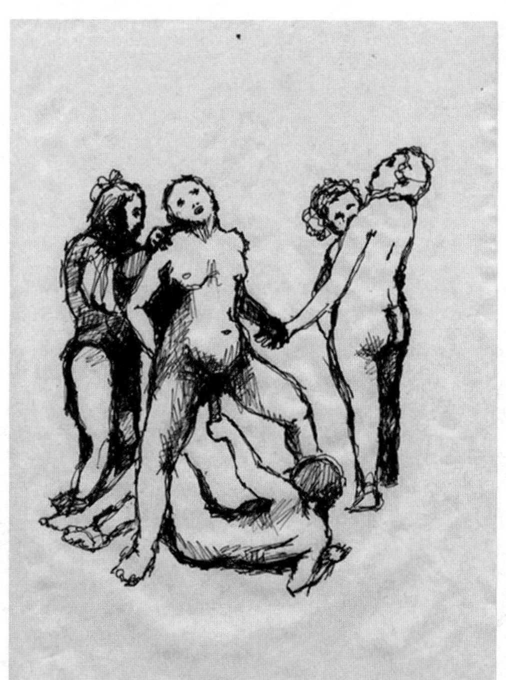

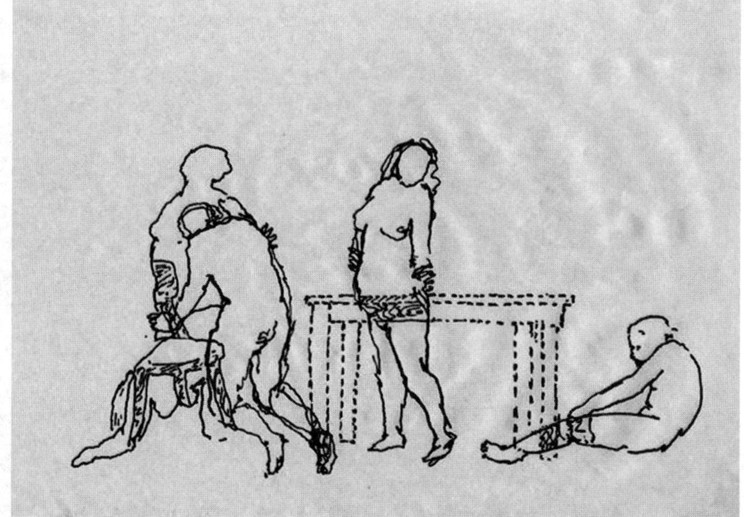

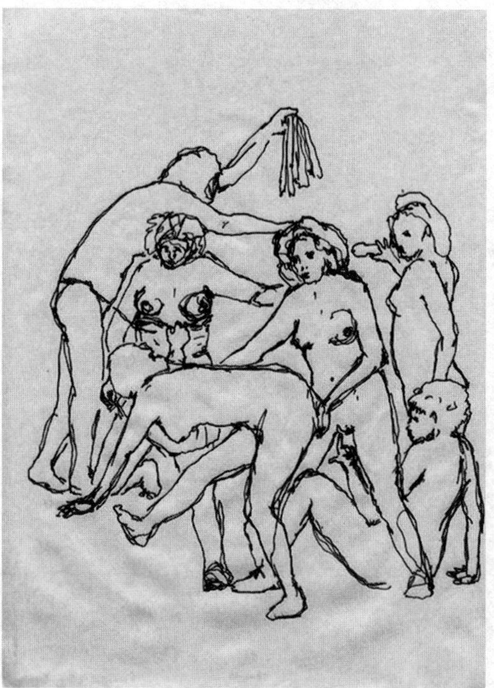

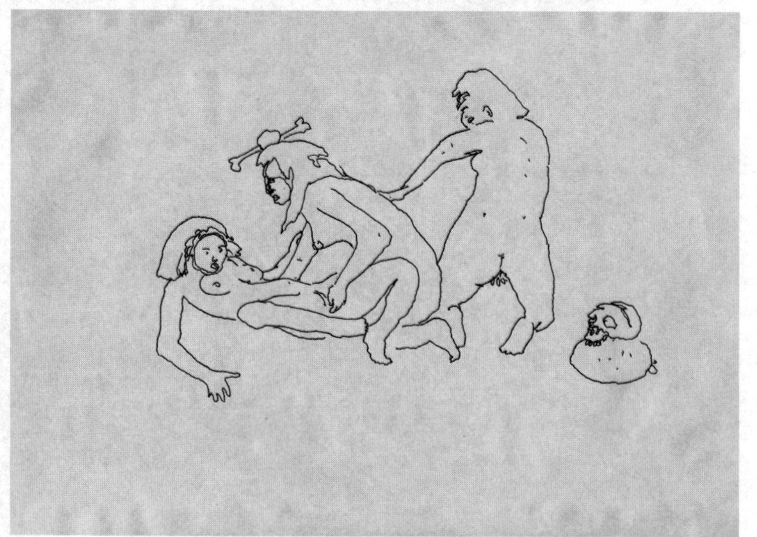

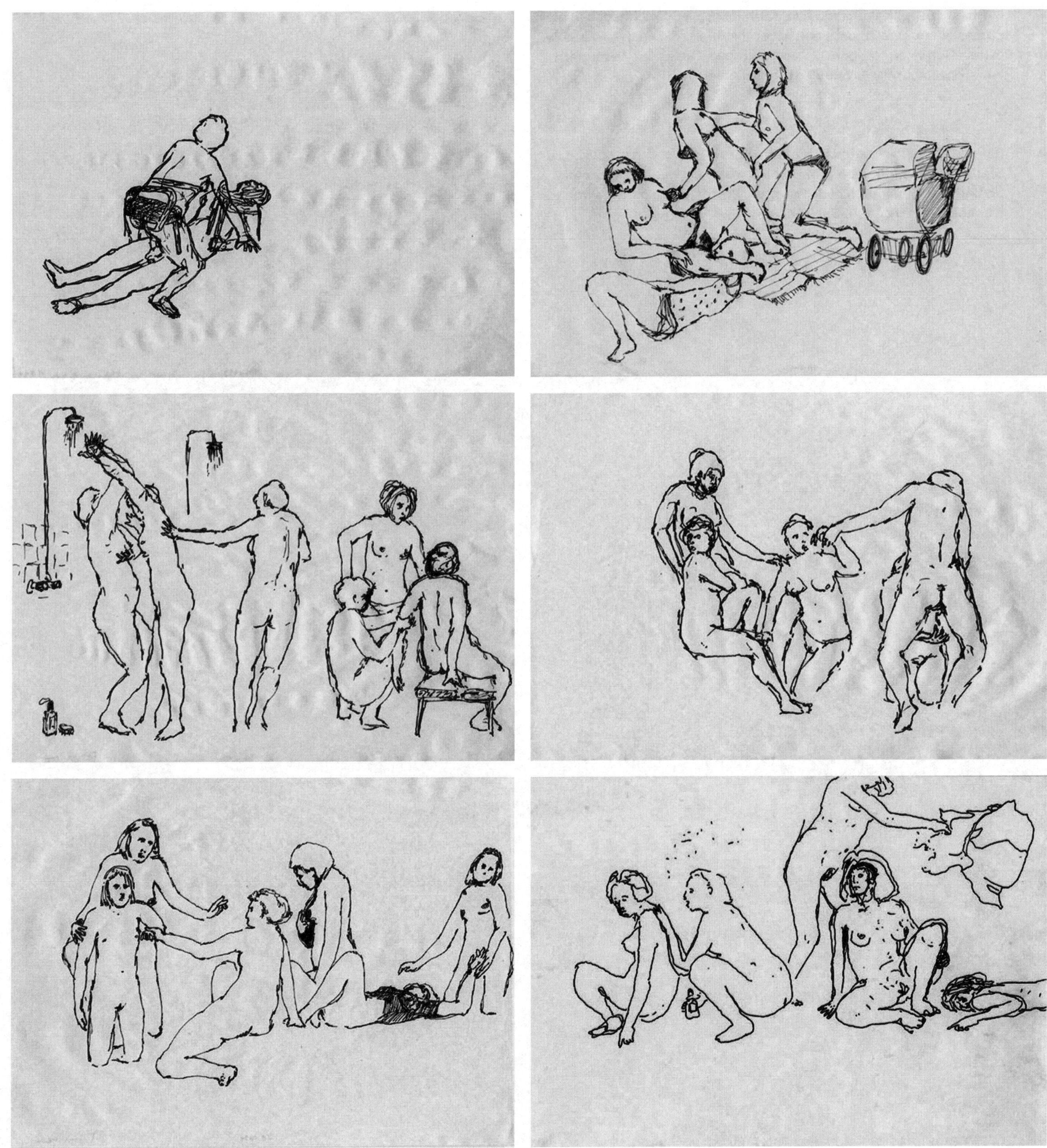

1999

Morning 2001, 1999. Plastic film, carved soap, sugar cubes, plastic
straws, wooden elements and other materials, dimensions variable.
Installation view, National Gallery in Prague, Collection of Modern
and Contemporary Art, 1999. Not preserved

Ráno 2001, 1999. Plastová fólie, vyřezávané mýdlo, kostky cukru,
plastová brčka, dřevěné prvky a další materiály, variabilní rozměry.
Pohled do instalace, Národní galerie v Praze, Sbírka moderního
a současného umění, 1999. Nedochováno

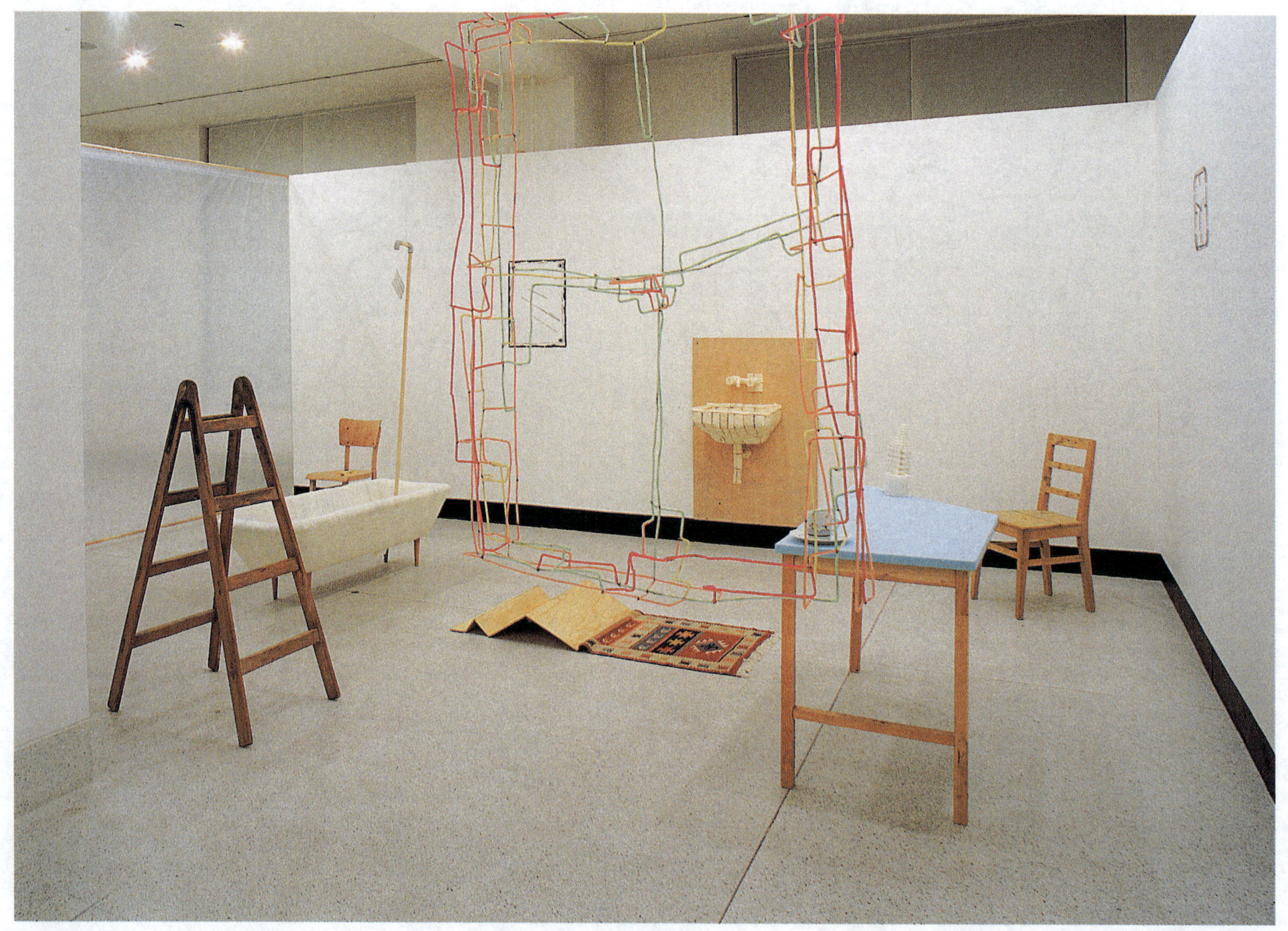

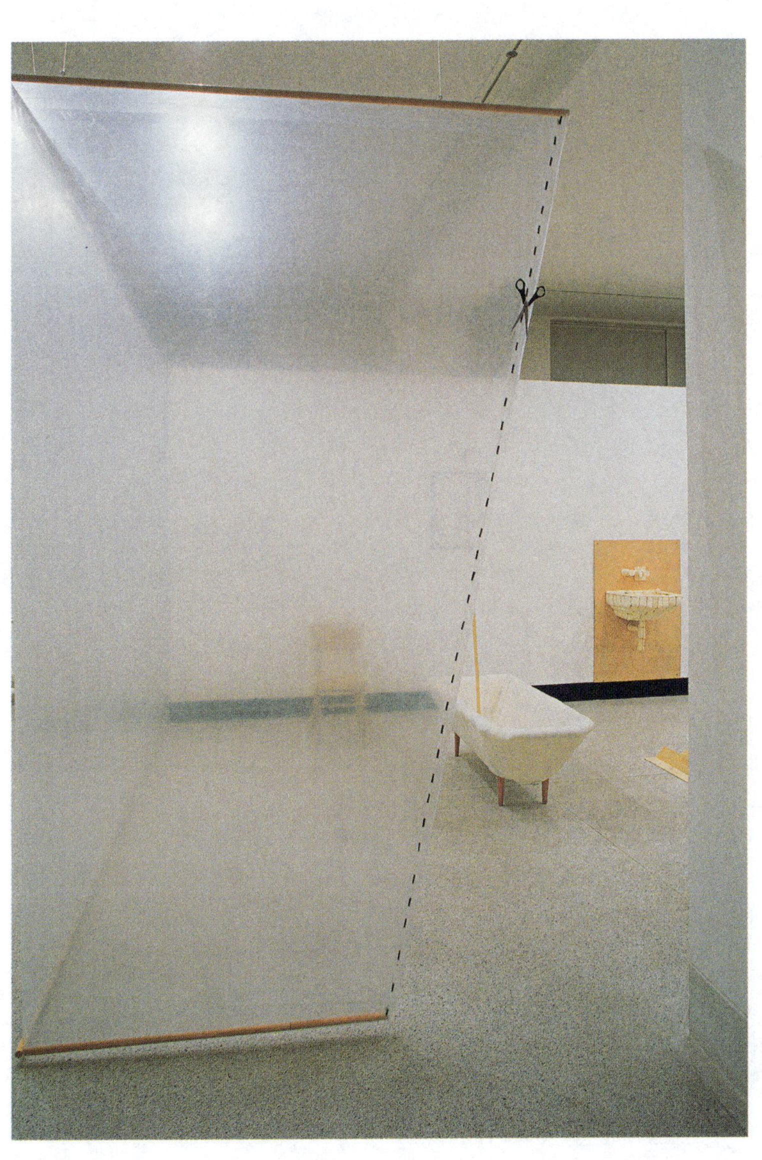

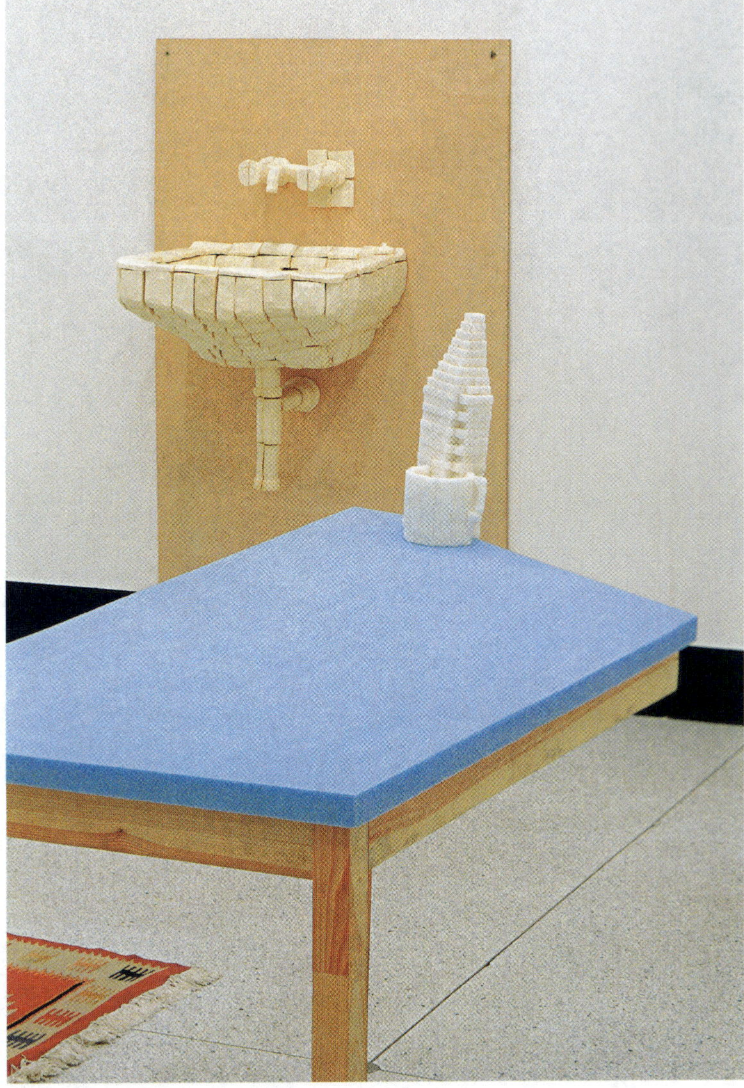

10 cm above the Ground, 1999. Black marker
on paper, three drawings, each 21 × 29.7 cm

---

10 cm na zemí, 1999. Černý fix na papíru,
tři kresby, každá 21 × 29,7 cm

→

Untitled, 1999. Mixed media, black marker on paper,
45 × 62.5 cm. The Richard Adam Collection

→

Untitled, 1999. Black marker on paper, 45 × 62.5 cm.
The Richard Adam Collection

→

Bez názvu, 1999. Kombinovaná technika, černý fix na
papíru, 45 × 62,5 cm. Sbírka Richarda Adama

→

Bez názvu, 1999. Černý fix na papíru, 45 × 62,5 cm.
Sbírka Richarda Adama

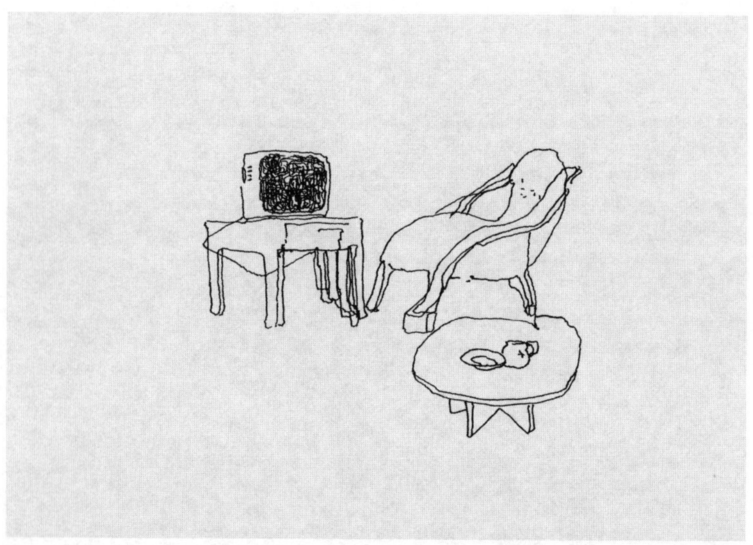

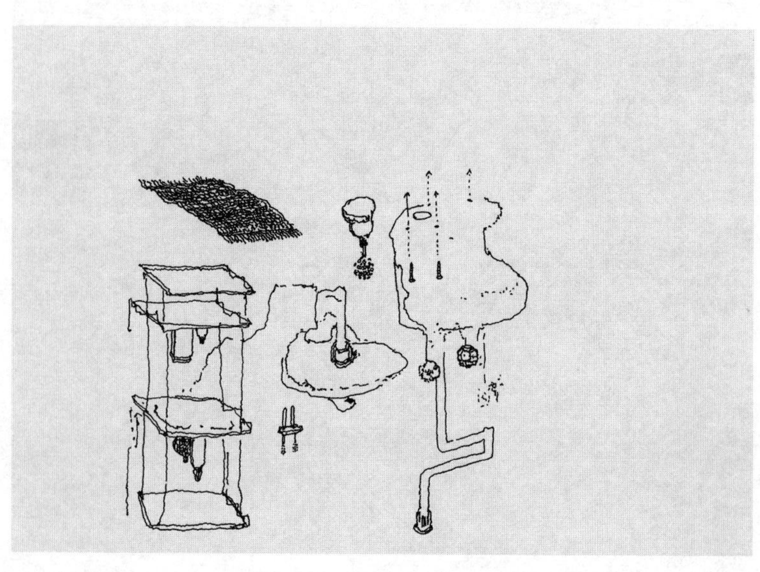

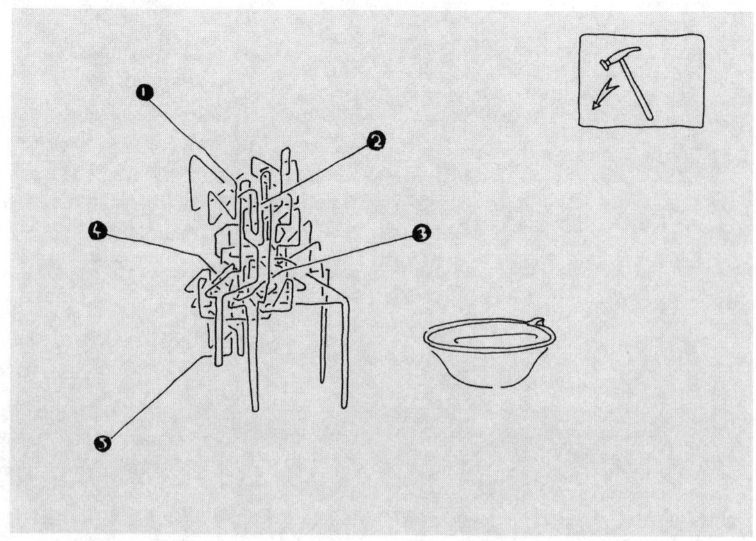

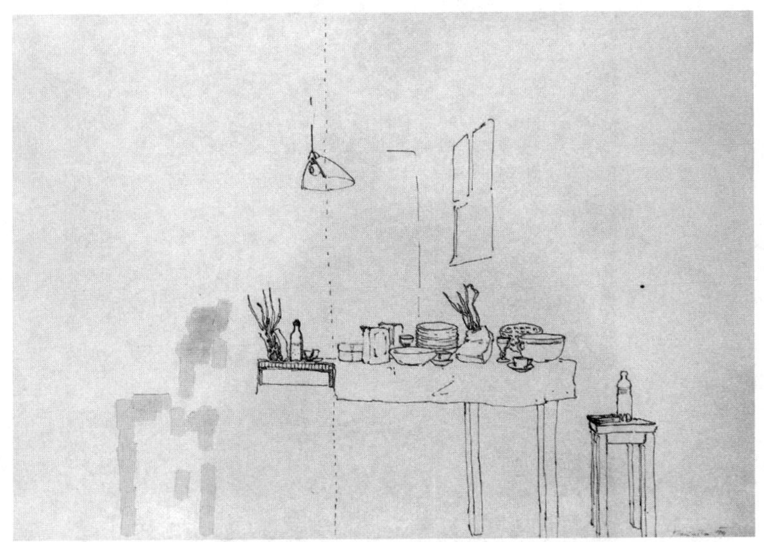

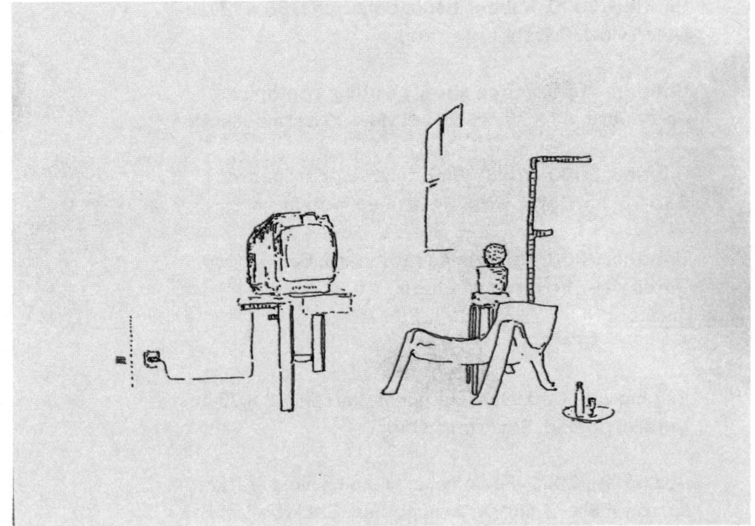

Untitled, 2000—2001. Black marker on polythene, 87 × 70 cm.
The Richard Adam Collection

Bez názvu, 2000—2001. Černý fix na igelitu, 87 × 70 cm.
Sbírka Richarda Adama

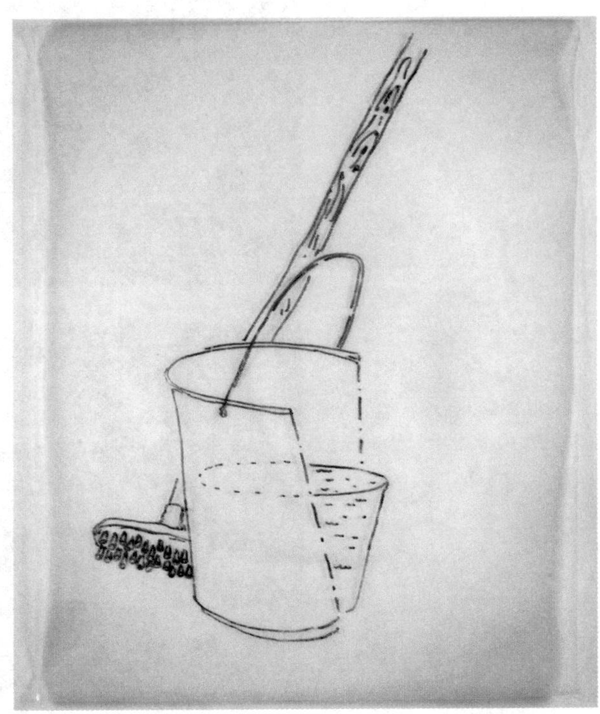

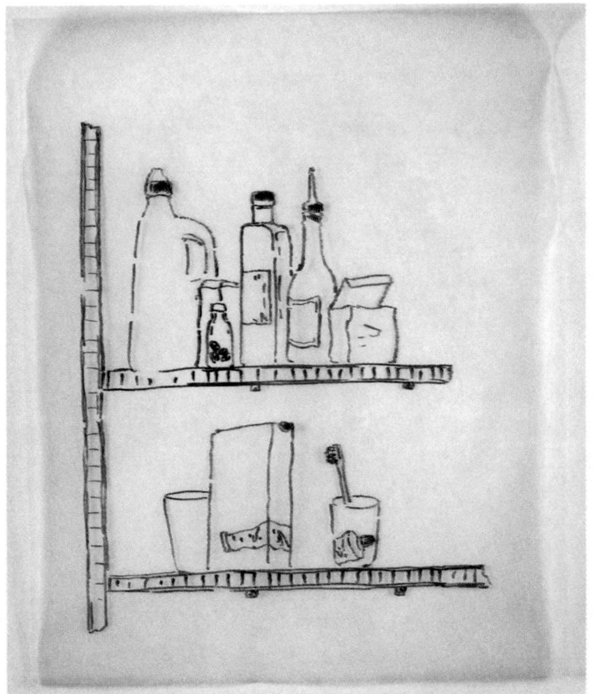

2000

Untitled, 2000. Rubber band, polythene, 53 × 73 cm. Detail view. Private collection

Untitled, 2000. Paper, spray painting, toothpicks, cardboard, 53 × 73 cm. Detail view. Private collection

Untitled, 2000. Beads, black marker, cardboard, 53 × 73 cm. Detail view. Private collection

Untitled, 2000. Polythene, cardboard, 53 × 73 cm. Detail view. Private collection

———————————

Bez názvu, 2000. Gumičky, igelit, karton, 53 × 73 cm. Detailní pohled. Soukromá sbírka

Bez názvu, 2000. Papír, sprejovaná barva, párátka, karton, 53 × 73 cm. Detailní pohled. Soukromá sbírka

Bez názvu, 2000. Korálky, černý fix, karton, 53 × 73 cm. Detailní pohled. Soukromá sbírka

Bez názvu, 2000. Igelit, karton, 53 × 73 cm. Detailní pohled. Soukromá sbírka

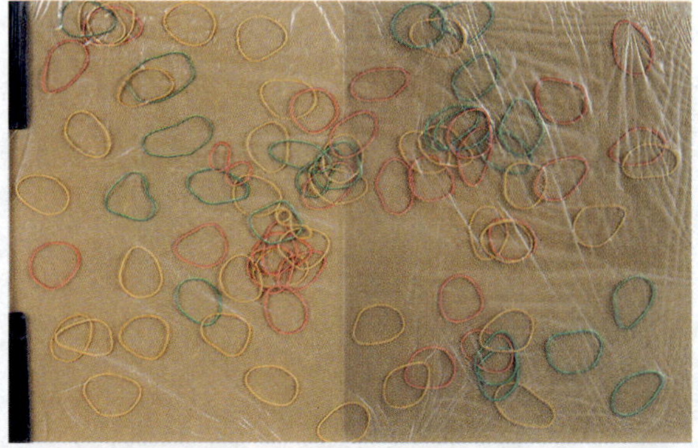

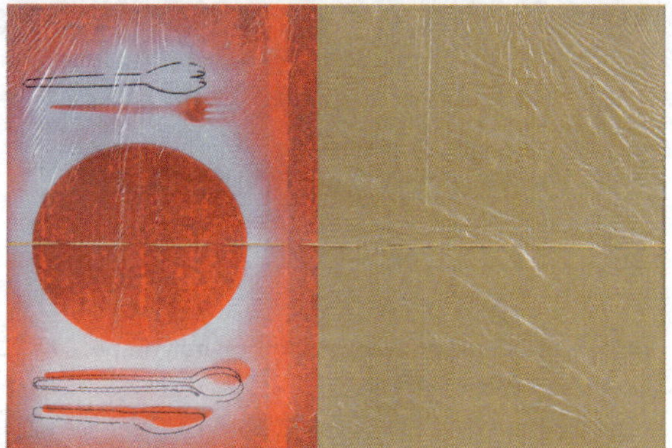

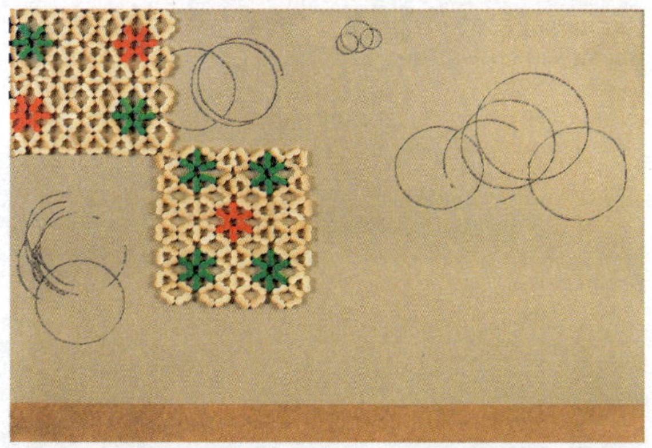

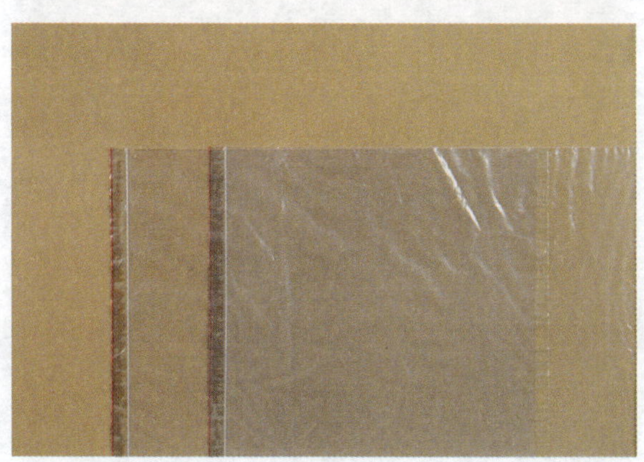

Scratch, 2000. Mixed media, dimensions variable. Installation
view, NOON Atelier, Prague, 2000. Not preserved

Přešlap, 2000. Kombinovaná technika, variabilní rozměry.
Pohled do instalace, Atelier NOON, Praha, 2000. Nedochováno

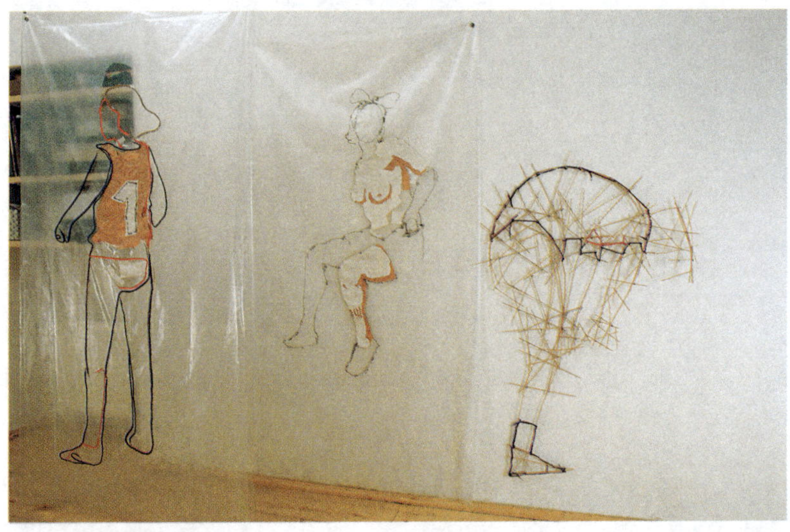

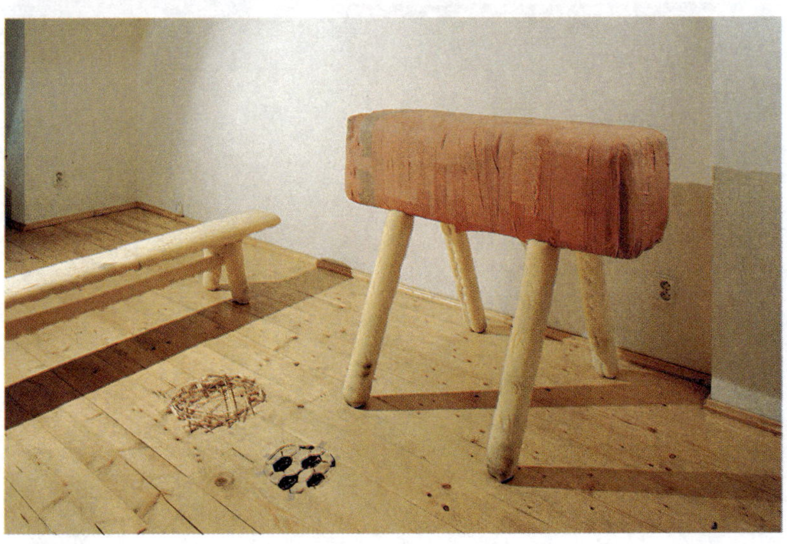

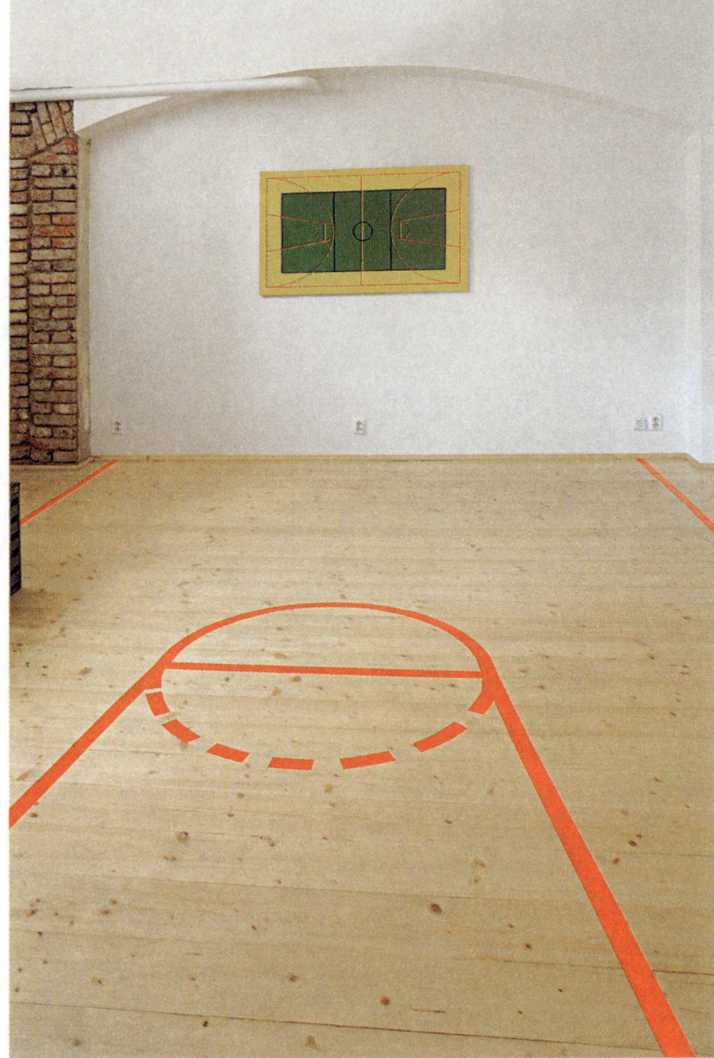

The Liberated Household (Still Life in a Table), 2000—2001.
Mixed media, 60 × 40 × 20 cm

The Liberated Household (Packet of Marlboro Cigarettes),
2000—2001. Cardboard, glue, 9.2 × 6 × 2.8 cm.

Osvobozená domácnost (Zátiší ve stole), 2000—2001.
Kombinovaná technika, 60 × 40 × 20 cm

Osvobozená domácnost (Krabička od cigaret Marlboro),
2000—2001. Karton, lepidlo, 9,2 × 6 × 2,8 cm

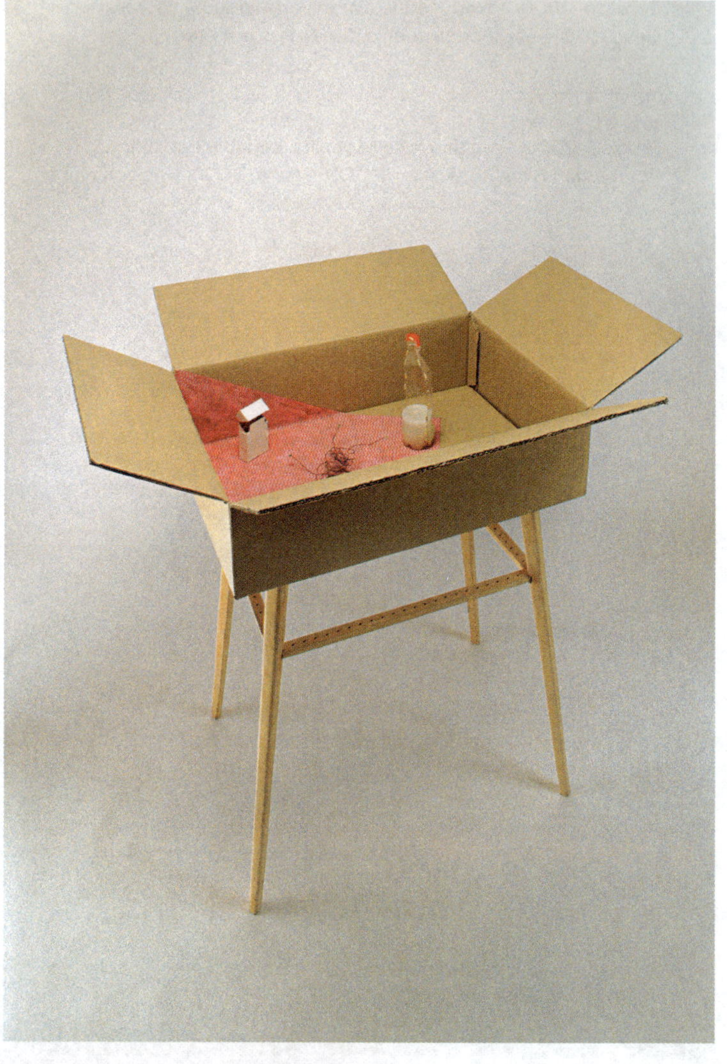

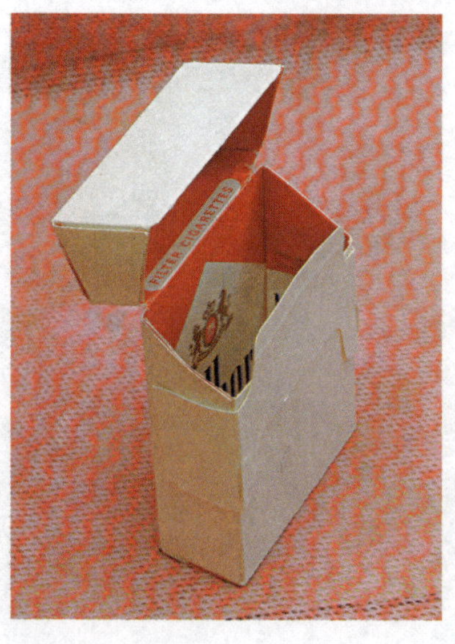

The Liberated Household (Chair), 2000—2001.
Q-tips, wire. Not preserved

The Liberated Household (Ladder), 2000—2001.
Wood, cardboard boxes, metal chain. Not preserved

Osvobozená domácnost (Židle), 2000—2001.
Vatové tyčinky, drát. Nedochováno

Osvobozená domácnost (Žebřík), 2000—2001.
Dřevo, kartonové krabice, kovový řetěz.
Nedochováno

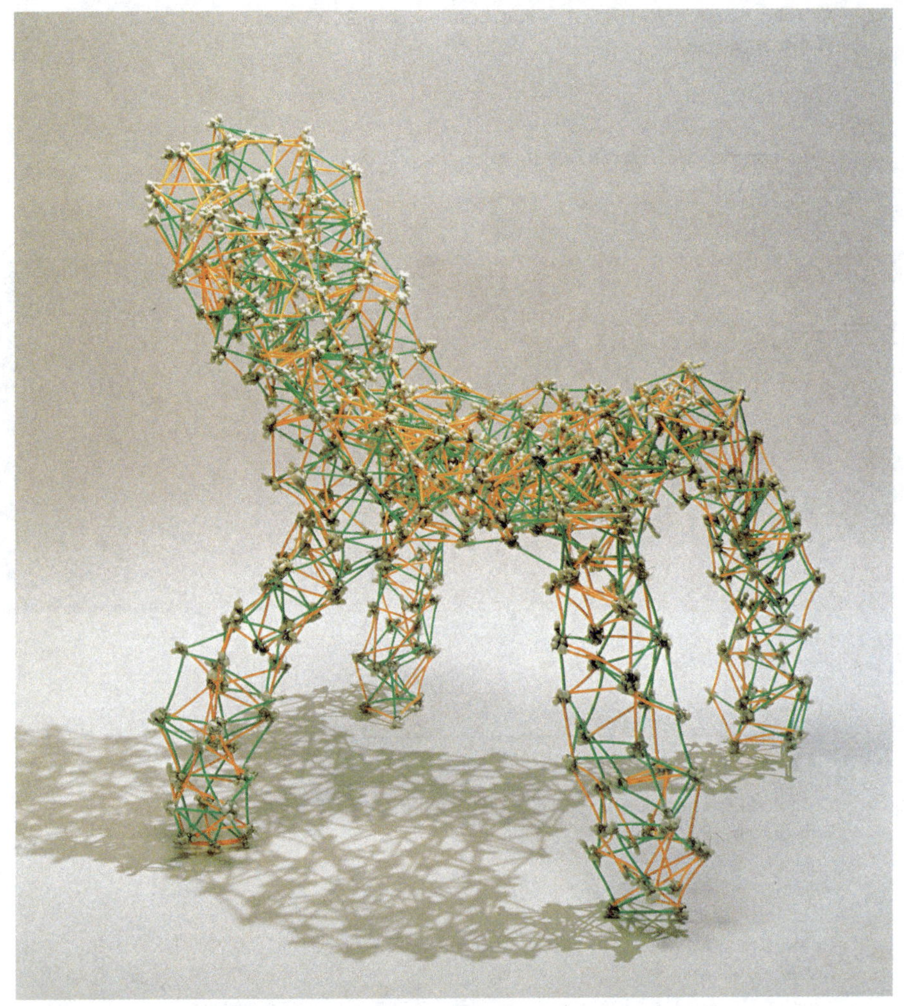

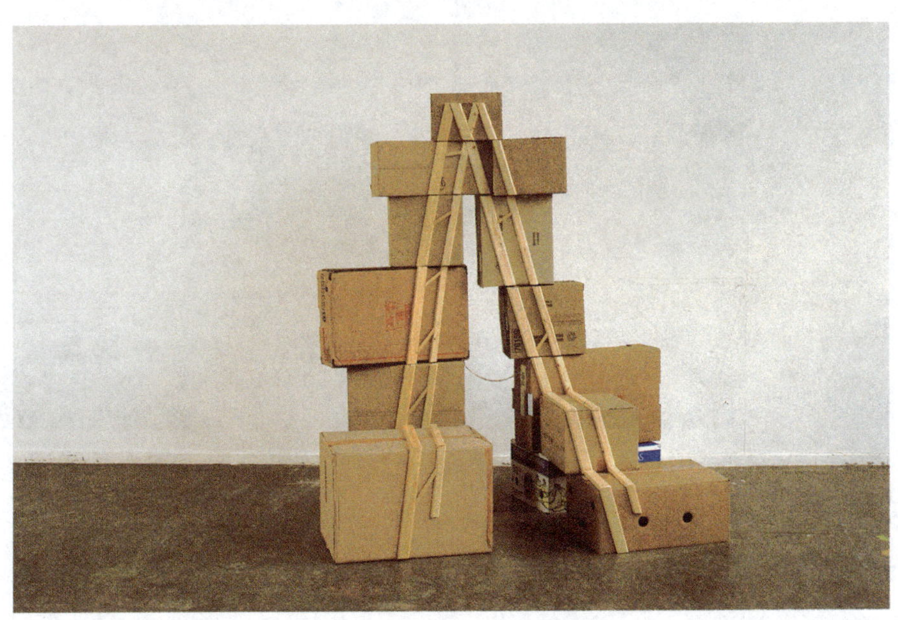

2000—2001

At Their Home, 2000—2001. Video, sound, color, 20:45 min.
Video stills

U nich doma, 2000—2001. Video, zvuk, barva, 20:45 min.
Záběry z videa

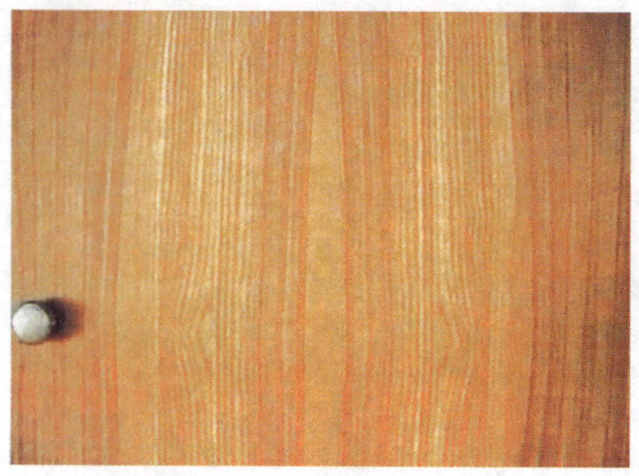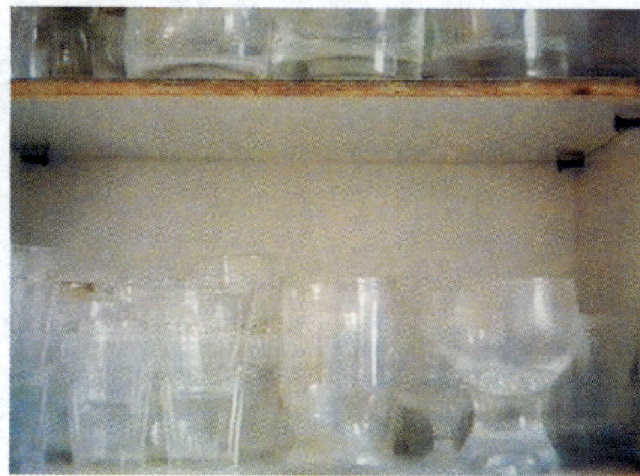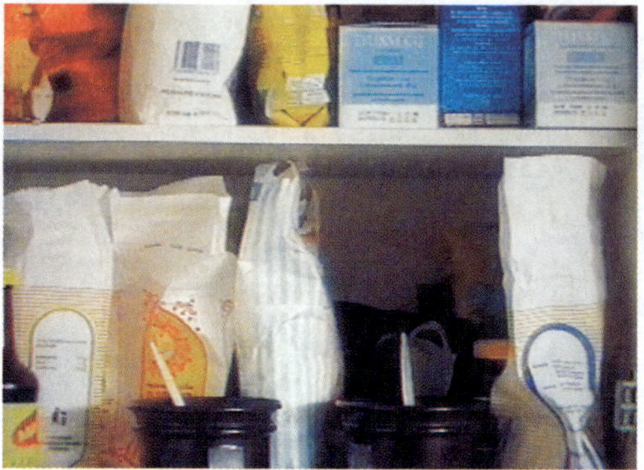

Complete Silence, 2000—2001. Video, sound, color, 58 min.
Video stills

Úplné ticho, 2000—2001. Video, zvuk, barva, 58 min.
Záběry z videa

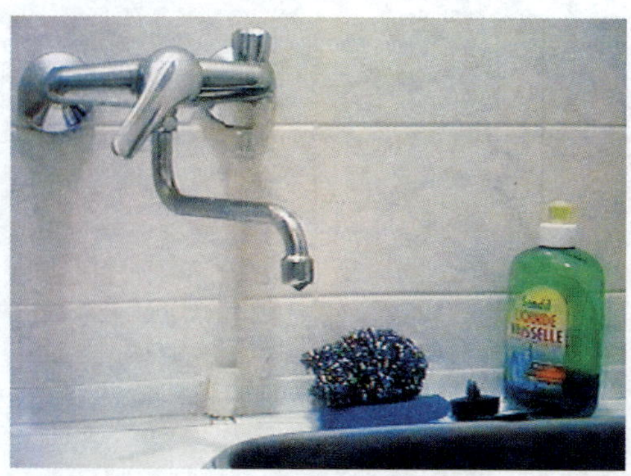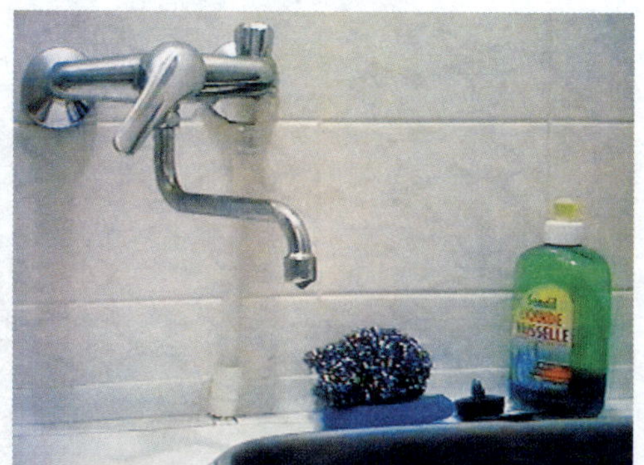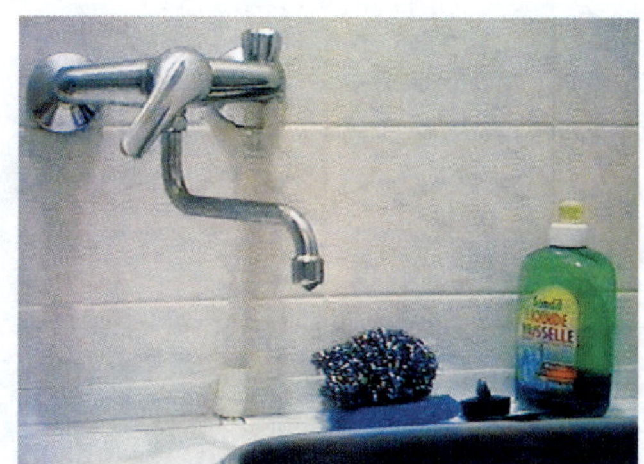

Me, 2001. Mixed media, dimensions variable.
Installation view, MXM Gallery, Prague, 2001.
Not preserved

Me, 2001. Mixed media. Detail view. Not preserved

Já, 2001. Kombinovaná technika, variabilní rozměry.
Pohled do instalace, Galerie MXM, Praha, 2001.
Nedochováno

Já, 2001. Kombinovaná technika. Detailní pohled.
Nedochováno

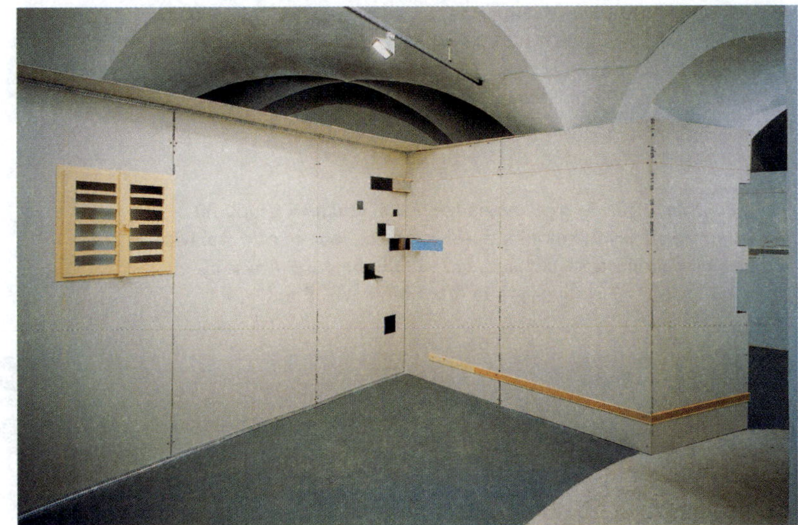

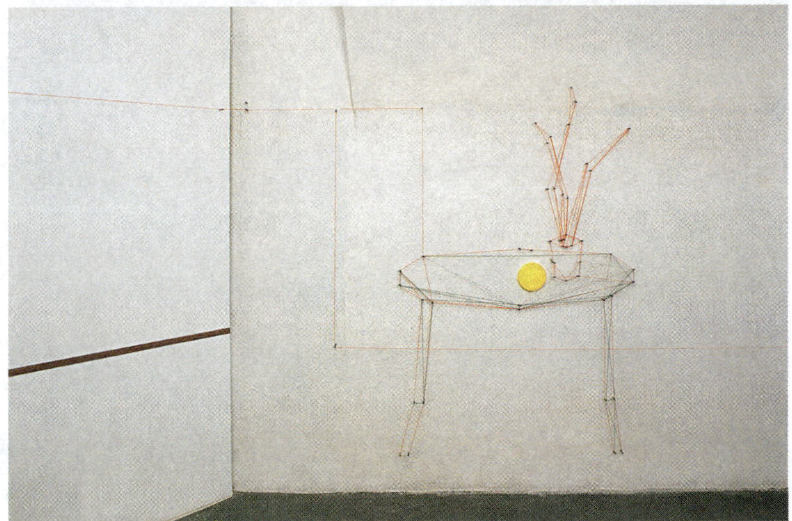

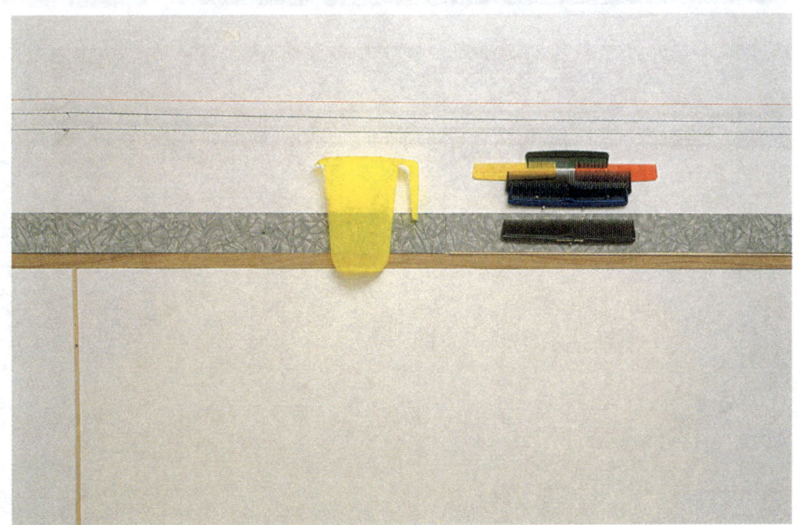

2001

Colony, 2001. Mixed media, seventeen models of gardening allotments to scale 1 : 25, seventeen questionnaires (A4), hand-coloured map, (72 × 35.8 cm), wooden table, 450 × 242 × 79 cm. Magnus Art, Collection of J&T Bank

---

Kolonie, 2001. Kombinovaná technika, sedmnáct modelů zahrádkářských kolonií v měřítku 1 : 25, sedmnáct dotazníků (A4), ručně barvená mapa, (72 × 35,8 cm), dřevěný stůl, 450 × 242 × 79 cm. Magnus Art, Sbírka J&T Bank

→

Untitled, 2001. Black marker on paper, three drawings, each 45 × 62.5 cm. Private collection

---

→

Bez názvu, 2001. Černý fix na papíru, tři kresby, každá 45 × 62,5 cm. Soukromá sbírka

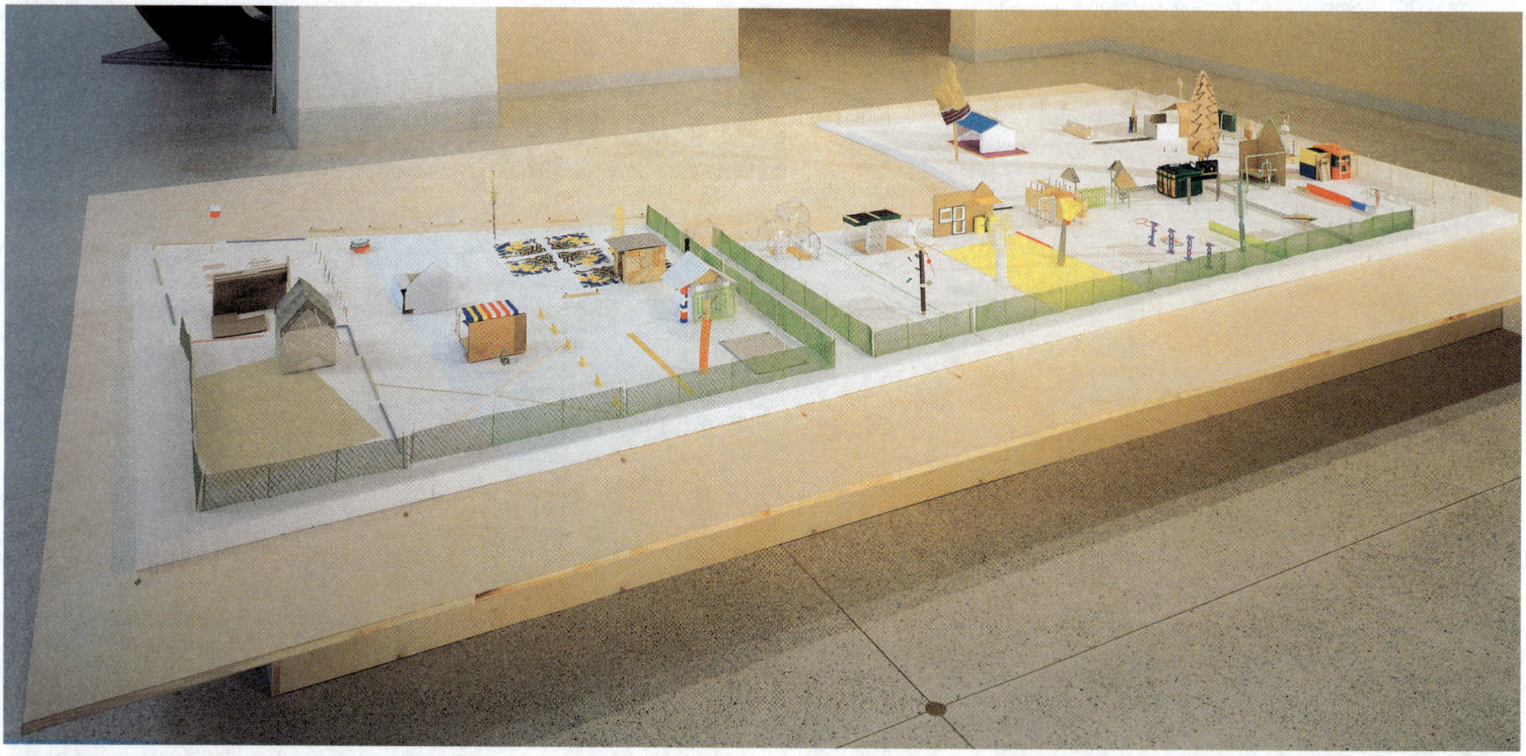

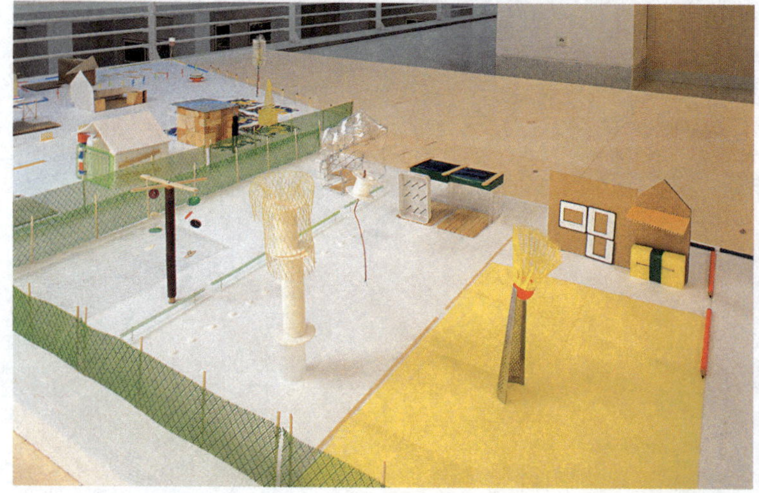

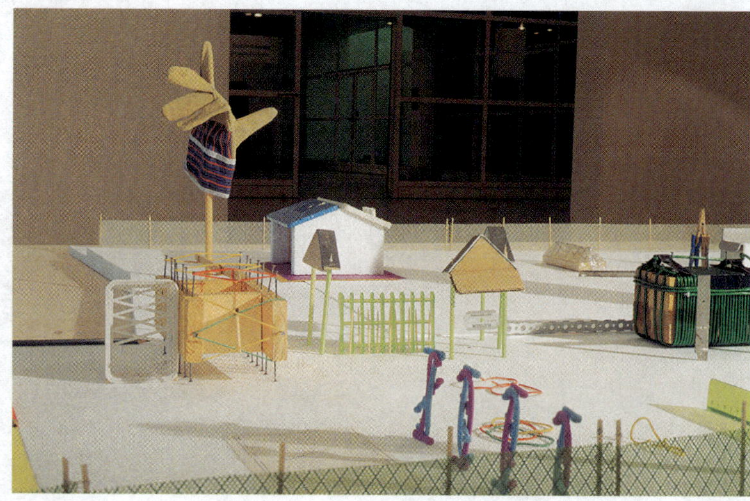

The model "Colony" is based on a genuine settlement of gardening allotments, situated on Libeňský Ostrov (island), near the center of Prague. This settlement was founded in 1924 and throughout its existence was closed several times by the city of Prague. This model is the first installment of an ongoing project and includes just a part of the entire colony. It was assembled on a scale of 1 : 25. The inhabitants were asked several questions. The replies were anonymous and the interviewees could select which questions to answer. The numbers correspond to location on the model. Where a lot is not identified by the questionnaire, this represents inhabitants who either declined to answer the questionnaire or haven't yet been reached.

Model „Kolonie" vznikl podle skutečné zahrádkářské osady, která leží nedaleko centra Prahy, na Libeňském ostrově. Osada vznikla v roce 1924 a za dobu své existence měla být několikrát zrušena. Model je první část projektu a zahrnuje pouze část kolonie. Byl sestaven v měřítku 1 : 25. Obyvatelům kolonie bylo také položeno několik otázek. Dotazníky byly anonymní a tázaný si mohl vybrat, na které otázky chce odpovědět. Odpovědi zde prezentujeme. U dotazníků s čísly jde o obyvatele pozemků, které model zahrnuje, a je možné si je podle plánku (viz čísla na půdorysu) na něm vyhledat. U ostatních dotazníků se jedná o obyvatele zbylé části kolonie. V případě pozemků bez vyplněného dotazníku jejich majitelé odmítli otázky zodpovědět nebo nebyli zastiženi.

Colony
Kolonie

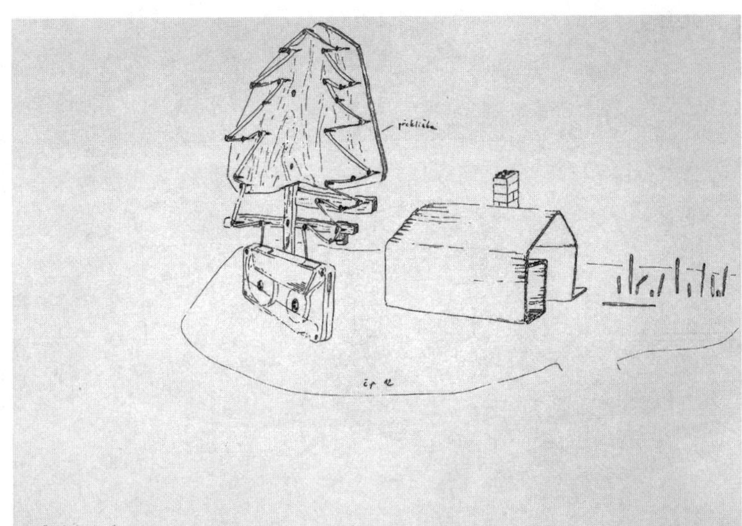

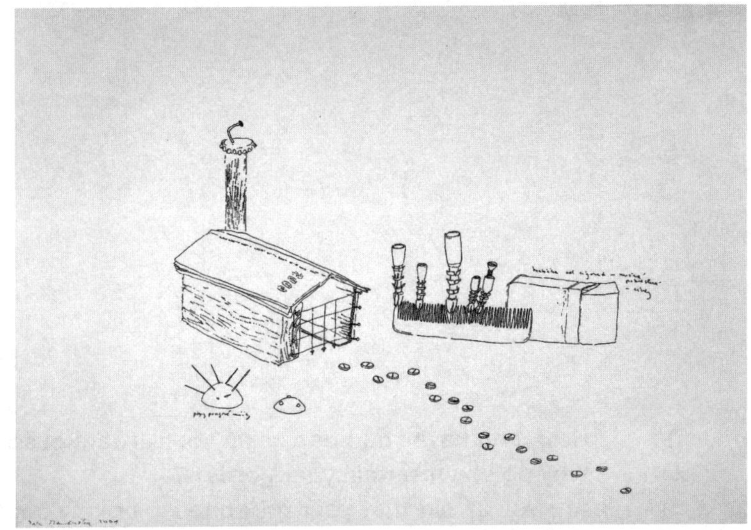

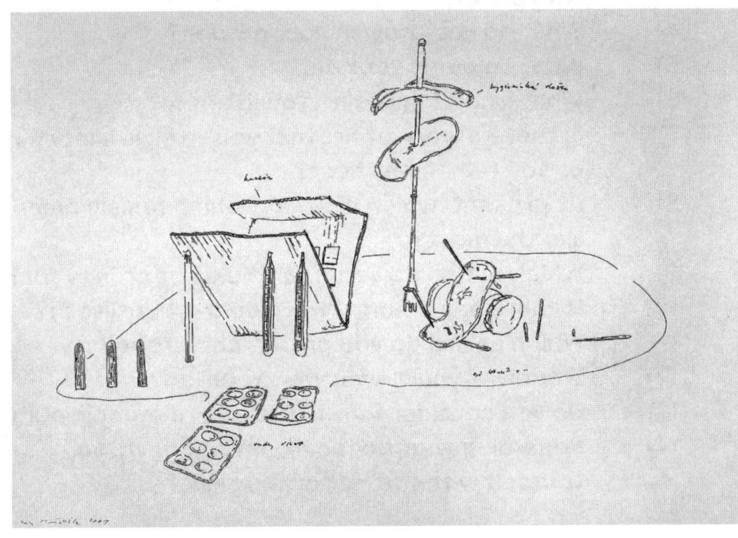

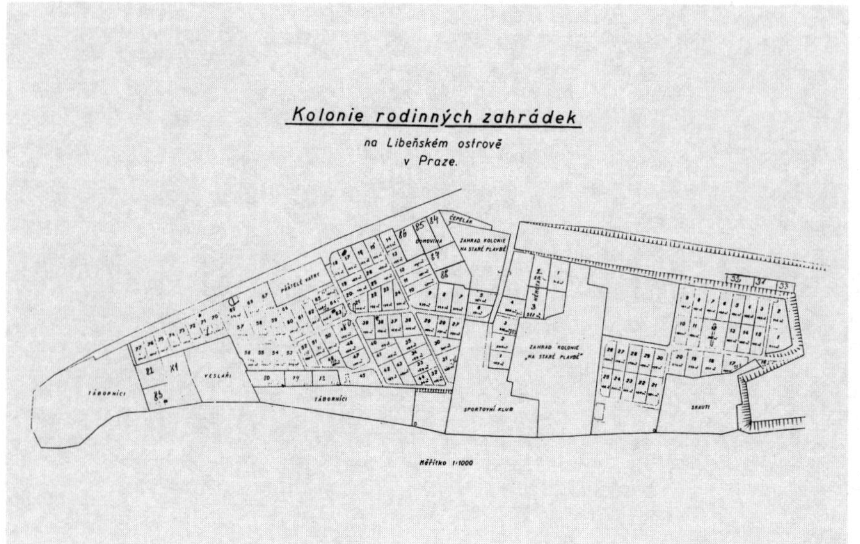

Vážená paní, vážený pane,
dovoluji si Vám předložit následující dotazník. Vámi zodpovězené otázky budou použity jako součást uměleckého projektu spolu s modelem Vaší zahrádkové kolonie. Dotazník je anonymní. Dotazník naplňuje svůj smysl, pokud bude zodpovězen co největší počet otázek, pokud však na některou z nich nechcete odpovědět, nečiňte tak.

Za pomoc při realizaci projektu děkuji.
Ján Mančuška - autor projektu

1) jak dlouho jezdíte na zahrádku? *48 let*

2) s jakého důvodu provozujete zahrádkaření? *hobby*

3) máte obavu, že Vaše zahrádková kolonie může být zrušena? *ano*

4) co na zahrádce pěstujete? *ovoce, zelenina — od každého něco*

5) jakou barvu má Vaše auto?

6) jakou hudbu posloucháte? *dechovka*

7) můžete uvést nějaké umělecké dílo, které považujete za nejlepší? *tančící dům*

8) jaké mužské a jaké ženské jméno se Vám v současné době nejvíc líbí? *Barbora*

9) který národ pro nás považujete za nejbližší? *Slováci*

10) je nějaká země, ve které by jste si přáli žít? *Čechy*

11) které zvíře je Vám bližší - kočka nebo pes? *pes*

12) jak se jmenovala Vaše oblíbená hračka? *Medvěd Pepík*

13) považujete u nás ženskou otázku za aktuální? *ano*

14) podle svého politického přesvědčení se řadíte spíše k levici či pravici? *ne*

1)	How long have you been using your greenhouse?	1)	48 years
2)	Why do you maintain your garden?	2)	hobby
3)	Are you afraid that your greenhouse colony could be shut down?	3)	yes
4)	What do you grow in your garden?	4)	fruits, vegetables — a little bit of everything
5)	What colour is your car?	5)	—
6)	What kind of music do you listen to?	6)	brass music
7)	Is there a work of art that you think is important or you remember best?	7)	"Dancing House" (a famous modern building in Prague)
8)	At present, which male and which female name do you like the most?	8)	Barbora
9)	Which nation do you have the most affinity for?	9)	Slovakia
10)	Is there any country you would rather live in?	10)	The Czech Republic
11)	Which animal do you prefer, cat or dog?	11)	dog
12)	What was your favourite toy called?	12)	Pepík the bear
13)	Do you consider feminine issues relevant in our country?	13)	yes
14)	Regarding your political convictions do you align yourself with the left or the right?	14)	no

1) 1 year
2) for relaxation
3) no
4) vegetables and fruit trees
5) red
6) good kinds — all
7) Mona Lisa
8) Tomáš
9) Slovakia
10) no
11) dog
12) —
13) —
14) —

1) 35 years
2) hobby and refuge from the street
3) yes
4) everything, fruits, vegetables flowers roses
5) —
6) all
7) not Picasso,
painters of the 18th and 19th century
8) Petr and Irena
9) Slovakia
10) no
11) cat
12) "Janička" doll
13) yes
14) I'm apolitical

2001

Conference, 2001. Mixed media installation, 492.8 × 124.5 × 81.9 cm.
Installation view, Neue Galerie Graz, 2002. Collection The Museum of Modern
Art, New York. The Judith Rothschild Foundation Contemporary Drawings
Collection Gift, 2005

Konference, 2001. Instalace, kombinovaná technika, 492,8 × 124,5 × 81,9 cm.
Pohled do instalace, Neue Galerie Graz, 2002. Sbírka Museum of Modern Art,
New York. Sbírka současné kresby, dar Nadace Judith Rothschild, 2005

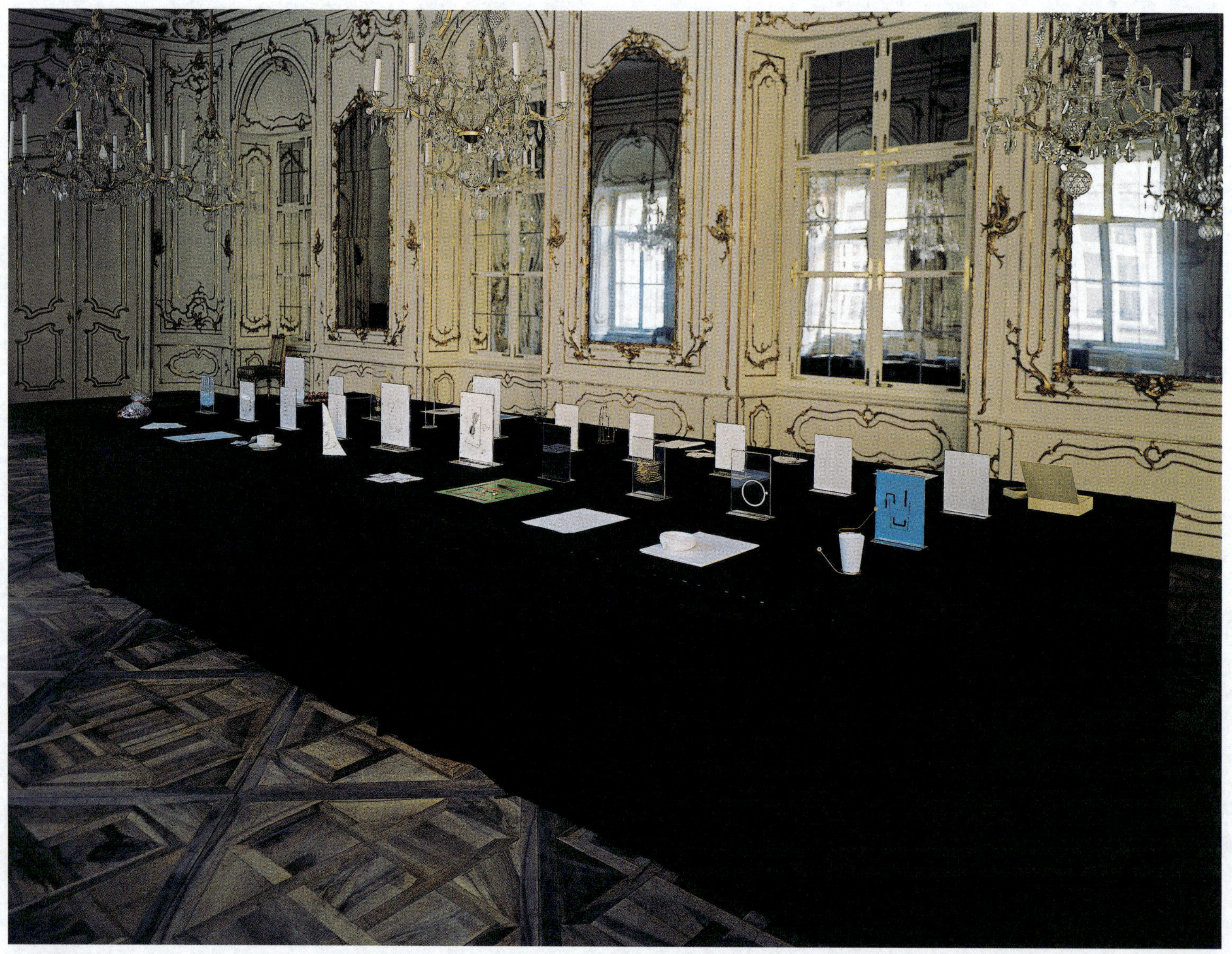

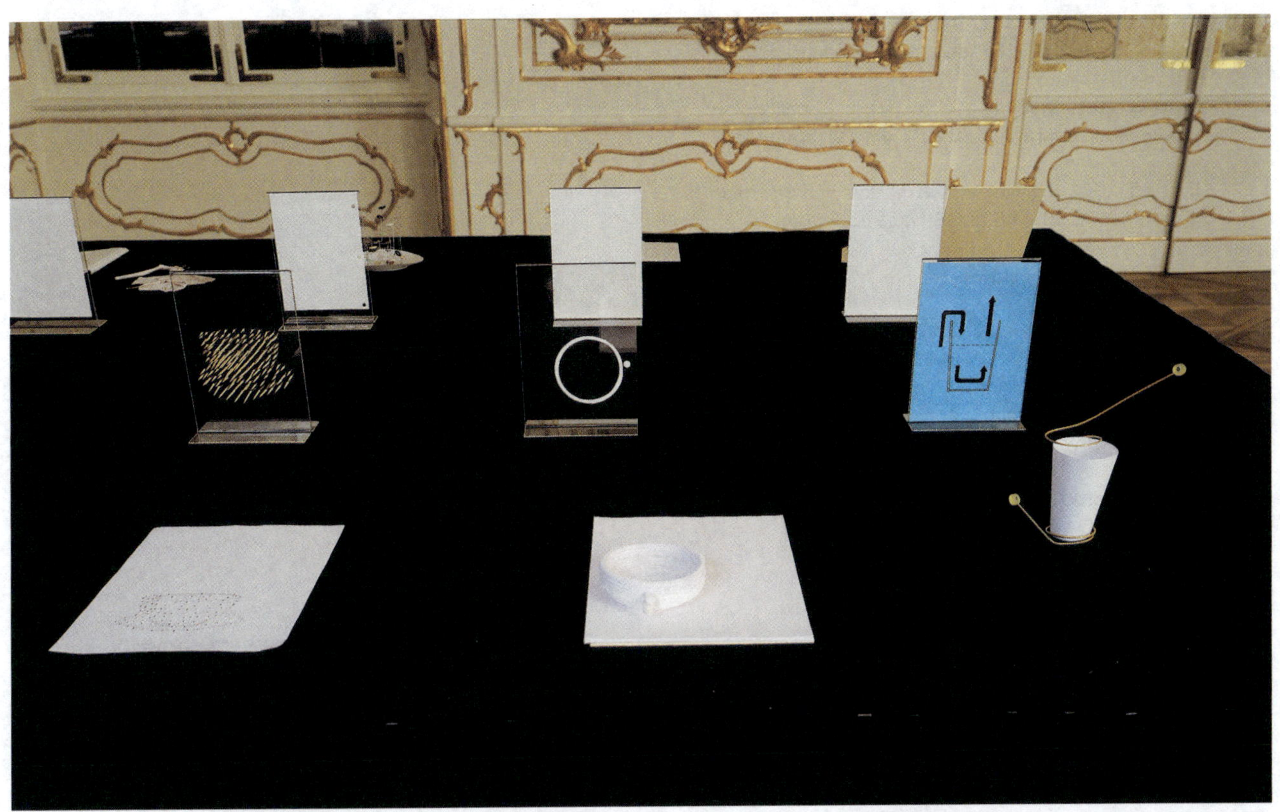

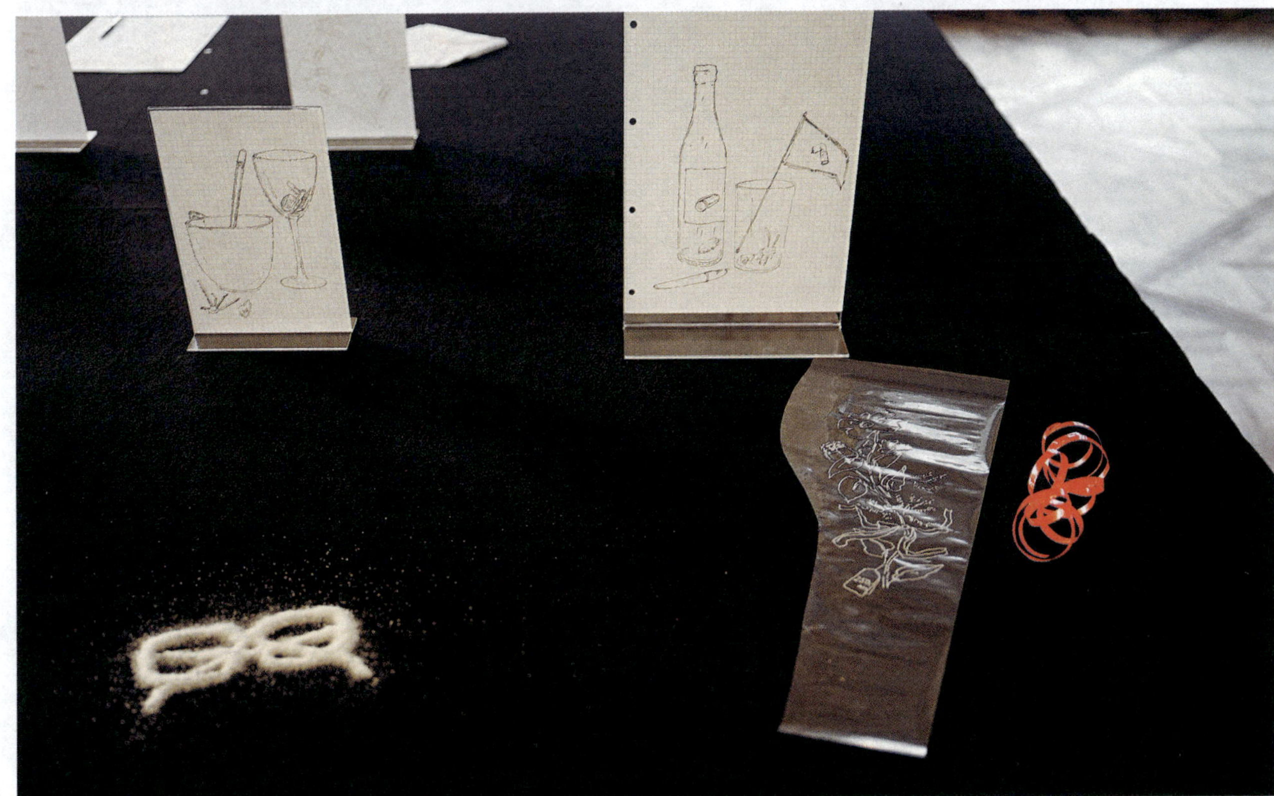

2001

Untitled, 2001. Drawing, black marker, pencil, color tape, squared paper, 50 × 65 cm. Private collection

Untitled, 2001. Drawing, black marker, pencil, color papers, squared paper, 50 × 65 cm. Private collection

Untitled, 2001. Drawing, black marker and ballpoint pen on paper, 50 × 65 cm. Private collection

---

Bez názvu, 2001. Kresba, černý fix, tužka, barevná páska, čtverečkovaný papír, 50 × 65 cm. Soukromá sbírka

Bez názvu, 2001. Kresba, černý fix, tužka, barevné papíry, čtverečkovaný papír, 50 × 65 cm. Soukromá sbírka

Bez názvu, 2001. Kresba, černý fix a kuličkové pero na papíru, 50 × 65 cm. Soukromá sbírka

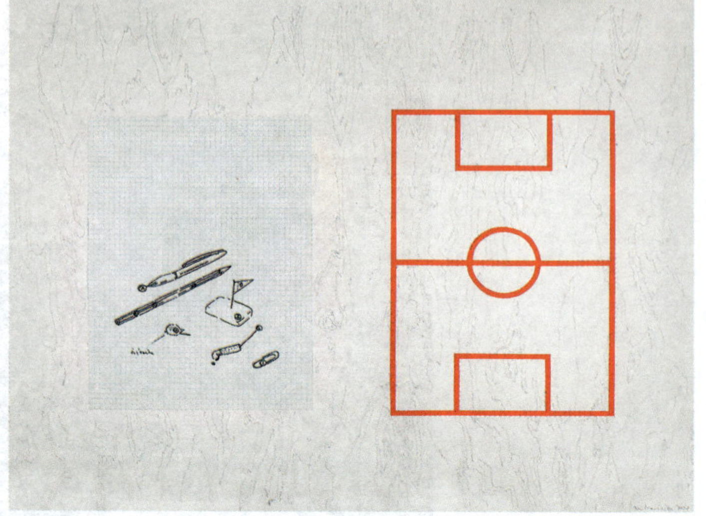

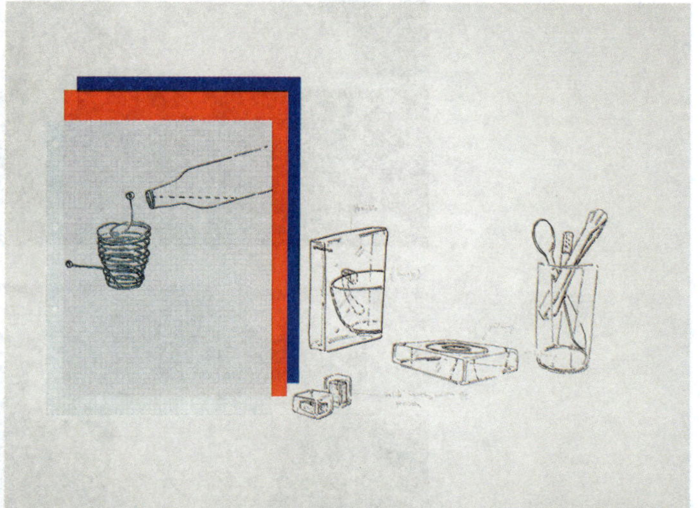

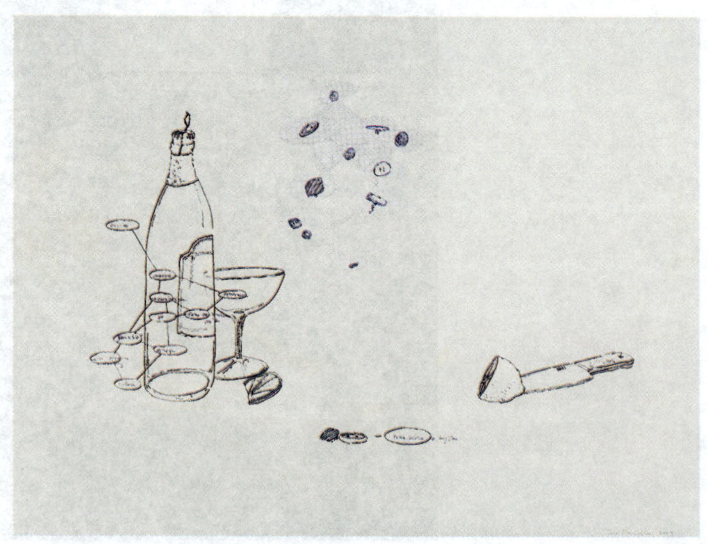

Untitled, 2001. Collage on paper, ink, pencil, black marker
and ballpoint pen, 45 × 62.5 cm. Private collection

Bez názvu, 2001. Koláž na papíru, tuš, tužka, černý fix
a kuličkové pero, 45 × 62,5 cm. Soukromá sbírka

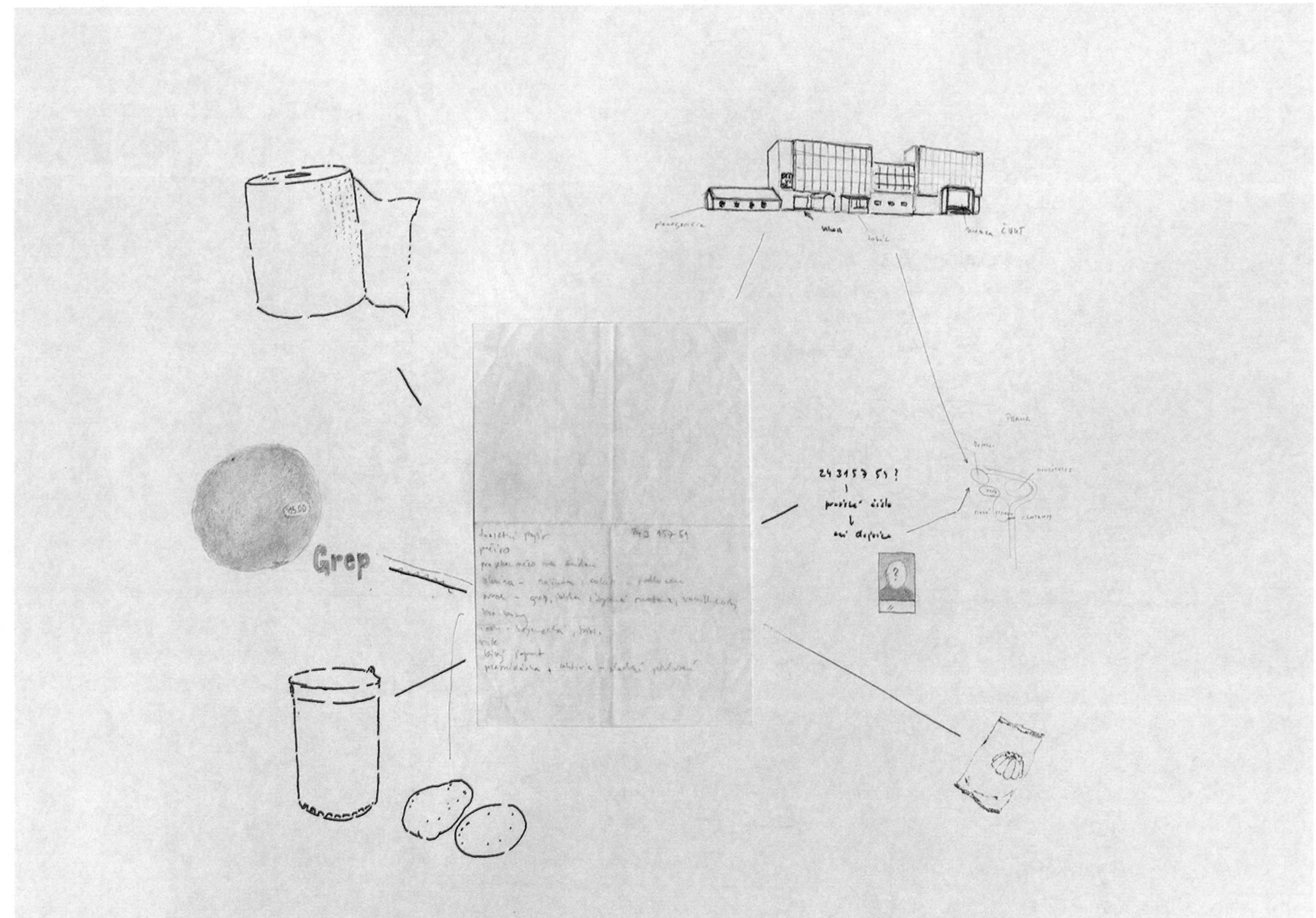

Untitled, 2001. Black marker on paper, three drawings,
each 45 × 62.5 cm. Private collection

Bez názvu, 2001. Černý fix na papíru, tři kresby,
každá 45 × 62,5 cm. Soukromá sbírka

A

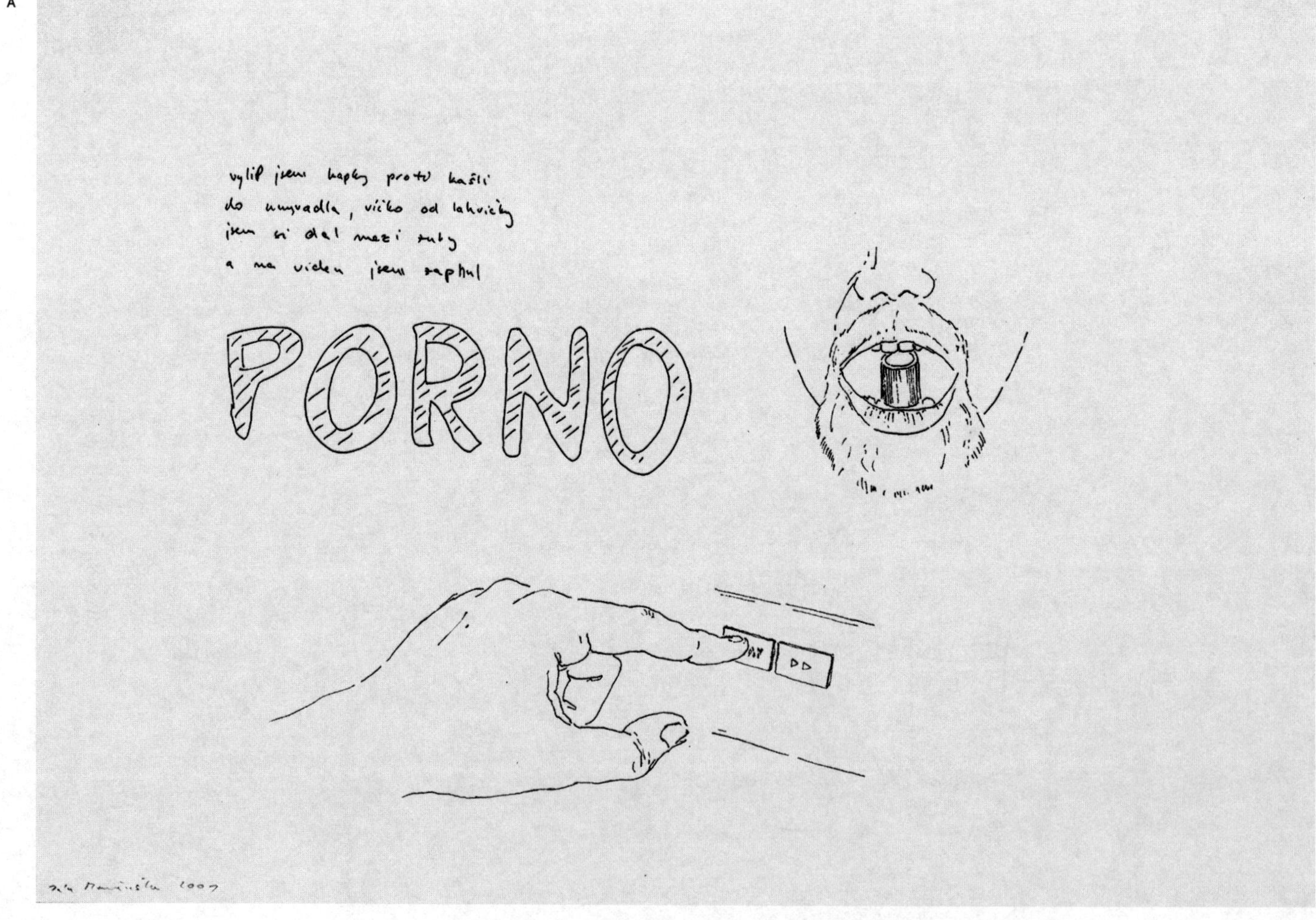

A

I poured some cough mixture
into a sink, put the cap of the jar
between my teeth and played
a PORN video

B

I banged two nails into a piece of
wood, attached the rubber seal
from a pickling jar to them and
pulled on it

C

I sawed off about 10 cm from
a wooden pole maybe 1.5 m long
and 3 cm across — I attached
a porcelain mug to what remained
of the pole and threw the wooden
reel I had created into the air

———————

A

Vylil jsem kapky proti kašli do
umyvadla, víčko od lahvičky jsem
si dal mezi zuby a na videu jsem
zapnul PORNO

B

Zatloukl jsem dva hřebíky do
dřevěného hranolu, připevnil na ně
zavařovací gumičku a zatáhl za ni

C

Z dřevěné kulatiny dlouhé asi
1,5 m o průměru 3 cm jsem uřezal
asi 10 cm — na zbytek kulatiny
jsem nasadil porcelánový hrnek
a uřezaný dřevěný váleček jsem
vyhodil do vzduchu

B
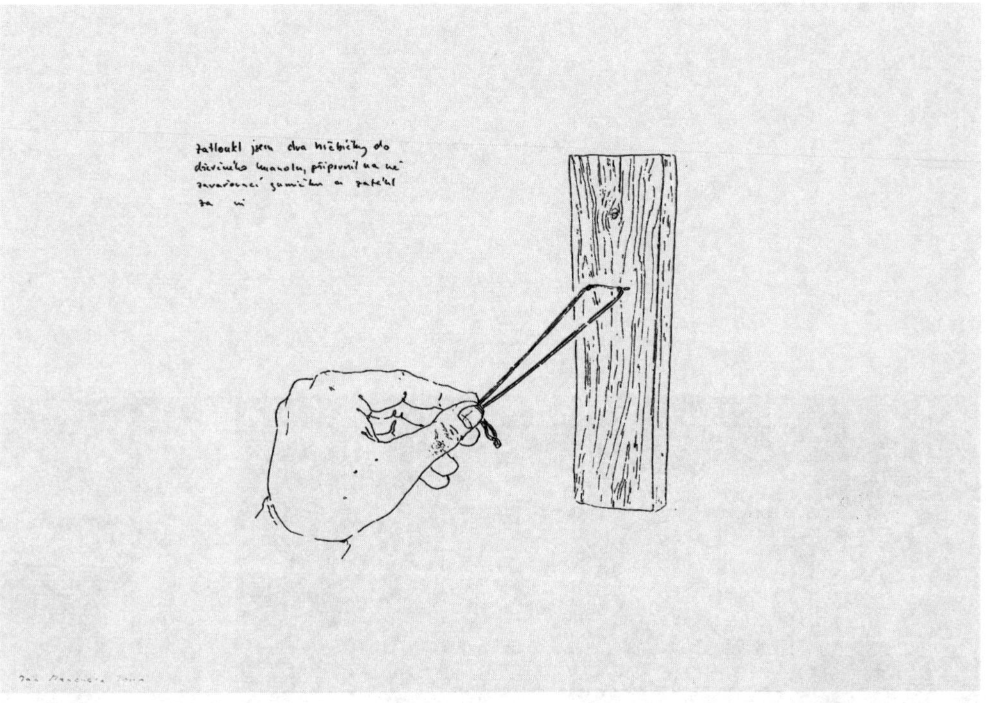

C
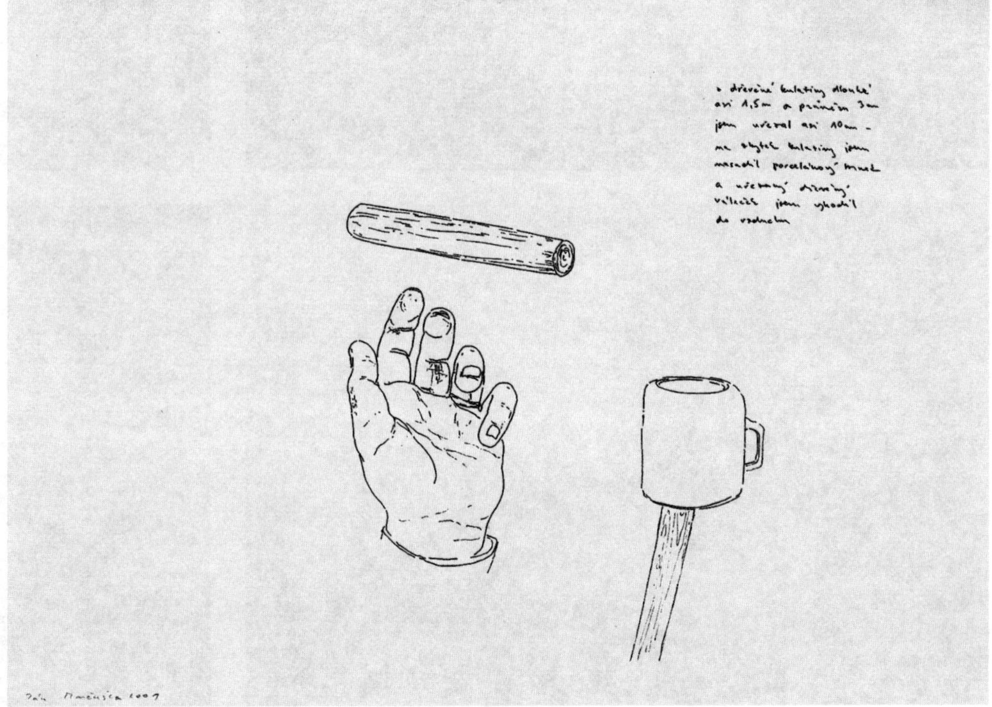

2002

Prague 13, 2002. Installation view, Václav Špála Gallery,
Prague, 2002. Not preserved

Praha 13, 2002. Pohled do instalace, Galerie Václava Špály,
Praha, 2002. Nedochováno

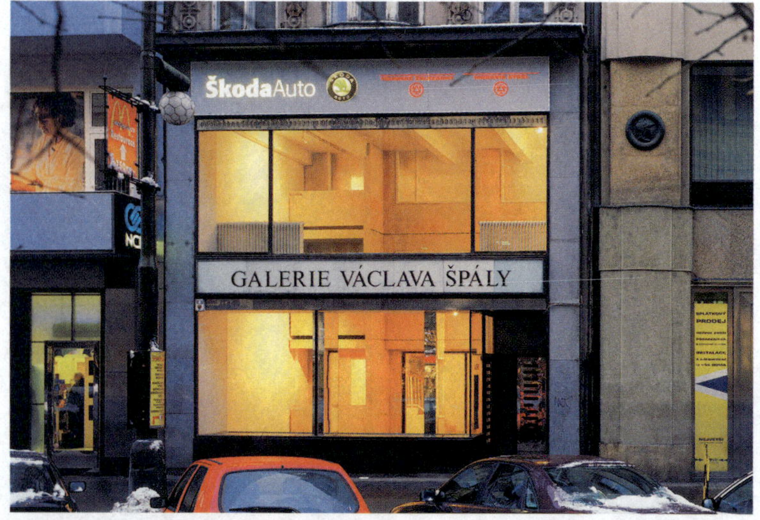

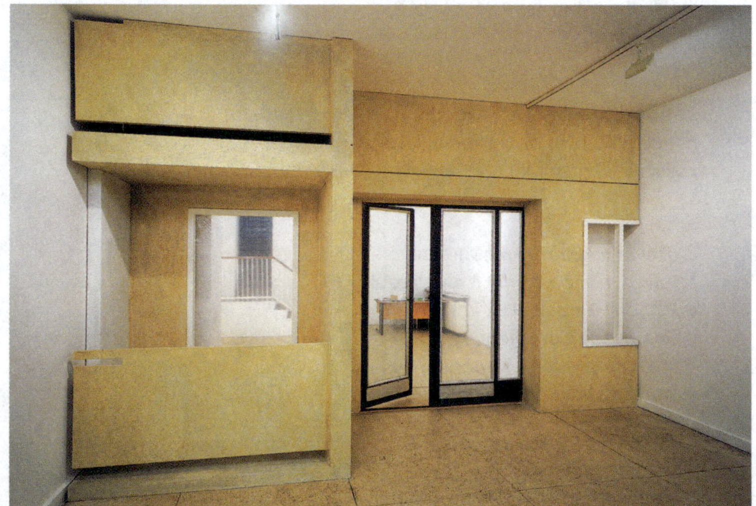

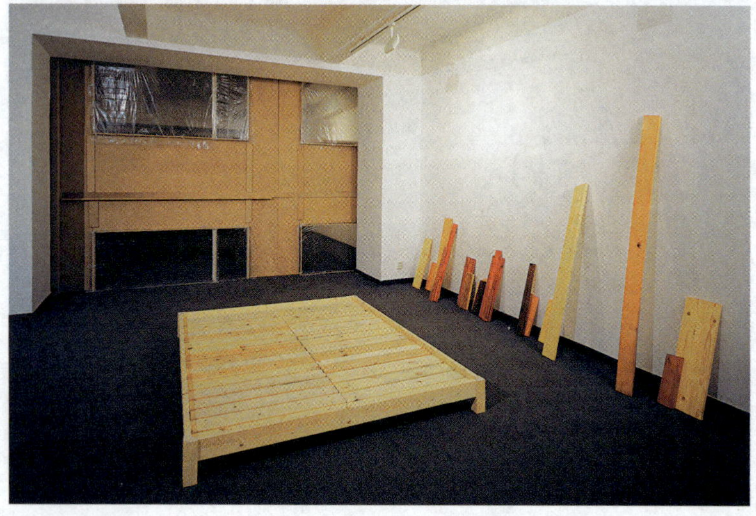

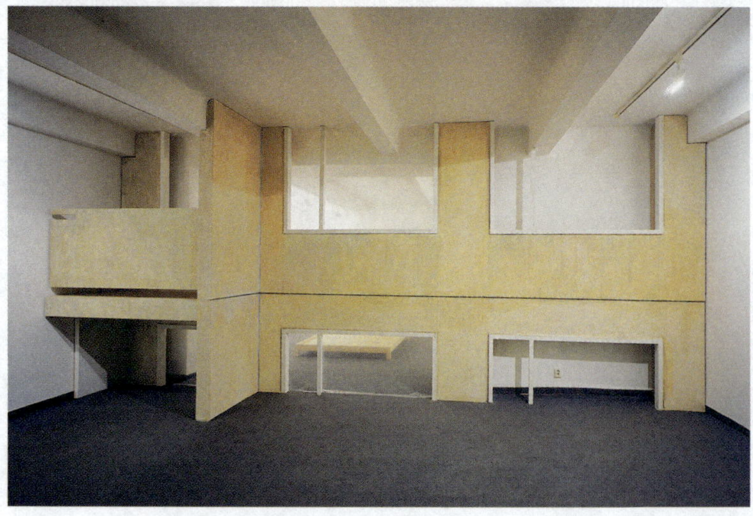

Prague 13, 2002. Graph. Project for the exhibition
at Václav Špála Gallery, Prague, 2002

Praha 13, 2002. Graf. Projekt pro výstavu v Galerii
Václava Špály, Praha, 2002

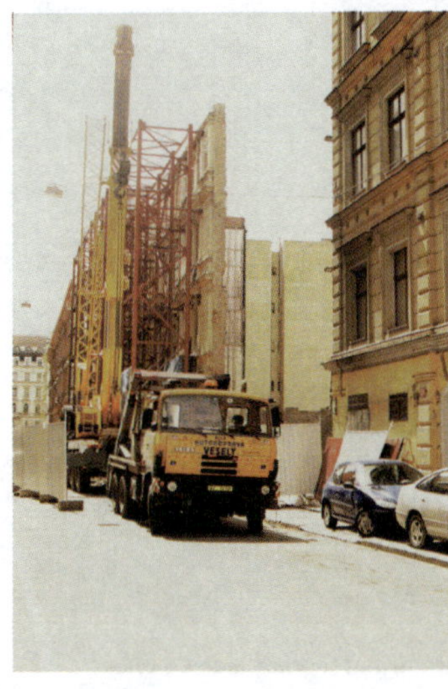

the facade of a pre-fabricated
apartment building — a pre-fabricated
apartment building — housing project
— social enviroment

the means of renovating historical buildings
currently often used in Prague: leave the
facade, destroy the rest of the building

most of this type of renovation is
related to the presentation of luxury
(rich owner), to leave the facade of
a pre-fabricated apartment building is
paradoxical (poor housing, outskirts)

this type of renovation mostly concerns
historical buildings — is a pre-fabricated
building and the period connected to it
part of regular history?

the front side of the wall versus the back side, same principle as in the case of a film set
— the front side (in illusion) preserves the realistic form of a pre-fabricated apartment
building — the back side — visual effect dependent on construction (revealed scaffolding
supporting wall) — yet a certain relation to reality, but different character — principle of
inversion, similar as in the case of my use of material

exterior — interior, gallery space behind wall
is logically understood as interior and, on the
other hand

shifts the border of the exterior
and interior to inside the gallery

duplicating the interior, the gallery
space behind the wall is the interior
in the interior

Prague 13, 2002. Graph. Project for the exhibition
at Václav Špála Gallery, Prague, 2002

Praha 13, 2002. Graf. Projekt pro výstavu v Galerii
Václava Špály, Praha, 2002

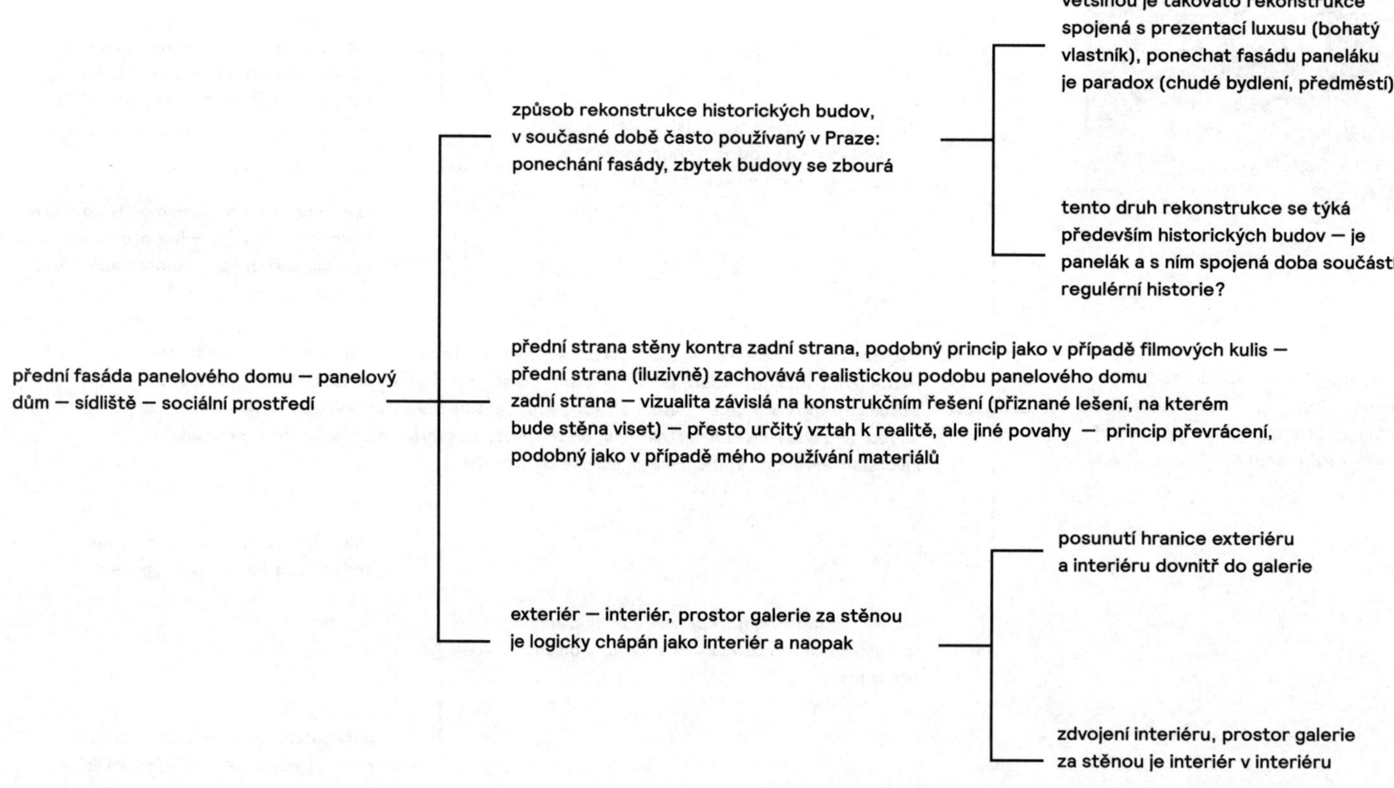

Prague 13, 2002. Detail view, Václav Špála Gallery,
Prague, 2002

———

Praha 13, 2002. Detailní pohled, Galerie Václava Špály,
Praha, 2002

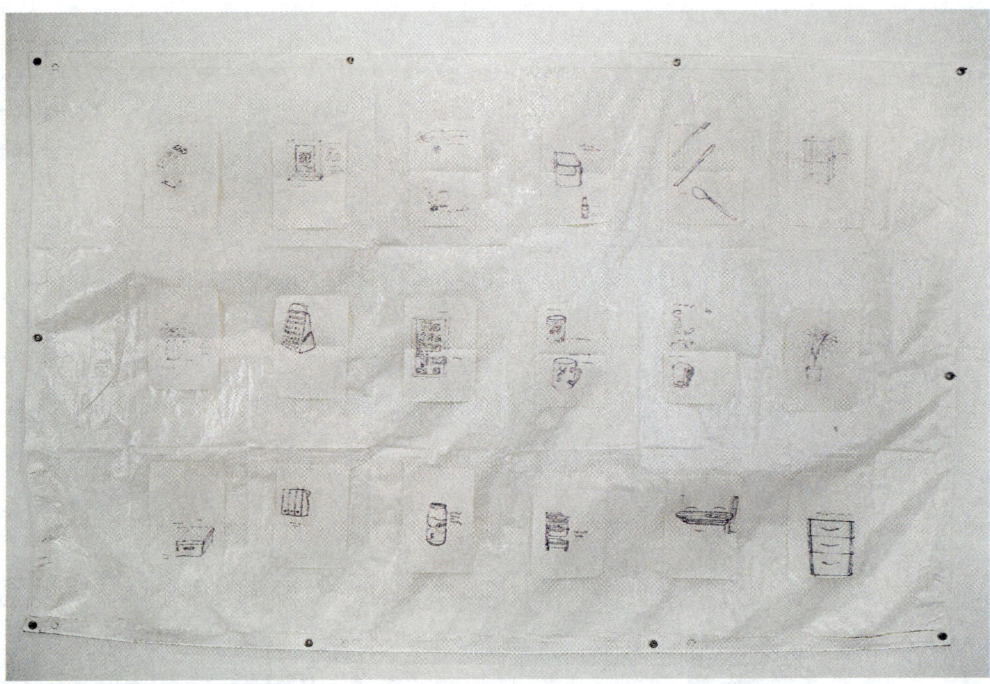

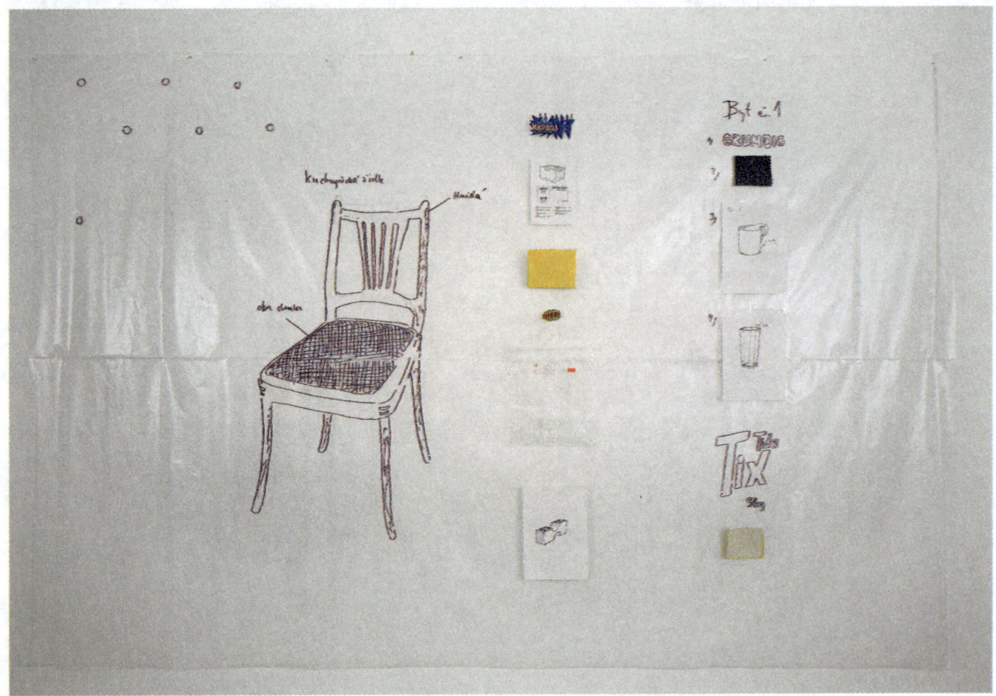

2002

Untitled, 2002. Black marker on paper, 70.5 × 100 cm.
Private collection

Bez názvu, 2002. Černý fix na papíru, 70,5 × 100 cm.
Soukromá sbírka

to the villa gate (studio)

the one on the key ring next to the key to the letterbox is to the doors — main entrance

the next one is to the building garbage area (the others are the same)

to the stockroom in Zahradní Město — the main entrance and the door to the drying room

to Petra's building (main entrance)

to Pester's apartment 1 — main entrance, 2 — stairs, 3 — apartment

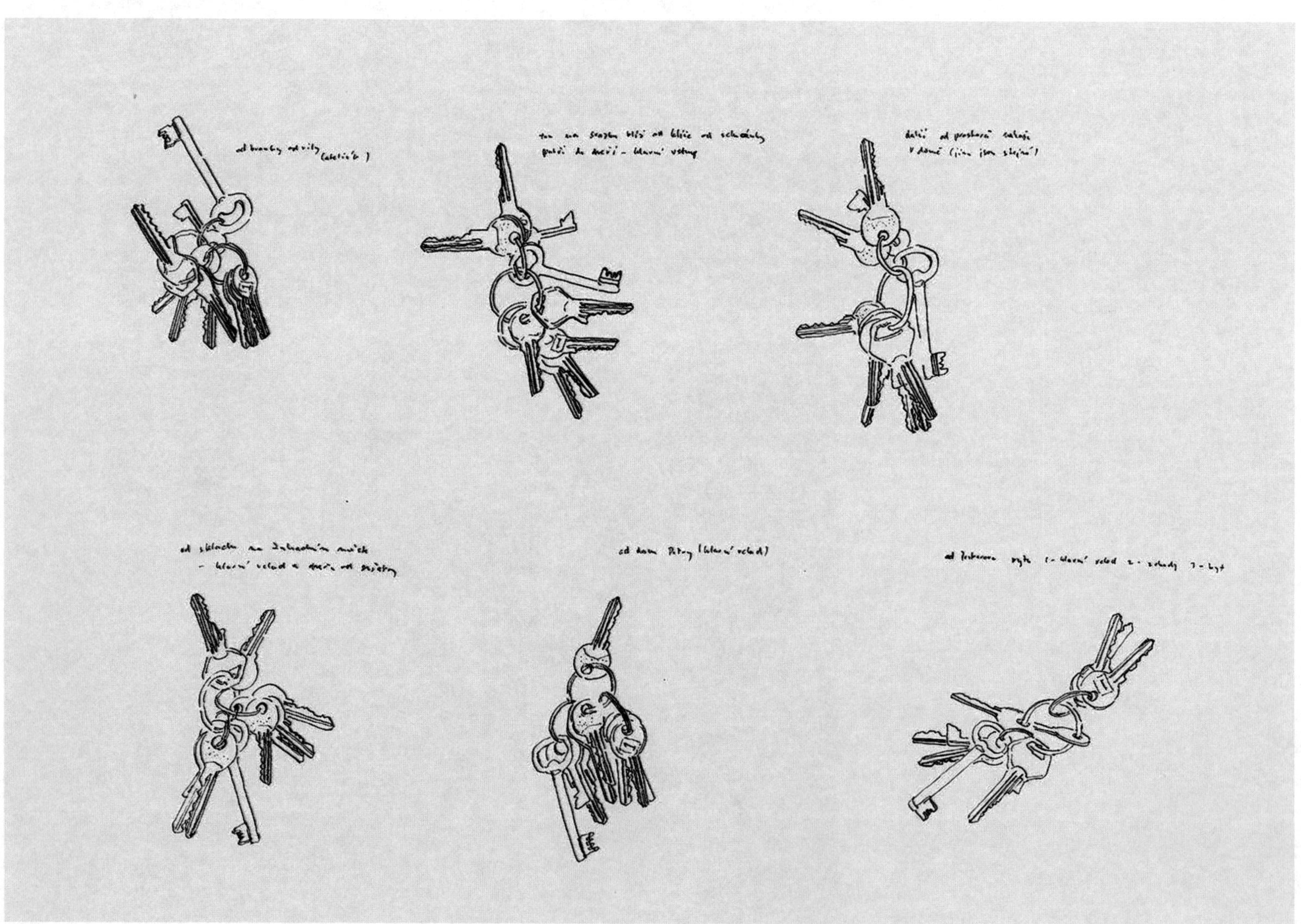

Untitled, 2002. Collage on paper, black marker,
each 70.5 × 100 cm. Private collection

Bez názvu, 2002. Koláž na papíru, černý fix,
každá 70,5 × 100 cm. Soukromá sbírka

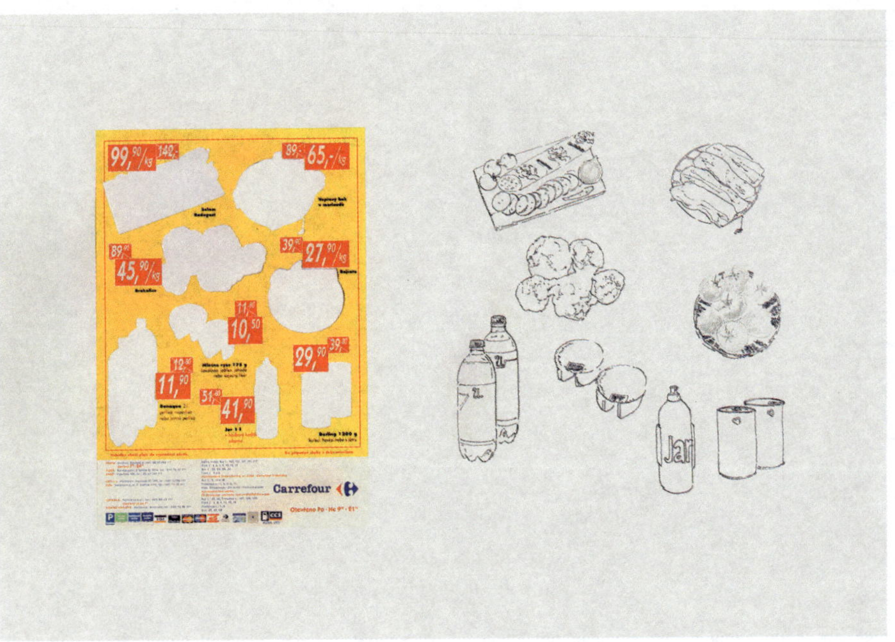

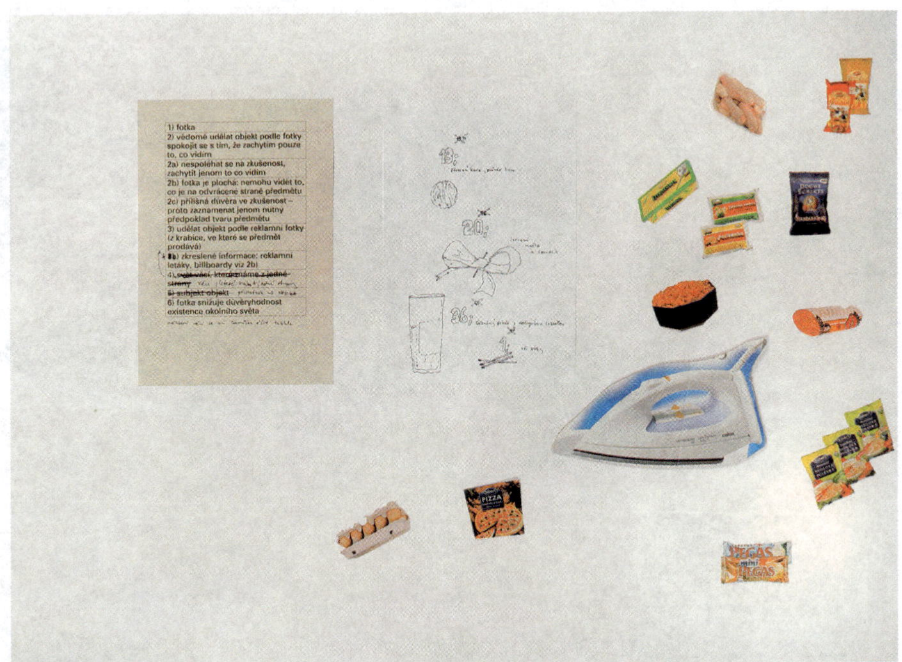

2003

From the Entrance to the First Floor and Back Again...,
2003. Copper wire, cardboard box, 21.6 × 59.1 × 59.7 cm.
Collection Scott J. Lorinsky

———————

Od vchodu do prvního patra a zase zpět..., 2003.
Měděný drát, kartonová krabice, 21,6 × 59,1 × 59,7 cm.
Sbírka Scott J. Lorinsky

entrance ground floor entrance hall flat
no. 1 wall 37m² door window stairs sup-
porting wall flat no. 2 corridor windows
bedroom living room door stairs exit wall
7m² eaves roof about 7 × 10 m wall window

———————

vchod přízemí vstupní hala byt č. 1 stěna
37 m² dveře okno schody nosná zeď byt
č. 2 chodba okna ložnice obývací pokoj
dveře schody východ stěna 7 m² okap
střecha asi 7 × 10 m stěna okno

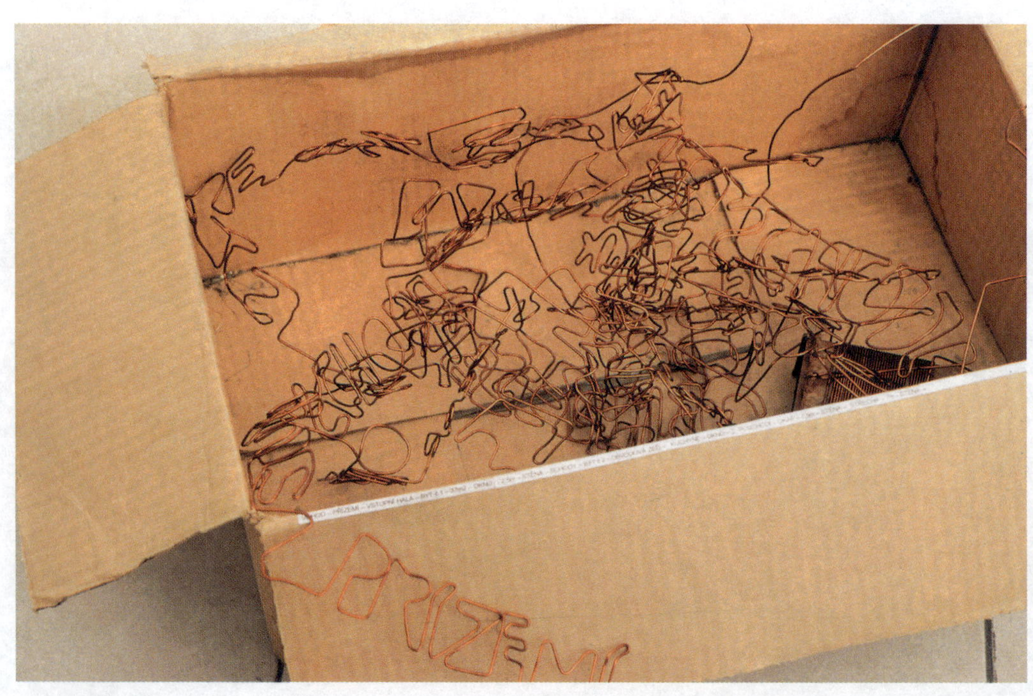

Absolute Error, 2003. Silkscreen on paper, b/w,
three parts, each 70 × 100 cm

———————

Absolutní chyba, 2003. Sítotisk na papíru, č/b,
tři části, každá 70 × 100 cm

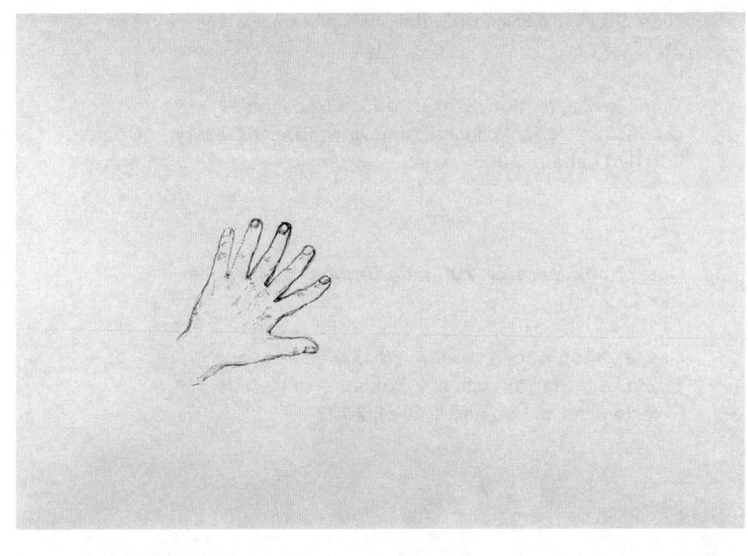

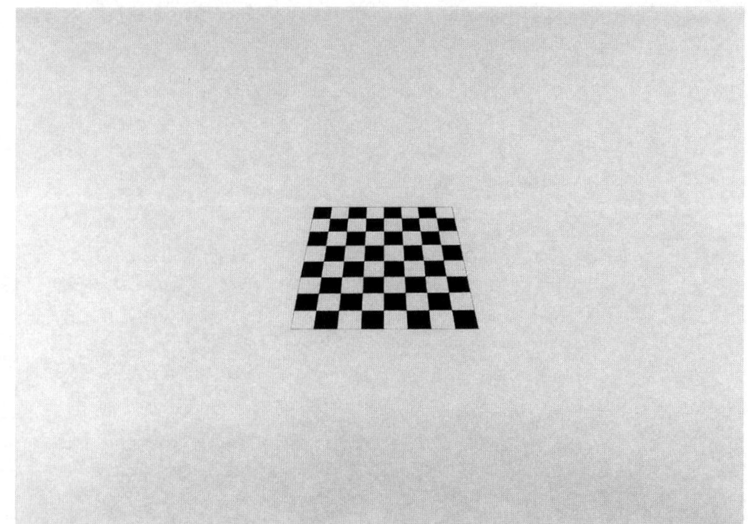

2003

Time, Story, Space, 2003. Ballpoint pen on paper,
21 × 29.7 cm

Time, Space, Motion, Story, 2003. Mixed media,
dimensions variable. Installation view, Raketa Gallery,
Ústí nad Labem, 2003

———————

Čas, příběh, prostor, 2003. Kuličkové pero na papíru,
21 × 29,7 cm

Čas, prostor, pohyb, příběh, 2003. Kombinovaná
technika, variabilní rozměry. Pohled do instalace,
Galerie Raketa, Ústí nad Labem, 2003

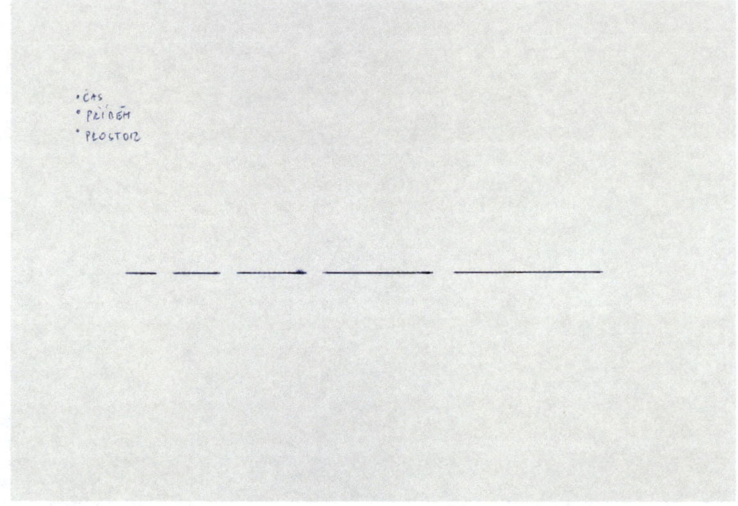

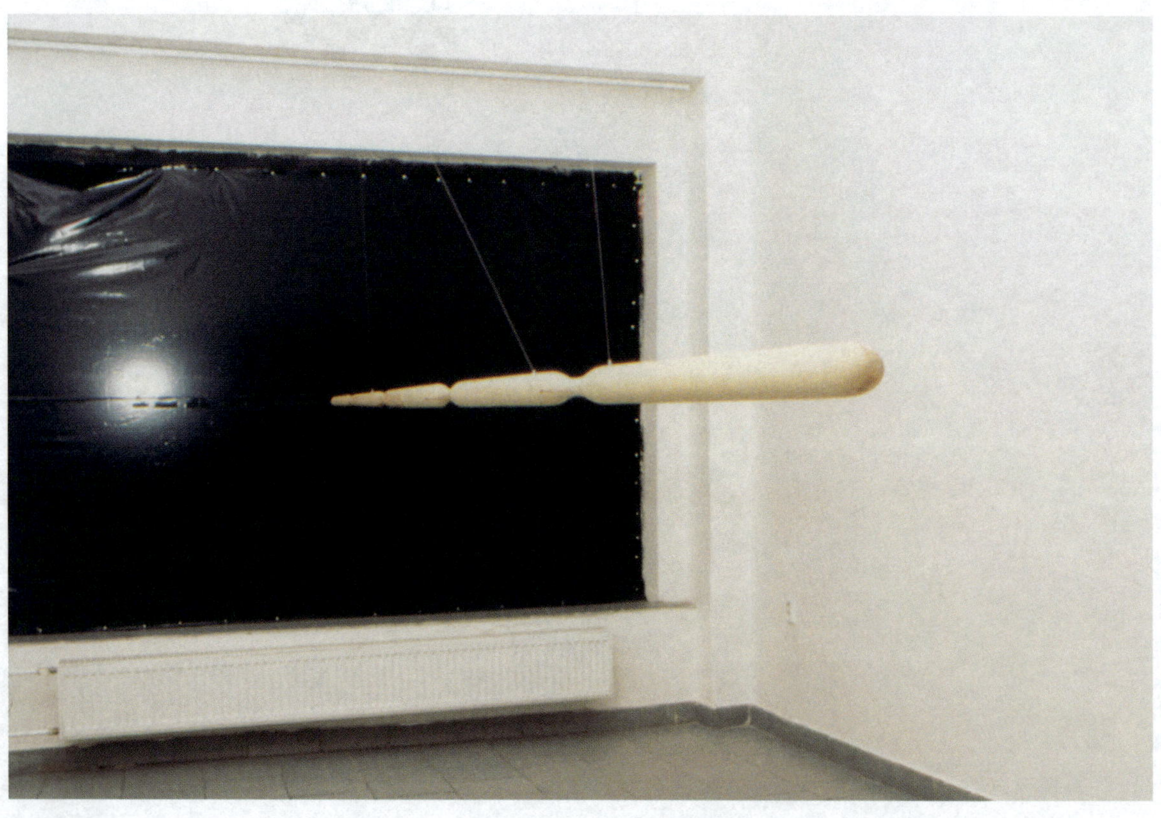

Untitled, 2003. Casts of pill packages, modelling clay,
four wooden laths. Installation view, Raketa Gallery,
Ústí nad Labem, 2003. Not preserved

Untitled, 2002. Pencil and red marker on paper,
70.5 × 100 cm. Private collection

Bez názvu, 2003. Odlitky obalů od pilulek, modurit,
čtyři dřevěné laťky. Pohled do instalace, Galerie
Raketa, Ústí nad Labem, 2003. Nedochováno

Bez názvu, 2002. Tužka a červený fix na papíru,
70,5 × 100 cm. Soukromá sbírka

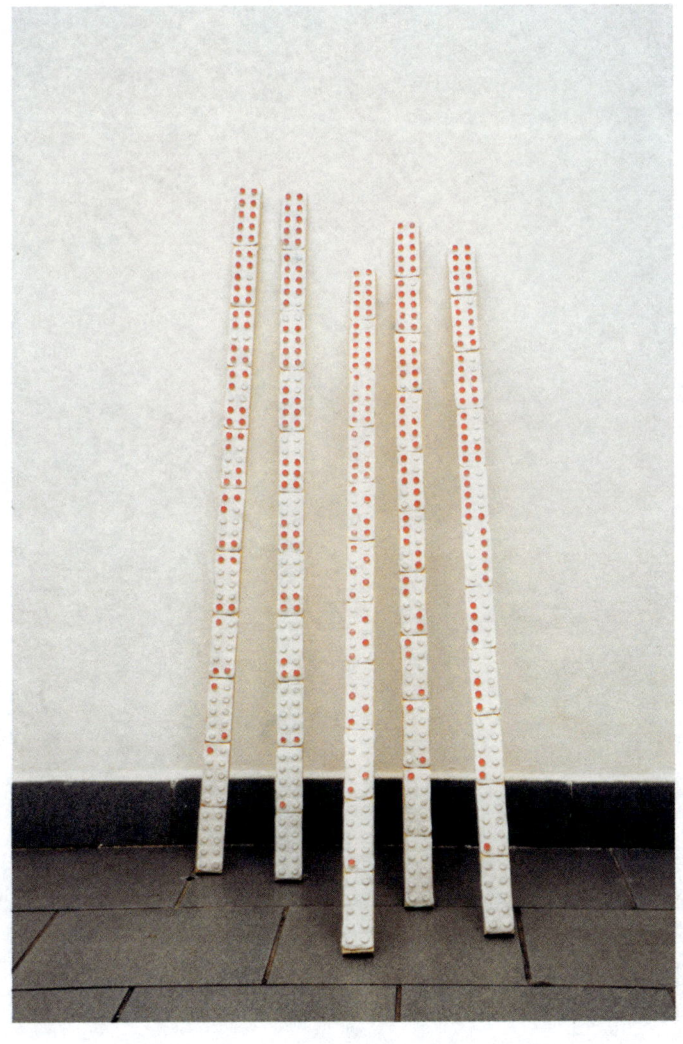

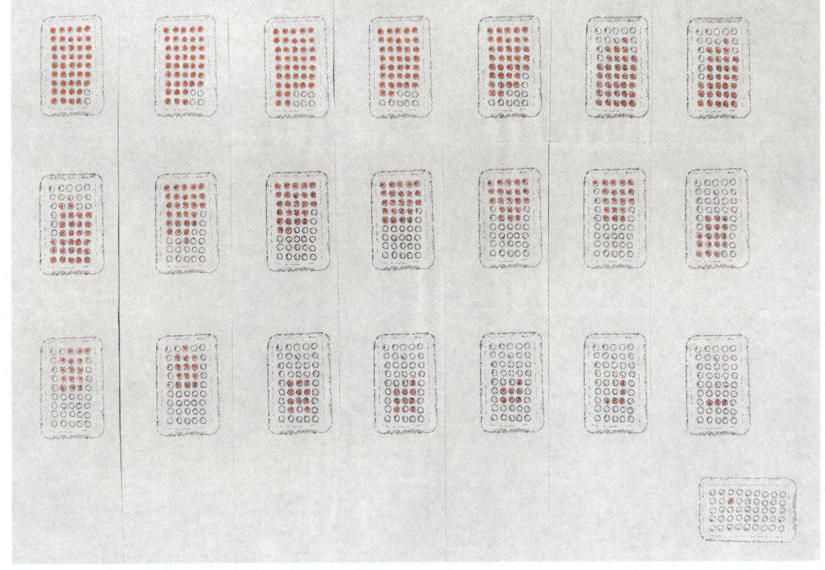

A Cup, 2003. Slide projection on cardboard box,
marker on wall, variable dimensions. Installation
view, NoD — Experimental Space, Prague, 2003

Hrnek, 2003. Diaprojekce na kartonovou krabici,
fix na stěně, variabilní rozměry. Pohled do instalace,
NoD — experimentální prostor, Praha, 2003

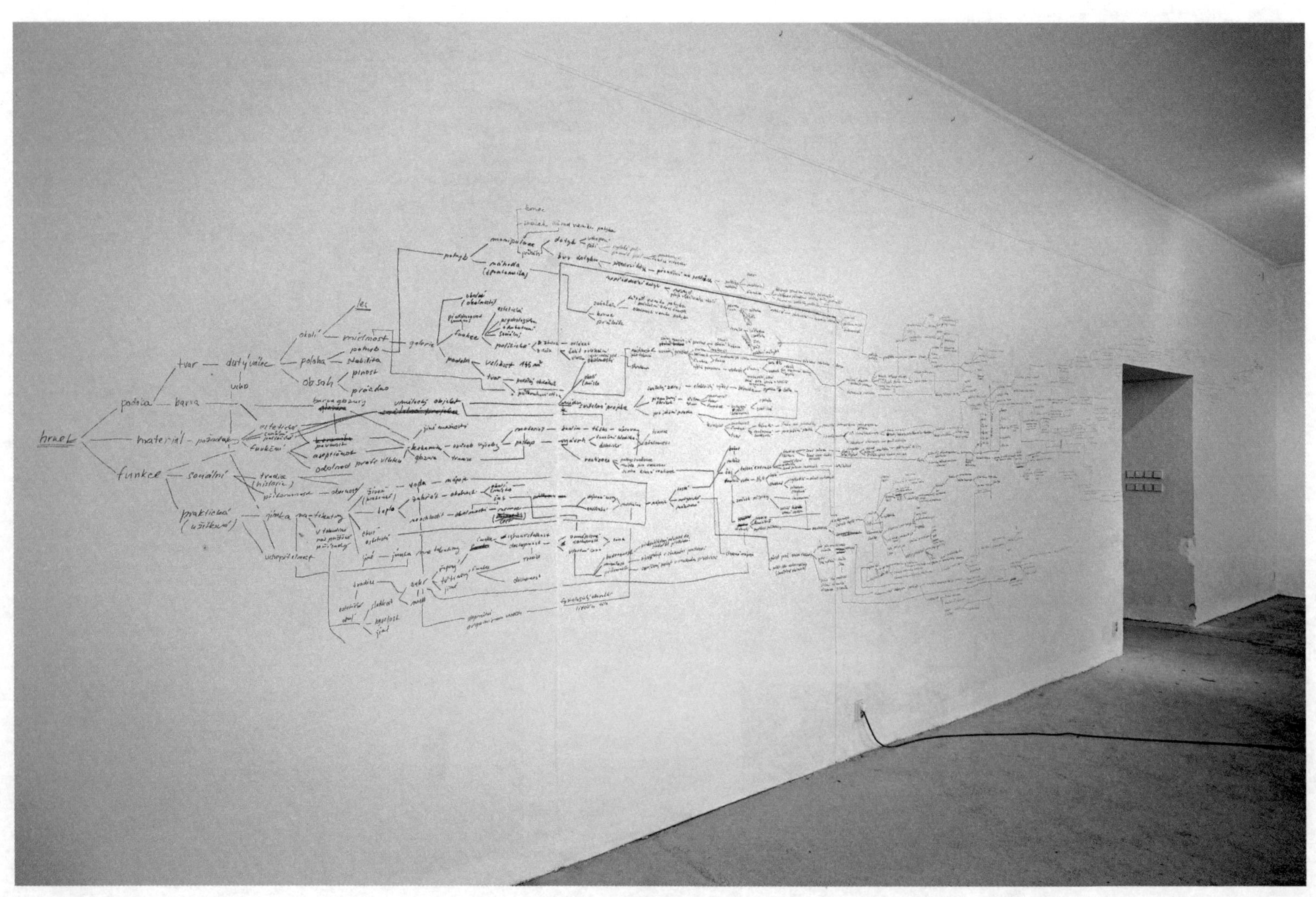

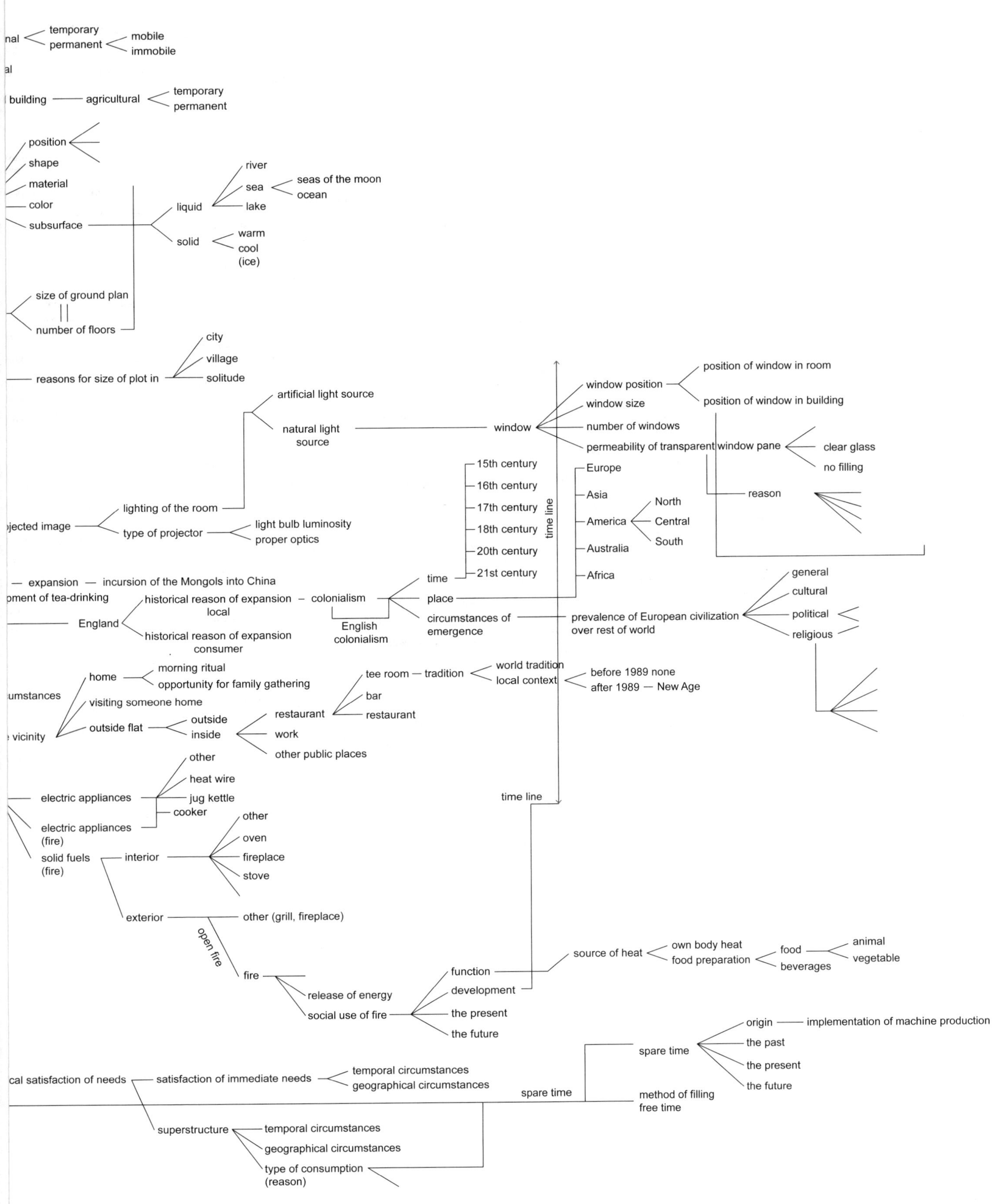

nal
temporary
permanent
mobile
immobile
al
building
agricultural
temporary
permanent
position
shape
material
color
subsurface
river
sea
seas of the moon
ocean
lake
liquid
solid
warm
cool
(ice)
size of ground plan
number of floors
city
village
solitude
reasons for size of plot in
artificial light source
natural light source
window
window position
window size
number of windows
permeability of transparent window pane
position of window in room
position of window in building
clear glass
no filling
reason
15th century
16th century
17th century
18th century
20th century
21st century
time line
Europe
Asia
America
Australia
Africa
North
Central
South
general
cultural
political
religious
lighting of the room
jected image
type of projector
light bulb luminosity
proper optics
time
place
circumstances of emergence
prevalence of European civilization over rest of world
expansion
incursion of the Mongols into China
pment of tea-drinking
historical reason of expansion – colonialism
local
England
historical reason of expansion
consumer
English colonialism
home
morning ritual
opportunity for family gathering
visiting someone home
umstances
vicinity
outside flat
outside
inside
restaurant
work
other public places
restaurant
bar
restaurant
tee room
tradition
world tradition
local context
before 1989 none
after 1989 — New Age
other
heat wire
jug kettle
cooker
electric appliances
electric appliances (fire)
solid fuels (fire)
interior
other
oven
fireplace
stove
exterior
other (grill, fireplace)
open fire
fire
release of energy
social use of fire
time line
function
development
the present
the future
source of heat
own body heat
food preparation
food
beverages
animal
vegetable
origin
implementation of machine production
the past
the present
the future
spare time
cal satisfaction of needs
satisfaction of immediate needs
temporal circumstances
geographical circumstances
spare time
spare time
method of filling free time
superstructure
temporal circumstances
geographical circumstances
type of consumption (reason)

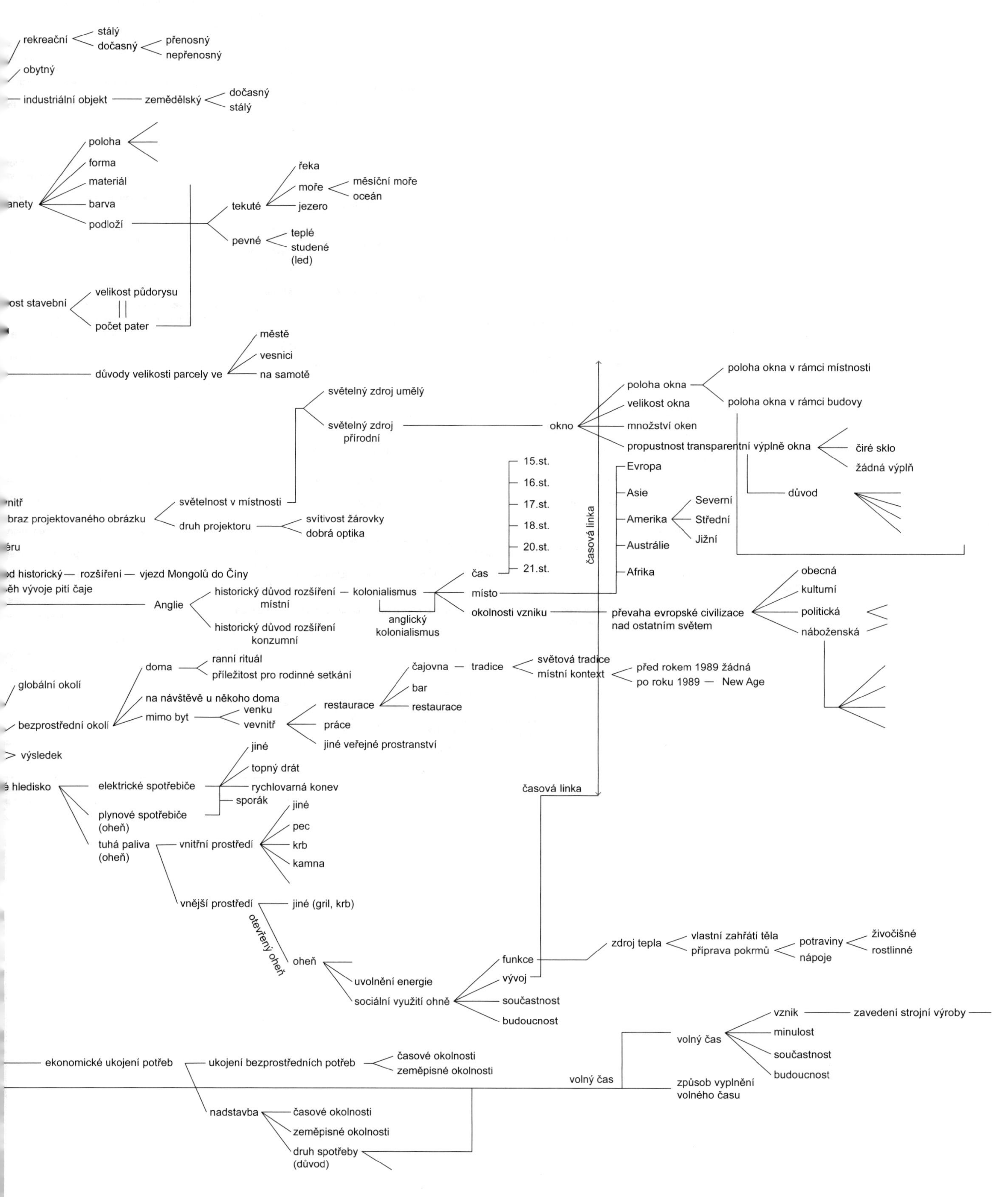
rekreační
stálý
dočasný
přenosný
nepřenosný
obytný
industriální objekt
zemědělský
dočasný
stálý
poloha
forma
materiál
barva
podloží
anety
tekuté
řeka
moře
měsíční moře
oceán
jezero
pevné
teplé
studené
(led)
velikost půdorysu
ost stavební
počet pater
důvody velikosti parcely ve
městě
vesnici
na samotě
světelný zdroj umělý
světelný zdroj
přírodní
okno
poloha okna
poloha okna v rámci místnosti
velikost okna
poloha okna v rámci budovy
množství oken
propustnost transparentní výplně okna
čiré sklo
žádná výplň
nitř
braz projektovaného obrázku
světelnost v místnosti
druh projektoru
svítivost žárovky
dobrá optika
éru
důvod
15.st.
16.st.
17.st.
18.st.
20.st.
21.st.
čas
časová linka
Evropa
Asie
Amerika
Severní
Střední
Jižní
Austrálie
Afrika
od historický
rozšíření
vjezd Mongolů do Číny
ěh vývoje pití čaje
Anglie
historický důvod rozšíření
kolonialismus
místní
historický důvod rozšíření
konzumní
anglický
kolonialismus
místo
okolnosti vzniku
převaha evropské civilizace
nad ostatním světem
obecná
kulturní
politická
náboženská
doma
ranní rituál
příležitost pro rodinné setkání
na návštěvě u někoho doma
mimo byt
venku
vevnitř
restaurace
práce
jiné veřejné prostranství
čajovna
tradice
restaurace
restaurace
bar
světová tradice
místní kontext
před rokem 1989 žádná
po roku 1989
New Age
globální okolí
bezprostřední okolí
výsledek
é hledisko
elektrické spotřebiče
jiné
topný drát
rychlovarná konev
sporák
plynové spotřebiče
(oheň)
tuhá paliva
(oheň)
vnitřní prostředí
jiné
pec
krb
kamna
vnější prostředí
jiné (gril, krb)
otevřený oheň
oheň
uvolnění energie
sociální využití ohně
funkce
vývoj
součastnost
budoucnost
časová linka
zdroj tepla
vlastní zahřátí těla
příprava pokrmů
potraviny
živočišné
rostlinné
nápoje
vznik
zavedení strojní výroby
volný čas
minulost
součastnost
budoucnost
ekonomické ukojení potřeb
ukojení bezprostředních potřeb
časové okolnosti
zeměpisné okolnosti
volný čas
způsob vyplnění
volného času
nadstavba
časové okolnosti
zeměpisné okolnosti
druh spotřeby
(důvod)

A Cup, 2003. Slide projection on cardboard box. Installation
view, NoD — Experimental Space, Prague, 2003

Hrnek, 2003. Diaprojekce na kartonovou krabici. Pohled
do instalace, NoD — experimentální prostor, Praha, 2003

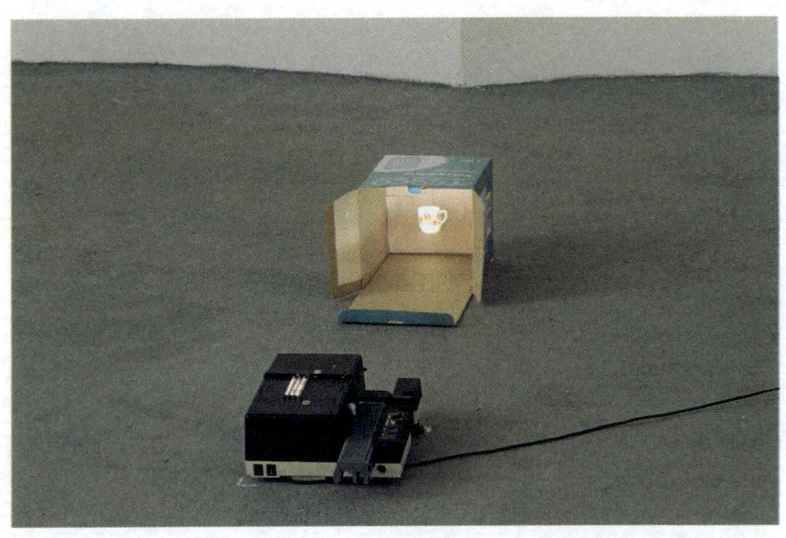

Tea Pot, 2003. Slide projection on threads, wooden
construction. Detail view, Jelení Gallery, Prague, 2003

Čajová konvice, 2003. Diaprojekce na nitě, dřevěná
konstrukce. Detailní pohled, Galerie Jelení, Praha, 2003

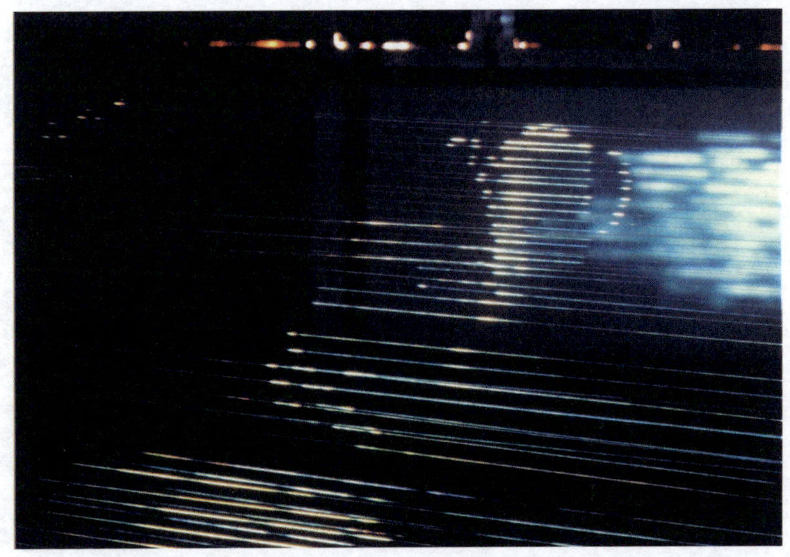

2003

You Will Never See it All, 2003. Cardboard and tape, dimensions variable. Installation view, National Gallery in Prague, Collection of Modern and Contemporary Art, 2003. Not preserved

---

Nikdy to neuvidíš celé..., 2003. Karton a lepicí páska, variabilní rozměry. Pohled do instalace, Národní galerie v Praze, Sbírka moderního a současného umění, 2003. Nedochováno

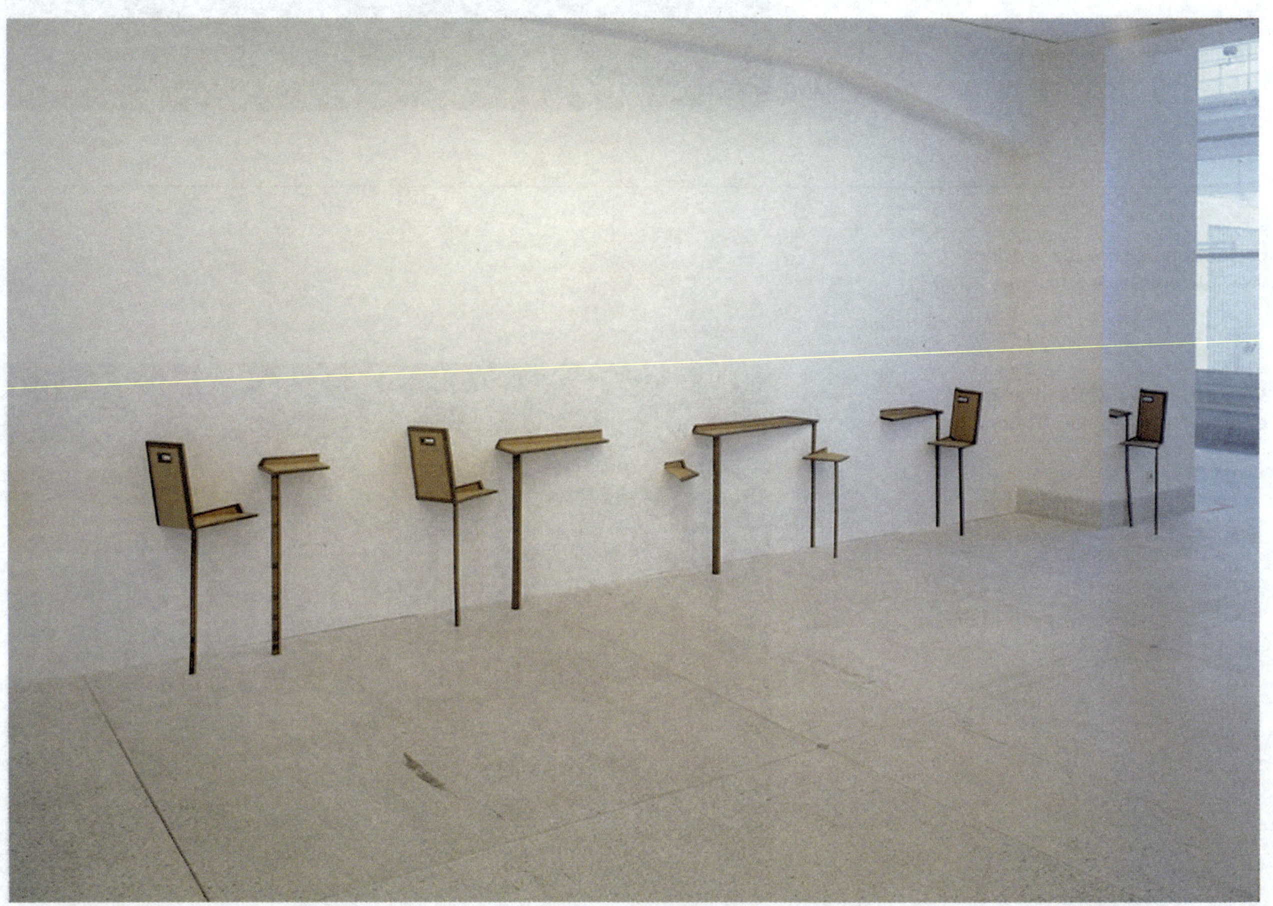

Time in Sequences, 2004. Wood, lead, dimensions variable. Detail
view. Collection Laura Steinberg and Bernardo Nadal-Ginard

Time in Sequences, 2004. Wood, lead, dimensions variable.
Collection Laura Steinberg and Bernardo Nadal-Ginard

Čas v sekvekcích, 2004. Dřevo, olovo, variabilní rozměry.
Detailní pohled. Sbírka Laura Steinberg a Bernardo Nadal-Ginard

Čas v sekvekcích, 2004. Dřevo, olovo, variabilní rozměry.
Sbírka Laura Steinberg a Bernardo Nadal-Ginard

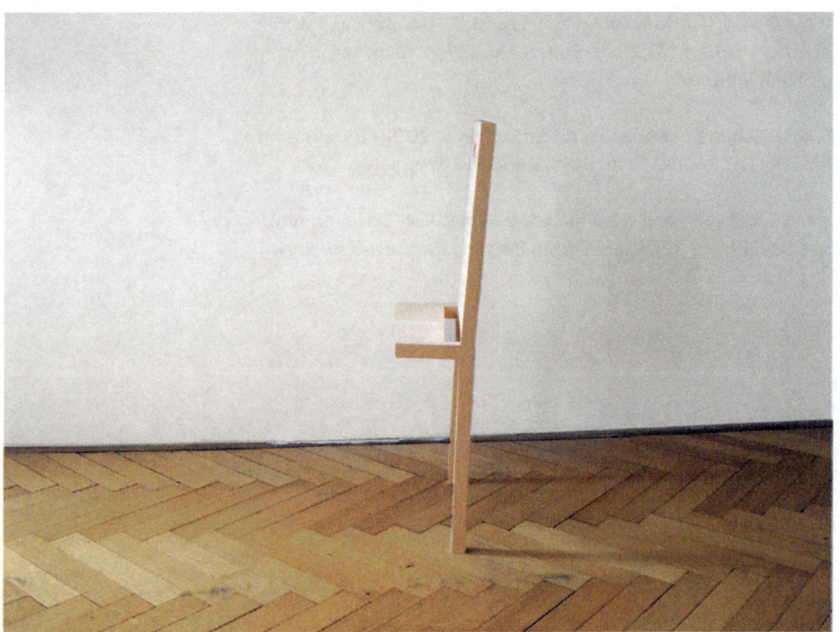

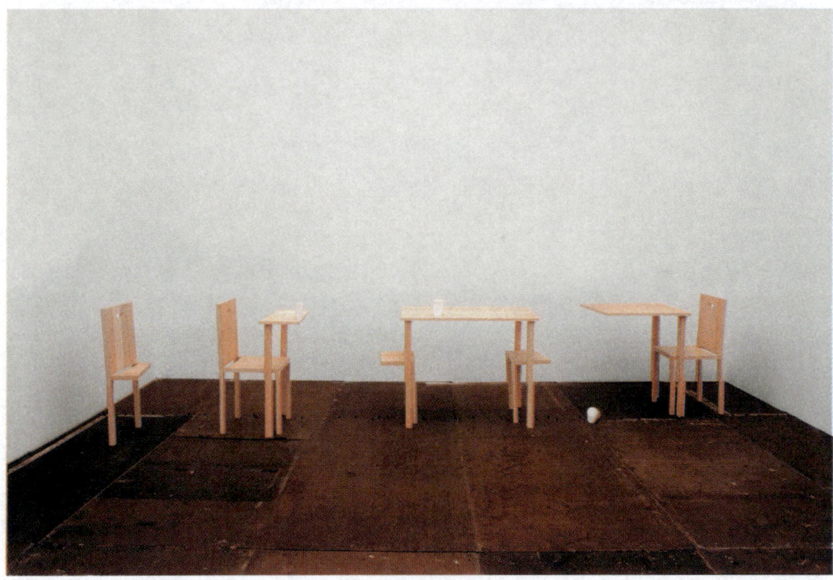

In My Father's Flat — I Always Sit on the Chair at the Back,
2004. Coloured thread, nails, 106.7 × 137.2 cm. Collection
Thea Westreich Wagner and Ethan Wagner

In My Mother-in-Law's Flat — I Always Sit on the Chair
to the Right, 2004. Coloured thread, nails, 111.8 × 132.1 cm.
Collection Andrew Kreps, New York

In My Mother's Flat — I Always Sit on the Left Chair, 2004.
Coloured thread, nails, 96.5 × 119.4 cm. Collection Patricia
Pericas, New York

———————

V bytě otce — sedávám na židli vzadu, 2004. Barevné nitě,
hřebíky, 106,7 × 137,2 cm. Sbírka Thea Westreich Wagner
a Ethan Wagner

V bytě tchyně — sedávám na židli vpravo, 2004. Barevné nitě,
hřebíky, 111,8 × 132,1 cm. Sbírka Andrew Kreps, New York

V bytě matky — sedávám na židli vlevo, 2004. Barevné nitě,
hřebíky, 96,5 × 119,4 cm. Sbírka Patricia Pericas, New York

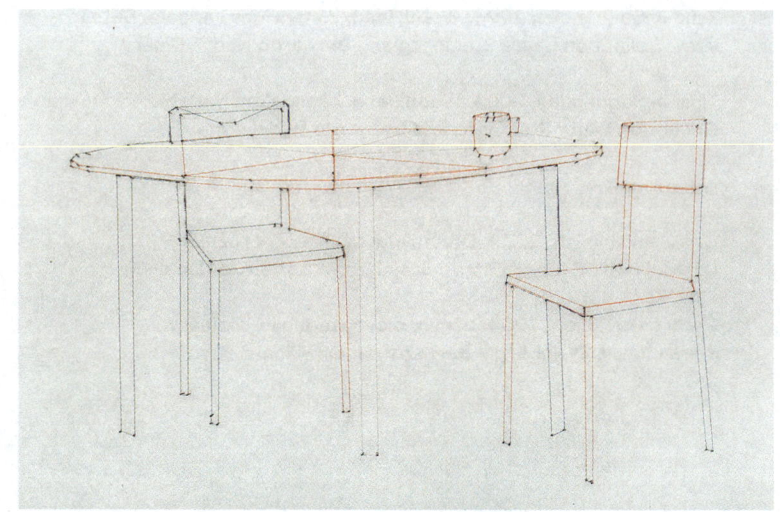

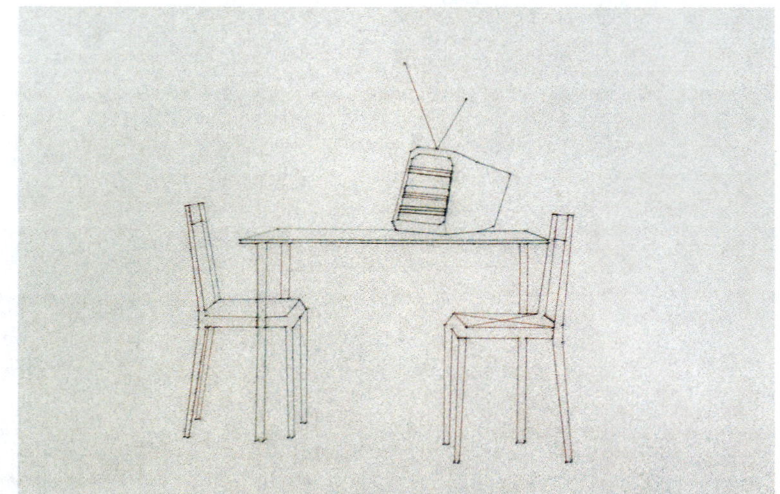

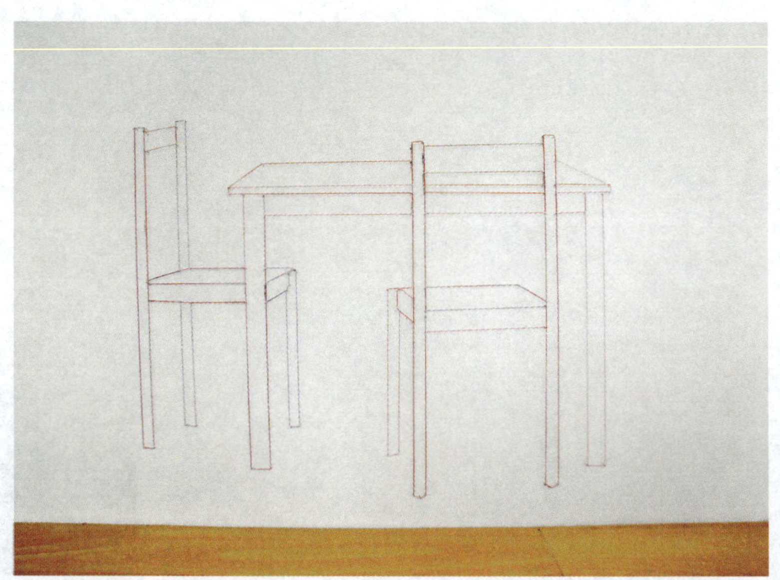

In My Father's Flat — I Always Sit on the Chair at the Back. In My Mother-in-Law's Flat — I Always Sit on the Chair to the Right. In My Mother's Flat — I Always Sit on the Left Chair are installations in the form of tables in the flats of my relatives, which are created from threads stretched between nails. The piece includes titles designating the places where I always sit. I examine the theme of domestication of the space and unconscious reflections on the sense of protection that a person is obviously guided by in the context of what is closest, i.e. the domestic environment of the family. I regard this basic space as the best field for an investigation of the principles that play a part in the social behaviour of a person in a bare, intelligible form.

V bytě otce — sedávám na židli vzadu. V bytě tchyně — sedávám na židli vpravo. V bytě matky — sedávám na židli vlevo jsou instalace v podobě stolů v bytech mých příbuzných, vytvořené z nití napnutých mezi hřebíky. Součástí prací jsou názvy označující místo, na které si vždy sedám. Téma domestikace prostoru a podvědomých reflexů ochrany, kterými se člověk samozřejmě řídí, zkoumám v kontextu nejbližšího okolí, tedy domácího prostředí rodiny. Tento základní prostor považuji za nejlepší pole pro zkoumání principů, které se podílejí na sociálním chování člověka v jejich holé a srozumitelné formě.

In My Father's Flat — I Always Sit on the Chair at the Back
In My Mother-in-Law's Flat — I Always Sit on the Chair to the Right
In My Mother's Flat — I Always Sit on the Left Chair

V bytě otce — sedávám na židli vzadu
V bytě tchyně — sedávám na židli vpravo
V bytě matky — sedávám na židli vlevo

While I Walked… in My Studio in ISCP, 323 W 39th Street #811, New York, 2004. Silkscreen on elastic tape, dimensions variable. Collection Andrew Ong and George Robertson, New York; Kontakt. The Art Collection of Erste Group and ERSTE Foundation; Collection Frac Lorraine, Metz

Během chvíle kdy jsem kráčel… po místnosti ve svém studiu v ISCP, 323 W 39th Street #811, New York, 2004. Sítotisk na elastické pásce, variabilní rozměry. Sbírka Andrew Ong a George Robertson, New York; Kontakt. Umělecká sbírka skupiny Erste Bank a nadace ERSTE; Sbírka Frac Lorraine, Metz

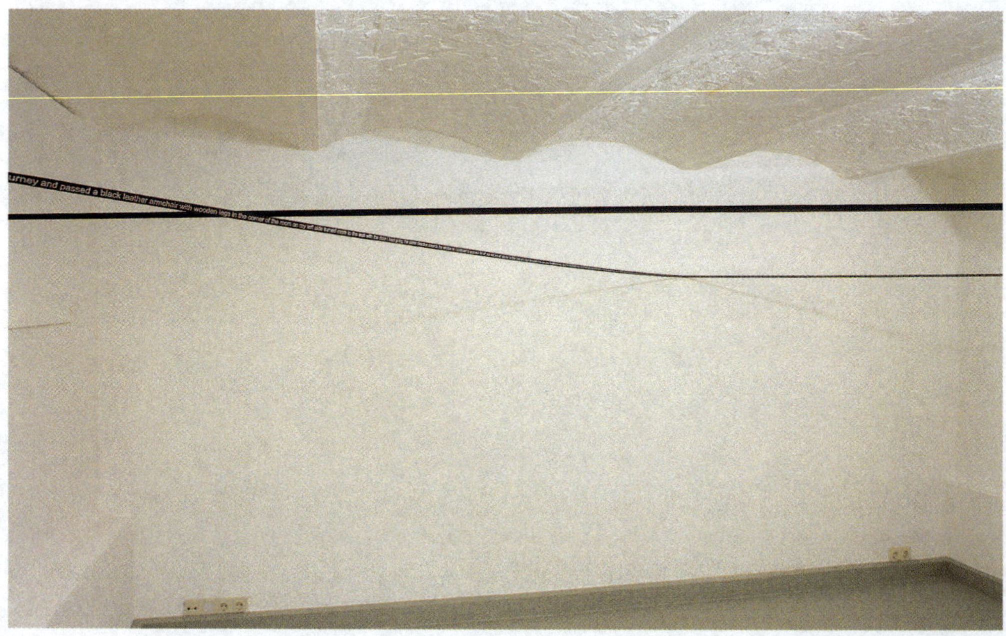

While I walked across the room from the wall with the door to the wall with the window and looked at the gray concrete floor I counted how many steps I'd made during this journey and passed a black leather armchair with wooden legs in the corner of the room on my left side turned more to the wall with the door I kept going the same direction towards the window so I continued to approach the left side wall and still watched the floor I tried not to forget the number of the steps and at the same time not to step on the crack between squares about a meter wide by which the floor is divided it is quite shiny almost like it was recently varnished though I realized that I actually don't know how wide those squares are maybe because I have no idea how much one inch is the measure those squares where made in at the moment I reached the wall with the window I decided it would be probably better if I turned to the wall on my right side and continue along the table with the grey top which stands right under the window perhaps in the middle of the front wall I tried not to bump into a red metal chair with the seat also made from red artificial leather standing by the side next to the table across from another multicolored metal chair with the wicker seat with the broken backrest on which I sit only when I have some guest and when I reach the point where another small table stands at the other wall I will turn again and this time walk towards the black leather armchair which I already passed and thus almost the same direction from which I started only a little bit more on the right so I come to the two thirds of the wall which was originally on my left side slowly approach it continually counted the steps and tried to avoid the crack between the squares with my legs already used to this rhythm of walking so I could only think of the number of steps so that I turned and continued in walking toward the wall right next to the right side of the door which is placed perhaps one third of the wall closer to the left corner of the room where across from the armchair there stands a high but very narrow tin cabinet with five shelves where I have mostly only papers and some videotapes and returned to the same place where I'd started and tried it again.

Během chvíle kdy jsem kráčel po místnosti od stěny u dveří směrem ke stěně s oknem a díval se na šedou podlahu počítal kolik kroků jsem již udělal cestou minul černé kožené křeslo s dřevěnými nohami stojící po mé levé straně v rohu místnosti a otočené více ke stěně s dveřmi pokračoval stejným směrem k oknu tak že jsem se stále více přibližoval k boční stěně a pořád hleděl na podlahu pokoušel jsem se nezapomenout ten počet kroků a zároveň nešlápnout na spáru mezi čtverci asi metr širokými jimiž je dělená podlaha docela lesklá jakoby nově natřená a uvědomil si že vlastně nevím jak široké ty čtverce jsou asi proto že nemám představu kolik je jeden palec tedy měřítko ve kterém byly čtverce vytvořeny v momentě kdy jsem došel ke stěně s oknem jsem se rozhodl že lepší by pravděpodobně bylo pokud bych se otočil ke stěně po mé pravé straně a pokračoval kolem stolu se šedivou deskou který stojí přímo pod oknem možná v prostředku stěny pokoušel se nenarazit do červené kovové židle se sedadlem z červené koženky stojící stranou u stolu šikmo od jiné různobarevné židle s proutěným sedátkem a prasklým opěradlem na kterém sedávám pouze pokud mám nějakého hosta a když jsem se dostal na místo kde u další stěny stojí jiný malý stolek otočil jsem se a znova vydal tentokrát směrem k černému koženému křeslu které jsem už minul tedy téměř stejným směrem odkud jsem začal pouze trochu víc napravo tak že jsem došel asi do dvou třetin stěny která byla původně po mé levé straně a stále se k ní přibližoval počítal kroky a pokoušel se vyhnout spárám mezi čtverci s nohama uvyklýma rytmu chůze takže jsem mohl pouze myslet na počet kroků otočil jsem se a pokračoval směrem ke stěně k místu hned napravo od dveří které jsou umístěné přibližně v jedné třetině stěny blíže k levému rohu místnosti kde naproti křeslu stojí vysoká ale velmi úzká skříňka s pěti policemi kde mám většinou jen papíry a nějaké videokazety vrátil jsem se na stejné místo odkud jsem vyšel a zkusil to znova.

2004

The Space Behind the Wall..., 2004. Laser-cut particleboard, furniture, light fixture, dimensions variable. Installation view, Futura, Prague. Private collection

———————

Prostor za stěnou..., 2004. Laserem vyřezávaná dřevotříska, nábytek, světlo, variabilní rozměry. Pohled do instalace, Futura, Praha. Soukromá sbírka

→ The Space Behind the Wall..., 2004. Laser-cut particleboard, furniture, light fixture, dimensions variable. Installation view, Andrew Kreps Gallery, New York, 2004. Private collection

———————

→ Prostor za stěnou..., 2004. Laserem vyřezávaná dřevotříska, nábytek, světlo, variabilní rozměry. Pohled do instalace, Galerie Andrew Kreps, New York, 2004. Soukromá sbírka

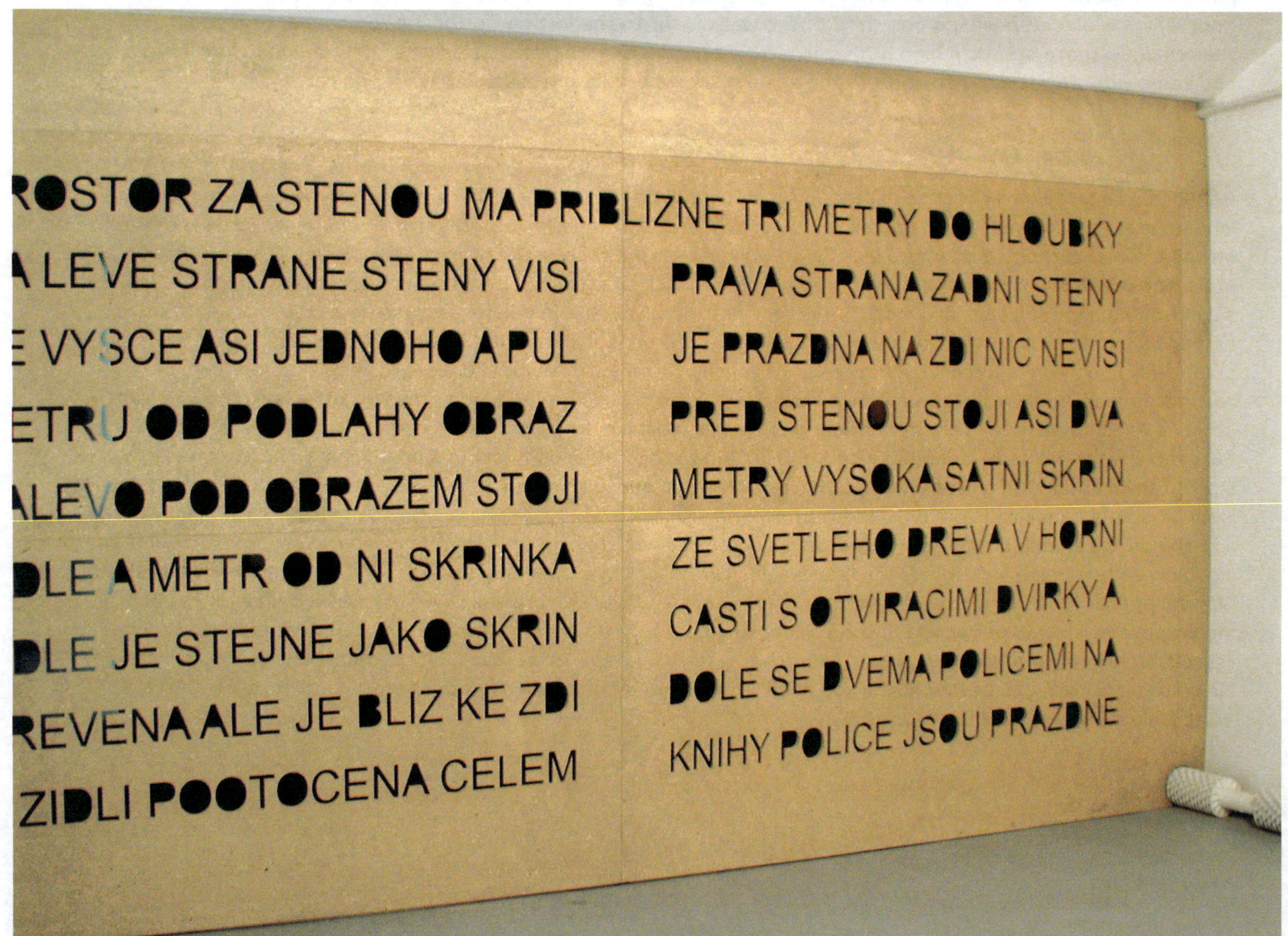

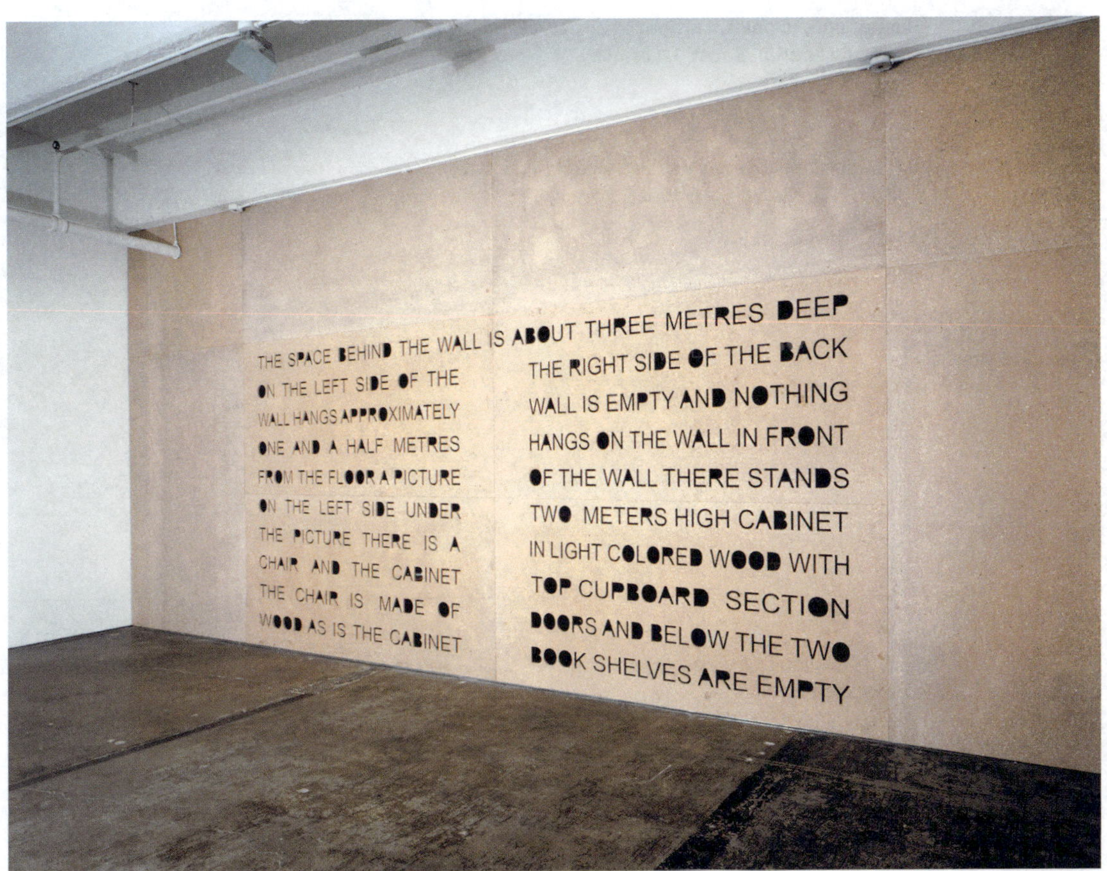
THE SPACE BEHIND THE WALL IS ABOUT THREE METRES DEEP
ON THE LEFT SIDE OF THE
WALL HANGS APPROXIMATELY
ONE AND A HALF METRES
FROM THE FLOOR A PICTURE
ON THE LEFT SIDE UNDER
THE PICTURE THERE IS A
CHAIR AND THE CABINET
THE CHAIR IS MADE OF
WOOD AS IS THE CABINET
THE RIGHT SIDE OF THE BACK
WALL IS EMPTY AND NOTHING
HANGS ON THE WALL IN FRONT
OF THE WALL THERE STANDS
TWO METERS HIGH CABINET
IN LIGHT COLORED WOOD WITH
TOP CUPBOARD SECTION
DOORS AND BELOW THE TWO
BOOK SHELVES ARE EMPTY

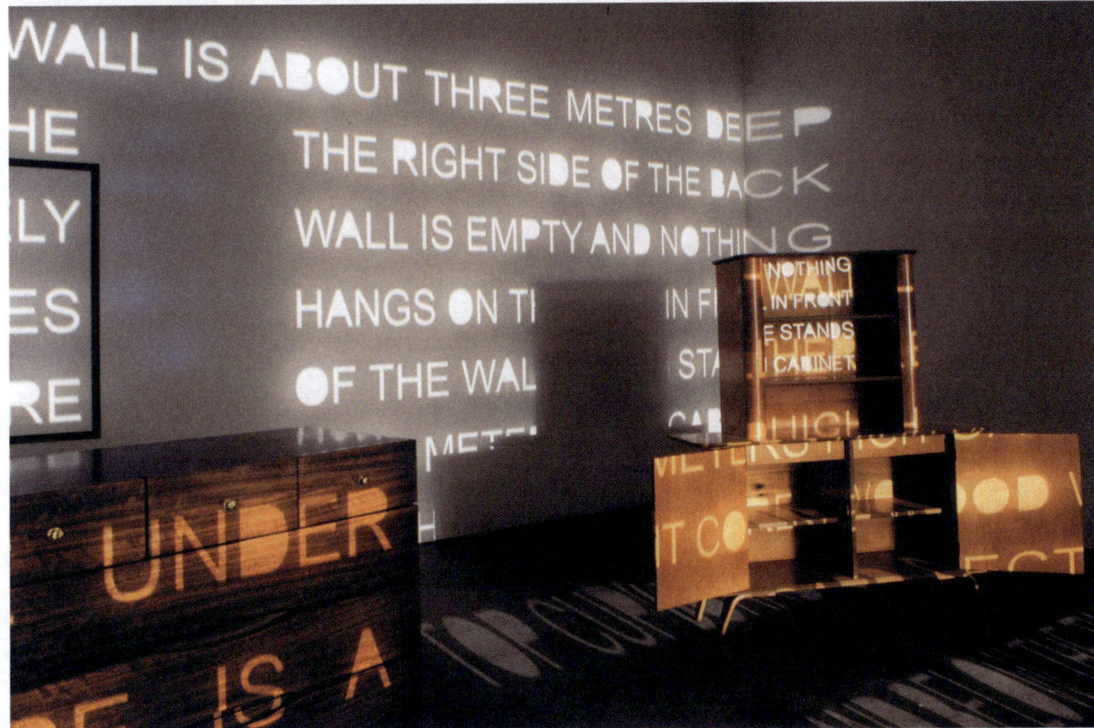
WALL IS ABOUT THREE METRES DEEP
THE RIGHT SIDE OF THE BACK
WALL IS EMPTY AND NOTHING
HANGS ON THE   IN FRONT
OF THE WALL
UNDER
IS A
NOTHING
IN FRONT
E STANDS
CABINET

2004

Iron, 2004. Plaster, acrylic paint, cardboard armature,
14 × 26.7 × 12.7 cm. Collection Scott J. Lorinsky

Žehlička, 2004. Sádra, akrylové barvy, kartonová
výztuha, 14 × 26,7 × 12,7 cm. Sbírka Scott J. Lorinsky

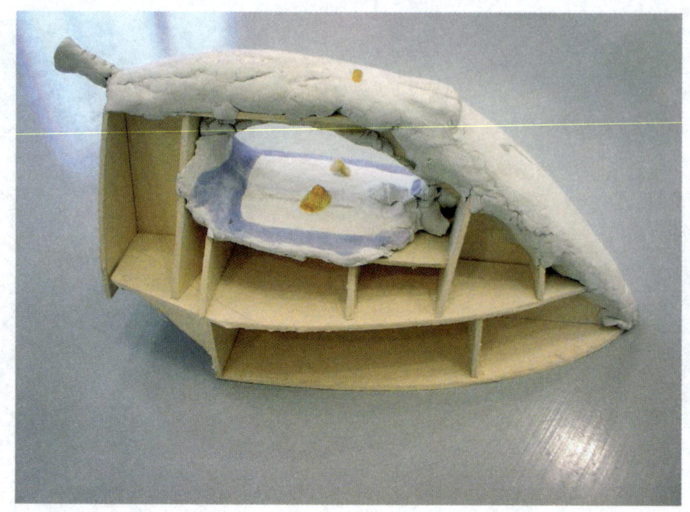

Ideal Identity, 2004. Ballpoint pen on paper,
41.9 × 59 cm. Private collection

Ideální identita, 2004. Kuličkové pero na papíru,
41,9 × 59 cm. Soukromá sbírka

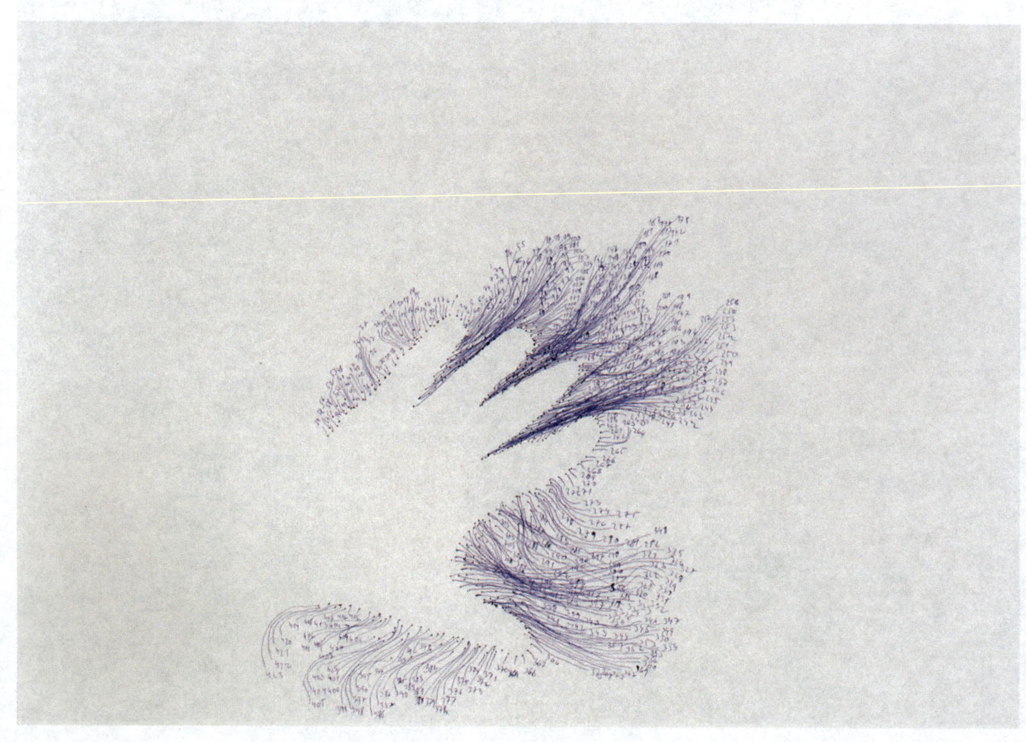

800 Ways to Describe a Chair, 2004. Gunshots in wall,
dimensions variable. Private collection; Collection Doreen
Remen and Steven Weiner, New York City; Springmeier
Collection; Collection Kristine Bell

---

800 způsobů jak popsat židli, 2004. Střely ve zdi, variabilní
rozměry. Soukromá sbírka; Sbírka Doreen Remen a Steven
Weiner, New York City; Sbírka Springmeier; Sbírka Kristine Bell

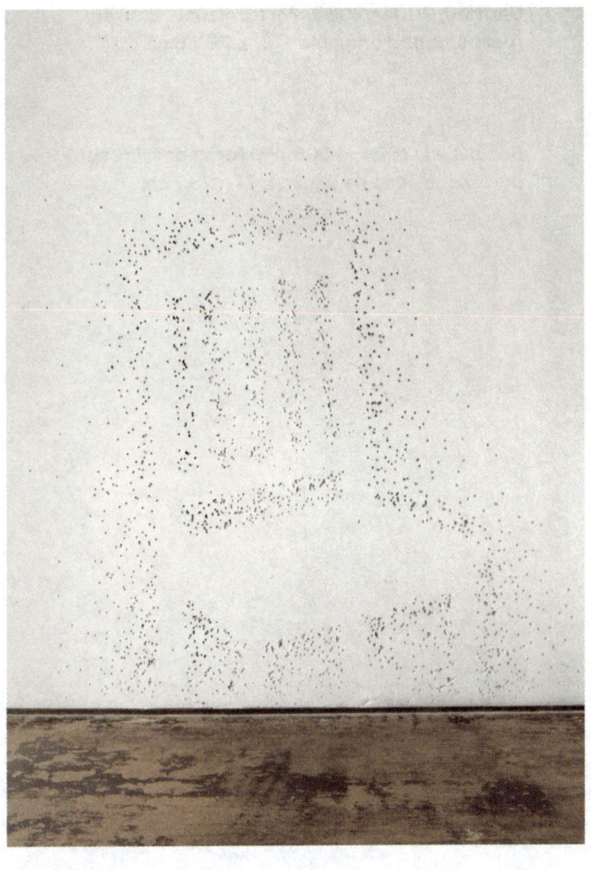

Untitled, 2004. Gunshots in wall, dimensions
variable. Installation view, Musée d'Art Moderne,
St. Etienne, 2004

Bez názvu, 2004. Střely ve zdi, variabilní rozměry.
Pohled do instalace, Musée d'Art Moderne,
St. Etienne, 2004

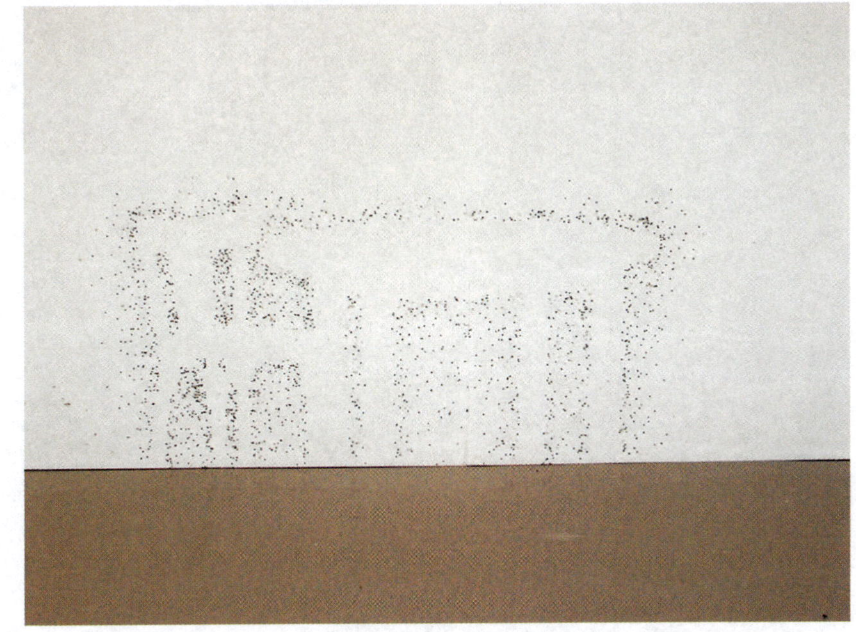

Počet nádechů a výdechů, které
jsem udělal během kresby čísla

Untitled, 2004—2006. Performance, drawing
(ballpoint pen on paper), 21 × 29.7 cm.

Bez názvu, 2004—2006. Performance, kresba
(kuličkové pero na papíru), 21 × 29,7 cm

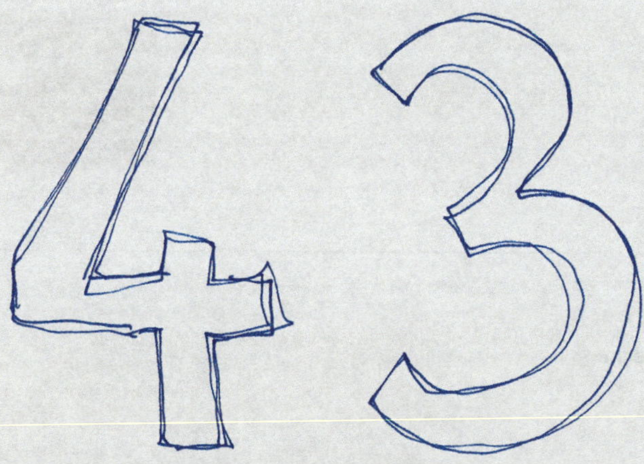

Never Leave, 2004. Laser-cut aluminium letters, steel cable, dimensions variable. Collection Leslie Fritz and Jason Kraus; Collection Andrew Ong and George Robertson, New York

Nikdy neodcházej, 2004. Laserem vyřezávaná hliníková písmena, ocelové lanko, variabilní rozměry. Sbírka Leslie Fritz a Jason Kraus; Sbírka Andrew Ong a George Robertson, New York

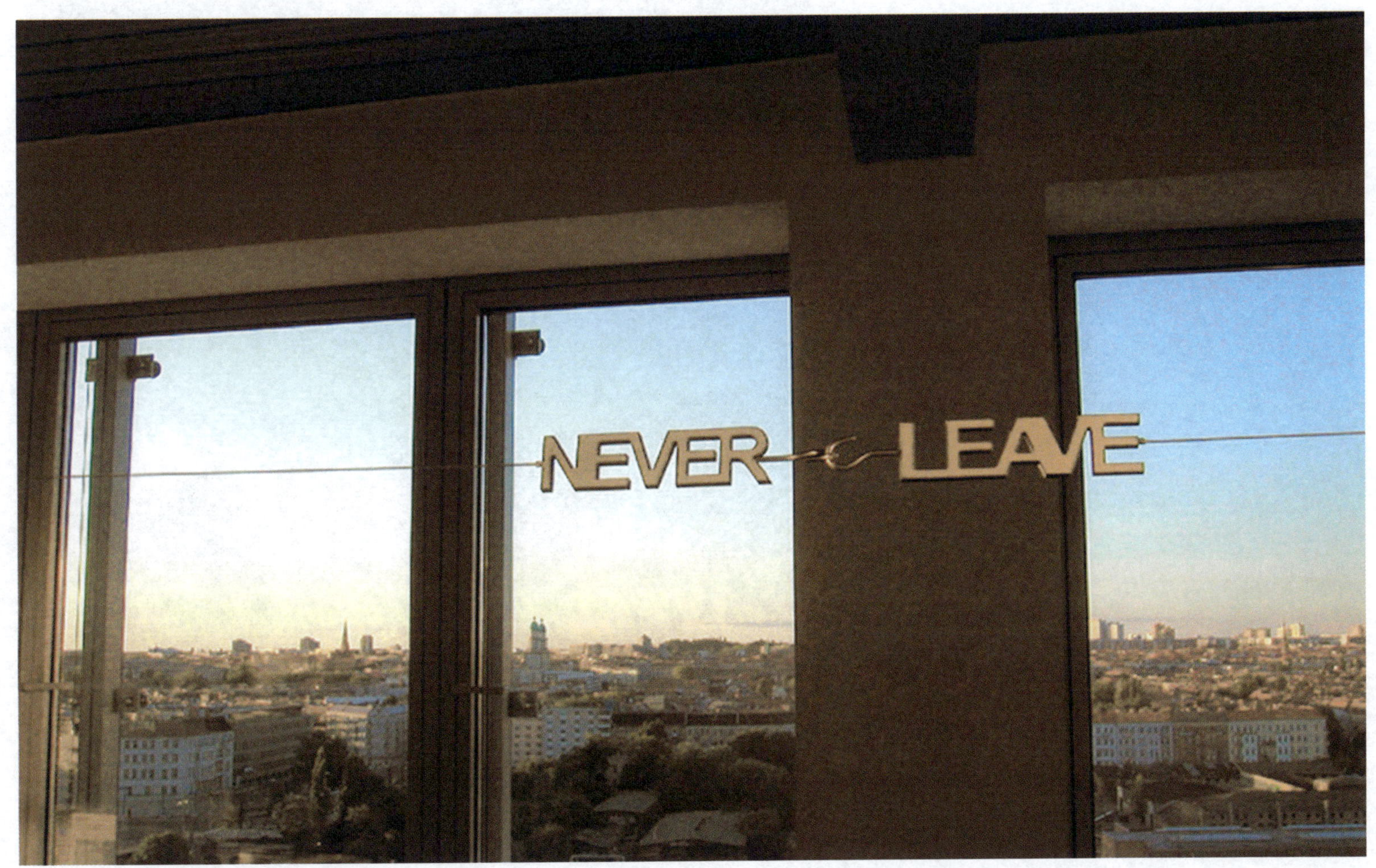

...and Back Again, 2004. Aluminium plate with cut out text, 77 × 92 × 8.3 cm. Vol. I, Josef Čapek, Bad Conscience, 1926. Collection Moravian Gallery, Brno

...and Back Again, 2004. Aluminium plate with cut out text, 93 × 110 × 9.2 cm. Vol. II, Emil Filla, Cubist Composition, 1927. Collection Moravian Gallery, Brno

---

...a zase zpět, 2004. Prořezávaný hliníkový plech, 77 × 92 × 8,3 cm. Vol. I, Josef Čapek, Zlé svědomí, 1926. Sbírka Moravské galerie v Brně

...a zase zpět, 2004. Prořezávaný hliníkový plech, 93 × 110 × 9,2 cm. Vol. II, Emil Filla, Kubistická kompozice, 1927. Sbírka Moravské galerie v Brně

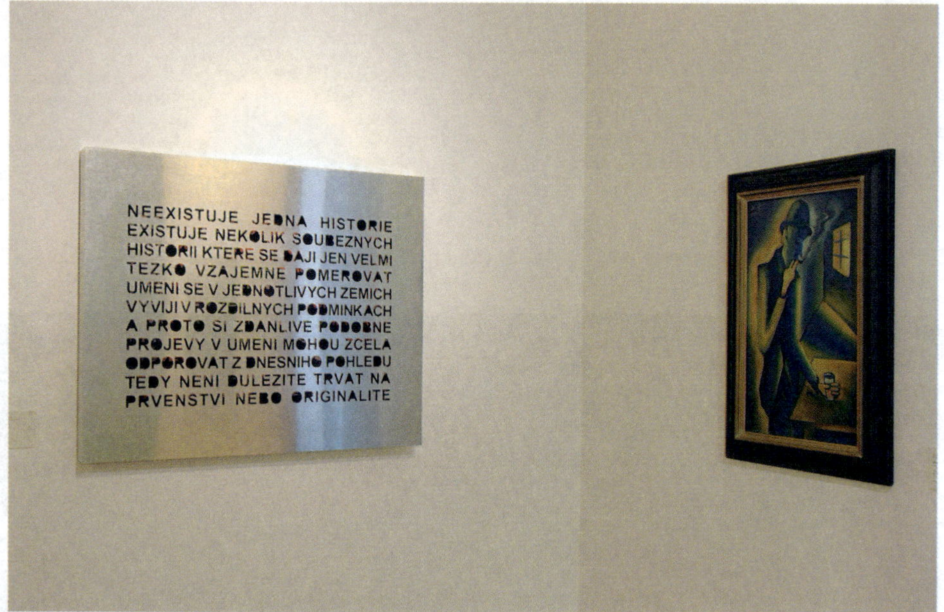

A

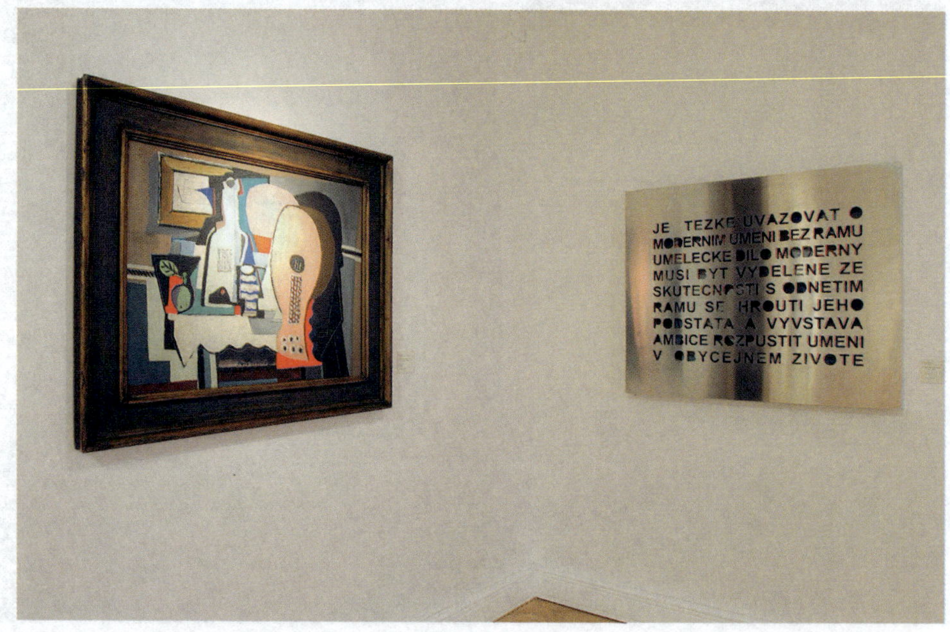

B

A Vol. I, Josef Čapek, *Bad Conscience*, 1926
there is not one history, there are several simultaneous histories
that can hardly be mutually weighed art in individual countries
develops in different conditions and therefore apparently
similar manifestations in art can be quite contradictory from
today's perspective thus it is not important to insist on primacy
or originality

B Vol. II, Emil Filla, *Cubist Composition*, 1927
it is hard to consider modern art without the frame modernist art
work must be separated from reality with the removal of the frame
its essence collapses and an ambition arises to dissolve art in
ordinary life

C Vol. III, Josef Šíma, *Europe*, 1927
modern art is today kitsch the work of art emerges in the context
of the state and development of society art is therefore always
conditional on the specific contemporary situation modern art
reacts to itself it is built on originality and being defined in relation
to the previous stage of art as soon as the context of emergence
of the work of art disappears its aesthetic component becomes
more important the aesthetic takes up residence in majority society
and the conditions of emergence of the actual work are no longer
essential modern art is today kitsch

D Vol. IV, Marie Čermínová, called Toyen, *The Voice of the Forest*, 1934
history is not the past but an interpretation of it history therefore
relates more to the present than the past and is constantly
developing this approach facilitates rebuilding the history of czech
art from the perspective of today's discourse it is possible to reject
the legacy of surrealism surviving in the rigid and aestheticized form
of an anaesthetic feminism and female sexuality in a radical form
are strong themes for contemporary art also quite autonomous in
relation to later developments in czech art

E Vol. V, František Foltýn, *Composition*, 1925—1926
modern art is necessarily linked to a vision of the transformation of
society this fact is unacceptable for the majority of contemporary
czech society limited by the experience of its own history the
prospect of czech society is to approach the model of western
countries art on the international scene has in turn shifted the
transformation of society to the sphere of the utopia of an
unspecified future in which responsibility is not necessary

F Vol. VI, František Muzika, *Figure in a Landscape*, 1932
what remains of art when history cannot participate in it

...and Back Again, 2004. Aluminium plate with
cut out text, 97 × 81 × 7.2 cm. Vol. III, Josef Šíma,
Europe, 1927. Collection Moravian Gallery, Brno

...and Back Again, 2004. Aluminium plate with cut
out text, 115 × 97 × 7.2 cm. Vol. IV, Marie Čermínová
(Toyen), The Voice of the Forest, 1934. Collection
Moravian Gallery, Brno

...a zase zpět, 2004. Prořezávaný hliníkový plech,
97 × 81 × 7,2 cm. Vol. III, Josef Šíma, Evropa, 1927.
Sbírka Moravské galerie v Brně

...a zase zpět, 2004. Prořezávaný hliníkový plech,
115 × 97 × 7,2 cm. Vol. IV, Marie Čermínová (Toyen),
Hlas lesa, 1934. Sbírka Moravské galerie v Brně

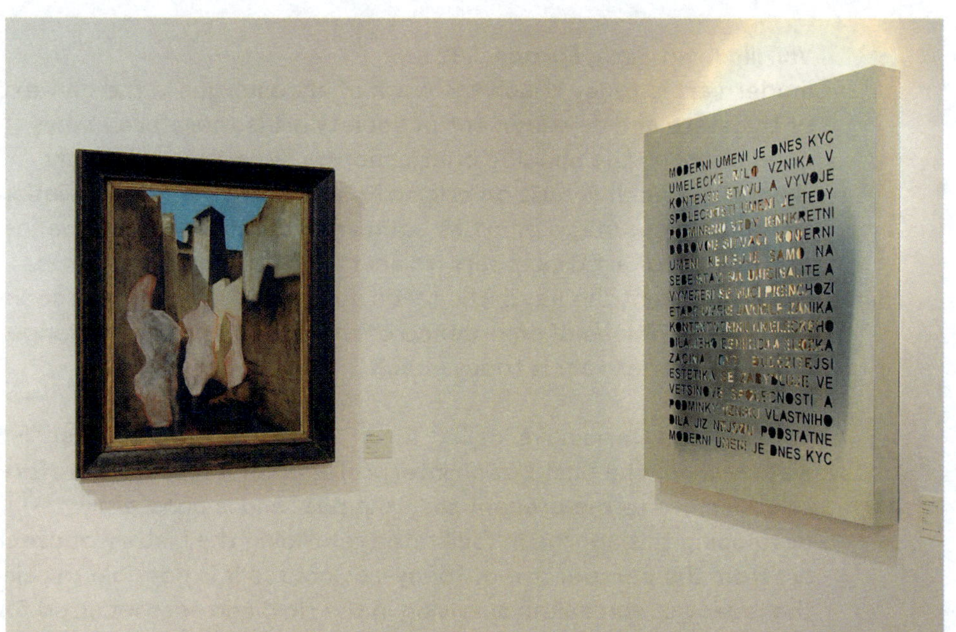

C

D

For my project entitled *...and Back Again* I selected the Czech interwar Avant-Garde exposition on the second floor of the Moravian Gallery at Pražák Palace. I covered some of the paintings in the exhibition with aluminium boxes with texts cut out of the front. The images can only be seen peripherally "through" the text. The text itself constitutes my critique of Modernism, arising in each case from the specific work.

I am currently dealing in my work with the relationship between language and perception. I chose for the project the principle of looking through a text, which I had already used in previous installations. The text does not, however, represent language as such, but refers to the perception of a work of art through an understanding of history.

I chose the Czech Avant-Garde (painting) as the space for my work, because it was in this very period that Czech art ceased to develop within natural conditions. The further development of art continued with a deformation of the artistic environment and a distortion of the legacy of Modernism, e.g. in the form of the survival of Surrealism. This was the departure point for my generation.

For me, history is not the past but an interpretation of the past. Freedom of interpretation is crucial for contemporary art, which works with historical and cultural references as living material. And for Czech contemporary art, freedom of interpretation of the Czech Avant-Garde is crucial.

It is extremely difficult to rely entirely on the discourse of international art, since the Czech Republic has a different past than that of Western Europe, America and even other post-communist countries, as well as, to a considerable extent, a different present. This is evident, for instance, in the legacy of the 1960s, in which extraordinary processes occurred in society in our country and in Western Europe that are difficult to compare with each other (without knowledge of the specific context). In this respect it is important for me to reject the principle of linear history. Although linear history has to a slight extent been criticised since the advent of Postmodernism, it still applies firmly in the art industry.

The interpretation of history and the means by which this interpretation influences perceptions of an artwork constitute an important theme of my project.

Another theme is the issue of the suitability of galleries, museums and other established exhibition spaces for the art industry. It is very difficult to achieve freedom of artistic expression in spaces that are preordained for the presentation of art, since they are spaces in which an exclusive spectacle is expected. Everything is played out within the quotation marks of the art industry and is, to a certain extent, removed from everyday life. Naturally, it is possible to utilize this context. For my work, such spaces continue to be the most appropriate environment. Nevertheless, I still regard this as an important question.

One of the reactions to this issue consists of "art in the public space", which is a convenient pretext often invoked in the art industry. It is a term that is schematically applied for the most part to spaces such as train stations or hospitals, while the fact that a museum is precisely a public space is somehow forgotten.

In my opinion, art has an ephemeral nature. Art exists as long as the conditions of its creation endure. It subsequently dissolves in society and becomes a sort of sediment. Therefore, I think that museums with permanent exhibitions do not present art. I became interested in the possibility of bringing art back to the museum, of drawing attention to the possibility of participation in its content.

The boxes with text are nothing until they are placed on the individual paintings that they describe. This is for me an ideal embodiment of the idea that art exists only for a short while and under particular circumstances.

...and Back Again
...a zase zpět

Pro svůj projekt s názvem *... a zase zpět* jsem zvolil prostory druhého patra Pražákova paláce Moravské galerie, expozici české meziválečné avantgardy. Několik obrazů expozice jsem překryl hliníkovými krabicemi, jejíchž přední strana je prořezaná textem. Obrazy je možné vidět pouze periferně „skrze" text. Text sám je mou kritikou modernismu, vycházející vždy z konkrétního díla.

V současné době se ve své práci zabývám vztahem jazyka a vnímání. Pro projekt jsem zvolil princip vidění skrze text, který jsem již použil ve svých předchozích instalacích. Text však již nezastupuje jazyk jako takový. Odkazuje k vnímání uměleckého díla prostřednictvím chápání historie.

Jako prostor pro svou práci jsem zvolil českou avantgardu (malbu). České umění se přestalo vyvíjet v přirozených podmínkách právě v tomto období. Další vývoj umění pokračoval deformací uměleckého prostředí a pokroucením odkazu moderny, např. přežívajícím surrealismem. Toto byla výchozí situace pro mou generaci.

Historie pro mne není minulostí, ale interpretací minulosti. Svoboda této interpretace je podle mého názoru klíčová pro současné umění, které pracuje s historickými a kulturními odkazy jako živým materiálem. A svoboda interpretace české avantgardy je klíčová pro současné české umění.

Je velmi těžké se zcela spoléhat na diskurs internacionálního umění, protože se západní Evropou, Amerikou, ale i s dalšími postkomunistickými zeměmi sdílíme různou minulost a do velké míry i současnost. Evidentní je to např. na odkazu šedesátých let, kdy docházelo v západní Evropě a u nás k mimoběžným procesům ve společnosti, které je velmi těžké porovnávat (bez znalosti konkrétního kontextu). V tomto ohledu je pro mne důležité odmítnout princip lineární historie. Ten je sice kritizován minimálně od postmoderny, v uměleckém provozu však stále tvrdě platí.

Výklad historie a způsob, jakým se tento výklad podílí na vnímání uměleckého díla, je důležitým tématem mého projektu.

Dalším je otázka způsobilosti galerie, muzea či jiných výstavních prostor pro umělecký provoz. V prostorách předem určených pro prezentaci umění (galerie, muzeum, instituce) je velmi těžké dosáhnout svobody uměleckého projevu, protože se zde již rovnou počítá s exkluzivní podívanou. Vše se odehrává v uvozovkách uměleckého provozu. Umění je zde do jisté míry vytěsněné z obyčejného života. Samozřejmě, že je možné tohoto kontextu využít. Pro mou práci je takovýto prostor stále nejvhodnějším prostředím. Přesto jej vnímám jako podstatnou otázku.

Jednou z reakcí na tento problém je tzv. umění ve veřejném prostoru, které se často jako alibi heslovitě používá v uměleckém provozu. Schematicky se pod tím myslí většinou prostory typu nádraží či nemocnice. Poněkud se zapomíná na to, že muzeum je přesně veřejným prostorem.

Podle mého názoru má umění efemérní povahu. Umění existuje, pokud trvají podmínky jeho vzniku, potom se rozpouští ve společnosti a stává se jakýmsi sedimentem. Proto se podle mého názoru v muzeu se stálou expozicí nevystavuje umění. Zaujala mě možnost přivést umění zpět do muzea. Upozornit na možnost podílet se na jeho obsahu.

Krabice s textem, pokud se nepřiloží na obraz, který popisují, nejsou ničím. To pro mě ideálně ztělesňuje situaci, že umění existuje jen v krátkém momentě a jen za určitých okolností.

...and Back Again
...a zase zpět

...and Back Again, 2004. Aluminium plate with cut
out text, 101 × 80 × 5.8 cm. Vol. V, František Foltýn,
Composition, 1925—1926. Collection Moravian
Gallery, Brno

...and Back Again, 2004. Aluminium plate with cut
out text, 53 × 83 × 6.8 cm. Vol. VI, František Muzika,
Figure in a Landscape, 1932. Collection COLLETT
Praha/Mnichov; Ján Mančuška Estate

...a zase zpět, 2004. Prořezávaný hliníkový plech,
101 × 80 × 5,8 cm. Vol. V, František Foltýn, Kompozice,
1925—1926. Sbírka Moravské galerie v Brně

...a zase zpět, 2004. Prořezávaný hliníkový plech,
53 × 83 × 6,8 cm. Vol. V, František Muzika, Figura
v krajině, 1932. Sbírka COLLETT Praha/Mnichov;
Ján Mančuška dědicové

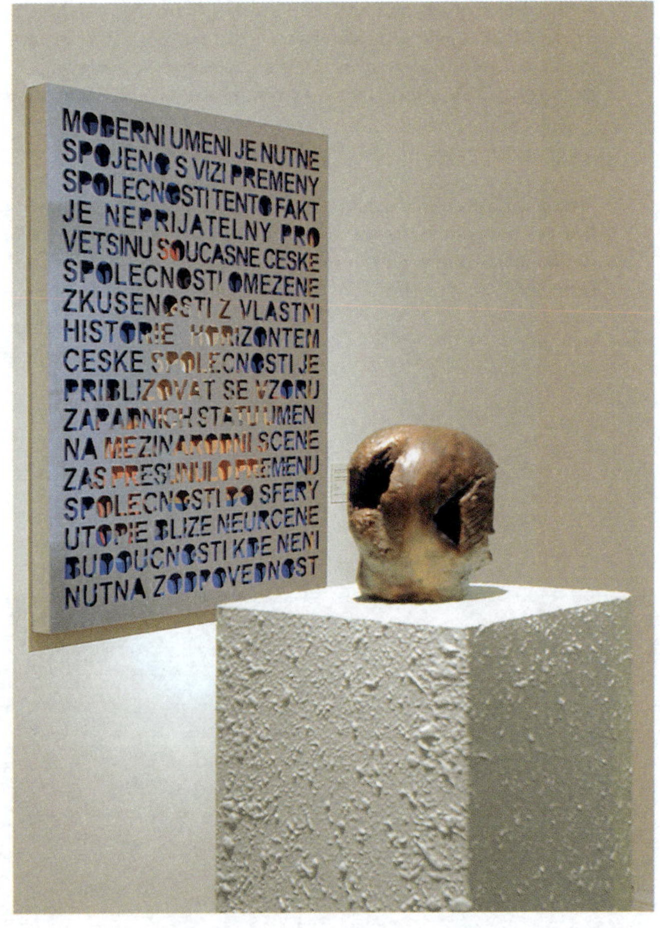

E

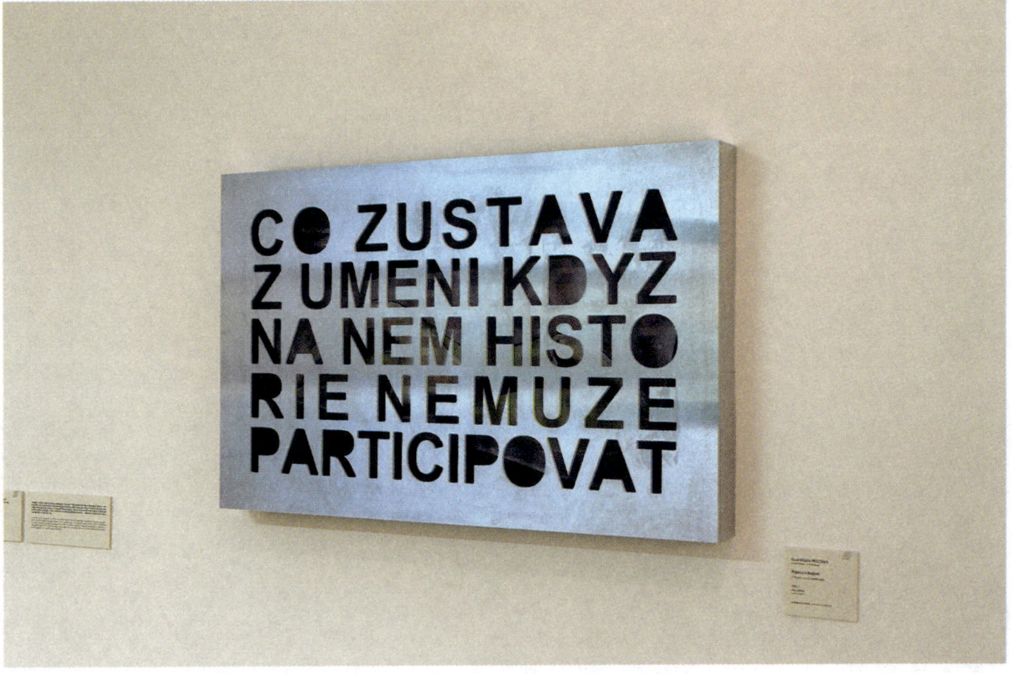

F

2004

A Fragment of Asynchronous History — True Story / Jana's
Story, 2004. Laser-cut aluminium letters, steel cable, dimensions
variable. Collection Andrew Ong and George Robertson,
New York; Collection Thea Westreich Wagner and Ethan Wagner

Fragment asynchronní historie — Skutečný příběh / příběh Jany,
2004. Laserem vyřezávaná hliníková písmena, ocelové lanko,
variabilní rozměry. Sbírka Andrew Ong a George Robertson,
New York; Sbírka Thea Westreich Wagner a Ethan Wagner

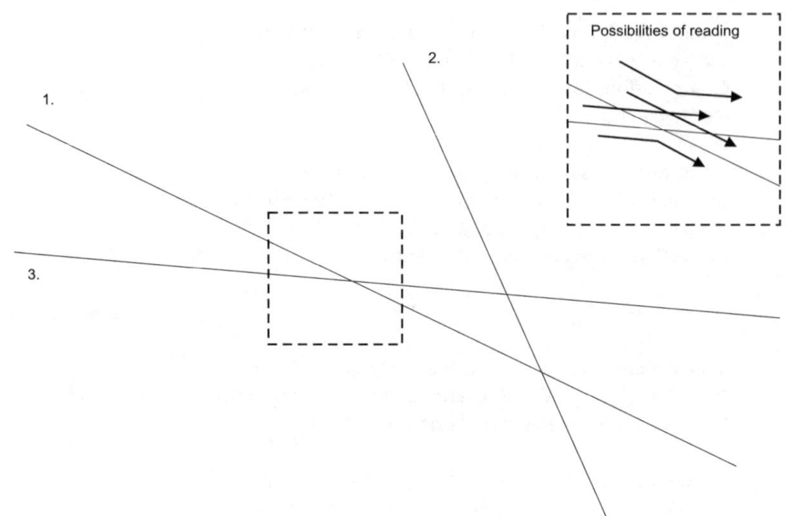

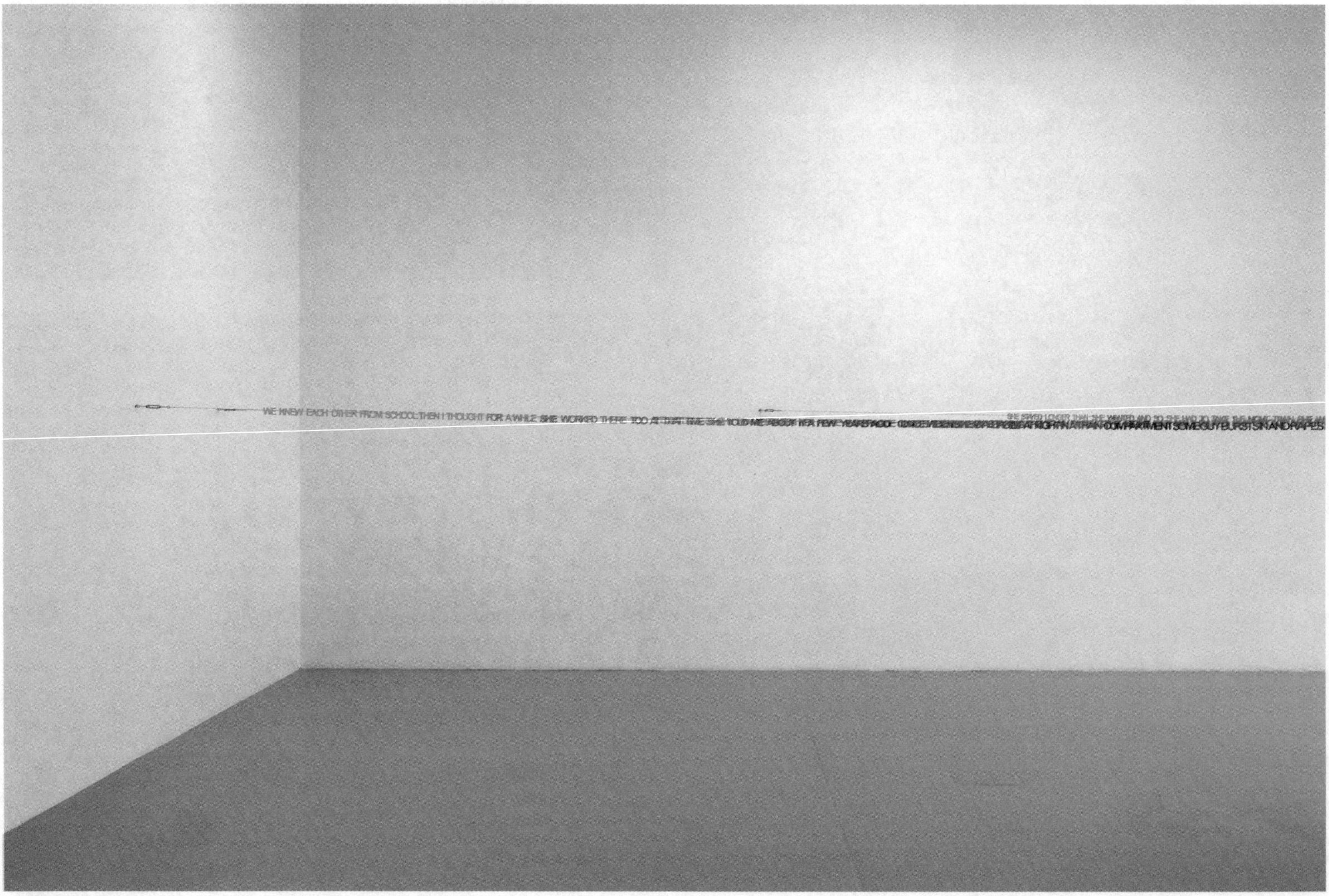

(1) She often took the train between her home and Prague. →
→ Once she's sitting by herself at night in a train compartment. Some guy bursts in and rapes her then he leaves her alone. She's sitting and is in shock when the train pulls into a larger town. An older woman comes and sits with her. She needs to tell someone. She tells her: →
→ "Some man just raped me here," but she can't show any emotion in her voice. She certainly thinks that she's making it up, so she stops telling her. →

(2) She stayed longer than she wanted and so she had to take the night train. She was a little scared so they accompanied her to the train. →
→ She sits next to a girl sits in the compartment alone and after a little while she tells her →
→ that someone raped her. But it sounds strange, as if she really didn't want to speak about it, so she prefers not to notice her and doesn't speak the rest of the way. →

(3) We knew each other from school. Then I taught for a while. She worked there too at that time. She told me about it a few years ago. →
→ Once, when she was taking the train during the night, she was raped. She spoke about it quite openly. I couldn't believe that an older woman, →
→ when she'd heard what happened to Jana, not once did she speak to her. Maybe she thought she'd want something from her. →

––––––––––––

(1) Často jezdila mezi domovem a Prahou. →
→ Jednou sedí sama v nočním kupé. V tom k ní vtrhne muž, znásilní ji, a pak ji nechá být. Sedí a je v šoku. Když vlak přijede do většího města, přisedne si k ní starší žena. Potřebuje někomu sdělit, co se stalo. Řekne jí: →
→ „Mě tady znásilnil nějaký chlap", ale nezmůže se na žádné emoce v hlase. Ona si musí myslet, že si to celé vymyslela, tak už na ni nepromluví. →

(2) Zdržela se déle, a tak musela jet nočním vlakem. Trochu se bála, tak ji byli vyprovodit k vlaku. →
→ Přisedne si k dívce sedící v kupé sama a po krátké chvíli jí řekne, →
→ že ji někdo znásilnil. Ale zní to podivně, jako by o tom nechtěla moc mluvit, tak si jí radši nevšímá a mlčí celý zbytek cesty. →

(3) Znali jsme se ze školy. Pak jsem chvíli učil. Ona tam v té době pracovala taky. Řekla mi o tom před několika lety. →
→ Jednou, když jela v noci vlakem, byla znásilněná. Mluvila o tom zcela otevřeně. Nechtěl jsem ani věřit, jak je možné, že starší žena, →
→ když se dozvěděla, co se Janě stalo, ani jednou na ni nepromluvila. Asi si myslela, že po ní bude něco chtít. →

2004

That Which is Situated Closer..., 2004. Aluminium, 200 × 8 × 0.8 cm. Speyer Family Collection; Collection Maddalena and Paolo Kind; Collection Scott J. Lorinsky

---

To, co se nachází blíže..., 2004. Hliník, 200 × 8 × 0,8 cm. Sbírka rodiny Speyer, New York; Sbírka Maddalena a Paolo Kind; Sbírka Scott J. Lorinsky

That which is situated closer appears as immediately more dangerous than that which is farther.

To, co se nachází blíže, se jeví jako bezprostředně nebezpečnější než to, co je vzdálenější.

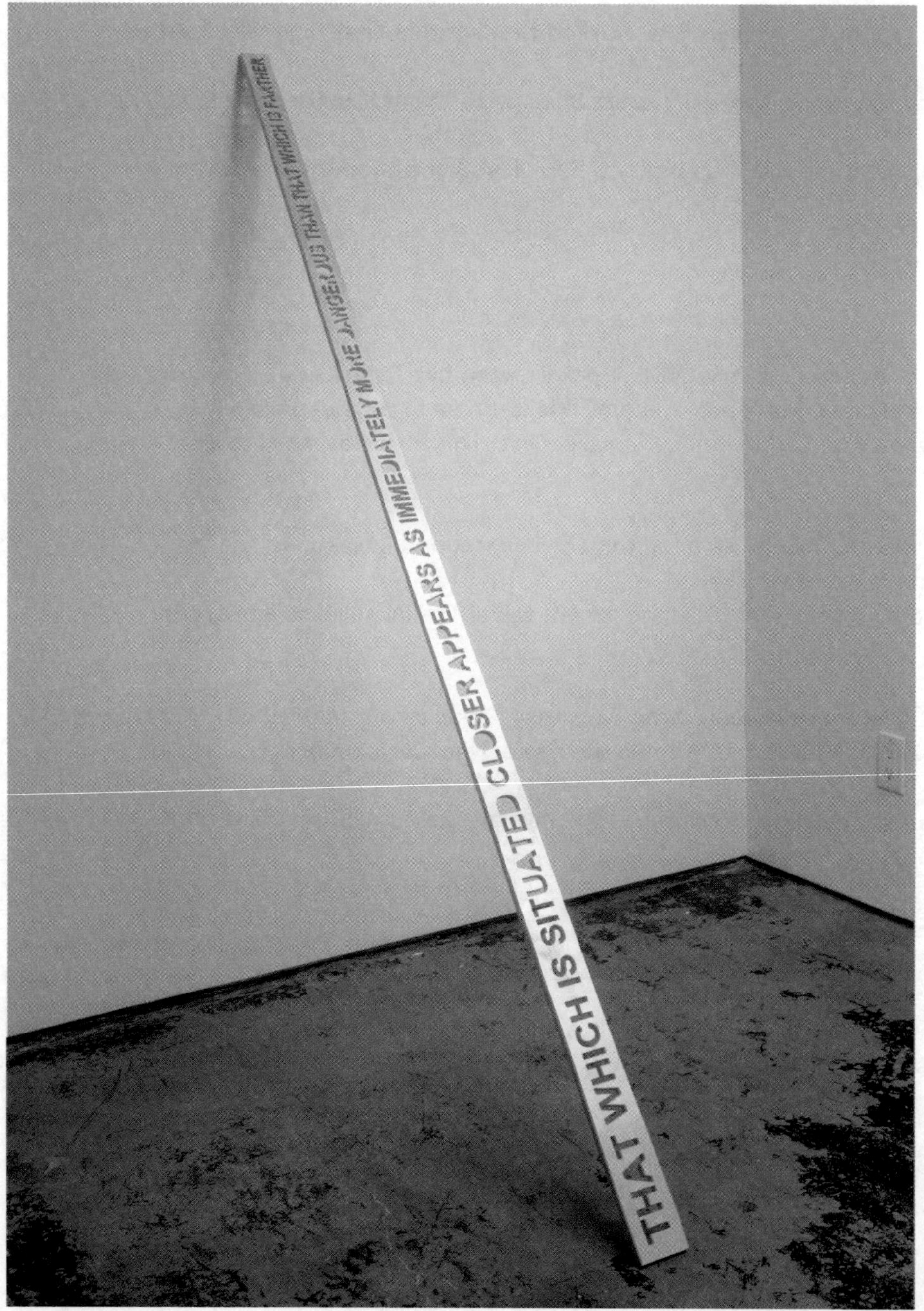

Don't Waste Your Time, 2004. Ballpoint pen on paper, seventeen drawings, each 29.8 × 41.9 cm. The Museum of Modern Art, New York. The Judith Rothschild Foundation Contemporary Drawings Collection Gift, 2005

Nemarni čas, 2004. Kuličkové pero na papíru, sedmnáct kreseb, každá 29,8 × 41,9 cm. The Museum of Modern Art, New York. Sbírka současné kresby, dar Nadace Judith Rothschild, 2005

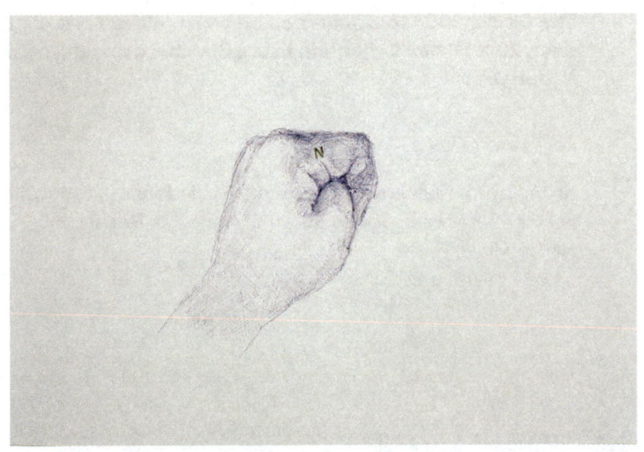

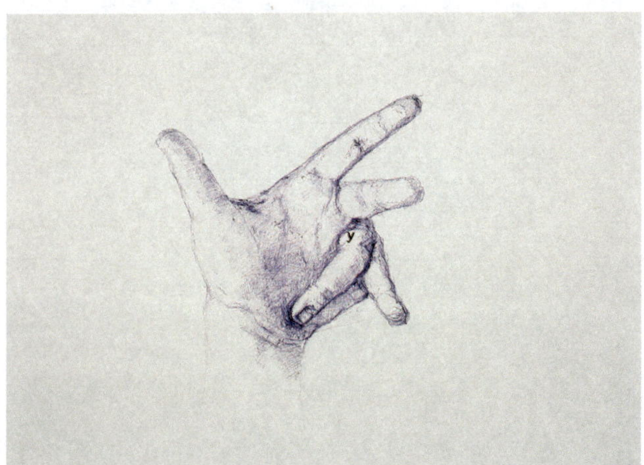

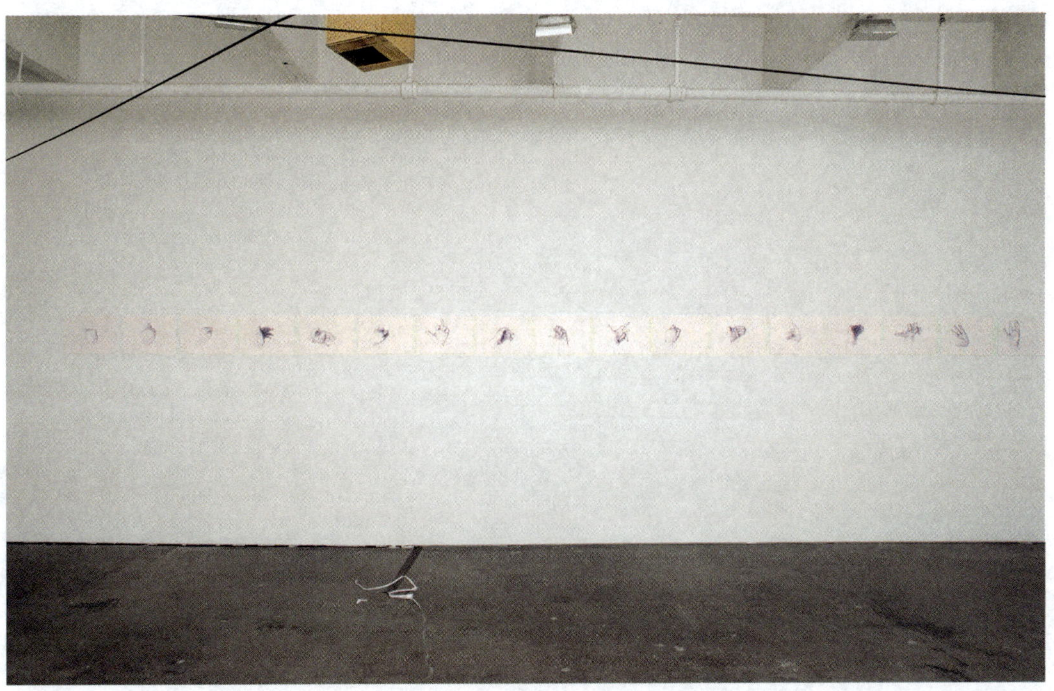

2004

The Circle, 2004. Ballpoint pen on paper, eleven drawings, each 26 × 36 cm. Collection Laura Steinberg and Bernardo Nadal-Ginard

Kruh, 2004. Kuličkové pero na papíru, jedenáct kreseb, každá 26 × 36 cm. Sbírka Laura Steinberg a Bernardo Nadal-Ginard

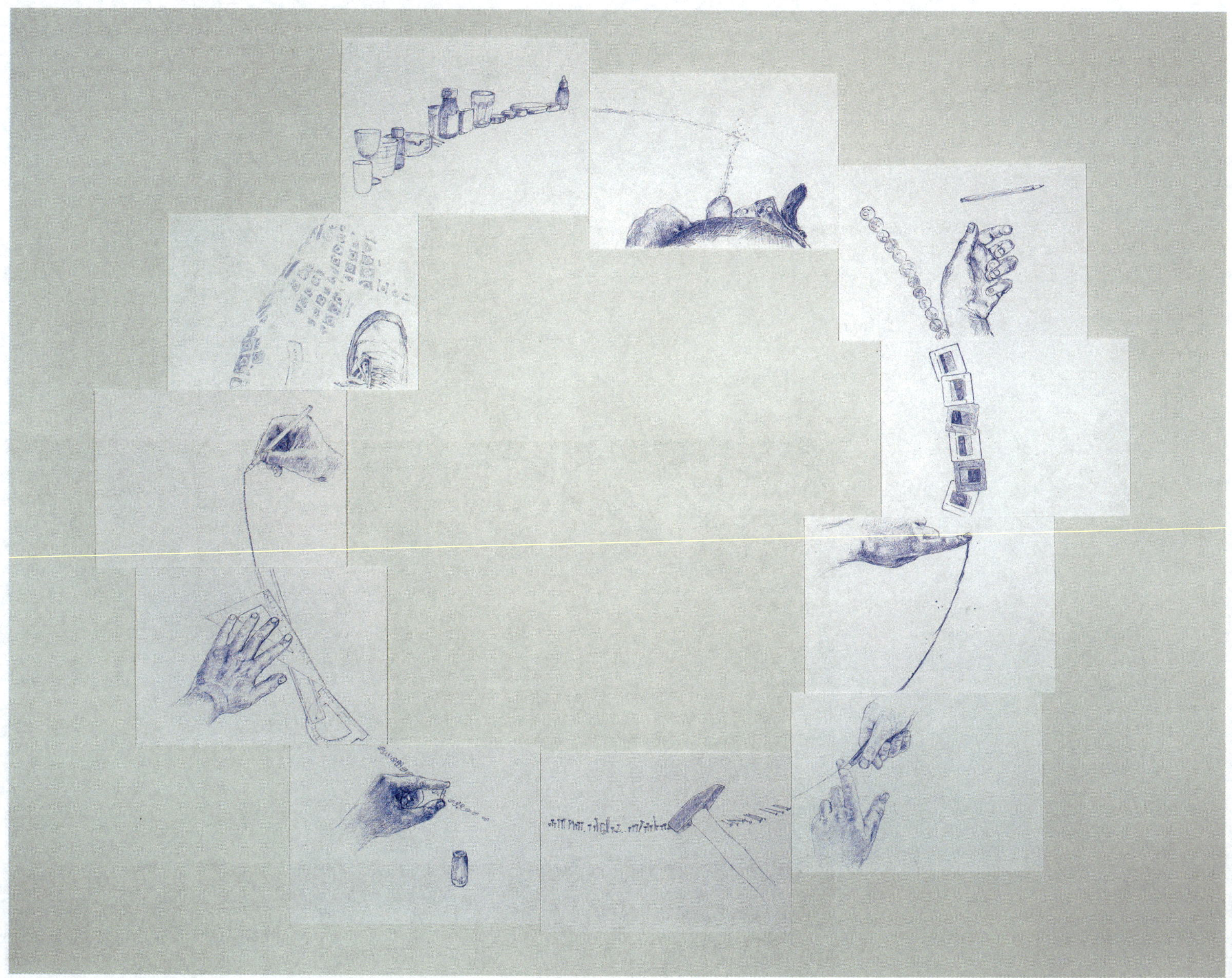

I stand in a room with my back to the wall. I start moving and walk towards the wall opposite me. A thousand moments filled with the activities of my body.

The sweep of an arm or the shifting of a leg muscle as I walk escape my attention. My hands are in my pockets. I move my head. My eyes are fixed on the grey carpet. I approach the opposite wall. I reduce the movement of my legs and come to a halt. With my forehead I just about touch the wall. I stand alone in the room.

Stojím sám v místnosti zády ke zdi. Pohnu se a kráčím k protější stěně. Tisíce momentů činnosti mého těla.

Máchnutí ruky či pohyb svalů na nohou při chůzi uniká mojí pozornosti. Ruce mám v kapsách. Pohnu hlavou. Oči mám upřené na šedý koberec. Blížím se k protější stěně. Zpomaluji pohyb nohou a zastavuji se. Čelem se téměř dotýkám stěny. Stojím sám v místnosti.

From Wall to Wall, 2005. Video loop projection, laser-cut aluminium letters, steel cable, dimensions variable. Installation view, Jousse Entreprise, Paris, 2006. Collection Andrew Kreps, New York

Ode zdi ke zdi, 2005. Videoprojekce ve smyčce, laserem vyřezávaná hliníková písmena, ocelové lanko, variabilní rozměry. Pohled do instalace, Jousse Entreprise, Paříž, 2006. Sbírka Andrew Kreps, New York

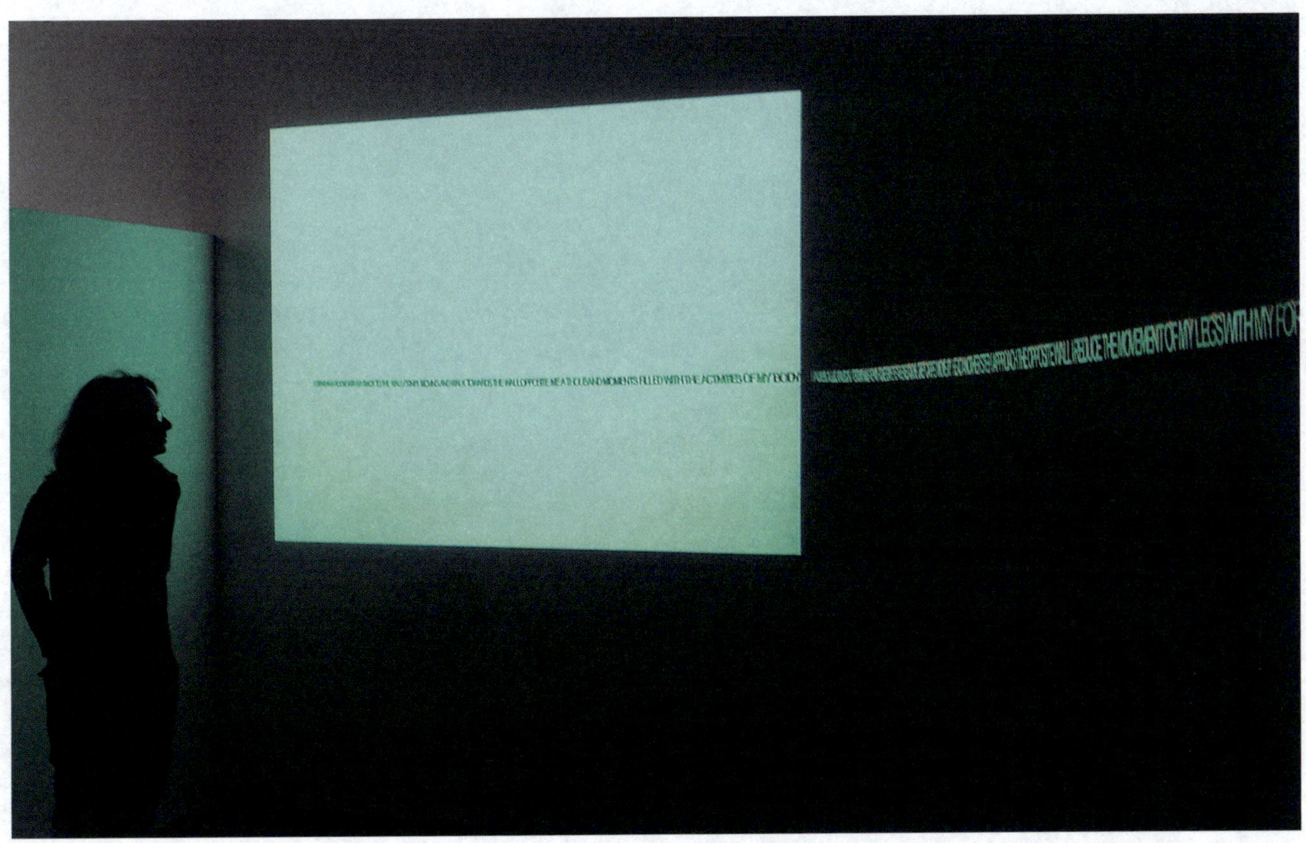

2005

True Story, 2005. Laser-cut aluminium letters, steel cable,
dimensions variable. Installation view, Andrew Kreps Gallery,
New York, 2005. Collection Jill and Peter Kraus; Collection Laura
Steinberg and Bernardo Nadal-Ginard

Skutečný příběh, 2005. Laserem vyřezávaná hliníková písmena,
ocelové lanko, variabilní rozměry. Pohled do instalace, Galerie
Andrew Kreps, New York, 2005. Sbírka Jill a Peter Kraus; Sbírka
Laura Steinberg a Bernardo Nadal-Ginard

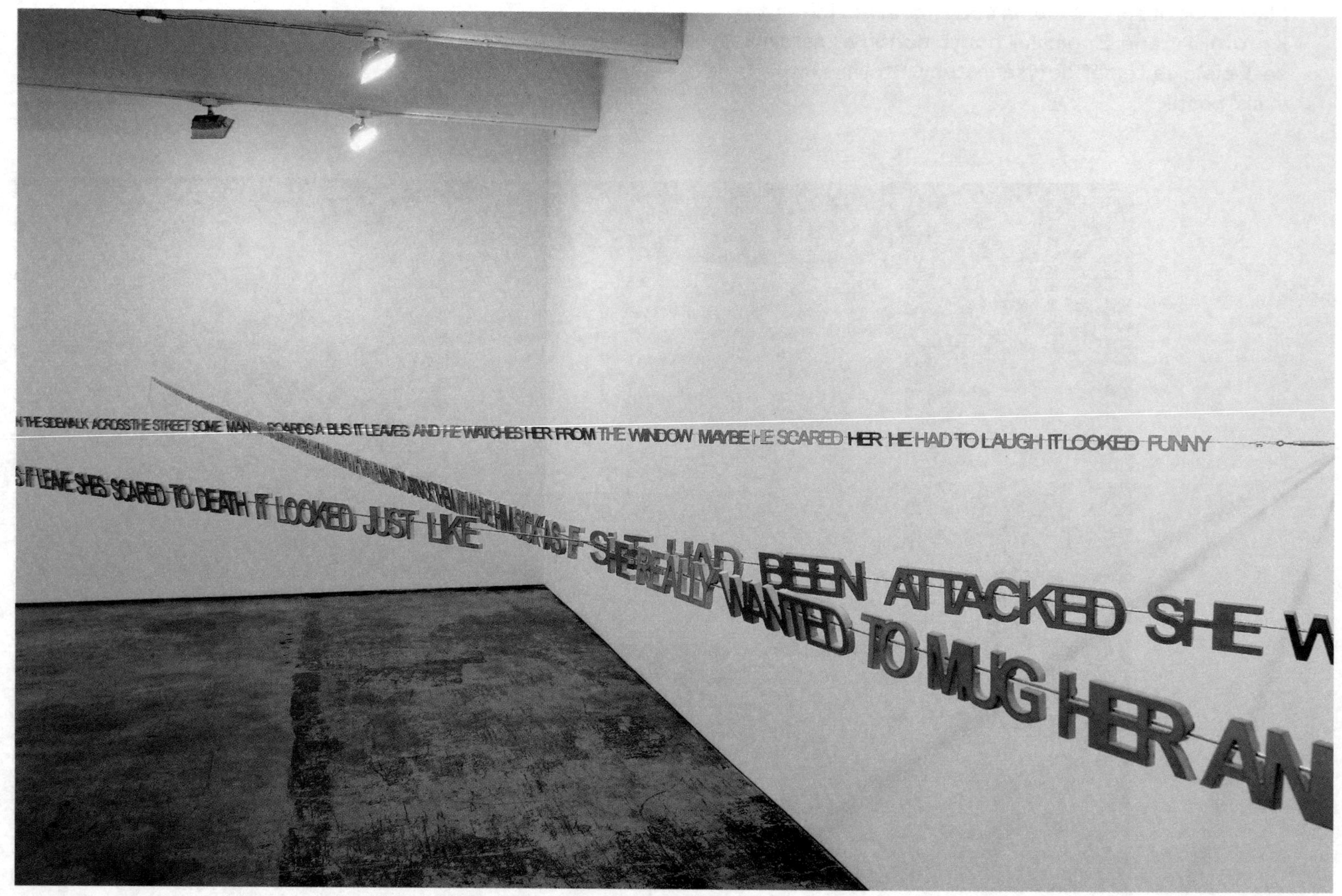

(1)
1.1 He waits for her in a car at the bus stop. Soon he sees her coming in the rearview mirror. He waits for her to get into the car, but she doesn't come for a long time. So he again looks into the mirror. He sees her →

1.2 → running across the street and it occurs to him that something has happened, for she looks terrified. But all he sees is how, on the sidewalk across the street, some man →

1.3 → boards a bus. It leaves and he watches her from the window. Maybe he scared her. He had to laugh, it looked funny.

(2)
2.1 She saw him wait. She was glad that he was there on time. The bus arrived. She subconsciously turned to look at it. A man rushes out of it. It scared the hell out of her. She runs away from him and hopes that Kenny glances back and notices that she's →

2.2 → running the other way. She stops when she reaches the other side of the street, looking to where she ran from. There is nothing left to see but the man leaving on a bus. She watches it leave. She's scared to death. It looked just like →

2.3 → she had been attacked once. She waits until the bus is far away before she goes to the car and gets in.

(3)
3.1 He got off the subway and hurried to catch the bus. He saw it coming and started to run after it, but some coins fell out of his pocket. He quickly went back to pick them up. At that moment he noticed the woman. When he approached her, she ran over to the other side of the street. He had only realized what had happened when he →

3.2 → caught the bus. Why, when people see a black man running, do they think that he wants to attack them it? It made him sick, as →

3.3 → if he had really wanted to mug her and pull out a gun on her.

(1)

1.1 Čeká na ni v autě u stanice autobusu. Po chvíli ji vidí ve zpětném zrcátku přicházet. Čeká, až si sedne do auta, ale dlouho nejde, tak se opět podívá do zrcátka. Uvidí ji →

1.2 → běžet na druhou stranu ulice a napadne ho, že se muselo něco stát, protože vypadá vyděšeně. Na protějším chodníku ale už pouze vidí, jak nějaký muž →

1.3 → nastupuje do autobusu, odjíždí pryč a dívá se za ní z okna. Asi se ho lekla. Musel se tomu zasmát, vypadalo to legračně.

(2)

2.1 Viděla ho čekat. Měla radost, že je tam včas. Autobus přijel, podvědomě se za ním otočila. Vtom se na ni vyřítil muž. Strašně se lekla. Utíká před ním a doufá, že se Kenny ohlédne, všimne si jí, jak →

2.2 → běží opačným směrem. Zastaví se až na protější straně ulice. Podívá se směrem, odkud utíkala. Není tam nic k vidění, pouze muž, jak odjíždí autobusem. Chvíli se za ním dívá. Je k smrti vyděšená. Vypadalo to úplně, jako když →

2.3 → ji už jednou takhle přepadli. Čekala, a až když byl autobus hodně daleko, došla k autu a nastoupila do něj.

(3)

3.1 Vystoupil z metra a spěchal na autobus. Uviděl ho přijíždět a rozběhl se za ním, ale z kapsy mu vypadly mince. Rychle se vrátil, aby je posbíral. Vtom si všiml ženy. Když se k ní přiblížil, utekla na opačnou stranu ulice. Vše si uvědomil, až když →

3.2 → dostihl autobus. Proč, když lidi vidí běžet černocha, hned si myslí, že je chce napadnout? Bylo mu z toho nanic, →

3.3 → jako kdyby ji skutečně chtěl oloupit a vytáhl na ni pistoli.

True Story, 2005. Study for an exhibition
at Andrew Kreps Gallery, New York, 2005

———————

Skutečný příběh, 2005. Studie pro výstavu
v Galerii Andrew Kreps, New York, 2005

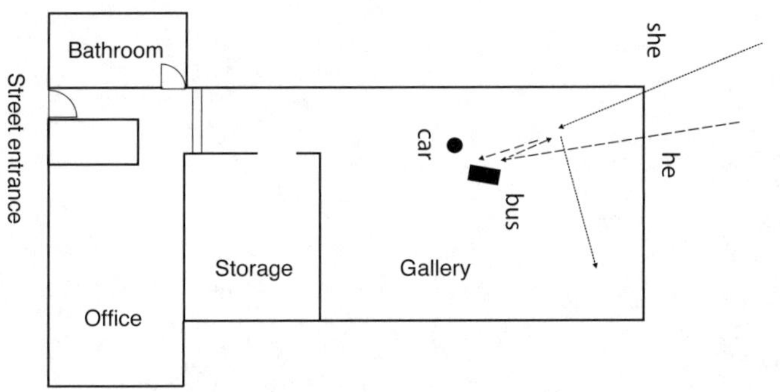

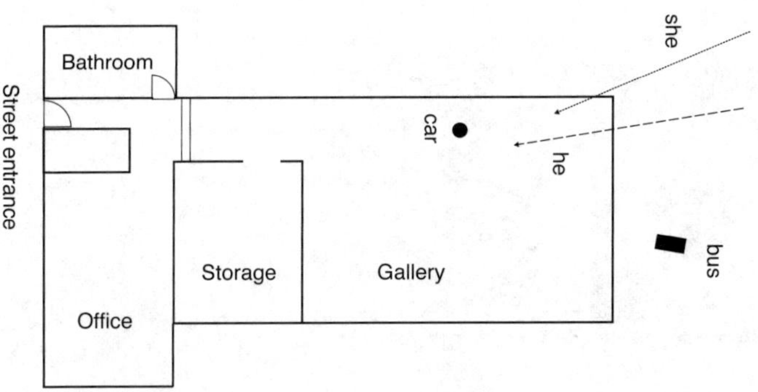

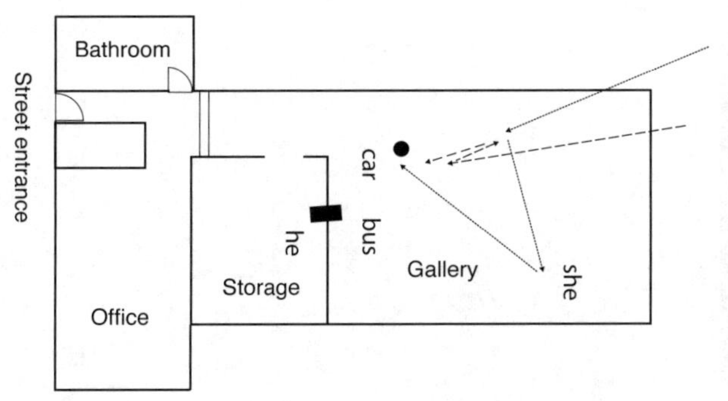

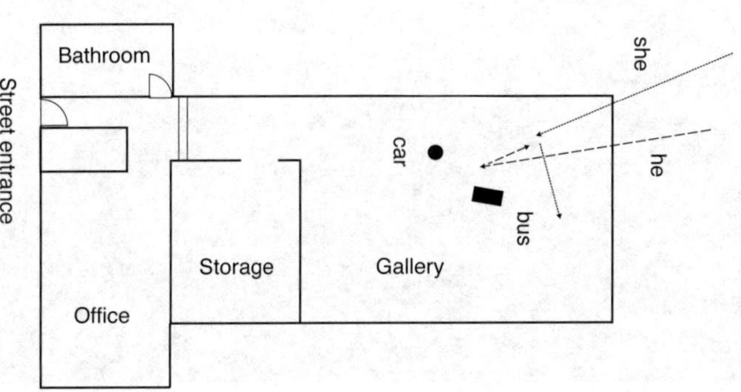

2005

Scream, 2005. Silkscreen on perspex, steel cable,
three parts, each 148.5 × 105 × 0.5 cm. Collection
Nancy and Stanley Singer; Collection Thea Westreich
Wagner and Ethan Wagner

―――――――

Vřískot, 2005. Sítotisk na plexiskle, ocelové lanko,
tři části, každá 148,5 × 105 × 0,5 cm. Sbírka Nancy
a Stanley Singer; Sbírka Thea Westreich Wagner
a Ethan Wagner

Mladý pár, muž a žena, vejde do kina.
Je tma, dorazili pozdě... film už běží.
Chvilku jim trvá, než najdou místa.
Když si konečně sednou, sledují film.
Ve filmu vystupuje mladý pár, muž
se ženou. Jsou v kině a sledují film.
Sedadla za nimi jsou obsazená. Celé
kino se zdá být plné. Scéna ve filmu se
odehrává v koupelně, kde se sprchuje
nahá mladá žena.
„To by mě zajímalo," řekne žena, „jestli
je pro děj toho filmu vážně tak důležité,
aby ta žena byla nahá!"
„To sice nevím," odpoví muž, „ale zato
mi stojí."

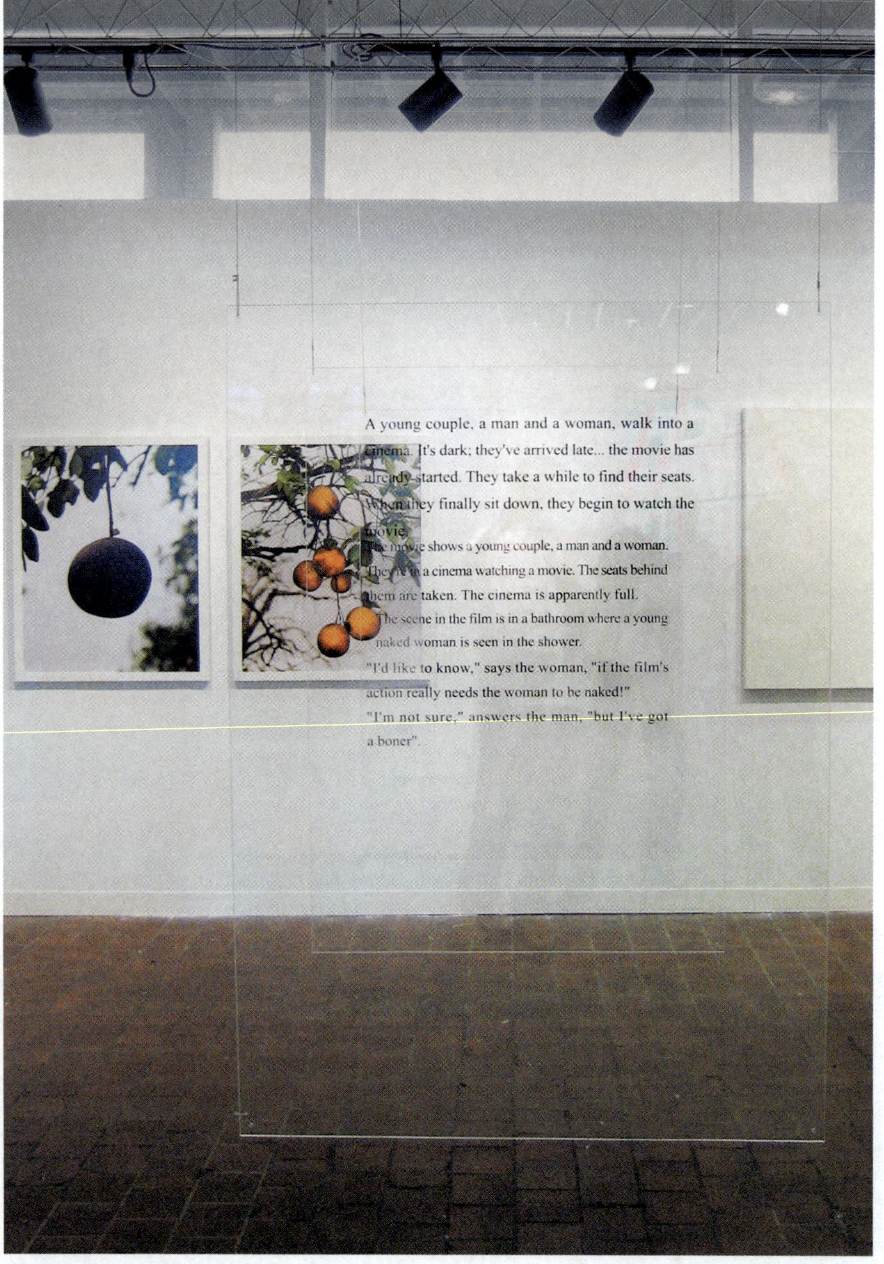

Now, 2005. Installation, wooden table, video, TV monitor,
DVD player, sound, b/w, dimensions variable. Video stills.
Collection Kimberly and Tord Stallvik; Collection Thea
Westreich Wagner and Ethan Wagner; Private collection

———————

Teď, 2005. Instalace, dřevěný stůl, video, TV monitor,
DVD přehrávač, zvuk, č/b, variabilní rozměry. Záběry
z videa. Sbírka Kimberly a Tord Stallvik; Sbírka Thea
Westreich Wagner a Ethan Wagner; Soukromá sbírka

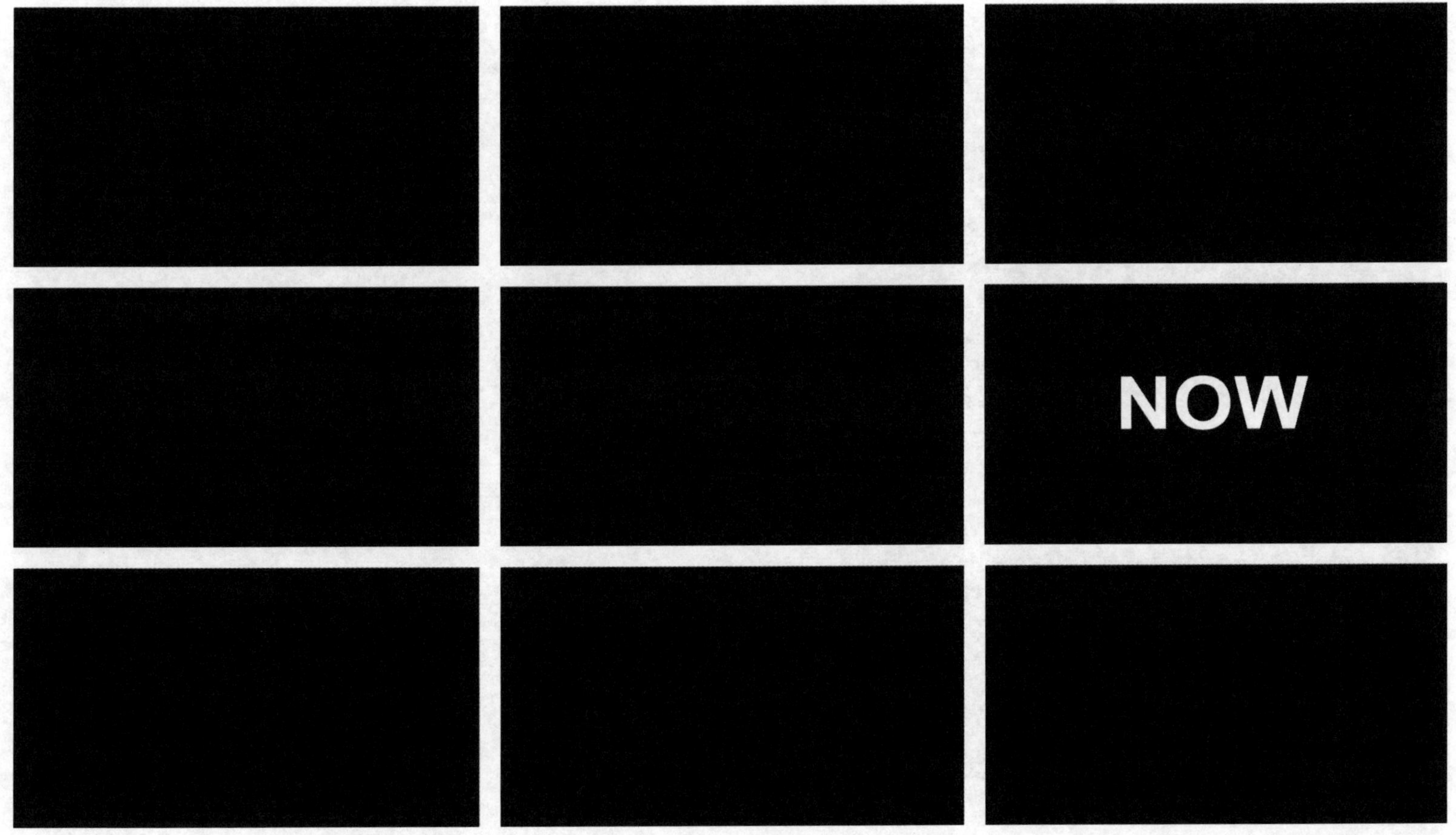

2005

Home Alone I, 2005. Video with voice-over, TV monitors,
tables, sofas, carpet, dimensions variable. Installation view,
Künstlerhaus Bethanien, Berlin, 2005

—

Sám doma I, 2005. Video, postsynchronní zvuk,
TV monitory, stoly, pohovky, koberec, variabilní rozměry.
Pohled do instalace, Künstlerhaus Bethanien, Berlín, 2005

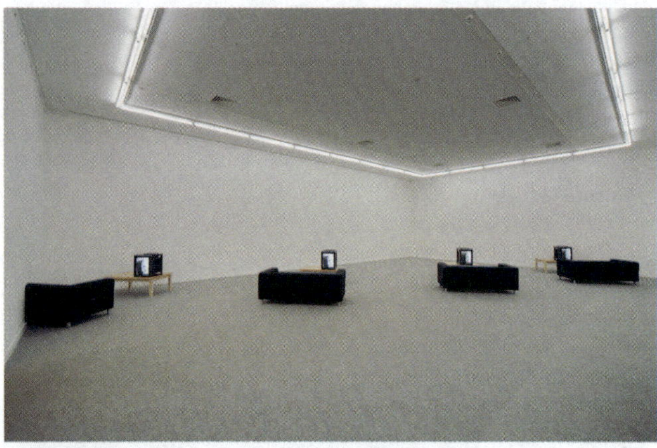

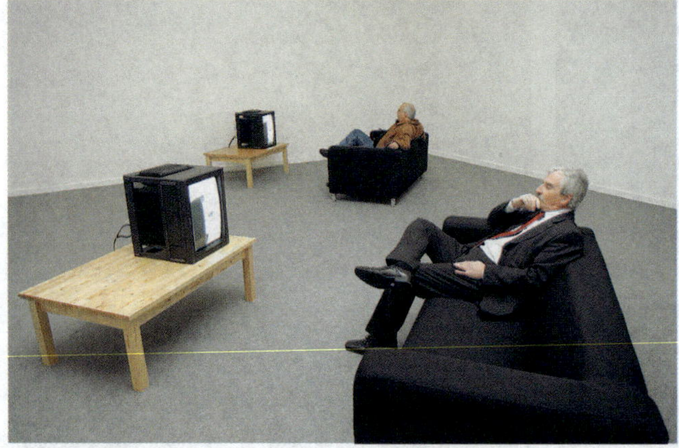

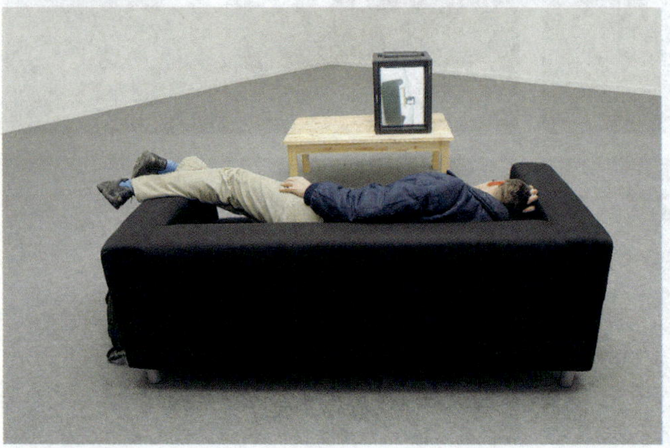

When I'm in this room, it always reminds
me of the story of Eva and her potential
partner — psychiatrist, who, when he lay
on his side to watch TV, would turn the TV
and put it on its side too, so that watching
was more comfortable for him. She gives
this particular point as the reason why she
split up with him. Eva still lives alone. I tried
it also a couple of times, but I realized that
I'm too limited by gravity.

—

V téhle místnosti si vždy vzpomenu na
příběh Evy a jejího potenciálního partnera
— psychiatra. Ten měl ve zvyku dívat se na
televizi vleže na boku a otáčet televizi také
na bok, aby se mu dívalo pohodlněji. Ona
tento konkrétní příklad udává jako důvod,
proč se s ním rozešla. Eva žije stále sama.
Sám jsem to také několikrát zkusil, ale zjistil
jsem, že jsem příliš omezený gravitací.

Home Alone I
Sám doma I

The Painting Vol. II, 2005. Enamel on canvas, transparent film, seven parts, each 60 × 80 cm. Installation view, Meyer Riegger, Karlsruhe, 2005. Collection Laura Steinberg and Bernardo Nadal-Ginard

The Paintings, 2005. Enamel on canvas, transparent film, three parts 45 × 50 cm, 90 × 100 cm, 70 × 78 cm. Collection Maddalena and Paolo Kind

Malba Vol. II, 2005. Email na plátně, transparentní fólie, sedm částí, každá 60 × 80 cm. Pohled do instalace, Meyer Riegger, Karlsruhe, 2005. Sbírka Laura Steinberg a Bernardo Nadal-Ginard

Malby, 2005. Email na plátně, transparentní fólie, tři části 45 × 50 cm, 90 × 100 cm, 70 × 78 cm. Sbírka Maddalena a Paolo Kind

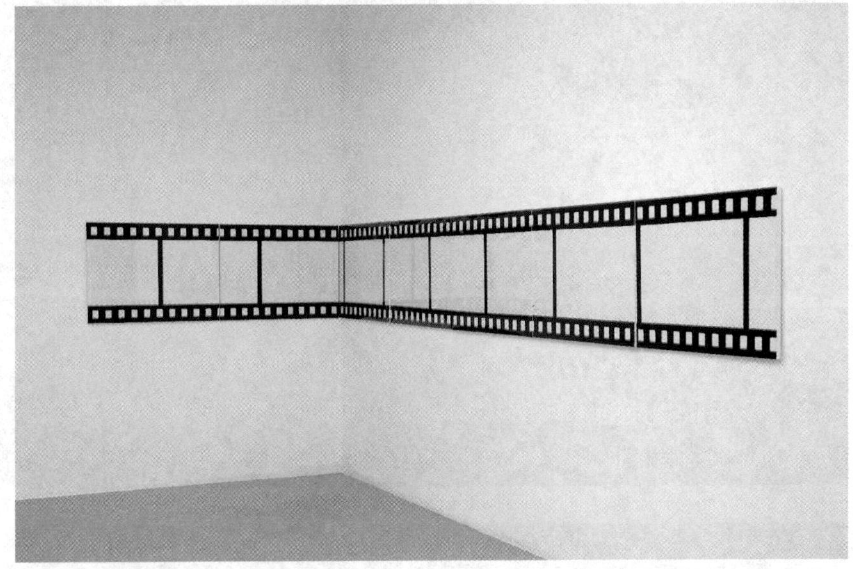

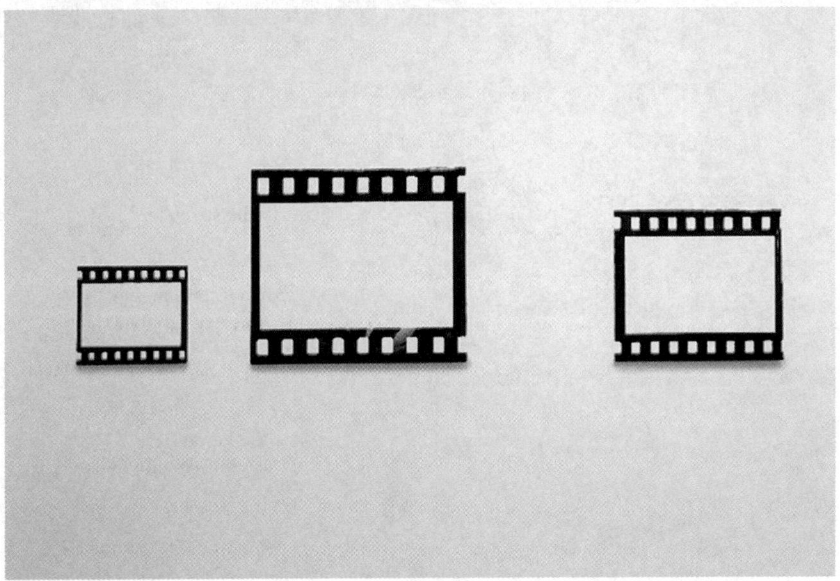

2005

A Cup, 2005. Silkscreen on perspex, nine parts, each 200 × 300 × 0.8 cm.
Installation view, Czech and Slovak Pavilion, 51st Venice Biennale, Venice, 2005

Hrnek, 2005. Sítotisk na plexiskle, devět částí, každá 300 × 200 × 0,8 cm.
Pohled do instalace, pavilon České republiky a Slovenské republiky,
51. benátské bienále, Benátky, 2005

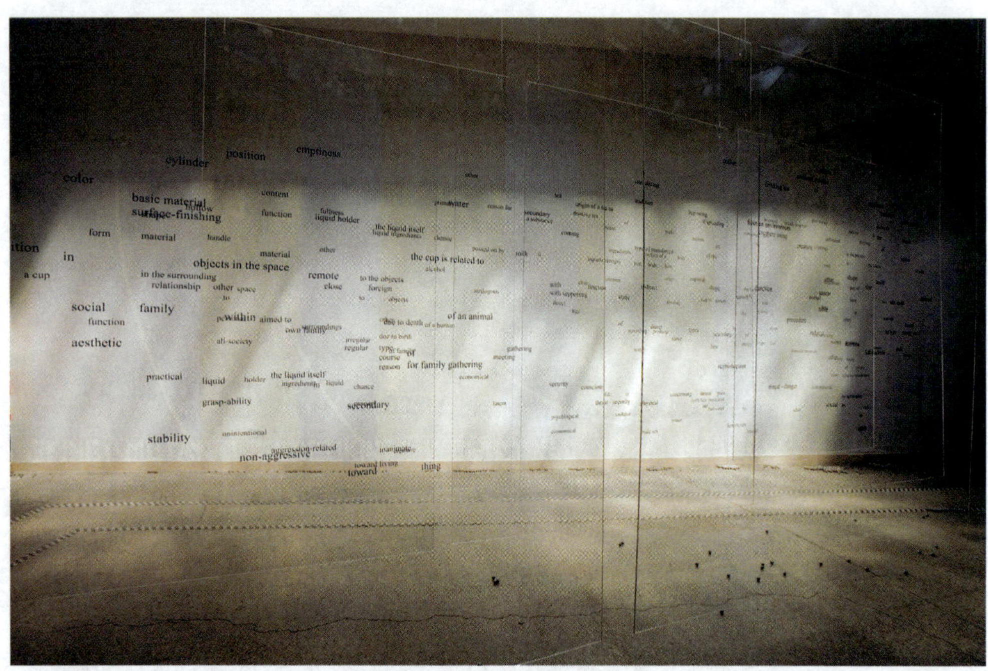

post-literacy

destroyed   already forgotten

and

destroyed

ing date   pre-literacy

nations   to   nations destroyed   and still remembered

to

colonized   thriving

nations   date

countries

in the present   other   colonizing

in   for which   of trade   Russian

Great Britain   the past   tea was an important article   Dutch

other

ody   part of

specific

erage size   time   was   a   when average   estimated

from

function   table

seating   at   seating   table

material   function

other

shape

type of energy   type of fuel   to   of

of fuel

type   needed produce

fuel   origin   from   from   resources   geographical

domestic resources   foreign   of

area mining   foundation   mined

political   average   of

of   country

experience

extent   education of inhabitants

with personal

with fear   media

by upbringing

press

by   radio   be television

by

by

ternet

Window Vol. I, from a Daily Newspaper, April 2005, 2006.
Wood, glass, aluminium, steel, 140 × 180 × 8 cm.
Collection Michel and Martine Samuel-Weis

Window Vol. III, from a Daily Newspaper, January 2008, 2008.
Wood, glass, aluminium, steel, two parts 198 × 172 × 12 cm,
139 × 120 × 12 cm. Installation view, Meyer Riegger, Berlin, 2010

Okno Vol. I, z denního tisku, duben 2005, 2006. Dřevo, sklo,
hliník, ocel, 140 × 180 × 8 cm. Sbírka Michel a Martine
Samuel-Weis

Okno Vol. III, z denního tisku, leden 2008, 2008. Dřevo, sklo,
hliník, ocel, dvě části 98 × 172 × 12 cm, 139 × 120 × 12 cm.
Pohled do instalace, Meyer Riegger, Berlín, 2010

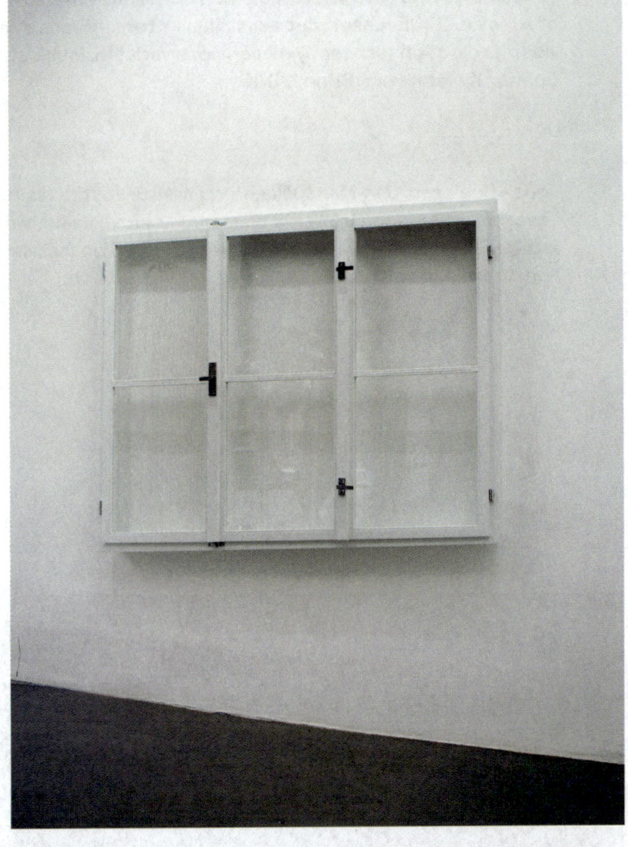

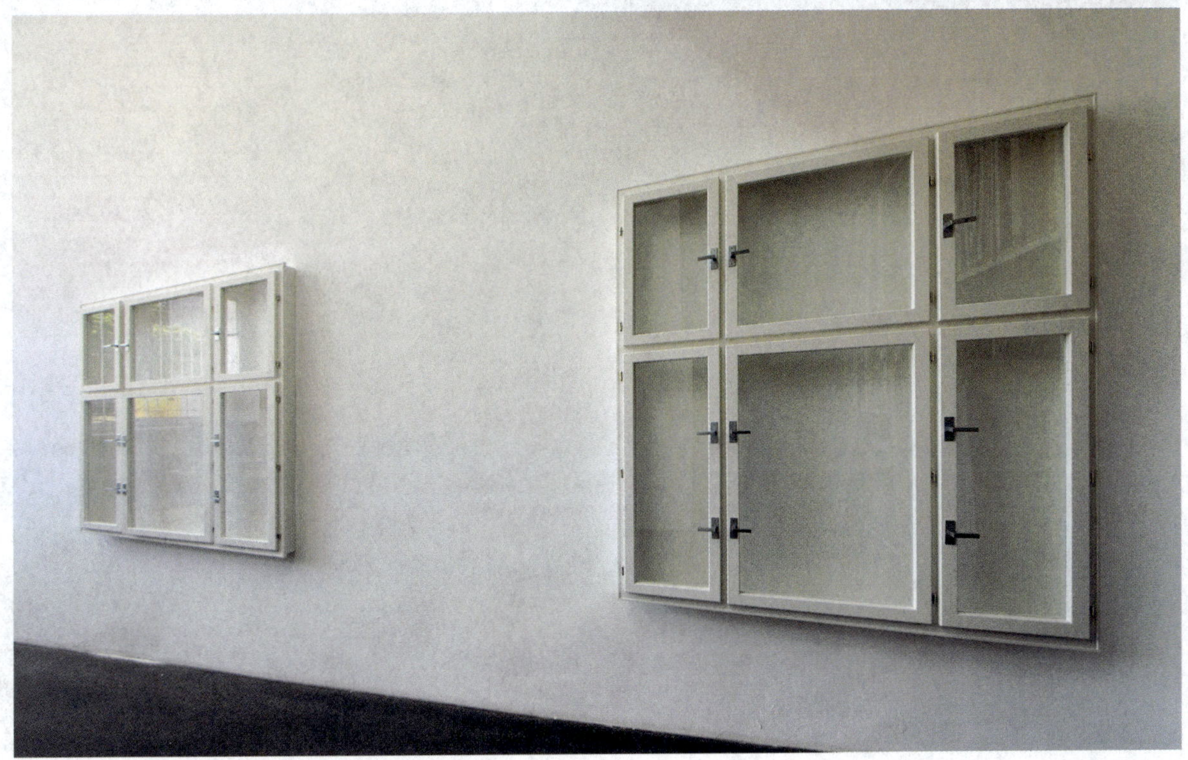

2005

Jonas Dahlberg, Ján Mančuška, The First Minute of the Rest
of a Movie, 2005. Laser-cut aluminium letters, steel cable,
video projection (screen 1), dimensions variable. Installation view,
Bonner Kunstverein, Bonn, 2005

Jonas Dahlberg, Ján Mančuška, První minuta zbytku filmu, 2005.
Laserem vyřezávaná hliníková písmena, ocelové lanko, videoprojekce
(projekční plocha 1), variabilní rozměry. Pohled do instalace, Bonner
Kunstverein, Bonn, 2005

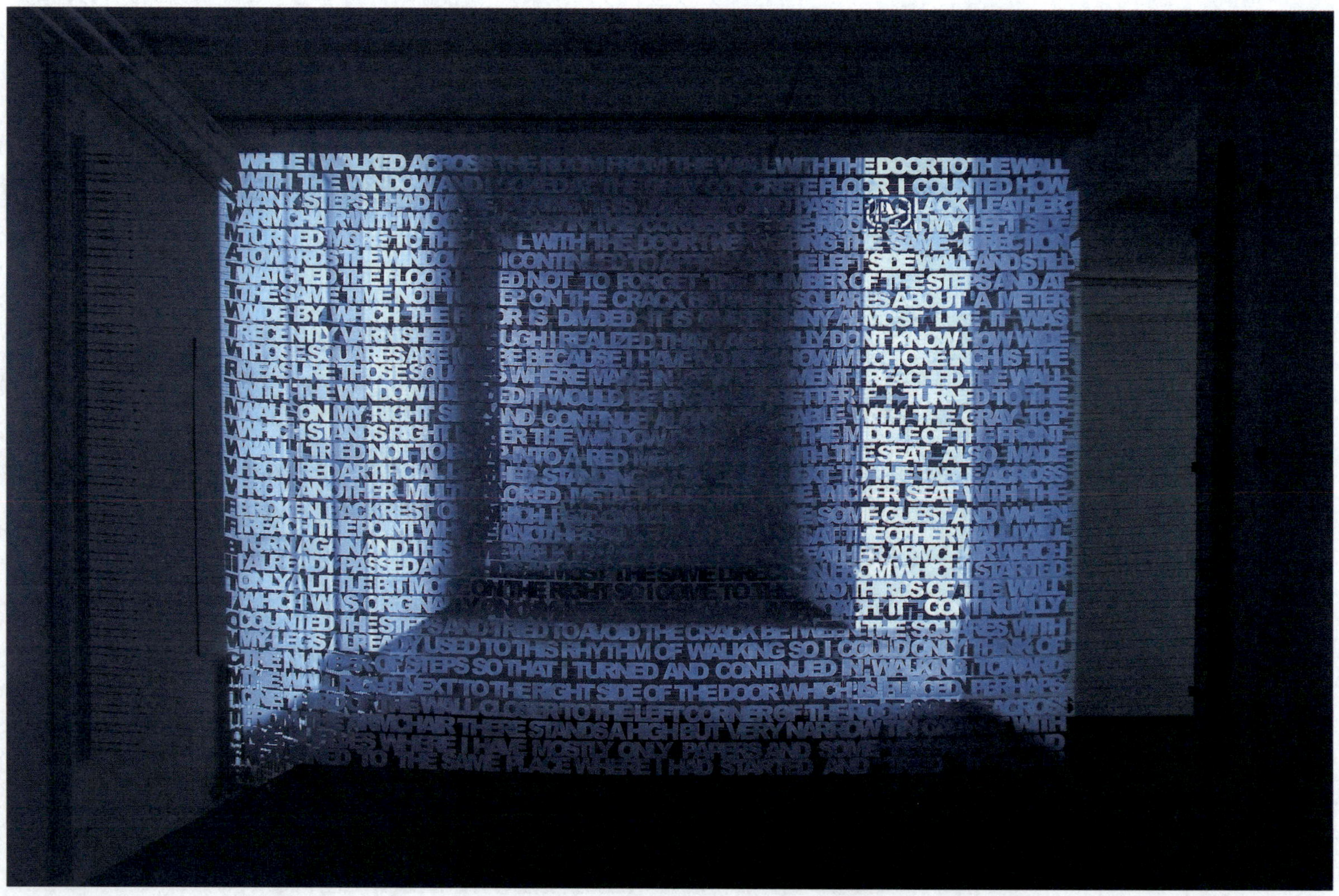

While I walked across the room from the wall with the door to the wall with the window and looked at the gray concrete floor I counted how many steps I'd made during this journey and passed a black leather armchair with wooden legs in the corner of the room on my left side turned more to the wall with the door I kept going in the same direction towards the window so I continued to approach the left side wall and still watched the floor I tried not to forget the number of the steps and at the same time not to step on the crack between squares about a meter wide by which the floor is divided it is quite shiny almost like it was recently varnished though I realized that I actually don't know how wide those squares are maybe because I have no idea how much one inch is the measure those squares where made in at the moment I reached the wall with the window I decided it would be probably better if I turned to the wall on my right side and continue along the table with the grey top which stands right under the window perhaps in the middle of the front wall I tried not to bump into a red metal chair with the seat also made from red artificial leather standing by the side next to the table across from another multicolored metal chair with the wicker seat with the broken backrest on which I sit only when I have some guest and when I reach the point where another small table stands at the other wall I will turn again and this time walk towards the black leather armchair which I already passed and thus almost the same direction from which I started only a little bit more on the right so I come to the two thirds of the wall which was originally on my left side slowly approach it continually counted the steps and tried to avoid the crack between the squares with my legs already used to this rhythm of walking so I could only think of the number of steps so that I turned and continued in walking toward the wall right next to the right side of the door which is placed perhaps one third of the wall closer to the left corner of the room where across from the armchair there stands a high but very narrow tin cabinet with five shelves where I have mostly only papers and some videotapes and returned to the same place where I'd started and tried it again.

———————

Během chvíle kdy jsem kráčel po místnosti od stěny u dveří směrem ke stěně s oknem a díval se na šedou podlahu počítal kolik kroků jsem již udělal cestou minul černé kožené křeslo s dřevěnými nohami stojící po mé levé straně v rohu místnosti a otočené více ke stěně s dveřmi pokračoval stejným směrem k oknu tak že jsem se stále více přibližoval k boční stěně a pořád hleděl na podlahu pokoušel jsem se nezapomenout ten počet kroků a zároveň nešlápnout na sparu mezi čtverci asi metr širokými jimiž je dělená podlaha docela lesklá jakoby nově natřená a uvědomil si že vlastně nevím jak široké ty čtverce jsou asi proto že nemám představu kolik je jeden palec tedy měřítko ve kterém byly čtverce vytvořeny v momentě kdy jsem došel ke stěně s oknem jsem se rozhodl že lepší by pravděpodobně bylo pokud bych se otočil ke stěně po mé pravé straně a pokračoval kolem stolu se šedivou deskou který stojí přímo pod oknem možná v prostředku stěny pokoušel se nenarazit do červené kovové židle se sedadlem z červené koženky stojící stranou u stolu šikmo od jiné různobarevné židle s proutěným sedátkem a prasklým opěradlem na kterém sedávám pouze pokud mám nějakého hosta a když jsem se dostal na místo kde u další stěny stojí jiný malý stolek otočil jsem se a znova vydal tentokrát směrem k černému koženému křeslu které jsem už minul tedy téměř stejným směrem odkud jsem začal pouze trochu víc napravo tak že jsem došel asi do dvou třetin stěny která byla původně po mé levé straně a stále se k ní přibližoval počítal kroky a pokoušel se vyhnout spárám mezi čtverci s nohama uvyklýma rytmu chůze takže jsem mohl pouze myslet na počet kroků otočil jsem se a pokračoval směrem ke stěně k místu hned napravo od dveří které jsou umístěné přibližně v jedné třetině stěny blíže k levému rohu místnosti kde naproti křeslu stojí vysoká ale velmi úzká skříňka s pěti policemi kde mám většinou jen papíry a nějaké videokazety vrátil jsem se na stejné místo odkud jsem vyšel a zkusil to znova.

A middle-aged woman stands naked in front of the window. The time is 6 a.m. The woman has just gotten up and has not yet had a chance to dress. A dog sits next to her.

A middle-aged woman stood naked in front of the window. The time was 6 a.m. The woman had just gotten up and had not yet had a chance to dress. A dog sat next to her. Now she puts some water on, for tea. She is still naked. The dog sits next to her, watching her.

A middle-aged woman stood naked in front of the window. The time was 6 a.m. The woman had just gotten up and had not yet had a chance to dress. A dog sat next to her. She put some water on, for tea. She was still naked. The dog sat next to her, watching her. Suddenly, the phone rings in the next room. It is 6:15.

A middle-aged woman stood naked in front of the window. The time was 6 a.m. The woman had just gotten up and had not yet had a chance to dress. A dog sat next to her. She put some water on, for tea. She was still naked. The dog sat next to her, watching her. Suddenly, the phone rang in the next room. It was 6:15. The woman goes to pick up the phone. On the way, she passes another window. The dog goes with her.

A middle-aged woman stood naked in front of the window. The time was 6 a.m. The woman had just gotten up and had not yet had a chance to dress. A dog sat next to her. She put some water on, for tea. She was still naked. The dog sat next to her, watching her. Suddenly, the phone rang in the next room. It was 6:15. The woman went to pick up the phone. On the way, she passed another window. The dog went with her. She picks up the phone. The dog watches her.

A middle-aged woman stood naked in front of the window. The time was 6 a.m. The woman had just gotten up and had not yet had a chance to dress. A dog sat next to her. She put some water on, for tea. She was still naked. The dog sat next to her, watching her. Suddenly, the phone rang in the next room. It was 6:15. The woman went to pick up the phone. On the way, she passed another window. The dog went with her. She picked up the phone. The dog watched her. If you hang up the phone, I'll poison your dog. Now listen…

Žena středního věku stojí nahá před oknem. Čas ukazuje 6.00 ráno. Žena právě vstala a nestačila se ještě obléct. Vedle ní stojí pes.

Žena středního věku stála nahá před oknem. Čas ukazoval 6.00 ráno. Žena právě vstala a nestačila se ještě obléct. Vedle ní stál pes. Teď si dává vařit vodu na čaj. Je stále nahá. Pes sedí vedle ní a pozoruje ji.

Žena středního věku stála nahá před oknem. Čas ukazoval 6.00 ráno. Žena právě vstala a nestačila se ještě obléct. Vedle ní stál pes. Dala si vařit vodu na čaj. Byla stále nahá. Pes seděl vedle ní a pozoroval ji. Vtom ve vedlejším pokoji zvoní telefon. Je 6 hodin a 15 minut.

Žena středního věku stála nahá před oknem. Čas ukazoval 6.00 ráno. Žena právě vstala a nestačila se ještě obléct. Vedle ní stál pes. Dala si vařit vodu na čaj. Byla stále nahá. Pes seděl vedle ní a pozoroval ji. Vtom ve vedlejším pokoji zazvonil telefon. Bylo 6 hodin a 15 minut. Žena jde zvednout telefon. Cestou opět míjí okno. Pes ji doprovází.

Žena středního věku stála nahá před oknem. Čas ukazoval 6.00 ráno. Žena právě vstala a nestačila se ještě obléct. Vedle ní stál pes. Dala si vařit vodu na čaj. Byla stále nahá. Pes seděl vedle ní a pozoroval ji. Vtom ve vedlejším pokoji zazvonil telefon. Bylo 6 hodin a 15 minut. Žena šla zvednout telefon. Cestou opět minula okno. Pes ji doprovázel. Zvedá telefon. Pes ji pozoruje.

Žena středního věku stála nahá před oknem. Čas ukazoval 6.00 ráno. Žena právě vstala a nestačila se ještě obléct. Vedle ní stál pes. Dala si vařit vodu na čaj. Byla stále nahá. Pes seděl vedle ní a pozoroval ji. Vtom ve vedlejším pokoji zazvonil telefon. Bylo 6 hodin a 15 minut. Žena šla zvednout telefon. Cestou opět minula okno. Pes ji doprovázel. Zvedla telefon. Pes ji pozoroval. Jestli zavěsíš, otrávím ti psa! Teď poslouchej…

Jonas Dahlberg, Ján Mančuška, The First Minute of the Rest of a Movie, 2005. Laser-cut aluminium letters, steel cable, video projection (screen 1 and 2), dimensions variable. Installation view, Bonner Kunstverein, Bonn, 2005

Jonas Dahlberg, Ján Mančuška, První minuta zbytku filmu, 2005. Laserem vyřezávaná hliníková písmena, ocelové lanko, videoprojekce (projekční plocha 1 a 2), variabilní rozměry. Pohled do instalace, Bonner Kunstverein, Bonn, 2005

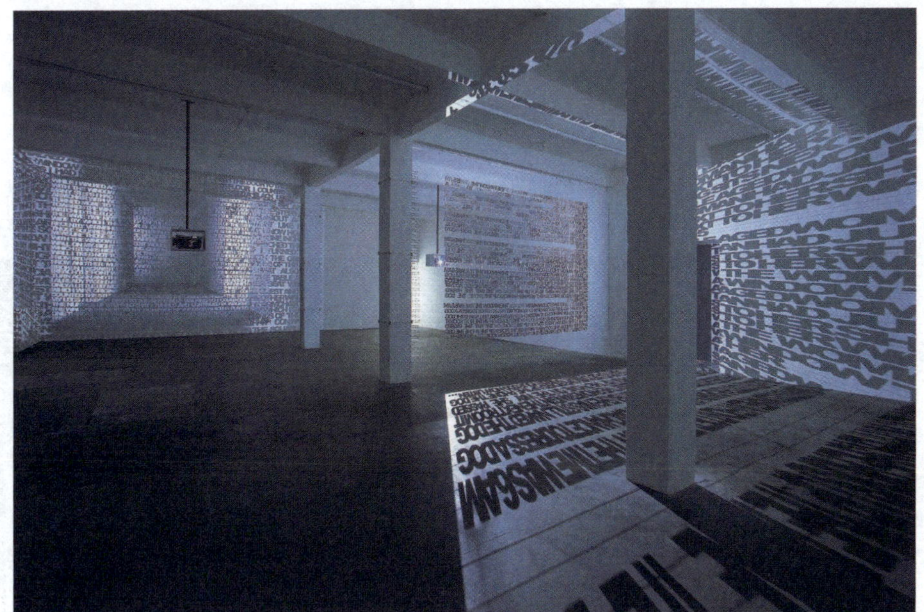

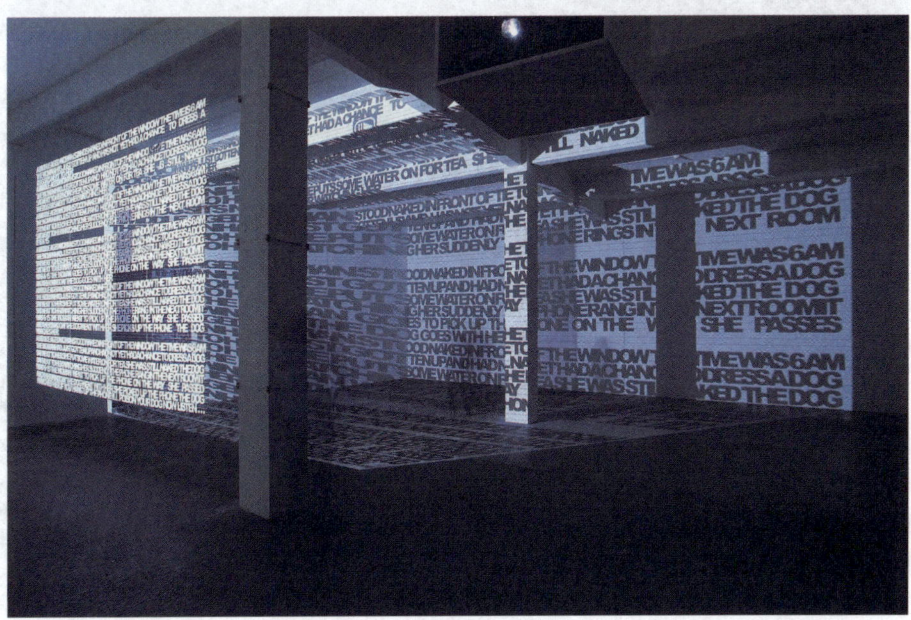

Jonas Dahlberg, Ján Mančuška. Cinema 1, 2005. Installation,
film projection, sound, dimension variable. Installation view,
Neue Kunst Halle Sankt Gallen, St. Gallen, 2006

Jonas Dahlberg, Ján Mančuška. Kino 1, 2005. Instalace,
filmová projekce, zvuk, variabilní rozměry. Pohled do instalace,
Neue Kunst Halle Sankt Gallen, St. Gallen, 2006

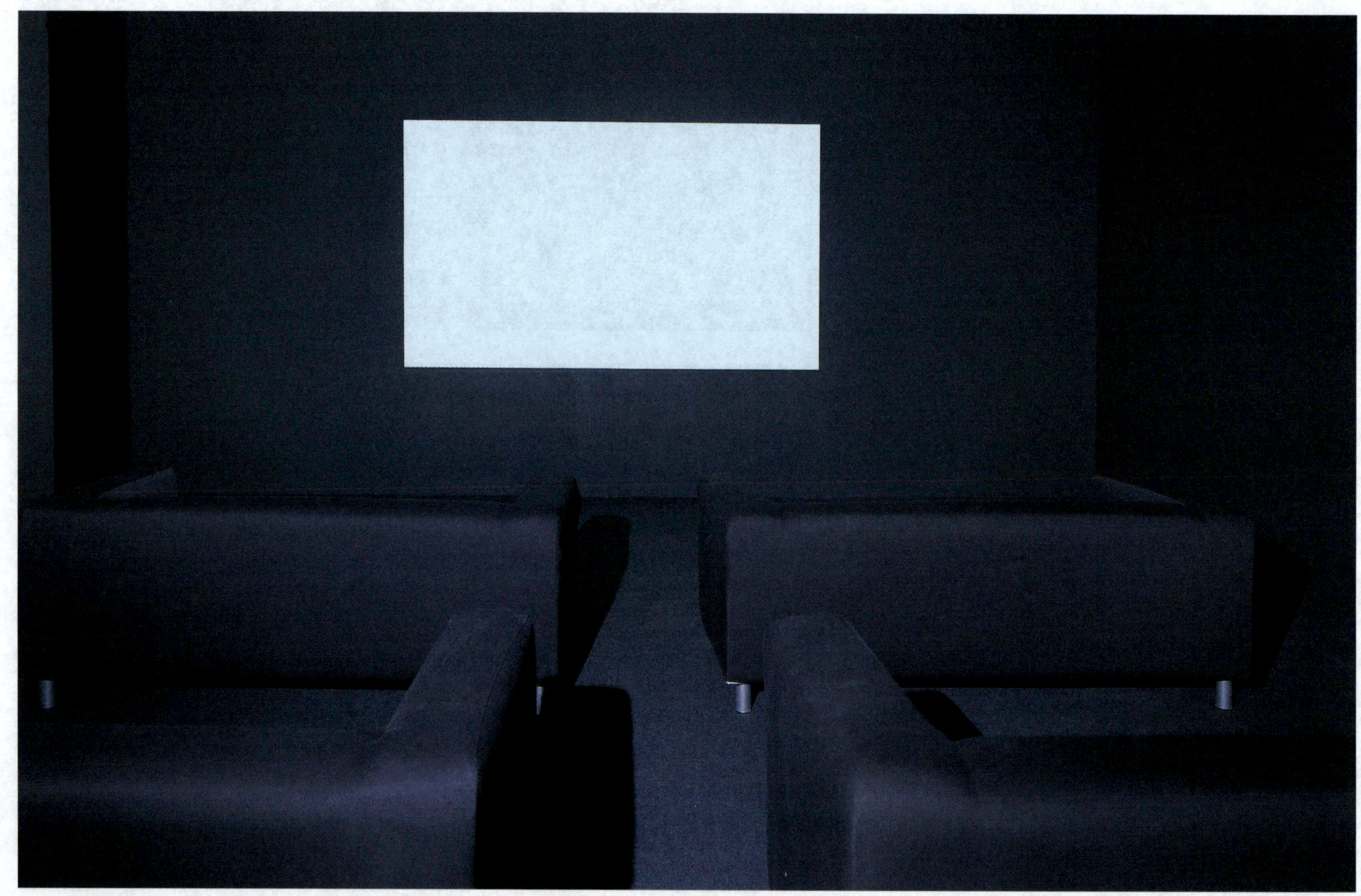

*The room is dark. On the opposite
side is a screen that seems to float in
front of the wall. After some time the
eyes become accustomed to the dark.
The outlines of four sofas become
progressively clearer in the space.
Overhead can be heard the fan of
a data-projector.*

I woke up
startled by a loud noise
absolutely no idea
where I was
I'd probably fallen asleep
the flashes of light
randomly illuminated
the contours of the surrounding figures
people again laughed loudly
I fixed my eyes on the screen and
comfortably sat back in the seat
I'm in the cinema
I'll comfortably sit back in the seat
fix my eyes on the screen and
people will again laugh loudly
the contours of the surrounding figures
will be randomly illuminated
by flashes of light
I'll look around me
I'll probably fall asleep
with absolutely no idea
where I am
startled by a loud noise
I will wake up

*Místnost je tmavá. Z protější strany
vystupuje promítací plocha, která jako
by se vznášela před stěnou. Po delším
čase si oči zvyknou na tmu. V prostoru
jsou stále zřetelnější obrysy čtyř
sofa. Nad hlavou je slyšet ventilátor
dataprojektoru.*

Probudil jsem se
vylekaný hlukem
absolutně netuším
kde jsem
asi jsem usnul
záblesky světla
nahodile osvěcovaly
obrysy okolních postav
lidé se znovu hlasitě zasmáli
upřel jsem oči na plátno a
pohodlně se opřel do sedačky
jsem v kině
pohodlně se opřu do sedačky
oči upřu na plátno a
lidé se zas budou hlasitě smát
obrysy okolních postav
budou zas nahodile osvěcovat
záblesky světla
já se budu rozhlížet kolem sebe
nejspíš asi zase usnu
a nebudu mít ani tušení
kde jsem
a pak se vylekaný hlukem
najednou probudím

2005

Jonas Dahlberg, Ján Mančuška, Shadow, 2005. Back
projection, sound, dimensions variable. Installation view,
Neue Kunst Halle Sankt Gallen, St. Gallen, 2006

Jonas Dahlberg, Ján Mančuška, Stín, 2005. Zpětná
projekce, zvuk, variabilní rozměry. Pohled do instalace,
Neue Kunst Halle Sankt Gallen, St. Gallen, 2006

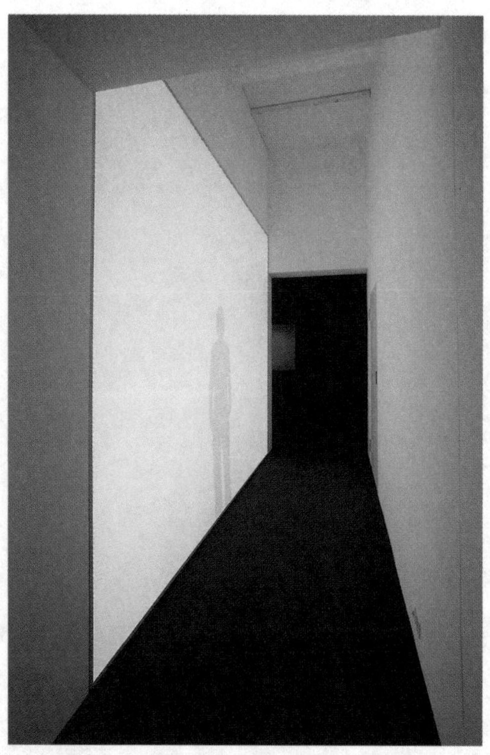 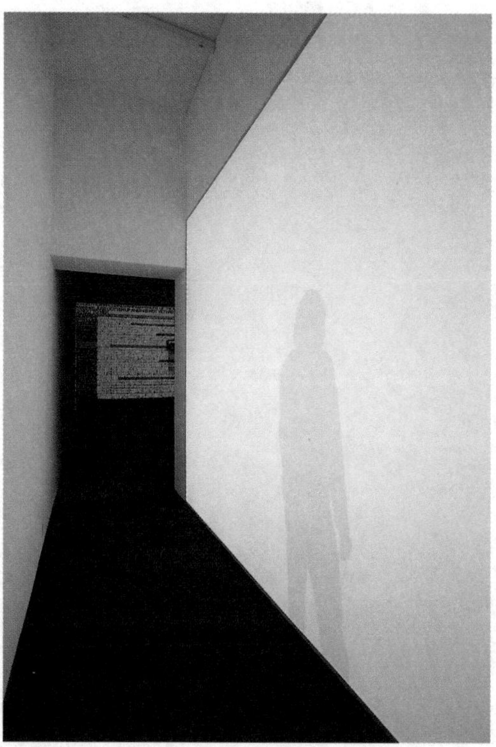 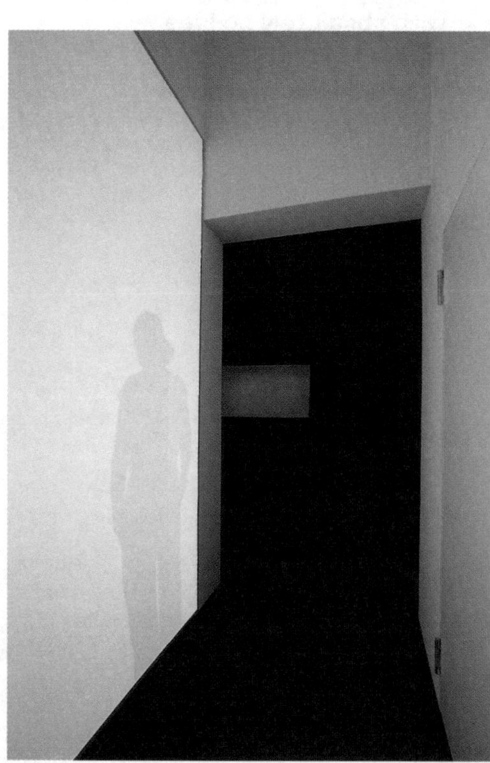

Inner Shadow, 2005. Wooden relief on wall, film projection,
dimensions variable. Collection Andrew Ong and George
Robertson, New York; Collection Gilles Fuchs, Paris

Vnitřní stín, 2005. Dřevěný reliéf na zdi, filmová projekce,
variabilní rozměry. Sbírka Andrew Ong a George Robertson,
New York; Sbírka Gilles Fuchs, Paříž

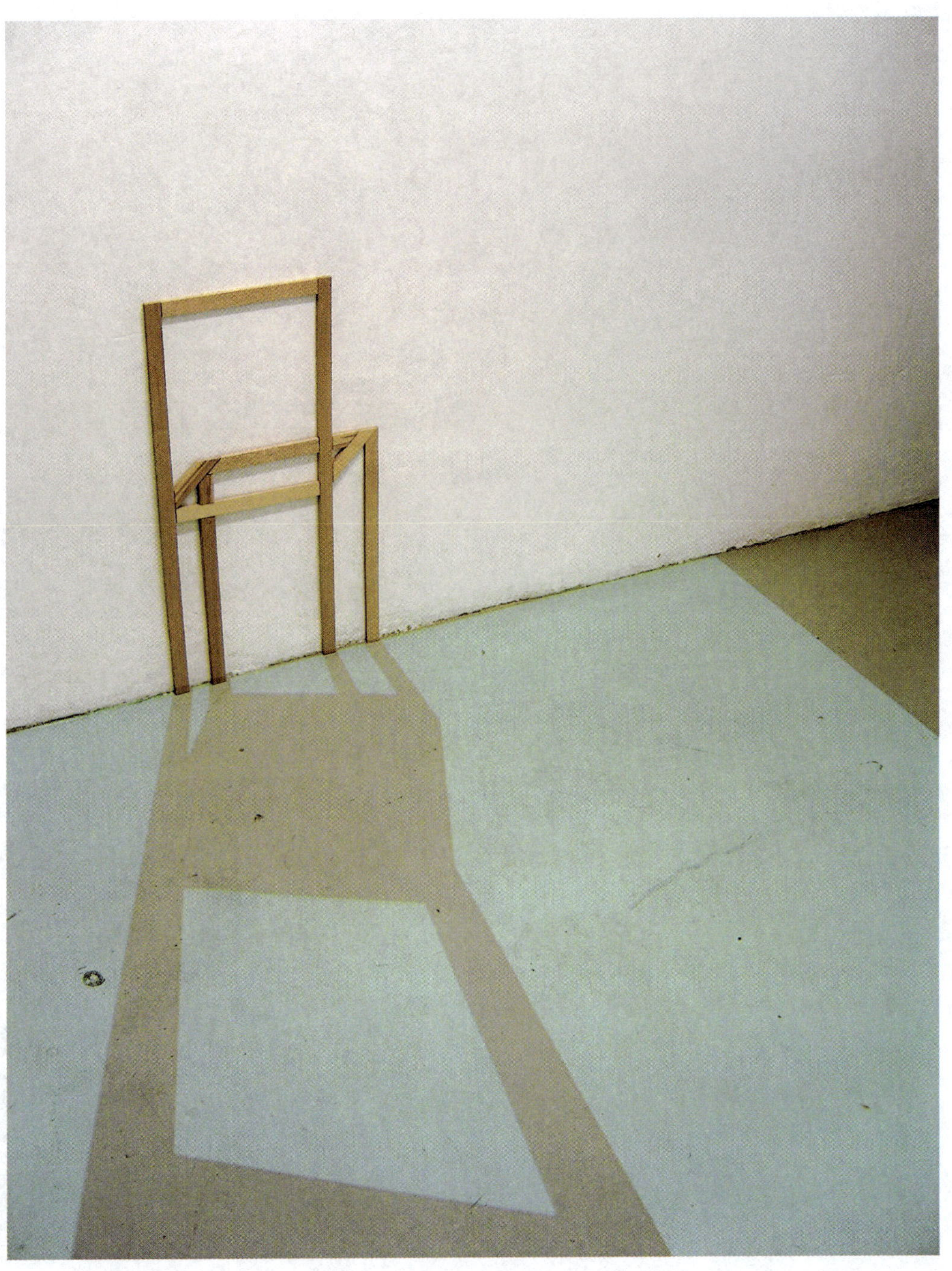

2005

Chair, 2005. Marker on wall, variable dimensions.
Installation view, Prague City Gallery, Stone Bell
House, Prague, 2005

Židle, 2005. Fix na zdi, variabilní rozměry.
Pohled do instalace, Galerie hlavního města Prahy,
Dům U Kamenného zvonu, Praha, 2005

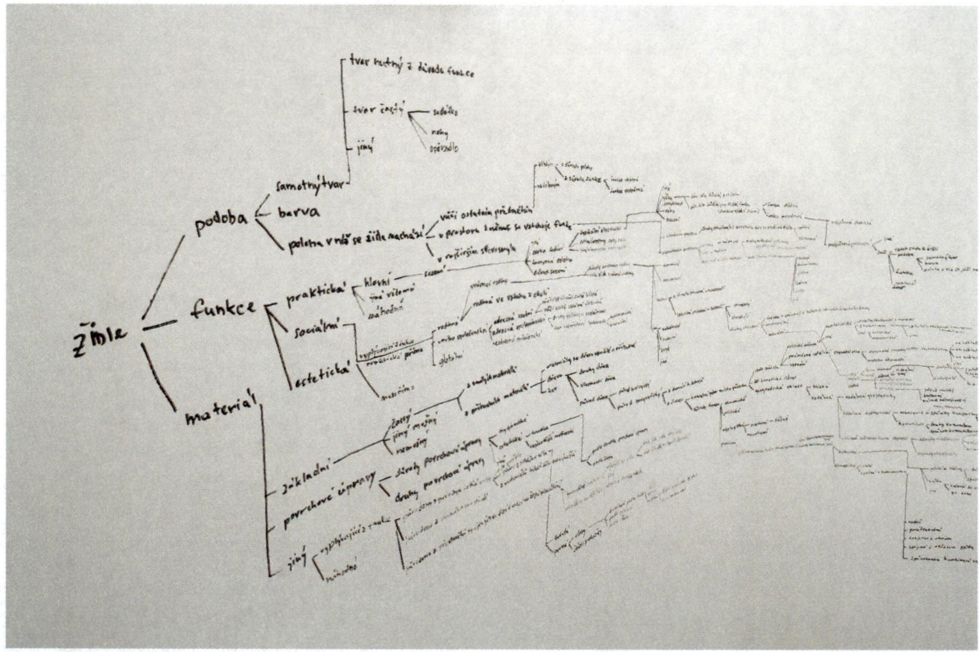

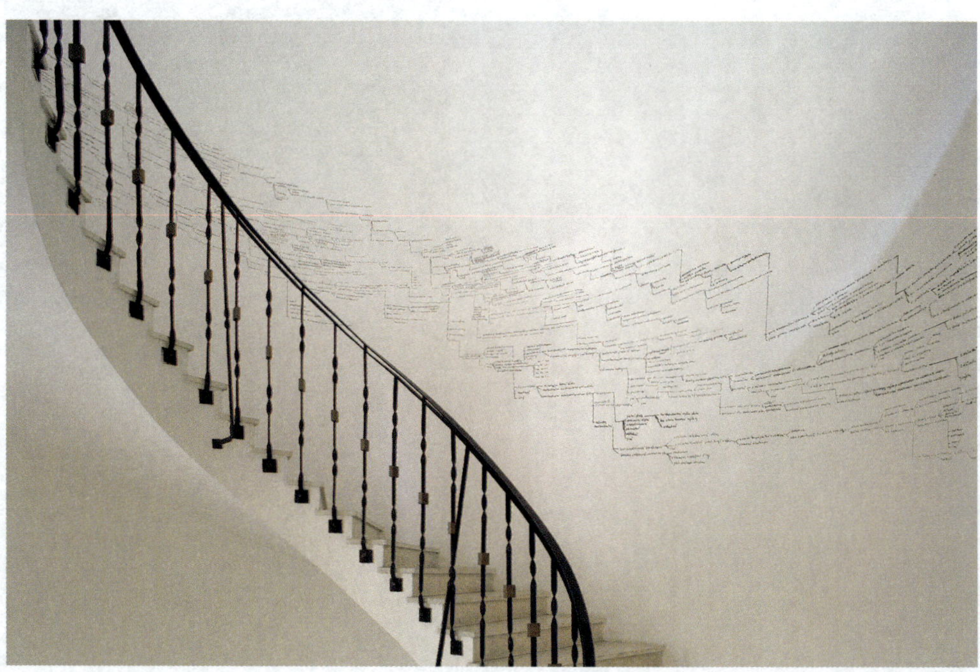

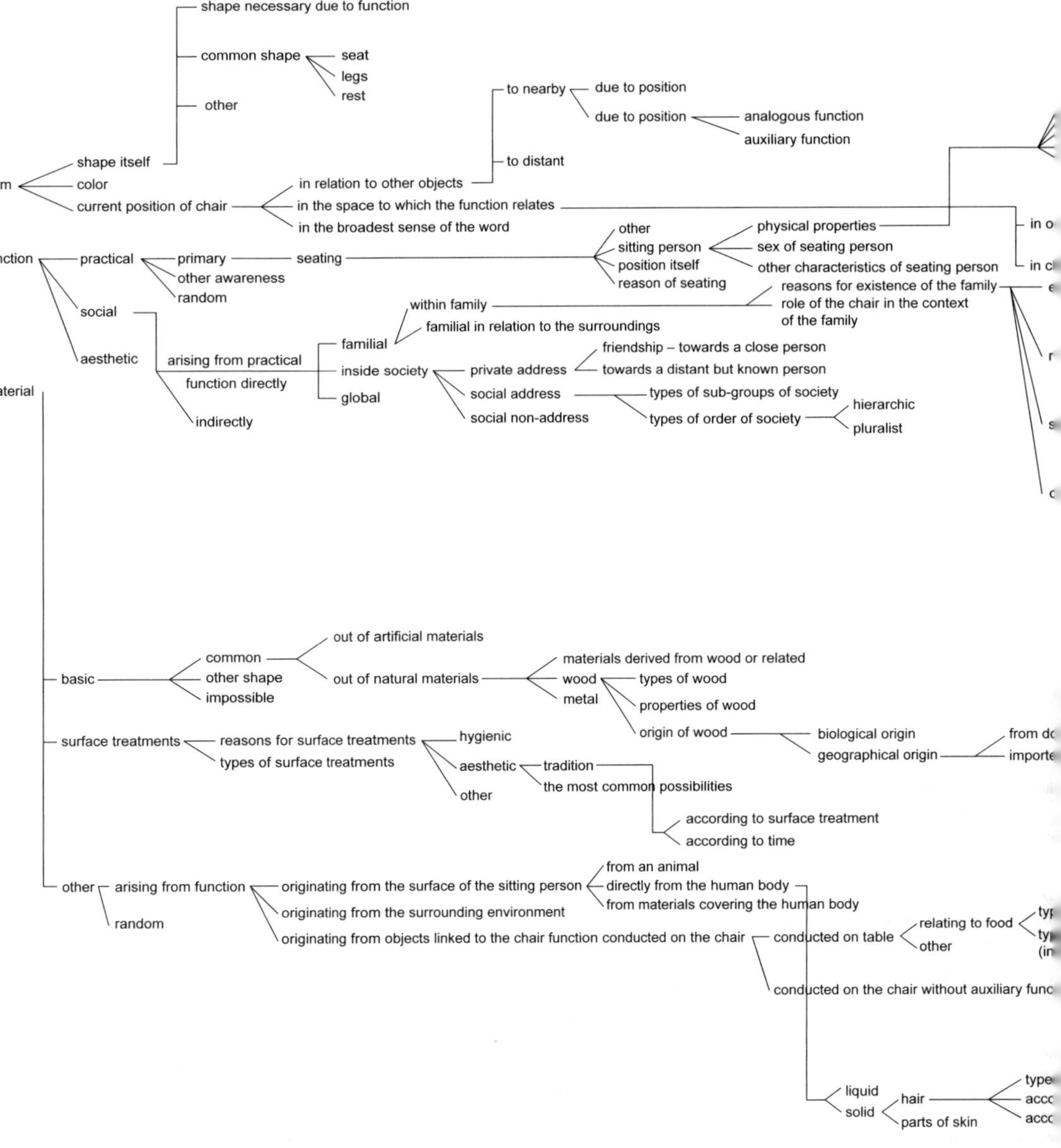

chair

form
shape itself
shape necessary due to function
common shape
seat
legs
rest
other
color
current position of chair
in relation to other objects
to nearby
due to position
due to position
analogous function
auxiliary function
to distant
in the space to which the function relates
in the broadest sense of the word

function
practical
primary
seating
other
sitting person
position itself
reason of seating
physical properties
sex of seating person
other characteristics of seating person
reasons for existence of the family
role of the chair in the context of the family
other awareness
random
social
within family
familial in relation to the surroundings
familial
inside society
private address
friendship – towards a close person
towards a distant but known person
social address
types of sub-groups of society
social non-address
types of order of society
hierarchic
pluralist
global
aesthetic
arising from practical function directly
indirectly

material
basic
common
out of artificial materials
other shape
out of natural materials
materials derived from wood or related
wood
types of wood
metal
properties of wood
origin of wood
biological origin
geographical origin
from do
importe
impossible
surface treatments
reasons for surface treatments
hygienic
aesthetic
tradition
the most common possibilities
other
types of surface treatments
according to surface treatment
according to time
other
arising from function
originating from the surface of the sitting person
from an animal
directly from the human body
from materials covering the human body
originating from the surrounding environment
originating from objects linked to the chair function conducted on the chair
conducted on table
relating to food
other
conducted on the chair without auxiliary func
random
liquid
solid
hair
parts of skin

lé
dené

pokrmy

samotný tvar
důvody pro samotný tvar
velikost tvaru

ové úpravy
odvozené od funl
odvozené od funl
materiály
vyplývající z funkce
z osoby
jiný
jiný
se
dů
zp
čir
základní
jiné
sezení
umění
jiné druhy prak
s přímým vztahem k funkci
s nepřímým vztahem k funkci

tradice výroby
způsob výroby
důvod výroby
prodej

důvody, které umoží židli být uměním za zachová praktické fun

osoba
osoba
osoba

né přímo pro stavbu
né pro transport potřebný pro stav

přímo pro spotřebitele (osobně)
pro víc spotřebitelů

ale nevzpomenu si
n

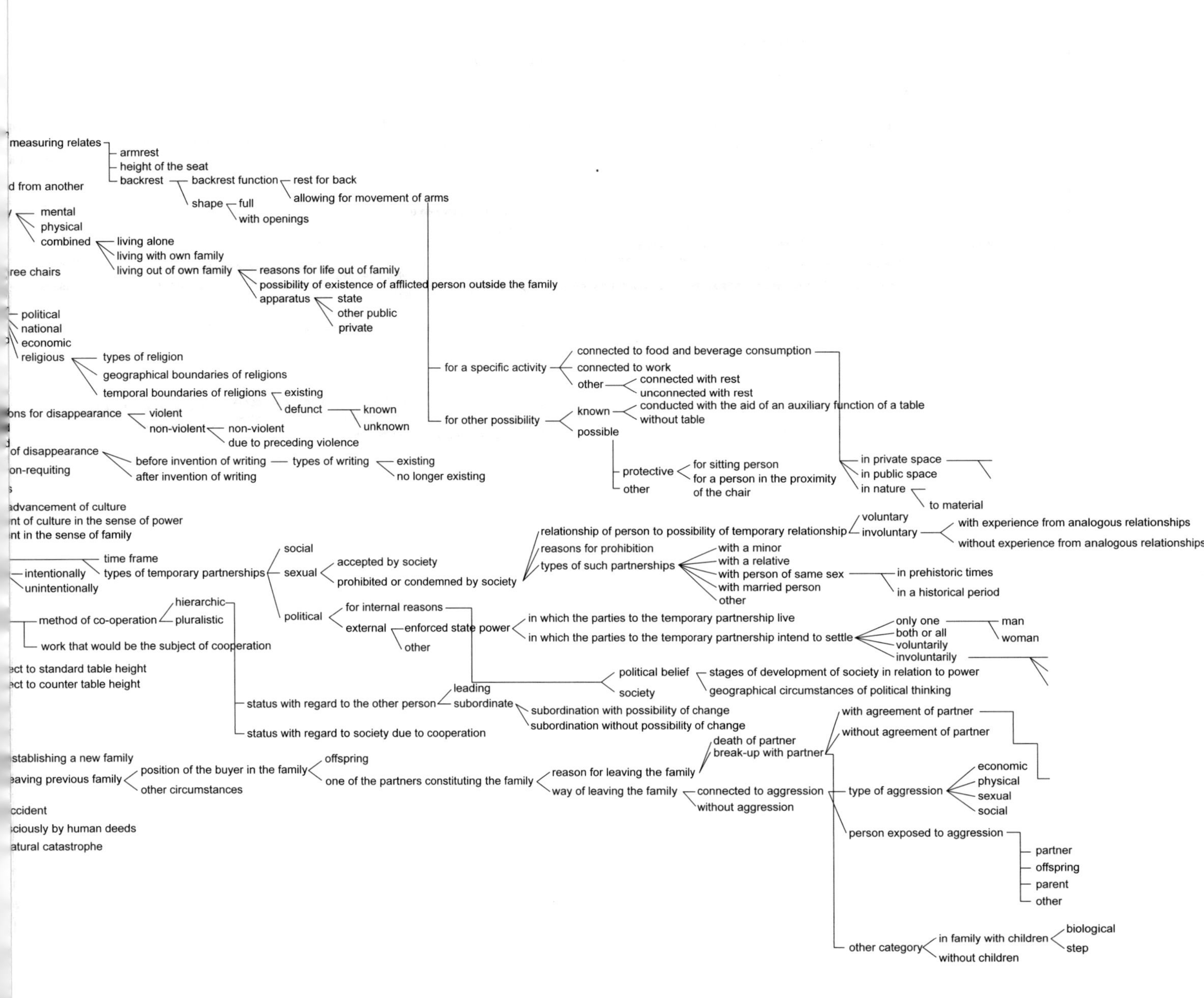

measuring relates
armrest
height of the seat
backrest — backrest function — rest for back
shape — full / with openings — allowing for movement of arms
d from another
mental
physical
combined
living alone
living with own family
living out of own family — reasons for life out of family
possibility of existence of afflicted person outside the family
apparatus — state / other public / private
ree chairs
political
national
economic
religious
types of religion
geographical boundaries of religions
temporal boundaries of religions — existing / defunct — known / unknown
ons for disappearance — violent / non-violent — non-violent / due to preceding violence
of disappearance
on-requiting
before invention of writing — types of writing — existing / no longer existing
after invention of writing
advancement of culture
nt of culture in the sense of power
nt in the sense of family
intentionally
unintentionally
time frame
types of temporary partnerships
social
sexual — accepted by society / prohibited or condemned by society
political — for internal reasons / external — enforced state power / other
method of co-operation — hierarchic / pluralistic
work that would be the subject of cooperation
for a specific activity
connected to food and beverage consumption
connected to work
other — connected with rest / unconnected with rest
for other possibility
known — conducted with the aid of an auxiliary function of a table / without table
possible
protective — for sitting person / for a person in the proximity of the chair
other
in private space
in public space
in nature — to material
relationship of person to possibility of temporary relationship — voluntary / involuntary — with experience from analogous relationships / without experience from analogous relationships
reasons for prohibition
types of such partnerships
with a minor
with a relative
with person of same sex — in prehistoric times / in a historical period
with married person
other
in which the parties to the temporary partnership live
in which the parties to the temporary partnership intend to settle
only one — man / woman
both or all
voluntarily
involuntarily
political belief — stages of development of society in relation to power
society — geographical circumstances of political thinking
leading
subordinate
subordination with possibility of change
subordination without possibility of change
status with regard to the other person
status with regard to society due to cooperation
establishing a new family
leaving previous family
position of the buyer in the family
offspring
one of the partners constituting the family
other circumstances
ect to standard table height
ect to counter table height
reason for leaving the family
death of partner
break-up with partner
way of leaving the family — connected to aggression / without aggression
with agreement of partner
without agreement of partner
type of aggression — economic / physical / sexual / social
person exposed to aggression
partner
offspring
parent
other
ccident
ciously by human deeds
atural catastrophe
other category — in family with children — biological / step / without children

Europe 2005 in A4, 2005. Plastic on MDF, 25 × 180 × 180 cm

Evropa 2005 v A4, 2005. Plast na MDF, 25 × 180 × 180 cm

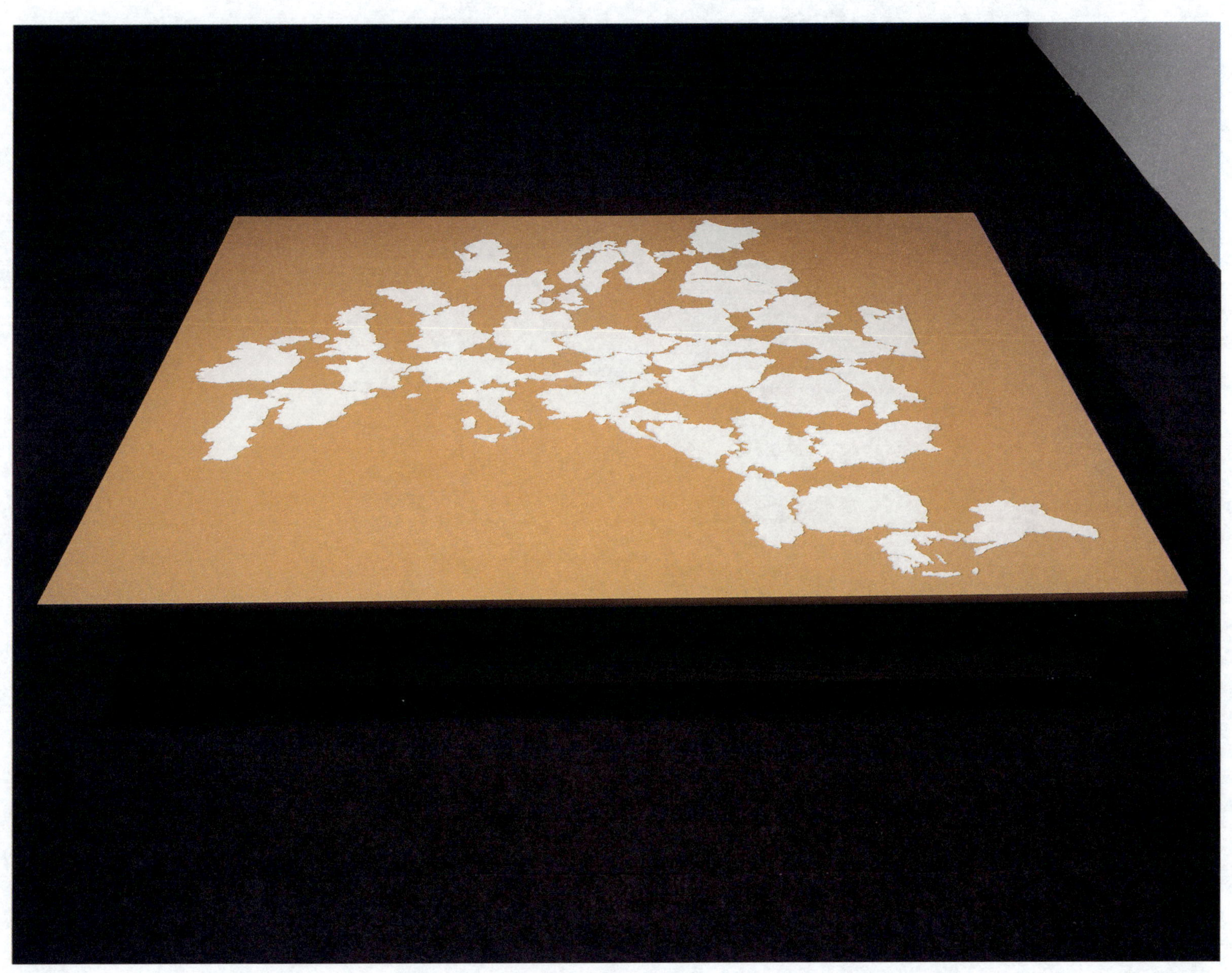

2005

9 I Was Falling, 8 Backwards into Space, 2005. Video loop projection, laser-cut aluminium letters, steel cable, dimensions variable. Collection Caroline Schmidt-Barnett; Private collection, London

---

9 Padal jsem, 8 po zádech do prostoru, 2005. Videoprojekce ve smyčce, laserem vyřezávaná hliníková písmena, ocelové lanko, variabilní rozměry. Sbírka Caroline Schmidt-Barnett; Soukromá sbírka, Londýn

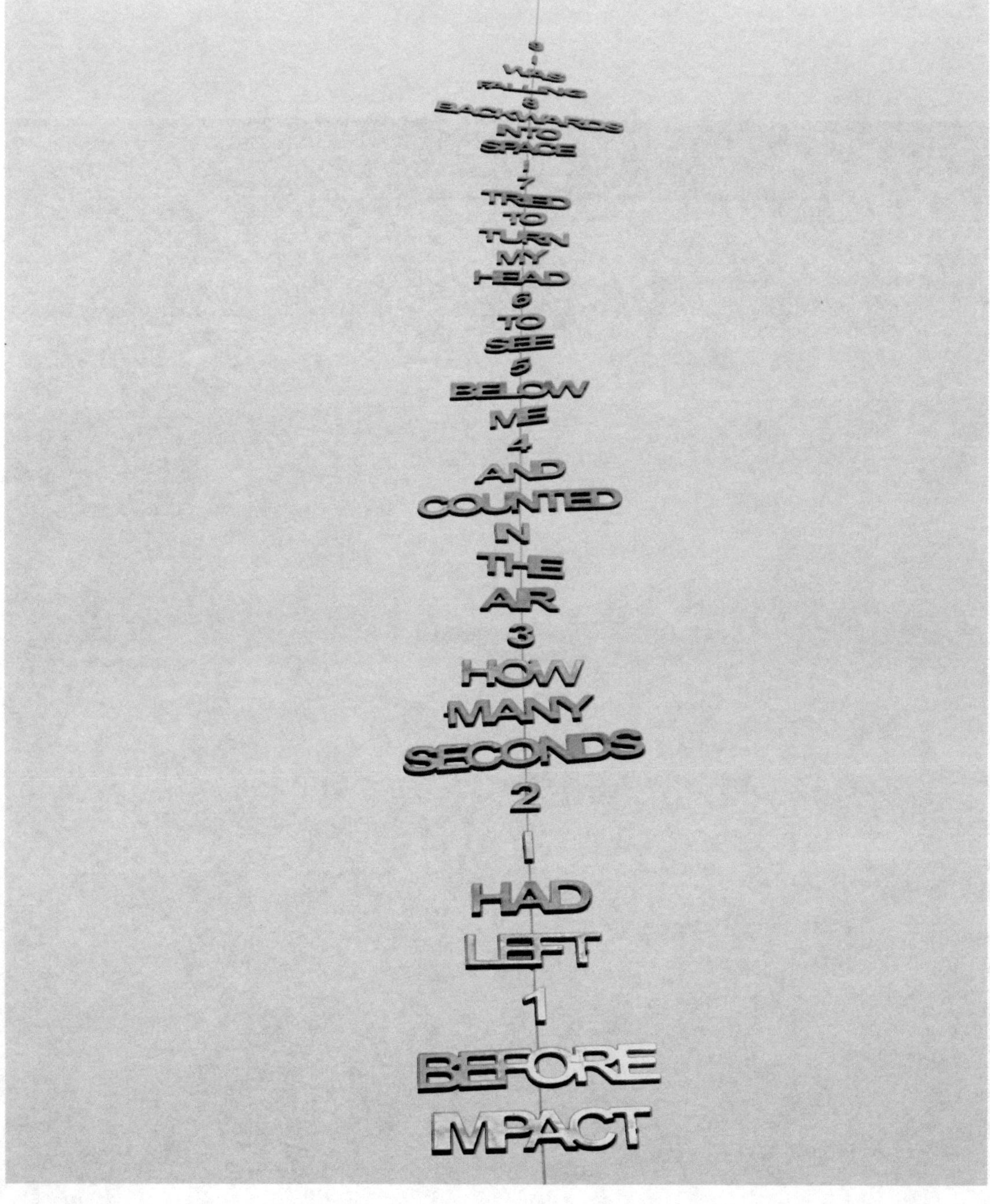

9
padal jsem
8
po zádech do prostoru
7
zkusil jsem otočit hlavu
6
abych viděl
5
pod sebe
4
a počítal
3
kolik sekund
2
mi zbývá
1
před dopadem

The Painting, 2006. Enamel on canvas, transparent film,
80 × 100 cm. Private collection, Prague

Malba, 2006. Email na plátně, plexisklo, transparentní
fólie 80 × 100 cm. Soukromá sbírka, Praha

20 Minutes After, 2006. Light projection, painted light bulb, laser-cut aluminium letters, steel cable, wall drawing, dimensions variable. Detail view. Collection Jill and Peter Kraus; Collection Andrew Kreps, New York

20 minut poté, 2006. Světelná projekce, začerněná žárovka, laserem vyřezávaná hliníková písmena, ocelové lanko, kresba na zdi, variabilní rozměry. Detailní pohled. Sbírka Jill a Peter Kraus; Sbírka Andrew Kreps, New York

→

20 Minutes After, 2006. Light projection, painted light bulb, laser-cut aluminium letters, steel cable, wall drawing, dimensions variable. Installation view, 4th Berlin Biennale, KW, Berlin, 2006. Collection Jill and Peter Kraus; Collection Andrew Kreps, New York

→

20 minut poté, 2006. Světelná projekce, začerněná žárovka, laserem vyřezávaná hliníková písmena, ocelové lanko, kresba na zdi, variabilní rozměry. Pohled do instalace, 4. berlínské bienále, KW, Berlín, 2006. Sbírka Jill a Peter Kraus; Sbírka Andrew Kreps, New York

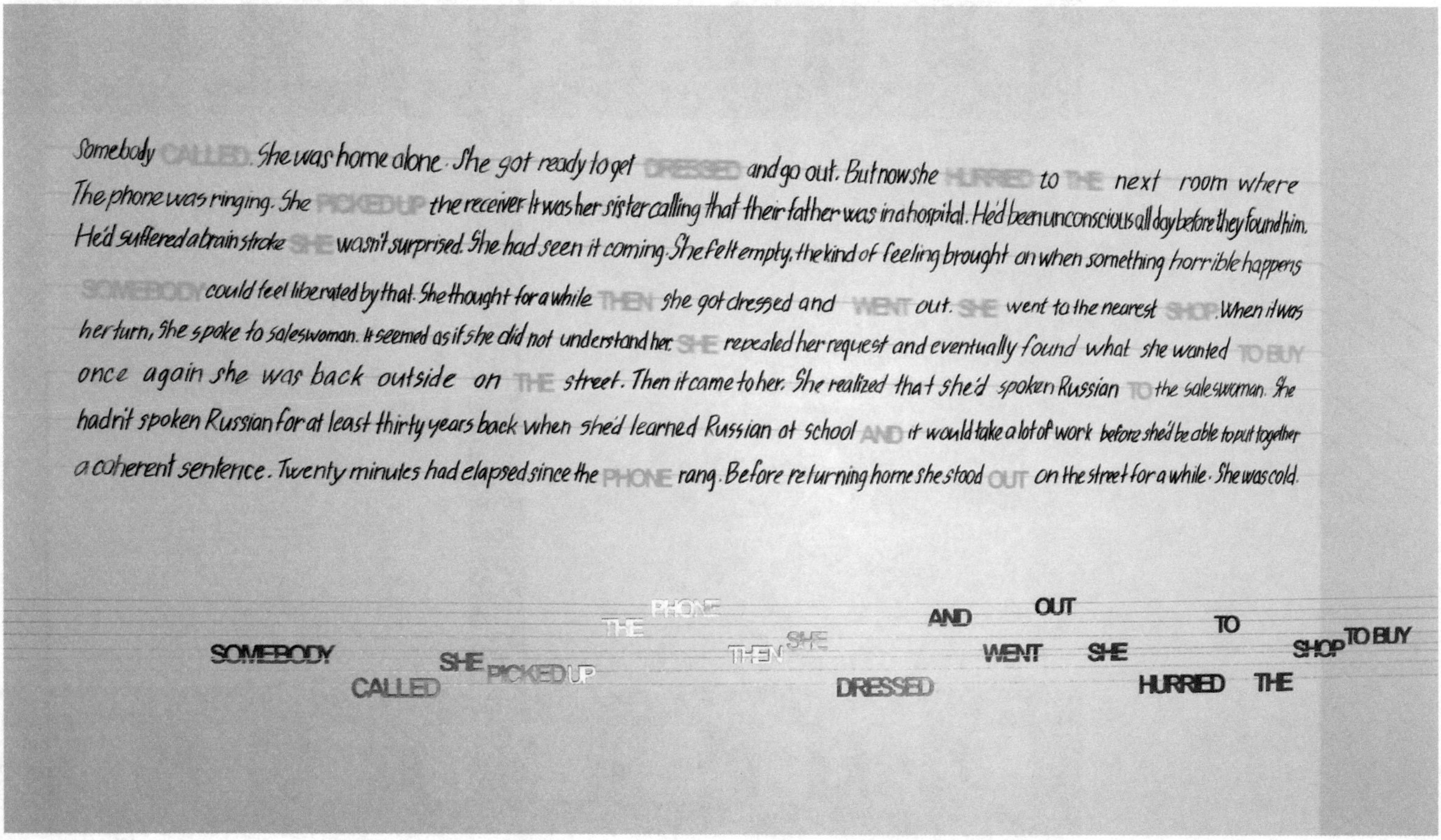

Někdo volal. Byla sama doma. Chystala se obléct a jít ven nakoupit. Vtom zazvonil telefon a ona spěchala do vedlejšího pokoje k telefonu. Zvedla sluchátko. Byla to její sestra. Volala, že jejich otec je v nemocnici. Ležel doma v bezvědomí možná celý den, než ho našli. Utrpěl mozkovou mrtvici. Nebyla překvapená, poslední dobou bylo jasné, že se blíží konec. Cítila spíš prázdnotu, jako vždycky, když se stalo něco strašného. Někdo to může chápat jako vysvobození. Krátce se zamyslela. Potom se oblékla a vyšla ven z bytu. Chtěla nakoupit. Po chvíli vešla do obchodu. Chvíli čekala. Když na ni přišla řada, promluvila na prodavačku. Vypadalo to ale, jako by jí nerozuměla. Ještě jednou svoji prosbu zopakovala a nakonec koupila, co chtěla. Opět byla na ulici. Chvíli jen tak stála. Najednou jí to došlo. Uvědomila si, že v obchodě na prodavačku mluvila rusky. Nerozuměla tomu. Rusky nemluvila nejméně třicet let, od doby, kdy se učila ruštinu ve škole. Dalo by jí hodně práce, aby dala dohromady souvislou větu. Od chvíle, co zazvonil telefon, uběhlo dvacet minut. Než šla domů, zůstala chvíli stát na ulici. Byla jí zima.

Někdo volal. Zvedla telefon. Potom se oblékla a vyšla ven. Spěchala do obchodu nakoupit.

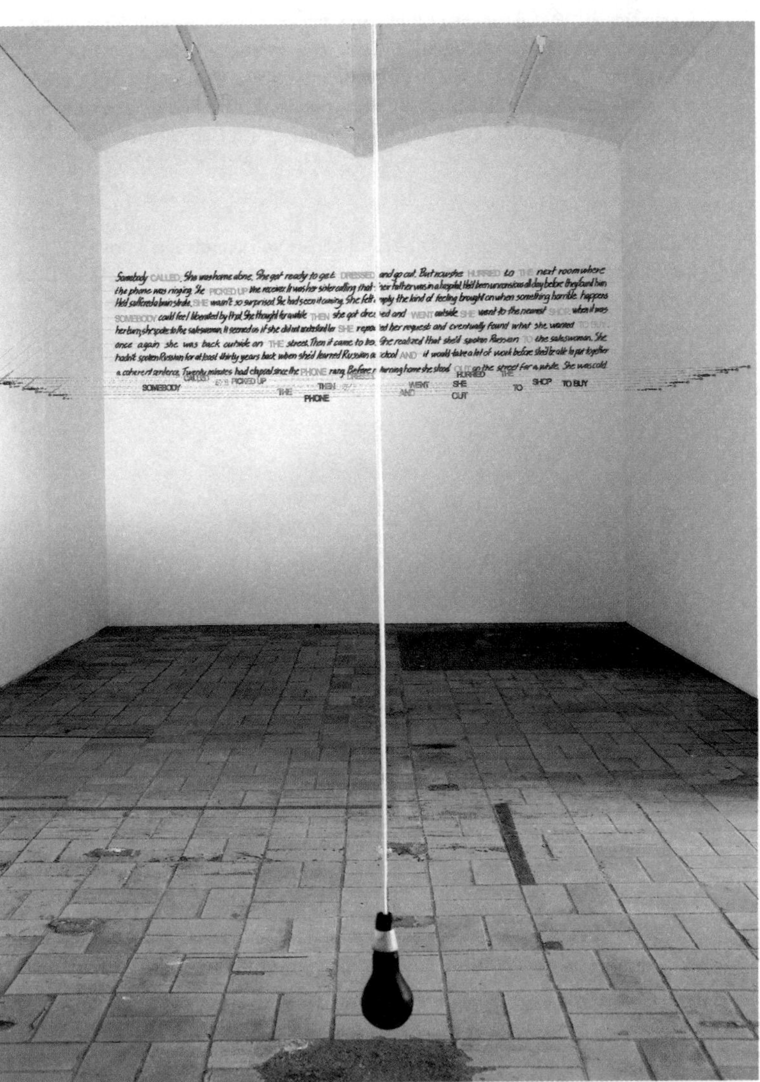

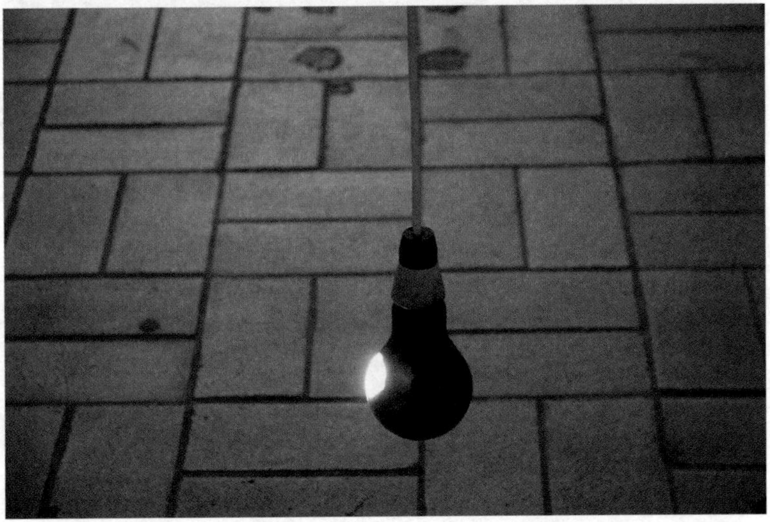

2006

Oedipus, 2006. Laser-cut aluminium letters, steel cable, dimensions
variable. Detail view. Collection Centre Pompidou, Musée National
d'Art Moderne, Centre de Création Industrielle, Paris. Gift of Société
des Amis du Musée National d'Art moderne, 2008. Projet pour l'Art
Contemporain, 2007; Collection Maddalena and Paolo Kind

Oidipus, 2006. Laserem vyřezávaná hliníková písmena, ocelové
lanko, variabilní rozměry. Sbírka Centre Pompidou, Musée National
d'Art Moderne, Centre de Création Industrielle, Paříž. Dar Société
des Amis du Musée National d'Art Moderne, 2008. Projet pour l'Art
Contemporain, 2007; Sbírka Maddalena a Paolo Kind

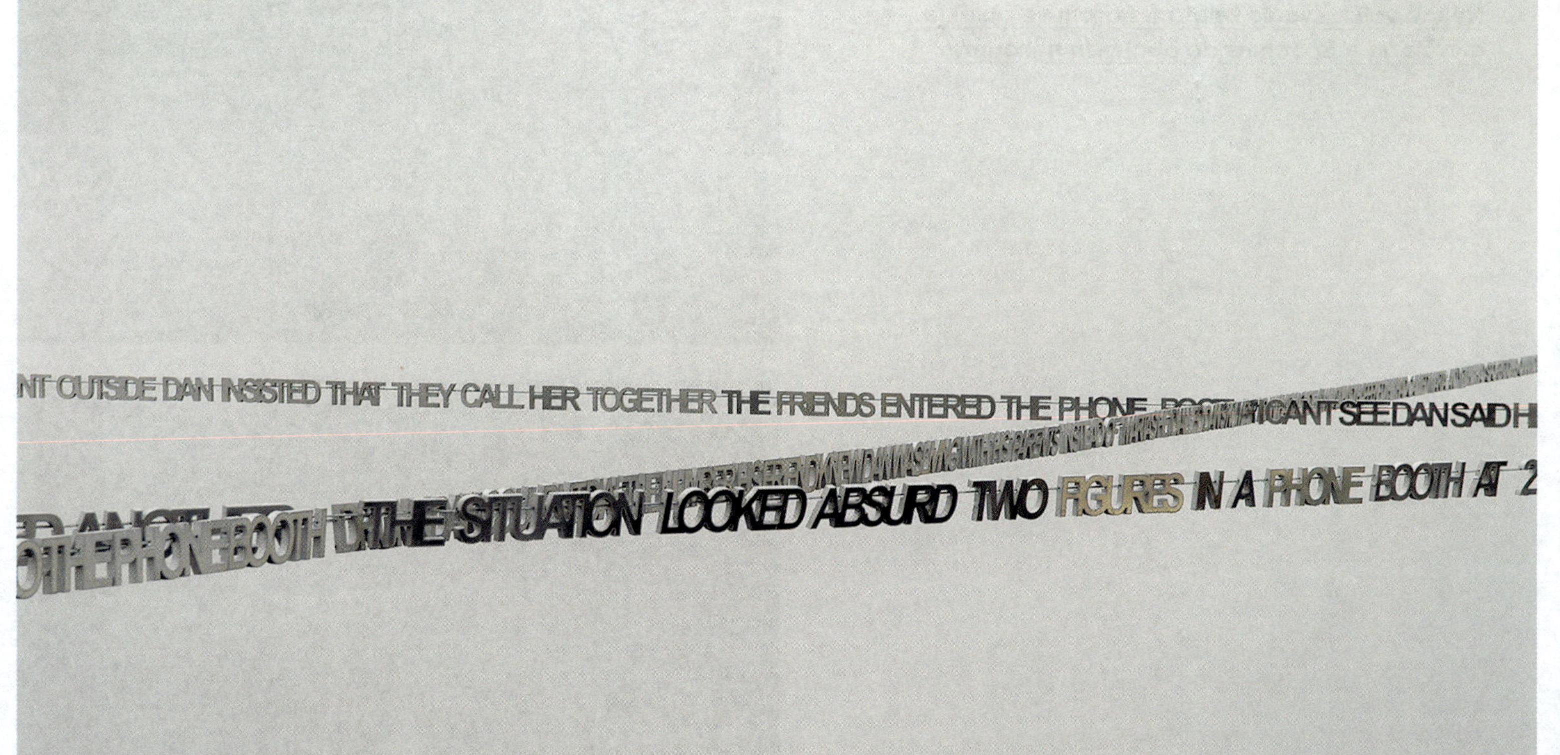

(1)

1. 1. Dan was in a bar with two friends. He kept talking about his friend's girlfriend. Then they went outside. Dan insisted that they call her together. The friends entered the phone booth.

1. 2. "Dial her number. I can't see," Dan said. "Hello, Dan here. Can I speak to Marta?" Then he hung up the phone

1. 3. "I don't understand it," he said outside, "I spoke to my own mother." He took off, shouting he must run home.

(2)

2. 1. He liked Dan a lot. He knew about Dan's platonic relationship with his girlfriend, but wouldn't confront him. Once they were in a bar. Dan insisted they call her. They stepped into the phone booth.

2. 2. Drunk Dan couldn't dial the number. His friend knew Dan was living with his parents. Instead of Marta's, he dialled Dan's number.

2. 3. Dan had no idea what had happened. He had called Marta and yet he had spoken to his own mother.

(3)

3. 1. He watched them all night. Two friends with a woman between them. Dan could not help himself. They decided to call her. In the phone booth, one body masked another.

3. 2. The situation looked absurd. Two figures in a phone booth at 2 a.m., one dialling the number, the other calling. Then there was silence for a moment.

3. 3. Outside Dan failed to grasp the fact that since he had spoken to his mother, she would not look for him in bed.

---

(1)

1. 1. Dan byl v baru se dvěma přáteli. Neustále mluvil o kamarádově přítelkyni. Vyšli ven na ulici. Dan naléhal, aby jí spolu zavolali. Vlezli spolu do telefonní budky.

1. 2. „Vytoč mi její číslo, nevidím na to," řekl Dan. „Dobrý den, tady Dan. Mohl bych mluvit s Martou?" Potom položil sluchátko.

1. 3. „Já to nechápu," řekl venku, „mluvil jsem s vlastní matkou." Najednou se rozběhl a volal, že běží domů.

(2)

2. 1. Dana měl hodně rád. Věděl o jeho platonickém vztahu ke své přítelkyni, ale nemohl se na něj zlobit. Jednou večer byli spolu v baru. Dan stále naléhal, aby jí zavolali. Vlezli spolu do telefonní budky.

2. 2. Dan byl tak opilý, že nemohl vytočit číslo. Věděl, že Dan žije stále s rodiči. Namísto Marty vytočil Danovo číslo.

2. 3. Dan naprosto nechápal, co se stalo. Volal přece Martě. A přitom mluvil s vlastní matkou.

(3)

3. 1. Celý večer je pozoroval. Dva přátelé, mezi kterými stojí žena. Dan se nedokázal ovládat.Rozhodli se, že jí spolu zavolají. V telefonní budce jedno tělo překrývalo druhé.

3. 2. Situace vypadala absurdně. Dvě postavy v telefonní budce ve dvě v noci. Jeden vytáčí číslo, druhý volá. Potom Dan položil sluchátko a bylo chvíli ticho.

3. 3. Dan nedokázal pochopit, že když mluvil s matkou po telefonu, nebude ho hledat v posteli.

2006

Killer Without a Cause, 2006. 35mm film installation,
sound, b/w, 5:53 min. Collection Thyssen-Bornemisza
Art Contemporary, Vienna

Vrah bez příčiny, 2006. Instalace, 35mm film, zvuk,
č/b, 5:53 min. Sbírka Thyssen-Bornemisza Art
Contemporary, Vídeň

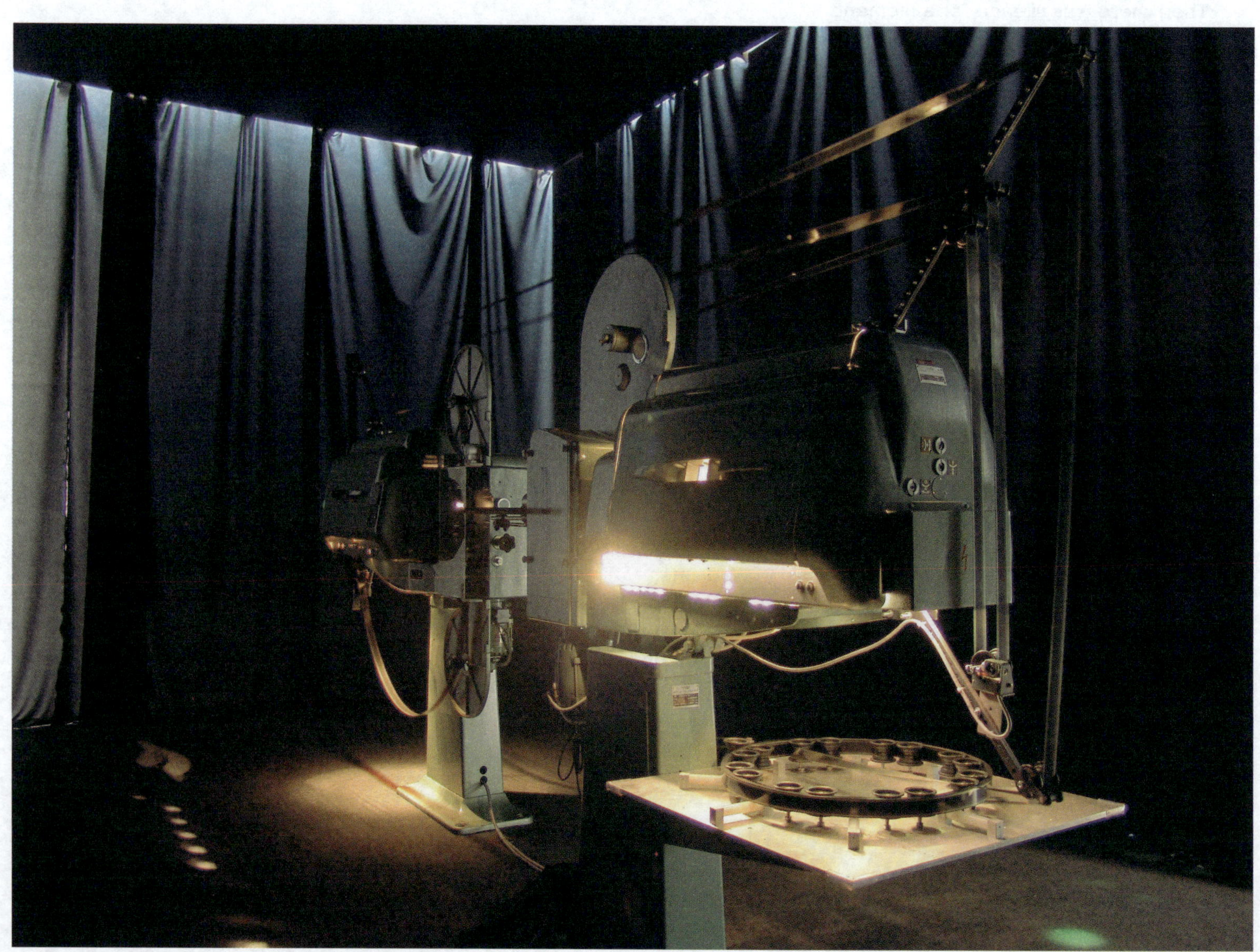

→
Killer Without a Cause, 2006. 35mm film installation, sound, b/w, 5:53 min. Film stills. Collection Thyssen–Bornemisza Art Contemporary, Vienna

---

→
Vrah bez příčiny, 2006. Instalace, 35mm film, zvuk, č/b, 5:53 min. Záběry z filmu. Sbírka Thyssen–Bornemisza Art Contemporary, Vídeň

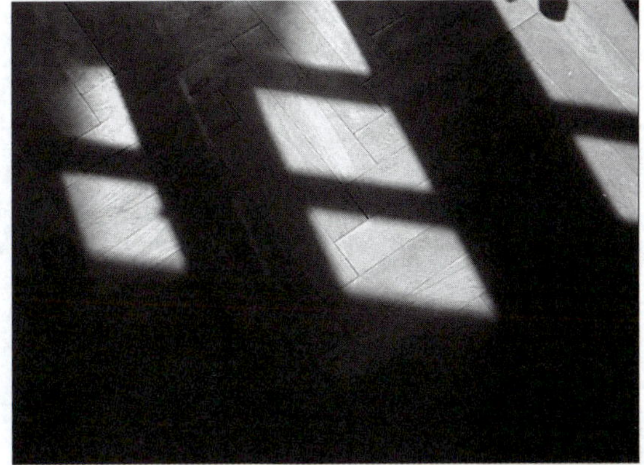

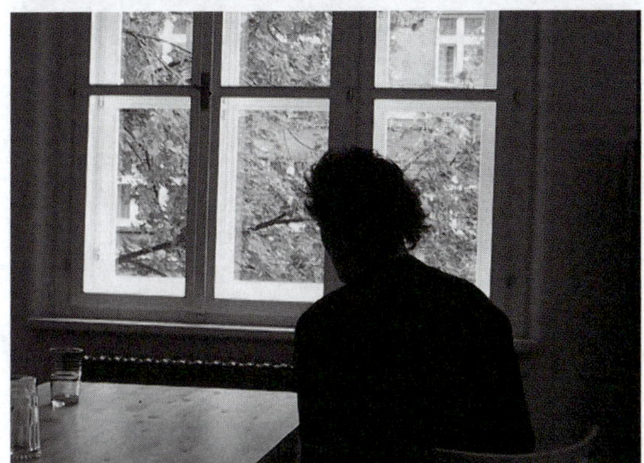

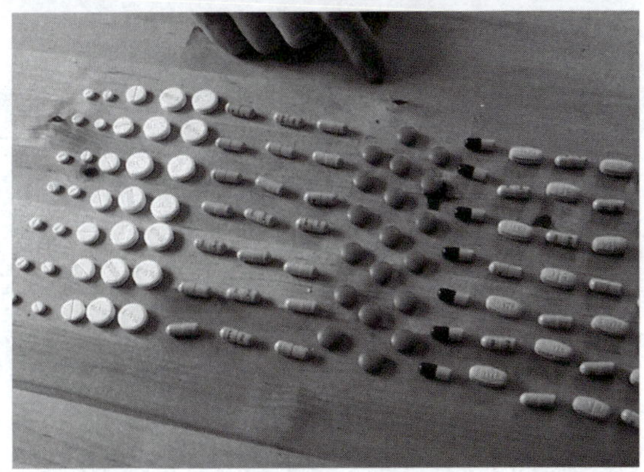

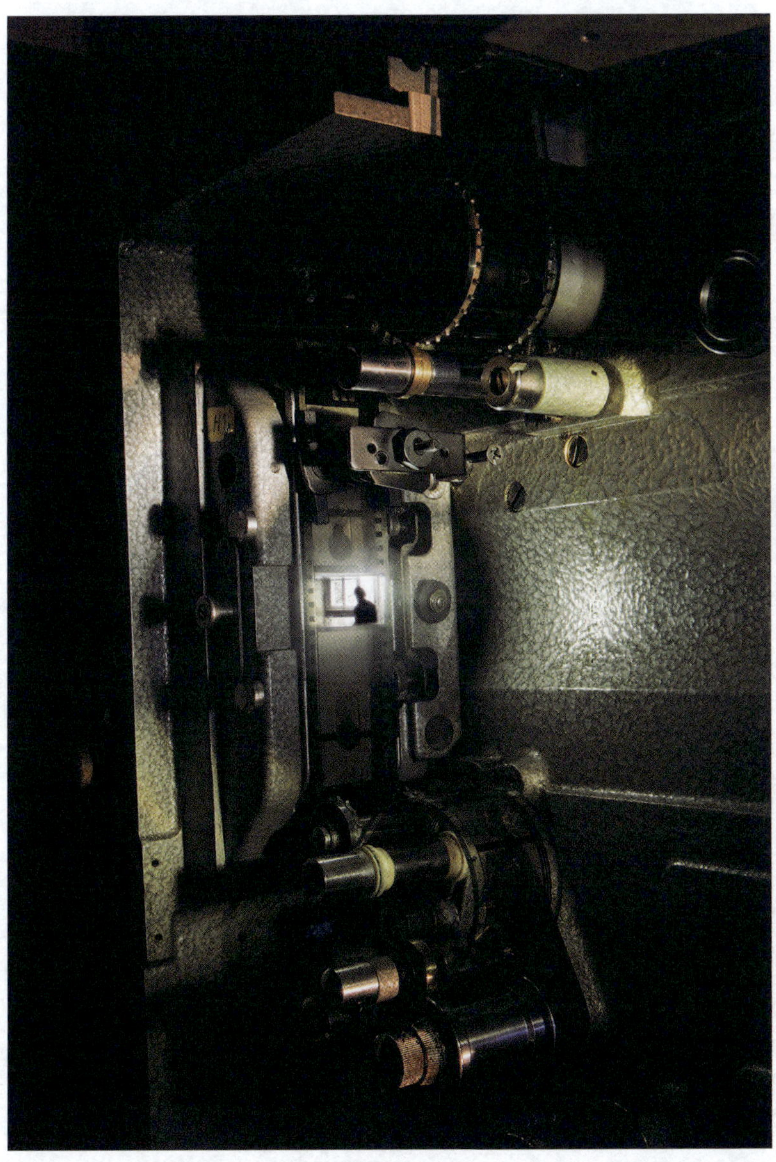

2006

Art is Not…, 2006. DVD loop projection, black marker
on wall, dimensions variable. Collection Martin and
Rebecca Eisenberg

Umění není…, 2006. DVD projekce ve smyčce, černý fix na
zdi, variabilní rozměry. Sbírka Martin a Rebecca Eisenberg

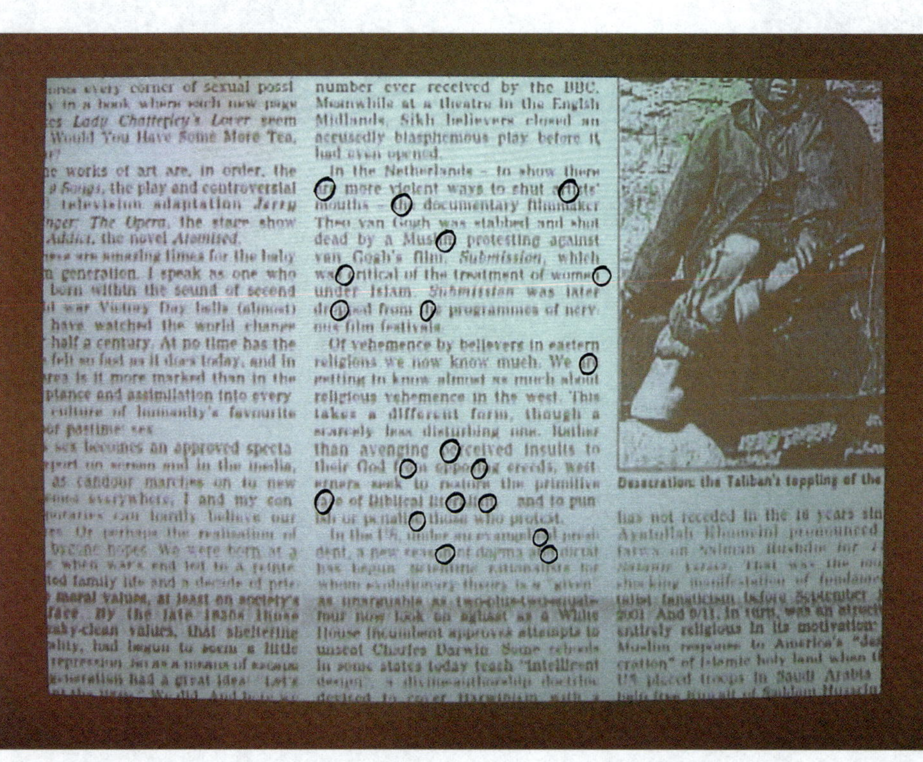

The Amount of Water I'm Able to Hold in My Mouth Without it
Vanishing, 2006. Silkscreen on drinking glass, water, wooden
table, 88.3 × 38 × 38 cm. Collection Jill and Peter Kraus;
Collection Caroline Schmidt-Barnett; Private collection

Množství vody, které jsem dokázal udržet v ústech, a dosud
se nevypařila, 2006. Sítotisk na sklenici, voda, dřevěný
stolek, 88,3 × 38 × 38 cm. Sbírka Jill a Peter Kraus; Sbírka
Caroline Schmidt-Barnett; Soukromá sbírka

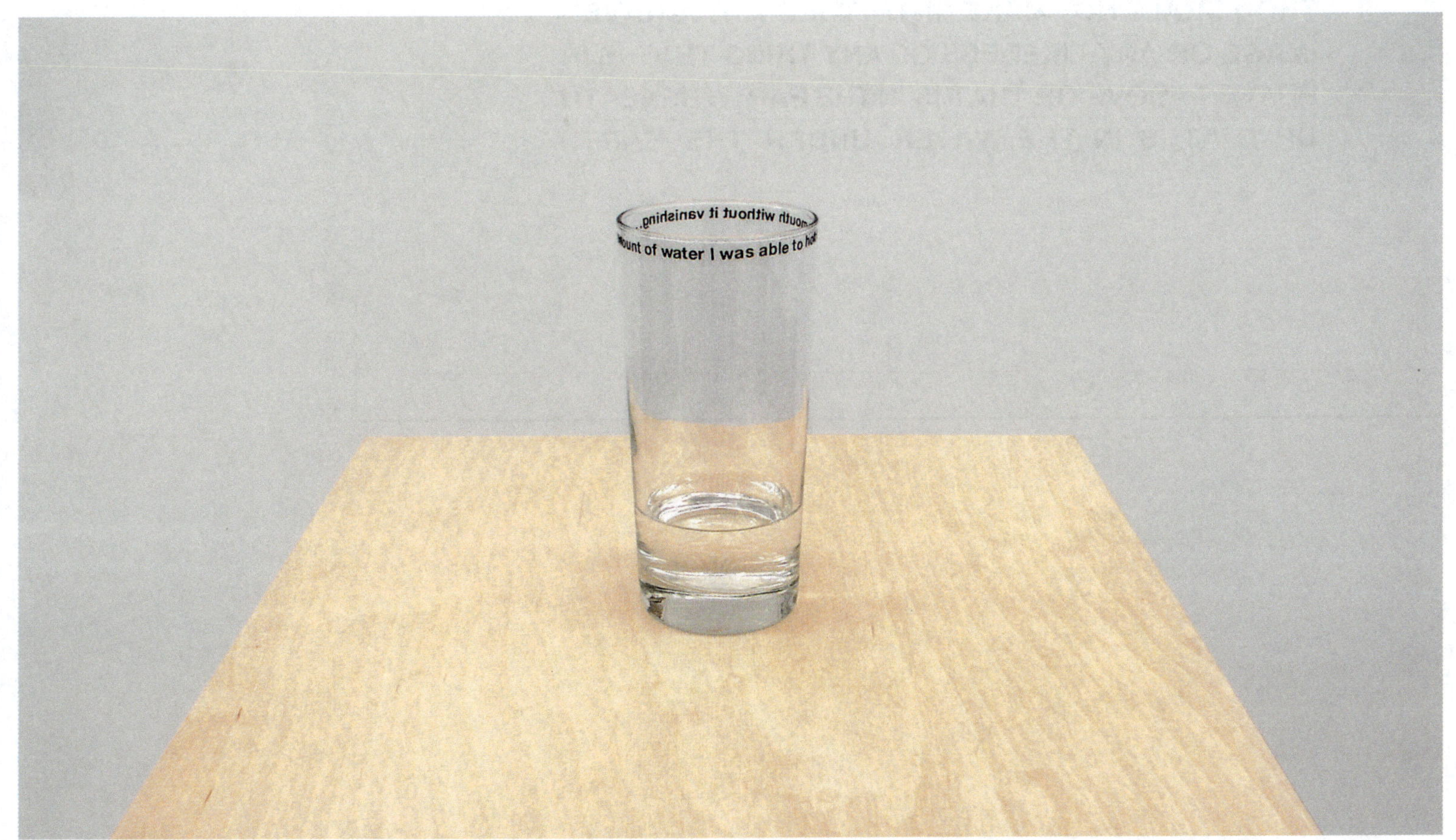

2007

Second Commandment, 2007. Laser-cut MDF
board, light, dimensions variable. Installation plan

Druhé přikázání, 2007. Laserem vyřezávaná MDF
deska, světlo, variabilní rozměry. Návrh instalace

Neučiníš sobě rytiny, ani jakého
podobenství těch věcí, kteréž jsou
na nebi svrchu, ani těch, kteréž
na zemi dole, ani těch, kteréž
u vodách pod zemí.

(Exodus 20, 4–5a; Kralický překlad [KR])

Second Commandment, 2007. Laser-cut MDF
board, light, dimensions variable. Private collection

Druhé přikázání, 2007. Laserem vyřezávaná MDF
deska, světlo, variabilní rozměry. Soukromá sbírka

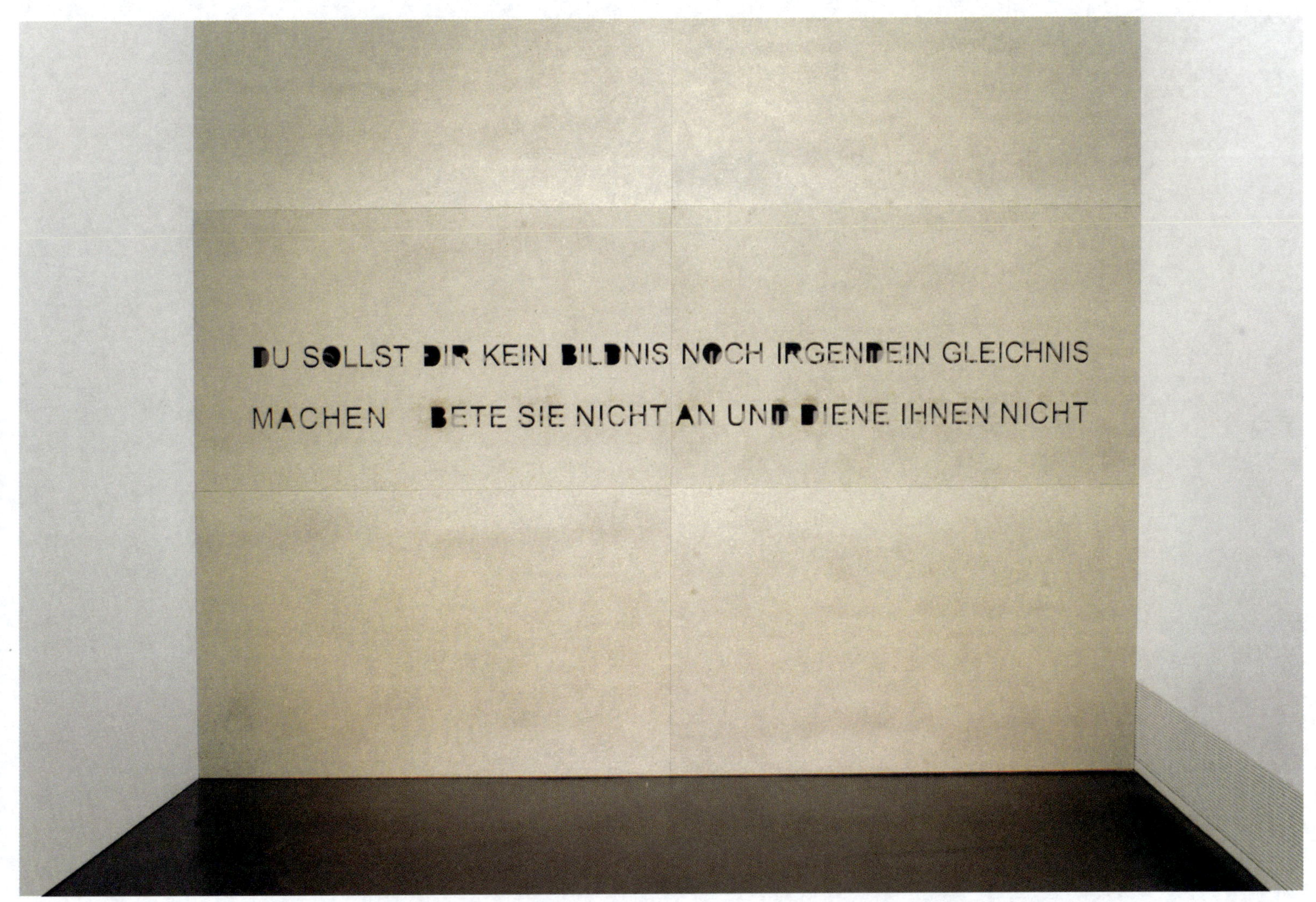

I Turn Towards the Corner Guided by the Walls, 2007.
Laser-cut aluminum letters, steel cable
185 × 500 × 300 cm. Collection Deborah Green;
Collection Serda Kunsthandels GmbH

Veden zdmi, otočil jsem se do rohu, 2007.
Laserem vyřezávaná hliníková písmena, ocelové
lanko, 185 × 500 × 300 cm. Sbírka Deborah Green;
Sbírka Serda Kunsthandels GmbH

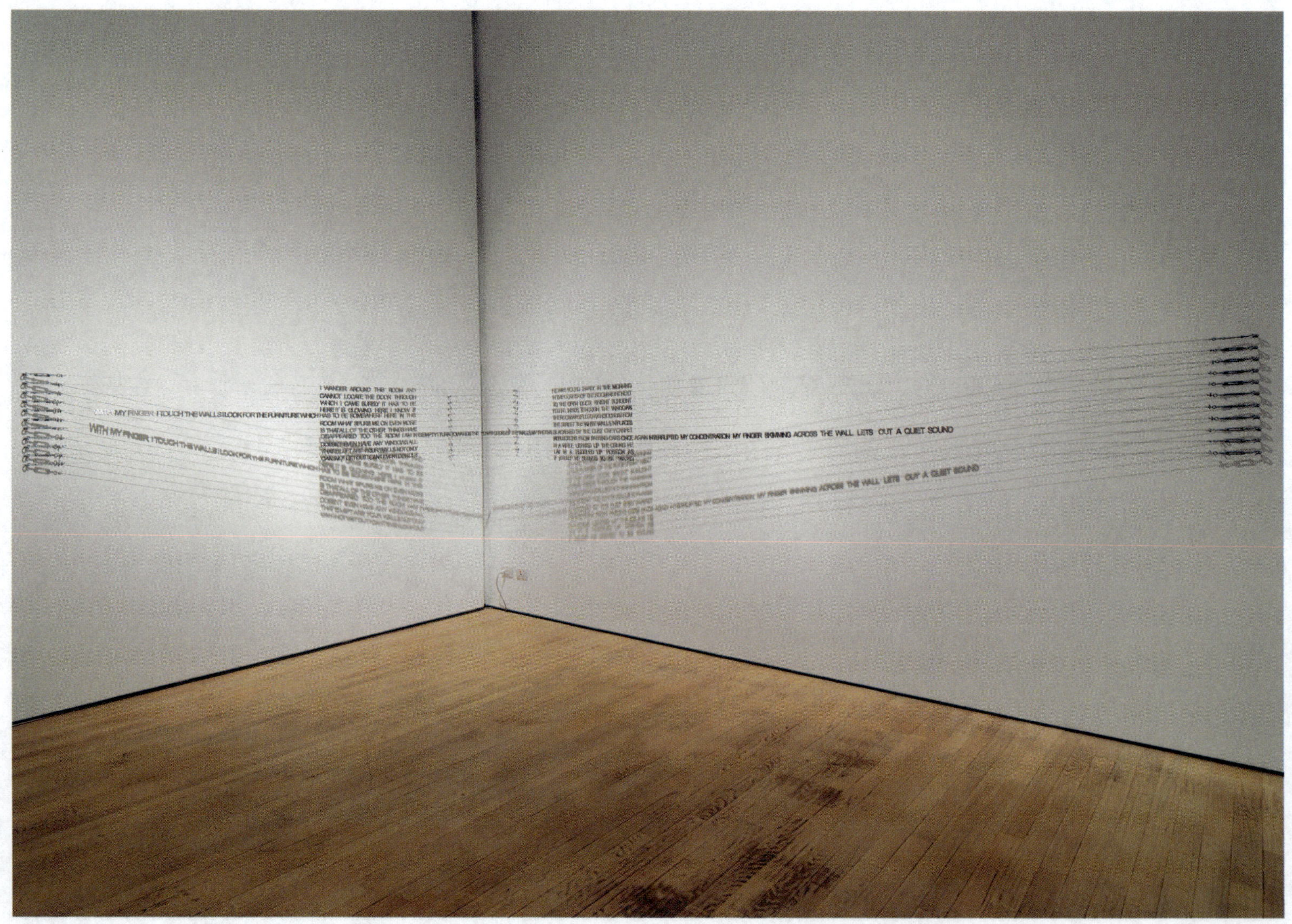

I wander around this room and cannot locate the door through which I came. Surely it has to be around here somewhere. I know it has to be somewhere here. In this room. What spurs me on even more is that all of the other things have disappeared too. The room I am in doesn't even have any windows. All that is left are four walls. Not only can I not get out, I can't even look out.

He was found early in the morning in the corner of the room. Right next to the open door. Bright sunlight filters inside through the windows. The room was filled with sounds from the street. The white walls, in places blackened by the dust. Grey carpet. Reflections from passing cars once in a while lit up the ceiling. He lay in a huddled-up position as if asleep. He seemed to be smiling.

With my finger I touch the walls. I look for the furniture which...

...is empty. I turn towards the corner guided by the walls. My fingers...

...again interrupted my concentration. My fingers, skimming across the wall, emit a quiet sound.

—————————

Bloudím po pokoji a nemohu najít dveře, kterými jsem vešel. Přece tu někde musí být. Vím, že tu někde musí být. V tomhle pokoji. Co mě ještě víc zaráží, že ostatní věci musely také zmizet. V pokoji, kde jsem, nejsou žádná okna. Zůstaly jen čtyři stěny. Nejenže se nemohu dostat ven. Nemohu se ven ani podívat.

Byl nalezen ráno ležící v koutě místnosti. Hned vedle otevřených dveří. Okny pronikalo sluneční světlo. Místnost naplňoval ruch z ulice. Bílé stěny byly místy pokryté tmavým prachem. Šedivý koberec. Strop nepravidelně osvětlovaly odlesky projíždějících aut. Ležel ve schoulené poloze, jako kdyby spal. Zdálo se, že se usmívá.

Prsty se dotýkám zdí. Hledám nábytek, který...

... je prázdný. Veden zdmi, otočil jsem se do rohu. Moje prsty...

... znovu přerušily moje soustředění. Moje prsty přejíždějící po zdi vydávají jemný zvuk.

2007

I Turn Towards the Corner Guided by the Walls, 2007. Laser-cut aluminum letters, steel cable, 185 × 500 × 300 cm. Collection Deborah Green; Collection Serda Kunsthandels GmbH

Veden zdmi, otočil jsem se do rohu, 2007. Laserem vyřezávaná hliníková písmena, ocelové lanko, 185 × 500 × 300 cm. Sbírka Deborah Green; Sbírka Serda Kunsthandels GmbH

The text consists of two separate columns. The content may be read either as separate texts or as two parts of the same absurd story about a person getting lost in a room. Passing through the columns is a line of text describing the little actions by means of which the person (or I) discovers the space. These are very basic sensual or intuitive methods of investigation by which the person explores the space — sounds, flashes of light and haptic sensations. The text is written in such a way that it can be read as separate texts or by switching from one text to another. This gives rise to eight different options of reading the text.

Text se skládá ze dvou sloupců. Jejich obsah může být čten odděleně, anebo jako dvě části jednoho absurdního příběhu, v němž se člověk ztratí v pokoji. Napříč sloupci prochází řádka textu popisující drobné činnosti, jejichž prostřednictvím člověk (nebo já) objevuje prostor. Jsou to základní smyslové nebo intuitivní způsoby průzkumu, jimiž člověk ohledává prostor — zvuky, odlesky světla, hmatové dojmy. Text je napsán tak, že může být čten odděleně nebo nesouvisle. Tak vzniká možnost osmi způsobů čtení.

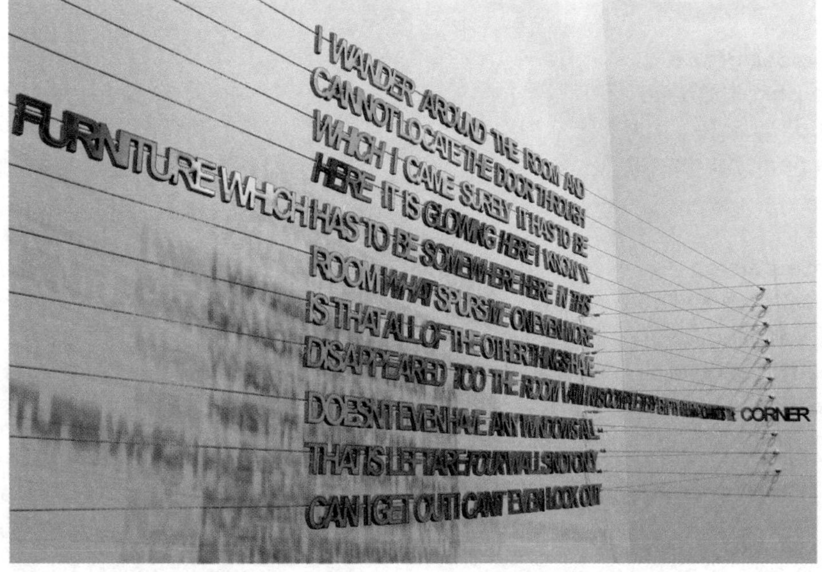

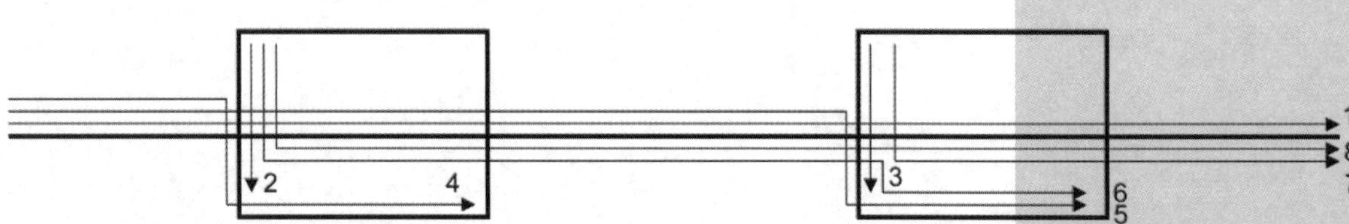

I Turn Towards the Corner Guided by the Walls
Veden zdmi, otočil jsem se do rohu

Untitled, (2007). Ballpoint pen and black marker
on paper, 42 × 59.6 cm

Bez názvu, (2007). Kuličkové pero a černý fix
na papíru, 42 × 59,6 cm

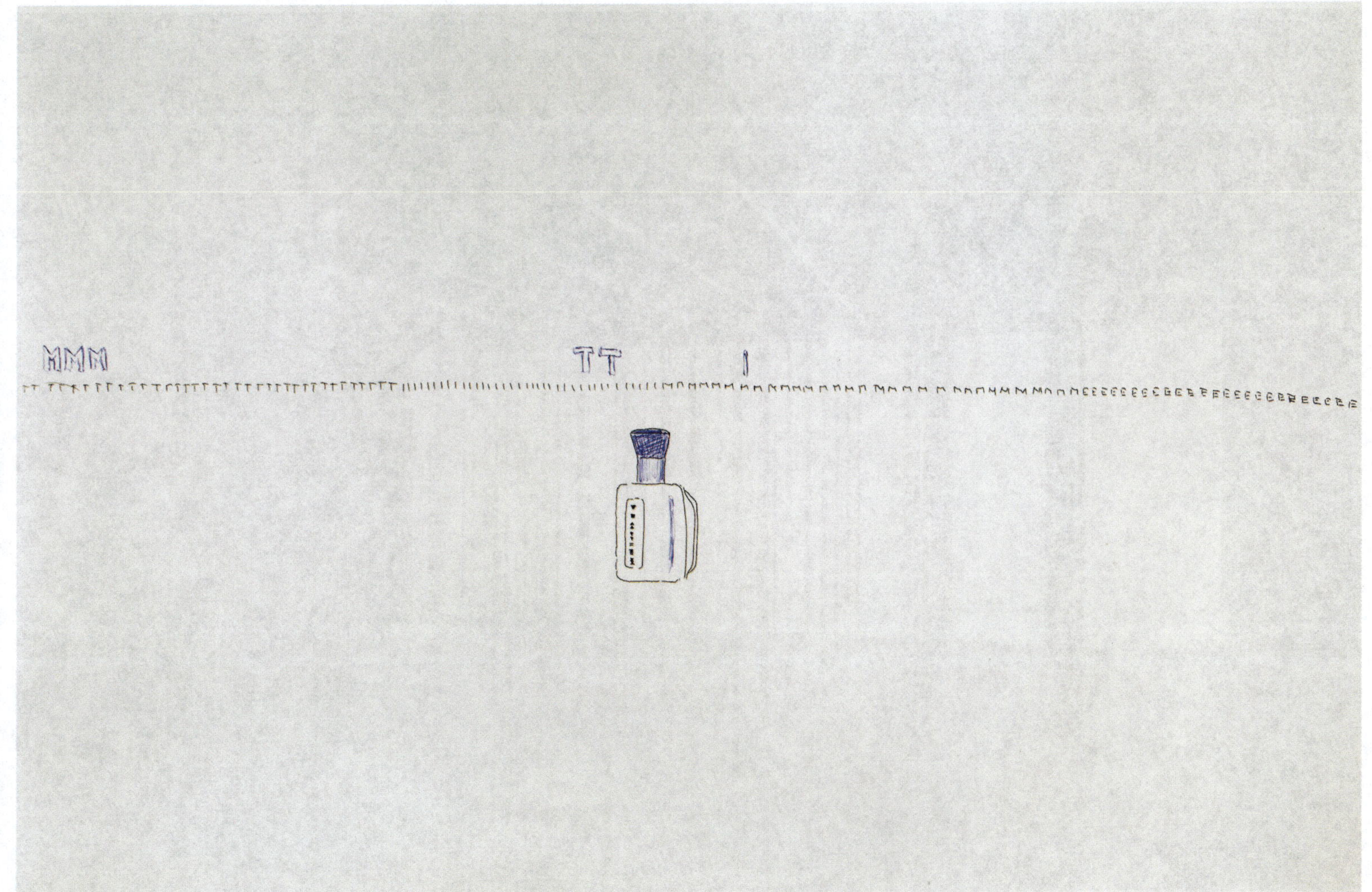

2007

Sorry for Being so Late, 2007. Installation of 64 hanging
colour 35mm film strips, lightbox, dimensions variable.
Collection Laura Steinberg and Bernardo Nadal-Ginard

Omlouvám se za zpoždění, 2007. Instalace 64 závěsných,
barevných 35mm filmových pásů, světelný box, variabilní
rozměry. Sbírka Laura Steinberg a Bernardo Nadal-Ginard

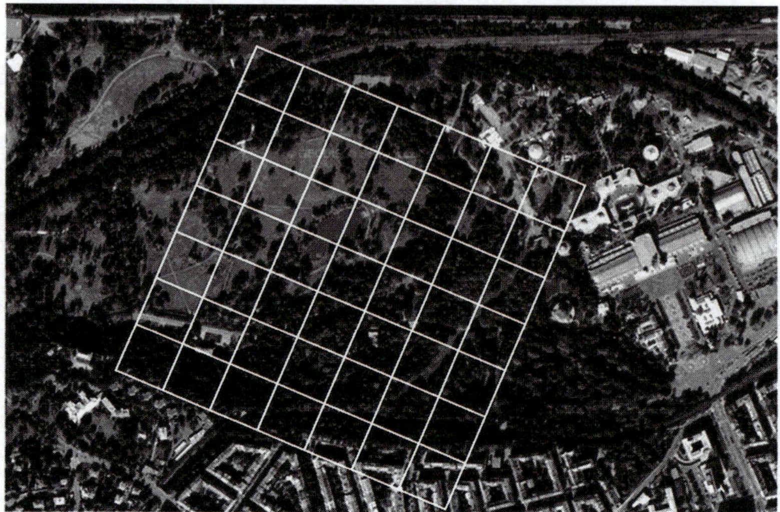

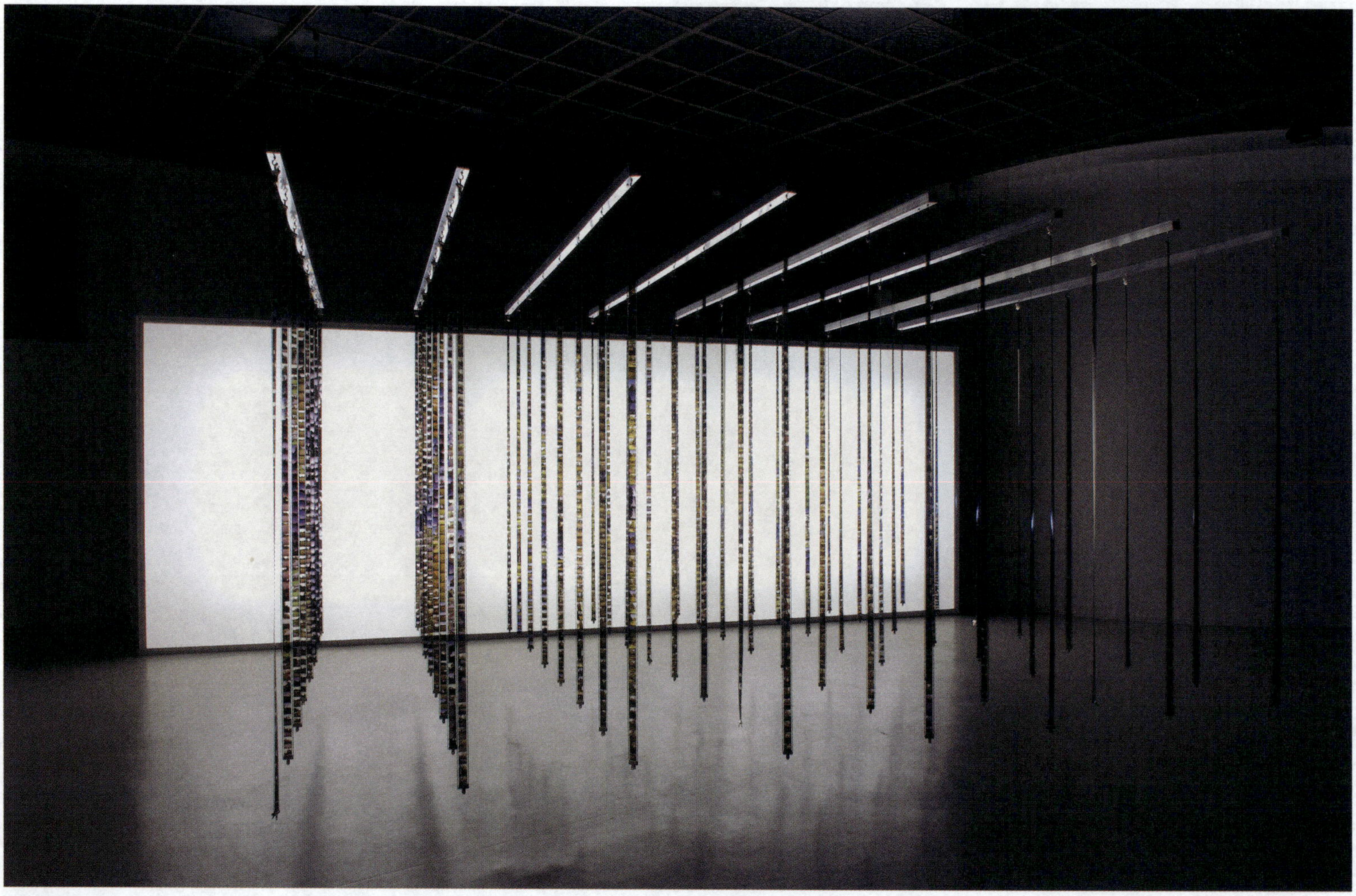

An eight-by-eight grid of points, or sixty-four points in all, was applied to a map of Stromovka Park in Prague. Using the map, the points were then physically located in the park. The preparations for the photo shoot set for September 10, 2007, consisted of dividing up the length of the period of daylight from sunrise until sunset for the quantity of pictures. Given that for the installation it was necessary to shoot sixty-four rolls of film with forty-eight pictures each during the time from sunrise until sunset, it worked out that one picture had to be taken every twelve seconds. The calculation also allowed for fifteen minutes for changing each film cassette and for refreshments.

A Nikon F3 Big Camera was used for the photography, and this allowed shooting rolls of film with more than the usual thirty-six pictures. The first picture was taken at sunrise in the corner of the grid (point A1 on the map), then more pictures were taken every twelve seconds, until reaching the final number of forty-eight pictures, and then I moved on to the next point in the grid/park (B1), where I took another forty-eight pictures, and so forth. The last picture on the last strip of film was taken at the moment of the sunset (as calculated astronomically). After adopting a position, I tried to capture the surroundings, so that on the resulting pictures no part of what I was able to see around me would be missing.

The system of taking pictures at a concrete position really makes more reference to my respective surroundings that to the position itself. This is because that actual position was something like a blind spot. A point in the grid is in reference to the other points, and a film strip in the installation is in reference to the other film strips. From the pictures on the other film strips, it is possible to reconstruct what the place looked like from where they were in turn photographed.

The film strips shot in the park were numbered, and positive copies of them were made. The strips were then placed in the installation according to their numbers. The movement of the viewer in the installation is a substitute for movement in the park. Thanks to its layout, identical to the grid applied to the park landscape, the installation provides information not only about space, but also about time. This is because each strip of film is specified not only with respect to place, but also with respect to time (according to the progress during the photo shoot from one place to the next, all in the course of one day). The pictures are also ordered on the film strips from top to bottom, so that each picture in descending order is more recent by twelve seconds.

While shooting the photos, I had problems with loading and changing the film in the camera (the technology used was unusual, different from the ordinary technology of the 35mm film camera). For this reason, I was always behind the rigid time plan as conceived. Derived from this fact is the name of the installation.

The hanging strips of film are placed beside a large light box. Under normal circumstances in cinematography or the projecting of slides, light is used in such a way that the source of light is aimed at the film material and makes a projection of it. The result is a stationary illuminated image on a white surface. Both the source of light and the medium of the film are more or less invisible. In the case of this installation with hanging strips of film and a light box, the opposite is the case. Being exhibited are both the film, which normally serves just as a medium, and the light, materialized in this case by the large object of the light box. Completely absent is the projected image.

Sorry for Being so Late
Omlouvám se za zpoždění

2007

Sorry for Being so Late, 2007. Installation of 64 hanging colour 35mm film strips, lightbox, dimensions variable. Detail view. Collection Laura Steinberg and Bernardo Nadal-Ginard

Omlouvám se za zpoždění, 2007. Instalace 64 závěsných, barevných 35mm filmových pásů, světelný box, variabilní rozměry. Detailní pohled. Sbírka Laura Steinberg a Bernardo Nadal-Ginard

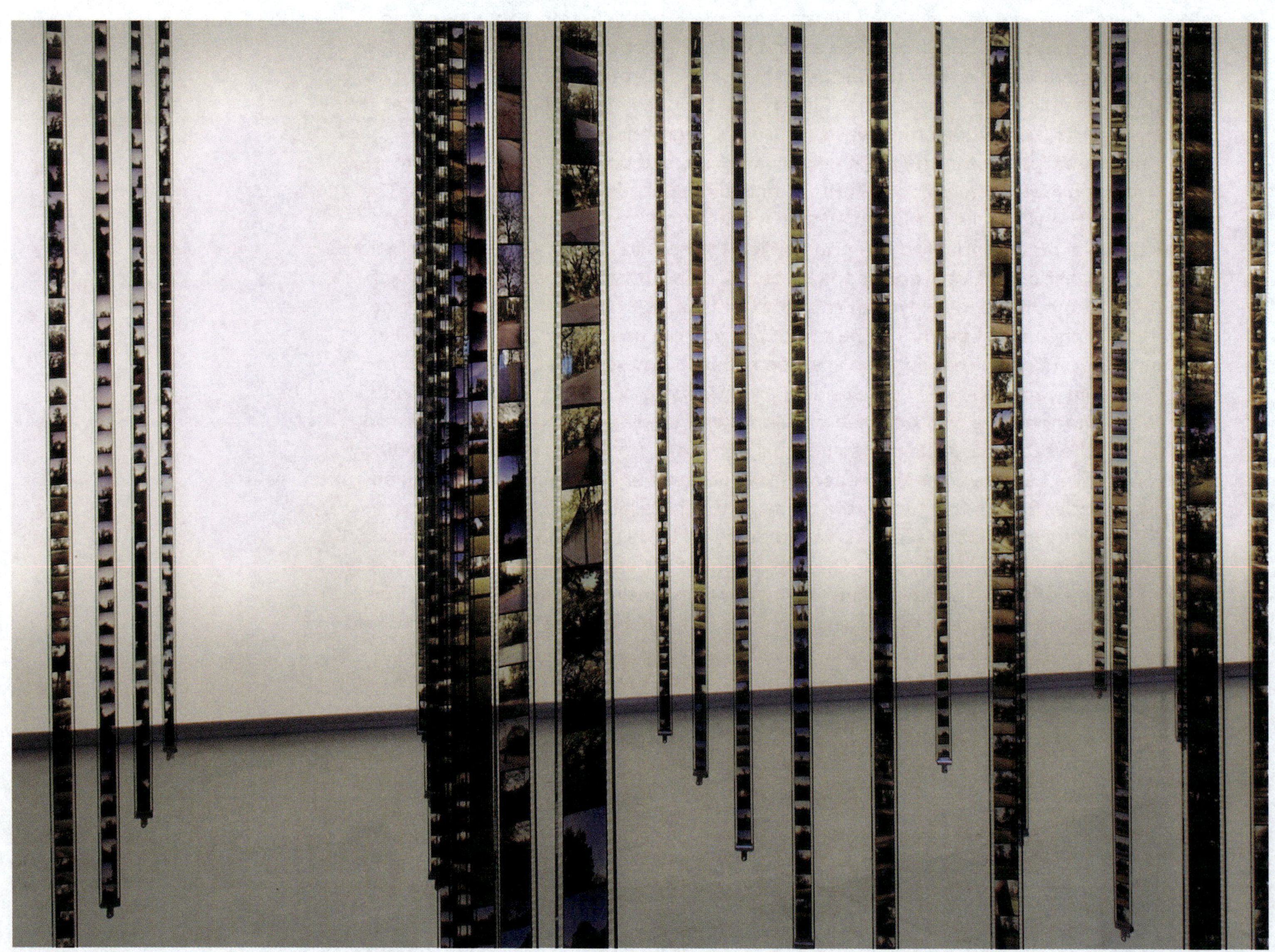

Na mapu parku Stromovka byla přiložena síť osmkrát osm bodů, dohromady tedy šedesát čtyři bodů. Body pak byly pomocí mapy fyzicky lokalizovány přímo v parku. Součástí příprav na focení stanovené na desátého září 2007 bylo i rozdělení doby denního světla od úsvitu do soumraku podle počtu požadovaných snímků. Vzhledem k tomu, že k uskutečnění instalace bylo potřeba nafotit šedesát čtyři filmových cívek po čtyřiceti osmi snímcích, bylo stanoveno, že snímky musí vznikat každých dvanáct vteřin. Výpočet poskytoval i patnáct minut na výměnu každého filmu a občerstvení.

Použit byl fotoaparát Nikon F3, který umožnil fotit na cívky delší, než je obvyklých třicet šest snímků. První fotka vznikla za východu slunce v rohu sítě (na mapě bod A1), pak vždy po dvanácti vteřinách další tak dlouho, dokud nebylo dosaženo počtu čtyřicet osm snímků. Pak jsem se přesunul na další místo v síti/parku (B1), pořídil dalších osmačtyřicet obrázků a tak dále. Poslední snímek na posledním filmu byl pořízen v okamžiku západu slunce (podle astronomického výpočtu). Jakmile jsem zaujal pozici, snažil jsem se zachytit okolí tak, aby na výsledných snímcích nechyběla žádná část toho, co jsem kolem sebe viděl.

Zvolený systém fotografování na konkrétní pozici ve skutečnosti odkazuje víc k danému okolí než k samotné pozici. To proto, že pozice jako taková představuje spíš cosi jako slepý bod. Každý bod v rámci sítě odkazuje na ostatní body a filmový pás v instalaci zase odkazuje na ostatní filmové pásy. Ze snímků na ostatních filmových pásech je totiž možné rekonstruovat podobu místa, z něhož byly pořízeny.

Filmy nafocené v parku byly očíslovány a posléze jsem z nich pořídil pozitivy. Podle čísel pak byly pásy rozmístěny v instalaci. Divákův pohyb instalací je náhražkou pohybu parkem. Instalace tak díky svému rozvržení, které je identické se sítí aplikovanou na krajinu parku, poskytuje informace nejen o prostoru, ale i o čase. To proto, že každý filmový pás je specifikován nejen s ohledem na místo, ale i na čas (v souladu s postupem fotografování z jednoho místa na druhé, vše během jediného dne). Snímky na pásech jsou současně také uspořádány odshora dolů, takže každý další obrázek v sestupné řadě je o dvanáct vteřin bližší současnosti.

Při fotografování jsem měl obtíže s vyměňováním filmových cívek (použitý fotoaparát nebyl obvyklý, technologicky se lišil od běžných fotoaparátů na 35mm film). Kvůli tomu jsem neustále nabíral zpoždění oproti pevně stanovému časovému rozvrhu. Odtud se také odvíjí název instalace.

Zavěšené filmové pásy jsou umístěny vedle velkého svítícího boxu. V kinematografii či při promítání diapozitivů se obvykle světlo používá tak, že jeho zdroj míří na filmový materiál a vytváří projekci. Výsledkem je statický prosvícený obraz promítnutý na bílém povrchu. Jak světelný zdroj, tak i filmové médium jsou více či méně neviditelné. V případě této instalace se zavěšenými filmovými pásy a světelným boxem je situace opačná. Vystavený je film, který obvykle slouží pouze jako médium, i světlo, materializované v tomto případě v podobě rozměrného objektu světelného boxu. Promítaný obraz oproti tomu zcela absentuje.

The Other (I Asked My Wife to Blacken All the Parts of My Body Which I Cannot See), 2007. Installation of 15 hanging 35mm b/w film strips, lightbox, dimensions variable. Installation view, tranzitdisplay, Prague, 2008. Collection Thyssen-Bornemisza Art Contemporary, Vienna; Collection Maddalena and Paolo Kind

Ten druhý (Poprosil jsem svoji ženu, aby mi začernila místa na těle, která si nevidím), 2007. Instalace 15 závěsných č/b 35mm filmových pásů, světelný box, variabilní rozměry. Pohled do instalace, tranzitdisplay, Praha, 2008. Sbírka Thyssen-Bornemisza Art Contemporary, Vídeň; Sbírka Maddalena a Paolo Kind

→

The Other (I Asked My Wife to Blacken All the Parts of My Body Which I Cannot See), 2007. Installation of 15 hanging 35mm b/w film strips, lightbox, dimensions variable. Detail view. Collection Thyssen-Bornemisza Art Contemporary, Vienna; Collection Maddalena and Paolo Kind

→

Ten druhý (Poprosil jsem svoji ženu, aby mi začernila místa na těle, která si nevidím), 2007. Instalace 15 závěsných č/b 35mm filmových pásů, světelný box, variabilní rozměry. Detailní pohled. Sbírka Thyssen-Bornemisza Art Contemporary, Vídeň; Sbírka Maddalena a Paolo Kind

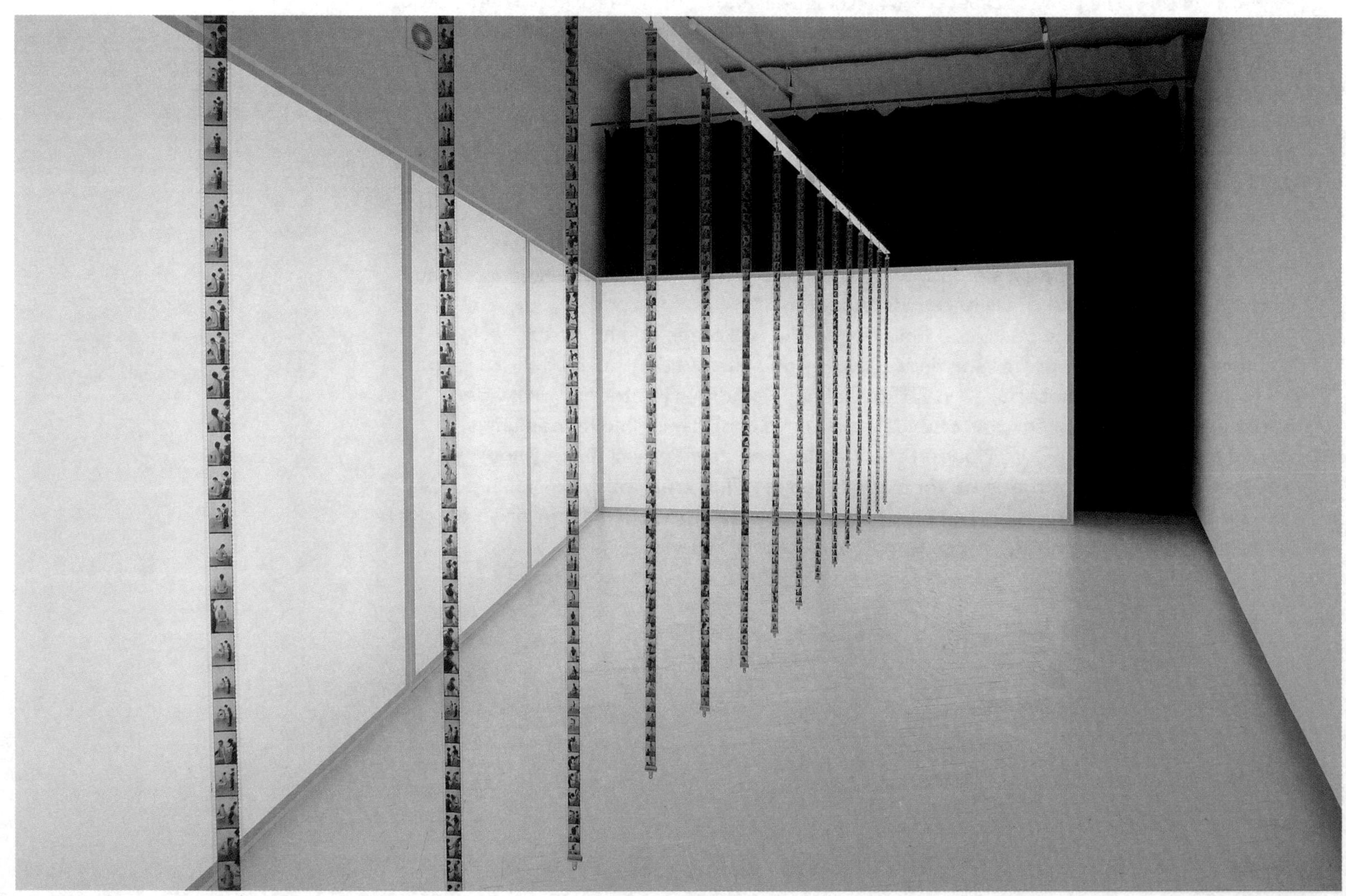

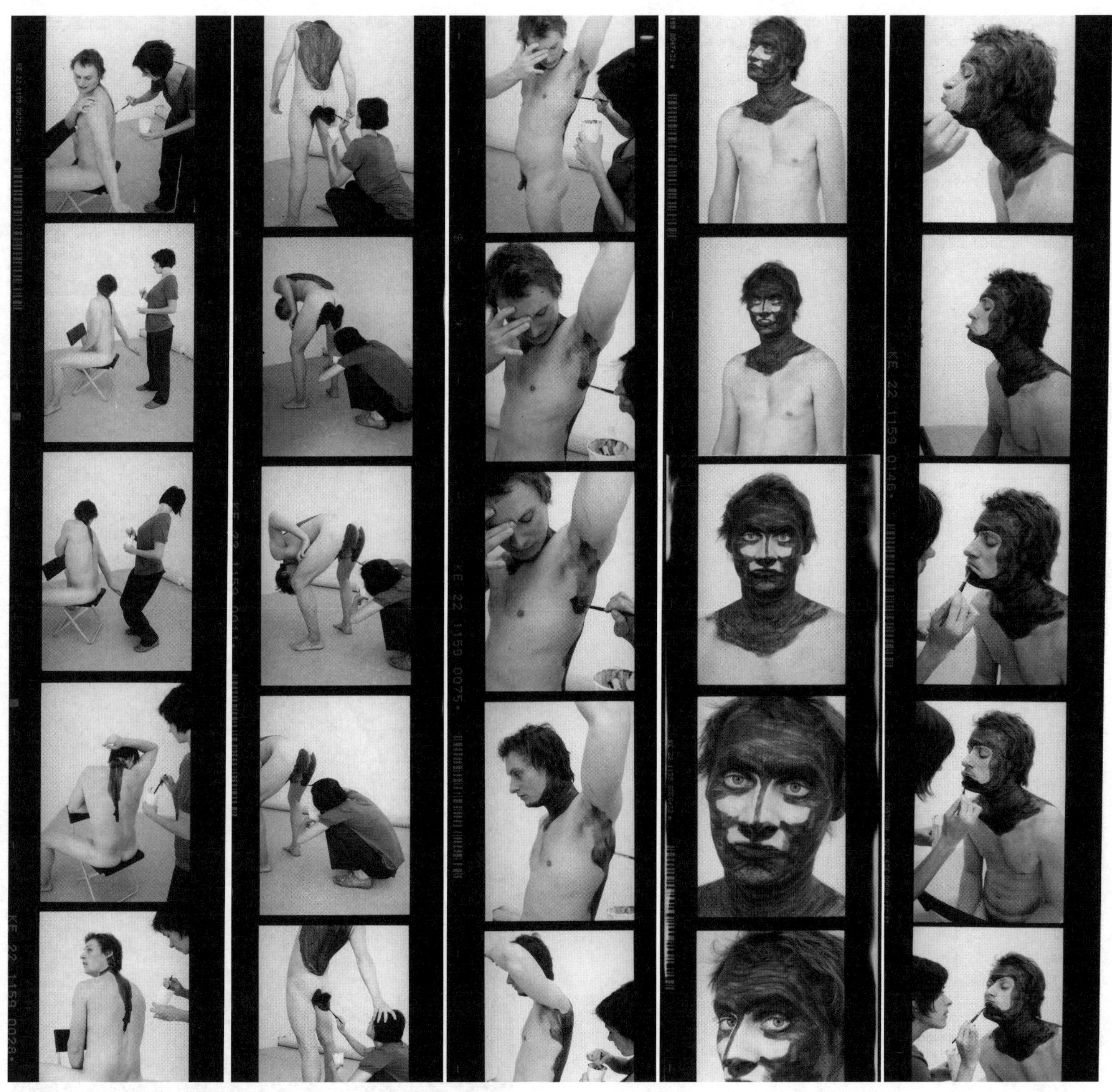

2007

A Gap, 2007. Four simultaneous video projections, sound, colour, 10:53 min. Installation plan, Meyer Riegger, Karlsruhe

A Gap, 2007. Four simultaneous video projections, sound, colour, 10:53 min. Video stills

———————

Mezera, 2007. Čtyři simultánní videoprojekce, zvuk, barva, 10:53 min. Návrh instalace, Meyer Riegger, Karlsruhe

Mezera, 2007. Čtyři simultánní videoprojekce, zvuk, barva, 10:53 min. Záběry z videa

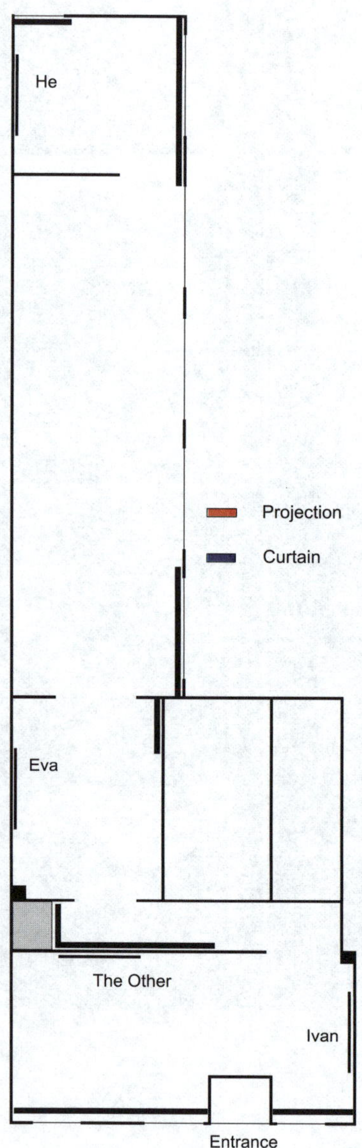

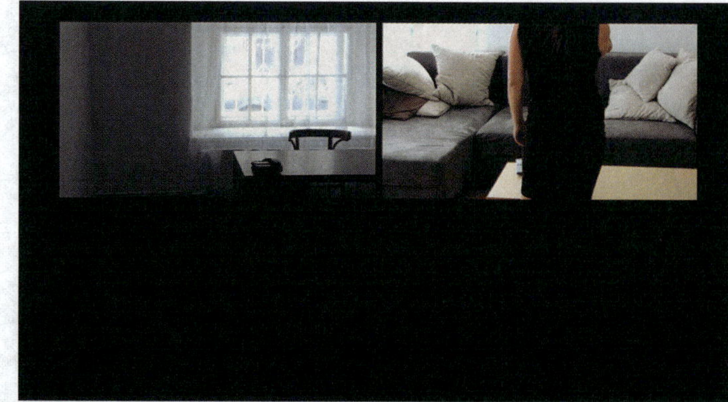

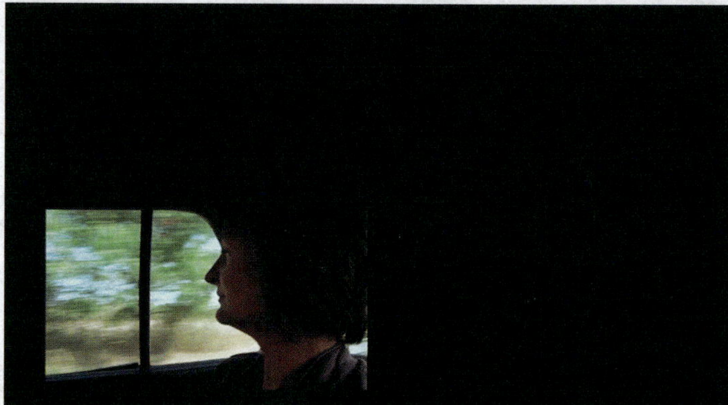

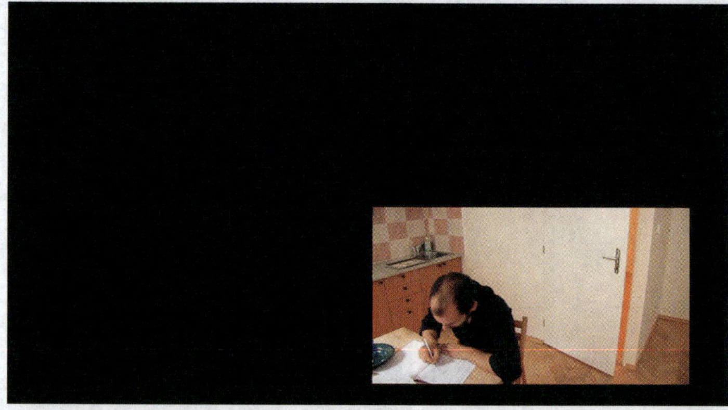

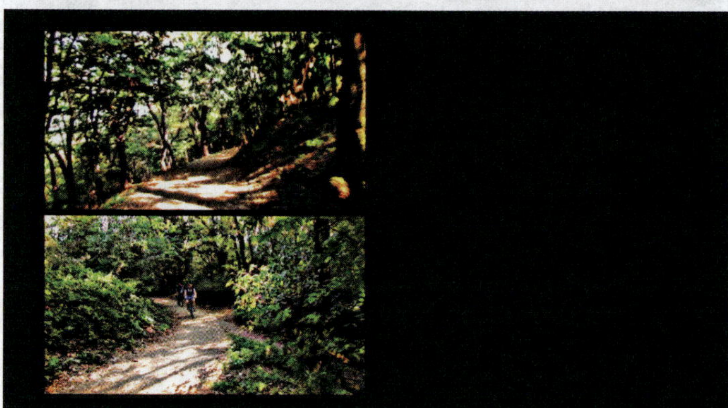

The film installation *A Gap* was created specially for the Meyer Riegger Gallery in Karlsruhe. The screenplay, characters and, to a certain extent, the film's story are largely derived from the gallery's layout or ground plan.

Four video projections are positioned independently of each other in the gallery's various rooms. Each projection represents one character. All the videos play simultaneously. The film's story is gradually presented by the four characters, who, however, appear in different rooms in the gallery and cannot be seen at the same time. From the beginning, time gaps separate the story's individual scenes and so the viewer can move from one room to the next and follow in sequence the film's story told by various characters. The pace of the story gradually speeds up, however, and the sequences of the different characters begin to overlap until a point is reached where all the videos are playing at once. It is then up to the spectator, and partly a matter of chance, how the film is viewed. Yet to understand the story, the storylines of all the characters must be viewed. Thus the viewer is compelled to return to the characters and to use his memory to reconstruct the film's story.

The layout of the gallery space influenced the characters of the protagonists. While the front part consists of mutually connected rooms, the back showroom is separated from the rest of the exhibition space by an office. So the character presented in the showroom is condemned to isolation and practically left out of the film's storyline. This character's link to the other characters only occurs indirectly at the end of the film.

The story of three people, linked and meeting in relationships on varying emotional levels, is played out in the gallery's main rooms. As a result of an accident, the main protagonist forgets the previous events and it is up to the others whether to reveal to him the actual state of affairs.

The project *A Gap* shows film as its own theme. It works critically with the method of constructing a story and the possibilities of transforming a space using dramatic structures. In the gallery, the viewer is faced with the need to return to the different characters and to use his memory to put together the plot of the film. All of this is played out in the film's gaps and is also the theme of the film itself. The gallery's space also constitutes a gap that is a passageway between the video projections, thereby materialising itself in its emptiness.

Filmová instalace *Mezera* vznikla přímo pro prostor Galerie Meyer Riegger v Karlsruhe. Scénář, charaktery a do jisté míry i příběh filmu vycházejí z dispozice či půdorysu galerie.

V jednotlivých prostorech galerie jsou samostatně rozmístěny čtyři videoprojekce. Každá projekce představuje jeden charakter, všechny hrají v simultánním čase. Příběh filmu je postupně představen skrze jednotlivé charaktery, které ale figurují v různých prostorách galerie, a nemohou být proto viděny ve stejný okamžik. Mezi jednotlivými sekvencemi příběhu jsou zpočátku časové prodlevy, a tak může divák přecházet z jednoho prostoru do druhého a po řadě sledovat příběh filmu podaný prostřednictvím jednotlivých postav. Postupně se však tempo příběhu zrychluje a sekvence jednotlivých postav se začínají překrývat, až nakonec hrají všechny projekce najednou. Je tedy na rozhodnutí diváka a také na náhodě, jakým způsobem je film viděn. Aby však bylo možné příběh pochopit, je nezbytné zhlédnout všechny dramatické linky postav. A tak je divák nucen vracet se k jednotlivým postavám a s pomocí paměti zpětně rekonstruovat příběh filmu.

Povaha prostoru galerie ovlivnila charakter postav. Zatímco v její přední části jsou jednotlivé prostory propojeny a vzájemně spolu komunikují, zadní showroom je oddělen od zbytku výstavního prostoru kanceláří. A tak je postava představená v showroomu odsouzena k samotě a je prakticky zcela stranou příběhové linie filmu. K jejímu propojení s ostatními charaktery dojde až nepřímo na konci filmu.

V hlavních prostorech galerie se odehrává příběh tří lidí, propojených a potkávajících se v různých citových vztazích. Hlavní hrdina však po úrazu zapomene na předchozí dění a je na ostatních osobách, zda mu mají odhalit skutečný stav věcí.

Projekt *Mezera* ukazuje film jako vlastní téma. Kriticky pracuje s metodou výstavby příběhu a možností zapojení prostoru do dramatické struktury. Divák je v prostorech galerie vystaven potřebě vracet se k jednotlivým postavám a pomocí paměti sám skládat děj filmu. To vše se odehrává v mezerách filmu a zároveň je to tématem filmu samotného. Mezerou je i prostor galerie, který se stává průchodem mezi jednotlivými projekcemi a tím se materializuje ve své prázdnotě.

A Gap
Mezera

If There Is Anything Good About Me, I'm the Only One Who Knows, 2007. Performance at Světozor Cinema, Prague, 20 min.

If There Is Anything Good About Me, I'm the Only One Who Knows, 2007. Performance at Světozor Cinema, Prague, 20 min. Video stills

---

Jestli je na mně něco dobrého, jsem to jen já, kdo to ví, 2007. Performance, kino Světozor, Praha, 20 min.

Jestli je na mně něco dobrého, jsem to jen já, kdo to ví, 2007. Performance, kino Světozor, Praha, 20 min. Záběry z videa

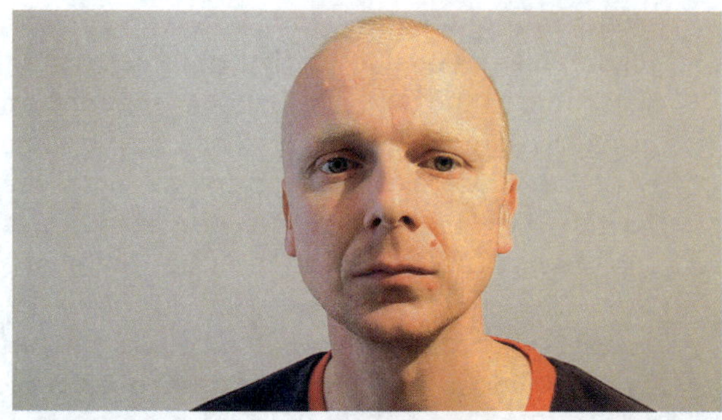

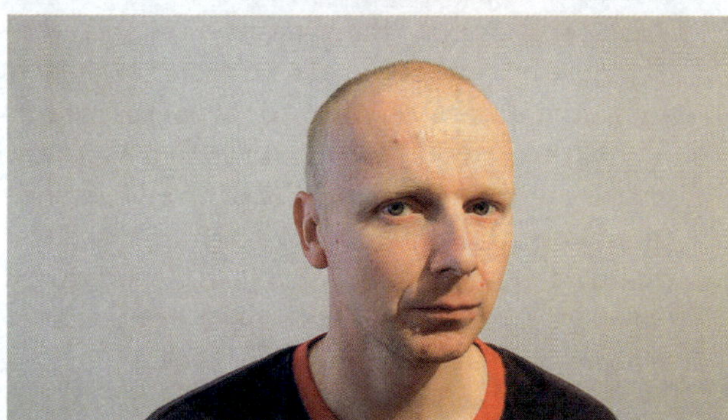

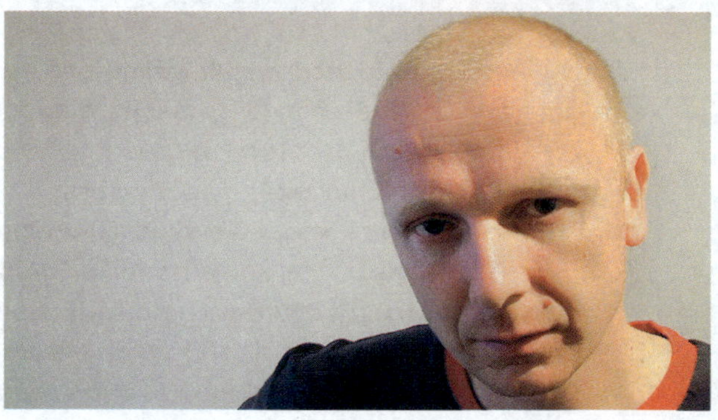

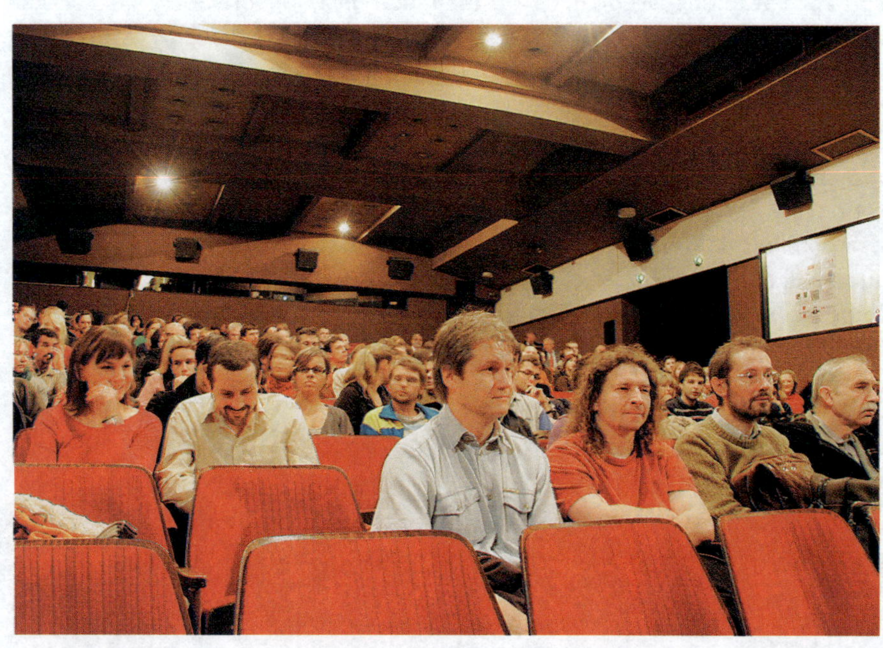

The project *If There Is Anything Good About Me, I'm the Only One Who Knows* was developed specially for the space of the cinema theatre. The position of the viewer, the visuality of cinematography and its sharing with the auditorium constitute the environment in which the performance is enacted.

Its basic form is a dialogue between five actors and a "head". A video is projected on the silver screen with one protagonist. It is the "head" of a man. In the first moment the "head" just gazes into the camera. After a while it starts to speak. Five actors are posed in seats around the auditorium. The actors start to react to the first lines of the "head." Their relationship during the course of the performance breaks into a continuous dialogue between them and the "head" on the screen. The dialogue between the auditorium and the screen is so fluent and continuous that it is unclear whether the video was shot beforehand or whether it is a "live" dialogue filmed by a surveillance camera.

The content of the dialogue develops from the theme of social linkage, formulated already in the first line "Who is alone here?" through the theme of sharing an image, up to the existential shift at the end of the performance.

The project was created originally for the Světozor cinema theatre in Prague in 2007. In 2008 it was re-worked in German with actors from Theater Basel.

Projekt *Jestli je na mně něco dobrého, jsem to jen já, kdo to ví*, vznikl přímo pro prostory sálu kina. Pozice diváka, vizualita kinematografie a její sdílení auditoriem je prostředím, v němž se divadelní představení odehrává.

Jeho základní formou je rozhovor mezi pěti herci a „hlavou". Na plátno kina se promítá video s jediným protagonistou — „hlavou" muže. V prvních okamžicích „hlava" jen hledí do kamery, po chvíli začíná mluvit. Pět herců je rozmístěno na sedadlech v publiku, začnou reagovat na první věty „hlavy". Jejich komunikace přeroste v průběhu performance v souvislý dialog mezi „hlavou" na filmovém plátně a herci v publiku. Dialog mezi auditoriem a plátnem je natolik plynulý a souvislý, že není jasné, zda jsou promluvy „hlavy" natočeny předem, nebo jde o živý dialog zachycený průmyslovou kamerou.

Obsah rozhovoru se vyvíjí od tématu společenských vazeb, formulovaného již v první věty „hlavy" — „Kdo je tady sám?", přes téma sdílení obrazu až po existenciální zvrat na konci performance.

Projekt vznikl původně pro kino Světozor v Praze v roce 2007; v roce 2008 byl znovu nastudován s herci Městského divadla v Basileji.

If There Is Anything Good About Me, I'm the Only One Who Knows
Jestli je na mně něco dobrého, jsem to jen já, kdo to ví

2007

The Invisible — Acting in Sequences, 2007. Performance,
Frankfurter Kunstverein, Frankfurt am Main

Neviditelný — Hraní v sekvencích, 2007. Performance,
Frankfurter Kunstverein, Frankfurt nad Mohanem

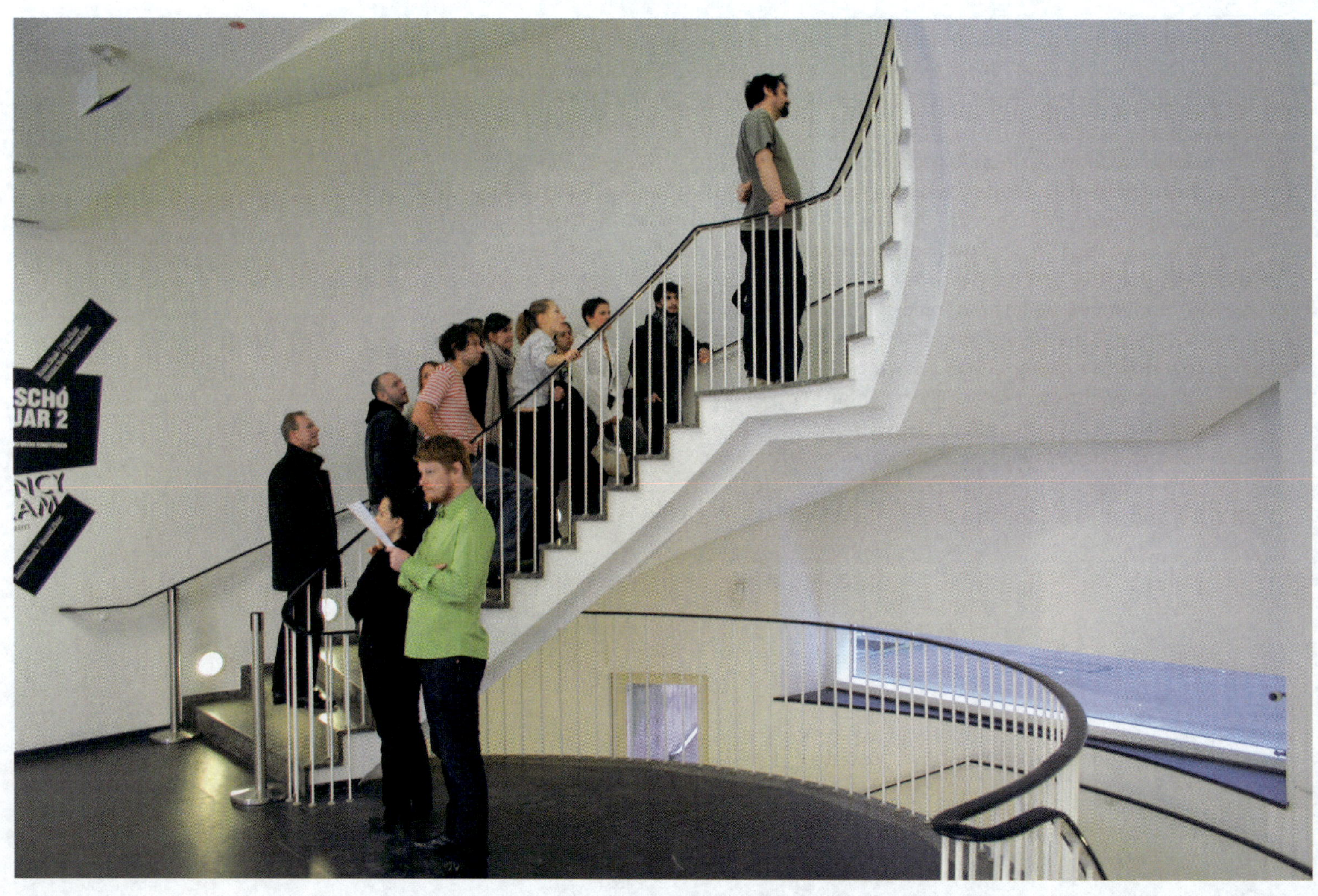

The Invisible — Acting in Sequences, 2007.
Coloured silkscreen on paper, 100 × 70 cm.
Graphic presentation of the performance
(movement of the audience)

———————————

Neviditelný — Hraní v sekvencích, 2007.
Barevný sítotisk na papíru, 100 × 70 cm.
Grafické znázornění performance (pohyb diváků)

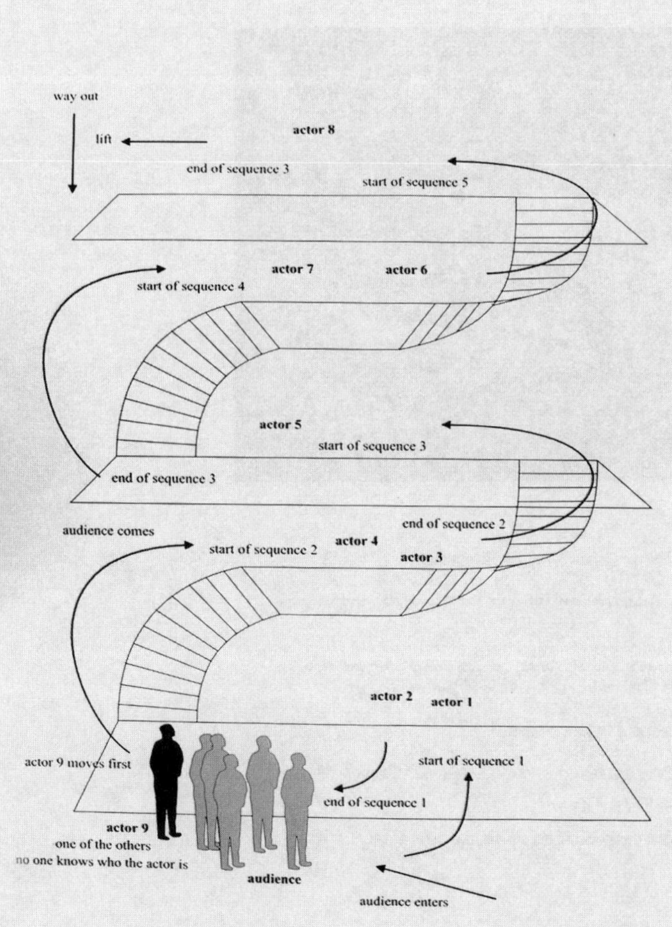

The Invisible — Acting in Sequences is a performance
for eight actors written for the site specific situation
of a staircase with five flights. The story, in which
the main character suspects the surroundings of
being staged, is divided into five sequences situated
one after another on the landings of stairs. The
individual sequences are created by the actors,
each interpreting his or her own part of the story.
The main character is thus represented in each
sequence by a different actor. The suspicion
of the protagonist falls by turns on his closest
surroundings, his family and finally on himself.
Thereby the same situation as described in the story
repeats itself in the eyes of the viewers, who find
themselves during the performance face to face
with the actors.

———————————

Neviditelný — Hraní v sekvencích je performancí
pro osm herců, odehrávající se na schodišti s pěti
zastaveními. Příběh, v němž hlavní hrdina podezírá
okolí, že je hrané a inscenované, je rozdělen do pěti
sekvencí, umístěných za sebou na patrech schodiště.
Jednotlivé sekvence jsou tvořeny herci, kteří každý
zvlášť přednášejí svou část příběhu. Hlavní postava
je tak představována v každé sekvenci jiným hercem.
Podezření hlavního hrdiny postupně padá na jeho
nejbližší okolí, vlastní rodinu a nakonec na sebe sama.
Tím se v příběhu opakuje stejná situace, jakou zažívají
diváci nacházející se během představení tváří tvář
hercům.

The Invisible — Acting in Sequences
Neviditelný — Hraní v sekvencích

2007

Reverse Play, 2007. DVD loop projection, sound,
colour, wall drawing, 9:47 min. Video stills

Hra pozpátku, 2007. DVD projekce ve smyčce, zvuk,
barva, kresba na zdi, 9:47 min. Záběry z videa

Reverse play

Cast:
A man in a white shirt with sleeves rolled up. He appears to be playing
a supporting role, as he feels like a prop. It is to be expected, after all,
that in every theatre performance there will appear at least one
character in a white shirt with rolled-up sleeves.

Several actors in lead roles. Two thirds of them are women.

A narrator, who tries to be one of the spectators and therefore no-one
sits near him.

The audience. I hope it will be a full house.

Movement on stage.

Everything moves in reverse. Each movement is enacted in the opposite
direction to that which it would take in reality.

The actors - and no one can tell whether it is due to their skill or to
the deviance of the situation master the reverse walk without
the slightest difficulty.
They do not even need to look behind them. They do not collide with
each other even once.

Even their leg movements do not constitute simply walking backwards.
They have completely different rules. It is as if their muscles and tendons
were working just precisely in reverse.

This gives the act on stage its basic form.

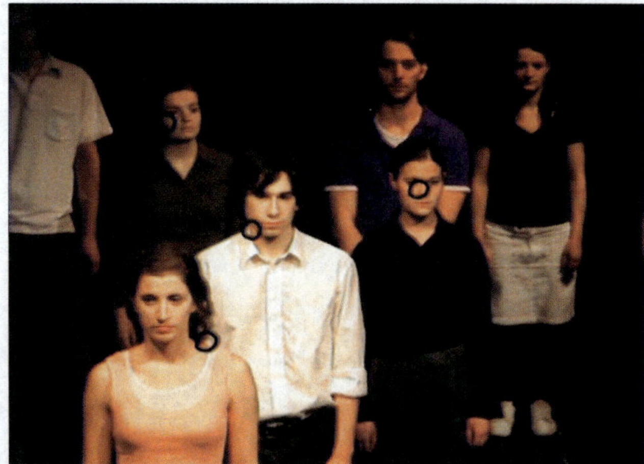

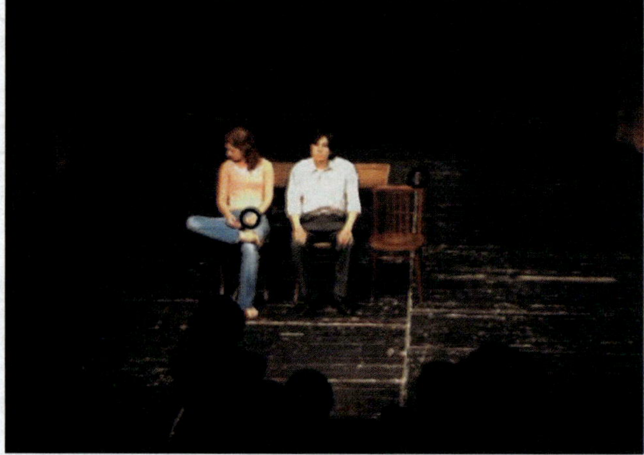

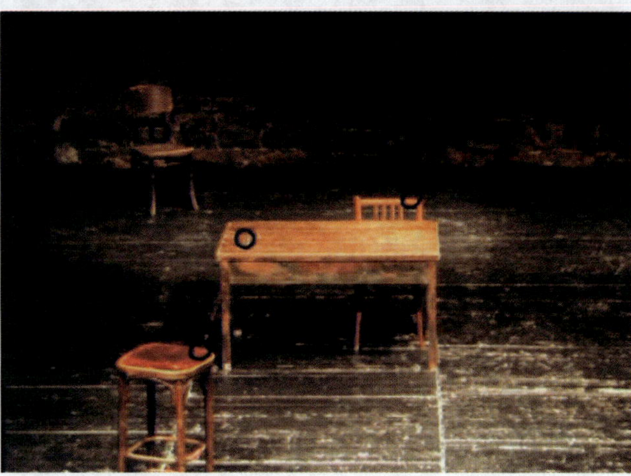

Several looks are fixed on the actor's lips.

The third time round, the movements of actor's lips have not yet indicated
anything to them.

They all watch the same play impatiently for the fourth time and wait for
the actor to stop again. The anticipated point in the act approaches.

Again the actor stops exactly in the same place.

Several members of the audience say something aloud. Some of them
stand up.

It is as if his lips repeat the same word several times in a row.

He says ..., ..., ...

A projected DVD film presents to the audience a recording of a stage performance. In the action on stage the actors play backwards. At the same time, the narrator sits below the stage in the first row of the auditorium. He tells the story from beginning to end, so the story which is played backwards on stage is narrated in normal sequence. Despite the asynchrony, the action and the narration surprisingly fit together.

After a while the audience comes to realize that one of the actors is trying to tell them something, but he is silent and only moves his lips. After a while they realize what he is saying: He says…

The projection consists of two parts which repeatedly alternate. The first part is a text projection. It works like the subtitles in silent movies and replaces the role of the voiceover. The other part is the motion picture. It consists of shots of the actors playing their roles on the stage backwards and shots of the interior of the theatre.

In addition to the projection, there are circles drawn on the wall. They are precisely placed to encircle:

a) particular letters in the text. Then if you read the encircled letters in the correct order, following one line after another, you get a short message (the punchline of the whole story), namely what the actor is trying to say: *Help*.

Despite the fact that there are six text sequences in the movie and the text changes, the circles always mark the same letters.

b) in the image the circles mark specific points that relate to the narration, that is, to the text. For instance they point out the figures of the actors and narrator etc. This means that the circles create a certain topography of the image. The last part of the text has longer intervals, so the spectator has time to comprehend in retrospect the reason for the encircled letters and the points in the image and also to decipher the message. The overall composition of the image arises from the arrangement of the circles.

The circles on the wall have multiple functions. They work as the bearer of the message of the main character as well as the carrier of the punchline. They also create a direct connection between the text and the image in both directions. They reveal content and also function as a basis for the composition, which is normally determined by the visual field.

The projection was shown in an architectural space reminiscent of a theatre interior. The space with the wall drawings modifies the presentation of the DVD film. The audience in such an environment becomes a part of the installation and the story. It is definitely not recommended to show the film in a black box space.

Reverse Play
Hra pozpátku

Příběh

Projekce videofilmu předvádí divákům záznam představení odehraného
v divadle. Herci při představení hrají pozpátku. Pod jevištěm v první řadě
sedí vypravěč. Ten vypráví děj od začátku do konce. Takže příběh hraný
na jevišti pozpátku je vyprávěný v normální posloupnosti. Překvapivé je, že
představení a vyprávění do sebe i přes tuto asynchronicitu zapadají.

Publikum si po jisté chvíli povšimne, že jeden z herců se mu snaží cosi
sdělit. Jenomže zůstává potichu, pouze pohybuje rty. Pak si diváci uvědomí,
co jim říká: říká…

Projekce se skládá ze dvou částí, které se opakovaně střídají. První
částí je textová projekce. Funguje jako titulky v němých filmech a nahrazuje
roli hlasového doprovodu. Druhou částí je samotný film. Ten zachycuje akci
herců ztvárňujících své role na jevišti pozpátku a ukazuje záběry z interiéru
divadla.

Kromě toho jsou ještě na stěně, na niž probíhá projekce, nakreslené
kroužky. Jejich umístění je přesně určené tak, aby zakroužkovaly:

a) v textu konkrétní písmena. Pokud zakroužkovaná písmena přečtete
ve správném pořadí řádku za řádkou, odhalíte krátký vzkaz (pointu celého
příběhu). Totiž slovo, které vyslovuje mlčící herec: říká *pomoc*.

Dokonce i přesto, že film má šest sekvencí, takže text se mění,
zvýrazňují kroužky vždy tatáž písmena.

b) v obraze upozorňují kroužky na určitá konkrétní místa, která
se vztahují k naraci, čili k textu. Poukazují například na postavy herců
a vypravěče atd. Znamená to, že kroužky vytvářejí jistou topografii obrazu.
U poslední sekce textu je ponechán delší mezičas, který dává divákům
dost prostoru, aby mohli zpětně pochopit důvod zakroužkovaných písmen
a míst v obraze a rozluštit vzkaz. Celková kompozice obrazu tak vycházela
z rozvržení kroužků.

Kroužky na zdi tak mají několik funkcí. Fungují jako nositel sdělení
hlavního hrdiny. Stejně tak i pointy. Vytvářejí také přímé spojení mezi textem
a obrazem, fungující oběma směry. Sdělují obsah a stejně tak slouží jako
základ kompozice, kterou obvykle zajišťuje vizuální pole.

Projekce byla promítána v architektonickém prostoru připomínajícím
prostor divadla. Prostor tak spolu s kresbami na stěně pozměňuje
prezentaci filmu. Diváci se v takovém prostředí stávají součástí instalace
a celého příběhu. Rozhodně se nedoporučuje promítat film v černém boxu.

Reverse Play
Hra pozpátku

Untitled, (2007). Black marker on paper, three drawings,
each 42 × 59.6 cm

Bez názvu, (2007). Černý fix na papíru, tři kresby,
každá 42 × 59,6 cm

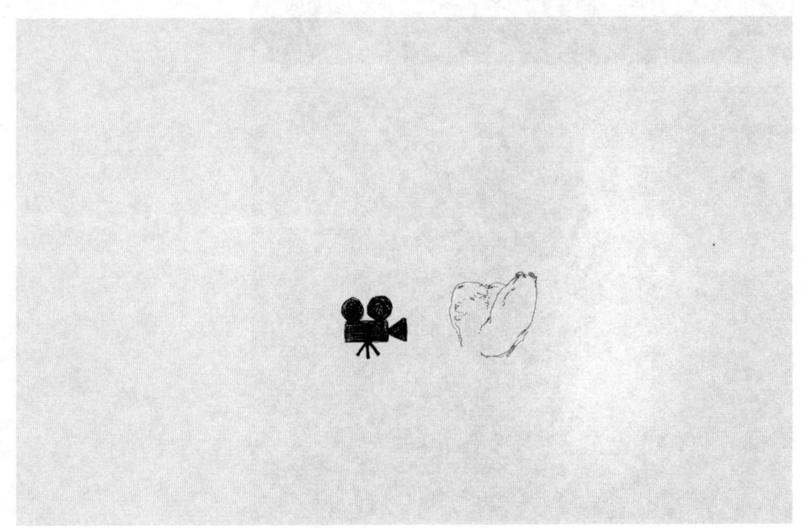

2007

Motion Picture — Nude Descending a Staircase, 2007.
Video loop projection, sound, colour, 2 min. Video stills

——————————

Pohyblivý obraz — Akt sestupující ze schodů, 2007.
Videoprojekce ve smyčce, zvuk, barva, 2 min. Záběry z videa

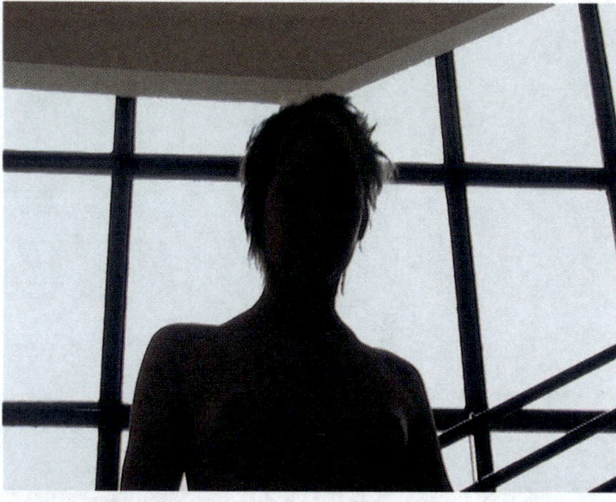

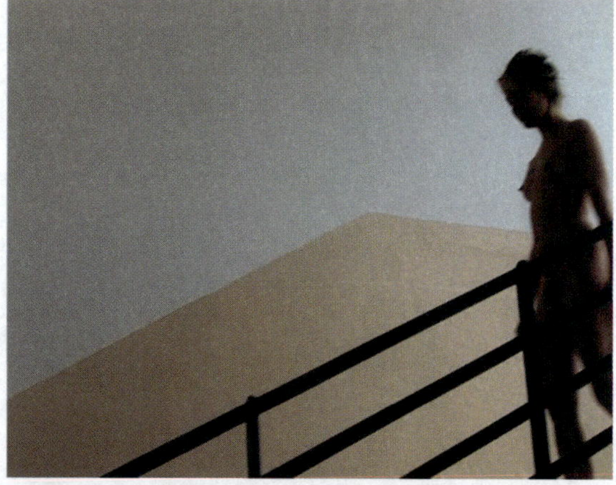

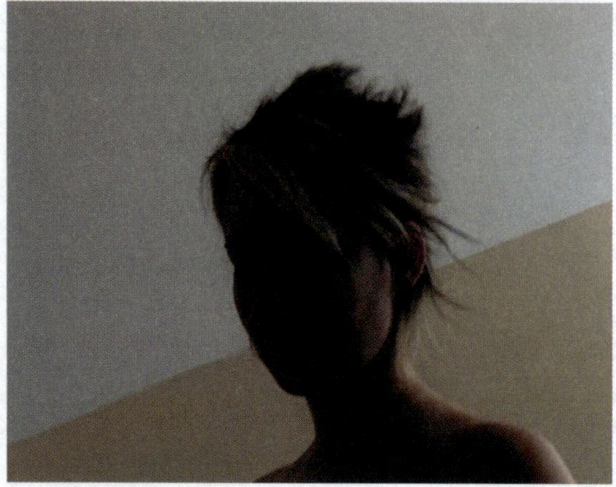

A two-minute continuous sequence of a female figure shot without cuts. The total material therefore contains 3,000 frames (digital video, i.e. 25 fps). The author numbered the frames from 1 to 3,000 and subsequently arranged them in random order. Each frame is thus located in a different place (although random order does not eliminate the possibility of a frame remaining in its original position). The film also has a soundtrack with a recording of a voice counting seconds, which is similarly cut up.

——————————

Dvouminutová kontinuální sekvence záznamu ženské postavy bez střihu. Celkový materiál tedy obsahuje 3000 okének (digitální materiál, tj. 25 okének za sekundu). Každé okénko autor označil čísly od 1 do 3000 a následně je srovnal ve zcela náhodném pořadí. Každé okénko se tedy vyskytuje na jiném místě (i když chaotické pořadí nevylučuje možnost, že okénko zůstane tam, kde původně bylo). K obrazovému materiálu patří zvuková stopa záznamu lidského hlasu počítajícího vteřiny, který je rozsekán stejným způsobem.

Motion Picture — Nude Descending a Staircase
Pohyblivý obraz — Akt sestupující ze schodů

From A to B and Back Again, 2008. Video installation, sound, colour, 1:11 min. Installation view, tranzitdisplay, Prague, 2008

From A to B and Back Again, 2008. Video installation, sound, colour, 1:11 min. Detail view

Od A k B a zase zpět, 2008. Videoinstalace, zvuk, barva, 1:11 min. Pohled do instalace, tranzitdisplay, Praha, 2008

Od A k B a zase zpět, 2008. Videoinstalace, zvuk, barva, 1:11 min. Detailní pohled

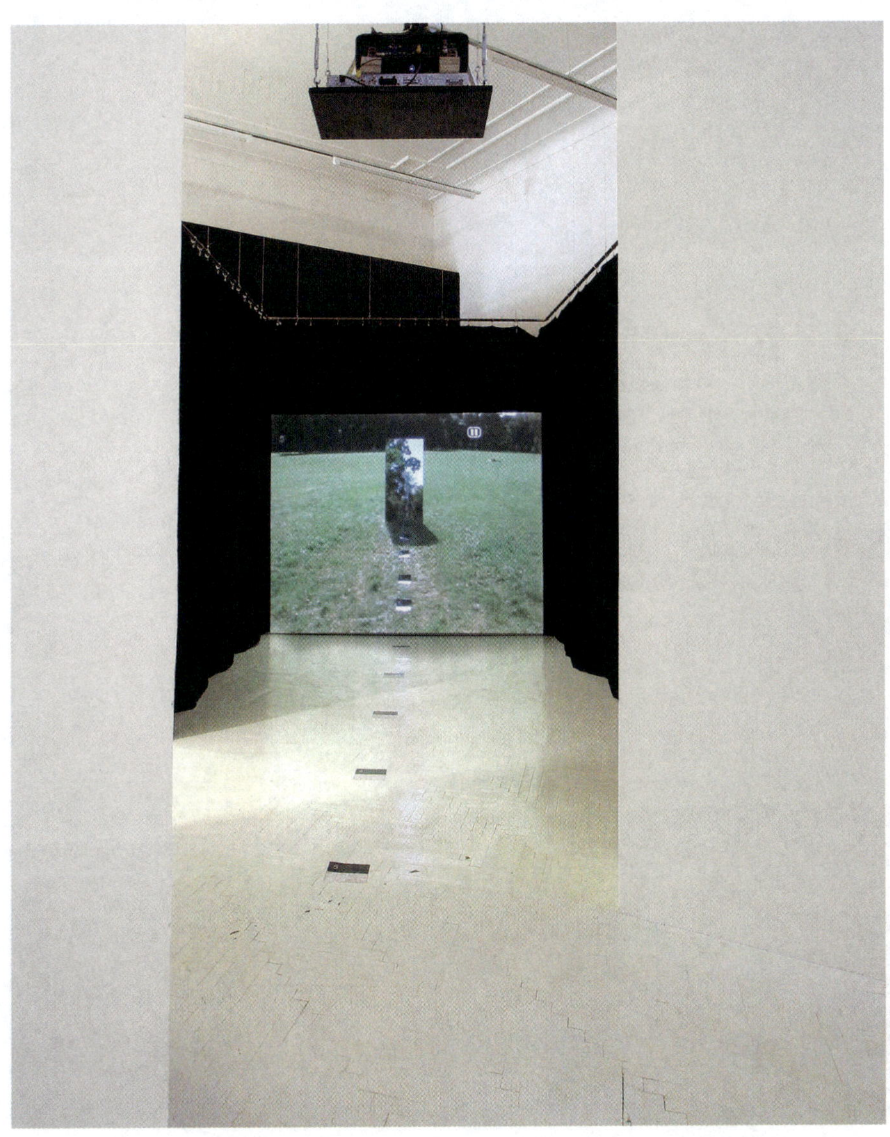

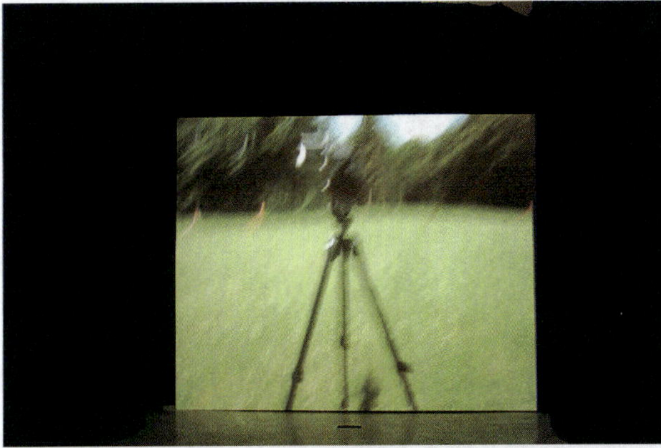

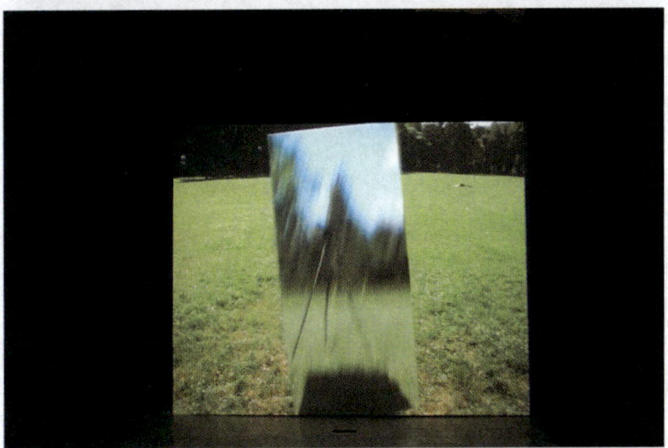

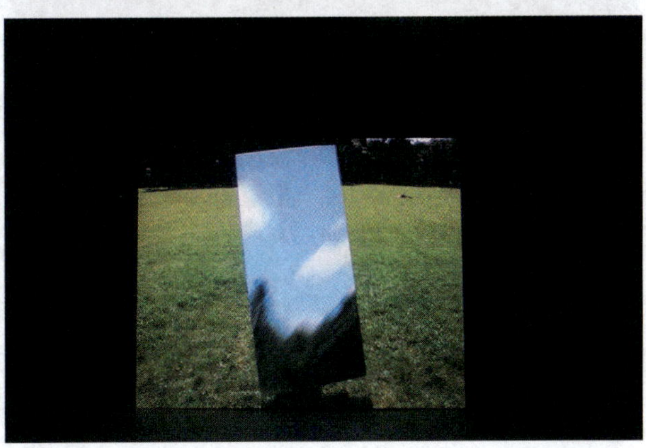

2008

The Missing Room, 2008. Laser-cut aluminium letters, steel
cable, dimensions variable. Installation view, Kunsthalle
Basel, 2008. Collection The Museum of Modern Art,
New York. Gift of Jill and Peter Kraus, 2013

Chybějící místnost, 2008. Laserem vyřezávaná hliníková
písmena, ocelové lanko, variabilní rozměry. Pohled
do instalace, Kunsthalle Basel, 2008. Sbírka The Museum
of Modern Art, New York, dar Jill a Peter Kraus, 2013

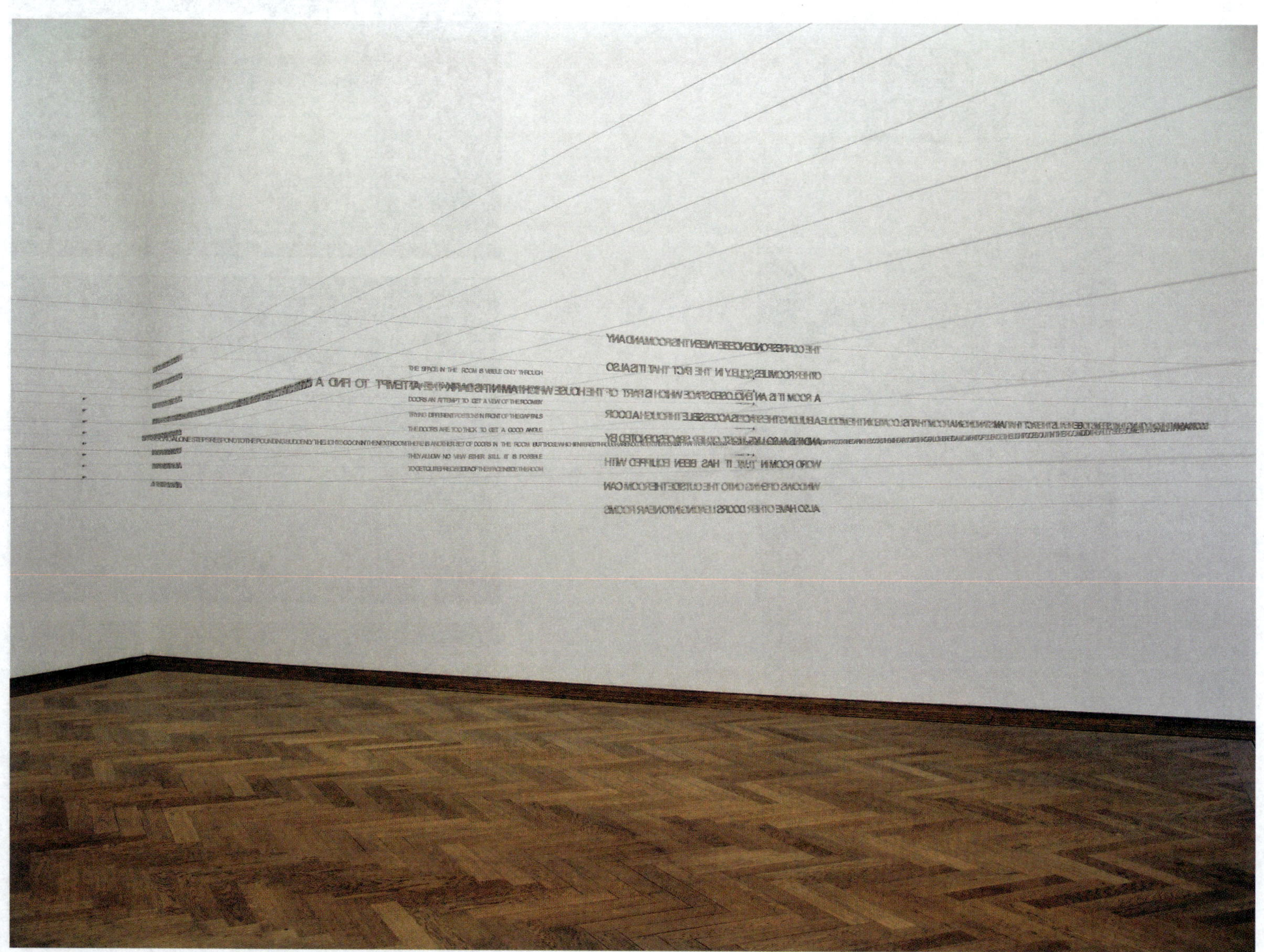

(1) The correspondence between this room and any other room lies solely in the fact that it is also a room. It is an enclosed space which is part of → → a building. The space is accessible through a door and it's also like most other spaces denoted by the word "room" in that it's been equipped with windows opening onto the outside. The room can also have other doors leading into other rooms.

(2) A long, branching hallway from which access to most of the other rooms is possible, it even contains some of the other areas. It runs through the building and → continues to the next floors. It has the character of something like the inner form of the house. As if we had → poured an immense amount of plaster down the drain of a sink and then torn down the house to get the cast. Such a space could barely be called a room.

(3) The space in the room is visible only through a narrow gap between the set of very big doors. An attempt to get a view of the room by trying different positions in front of the gap fails. The doors are too thick to get a good angle. → There is another set of doors in the room, but → they don't allow for any view either. Still, it's possible to get a fairly precise idea of the space inside the room.

It is an enclosed space that is part of the building which I am in. It's dark. The attempt to find a concrete place in the room repeatedly ends in failure. Eventually, I pound on the wall. I hear how the sound moves along the walls and continues to the next floors. It has the character of something like the inner form of the house. As if we had conceived a building by sound alone. Steps respond to the pounding. Suddenly the lights go on in the next room. There is another set of doors in the room, but those which I entered through are no longer there. Or is it that there are only those which I came through? I spotted the flicker of a shadow through the gap in the doors. Then I hear something fall. There's a moment of silence. The light goes out in the room. Did I really see something? Will I find those doors again? The only thing that seems to be real is the fact that I'm standing in a room that is located in the middle of a building. The space is accessible through a door and it's also like most other spaces....

---

(1) Shoda mezi ostatními místnostmi a tou popisovanou je v prostém faktu konstatování, že jde také o místnost. Je to uzavřený prostor, který je částí → → budovy. Je přístupný dveřmi a s většinou ostatních prostorů, které jsou také označeny slovem místnost, se shoduje i v tom, že z něj vedou okna ven. Popisovaná místnost může mít také další dveře vedoucí do okolních pokojů.

(2) Jedná se o dlouhou a rozvětvenou chodbu, ze které je možný přístup do většiny místností, některé prostory i zahrnuje. Probíhá všemi částmi budovy → a přechází do jiných podlaží. Má charakter jakéhosi vnitřního otisku budovy. Asi jako kdybychom → vylili obrovské množství sádry do umyvadla a pak zbourali dům, abychom získali odlitek. Takovýto prostor lze jen těžko nazvat místností.

(3) Prostor místnosti je vidět pouze velmi úzkou mezerou mezi zavřenými křídly dveří. Pokus prohlédnout si prostor postupným měněním pozice proti mezeře selhává. Tloušťka dveří je příliš velká na to, aby umožnila širší úhel. → Do místnosti vedou ještě jedny dveře, ale → tam je situace stejná. Přesto je možné si udělat o prostoru místnosti dost přesnou představu.

Je to uzavřený prostor, který je částí budovy, ve které se nacházím. Je tma. Snaha najít nějaké konkrétní místo pokoje opakovaně selhává. Nakonec boucham do zdi. Slyším, jak zvuk po stěnách přechází i do jiných podlaží. Má charakter jakéhosi vnitřního otisku budovy. Asi jako kdybychom si dům představili podle zvuku. Na bouchání odpověděly kroky. Najednou se vedle v místnosti rozsvítí. Do místnosti vedou ještě jedny dveře, ale tam, kde byly ty, kterými jsem vešel, už žádné nejsou. Nebo jsou to přece jenom ty, kterými jsem vešel? Mezerou za dveřmi jsem zahlédl rychlé mihnutí stínu. Potom se ozve zvuk pádu. Chvíli je ticho. V místnosti se pak zhasne. Opravdu jsem něco viděl? Najdu ještě ty dveře? Jediné, co se zdá být skutečností, je fakt, že stojím v pokoji, který se nachází uprostřed velké budovy. Je přístupný dveřmi a s většinou ostatních prostorů....

2008

Reflection, 2008. Wooden furniture, glass, video projections, two
parts 1:10 min, 2:50 min. Installation view, Andrew Kreps Gallery,
2008; Prague City Gallery, House of the Golden Ring, Prague, 2009

Odlesk, 2008. Dřevěný nábytek, sklo, videoprojekce, dvě části
1:10 min, 2:50 min. Pohled do instalace, Galerie Andrew Kreps, 2008;
Galerie hlavního města Prahy, Dům U Zlatého prstenu, Praha, 2009

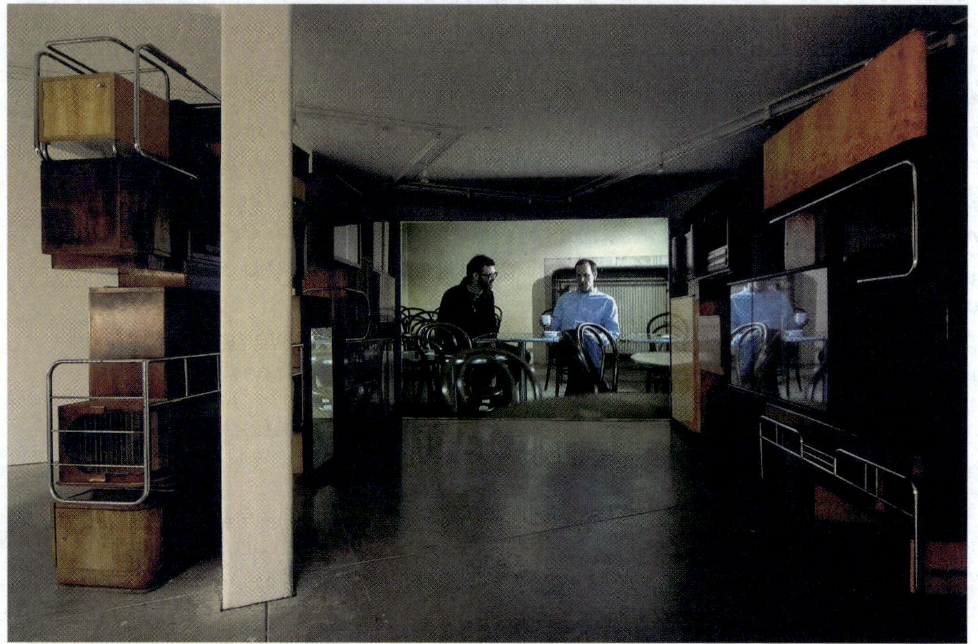

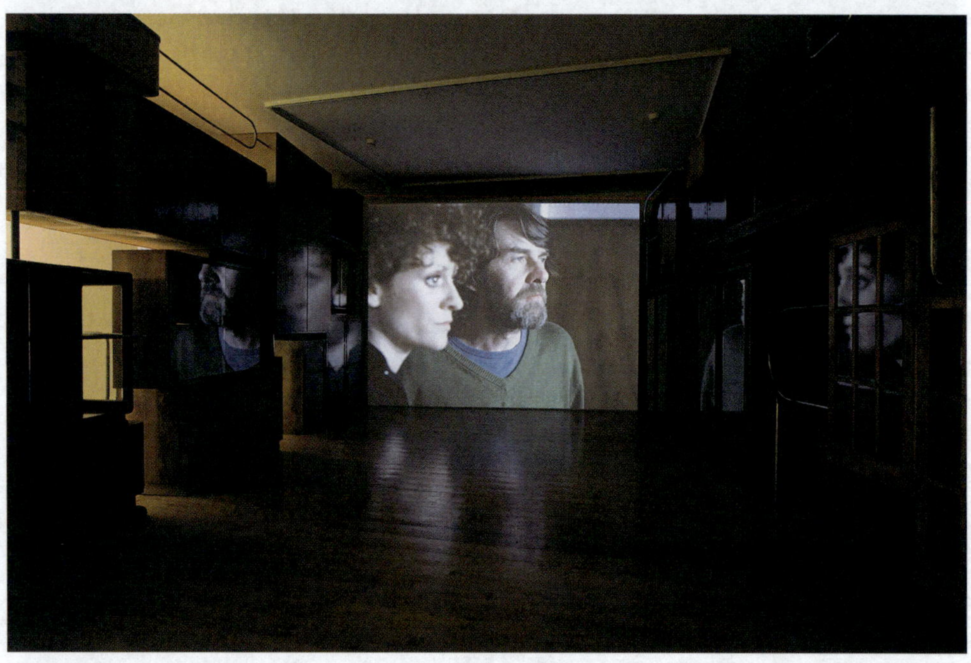

Everything is played out only in conversation. Even a pause is conversation. We have divided the surroundings between I and You. When it is I, You waits in order to be He. Or She. "It" is too third.

A film in which the subject of conversation becomes the dialogue itself. A radical form of language in a conversation between two people uses descriptions from a third person perspective within their conversation. The lead characters are thus deprived of privacy in its fundamental form, which consists of thought. Thought is shifted by means of disclosing descriptions, which usually take place only in contemplations, into the public space. The result is a situation in which the viewer observing a man and woman in conversation finds himself in an almost voyeuristic position.

For another two characters in the second part of the film, the language itself is the objective, rather than the medium of the message. The aimless conversation constitutes an attempt by the two protagonists to converge in remembering at least one specific detail that would allow them to set their relationship in real life. Instead, the conversation fails to reveal a single piece of specific information. Both parts are connected by the relationship between the man and woman and the substitution of the female protagonist.

The space of the apartment in which the action of the first part of the film is set is replaced by the anonymous environment of a furniture warehouse, which shifts the entire film onto the level of generality. The room to which the dialogue in the first part of the film relates, and where the transformation of the heroine takes place, never appears in the film.

Vše se odehrává pouze v rozhovoru. I pauza je rozhovor. Okolí jsme si rozdělili mezi já a ty. Když je já, ty čeká, aby mohlo být on. Nebo ona. Ono je moc třetí.

Film, v němž se předmětem rozhovoru stává sám dialog. Radikální forma jazyka v rozhovoru dvou lidí používá popisy z pozice třetí osoby přímo v dialogu. Hlavní postavy tak přicházejí o soukromí v jeho základní podobě, kterým je myšlení. To se přiznanými popisy, které se normálně odehrávají pouze v úvahách, posouvá do veřejného prostoru. Výsledkem je situace, kdy se divák pozorující muže a ženu při rozhovoru nachází v téměř voyeurské pozici.

Pro další dvě postavy v druhé části filmu je jazyk sám spíše cílem než nositelem sdělení. Bezcílný rozhovor je pokusem o sblížení dvou protagonistů se snahou vzpomenout si na alespoň jediný konkrétní detail, který by umožnil jejich vztah zasadit do skutečného života. Místo toho se v rozhovoru neobjeví jediná konkrétní informace. Obě části jsou propojeny vztahem muže a ženy a záměnou hlavní hrdinky.

Prostor bytu, do kterého je děj první části filmu zasazen, je nahrazen anonymním prostředím skladu nábytku, které posouvá celý film do roviny obecnosti. Místnost, k níž se vztahuje dialog v první části a kde se odehraje záměna hlavní hrdinky, se ve filmu nikdy neobjeví.

Reflection
Odlesk

2008

Someone Else?, 2008. Wooden shelves, silkscreen on glass and pottery, dimensions variable. Installation view, Andrew Kreps Gallery, New York, 2008

Someone Else?, 2008. Wooden shelves, silkscreen on glass and pottery, dimensions variable. Detail view

Někdo jiný?, 2008. Dřevěné police, sítotisk na skle a porcelánu, variabilní rozměry. Pohled do instalace, Galerie Andrew Kreps, New York, 2008

Někdo jiný?, 2008. Dřevěné police, sítotisk na skle a porcelánu, variabilní rozměry. Detailní pohled

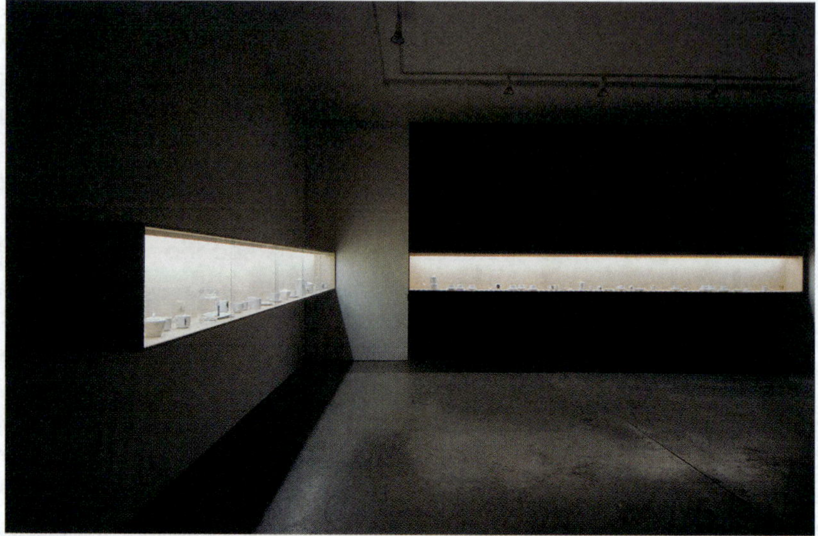

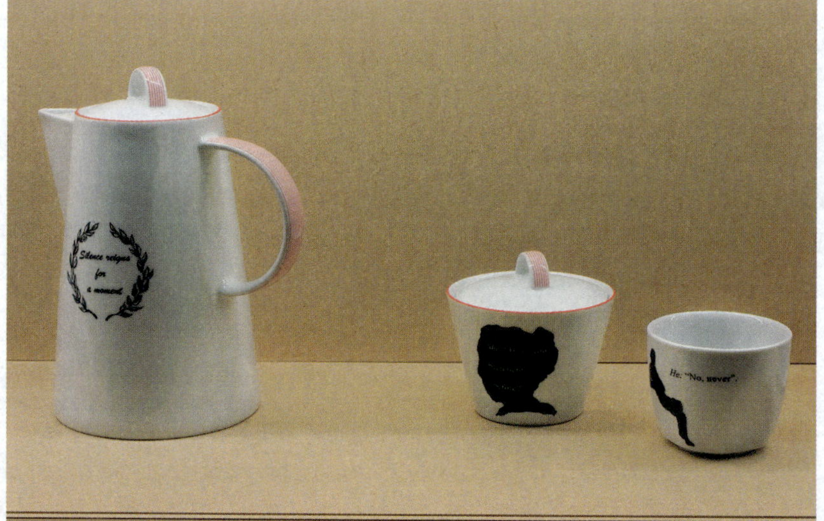

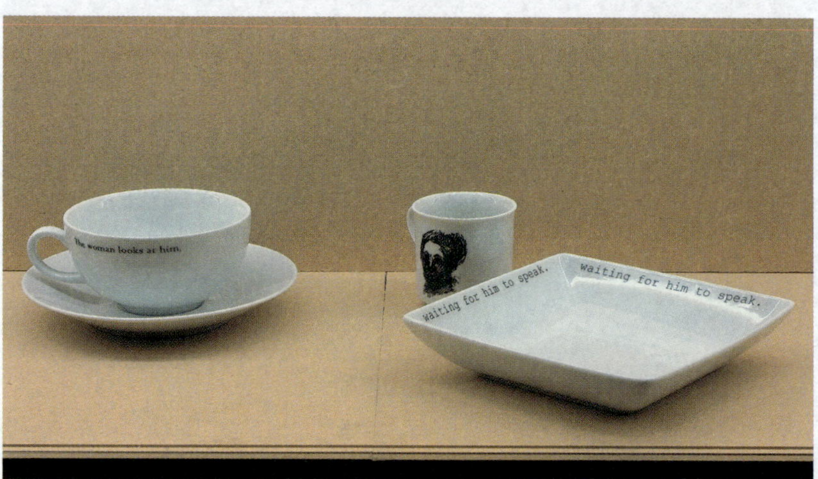

A dialogue between two people, a man and a woman. The dialogue takes place in an apartment.
The woman is the host.
She: "Please take a seat…"
"Thank you," the man responds.
The mood between the conversing parties is constrained. It seems that the man and woman
have never seen each other before. Silence reigns for a moment.
She: "Have you been here before?"
He: "No, never".
His eyes rest on the objects on the table. In the reflection on a glass he observes the backrest
of the empty chair opposite. Behind the chair, a picture hangs on the opposite wall.
She: "Will you have some tea?"
He: "Gladly."
The woman walks away from the table.
Beside the picture in the reflection, a door can be seen, probably leading to the next room.
Three teacups and a teapot.
He: "Could I have some sugar?"
She: "Certainly."
Three identical teacups and a teapot, only on one saucer there are two sugar cubes.
The man looks out the window.
Again a short silence.
The man is about to speak. In the end he changes his mind, though.
The woman looks at him, waiting for him to speak.
The silence continues.
In the end the woman speaks.
She: "May I ask who the third cup is for? Are you expecting someone else?"

Dialog dvou lidí. Muže a ženy. Dialog se odehrává v bytě, žena je hostitelkou.
Ona: „Prosím, posaďte se…"
„Děkuji," odvětí muž.
Nálada mezi účastníky rozhovoru je rozpačitá. Zdá se, že se muž se ženou předtím nikdy neviděli.
Na chvíli zavládne ticho.
Ona: „Už jste u nás někdy byl?"
On: „Ne, nikdy."
Jeho pohled spočine na předmětech na stole. V odlesku na lahvi pozoruje opěradlo prázdné židle
proti sobě. Za židlí na protilehlé stěně pokoje visí obraz.
Ona: „Dáte si čaj?"
On: „Rád."
Žena odejde od stolu.
Vedle obrazu je v odlesku vidět dveře, pravděpodobně do vedlejšího pokoje.
Tři čajové šálky a čajová konvice.
On: „Mohl bych dostat cukr?"
Ona: „Jistě."
Tři stejné čajové šálky s konvicí, jen na jednom podšálku jsou dvě kostky cukru.
Muž se podívá z okna.
Opět krátké mlčení.
Muž se chystá promluvit. Nakonec si to však rozmyslí.
Žena se na něj dívá, čeká, až promluví.
Stále je ticho.
Nakonec promluví žena.
Ona: „Mohu se zeptat, pro koho je ten třetí šálek? Čekáte ještě někoho?"

2007—2009

Tatlin's Tower, 2007—2009. Black marker on paper, 29.7 × 21 cm

---

Tatlinova věž, 2007—2009. Černý fix na papíru, 29,7 × 21 cm

The sculpture in its minimal form consists of two parts, a concrete wall and an iron profile girder leaning against the wall. The concrete wall should have the form of fair face concrete with a visible structure of the form in which it was cast. The iron girder should lean on the wall at an angle which supports the idea of a rapidly collapsing mass of metal. The place where the iron girder will be anchored to the concrete base hidden under the ground should be as invisible as possible. The whole construction should have, thanks to the almost impossible structural form, the effect of a frozen moment of falling. The sculpture makes reference to Tatlin's *Monument to the Third International*. But it turns its attention to contemporary society and the role of art. As opposed to the rising spiral of Tatlin's tower, fulfilling the idea of New Man and revolutionary replacement of the old society by a new, equitable system, Tower, with its collapsing structure, represents the social movement in the situation of continuous balancing.

Socha ve své minimalistické podobě sestává ze dvou částí — z betonové zdi a železné traverzy profilu I opřené o zeď. Stěna by měla být vyrobena z pohledového betonu, na němž je vidět struktura matric, do níž byl odlit. Železný nosník by se měl o stěnu opírat v úhlu, který zdůrazňuje představu rychle se hroutící železné masy. Místo, v němž bude traverza ukotvena v betonové patě pod úrovní podlahy, by mělo být co nejméně vidět. Celá konstrukce by díky staticky téměř nemožné formě měla působit dojmem v čase zamrzlé chvíle pádu. Socha odkazuje na Tatlinův *Památník III. internacionály*. Obrací se ale k současné společnosti a k roli, již v ní hraje umění. V kontrastu k vzestupné spirále Tatlinovy věže, která ztělesňovala ideu Nového člověka a revoluční nahrazení staré společnosti novým, spravedlivým systémem, reprezentuje kolabující struktura Věže sociální pohyb v situaci neustálého vyvažování.

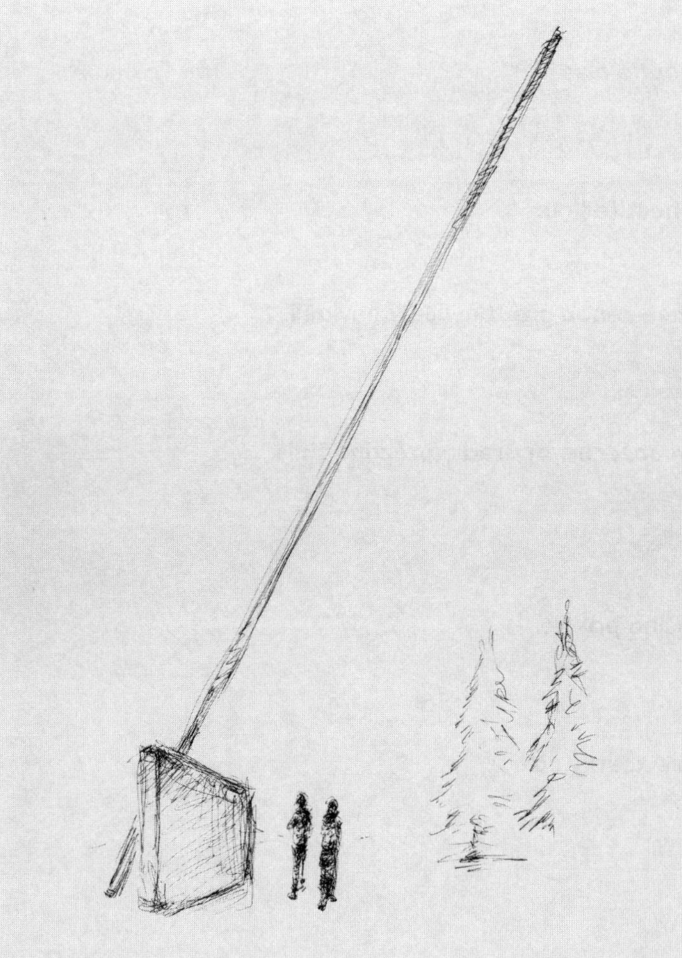

Tatlin's Tower
Tatlinova věž

Theatre X, 2008. Installation of 64 hanging coloured 35mm
film strips, lightboxes, dimensions variable. Installation view,
Art Basel 39, 2008

Divadlo X, 2008. Instalace 64 závěsných, barevných
35mm filmových pásů, světelný box, variabilní rozměry.
Pohled do instalace, Art Basel 38, 2008

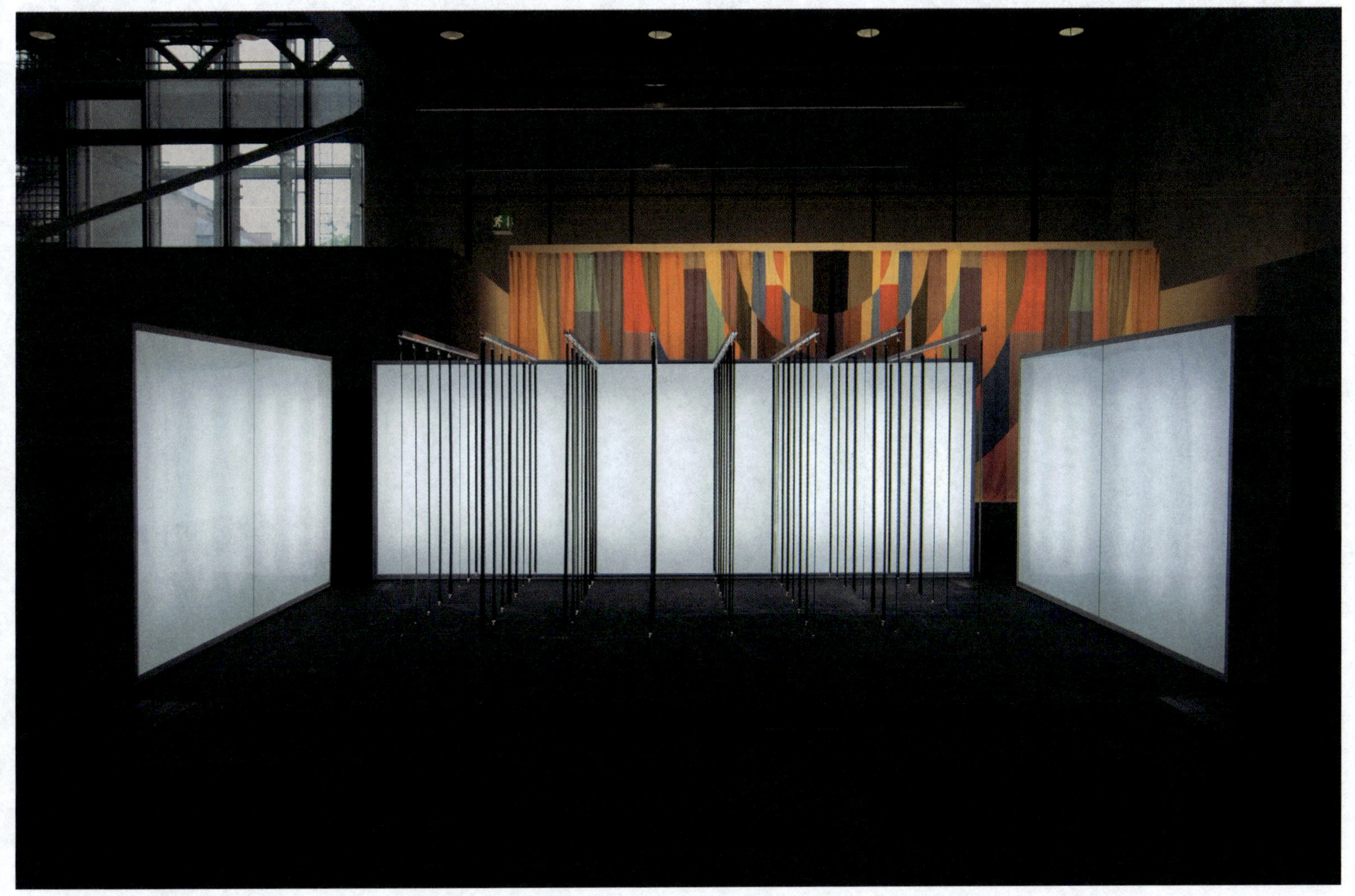

2009

The Invisible, 2009. Animated film, HDV installation,
sound, colour, 19:18 min. Installation view, outdoor
cinema, private estate, close to New York, 2009.
Collection Jill and Peter Kraus

Neviditelný, 2009. Animovaný film, HDV instalace,
zvuk, barva, 19:18 min. Pohled do instalace, venkovní
kino, soukromý pozemek v okolí New Yorku, 2009.
Sbírka Jill a Peter Kraus

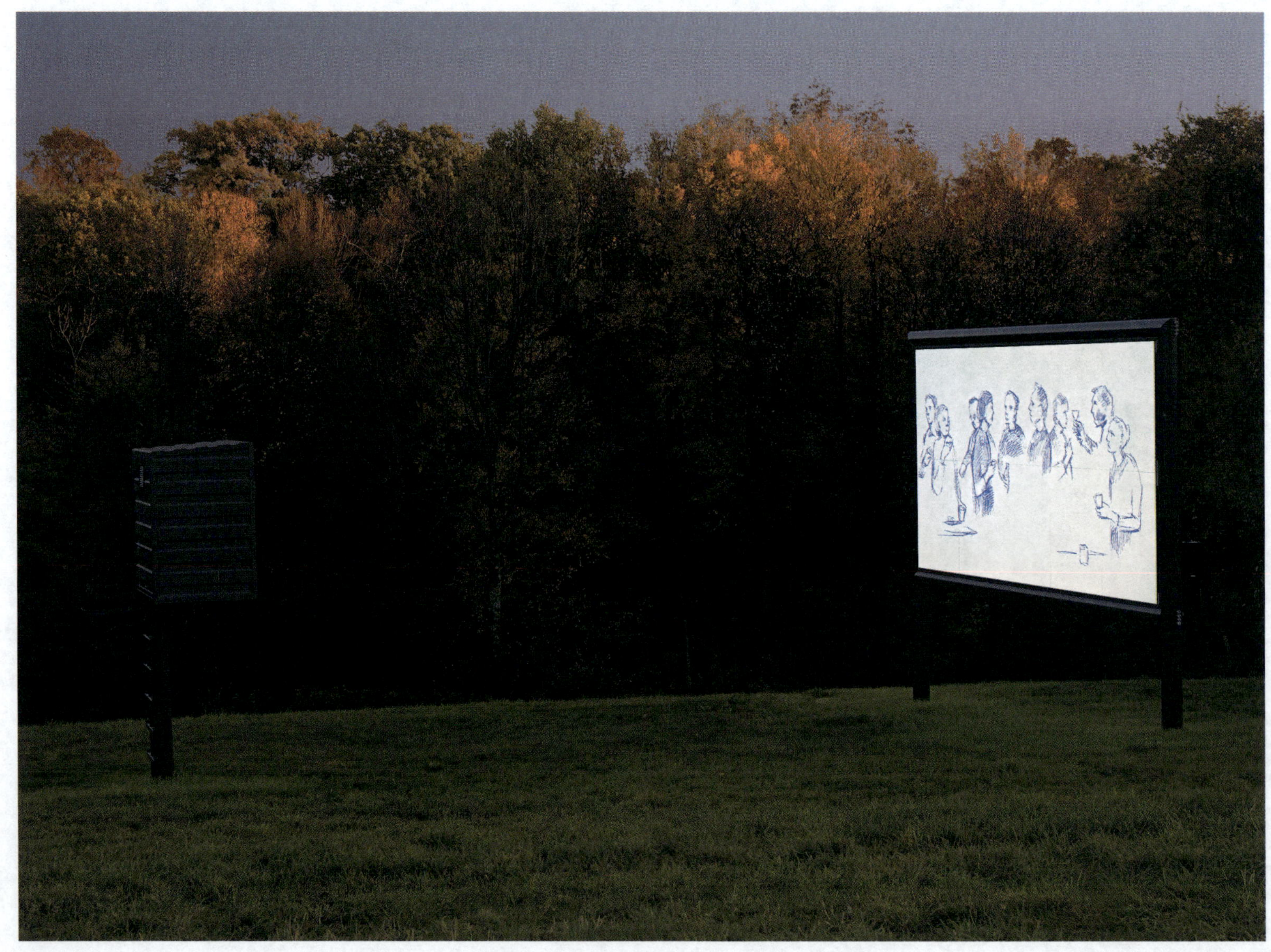

The Invisible, 2009. Animated film, HDV installation, sound, colour, 19:18 min. Film stills. Collection Jill and Peter Kraus

Neviditelný, 2009. Animovaný film, HDV instalace, zvuk, barva, 19:18 min. Záběry z filmu. Sbírka Jill a Peter Kraus

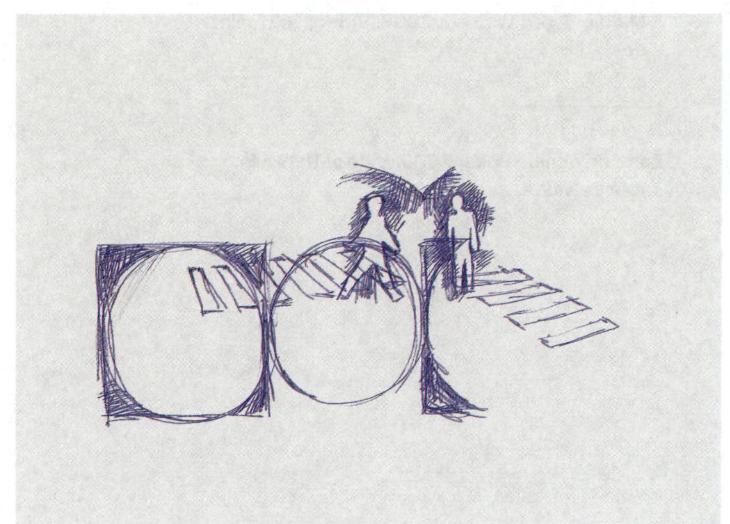

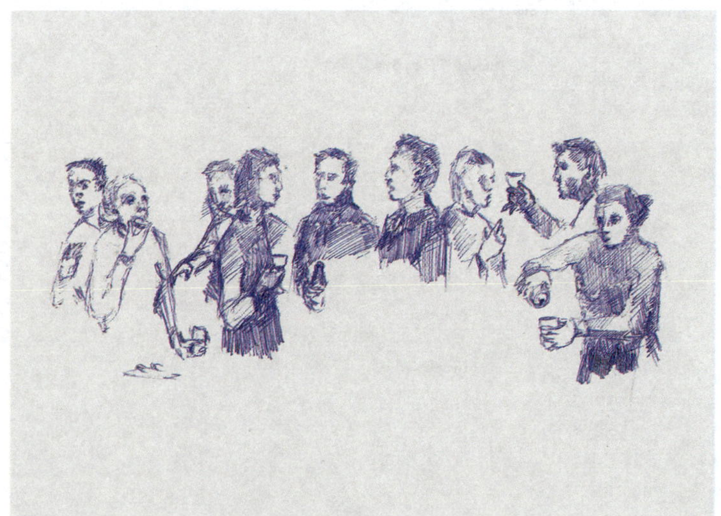

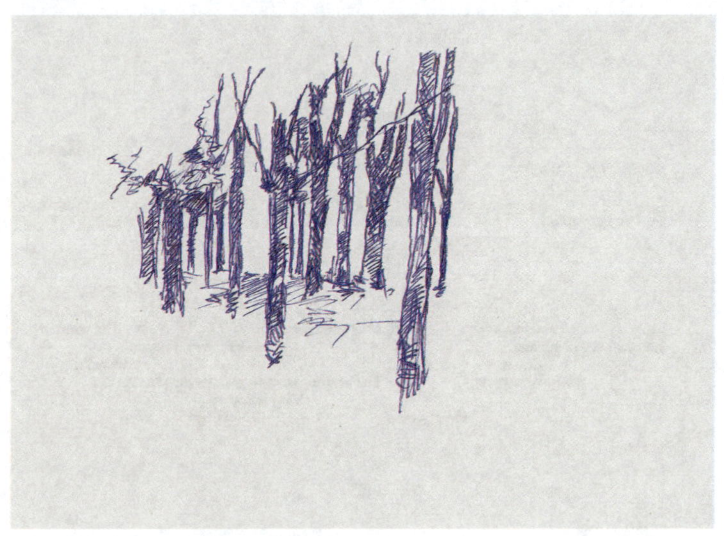

2009

A Middle-Aged Woman, 2009. Video, 11:27 min.
Video stills

Žena středního věku, 2009. Video, 11:27 min.
Záběry z videa

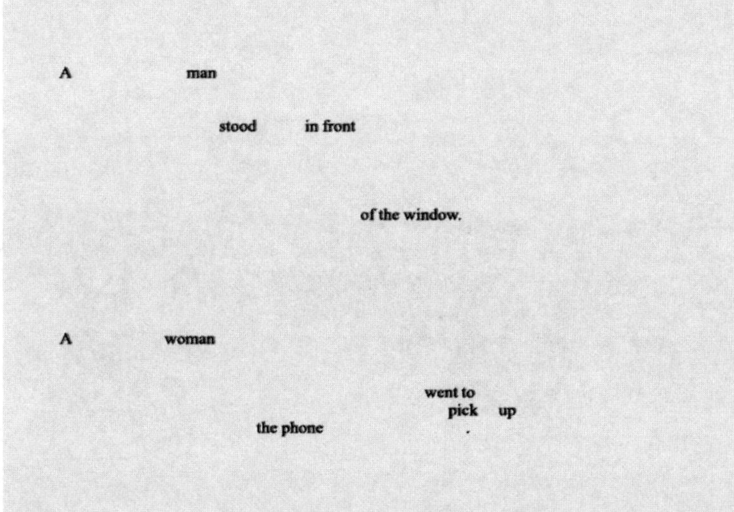

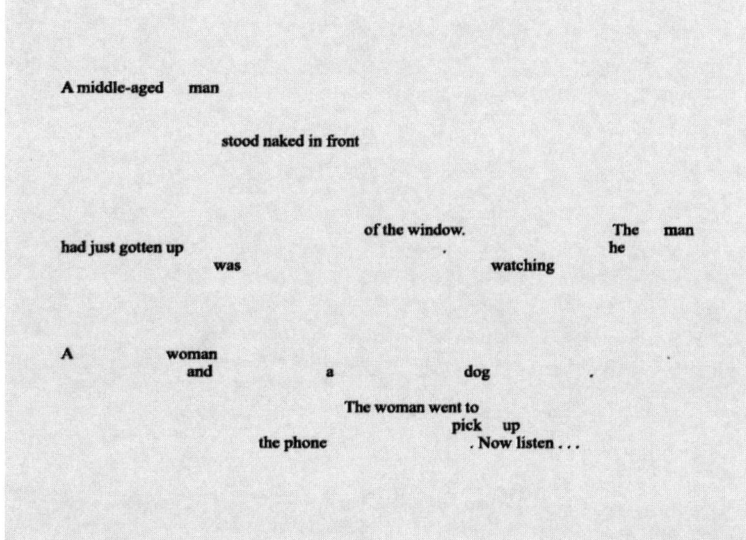

A middle-aged man stood naked in front of the phone the man stood in front of the window. The time was 6 a.m. The man had just gotten up he was still naked , watching . A woman stood in front of the window. The woman had just gotten up and a dog sat next to her. She was Suddenly in the next room. The woman went to pick up the phone. She picked up the phone . Now listen . . .

A middle-aged man stands naked in front of the window. The time is 6 a.m. The man has just gotten up and has not yet had a chance to dress.

A middle-aged woman stood naked in front of the window. The time was 6 a.m. The woman had just gotten up and had not yet had a chance to dress. A dog sat next to her. Now she puts water on, for tea. She is still naked. The dog sits next to her, watching her. Suddenly, the phone rings in the next room. It is 6:15.

A middle-aged woman stood naked in front of the window. The time was 6 a.m. The woman had just gotten up and had not yet had a chance to dress. A dog sat next to her. She put some water on, for tea. She was still naked. The dog sat next to her, watching her. Suddenly, the phone rang in the next room. It was 6:15. The woman goes to pick up the phone. On the way, she passes another window. The dog goes with her. She picks up the phone. The dog watches her.

A middle-aged woman stood naked in front of the window. The time was 6 a.m. The woman had just gotten up and had not yet had a chance to dress. A dog sat next to her. She put some water on, for tea. She was still naked. The dog sat next to her, watching her. Suddenly, the phone rang in the next room. It was 6:15. The woman went to pick up the phone. On the way, she passed another window. The dog went with her. She picked up the phone. The dog watched the phone, I'll poison your dog. Now listen . . .

A middle-aged woman stands naked in front of the window. The time is 6 a.m. The woman has just gotten up and has not yet had a chance to dress. A dog sits next to her.

A middle-aged woman stood naked in front of the window. The time was 6 a.m. The woman had just gotten up and had not yet had a chance to dress. A dog sat next to her. Now she puts some water on, for tea. She is still naked. The dog sits next to her, watching her.

A middle-aged woman stood naked in front of the window. The time was 6 a.m. The woman had just gotten up and had not yet had a chance to dress. A dog sat next to her. She put some water on, for tea. She was still naked. The dog sat next to her, watching her. Suddenly, the phone rings in the next room. It is 6:15.

A middle-aged woman stood naked in front of the window. The time was 6 a.m. The woman had just gotten up and had not yet had a chance to dress. A dog sat next to her. She put some water on, for tea. She was still naked. The dog sat next to her, watching her. Suddenly, the phone rang in the next room. It was 6:15. The woman goes to pick up the phone. On the way, she passes another window. The dog goes with her.

A middle-aged woman stood naked in front of the window. The time was 6 a.m. The woman had just gotten up and had not yet had a chance to dress. A dog sat next to her. She put some water on, for tea. She was still naked. The dog sat next to her, watching her. Suddenly, the phone rang in the next room. It was 6:15. The woman went to pick up the phone. On the way, she passed another window. The dog went with her. She picks up the phone. The dog watches her.

A middle-aged woman stood naked in front of the window. The time was 6 a.m. The woman had just gotten up and had not yet had a chance to dress. A dog sat next to her. She put some water on, for tea. She was still naked. The dog sat next to her, watching her. Suddenly, the phone rang in the next room. It was 6:15. The woman went to pick up the phone. On the way, she passed another window. The dog went with her. She picked up the phone. The dog watched her. If you hang up the phone, I'll poison your dog. Now listen…

––––––––––––

Žena středního věku stojí nahá před oknem. Čas ukazuje 6.00 ráno. Žena právě vstala a nestačila se ještě obléct. Vedle ní stojí pes.

Žena středního věku stála nahá před oknem. Čas ukazoval 6.00 ráno. Žena právě vstala a nestačila se ještě obléct. Vedle ní stál pes. Teď si dává vařit vodu na čaj. Je stále nahá. Pes sedí vedle ní a pozoruje ji.

Žena středního věku stála nahá před oknem. Čas ukazoval 6.00 ráno. Žena právě vstala a nestačila se ještě obléct. Vedle ní stál pes. Dala si vařit vodu na čaj. Byla stále nahá. Pes seděl vedle ní a pozoroval ji. Vtom ve vedlejším pokoji zvoní telefon. Je 6 hodin a 15 minut.

Žena středního věku stála nahá před oknem. Čas ukazoval 6.00 ráno. Žena právě vstala a nestačila se ještě obléct. Vedle ní stál pes. Dala si vařit vodu na čaj. Byla stále nahá. Pes seděl vedle ní a pozoroval ji. Vtom ve vedlejším pokoji zazvonil telefon. Bylo 6 hodin a 15 minut. Žena jde zvednout telefon. Cestou opět míjí okno. Pes ji doprovází.

Žena středního věku stála nahá před oknem. Čas ukazoval 6.00 ráno. Žena právě vstala a nestačila se ještě obléct. Vedle ní stál pes. Dala si vařit vodu na čaj. Byla stále nahá. Pes seděl vedle ní a pozoroval ji. Vtom ve vedlejším pokoji zazvonil telefon. Bylo 6 hodin a 15 minut. Žena šla zvednout telefon. Cestou opět minula okno. Pes ji doprovázel. Zvedá telefon. Pes ji pozoruje.

Žena středního věku stála nahá před oknem. Čas ukazoval 6.00 ráno. Žena právě vstala a nestačila se ještě obléct. Vedle ní stál pes. Dala si vařit vodu na čaj. Byla stále nahá. Pes seděl vedle ní a pozoroval ji. Vtom ve vedlejším pokoji zazvonil telefon. Bylo 6 hodin a 15 minut. Žena šla zvednout telefon. Cestou opět minula okno. Pes ji doprovázel. Zvedla telefon. Pes ji pozoroval. Jestli zavěsíš, otrávím ti psa! Teď poslouchej…

2009

The Big Mirror, 2009. Mirror, dimensions variable.
Installation view, tranzitdisplay, Prague, 2009

Velké zrcadlo, 2009. Zrcadlo, variabilní rozměry.
Pohled do instalace, tranzitdisplay, Praha, 2009

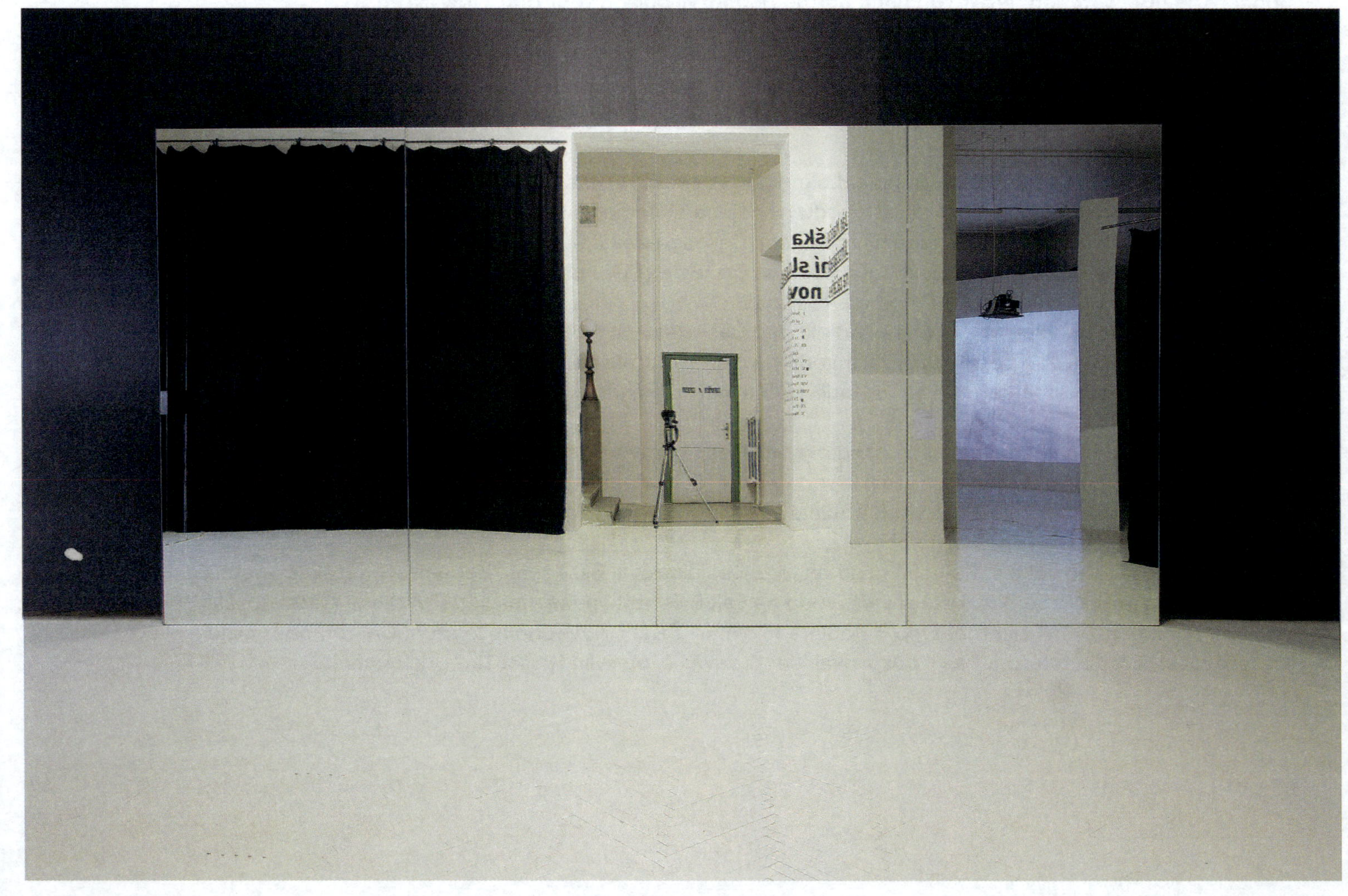

The Big Mirror, 2009. Mirror, dimensions variable.
Installation view, The Brno House of Arts, 2009

Velké zrcadlo, 2009. Zrcadlo, variabilní rozměry.
Pohled do instalace, Dům umění města Brna, 2009

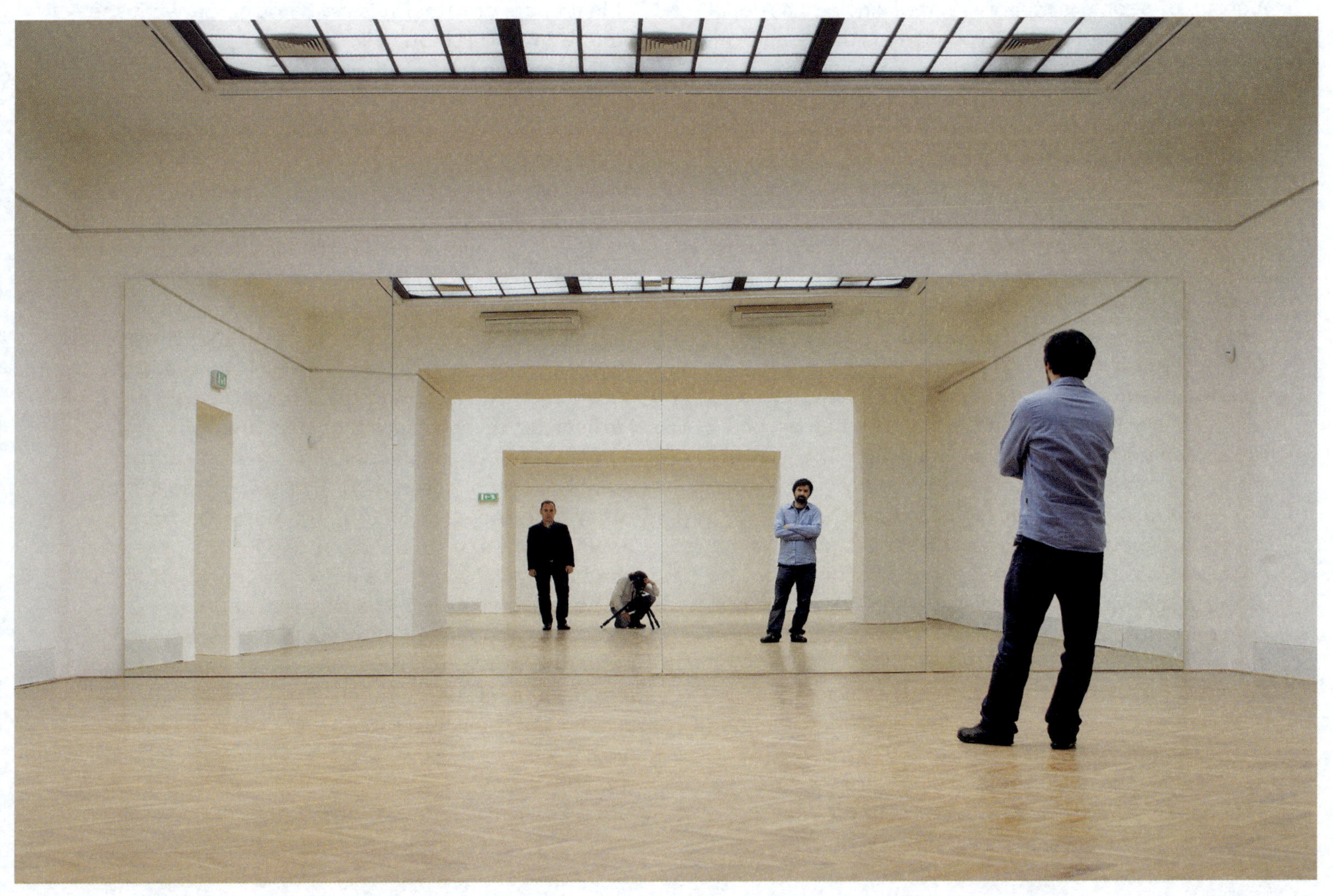

The Big Mirror, 2009

Velké zrcadlo, 2009

The Big Mirror

Foreword

A group of people is standing in the middle of a room, six people altogether. Heterogeneity is their common trait. Each of them has been drawn into and trapped in an endless sequence of movements and gestures which can be called movements and gestures only because they cannot be characterised as a single endless motion due to the incapacity of the observers' sensory organs and imagination to perceive them as such. In some cases the protagonists react to one another's movements, for instance a woman taking a child by the hand, but these are only a small segment, a subgroup whose continuous head twitching, weight shifting from one leg to the other, winking and other types of constant movement have come to a halt. In spite of this, the six persons can be, or rather cannot but be seen as one group. The reason is that no one else can be seen in the mirror.

A pause (the observer looks elsewhere). We do not know what is going on the moment the observer looks elsewhere. It is not part of the action of the story, which is exclusively concerned with the time during which the observer is looking into the mirror. For this reason the behaviour of the protagonists is divided into chapters directed by the observer's observation.

The action has started again, i.e. the observer's gaze again seeks the six persons. The action is therefore resumed. All six are now moving to the right at the same time. The strange thing is that they do so without carrying out sufficient movements. In fact they hardly shift at all and furthermore the surroundings move with them. Things which are closer move faster than those which are further, but all moves in the same direction. Now the action is interrupted again. But due to this we can at least see, or rather it is indicated to us, what the source of all this motion is.

A pause (the observer looks elsewhere). Where? The observer is walking and looking ahead. That is, the observer moves, which is why the group of six moves when the observer looks at them. This also explains why they are moving in exactly the opposite direction.

The six people means the six protagonists mentioned in the preceding paragraph, or rather in the first paragraph, because the preceding paragraph was more or less written in the belief that the reader following the story of the observer read the first paragraph first. In order not to forget the six people, i.e. in order to make sure that they are not merely a figment of our imagination, but have an appropriate, physical appearance of their own in the mirror reflection (though inverted), we must interrupt the endless series of speculations and let the observer jerk his head towards the mirror to see whether the six people are really in the mirror reflection.

The action continues again. Now we return in motion to the group of six people. Although, as has already been said or written, none of them moves around the room, but rather is observed by the moving observer. Now, however, a dramatic change in the scene and in the relations between its protagonists takes place. A seventh person joins the six moving figures in the reflection framed by the edges of the mirror, a seventh person apparently moving around in the room, moving towards the six persons from the beginning of the story.

A pause, this time very short, interrupted several times by brief glances in the mirror which are so short, however, that they cannot be considered as the beginning of a new action.

The action continues again. What is being enacted now in the framework, or within the frame of the mirror and probably, therefore, in the reality that is a mirror-inversion of the appearance of the action in the mirror, which, although it is the action we saw first, is in reality that very inverted image? The number of people reflected in the mirror has increased to seven. This has fundamentally changed the composition previously characterised by the group of six. And not only that. The attention, so far mainly focused on those six and evenly distributed among them, perhaps out of the observer's good will or as a result of the ideal equilibrium of attractiveness in the conduct of the six, has somehow shifted to the newcomer, the seventh of the seven. With the observer's next intake of breath, an explanation is imminent for why this has happened, whether rightly or wrongly. However, at the very moment when this point could be made, the seventh person, the only truly moving one of the seven moving people, gets out of the mirror depiction. In other words, or more precisely, out of the mirror reflection.

A pause. This time at the least suitable moment. Everything had almost been clarified, almost brought to light, but the light is now engaged in quite a different activity of the observer: staring into nothingness, i.e. at a blank wall.

However, the action has stopped even after the return of the observer's sight and the usefulness of the light to the mirror. The remaining six, who remained even after the departure of the seventh from the mirror reflection, have disappeared. The reason for their departure is a subject of conjecture. What is certain, though, is that they are no longer mirrored in the mirror. And, as we agreed earlier, what is enacted outside the mirror does not fall within the action of the story. The transition from the mirrored six to none is not so marked. After all, attention was on the seventh, and yet the mirror can be said to be empty and has fallen into total immobility. A little later. We can say again the mirror is not empty because it mirrors the space. With a further step, the space, which had rather constituted the emptiness between the walls or outside, we can extricate with finality from emptiness and fix our gaze on the walls, floor and other elements of the space. Perhaps on a chair. Nevertheless, the scene reflected in the mirror has lost all signs of life.

It is absolute stillness which gives all mirrored shapes and objects an altogether perverse nature, because it is obvious that they can only be seen from a number of points of view in the mirror, although the great majority of them cannot be seen at all. And, primarily, that position of the observer - from which no one else can be seen, no living creature as evidence of the real existence of the mirror, obviously outside the observer's consciousness, the fact that the observer is looking in the mirror but can also turn his gaze elsewhere - gives a perverse form to the mirror itself. What does the mirror itself look like, that is when we abstract from it all the reflections and images of the surroundings? What does a mirror look like without mirroring? Because the observer cannot see the mirror when he averts his eyes, yet he can touch it.

A pause. This time, when the observer is busy with something else, we must take advantage of the pause to circumvent the rule we have set with respect to action which is only enacted when the observer looks in the mirror, in order to describe the observer. In the description, we will try to confine ourselves to one piece of information, ignoring the fact that he has just gone past the mirror, past six people who have tried to avert their sight from their own, mirror-inverted image in the mirror and rather left for a while, and the only thing we will disclose is this: the observer is just about to look at himself in the mirror. And it is here that the real action starts, i.e. action that could even be of interest to someone. That is, action which starts with the question of how the observer, who could have even been the eighth but in reality — which was the intended point — was actually the seventh, how such an observer feels about looking in the mirror.

Fiction one, *everydayness*.
Good morning, the first look at one's self.

Fiction two, *public*.
A look with the necessary inspection of one's appearance before integration in society.

Fiction three, *horror*.
Horror at looking at oneself. Something has happened to his face. An allergic reaction, a swollen face.

A freak in his own image accompanied by tactile
exploration or pain.

Fiction four, *improbable*.
A look at one's own appearance after acquiring
a new face surgically.

Beginning

————————

Velké zrcadlo

Úvod

Skupina postav stojí uprostřed místnosti. Jedná se
o šest lidí. Jejich společným znakem je nesourodost.
Každá ze zúčastněných postav je uvězněna v ne-
konečném řetězení pohybů a gest, které se mohou
nazvat pohyby a gesty jen proto, že nazvat je jedním
nekonečným pohybem není možné, protože k tomu
smyslové ústrojí ani představivost diváka nejsou uzpů-
sobeny. I když v některých případech pohyby prota-
gonistů na sebe reagují, například žena, která chytá
za ruku dítě, jde jen o malou část, podskupinu vytr-
ženou z nepřetržitého trhání hlavou, přenášení váhy
z jedné nohy na druhou, mrkání a jiných druhů neustá-
lého pohybu zmíněných protagonistů. Přesto lze či
nelze jinak než posuzovat oněch šest jako společnou
skupinu. Důvodem je, že nikdo jiný v zrcadle vidět není.
*Pauza (divák se dívá jinam). Co se odehrává
v momentě, když se dívá jinam, nevíme, protože to
nespadá do děje našeho příběhu, který se výlučně
týká pouze času, kdy se divák dívá do zrcadla. Proto
je chování oněch zmíněných protagonistů děleno na
kapitoly, dirigované pohledem diváka.*

Děj se opět začíná odehrávat, tj. divák se opět
podíval pohledem hledajícím oněch šest. Tedy děj
opět začíná. Nyní se všech šest naprosto simultán-
ně pohybuje směrem doprava. Zvláštní je, že při tom
nevykonávají adekvátní pohyby. Vlastně se téměř ani
nehnou a k tomu všemu se s nimi pohybuje i okolí.
Co je blíže, se navíc pohybuje rychleji než to dál, vše
však stejným směrem. Nyní se opět děj přerušuje. Díky
tomu ale můžeme zjistit, nebo nám spíš bude nazna-
čeno, co je důvodem veškerého pohybu.

*Pauza (divák se dívá jinam). Kam? Divák kráčí
a dívá se před sebe. Tedy divák se pohybuje, a to
bylo také důvodem, proč se i skupina oněch šesti ve
chvíli, kdy se na ně divák díval, pohybovala. A navíc
to vysvětluje, proč se pohybovali přesně opačným
směrem. Oněmi šesti je míněno oněch šest protago-
nistů zmíněných v předchozím odstavci, nebo nejlépe
v tom prvním, protože ten předchozí je více méně
napsán s důvěrou v to, že čtenář, sleduje příběh
diváka, přečetl nejprve odstavec první. Abychom na
oněch šest nezapomněli, tedy abychom se ujistili,
že oněch šest není pouze fikce naší mysli, ale že má
adekvátní, fyzickou podobu v odrazu zrcadla (i když
zrcadlově převrácenou), musíme přetrhnout neko-
nečnou řadu dohadů a nechat trhnout hlavou diváka
směrem k zrcadlu, aby se podíval, zda se oněch šest
v odrazu zrcadla skutečně vyskytuje.*

Opět pokračování děje. Ke skupině šesti lidí se
nyní vracíme v pohybu. I když, jak už bylo řečeno či
napsáno, se ani jeden ze šesti zmíněných lidí po míst-
nosti nepohybuje, nýbrž je pozorován pohybujícím se
pozorovatelem. Nyní však dochází ke zcela zásadní
změně výjevu scény a vztahu jejích protagonistů.
K oněm šesti nepohybujícím se postavám v pohybu se
v odrazu zarámovaném okrajem zrcadla přidává další,
sedmá. Sedmý, zcela evidentně po místnosti se po-
hybující člověk. Pohybující se směrem k oněm šesti ze
začátku příběhu.

*Pauza, tentokrát velmi krátká, několikrát pře-
rušovaná krátkými pohledy do zrcadla, které však
byly natolik krátké, že nemohly být považovány za
začátek nového děje.*

Opět pokračování děje. Co se nyní děje v rámci
či rámu zrcadla, tedy pravděpodobně i ve skutečnos-
ti, zrcadlově převrácené od podoby, jakou má dění
v zrcadle, kde je však, ačkoliv jej známe jako první, ve
skutečnosti právě ono zrcadlově obrácené? Počet lidí
zrcadlených v zrcadle se oním příchodem sedmého
zrcadleného rozrostl na sedm lidí. Tím se zcela změ-
nila kompozice, která dosud charakterizovala skupinu
šesti lidí. A nejen to. Nějakým způsobem se stalo, že
pozornost, dosud převážně věnovaná oněm šesti
lidem, pozornost rovným dílem rozdělená mezi oněch
šest, snad z dobré vůle pozorovatele, snad naprostou
rovnováhou přitažlivosti jednání oněch šesti, se něja-
kým způsobem přesunula na nově příchozího, sedmé-
ho z oněch sedmi. S dalším nadechnutím pozorovatele
se už blížilo i vysvětlení, proč se tak stalo, zda právem,
či neprávem. Avšak právě v okamžiku, kdy ona pointa
mohla přijit, se onen sedmý, jediný skutečně se po-
hybující z oněch sedmi pohybujících se osob, dostal

mimo obraz v zrcadle. Přesněji — či jinými slovy řečeno
— mimo odraz v zrcadle.

*Pauza. Tentokrát v tu nejméně vhodnou dobu.
Už už se zdálo, že vše bude jasné, že se vše vysvět-
lí, avšak světlo se nyní podílí na zcela jiné činnosti
pozorovatele, a to je zírání do prázdna, tedy do bílé
stěny.*

Děj se však přestal odehrávat i po návratu
pohledu pozorovatele i užitečnosti světla k zrcadlu.
Oněch zbylých šest, kteří zbyli i po odchodu sedmého
mimo odraz zrcadla, zmizelo. O důvodu jejich odcho-
du se můžeme jenom dohadovat. Jisté je však to, že
v zrcadle se již nezrcadlí. A co se děje mimo zrcadlo,
jak jsme se dohodli již dříve, nespadá do děje našeho
příběhu. Ten přechod od šesti zrcadlených k žád-
nému není sice tak markantní, přece pozornost byla
věnována tomu sedmému, přesto však můžeme o zr-
cadle říci, že je prázdné. A ponořilo se do naprosté
nehybnosti. Až po chvíli můžeme opět říci, že zrcadlo
není prázdné, zrcadlí se v něm přece prostor. A dalším
krokem je, že prostor, který byl spíše tím prázdnem,
tím, co je mezi zdmi nebo venku, můžeme z prázd-
na s konečnou platností vykázat a svůj zrak upřít na
stěny, podlahu a další prvky prostoru. Možná židli.
Přesto výjev, který se v zrcadle odráží, ztratil jakékoli
známky života.

Jedná se o naprostou nehybnost, která dává
všem zrcadleným tvarům a předmětům zcela zvrá-
cenou povahu, protože je jasné, že vidět jsou pouze
z několika úhlů pohledu do zrcadla, ale z naprosté
většiny vidět vůbec nejsou. Ale hlavně, tato pozice
pozorovatele, kdy není vidět nikdo jiný, žádný živoucí
tvor, který by byl dokladem toho, že zrcadlo skuteč-
ně existuje — samozřejmě mimo vědomí samotného
pozorovatele, že se dívá do zrcadla —, ale který může
obrátit pohled jinam, dává zvrácenou podobu samot-
nému zrcadlu. Jak vypadá zrcadlo samo o sobě, když
si odmyslíme všechny odlesky, tedy obrazy okolí?
Jak vypadá zrcadlo bez zrcadlení? Protože pozoro-
vatel, když odvrátí oči, nevidí zrcadlo, ale může ho
nahmatat.

*Pauza. Tentokrát musíme využít pauzu, aby-
chom, když se pozorovatel věnuje něčemu jinému,
obešli námi vytvořené pravidlo o ději, který se děje,
jen když se pozorovatel dívá do zrcadla, a popsali
pozorovatele. Při popisu se pokusíme omezit jen na
jednu informaci, pomineme, že právě prošel okolo
zrcadla, minul šest lidí, kteří se pohledy snažili vy-
hnout vlastnímu, zrcadlově obrácenému obrazu
v zrcadle a po chvíli radši odešli, a vyzradíme pouze
toto: Pozorovatel se právě chystá podívat sám*

*na sebe v zrcadle. A zde také začíná skutečný děj,
tedy takový, který by snad mohl i někoho zajímat.
Tedy děj, který začíná otázkou, s jakým pocitem se
onen pozorovatel, který by mohl být klidně osmý, ale
ve skutečnosti, což bylo onou plánovanou pointou, je
oním sedmým, tedy s jakým pocitem se pozorovatel
chystá podívat do zrcadla.*

Fikce jedna, *každodennost*.
Dobré ráno, první pohled na sebe sama.

Fikce dvě, *veřejnost*.
Pohled s nezbytnou kontrolou svého vzezření před
dalším zařazením do společnosti.

Fikce tři, *hrůza*.
Hrůza před pohledem na sebe. Něco se stalo s jeho
obličejem. Alergická reakce, oteklý obličej. Zrůda
z jeho vlastního obrazu, doprovázená haptickým ujiš-
těním, popřípadě bolestí.

Fikce čtyři, *nepravděpodobné*.
Pohled na vlastní podobu, když operací získal nový
obličej.

Začátek

2009

Double, 2009. Video installation, sound, colour,
3:29 min. Video stills

Dvojník, 2009. Instalace, video, zvuk, barva,
3:29 min. Záběry z videa

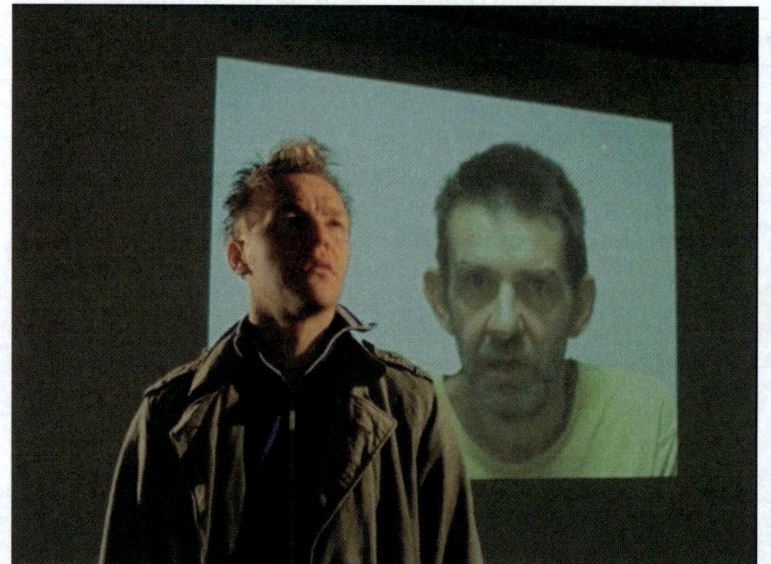

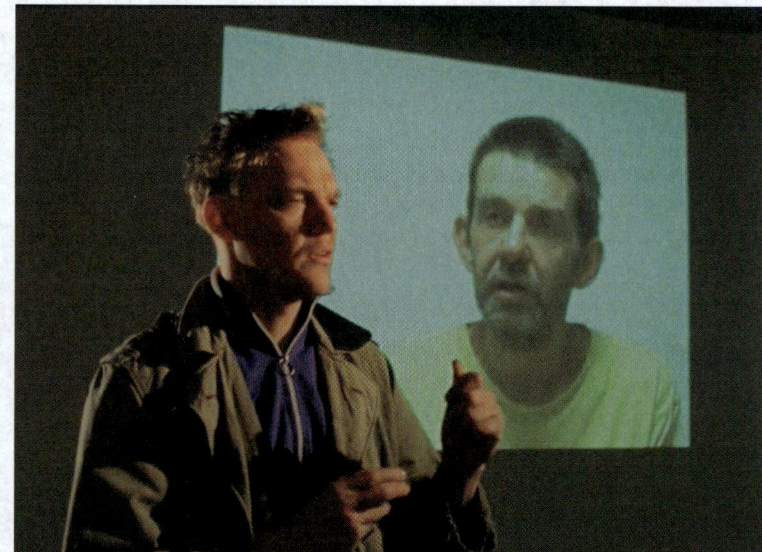

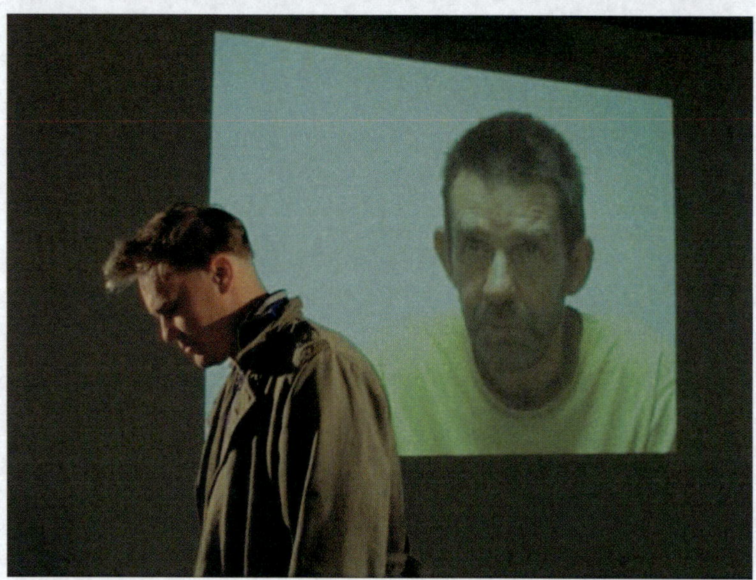

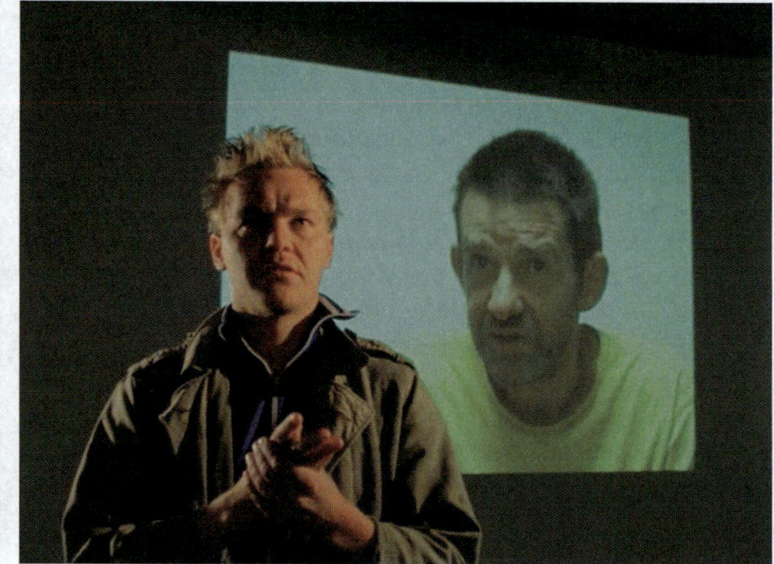

Civic Play, 2009. Performance, GASK Artfest, Gallery of the Central Bohemian Region, Kutná Hora. Performance script

Občanská činohra, 2009. Performance, Galerie Středočeského kraje, GASK Arfest, Kutná Hora. Scénář performance

Civic Play

To participate in this play it is necessary to undergo a simple but fundamental alteration in your perception of yourself as part of your environment. This means that from the moment that you decide to participate in the play, you are an actor/actress and any activity that you engage in is a component and content of the play. This applies even if your conduct does not actually differ in any way from regular behaviour. The fact alone that you have decided to participate in the play turns what you do into a staged scene. This fact may be more evident at the moment that you find yourself for any reason to be an object of attention of those around you. But the same applies even if you happen to be alone. A proof of this, after you have read this text, is to look in the mirror.

Ordering food

Nevertheless, we have taken the liberty of offering a simple set of instructions or script for how your role in the Civic Play might develop. In order for this sort of script to be created, it was necessary to analyse everyday situations. These are mostly based on experienced stereotypes of contact between people and, therefore, the basis on which the communication will take place can be roughly predicted on the basis of a few options. In this case it is the mundane situation of ordering a meal. Our script is essentially composed of conditional sentences created from the anticipated course of such a situation and descriptions of the reactions offered that could accompany your side of the conversation with the person who will serve you and/or with other participants.[1]

Rules

It is good to set certain rules of the game at the start. With your decision to participate in this play you absolve yourself from all rules that apply in everyday life, including your name, sex, the sex of your counterpart and all other people in your surroundings, occupation, interests, family ties, sexual orientation, blood group, nationality, citizenship, hair and eye colour, chronic diseases, inability to swim, momentary mood, financial circumstances, the mood of your dog, the political situation in the world, the number of foreign languages you speak, the number of spelling mistakes you made in your last letter etc.

Rule 1)

At the beginning of the conversation you will decide what gender you will address your counterpart in. The gender does not have to correspond to his/her real gender. If you decide to refer to him/her in both genders, it can be done:

a) simultaneously according to the formula he-she said, she-he took away the glass etc.

b) by turns. In this case it is necessary that one gender should not prevail in the conversation.

---

[1] In Czech restaurants the waiting staff typically address customers with a handful of predictable phrases that rarely vary from the established pattern. (Trans.)

Rule 2)

Name your companion:
You may choose a name for yourself as well as for
those around — any name. There are again two
methods by which you name yourself and those
around you. Either you can give yourself and others
names that you will use on other occasions, or in
each contact with the others you can give your coun-
terpart a different name every time.

Script

Contact no.0
Entering the restaurant

a) If the waiter/waitress greets you, you may return
the greeting. The greeting should be followed by
a gesture that you think is characteristic for you at
such a moment — a nod of the head, a hand wave. In
some cases it is enough to do so while merely paying
attention to the execution of the gesture. On first
participation in the Civic Play, however, we recom-
mend slightly emphasizing the gesture in order for
your role to be more obvious to you.

b) If the waiter/waitress does not greet you, you
may substitute his/her reaction with a question of
your own, e.g. "Are you open?" Here it is possible to
proceed a step further, dividing the next step again
into two options:

1) If the waiter/waitress now greets you, it is possible
to continue according to the instructions of the pre-
ceding option a).

2) If the waiter/waitress still does not greet you, it
can be said that in everyday life it would be best to
leave the restaurant immediately. The same applies in
this play and in your role. If you decide to stay, there
is no precise instruction. You may ask again "Are you
open?" or, on the contrary, "Are you closed?", and
again accompany the question with an appropriate
gesture, but this time a more exaggerated one. This
may be repeated continually for a long time, even until
such time as the waiter/waitress throws you out of
the restaurant.

c) Neither occurs and it is closed. In this case you
may choose one of the preceding options. It will
not be any use to you, though. No one will see you.
Nevertheless, you are still part of the play. To imple-
ment the following points we recommend moving to
another restaurant and beginning again from Contact
no. 0.

Contact no. 1

a) If the waiter/waitress asks you "What would you
like to drink", answer according to your own wishes,
but speak from the gender position that you have
previously selected.

b) If you are posed the question "Will you be eating?",
use for your answer a description of the situation
in which you find yourself, for example: "The waiter/
waitress asked', 'Yes', I replied and moved closer to
the table." The description on first contact should be
short and only slightly deviate from the stereotype of
a normal situation.

c) To the question "A beer?", answer according to
your own inclination, even without considering the
social impacts of alcoholism, if you like. The reply
should be accompanied by a gesture that is on the
edge of betraying that it is a scripted reaction.

d) If the waiter/waitress asks "Have you ordered?",
try to answer the question without saying anything.
Use gestures that are so eloquent that you can be
understood even without words.

Contact no. 2

a) If the question is "Soda?" (or another type of drink:
the question is directed by who ordered what), point
to your companion or another person sitting at the
table, irrespective of whether it is the drink that you
chose yourself or not. This should happen with all
other drinks too.

b) If there is no question and the waiter/waitress
places all the drinks on the table without serving
them to particular individuals, turn to your companion
and ask him/her quietly to thank the waiter/waitress
aloud on your behalf.

Contact no. 3

a) following the question "Are you ready to order?", you may, irrespective of whether you have already done so, make use of the description of the situation in which you find yourself according to the pattern "When he/she came to the table again, he/she said '…'". Now you may use a longer description.

b) if the waiter/waitress asks you "What would you like?", use some neologism to describe the meal, some word based on the original name.

c) if the waiter/waitress asks you "What would you like to eat?", try again to describe the chosen food without using its established name, e.g.: 'Pieces of dark meat in a brown creamy sauce, which, if the plate is carried slightly at an angle, draws on its rim a shape that copies its original surface shifted in the direction that the plate sloped, sometimes garnished and seasoned with cream, in the best cases with a preserve of forest fruits, with white dumplings, the softer, larger ones with crumbs of bread inside.'

d) if you are urged to make your order by the words "Let's hear it, then.", you should begin relating what comes to your mind at that moment. The category of your account is not pre-defined. For the intelligibility of your speech, however, it is simplest to base it on the situation at hand, such as: "You know, I'm not very hungry. That is, I'm not starving, but I am hungry."

Hunger is a sensation that one does not usually feel alone, but:

a) with those with whom we share the same rhythm of dining, or having the same meal at the same time, for example a lover, family, cellmate, a person in the building opposite we watch through the window at night with a telescope. p.s. providing we catch him/her at mealtimes (in between stripping). p.p.s. more often than not a woman.

b) with everyone who shares the same time zone and a similar dining culture.

c) with those with whom we share rumbling in the belly.

d) with those with whom we share nothing at all, i.e. the starving millions.

Additional questions in Contact no. 3

If the additional question "Will that be all?" or another possible type of question about the choice of food follows, order what you want. Only if you have previously answered question 3a), continue with a description of the situation in which you find yourself, but focus your description now on how the situation has altered in the time that has passed since the previous description. E.g.: "He/she asked in the end. I had moved in the meantime, though, and now I'm in a slightly different position with my elbow resting on the table. The woman sitting opposite me, on the contrary, has not significantly changed her position. The sun has been shining outside."

Contact no. 4

a) If you hear the question "Another beer?", you still do not have to think about alcoholism. The gesture that is part of your answer, however, may now be any one you like. The degree of expression should no longer be part of the preparation for its execution.

b) answer intuitively to the question "Something else to drink?", e.g. "Gobi Desert".

c) to the question "Have you got everything you want?" one can only recommend the answer "No". The play must be at least a little convincing. If, however, the waiter/waitress is persistent and adds other questions, order what you feel like. Try to change the tone of your voice as much as possible, though, so that no one recognizes you in answering such a discrediting question.

d) in response to the question "Is there anything else you need?", just shrug your shoulders more or less as you would do in normal life. After all, how can one answer such a question?

e) to the question "Coffee?", you may reply according to the pattern "I'd like a small piccolo, just as long as the piccolo isn't too big, because in Pizzeria Grossetto they make rather big ones. I'd like quite a small piccolo like they make on the corner of Italy Street. I drink tea with breakfast, though, maybe English breakfast, like they make in the hotel in London Street."

Contact no. 5

a) to the question "Would you like the bill?", behave as if you were not there or as if you had not heard the question. If the waiter/waitress is again persistent, you will probably have to pay, unless you want to risk conflict and subsequent persecution.

b) to the question "Would you like something else?", get up, inhale as if you were about to say something and then sit down again. Then with feigned remorse on your face say truthfully whether you want to order something or not. In order to balance out the moral appeal of the truthful answer, present yourself in your speech as the opposite gender according to the pattern — man: "*Dala bych si*, woman: "*Dal bych si…*" [I would like].[2]

Intermission:
In the event that you have ordered something else, return to the appropriate place in the script from which the play will carry on. If you have not ordered go straight to Contact no. 6

Contact no. 6 /payment/

a) if the waiter/waitress asks you "What did you have?", describe the entire course of your time in the restaurant.

b) to the words "Let's hear it, then", you can react in one of two ways:

1) if you have already reacted once to the same demand (see Contact 3d), carry on developing the topic you started.

2) If in the course of your visit to the restaurant you have not yet come across a similar question, start telling a story that is very intimate. This time it is not necessary to stick to a topic based on the situation you find yourself in.

To the question "How many rolls did you have?", answer with a simple arithmetical equation. If the final bill is significantly higher than you expected, you may

end your participation in the Civic Play, i.e. return to normal life and be dramatic to the point of hysterical. (It's your right.)

Note: The original Czech script is specific to that language and culture. It was not intended to be performed in English, nor could it be without fundamental modifications.

———————

Občanská činohra

Pro účast v této hře je nutné provést jednoduchou, ale zásadní změnu vnímání sebe sama jako součásti okolí. To znamená připustit si, že od chvíle, kdy jste se rozhodli pro účast v této hře, jste herec/herečka a jakákoli aktivita, kterou vykonáváte, je součástí a náplní této hry. A je to tak i v případě, kdy se vaše jednání vlastně nijak neliší od běžného chování. Samotný fakt, že jste se rozhodli zúčastnit této hry, dělá z toho, co konáte, inscenaci. Tento fakt je možná zřejmější ve chvíli, kdy se z jakýchkoli důvodů stanete předmětem pozornosti okolí. Ale je tomu tak i v případě, kdy jste sám/sama. Dokladem toho je — poté, co jste si přečetli tento text — pohled do zrcadla.

Objednávání jídla

Přesto si dovolujeme vám nabídnout jednoduchý návod či scénář, jakým způsobem by se vaše role v Občanské činohře mohla vyvíjet. Aby mohl podobný scénář vzniknout, bylo nutné analyzovat každodenní situace. Ty se většinou zakládají na zažitých stereotypech kontaktu mezi lidmi, a proto lze pomocí několika variant odhadnout, na jakých základech se bude komunikace odehrávat. V tomto případě jde o běžnou situaci objednávání jídla. Náš návod se v zásadě skládá z podmiňovacích vět, vytvořených z předpokládaného průběhu takové situace a popisu nabídnutých reakcí, které by mohly z vaší strany provázet rozhovor s osobou, jež vás bude obsluhovat, popřípadě s dalšími zúčastněnými.

[2]
In Czech language the gender of the speaker determines the form of the conditional. The correct forms are *dal* for a man and *dala* for a woman. (Trans.)

Pravidla

Na začátku je dobré si stanovit určitá pravidla hry. Spolu s rozhodnutím zúčastnit se této hry se vyvazujete z veškerých pravidel, která platí v běžném životě. A to včetně vašeho jména, pohlaví, pohlaví vašeho protějšku a také všech ostatních lidí ve vašem okolí, profese, zálib, rodinných vazeb, sexuální orientace, krevní skupiny, národnosti, občanství, vyznání, barvy vlasů a očí, chronických chorob, faktu, zda umíte plavat, momentální nálady, vašich ekonomických poměrů, nálady vašeho psa, politické situace ve světě, počtu cizích jazyků, které ovládáte, množství pravopisných chyb, které jste udělali ve svém posledním dopise, atd.

Pravidlo 1)

Na začátku rozhovoru se rozhodnete, v jakém rodě budete svůj protějšek oslovovat. Rod se nemusí shodovat s jeho/jejím skutečným pohlavím. Pokud se rozhodnete jej či ji oslovovat oběma rody, lze to:

a) souběžně podle formule řekl/řekla, odnesl/odnesla sklenici atd.

b) střídavě. V tomto případě je nutné, aby ani jeden rod v rozhovoru nepřevažoval.

Pravidlo 2)

Pojmenování společníka:
Můžete si vybrat jméno jak pro sebe, tak pro své okolí. Jakékoli jméno. Jsou opět dva způsoby, jak je možné sebe a své okolí pojmenovávat. Buď dáte sobě a okolí jména, která budete užívat i při dalších příležitostech, anebo při každém kontaktu s okolím pojmenujete svůj protějšek či společníka znovu a opět jiným jménem.

Scénář

Kontakt č. 0
Vstup do restaurace:

a) Pokud číšník/číšnice pozdraví, můžete pozdrav opětovat. Pozdrav by měl být následován gestem, o němž si myslíte, že je pro vás v takové chvíli charakteristické. Pokynutí hlavy, mávnutí rukou. V některých případech stačí, aby se tak stalo s pouhou pozorností upřenou na provedení gesta. Při první účasti v Občanské činohře ale doporučujeme lehké zvýraznění gesta, aby vám vaše role byla zřejmější.

b) Pokud vás číšník/číšnice nepozdraví, můžete nahradit jeho reakci vlastní otázkou, např.: „Máte otevřeno?" Zde je možné pokračovat o krok dále a rozdělit následující krok opět na dvě možnosti.

1) Pokud nyní číšník/číšnice pozdraví, je možné pokračovat podle pokynů z předchozí možnosti a).

2) Pokud číšník/číšnice stále nezdraví, lze konstatovat, že v běžném životě je lepší ihned restauraci opustit. Stejně je tomu tak i v této hře a vaší roli. Pro případ, že byste se rozhodli zůstat, přesný návod není. Můžete se zeptat znovu: „Máte otevřeno?", nebo naopak: „Už jste zavřeli?" a doprovodit otázku opět adekvátním gestem, tentokrát však výraznějším. To se může opakovat déle. Někdy tak dlouho, dokud vás číšník/číšnice nevyhodí z restaurace.

c) Nestane se ani jedno a bude zavřeno. V tomto případě můžete zvolit jedno ze dvou předešlých řešení. Nebude vám to však nic platné. Nikdo vás neuvidí. Přesto jste stále součástí hry. Pro uskutečnění dalších bodů doporučujeme přesunout se do další restaurace a začít opět od Kontaktu č. 0.

Kontakt č. 1

a) Pokud se vás číšník/číšnice zeptá: „Co si dáte k pití?", odpovězte podle vlastního přání, mluvte však již z pozice rodu/pohlaví, které jste si předem zvolili.

b) Pokud budete osloveni otázkou: „Budete jíst?", použijte pro odpověď popis situace, ve které se nacházíte, tj. např.: „Zeptal se číšník/číšnice. ‚Ano,' odpověděl jsem a posunul se blíže ke stolu." Popis by při prvním kontaktu měl být spíše krátký, jen lehce se vymykající stereotypu běžné situace.

c) Na otázku „Pivo?" odpovězte podle vlastního uvážení, klidně i bez pomyšlení na sociální dopady alkoholismu. Odpověď by měla být doprovázena gestem, které je na hranici prozrazení, že jde o inscenovanou reakci.

d) Pokud se vás číšník/číšnice zeptá: „Máte objednáno?", pokuste se odpovědět na otázku, aniž byste cokoliv řekli. Používejte gest, která jsou natolik výmluvná, aby vám bylo rozuměno i bez řeči.

Kontakt č. 2

a) Pokud padne otázka: „Minerálka?" (nebo jiný typ nápoje, otázka označuje, kdo si co objednal), ukažte na společníka či další osoby sedící u stolu, bez ohledu na to, zda se jedná o nápoj, který jste si sám vybral. Tak by se mělo stát i u všech ostatních nápojů.

b) Pokud nepadne žádná otázka a číšník/číšnice postaví všechny nápoje na stůl, aniž by obsloužil konkrétní lidi, otočte se ke svému společníkovi a poproste ho potichu, aby za vás číšníkovi/číšnici nahlas poděkoval.

Kontakt č. 3

a) Po otázce „Máte vybráno?" můžete bez ohledu na to, zda jste tak už udělal, užít popisu situace, ve které se nacházíte, podle vzoru: „Řekl/řekla, když se opět objevil/a u stolu..." Teď již můžete užít delšího popisu.

b) Pokud se vás číšník/číšnice zeptá: „Co si dáte?", použijete pro popsání jídla nějaký novotvar, nové slovo, které vyšlo z původního názvu.

c) Pokud se vás číšník/číšnice zeptá: „Tak co budete jíst?", pokusíte se opsat vámi vybrané jídlo, aniž byste použili jeho vžitý název, např.: Kostky tmavého masa v krémově hnědé omáčce, která, pokud talíř nese obsluha trochu našikmo, vykreslí na jeho okraji tvar kopírující její původní hladinu, posunutý směrem, kam se talíř naklání; občas ozdobené a dochucené šlehačkou, v nejlepších případech i s marmeládou z lesních plodů s bílými knedlíky, těmi měkčími a většími, s kusy housky uvnitř.

d) Pokud budete vyzváni k výběru jídla větou: „Tak povídejte", měli byste začít s vyprávěním věci, která vás v tom momentě napadne. Kategorie takového vyprávění není předem určena. Pro srozumitelnost vašeho vystoupení je však nejjednodušší vyjít z dané situace, jako například: „Víte, nemám velký hlad, tedy rozhodně nejsem hladovějící, jsem ale hladový."

Hlad je pocit, který většinou člověk nepociťuje sám, ale:

a) s těmi, se kterými sdílíme stejný rytmus stravování, případně stejné jídlo ve stejný čas. Například, milenec/

milenka, rodina, spoluvězni, člověk, kterého sledujeme v noci dalekohledem v okně protější budovy,
ps 1: pokud ho přistihneme při jídle (mezi svlékáním),
ps 2: častěji žena.

b) se všemi, kteří sdílejí stejné časové pásmo a podobnou kulturu stravování.

c) s těmi, se kterými sdílíme kručení v břiše.

d) s těmi, se kterými nesdílíme vůbec nic, tj. s miliony hladovějících.

Doplňující otázka v Kontaktu č. 3

Pokud potom následuje doplňující otázka: „Je to vše?" nebo další možný typ otázky týkající se volby jídla, objednejte si, co chcete. Pouze pokud jste předtím odpovídal na otázku 3a), pokračujte v popisu situace, ve které se nacházíte, avšak teď svůj popis zaměřte na to, v čem se situace proměnila v průběhu doby, která uplynula od předchozího popisu. Např.: „Zeptal/a se nakonec. Já jsem se však mezitím pohnul/a a nacházel/a se tak v trochu jiné pozici, s loktem opřeným o desku stolu. Žena sedící vedle mne naopak svoji pozici nijak výrazně nezměnila. Venku vysvitlo slunce."

Kontakt č. 4

a) Při otázce „Ještě jedno pivo?" stále ještě nemusíte myslet na alkoholismus. Gesto, které bude součástí odpovědi, již však může být jakékoliv. Míra exprese by už neměla být součástí přípravy na jeho provedení.

b) Otázku „Ještě něco k pití?" zodpovězte intuitivně, např. poušť Gobi.

c) Na otázku „Máte všechno?" nelze než doporučit odpověď „ne", hra musí být alespoň trochu přesvědčivá. Pokud však číšník/číšnice bude neoblomná a doplní otázku dalšími, objednejte si, na co máte chuť. Pokuste se ale co nejvíce změnit tón hlasu, aby vás u odpovědi na tak diskreditující otázku nikdo nepoznal.

d) Po otázce „Nechybí vám nic?" pouze pokrčte rameny, asi tak, jak byste to udělali v běžném životě. Nakonec, co na takovou otázku odpovědět?

e) Na otázku „Kávu?“ můžete odpovědět podle vzoru: „Dal/a bych si malé piccolo, hlavně aby to piccolo nebylo moc velké, v pizzerii Grossetto totiž dělají spíš velké, já mám rád/a teda dost malé piccolo, tak jak ho dělají na rohu Italské, jinak ale k snídani piji čaj, třeba k anglické snídani, jak ji dělají v hotelu v Londýnské ulici.“

Kontakt č. 5

a) Po otázce „Platit?“ se tvařte, jako byste tam nebyl/a, popřípadě otázku neslyšel/a. Pokud bude číšník/číšnice opět neoblomná, asi budete muset zaplatit, nechceteli riskovat konflikt a následnou perzekuci.

b) Na otázku „Dáte si ještě něco?“ vstaňte, nadechněte se, jako byste chtěl/a něco říct, a pak si zase sedněte. Potom s předstíranými výčitkami ve tváři řekněte podle pravdy, zda si chcete něco objednat. Abyste morální apel pravdivé výpovědi něčím vyvážili, vystupujte v řeči pod jiným pohlavím podle vzoru — muž: dala bych si, žena: dal bych si...

Mezera:
V případě, že jste si objednal/a ještě něco, vraťte se ve scénáři k příslušnému místu, odkud se bude hra dál odehrávat. Pokud jste si již neobjednal/a, přejděte rovnou ke Kontaktu č. 6.

Kontakt č. 6 (placení)

a) Pokud se vás číšník/číšnice zeptá: „Tak co to bylo?“, popište celý průběh vašeho pobytu v restauraci.

b) Na výzvu „Tak povídejte...“ můžete zareagovat dvěma způsoby:

1) Pokud jste již na stejnou výzvu reagoval/a (viz Kontakt 3d)), pokračujte v rozvíjení započatého tématu.

2) Pokud jste se v průběhu návštěvy této restaurace s podobnou výzvou ještě nesetkal/a, začněte vyprávět příběh, který je hodně osobní. Tentokrát se není třeba držet tématu vycházejícího ze situace, ve které se nacházíte.

Na doplňující otázku „Kolik bylo pečiva?“ odpovězte jednoduchou početní úlohou. Pokud výsledná cena byla výrazně vyšší, než jste čekali, můžete ukončit

své účinkování v občanské činohře, tedy vrátit se do obyčejného života a být teatrální, až hysterický/á (máte na to právo).

2009

Oppression Born of an Initial Figment, Vol. I—VI, 2009. 35mm film strips, threads, light boxes, metal plinths, walltext, dimensions variable. Installation view, Galerie Karin Guenther, Hamburg, 2009

Tíseň z nejprve vymyšleného, Vol. I—VI, 2009. 35mm filmové pásy, nitě, světelné boxy, kovové podstavce, text na zdi, variabilní rozměry. Pohled do instalace, Galerie Karin Guenther, Hamburk, 2009

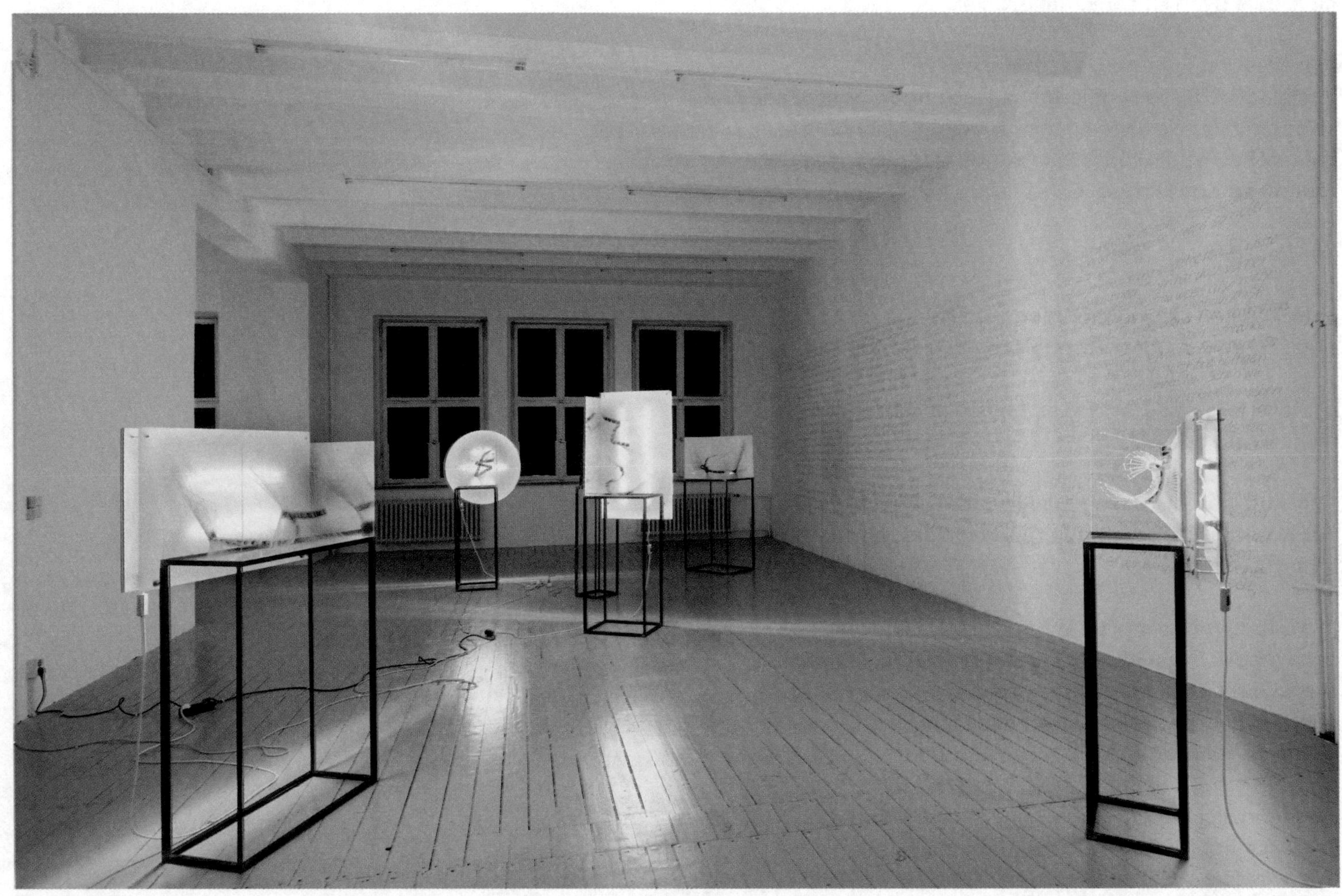

We may state about a man: a man walks along the pavement. That is, we know it is a man for only a few minutes. Then he comes closer and closer to us until we no longer know who it is. That is, it can be guessed. But only guessed. If, that is, we know what a shoe looks like. If we can distinguish a man's shoe from a woman's. How a man's shoe might look and how a woman's might look. Because the man is just tying his shoelace. If we rightly guess that this man is a man. That this man is a man we may maybe guess, if we *remember* who it was who was some way away before. And believe that he who was some way away, and there was some way of recognising him as a man, is the same one who was subsequently unrecognisable, because he was too close. But that is now the past, because this man has again resumed his walk, now completely as a man, and not only as a man's shoe.

Some streets away a woman is walking. We can say that it can be seen that she is a woman even at first sight. We see at first sight with a sight that may or may not be a man's, or rather it is all the same, that a woman walks before us, descending a pedestrian bridge and continuing with a quick step in the same direction as the man. When the woman was still above, she was several streets away and several metres higher. As high as the height of the flags on the flagpoles, the upper storeys of the houses and the footbridges above the motorway. Now she is only several streets away. But at around the same height. And she now looks at the flags from below.

Now back to the man. The man has gone into a house. He hurries up the stairs. One step a second, maybe less, up in a clockwise direction. Because stairs are intended not only for descending, but also ascending. Gradually stair by stair, step by step. In the end he reaches the door of an apartment. It seems he knows more about this apartment than we do. Or more to the point, there are more people who know more about this apartment. That at least he knows more about it, we can judge by the fact that he takes out his keys and opens the door. But who knows? In the end, the man may enter the apartment with this feeling.

The woman meanwhile, or at the same time... *that is the question, though. Whether consciousness clings to continuity or sometimes wanders off and again returns. But also, from what point of view we describe the story.* The woman, then, meanwhile, or at the same time, hurries in the same direction.

She looks along the street. As if searching for something. From our point of view, the movements of her head constitute only a slight deviation from the normal silhouette of her figure. From her point of view, however, the surroundings change. They become blurred with the rapid movements of her head. But at one moment her head stops moving. The sharpness of the jerk can also be judged from our point of view, which up to now had only registered the woman's movements peripherally. A moment later the woman enters the same house as the man. This is still happening in the meanwhile, or at the same time as the man is ascending the stairs. If our narrative vehicle were to allow it, we would hear the slam of the door after the man has entered the apartment, while the woman would still be a few flights lower. That is, from the man's point of view we have gone back a few moments. We will try to put it to rights and chase the woman upstairs more quickly.

The woman has entered the apartment. She must have unlocked the door, because the man, after all, had shut it before this. The woman, then, knows more about the apartment than we do.

Everything in the apartment is scattered. The table overturned, broken crockery, clothing on the floor. Open closets, smashed doors. The woman now stands close to us, so even from our point of view the sharp movements of her head can be seen. Now, though, we see the apartment from her perspective. We see it as she does. Her sight jumps from the floor to the ceiling, and then to the walls. At this point, the story moves too quickly for our sight to confine itself to uninterrupted continuity. The space of the apartment is seen, rather, image by image and there are only as many images as we are capable of remembering before the woman's sight falls on him, the man. The man lies in an unnatural position. His legs are stretched out on the floor, his back against the wall, his eyes still open.

The woman runs out of the apartment and into the street. She must do something. Call for help. Look for someone. The culprit, the murderer, a fleeting figure. She runs in front of the house and looks around. Suddenly, though, she stops motionless. On the other side of the street she sees herself.

Můžeme o muži říci: muž jde po chodníku. Tedy víme, že je to muž jen několik minut. Potom se k nám přibližuje víc a víc, až už nevíme, kdo to je. Tedy dá se to tušit. Ale jenom tušit. Pokud tedy víme, jak vypadá bota. Pokud můžeme mužskou botu rozpoznat od té ženské. Jak může vypadat mužská bota a jak vypadá ta ženská. Muž si totiž právě zavazuje tkaničku. Pokud správně tušíme, že ten muž je muž. Že ten muž je muž, můžeme také tušit, pokud si *pamatujeme*, kdo byl ten, kdo byl předtím dál. A věřit, že ten, kdo byl dál a dal se rozpoznat jako muž, je ten samý, kdo byl v dalším pokračování k nerozpoznání, protože byl příliš blízko. Ale to už je minulost, protože ten muž opět pokračuje v chůzi, teď úplně jako muž, a ne pouze jako mužská bota.

O několik ulic dál jde žena. Můžeme říci, že na ní je vidět, že je žena, i na první pohled. Vidíme na první pohled pohledem, který může být mužský, ale nemusí, nebo spíše je to úplně jedno, že před námi kráčí žena, sestupuje po můstku dolů a pokračuje rychlým krokem stejným směrem jako ten muž. Když byla žena ještě nahoře, byla o několik ulic dál a několik metrů výš. Tak vysoko, jak vysoko jsou vlajky na stožárech, horní patra domů a přechody nad dálnicí. Teď už je jenom o několik ulic dál. Ale asi ve stejné výšce. A na vlajky už se dívá zespodu.

Teď zpět k muži. Muž vešel do domu. Spěchá po schodech nahoru. Co schod, to vteřina, nebo i méně, nahoru po směru hodinových ručiček. Protože po schodech se nejen schází, ale i stoupá. Postupně stupeň po stupni, schod po schodu. Nakonec dojde ke dveřím bytu. Zdá se, že o tom bytě ví více, než víme my. Ledaže o tom bytě ví více vícero lidí. Že o něm ví víc alespoň on, lze usoudit podle toho, že vytahuje klíče a otevírá dveře. Ale kdo ví. Nakonec, s tímto pocitem mohl i muž vstoupit do bytu.

Žena mezi tím či během toho… *to je však otázka. Zda vědomí ulpívá na kontinuitě, anebo se chvílemi vytrácí a opět navrací. Ale také, z jaké perspektivy příběh popisujeme…*, tedy žena mezi tím či během toho pospíchá stejným směrem.

Rozhlíží se po ulici. Jako by něco hledala. Z našeho pohledu pohyby její hlavy představují jen malé vychýlení od běžné siluety její postavy. Z jejího pohledu se však prostředí mění, rychlými pohyby hlavy se okolí rozmazává. Avšak v jednom momentu se hlava zastaví. Ráznost strnutí lze posoudit i z našeho pohledu, který dosud pohyby ženy rozeznával jen periferně. Vzápětí žena vstoupí do stejného domu jako muž. To se stále odehrává mezi tím či během toho, kdy muž stoupá po schodech nahoru. Kdyby nám to naše vyjadřovací prostředky dovolily, slyšeli bychom bouchnutí dveří po tom, co muž vstoupil do bytu, zatímco žena by byla stále o pár poschodí níž. Tedy jsme se z pohledu muže vrátili o pár momentů zpátky. Zkusíme to napravit a popoženeme ženu, aby stoupala po schodech rychleji.

Žena vstoupila do bytu. Musela odemknout, protože muž přece za sebou předtím zabouchl. Žena tedy o bytě ví také víc, než víme my.

V bytě je vše rozházené. Převrácený stůl, rozbité nádobí, oblečení na zemi. Skříně otevřené, rozflákané dveře. Žena teď stojí blízko nás, takže i z našeho pohledu jsou vidět prudké pohyby její hlavy. Teď však byt vidíme z její perspektivy. Vidíme ho jako ona. Její pohled přeskakuje z podlahy na strop, potom zase na stěny. V tomto místě má příběh příliš rychlý spád, než aby si pohled vystačil s nepřetrženou kontinuitou. Místnost bytu je spíš vnímána obraz po obraze, a obrazů je jen tolik, kolik jsme si jich schopni zapamatovat ještě před tím, než pohled ženy ulpí na něm, muži. Muž leží v nepřirozené pozici. Nohy má rozhozené po podlaze, zády je opřený o zeď, oči stále otevřené.

Žena vyběhne ven z bytu a na ulici. Musí něco dělat. Zavolat pomoc. Někoho zahlédnout. Viníka, vraha, mihnoucí se postavu. Vyběhne před dům a rozhlédne se. Náhle však strne v nehybné pozici. Na protější straně ulice vidí sebe samu.

Oppression Born of an Initial Figment, Vol. I—VI, 2009. 35mm film strips, threads, light boxes, metal plinths, walltext, dimensions variable. Detail view

Body of Progress, 2009. 35mm film strip, threads, perspex, lightbox, metal construction, 150 × 35 × 35 cm. Detail view.

Tíseň z nejprve vymyšleného, Vol. I—VI, 2009. 35mm filmové pásy, nitě, světelné boxy, kovové podstavce, text na zdi, variabilní rozměry. Detailní pohled

Tělo pokroku, 2009. 35mm filmový pás, nitě, plexisklo, světelný box, kovová konstrukce, 150 × 35 × 35 cm. Detailní pohled

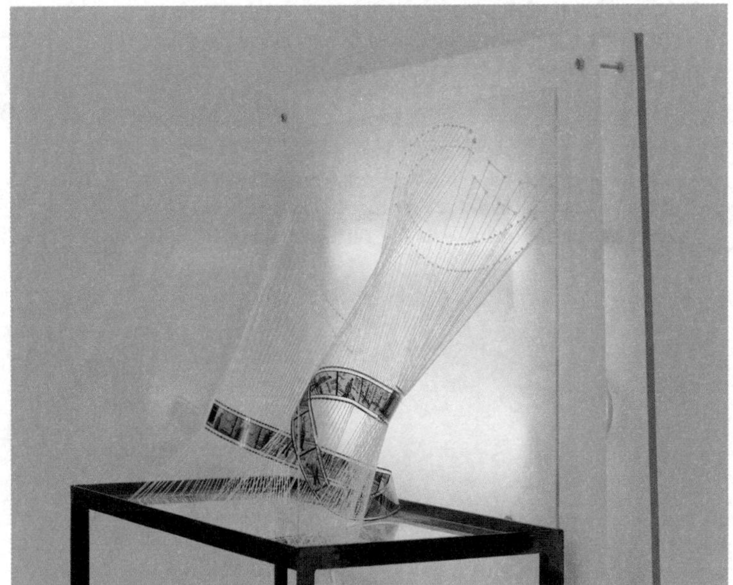

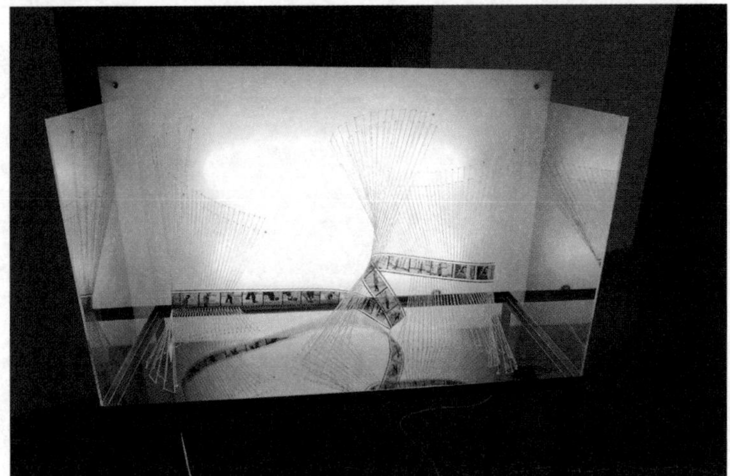

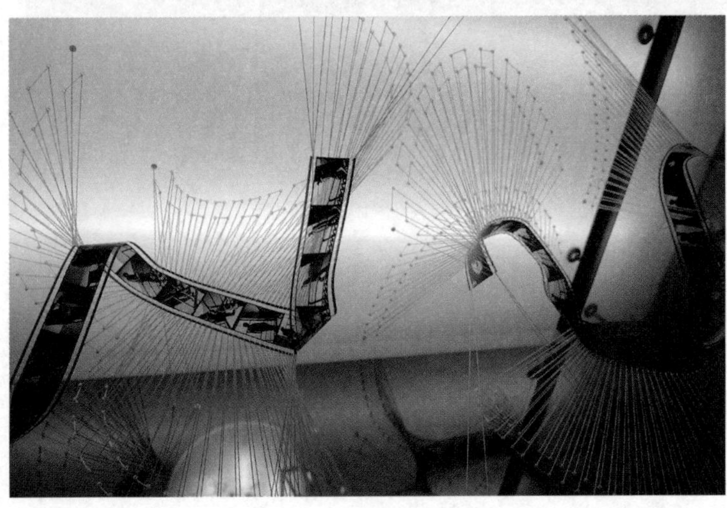

2009

Oppression Born of an Initial Figment, Vol. I—VI, 2009.
35mm film strips, threads, light boxes, metal plinths,
walltext, dimensions variable. Detail view

Tíseň z nejprve vymyšleného, Vol. I—VI, 2009. 35mm
filmové pásy, nitě, světelné boxy, kovové podstavce,
text na zdi, variabilní rozměry. Detailní pohled

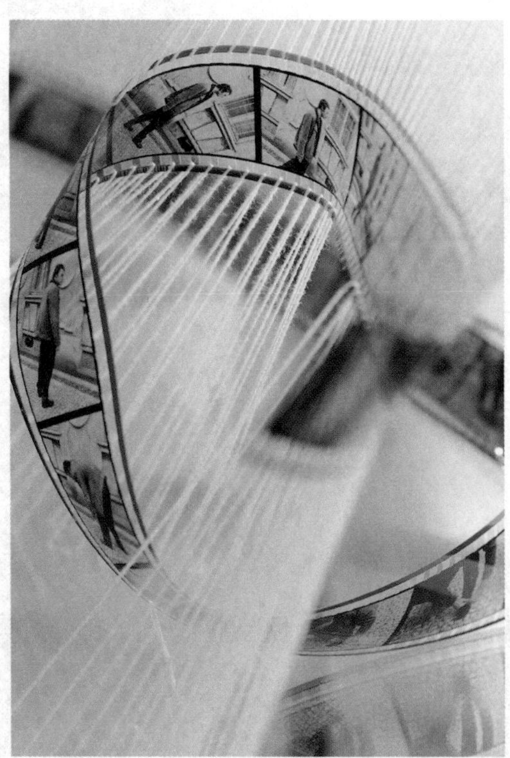

The film strips are set in transparent Perspex boxes.
They are fixed in various shapes to the sides of the boxes
by threads coming from the holes in the Perspex sides
through the perforations of the film strips.

The shape of the film strips may mean the trail of
the movement or developing position of the character
or the trail of the sight of the character (*Ich form*). The
figure on film is always in vertical position in relation to the
floor plan of the sculpture. The order of the images in the
film strips respects the time sequences of the movement
of the figures/plot of the story. The floor plan of the
whole installation copies the possible floor plan of the
action on the street and in the building and respects the
direction of movement of the figures in the film strips.

The formal aspect of the sculptures refers to
the closed form of modern sculpture (form as its own
objective) in a very critical way, because it refers to the
plot of the story/text on the wall. Thus the form refers
to something which is outside of the form/sculpture
(the movement and behaviour of the characters) and
the actual presence and material quality of the objects
undermine their own role, becoming merely a device
referring to something else (the story).

Filmové pásy jsou umístěny do průhledných boxů z plexiskla.
V různých tvarech jsou pevně přichyceny ke stranám
boxů pomocí vláken, která vycházejí z postranních otvorů
v plexiskle a procházejí perforací filmových pásů.

Tvar, v němž jsou filmové pásy upevněny, může
představovat dráhu pohybu, pozici postav anebo dráhu
pohledu postavy (*ich-forma*). Postava na filmu je vždy
ve vertikální poloze ve vztahu k půdorysu sochy. Pořadí
obrazů na filmech odpovídá časové souslednosti pohybů
postav/zápletce příběhu. Půdorys celé instalace kopíruje
možný půdorys akce odehrávající se na ulici a v budově
a dodržuje směr pohybu postav na filmových pásech.

Z formálního hlediska jsou sochy velmi kritickou
narážkou na uzavřenou modernistickou formu (forma
je účelem sochy), protože odkazují na scénář příběhu
— text na zdi. Je to tedy tak, že forma odkazuje na cosi
nacházející se vně formy/sochy (pohyb a jednání postav).
Samotná přítomnost i materiální kvalita objektů pak
zpochybňuje jejich vlastní význam, spočívající v tom, že
slouží pouze jako nástroj k zobrazování něčeho jiného
(příběhu).

Oppression Born of an Initial Figment
Tíseň z nejprve vymyšleného

Tatlin's Tower, 2009. 35mm film strip, threads,
perspex, light box, metal construction.
Detail view. Private collection

Tatlinova věž, 2009. 35mm filmový pás, nitě,
plexisklo, světelný box, kovová konstrukce.
Detailní pohled. Soukromá sbírka

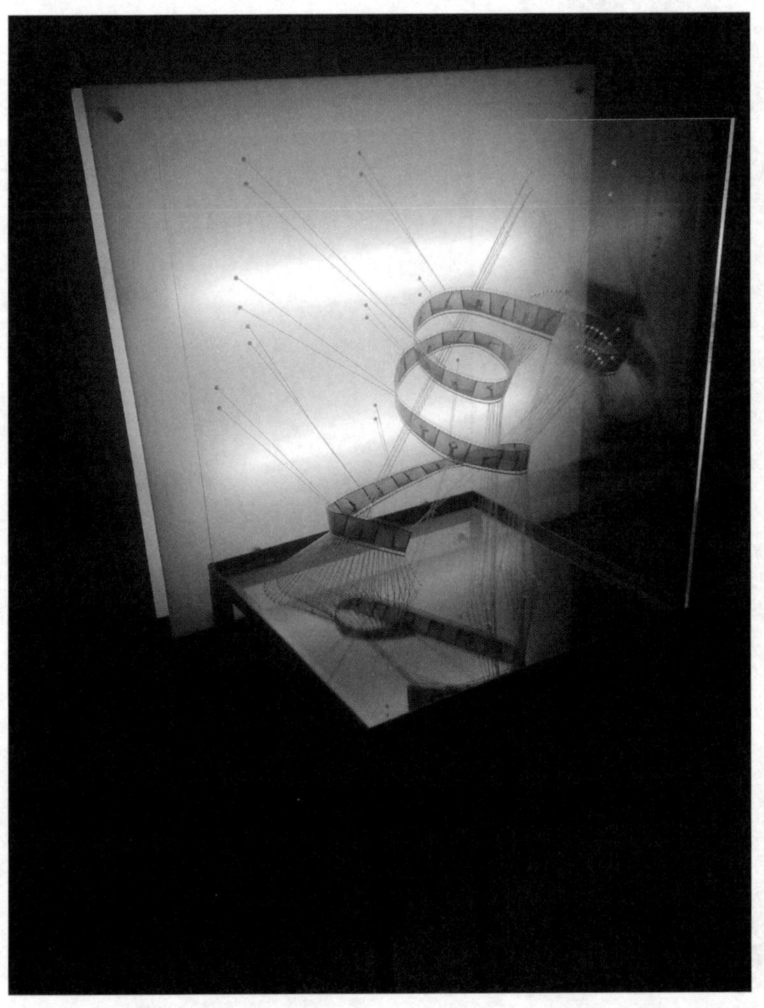
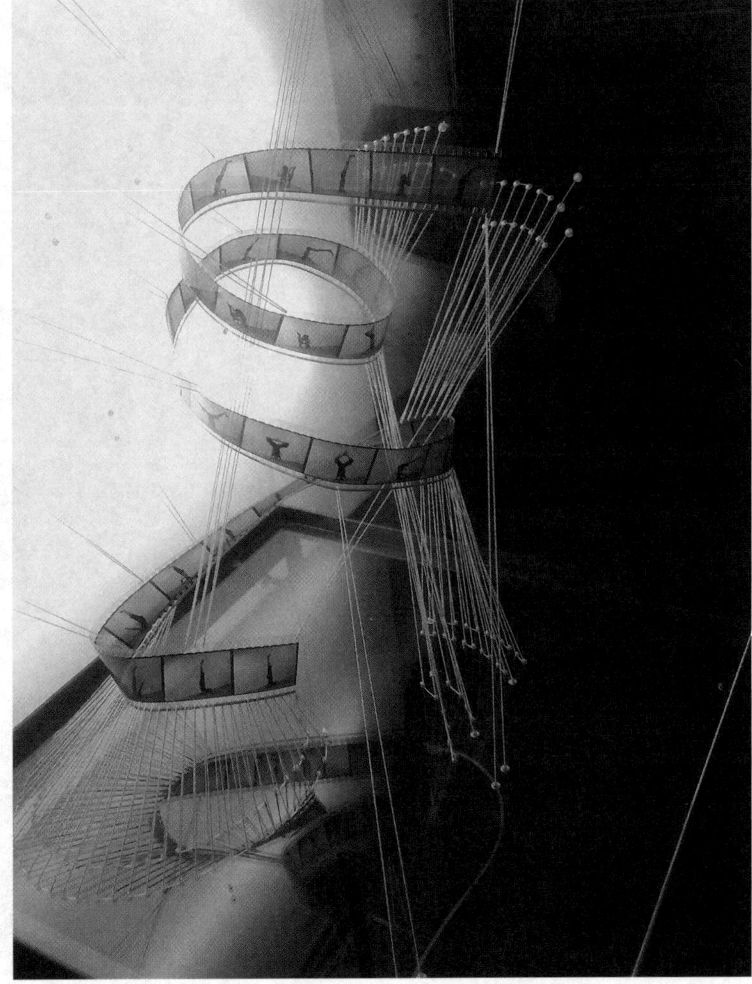

Accident, 2009. Acrylic-based concrete, two parts
15 × 167 × 110 cm, 15 × 140 × 110 cm

Nehoda, 2009. Beton s plastickou hmotou, dvě části
15 × 167 × 110 cm, 15 × 140 × 110 cm

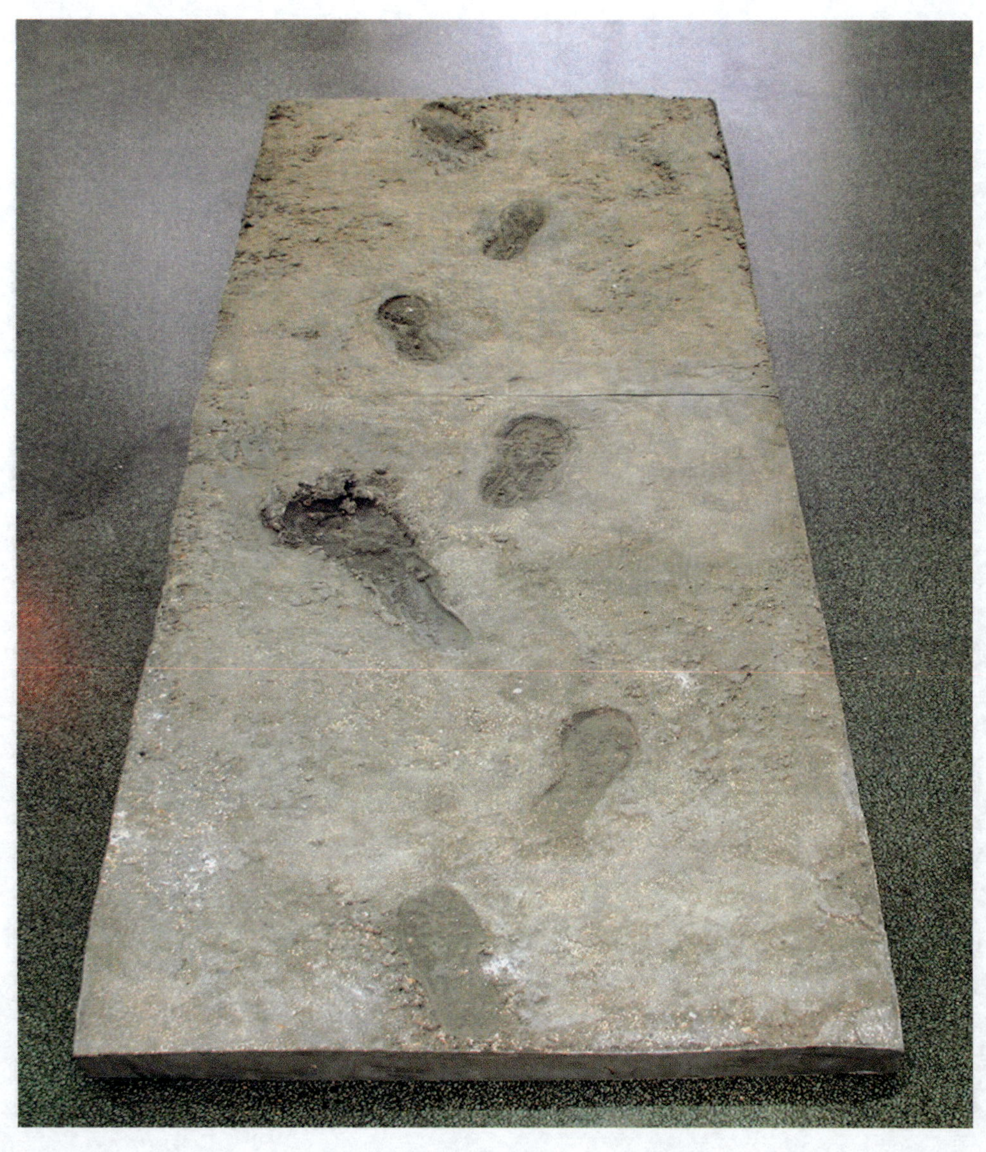

Bulb, 2010. Mixed media installation, 150 × 103 × 42 cm.
Federal Republic of Germany — Collection of Contemporary Art

Žárovka, 2010. Instalace, kombinovaná technika, 150 × 103 × 42 cm.
Spolková republika Německo — Sbírka současného umění

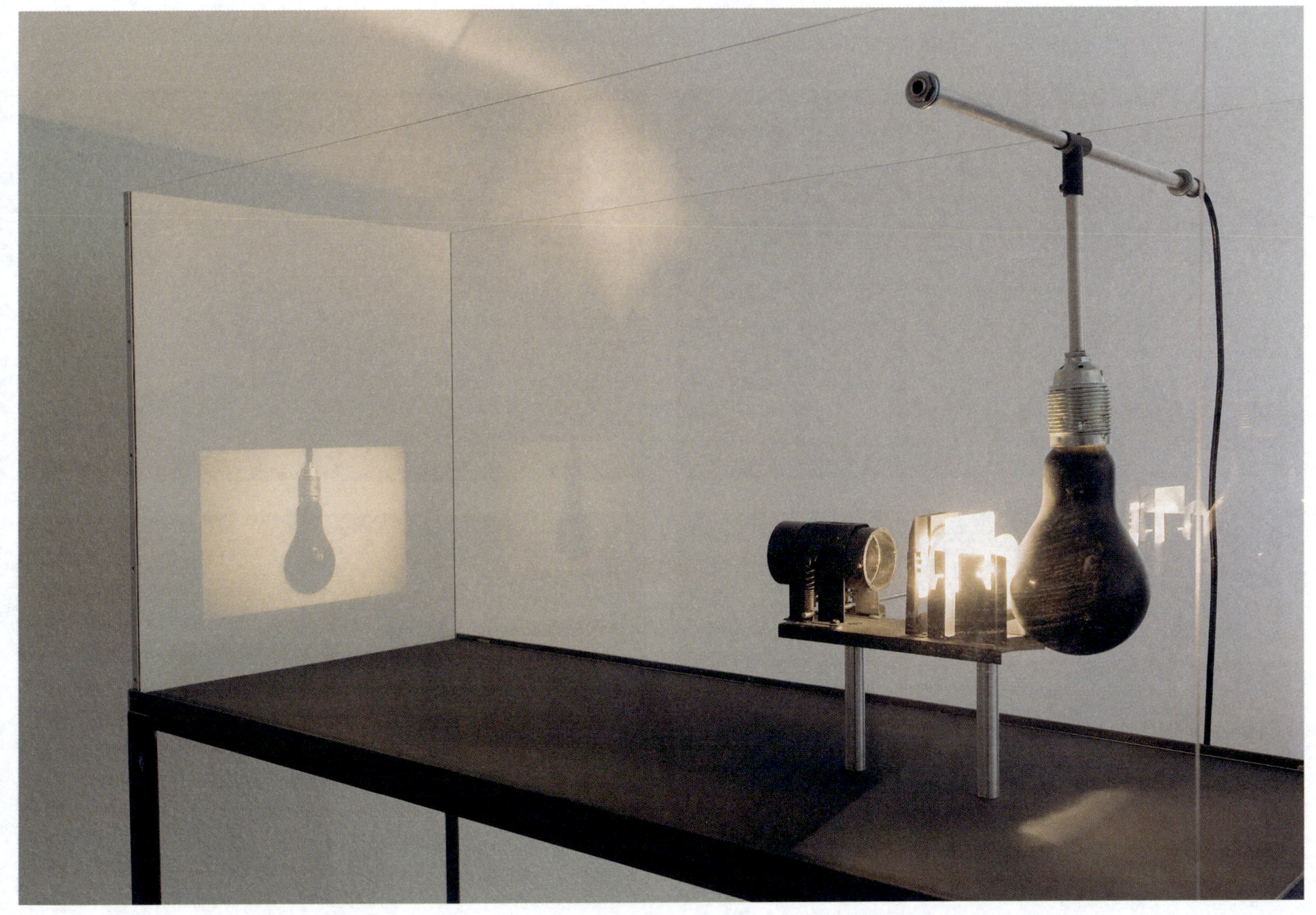

2010

Laptop Piece (Theatre X), 2010. Video installation, plinth, altered laptop, sound, colour, 13 min., 130 × 36 × 28 cm. Video stills

---

Laptop (Divadlo X), 2010. Videoinstalace, podstavec, upravený laptop, nálepky, zvuk, barva, 13 min. 130 × 36 × 28 cm. Záběry z videa

→

Laptop Piece (Theatre X), 2010. Video installation, plinth, altered laptop, sound, colour, 13 min., 130 × 36 × 28 cm

---

→

Laptop (Divadlo X), 2010. Videoinstalace, podstavec, upravený laptop, nálepky, zvuk, barva, 13 min. 130 × 36 × 28 cm

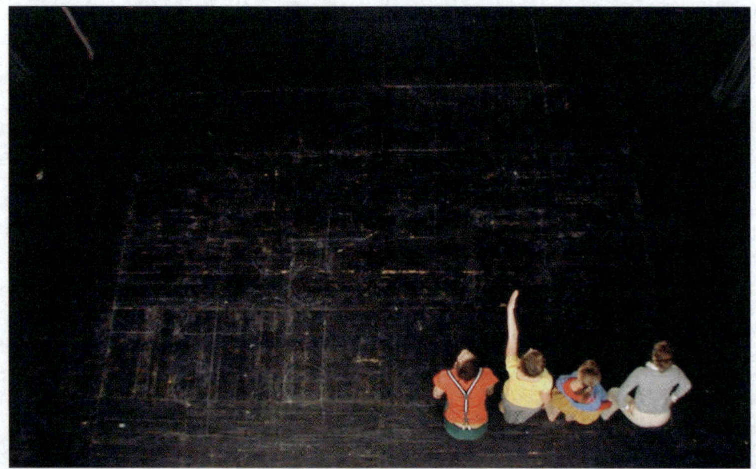

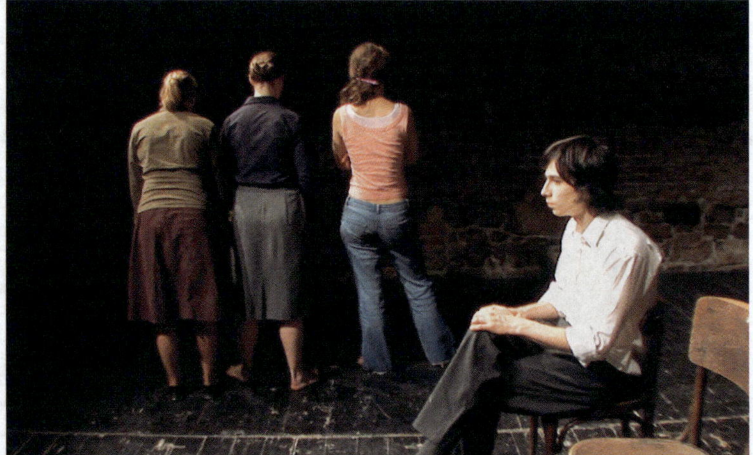

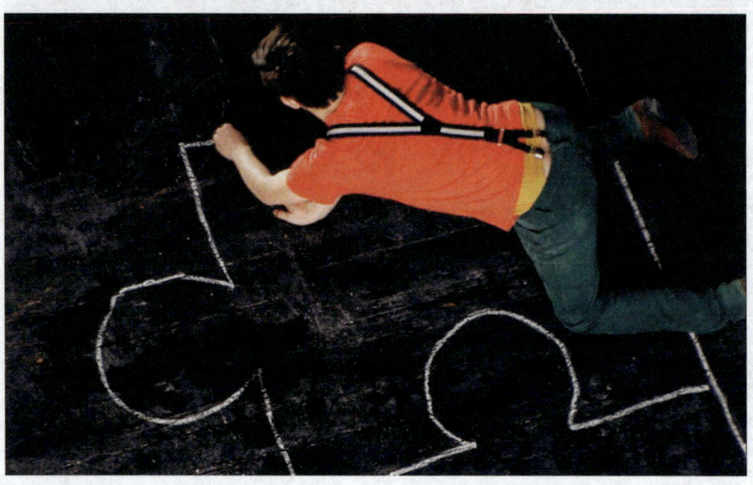

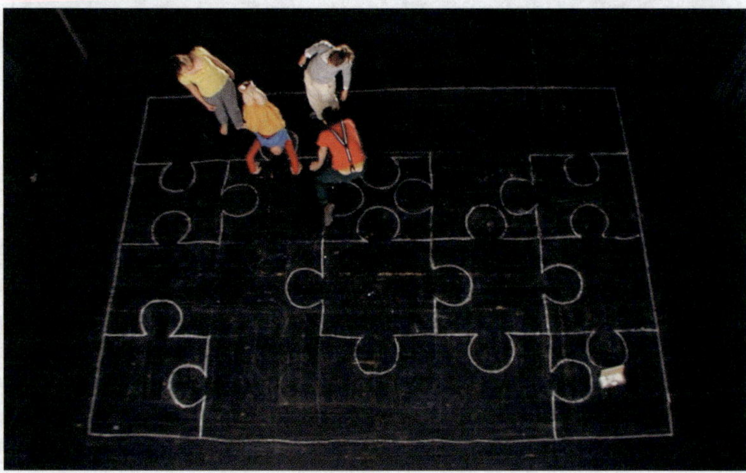

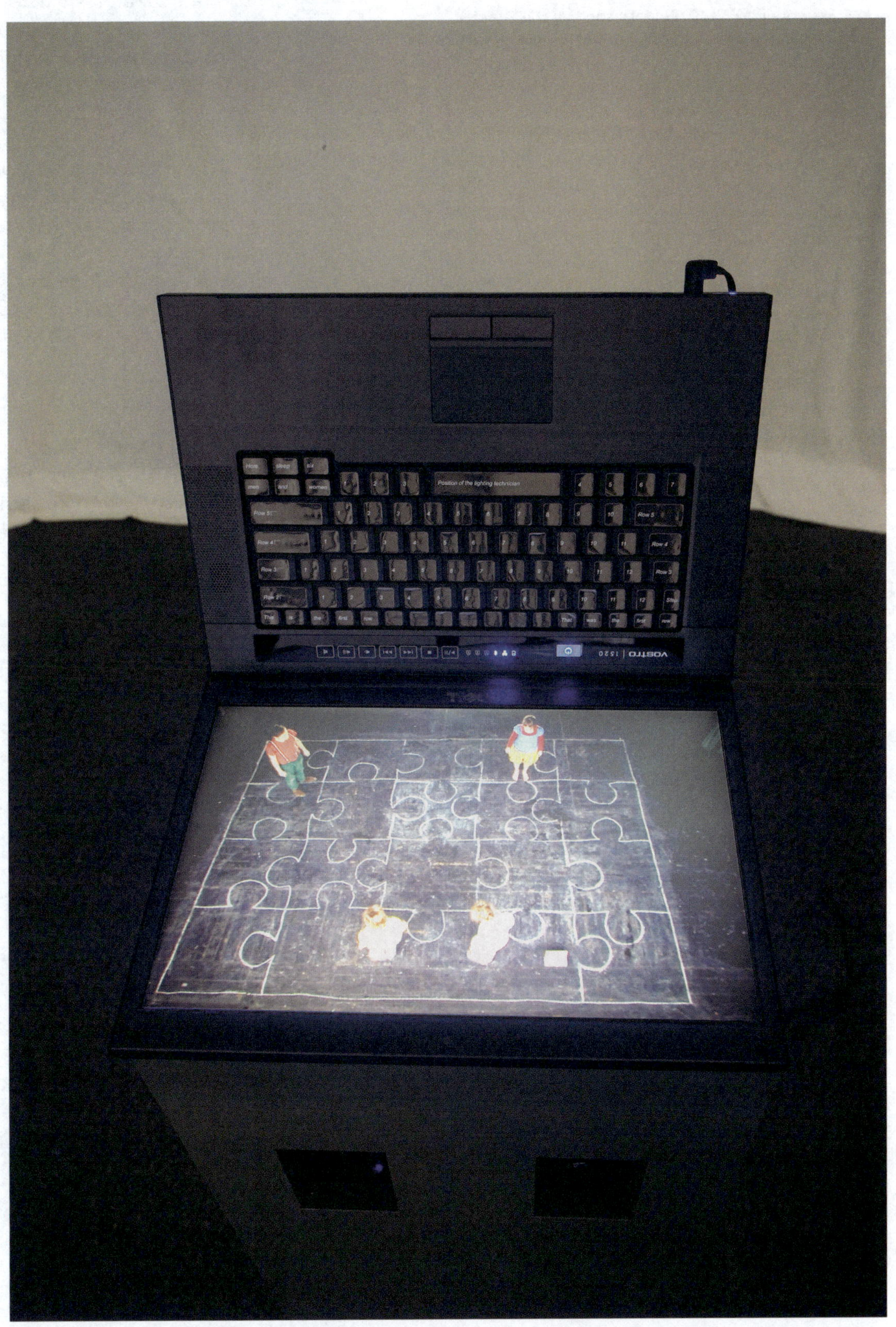

2010

Reverse Play, 2010. Performance, Archa Theater,
Prague, 45 min. Recording of performance, video stills

———————

Hra pozpátku, 2010. Performance, Divadlo Archa,
Praha, 45 min. Záznam performance, záběry z videa

Reverse Play is a performance working simultaneously
with two storylines. A narrator placed in the auditorium
relates in linear sequence the story arising from the
author's text. Five dancers create the same story on
stage, though in the opposite sequence, i.e. in reverse.
All of the on-stage action is played out in reverse
— the movements, gestures and plot development.
The two lines of the firmly structured story, in which
the main protagonist returns to the past, guided by
a desire to rectify his own mistake, intersect at key
points due to the mirrored structure, while also acting
simultaneously. Work with language, in which the author
builds on his earlier text installations, is linked here to
the action on stage performed by the five dancers.
The aspect of dance is represented by the perfect
execution of reverse movement.

———————

Hra pozpátku je představení pracující simultánně
se dvěma směry děje. Vypravěč umístěný v publiku
vypravuje v lineárním sledu příběh vycházející
z autorova textu. Pět tanečníků na pódiu ztvárňuje
stejný příběh, avšak v opačném sledu, tedy pozpátku.
Veškerá akce na pódiu se odehrává naopak, pohyby,
gesta, odvíjení děje. Oba směry pevně vystavěného
příběhu, ve kterém se hlavní hrdina, vedený touhou
napravit vlastní chybu, vrací do minulosti, se díky
zrcadlové struktuře kříží v klíčových bodech a působí
také simultánně. Práce s jazykem, v níž autor navazuje
na své starší textové instalace, je zde propojena s akcí
na pódiu, realizovanou pěticí tanečníků. Aspekt tance
je zastoupen dokonalým provedením pohybu pozpátku.

Reverse Play
Hra pozpátku

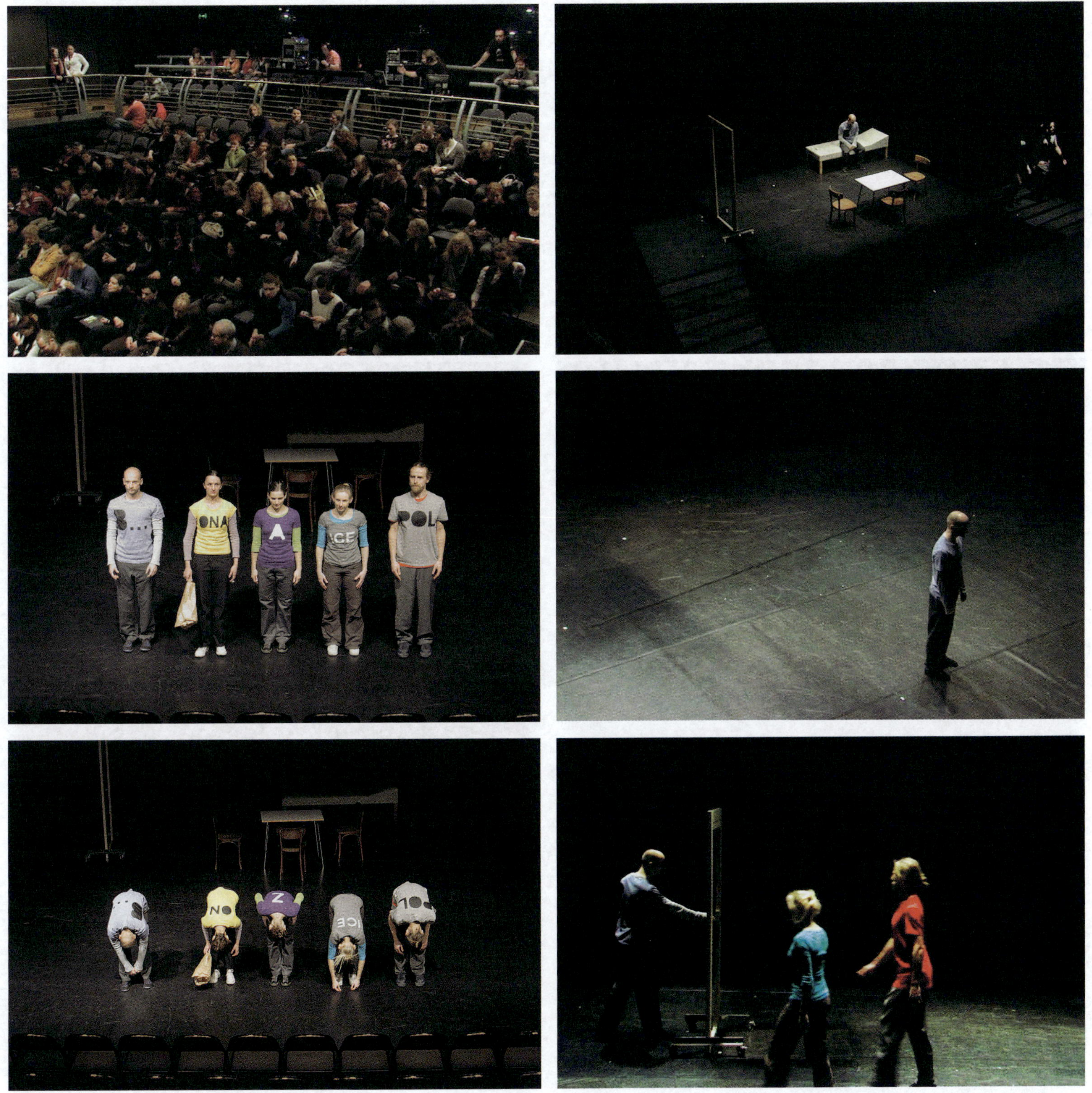

2010

This Is How it Really Happened, 2010. Two cylindrical cubicle-like constructions made of black textile, slide projectors and movable platforms, dimensions variable. Installation view, Georg Kargl Box, Vienna, 2010. Kontakt. The Art Collection of Erste Group and ERSTE Foundation

————————

Tak jak se to skutečně stalo, 2010. Dvě válcovité oddílové konstrukce z černé textilie, diaprojektory, posuvné plošiny. Pohled do instalace, Georg Kargl Box, Vídeň, 2010. Kontakt. Umělecká sbírka skupiny Erste Bank a nadace ERSTE

→

This Is How it Really Happened, 2010. Two cylindrical cubicle-like constructions made of black textile, slide projectors and movable platforms, dimensions variable. Detail view. Kontakt. The Art Collection of Erste Group and ERSTE Foundation

————————

→

Tak jak se to skutečně stalo, 2010. Dvě válcovité oddílové konstrukce z černé textilie, diaprojektory, posuvné plošiny. Detailní pohled. Kontakt. Umělecká sbírka skupiny Erste Bank a nadace ERSTE

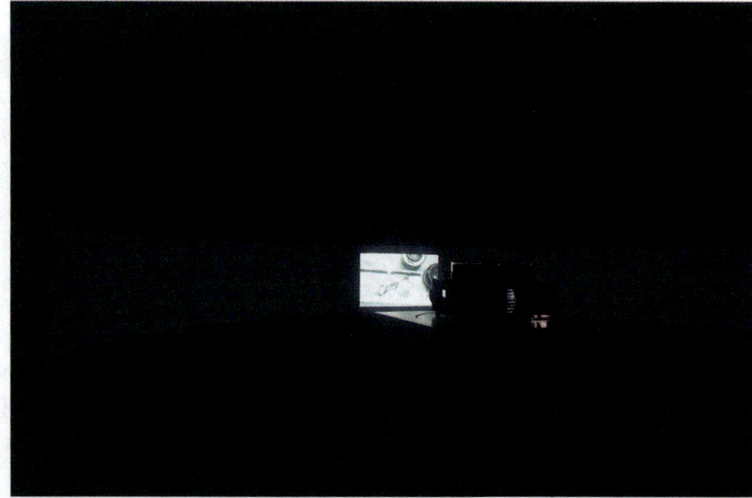

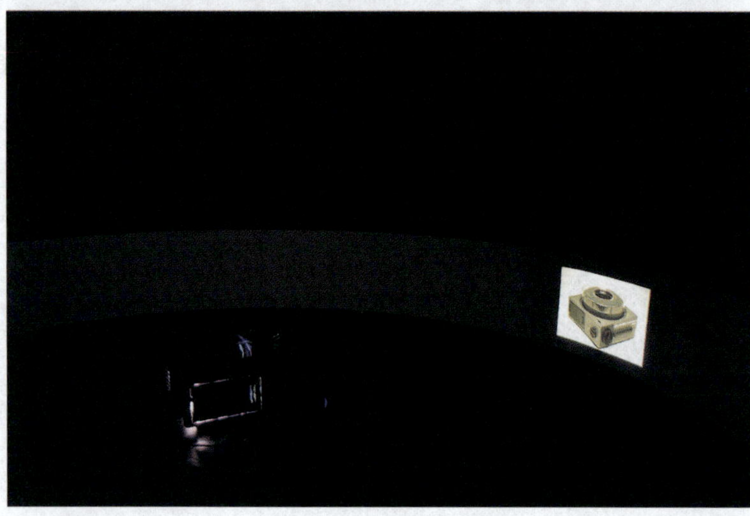

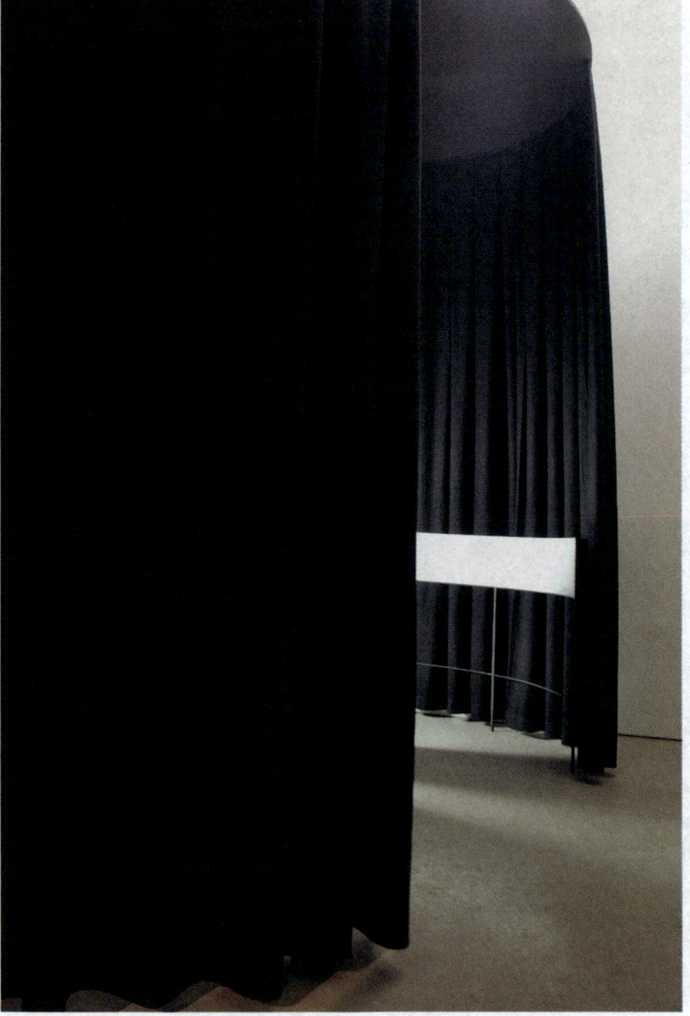

This text is written in such a way as to present a story, which, however, only resembles a story that really happened. At the time, though, it was not yet a story, because in order to be a story it must have a beginning and an end. Because the goings-on around carry on continuously without a beginning and an end, we would not remember anything or even forget everything else… Therefore …

Tento text je napsaný tak, aby vylíčil určitý příběh, který se ovšem pouze podobá příběhu, který se skutečně stal. Tehdy to však ještě nebyl příběh, jelikož aby to mohl být příběh, musel by mít začátek a konec. Věci se totiž dějí neustále dál a dál a bez konce a bez začátku bychom si nemohli pamatovat vůbec nic nebo bychom dokonce zapomněli všechno ostatní… Proto…

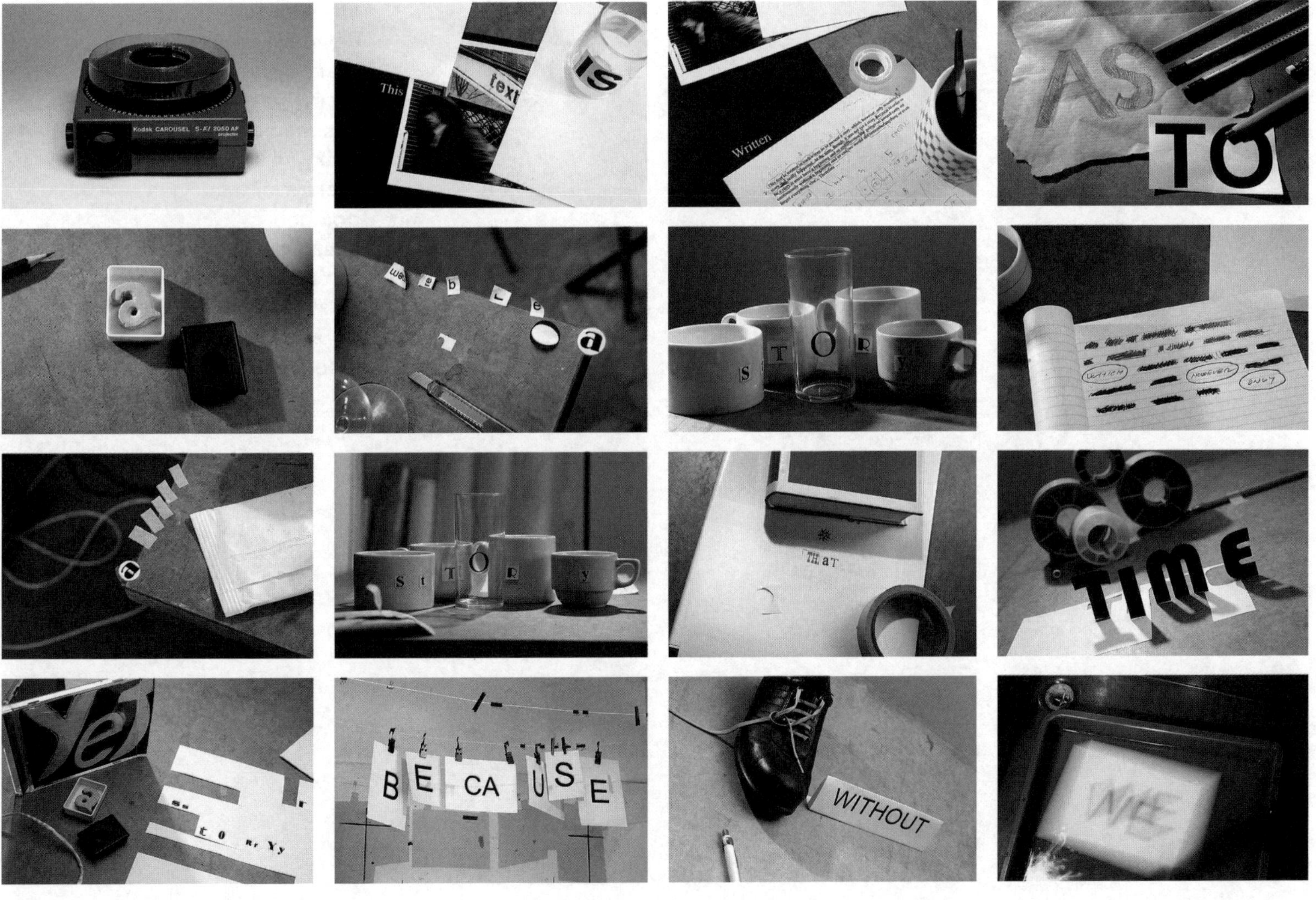

2010

The Sought-After Object, 2010. Sixteen
photographs, b/w, each 20 × 29.8 cm

———————

Hledaný předmět, 2010. Šestnáct fotografií,
č/b, každá 20 × 29,8 cm

He stood opposite
the table
senses alert
in order not to miss the
slightest detail
that might lead him in
the right direction
finally he noticed
a spoon on the table
the position
of which pointed to a glass
bottle
in which he then caught sight
of the reflection
of the sought-after object

———————

Stál proti
stolu
smysly nastraženy
aby neminul
nejmenší detail
který by ho mohl navést
správným směrem
nakonec si všiml
lžičky na stole
která svojí
polohou
ukazovala
na skleněnou láhev
na které zase zahlédl
odraz
hledaného předmětu

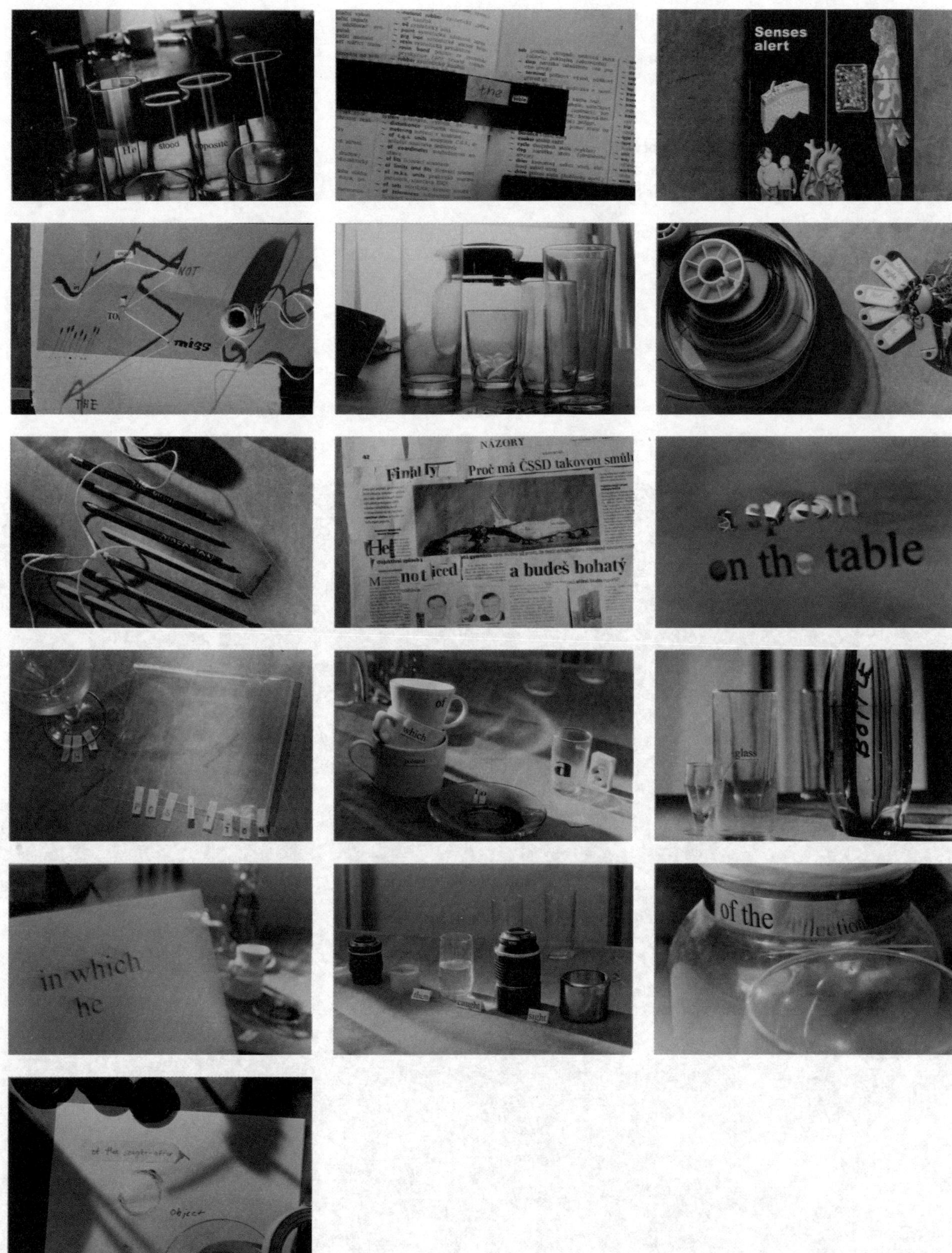

2010

Lost Memory (Postcatastrophic Story), 2010.
Three-channel 16mm film, sound, b/w, 29:21 min.
Installation view, Meyer Riegger, Berlin, 2010

Ztráta paměti (Postkatastrofický příběh), 2010.
Tříkanálová 16mm filmová instalace, zvuk, č/b,
29:21 min. Záběr z instalace, Meyer Riegger, Berlín, 2010

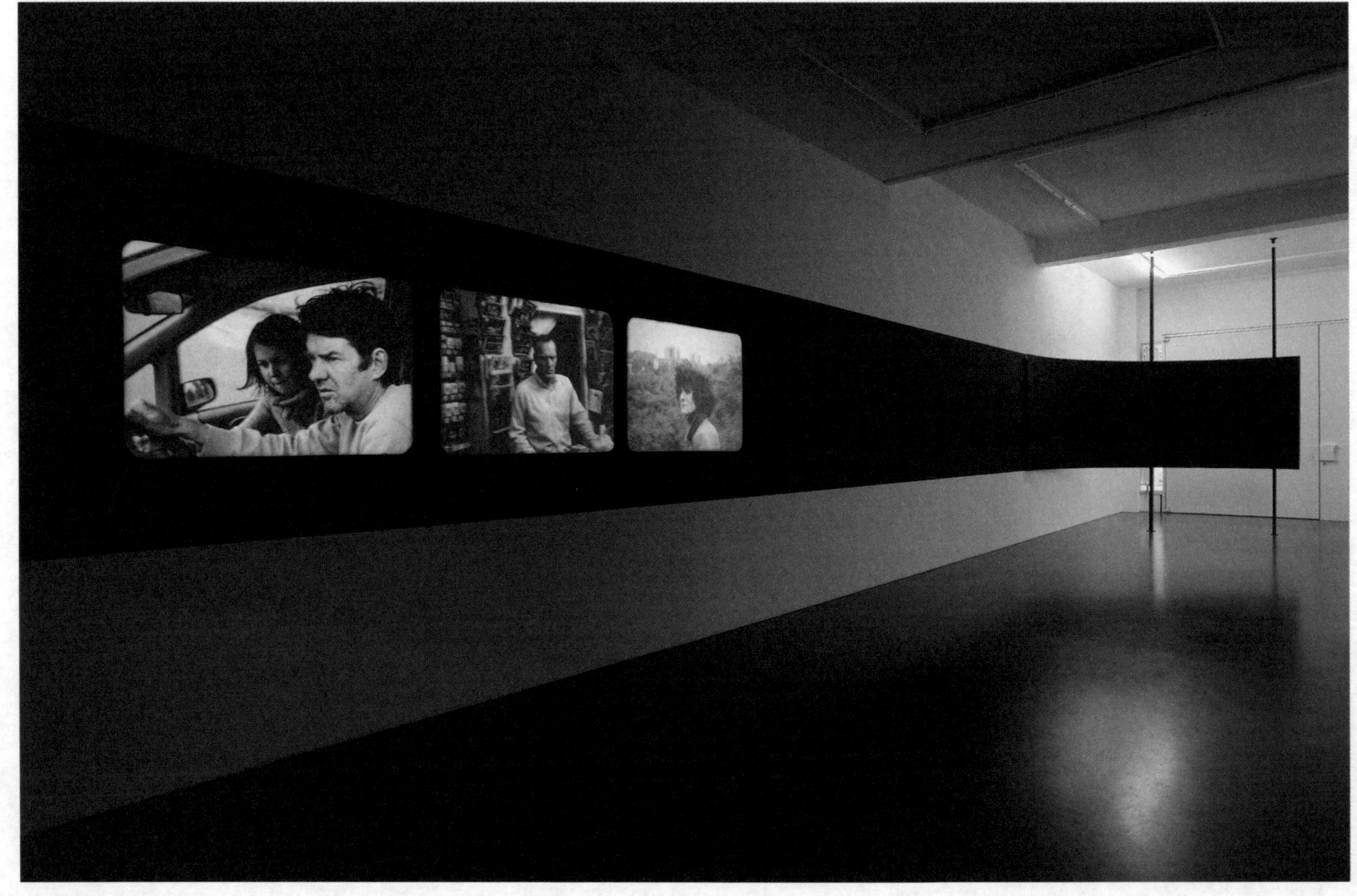

Lost Memory (Postcatastrophic Story), 2010.
Three-channel 16mm film installation, sound, b/w,
29:21 min. Film stills

Ztráta paměti (Postkatastrofický příběh), 2010.
Tříkanálová 16mm filmová instalace, zvuk, č/b,
29:21 min. Záběry z filmu

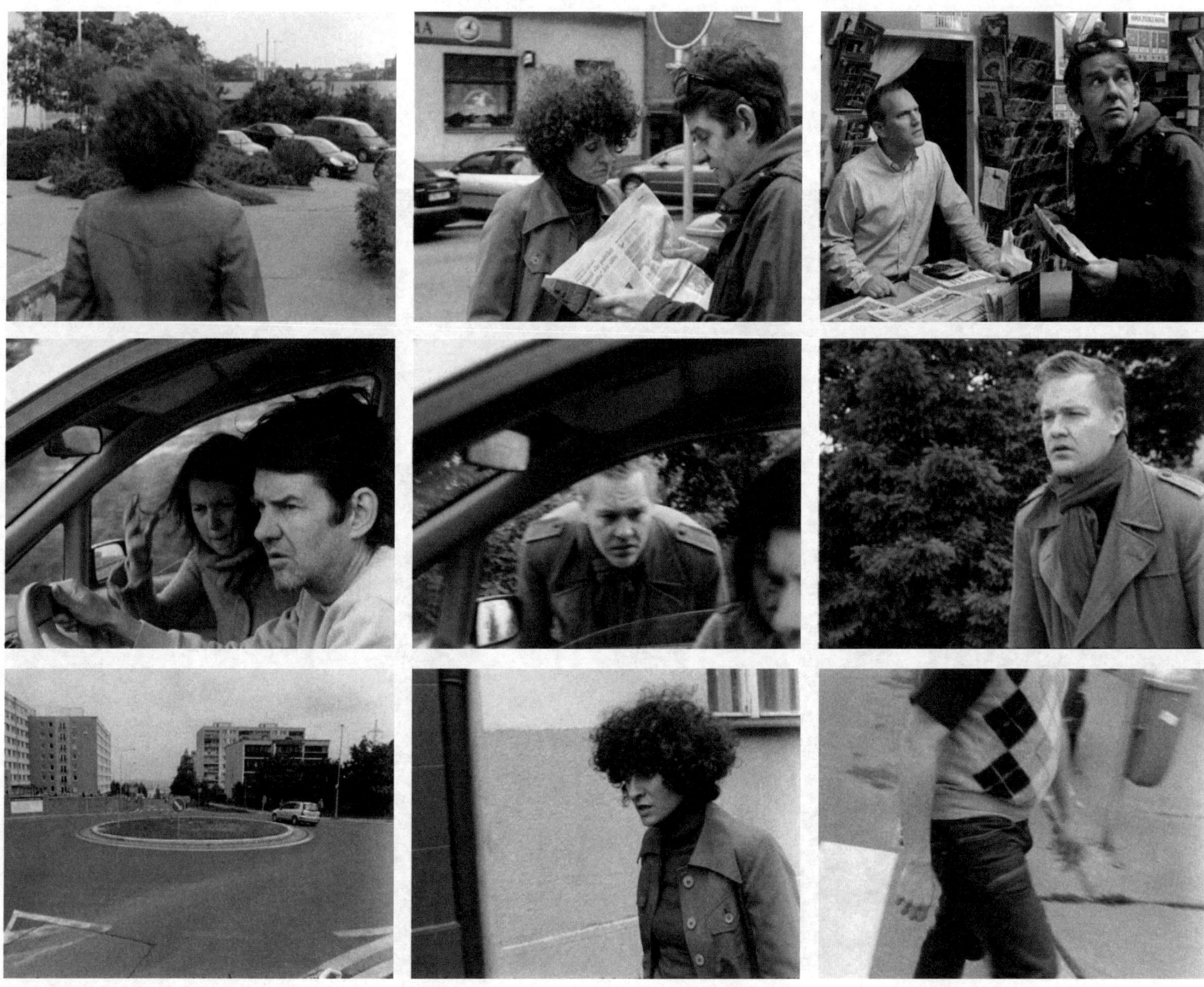

2010

Continual, 2010. Mixed media installation, 120 × 80 × 80 cm.
Collection Muzeum Sztuki, Łodz.

———————

Kontinuální, 2010. Instalace, kombinovaná technika,
120 × 80 × 80 cm. Sbírka Muzeum Sztuki, Lodž.

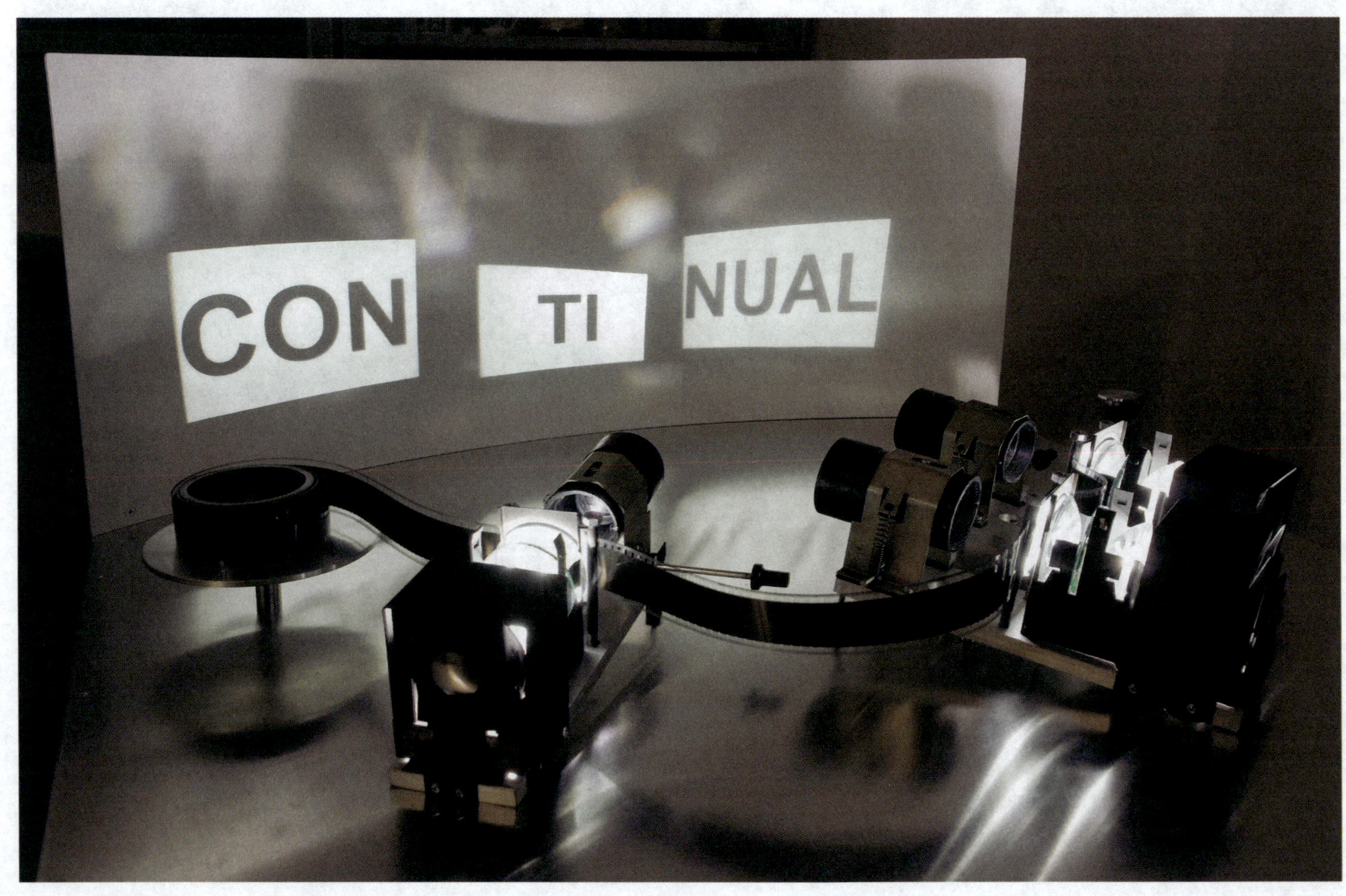

Notion in Progress, 2010. Mixed media,
dimensions variable. Installation view,
Meyer Riegger Berlin, 2010

Pojem ve vývoji, 2010. Kombinovaná technika,
variabilní rozměry. Pohled do instalace,
Meyer Riegger Berlin, 2010

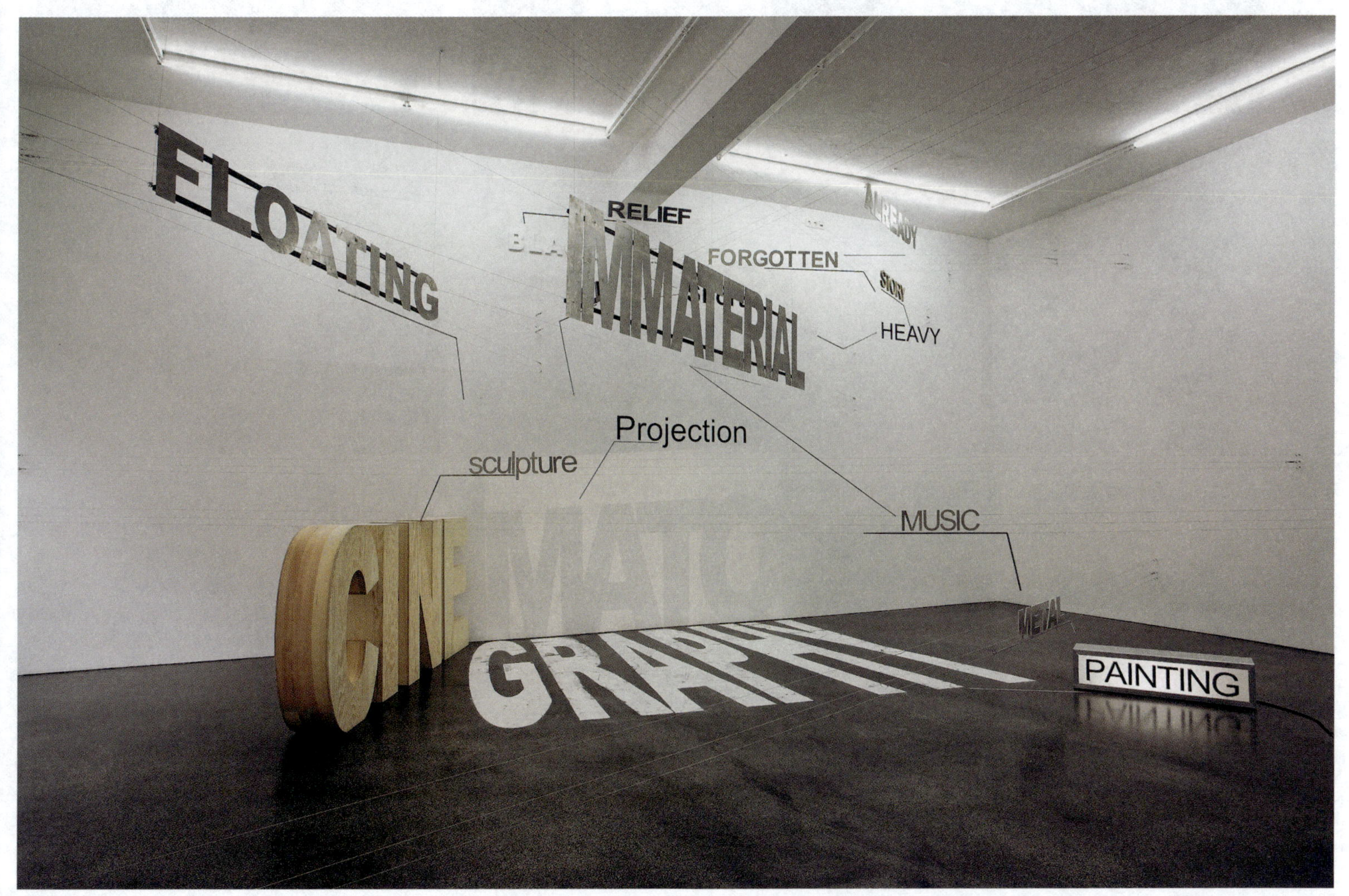

2010

The Other (I Asked My Wife to Blacken All the Parts
of My Body Which I Cannot See), 2010. Performance,
Espaço Cultural Municipal Sérgio Porto, Rio de Janeiro

Ten druhý (Poprosil jsem svoji ženu, aby mi začernila
místa na těle, která si nevidím), 2010. Performance,
Espaço Cultural Municipal Sérgio Porto, Rio de Janeiro

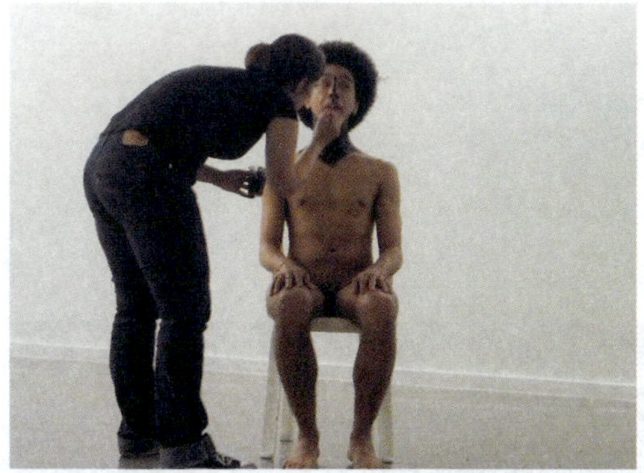
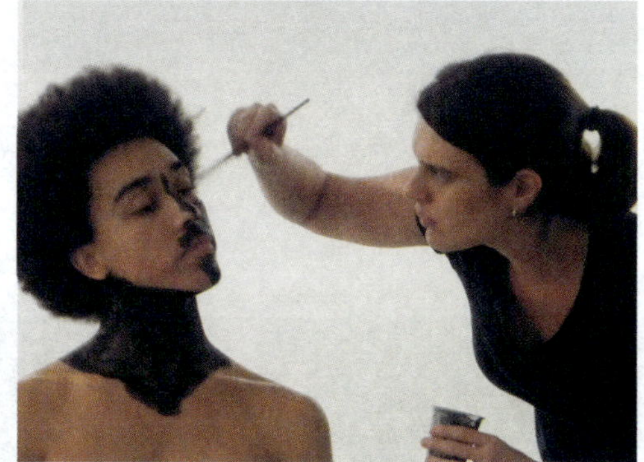
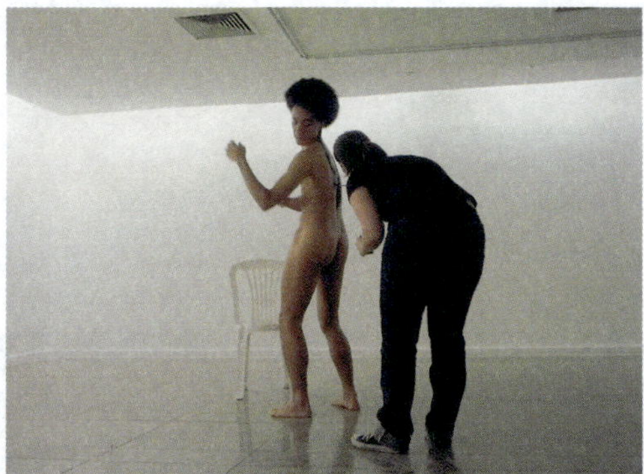
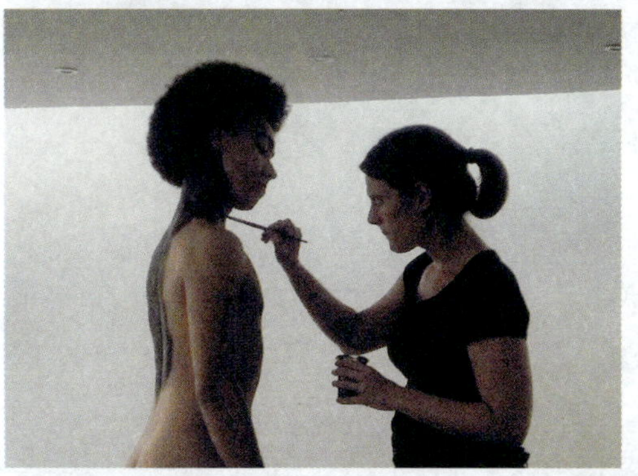
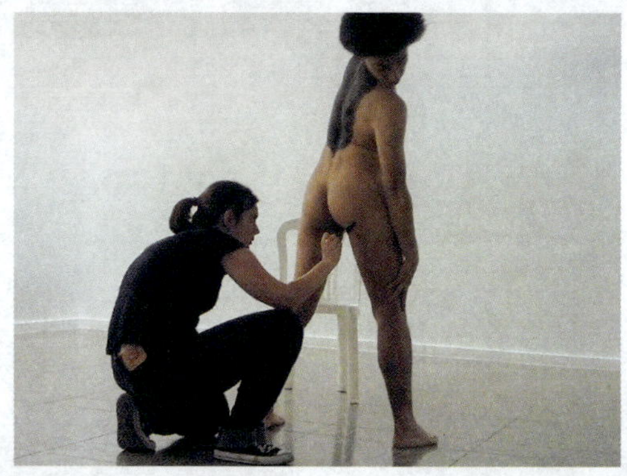
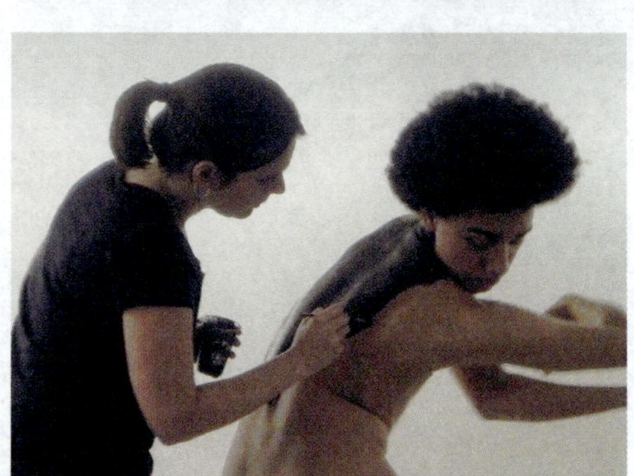
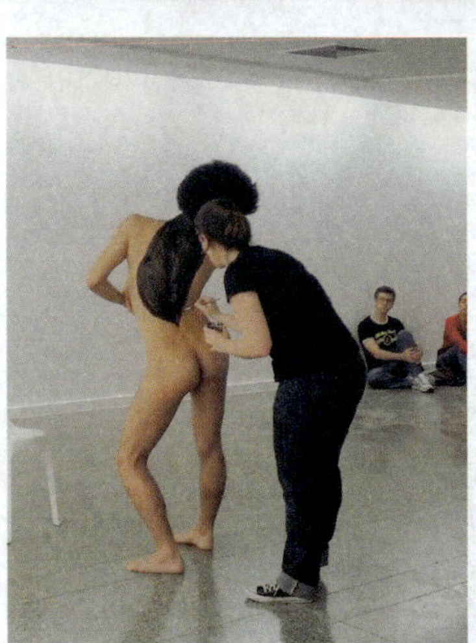
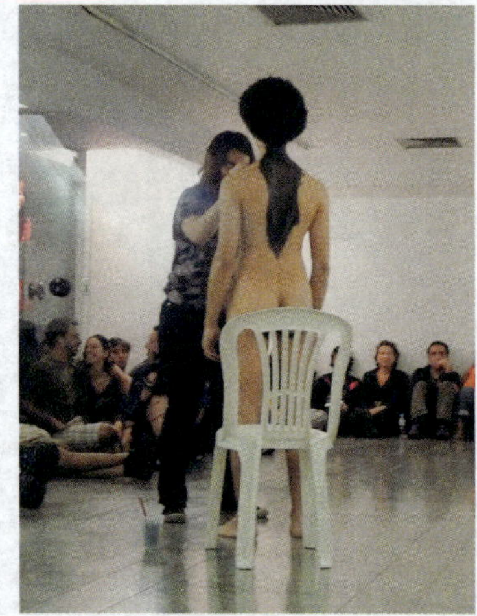
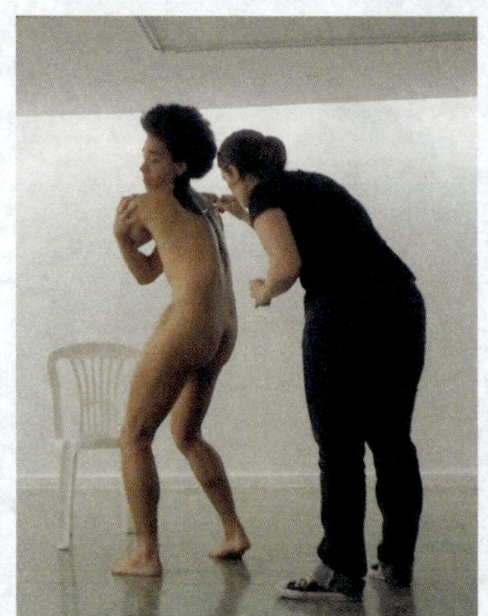
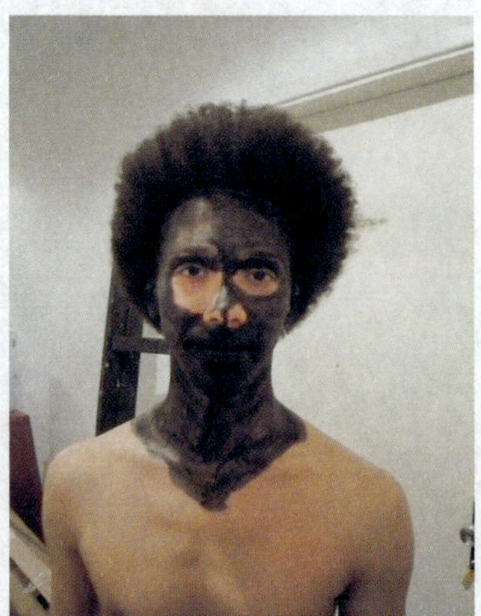

Rules of the Room, 2010. Site-specific three-channel
audio installation, 8 min.

Pravidla místnosti, 2010. Site specific tříkanálová
zvuková instalace, 8 min.

Rules of the room

He stands in the middle of the room, his arms by his
sides, head bowed. He observes the point where the
three lines defining the space converge. The axis
of his body, at times slightly deflected, constantly
aligns itself with the ideal position of the line defined
by the two converging walls. Occasionally he shifts
his weight from one leg to the other. He gradually
ceases reminiscing on the space behind him. The type
of silence that fills the room, which he has passed
through only on his way to the corner, betrays the
size of that room. But now another person enters
the room. He does not alter his position even for
a moment. It seems that, at the moment of hesitation
as to whether to continue paying attention and not
deviate from the axis determined by the layout of the
room, or to observe naturally the action behind him,
the person always gives priority to the rules of the
room.

He does not turn his head. He tries not to
forget the tasks focussed on the position of his
body in relation to the geometry of the room. The
presence of the other in the room rather fixes his
attention on the surface of his back. It is not hearing,
nor even sense of touch, but rather a conjunction
of all the senses that enables him to estimate
the position of the other in the room at any given
moment. More than once a decision happens in his
body: a decision to set out towards the neighbouring
corner on the right. Slowly, he touches the right wall
of the corner with his belly and hands and prepares
to set out...

hello...

can you please move to the next corner...?
ahem the right one

Who could it be? He again stands in the corner of
the room, eyes fixed on the point where the three
lines defining the space converge. Who could it
be, a woman, a man? A tall person? Someone who
defied the categorisation that will be heard in
the subsequent seconds. Someone thoughtful?
A smoker? Someone who does not eat fish? A man
who grew up without a sister? Someone who is
impatient because he has forgotten to withdraw
money from an ATM and cannot buy a coffee?
Someone who doesn't like to be photographed?
Someone he has seen before? Someone he has
seen before from a great distance and whose
body resembled a point among many other points?
Someone who is not lying down at the moment?
A left-handed person? A person whose surname is
Man or its equivalent in various languages. A person
whose outward appearance can be described in
a single word, for example blond, deadpan, office
worker, dustman, chair, tallmanwithlonggreyhair.
Someone who would think that no one has yet
mentioned him? An etatist? Someone who is not
looking in his direction right now. Someone who has
not yet been captured by a camera lens (improbable).
Someone who constantly confuses left and right?
Someone that he cannot describe, but remembers?
Silence... the person is not here anymore? Silence,
interrupted by the sound of clothing rubbing against
the wall. He moves [Let us move] again to the next
corner.

And what is the space behind him? From his
position in the corner of the room, arms by his side,
head bowed, it is as if he observes the point where
those three lines meet. So, it can be said that, from

his position with his back to the room, it must be
a clearly defined, neutral space. If you like, it could
also be a space with the base of a triangle, but it
should not occur to anyone by any chance to specify
that triangle further. Equilateral. Grey. Soft cheese.
All of these are wrong. It must be simply: a triangle.
It is for this that the figure, the human body, is here,
to bring disharmony into the ideal world of three
corners. Shit, this room does not have the shape of
a triangle, though. After all, it has four corners. Or is
it that we find ourselves in a space that is not ideal?
Please, do not look around.

And because from the position in the corner
little can be seen, it is better to move along the
circumference of the entire room, i.e. to move to the
next corner…

And what about the fourth corner? Why did
you leave it out? Or were you afraid? Did something
happen in that corner? What, something? Was
someone there? And what happened? Did you hear
something? Something real? But then it almost didn't
happen. The course of such an event is rarely limited
to a mere moment, and at the moment that we try
to remember it, they become something other than
what they had been originally. Or did it remind you of
a story that you had already heard about? And didn't
it begin like this?:

He stands in the middle of the room…loop

—————————

Pravidla místnosti

Stál v rohu místnosti, ruce podél těla. Hlavu
skloněnou. Pozoroval místo, kde se spojují tři linky
vymezující prostor. Osa jeho těla, chvílemi trochu
vychýlená, se stále porovnávala s ideální polohou
čáry, definovanou dvěma sbíhajícími se stěnami.
Občas přesunul váhu z jedné nohy na druhou. Na
prostor za ním se pomalu přestával rozpomínat.
Typ ticha, který vyplňoval místnost, jíž prošel jenom
cestou do rohu, prozrazoval její velikost. Nyní ale
vstoupila do místnosti jiná osoba. Ani na chvíli
nezměnil svoji polohu. Zdálo se, že v momentě váhání,
zda udržet pozornost a nevychýlit se z osy dané
dispozicí místnosti, nebo přirozeně pozorovat dění

za svými zády, osoba vždy dala přednost pravidlům
místnosti.

Neotočil hlavou, snažil se nezapomenout úkoly
mířené na polohu jeho těla ve vztahu ke geometrii
prostoru. Přítomnost další osoby v místnosti spíše
upřela pozornost na povrch jeho zad. Nebyl to sluch,
nebyl to ani pocit dotyku, spíš spojení všech smyslů,
které mu umožňovaly odhadovat momentální polohu
další osoby v místnosti. Nejednou se v jeho těle
odehrálo rozhodnutí. Rozhodnutí vyrazit směrem
k sousednímu rohu napravo. Pomalu se břichem
a rukama dotkl pravé stěny rohu a chystal se vyrazit…
haló…
můžete se prosím přesunout k vedlejšímu rohu…
ehm, pravému

Kdo by to mohl být? Opět stál v rohu místnosti,
s očima upřenýma do místa, kde se spojují tři linky
vymezující prostor. Kdo by to mohl být, žena, muž?
Vysoký člověk? Někdo, kdo se vymyká klasifikaci,
která zazní v následujících vteřinách? Někdo
zamyšlený? Kuřačka? Někdo, kdo nejí ryby. Muž,
co vyrůstal bez sestry? Někdo, kdo je netrpělivý,
protože si zapomněl vyzvednout peníze v bankomatu
a nemá na kávu? Někdo, kdo se nerad fotí? Někdo,
koho už někdy viděl? Někdo, koho už někdy viděl
z velké dálky a jeho tělo se podobalo bodu mezi
dalšími mnoha body? Někdo, kdo momentálně
neleží. Levák? Člověk, jehož příjmení je Man či
jeho ekvivalent v různých jazycích. Člověk, jehož
zevnějšek se dá popsat jedním slovem, jako
například blondýn, Frigo, úřednice, popelář, židle,
mužvysoképostavysdlouhýminašedivělýmivlasy.
Někdo, kdo si myslí, že ho nikdo dosud nezmínil?
Etatista? Někdo, kdo se právě nedívá jeho směrem.
Někdo, kdo ještě nikdy nebyl zachycený objektivem
kamery (nepravděpodobné). Někdo, kdo si neustále
plete levou a pravou stranu? Někdo, koho nedokáže
popsat, ale vzpomíná si na něj? Ticho… už tady není?
Ticho, přerušené zvukem tření šatů o stěnu. Opět se
přesunul k dalšímu rohu.

A co je to prostor za jeho zády? Z jeho polohy,
v rohu místnosti, ruce podél těla, s hlavou skloněnou,
jako by pozoroval místo, kde se spojují ony tři linky.
Tak z jeho polohy, zády k místnosti, se dá říci, že musí
jít o jasně definovaný, neutrální prostor. Prosím, může
to být prostor i se základnou trojúhelníku, ale nikoho
nesmí napadnout ani náhodou ten trojúhelník dál
specifikovat. Rovnostranný. Šedivý. Tavený sýr. To vše
je špatně. Prostě to musí být pouze: trojúhelník. Na
to je tu postava, lidské tělo, aby do ideálního světa tří

rohů vnesla nesoulad. Do prdele, ale tahle místnost
nemá tvar trojúhelníku. Má přece čtyři rohy. Nebo je
to tak, že se nacházíme v prostoru, který není ideální?
Prosím, neohlížet se.

A protože je pozice v rohu zásadně nepřehledná,
je nejlepší obejít obvod celé místnosti, tedy přesunout
se do dalšího rohu...

A co ten čtvrtý roh, proč jsi ho vynechal?
Nebo ses bál? Něco se v tom rohu stalo? Co, něco?
Někdo tam byl? A co se stalo? Něco jsi slyšel? Něco
skutečného? Ale to se potom téměř nestalo, průběh
takových událostí se málokdy omezuje na pouhý
okamžik a už v momentě, kdy se snažíme si na ně
vzpomenout, se stávají něčím jiným, než původně byly.
Anebo ti to připomnělo příběh, který jsi už slyšel?
A nezačínal takhle?

Stál v rohu místnosti a... smyčka

Story of Ivan Toman, 2010. Inspirational material for the exhibition There Has Been No Future, There Will Be No Past, ISCP, New York, 2010

Příběh Ivana Tomana, 2010. Inspirační materiál pro výstavu There Has Been No Future, There Will Be No Past, ISCP, New York, 2010

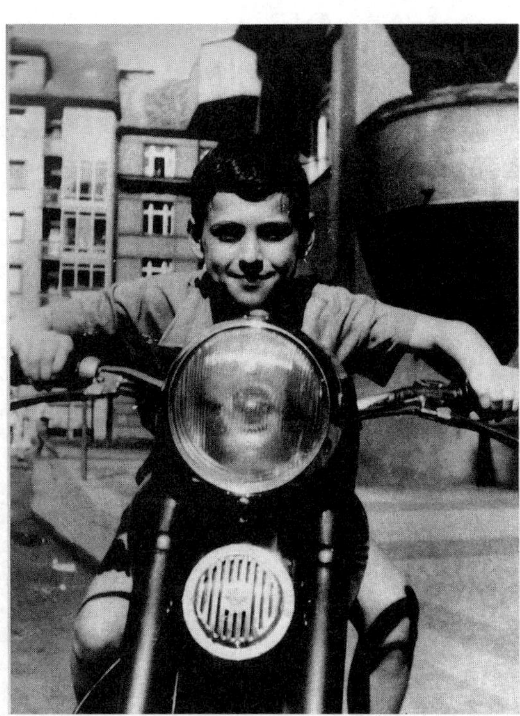

This image is one of the only three existing pictures of Ivan Toman. He was the son of the chief of the communist foreign intelligence service Zdeněk Toman, who was imprisoned in the late 40s and sentenced to death. His wife, after being informed about her husband's destiny, committed suicide and asked one close family friend, also in the top communist hierarchy, to adopt their son. He sent the baby to an orphanage instead and informed the secret police. There all information about the child disappeared. In the meanwhile, without knowing about the suicide of his wife, Zdeněk Toman succeeded in escaping from prison and emigrated to Western Europe and then to Venezuela. After getting out of Czechoslovakia, Toman asked the Red Cross to intercede with his government to get his son back. Instead of an answer he was imprisoned again in Venezuela and had to escape to the US.

In the 90s the investigation ordered by his father, who didn't know about the destiny of his son, was reopened and the whole story of the boy became clear. Given the name Michal Rohan, he had been secretly adopted during the 40s by a driver employed by one of the top communist families. Ivan/Michal died very soon of an unfortunate accident on his way to school. I found this image in a magazine. During the 90s investigation (before the article in the magazine was published) the boy's entire family died: the father, the aunts, even the members of the foster family. The only thing that remains are those three images.

I was interested in the story of a person who hardly existed, a person without destiny. His identity was changed before he started to speak and he died before he could get to know about his origins. And also what was strong for me was the evidence of the three images, something like the mediated presence of Ivan Toman, without which his life would disappear entirely. The presence (image) of death is so essential, if we think about photography.

What interested me least were the existential and political circumstances, which I found too sentimental and "heavy", maybe also too schematic. This is often the case in such reports about the history of Central Europe... I mean the communists' involvement, secret police plots...

Then I realized another quality of the story which can be used as a formula for so-called Central European art. It also explains why purely conceptual art hardly existed here in post-war art. It is the presence of this "Monster History", this unstable political reality and unrealized social ideas, which constantly confronts artists (as well as other politically active members of society) with fundamental decisions arising from the everyday.

Story of Ivan Toman
Příběh Ivana Tomana

Tohle je jedna ze tří dochovaných fotek Ivana Tomana. Jeho otec byl šéf komunistické rozvědky Zdeněk Toman, kterého na konci čtyřicátých let uvěznili a odsoudili k smrti. Když se o rozsudku dozvěděla jeho žena, spáchala sebevraždu. Předtím však požádala blízkého rodinného přítele, také člena špiček komunistické strany, aby jejich syna adoptoval. On ho však místo toho poslal do sirotčince a o všem informoval tajnou policii. Tam se všechny informace o chlapci ztrácejí. Zdeňku Tomanovi se mezitím, aniž věděl o sebevraždě své ženy, podařilo uprchnout z vězení a emigrovat do západní Evropy a odtud pak do Venezuely. Jakmile opustil Československo, požádal Červený kříž, aby mu u československé vlády vyjednal navrácení syna. Namísto odpovědi byl však Toman ve Venezuele znovu uvězněn a musel uprchnout do USA.

Pátrání po zmizelém synovi bylo na otcův popud znovu otevřeno v devadesátých letech a celý příběh se vyjasnil. Ivana Tomana pod novým jménem Michal Rohan tajně adoptoval ještě ve čtyřicátých letech řidič zaměstnaný u jedné z vrcholných komunistických rodin. Ivan/Michal však velmi brzy nato zemřel následkem velmi nešťastné nehody, která ho potkala cestou do školy. Tuhle fotografii jsem našel v jednom časopise. Během vyšetřování v devadesátých letech (předtím, než byl publikován onen článek v časopise) zemřela celá chlapcova rodina: otec, tety, dokonce i příslušníci pečovatelské rodiny. Jediné, co zbylo, jsou tyhle tři fotky.

Příběh člověka, který vlastně sotva existoval, mě velmi zaujal. Člověka bez osudu. Jeho identita se změnila dřív, než se naučil mluvit, a zemřel dřív, než měl možnost poznat svůj skutečný původ. Silně na mě zapůsobily také tyto tři fotky jako jakýsi důkaz, jakási zprostředkovaná přítomnost Ivana Tomana, bez níž by jeho život zmizel úplně. Přítomnost smrti (obraz) je tak čímsi zásadním, pokud chceme uvažovat o fotografii.

Nejméně mě na celé věci zajímaly existenční a politické okolnosti, které se mi zdají být sentimentální a „zatížené". Možná až příliš schematické. Něco takového se v různých zprávách z dějin střední Evropy opakuje často… Mám na mysli roli komunistů, pikle tajné policie…

Pak jsem si uvědomil další kvalitu celého příběhu, kterou lze použít jako vzorec pro celé takzvané středoevropské umění. Vysvětluje také, proč v našem kontextu v poválečné době čistě konceptuální umění v podstatě neexistovalo. Přítomnost „monstra dějin", nestabilita politické skutečnosti a neuskutečněné sociální myšlenky totiž neustále stavějí umělce (stejně jako všechny ostatní politicky angažované členy společnosti) před naprosto základní rozhodnutí vycházející z dennodenního života.

Story of Ivan Toman
Příběh Ivana Tomana

2010

Untitled, 2010. Acrylic-based concrete,
10 × 396 × 274 cm

Bez názvu, 2010. Beton s plastickou
hmotou, 10 × 396 × 274 cm

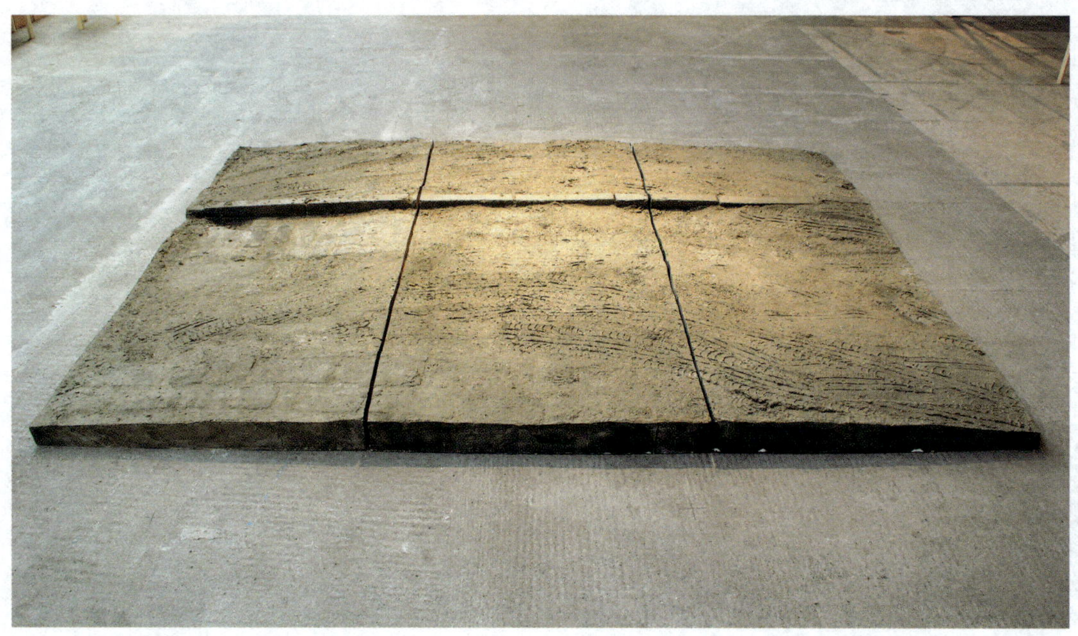

Untitled (Snow), 2010. Acrylic-based concrete, 35 × 35 cm.
Study, 2010. Not preserved

Bez názvu (Sníh), 2010. Beton s plastickou hmotou, 35 × 35 cm.
Studie, 2010. Nedochováno

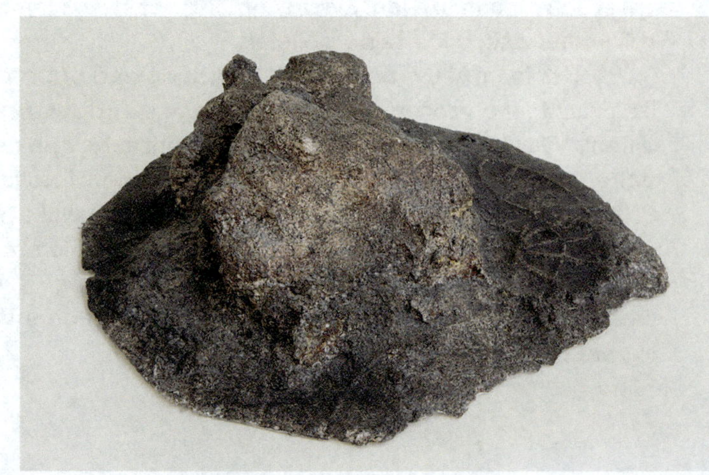

Now, 2011. Outdoor installation, thirteen concrete
blocks, dimensions variable. Study for Jocelyn Wolff
Gallery, FIAC Hors-les-Murs, Jardin des Tuileries, Paris

Teď, 2011. Venkovní instalace, třináct betonových
kvádrů, variabilní rozměry. Studie pro galerii Jocelyn Wolff,
FIAC Hors-les-Murs, Jardin des Tuileries, Paříž

2010

Block 1

You have become a component of a moving sculpture. The sculpture is delineated by thirteen numbered concrete blocks. In order for the logic behind its existence to be fulfilled, it is necessary that you pass through all of its parts in the numbered order. Please proceed to the next number.

Block 2

Thanks in part to you, the sculpture has now been put into motion. Its existence is entirely dependent on the activity of the participants, i.e. right now on yours. Without your presence, the sculpture ceases to exist, and the space it occupies is again the same as it was before. Proceed to the next site, with the number 3.

Block 3

It is important to correctly understand your role in the moving sculpture. It is based on both your independent decisions and your cooperation with others. This cooperation is not in any way organized. In the event that there is more than one participant, it consists purely of the awareness that you are not alone here. In the opposite case, you must imagine the others. The next step, numbered 4, now follows.

Block 4

Look around you. Take in all the other participants of the moving sculpture with your gaze. The manner of carrying out this actual gesture is important. It should be sufficiently noticeable so that the other participants can recognize that you are looking at them just from the position of your body. It should be clear that the gesture is being carried out for the eyes of the others.

Block 5

Another important aspect of your role is your walk. Focus now on its execution. In order to emphasize the monotonous nature of walking, it is necessary to take quite the opposite approach to its execution. Imagine that you have taken each of the steps in the chain of walking on a different day, at a different time, quite separately. Adapt the movement of your feet to this. Continue in this way to number 6.

Block 6

Now look at the site with the number 7. Look at it in such a way that the others notice that you are looking. Focus on the direction in which you will proceed towards it. It is necessary for the intelligibility of your actions, and that of all the others, that you arrive at the site numbered 7 by means of a wide arc curving towards the right. It should almost be a semicircle.

Block 7

In the same manner proceed to the next site with the number 8 in such a manner that your previous route, together with this one, again in the form of an arc, creates the shape of the letter O. In order to emphasize it, this time lean while walking as if you were holding onto a rope anchored at the other end exactly between the numbers 7 and 8.

Block 8

Wandering lends a quite different quality to the observed surroundings. In order to wander, however, you must first wander off course. If this has not already happened, you can just pretend it has. Pretend that you have mistakenly set out towards number 10, yet, after a few steps, behave as if you have changed your mind and set out in the right direction towards number 9.

Block 9

The rules of the moving sculpture are based on cooperation with the others. The tasks you have been performing are for their benefit. If you are alone in the moving sculpture, create a partner for yourself. Proceed to number 10 by means of a quick dash. While running, look over your shoulder as if someone is chasing you. If there are several people in the sculpture, cause panic by your dash at the very least.

Block 10

The time you spend in the moving sculpture may be varied. This depends on your actions. Set out now for the site with the number 11 at the pace that best suits you at this time. Observe how the moving sculpture changes by means of your actions in time. You can emphasize these transformations even more by alternating the pace of your walk.

Block 11

Now think up a gesture, which you present to the others, or try it out for yourself. It should be a gesture expressing some specific emotion: boredom, happiness, anger etc. After executing the gesture, proceed to site number 12 and repeat it. Between the two gestures, your actions should remain without expression and your walk monotonous.

Block 12

By choosing a gesture you have chosen a role. It retrospectively explains all your previous actions in the moving sculpture. Try to choose in your mind a name for this role, a gender, age and other details. With the awareness of the fact that you finally know who you are, move on to the last site, number 13.

Block 13

Now it is time to reveal that with your movement you have written the word NOW on the ground. It is necessary to object to this, however. A few moments ago, it may have been true, but now the word NOW no longer applies. Your participation in the moving sculpture has just ended.

Blok 1

Stali jste se součástí pohyblivé sochy. Socha je vymezená třinácti očíslovanými betonovými bloky. Aby se naplnila logika, která stojí za její existencí, je nutné, abyste prošel/šla všemi jejími částmi v pořadí podle čísel. Prosím, přejděte k dalšímu číslu.

Blok 2

Také díky vám se nyní socha dala do pohybu. Její existence je zcela závislá na aktivitě zúčastněných, tedy právě teď i na vaší. Bez vaší přítomnosti socha přestává existovat a prostor, který okupuje, je zpět takovým, jakým byl. Přejděte k dalšímu místu s číslem 3.

Blok 3

Je důležité správně pochopit vaši roli v pohyblivé soše. Ta je postavená jak na vašich samostatných rozhodnutích, tak na spolupráci s ostatními. Tato spolupráce však není nijak organizovaná. V případě, že je účastníků více, spočívá pouze ve vědomí, že zde nejste sám. Jinak si ostatní musíte domyslet. Nyní následuje další krok pod číslem 4.

Blok 4

Rozhlédněte se kolem. Svým pohledem obsáhněte všechny ostatní účastníky pohyblivé sochy. Důležité je provedení samotného gesta. To by mělo být dostatečně výrazné, aby ostatní zúčastnění už podle pozice vašeho těla poznali, že se na ně díváte. Zároveň musí být v gestu jasné, že bylo provedeno pro pohledy ostatních.

Blok 5

Dalším důležitým aspektem vaší role je chůze. Soustřeďte se nyní na její provedení. Aby se zdůraznil monotónní charakter chůze, je nutné k jejímu provedení přistoupit přesně opačně. Představte si, že každý krok v řetězci chůze jste udělal/a jiný den, jinou hodinu, zcela samostatně. Přizpůsobte tomu pohyb nohou. Přejděte takto k číslu 6.

Blok 6

Nyní se podívejte na místo s číslem 7. Podívejte se tak, aby si ostatní všimli, že se díváte. Zaměřte se na směr, kterým se k němu vydáte. Pro srozumitelnost vašeho jednání, i všech ostatních, je nutné, abyste došel/šla k místu s číslem 7 hlubokým obloukem, který by se vytáčel směrem doprava. Mělo by jít téměř o půlkruh.

Blok 7

Stejným způsobem přejděte k dalšímu místu s číslem 8. Tak, aby se vaší předchozí trasou a tou další, opět ve tvaru oblouku, utvořil tvar písmena O. Pro jeho zvýraznění se tentokrát při chůzi nakloňte, jako byste se držel/a lana na druhém konci, upevněném přesně mezi čísly 7 a 8.

Blok 8

Bloudění dává zcela jinou kvalitu pozorovanému okolí. Avšak abyste mohl/a bloudit, musíte nejprve zabloudit. Pokud se tak dosud nestalo, můžete to alespoň předstírat. Předstírejte, že jste se omylem vydal/a k číslu 10, po pár krocích si to jakoby rozmyslete a vydejte se správně směrem k místu číslo 9.

Blok 9

Pravidla pohyblivé sochy jsou založena na spolupráci s ostatními. K nim bylo vaše provedení úkolů směřováno. Pokud jste v pohyblivé soše přece jenom sám, vytvořte si teď společníka. Rychlým úprkem se přesuňte k číslu 10. Při běhu se dívejte za sebe, jako by vás někdo honil. Pokud je vás v soše víc, způsobte svým útěkem alespoň paniku.

Blok 10

Čas, který strávíte v pohyblivé soše, může být různý. To je závislé na vašem jednání. Vydejte se teď k místu číslo 11 takovým tempem, které vám v tuto chvíli nejvíc vyhovuje. Sledujte, jak se pohyblivá socha vaším jednání v čase mění. Tyto proměny můžete ještě zvýraznit střídáním tempa chůze.

Blok 11

Vymyslete si nyní gesto, které předvedete ostatním, či si ho vyzkoušíte sám/sama. Mělo by jít o gesto nějaké konkrétní emoce: nudy, štěstí, vzteku atd. Po provedení gesta se přesuňte k místu číslo 12 a gesto zopakujte. Mezi oběma gesty by vaše jednání mělo zůstat zcela bez výrazu a chůze monotónní.

Blok 12

Výběrem gesta jste si vybral/a roli. Zpětně se jí vysvětluje všechno vaše předchozí jednání v pohyblivé soše. Zkuste si pro tuto roli vybrat v duchu jméno, pohlaví, věk a další detaily. S vědomím toho, že konečně víte, kdo jste, se přesuňte k poslednímu místu číslo 13.

Blok 13

Nyní je čas prozradit, že svým pohybem jste na zemi napsal/a slovo TEĎ. Proti tomu je však nutné se ohradit. Před pár okamžiky to snad mohla být pravda, avšak teď už slovo TEĎ neplatí. Vaše účinkování v pohyblivě soše právě skončilo.

Projects for the Future — no. 1 Abandoned House, 2010—2011.
Silkscreen on perspex, steel cable, three panels, each 150 × 100 cm

Projekty budoucnosti — č. 1 Opuštěný dům, 2010—2011.
Sítotisk na plexiskle, ocelové lanko, tři tabule, každá 150 × 100 cm

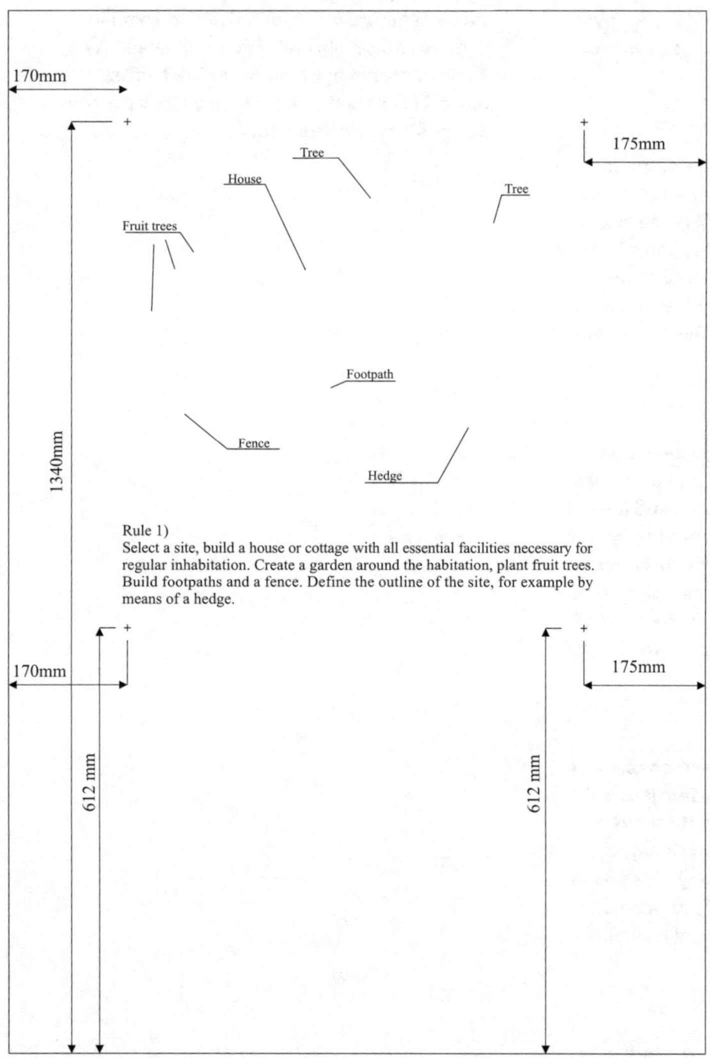

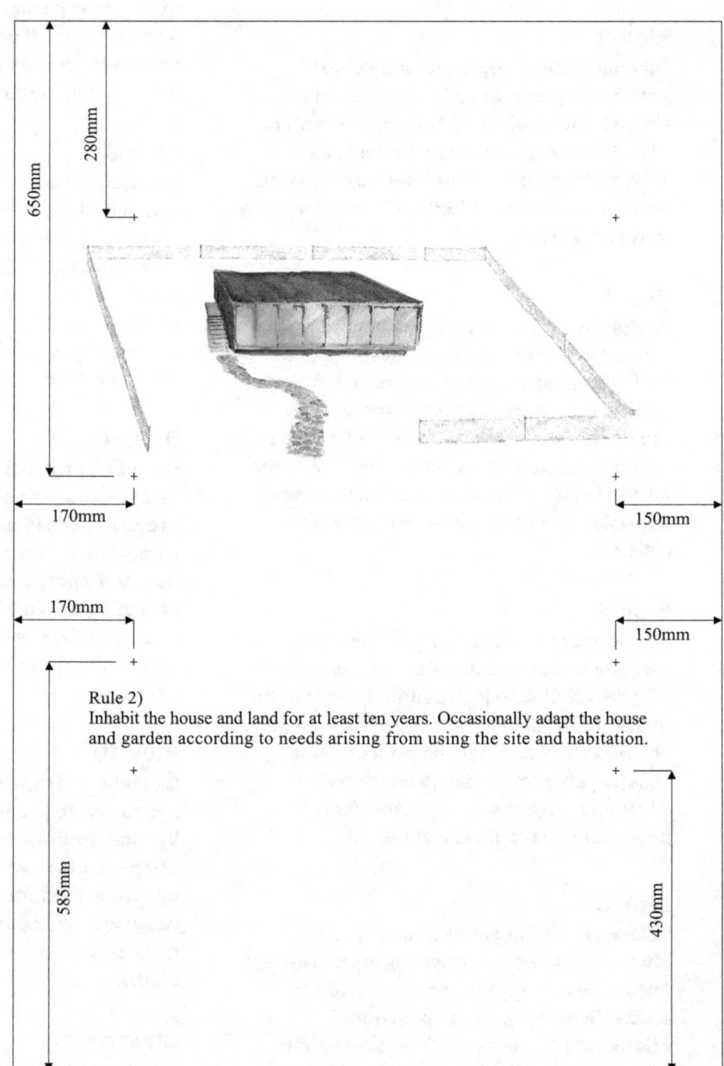

Pravidlo 1)

Vybrat pozemek, postavit dům nebo chatu se vším důležitým příslušenstvím nutným k pravidelnému obývání. Okolo obydlí vytvořit zahradu, vysadit ovocné stromy. Vybudovat chodníky a plot. Pozemek vymezit například živým plotem.

Pravidlo 2)

Pozemek s domem obývat po dobu nejméně deseti let. Dům i zahradu průběžně přizpůsobovat podle potřeb vycházejících z užívání pozemku a obydlí.

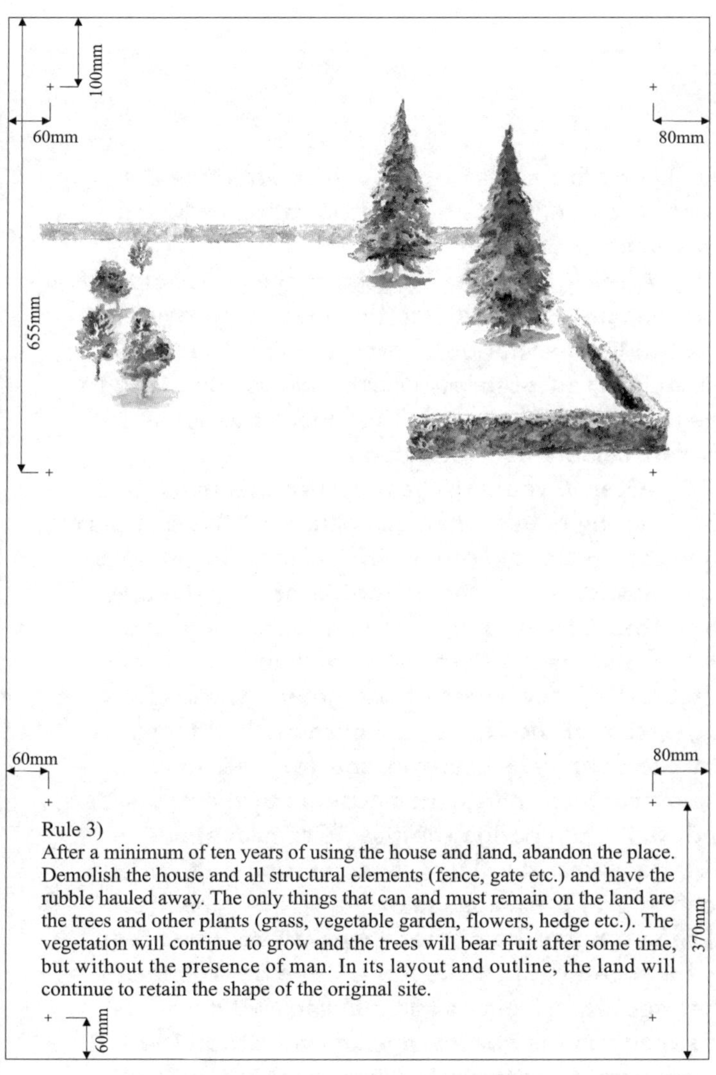

Rule 3)
After a minimum of ten years of using the house and land, abandon the place.
Demolish the house and all structural elements (fence, gate etc.) and have the
rubble hauled away. The only things that can and must remain on the land are
the trees and other plants (grass, vegetable garden, flowers, hedge etc.). The
vegetation will continue to grow and the trees will bear fruit after some time,
but without the presence of man. In its layout and outline, the land will
continue to retain the shape of the original site.

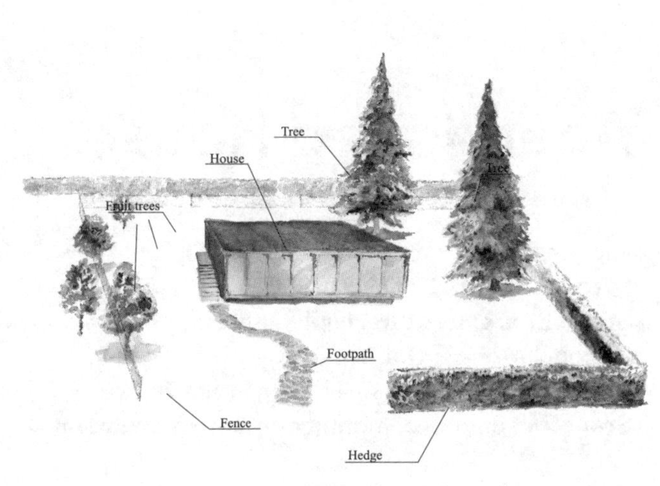

Rule 1)
Select a site, build a house or cottage with all essential facilities necessary for
regular inhabitation. Create a garden around the habitation, plant fruit trees.
Build footpaths and a fence. Define the outline of the site, for example by
means of a hedge.

Rule 2)
Inhabit the house and land for at least ten years. Occasionally adapt the house
and garden according to needs arising from using the site and habitation.

Rule 3)
After a minimum of ten years of using the house and land, abandon the place.
Demolish the house and all structural elements (fence, gate etc.) and have the
rubble hauled away. The only things that can and must remain on the land are
the trees and other plants (grass, vegetable garden, flowers, hedge etc.). The
vegetation will continue to grow and the trees will bear fruit after some time,
but without the presence of man. In its layout and outline, the land will
continue to retain the shape of the original site.

Pravidlo 3)
Po minimálně desetiletém užívání domu a pozemku místo opustit. Dům a všechny
stavební prvky (plot, branku atd.) zbořit a sutiny nechat odvézt. Jediné, co může
a musí být na pozemku ponecháno, jsou stromy a jiné rostliny (tráva, zeleninová
zahrada, květiny, živý plot atd.). Rostlinstvo bude dál růst a ovocné stromy po nějakou
dobu rodit, ale bez přítomnosti člověka. Svým rozmístěním a půdorysem budou stále
udržovat tvar bývalého pozemku.

Abandoned House, 2010—2011. Project proposal,
developed in collaboration with Kasia Redisz

Opuštěný dům, 2010—2011. Návrh projektu,
ve spolupráci s Kasiou Redisz

Abandoned House

Implementation stages
Stage 1) film, fictional story
Stage 2) architectural implementation based on the
fictional story in the film
Stage 3) real life, a family living in the house
Stage 4) sculpture, monument, anti-monument

Physical realization of the project

The project consists of two parts. The first is the
actual realization of the monument. This starts with
the selection of the site. The type of the site will be
choosen according to previous research. Preference
is given to areas close to the centre of Warsaw con-
venient for living. The size of the property should
allow a house to be built for a four-member family
with a garden around the building.

After selecting the site, an architectural com-
petition will follow. This should be done in an open
international tender. The assignment of the com-
petition should be the design of a low-cost building
with landscaping and radical architecture surpassing
average commercial housing. The idea is the realiza-
tion of a visionary building that takes a new approach
to housing issues, as well as to the question of tem-
porality in architecture. After announcing the selec-
tion of the design, the actual construction of the
house will follow. Once the building is finished, the
landscaping will be carried out. An ornamental garden
will be established, fruit trees planted. After finishing
all the construction phases and gardening, the house
will be publicly offered for rent. The rental agree-
ment should be concluded for a price lower than the

usual price in a similar location. A condition of the
lease agreement will be a lease duration of 10 years
maximum.

After the contract is signed, the leaseholder
and his family will move into the house. There will then
follow a 10-year period of everyday life. The family
will logically adapt its own surroundings according to
the needs of its usual life. This means the house and
garden, selection of vegetation.

After 10 years the family must unconditionally
abandon the house. Then demolition will follow. Apart
from the house, the other physical structures must
be removed, i.e. the fence, footpaths etc. The only
thing that remains untouched will be the vegetation
on the land. As the flora will be of a cultivated char-
acter, after a few years of wild growth the original
vegetation of the garden will change. Fruit trees will
start to become overgrown, the lawns will change
their structure and the composition of their grasses
and plants, the hedge will lose its regular shape.
Despite all this, it will be the vegetation that contin-
ues to carry the message of the former inhabitation
of the property. Its former shape will be conserved
by the location of the hedge and the divergence of
the vegetation from its surroundings will delineate
the space, in the centre of which had stood the
house where the family had lived for 10 years.

Film

The actual execution (physical realization) will be
preceded by the shooting of a mid-length film. The
fictional story of the film will pre-empt the phys-
ical realization of the monument. It will actually be
a model for its realization. It will not, therefore,
be a documentary type of film-making capturing

events related to the execution of the project. On the contrary, the fiction should be a source for its realization.

The plot of the film will describe the fictional story of the main character who has an obsessive idea of building a house as a protest. His house is an exploratory space, a project in which all fundamental layers of the economic and social identification of the individual within society are reflected — beginning with those very primal ones such as refuge or shelter, space for physical habitation, for the family as the fundamental unit so often misused by various institutions, through respect for the physical value of the work invested in the building and understanding of destruction as a fundamental evil aimed against the constant values on which civilisation and history are built, to those relating to private ownership, reflecting the class and financial status of the owner. During the construction of the house, when the main protagonist personally passes through all these layers, he decides to demolish it.

His relationship with his wife will come into the story as a parallel plot of the film. She, on the contrary, perceives his behaviour, the actual building of the house, in a very direct way - as her future home. This asymmetrical relationship culminates in conflict. The woman in the beginning doesn't believe the main protagonist will execute his plan to demolish the house, but she has to face up to it in the end.

Environment

Urban space

There are several ways of examining the evolution of a city. The most simplified, academic way is to keep track of layers of civilization, from the first signs of habitation to the recent appearance of the city, and to compare the specific residues of urban life with other period sources. But this can be a problematic practice. History, particularly the history of a city, can be understood only through comprehension of contemporaneousness.

This anachronistic (asynchronous) principle gives rise to the radical proposition that history is reconstructed again and again in the present.

The city also, as a type of space, should thus be construed rather from the present in a backward direction into the past. Similarly to the way in which evidence of human dwelling is gradually lost in the past up to the few last surviving monuments, the degree of understanding with which we approach the remaining objects and information also fades.

Thus the 20th century opens in front of us. A specific experience is that of the post-communist countries in which the unstable political regimes and historical disasters of the last century left the cities full of numerous vacant plots and empty spaces.

The losses caused by the New Capitalism of the 90s have yet to be calculated. Empty spaces in city suburbs, originally areas of neighbouring villages into which the city rapidly expanded, are evidence of the 60s and 70s baby boom and neglected housing policy. The pace of growth was predicted badly and the areas originally earmarked for future housing estates remained empty. Vacant lots in the city centre, on the contrary, are reminders of the terrors of the Second World War. The destruction of Warsaw is itself a monument containing symbolically all the circumstances that influenced political and social reality in Central Europe of the 20th century.

Vacant lot, empty space in the middle of the city Vacant lot. In the middle of such a space one can discover a delineated space which differs from the rest of the surroundings. After a moment of contemplation, it becomes clear that the space is distinguished by the type of flora, which stands out from the rest of the vegetation. These are places in which houses with gardens or backyards were standing. The house was demolished and together with it all other construction elements, such as fences, footpaths etc. But the gardens were somehow ignored. Maybe the tallest tree was chopped down; everything else was left, as it was not dangerous. Domesticated nature gradually began to transform into wild nature, although it is still recognizable. And so in the end the only evidence remaining of a place that was inhabited for long time is nature.

Fiction

The fact that the film which precedes the implementation of the monument is not a time lapse documentary is a very crucial element of the project. Apart from the fact that a documentary approach would be conservative and predictable in the context of the project, the use of fiction as a model for physical implementation reflects its role in the composition of contemporary society. We could say that real life nowadays often adopts patterns from fictional sources rather than on the basis of experience from everyday life. It is not just about a reference to pop-culture. Fiction, as a source of entertainment, has its own clear function as an instrument of power. That applies in two directions — as a space controlled by the entertainment industry providing an illusion of wonder and vicarious fulfilment of personal ambitions, but also as a permanent substitution of objective facts, and thus also responsibility, with media images perverting real political and economic events and consigning them to the space of fiction. And thus the models for our lives become fiction more and more.

By means of the film that will be shot, a pattern for the physical part of the project will be created, which will also be guided by the narrative of the two main protagonists of the film. The physical realization of the project will subsequently become a space which gets gradually filled by the predicted content arising from the story of the film.

Realization plan
Description of each part

Film

The film should be made in a Czech—Polish co-production. The footage should between 30 and 40 minutes. The original language should be Polish with a Polish cast. The actual filming should be done in Poland. Postproduction work (editing, image mastering, sound mixing and mastering etc.) would then be done in the Czech Republic. The format of the film should be the digital Red One system.

Site selection

The site should have an acreage facilitating the building of a house for a four- or five-member family. It should be located close to the residential areas of central Warsaw area, which after 10 years of the family's life in the house will become a site related to a monument. A land on a long-term lease by municipality would be ideal. Privately owned land is also a possibility.

Architectural competition

Selected studios from Poland and abroad should be invited to participate in the architectural competition. The assignment should be for a low cost house for a four- or five-member family. A radical project is expected that would raise questions related to

the design of a house of a certain size and location, as well as the theme of temporality in architecture, which is to a certain extent regarded among architects as a taboo. All the possibilities that a building with a predefined lifetime of ten years of living allows should be fully applied. The architect of the selected plans would then collaborate on execution of the film.

Construction of the house

The actual building of the house will simultaneously provide a location for making the film. After completion of the construction, special attention should be given to the modification of the land and planting of ornamental and utility vegetation. The actual house will then be a physical by-product of the film and a temporal monument for ten years.

Lease

The ideal lease agreement would be for the whole 10 years. In the event of rescission of the lease by the tenant, a new one should be found as soon as possible.

Demolition of the house

After the departure of the family, the demolition of the house should proceed. This should be done thoroughly. Apart from the actual house, the other building elements should also disappear, such as fences, footpaths etc. The only thing that should remain untouched is the entire vegetation growing on the land.

Monument

The slowly changing vegetation, which by its situation and divergent character will delineate the original shape of the property, will become a monument.

Opuštěný dům

Fáze realizace
Fáze 1) film, fiktivní příběh
Fáze 2) architektonická realizace vycházející
z fiktivního příběhu filmu
Fáze 3) skutečný život, rodina bydlící v domě
Fáze 4) socha, pomník, anti-monument

Realizace projektu

Projekt se skládá ze dvou částí.
První je skutečná realizace monumentu. Ta začíná
výběrem pozemku. Pozemek bude vytipován na
základě průzkumů. Měl by ležet v oblasti poblíž centra
Varšavy, v obytné čtvrti. Velikost pozemku by měla být
přiměřená stavbě domu pro čtyřčlennou rodinu, který
byl obklopen zahradou.
　　　Po výběru pozemku následuje architektonická
soutěž. Ta by měla probíhat formou otevřené mezi-
národní soutěže. V zadání by měl být nízkorozpočtový
dům s úpravou pozemku. Architekti by měli být vybíd-
nuti k radikálnímu projektu, vymykajícímu se komerční
zástavbě. Ideou je realizace vizionářské budovy, nově
se stavějící jak k otázkám spojeným s bydlením, tak
k otázce trvání v architektuře. Po vyhlášení vybra-
ného projektu se přistoupí k jeho stavbě. Po dovršení
vlastní stavby se dokončí pozemek. Bude zřízena
okrasná zahrada a vysázeny ovocné stromy. Po
dokončení veškerých stavebních a zahradních prací
se dům nabídne veřejně k pronájmu. Podmínkou bude
kontrakt na dobu nejdéle 10 let. Nájemní smlouva
by měla být uzavřena za cenu mírně nižší než nájmy
v podobné lokalitě.
　　　Po podepsání smlouvy se nastěhuje nájemník
s rodinou a následuje deset let obyčejného života.
Rodina bude logicky adaptovat prostředí, ve kterém
žije, a to jak samotný dům, tak zahradu výběrem
rostlin atd.
　　　Po uplynutí deseti let se musí rodina striktně
vystěhovat. Následuje demolice budovy a všech
hmotných pozůstatků zástavby, jako je plot, chodníky
atd. Jediné, co se nechá nedotčené, bude vegetace
na pozemku. Ta se ponechá svému osudu. Protože
půjde o kultivované rostlinstvo, po několika letech
divokého růstu se jeho podoba začne měnit, ovocné
stromy prorůstat, tráva měnit charakter a složení
druhů bylin, živý plot ztrácet pravidelný tvar. Přesto
ve své dispozici právě rostlinstvo udrží zprávu

o minulém obývání pozemku. Jeho tvar bude zacho-
ván umístěním keřů bývalého živého plotu, odlišnost
vegetace od okolních druhů vymezí bývalý prostor,
uprostřed něhož kdysi stál dům, který po deset let
obývala rodina.

Film

Další částí je film.
Vlastní realizaci bude předcházet natočení středo-
metrážního filmu. Fiktivní příběh filmu bude přejímat
fyzickou realizaci monumentu, bude vlastně před-
lohou jeho realizace. Nejde tedy o dokumentární
přístup, který by sbíral události spojené s realizací
projektu. Naopak, fikce má být zdrojem pro fyzickou
realizaci projektu.

Děj filmu bude popisovat fiktivní příběh hlavního hrdiny
s utkvělou představou postavit dům jako protest.
Jeho dům je výzkumným prostorem, projektem, v němž
e odrážejí základní vrstvy ekonomické a sociální
identifikace jedince uprostřed společnosti — od
primárních, jako je útočiště, úkryt, prostor pro sebe
a vlastní rodinu jako základní jednotku společnosti,
tolik zneužívanou různými společenskými institu-
cemi, jako jsou církev či stát, přes respekt k fyzické
hodnotě vložené práce a zničení jako fundamentálního
zla namířeného proti trvalým hodnotám, na kterých
stojí civilizace a její historie, až po osobní vlastnic-
tví, odrážející třídní a ekonomický status vlastníka.
V průběhu stavby, při které osobně prochází všemi
těmito vrstvami, se hrdina rozhodne dům zničit.
　　　Jako paralelní děj se však do příběhu dostane
jeho vztah k ženě. Ta jeho jednání, budování domu,
chápe ve zcela přímém smyslu. Jako svůj budoucí
domov. Tato asymetrie nakonec přechází v konflikt,
kdy žena zpočátku nevěří, že muž svůj plán zničení
domu uskuteční, ale nakonec k tomu dojde.

Prostředí

Městský prostor

Je několik způsobů, jak sledovat vývoj města. Tím
zjednodušeným, akademickým je následovat vrstvy
civilizace od prvních známek osídlení až po současnou
podobu města a porovnávat konkrétní pozůstatky
s jinými dobovými prameny. To je však problematický
postup. Historii, potažmo historii města rozumíme
jedině na základě porozumění současnosti.

Tento anachronický (asynchronní) princip umožňuje radikální tezi, že historie se znovu a znovu vytváří v přítomném čase.

Tak by se také město jako prostor mělo vykládat spíše od současnosti směrem zpět do minulosti. Stejně jako se zpětně pomalu vytrácejí důkazy lidského osídlení až na několik posledních přeživších monumentů, vytrácí se i míra porozumění, s níž přistupujeme k dochovaným objektům a informacím.

A tak se před námi otevírá 20. století. Specifická je zkušenost postkomunistických zemí, kde nestabilita politických režimů během minulého století pokryla města četnými prolukami a prázdnými plochami.

Ztráty způsobené novým kapitalismem v devadesátých letech se ještě nestačily spočítat. Volné prostranství na okraji města, tedy původně na území přilehlých vesnic, kde se město rychle rozrůstalo, jsou dokladem baby boomu šedesátých a sedmdesátých let a zanedbané bytové politiky. Tempo růstu však bylo odhadnuto mylně a pozemky původně zahrnuté do budoucí zástavby zůstaly prázdné. Proluky v centru města otevírají pak spíše hrůzy druhé světové války. Zničení Varšavy je samo monumentem, který v sobě symbolicky obsahuje všechny okolnosti, které ovlivňovaly politickou a společenskou realitu střední Evropy ve 20. století.

Proluka, volný prostor uprostřed města

Proluka. Uprostřed takovéhoto typu prostranství člověk často narazí na vymezený prostor, který se liší od okolí. Po chvíli soustředění si uvědomí, že rozdíl, jímž je prostor vymezen, je v typu flóry, která se vymyká okolnímu rostlinstvu. Jsou to místa, kde kdysi stál dům se zahradou či dvorem. Dům byl zbořen, spolu s ním i všechny ostatní stavební prvky: plot, chodníky. Na zahradu se nějak zapomnělo. Možná se pokácel největší strom, vše ostatní zůstalo jako neškodné. Domestikovaná příroda se pomalu začala měnit v divokou, přesto je stále rozeznatelná. A tak jediným důkazem o místě, které bylo dlouho obývané, je nakonec příroda.

Fikce

Skutečnost, že film, který předchází realizaci monumentu, není časosběrným dokumentem, ale fikcí, je pro celý projekt zásadní. Kromě faktu, že dokumentární přístup by byl v kontextu projektu přístupem předpokládatelným a do jisté míry konzervativním, je použití fikce jako modelu či předlohy pro fyzickou realizaci také odrazem její momentální úlohy v současné společnosti. Dalo by se říci, že reálný život si vytváří své modely často spíše z fiktivních zdrojů než na základě zkušenosti z každodenního života. Nejde zde pouze o referenci k popkultuře. Fikce jako zdroj zábavy má svou jasnou funkci jako nástroj moci. A to oběma směry. Jako prostor ovládaný zábavním průmyslem a poskytující iluzi uhranutí a paralelní realizace osobních ambicí, i jako permanentní nahrazování reálných odkazů a tím i zodpovědnosti, mediálním obrazem politických či ekonomických situací, a to je posouvá zcela jistě do prostoru fikce. A tak se fikce stává stále více předlohou pro náš život.

Filmem, který se natočí, se také vytvoří předloha, usměrněná navíc příběhem dvou hlavních postav. Následnou fyzickou realizací projektu se vymezí prostor, který se pak bude naplňovat předpověděným obsahem, vycházejícím z odkazu filmu.

Plán realizace
Popis jednotlivých fází

Film

Film by měl být realizován v koprodukci českých a polských filmařů. Jeho délka by měla být mezi 30 a 40 minutami. Původním jazykem by měla být polština, ve filmu by měli hrát polští herci. Film by se měl natáčet v Polsku. Postprodukční práce (střih, master obrazu, zvukový mix a master zvuku) by pak následně probíhaly v České republice. Film by měl být natočen v digitálním formátu Red One.

Výběr pozemku

Pozemek by měl mít takovou rozlohu, aby umožňoval postavení domu pro čtyř- až pětičlennou rodinu. Měl by být blízko obytných zón centra Varšavy a mělo by jít o pohodlnou obytnou zónu, která by se po uplynutí doby výstavby a 10 let života rodiny v domě stala místem spojeným s monumentem. Ideální by byl pozemek dlouhodobě pronajatý městem. Je však možná také varianta soukromého pozemku.

Architektonická soutěž

Do architektonické soutěže by měla být pozvána vybraná studia z Polska, ale i ze zahraničí. Zadáním by byl nízkorozpočtový dům pro čtyř- až pětičlennou rodinu. Měl by vzniknout radikální projekt, který by

tematizoval jak vlastní zadání domu pro určitý počet
lidí a lokaci, tak především otázku dočasnosti archi-
tektury, která je do jisté míry mezi architekty vnímána
jako tabu. Měly by se plně uplatnit všechny okolnosti,
které stavba s předem určenou délkou života na
deset let umožňuje. Architekt by pak spolupracoval
i na realizaci filmu.

Stavba domu

Stavba domu by se současně stala i dekorací pro
natáčení filmu. Po dokončení vlastní stavby by
se kladla zvláštní pozornost na úpravu pozemku
a výsadbu okrasné a užitkové vegetace. Stavba sama
by se pak na deset let stala hmotným pozůstatkem
děje filmu a dočasným monumentem.

Pronájem

Ideálním pronájmem by byl kontrakt na 10 let.
V případě výpovědi za strany nájemce by se měl
urychleně najít nájemce nový.

Demolice budovy

Po vystěhování rodiny by měla nastat demolice domu.
Ta by se měla uskutečnit s veškerou důsledností.
Kromě domu by měly zmizet také další stavební prvky,
jako je oplocení, chodníky atd. Jediné, co by mělo
zůstat nedotčené, je veškerá vegetace rostoucí na
pozemku.

Monument

Monumentem se stává pomalu se měnící rostlin-
stvo, které ve své dispozici zachovává původní tvar
pozemku.

2011

Me, Walking in My Studio Under the Lamp, 2011.
Ballpoint pen on paper, ten drawings, each 42 × 29.7 cm

Já, kráčející ve svém studiu pod lampou, 2011.
Kuličkové pero na papíru, deset kreseb, každá 42 × 29,7 cm

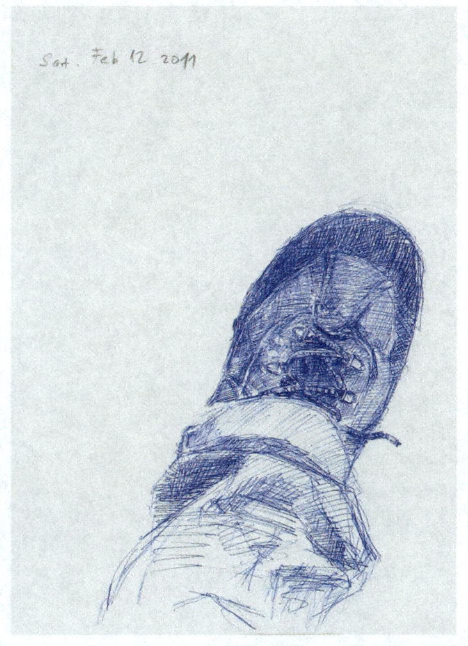

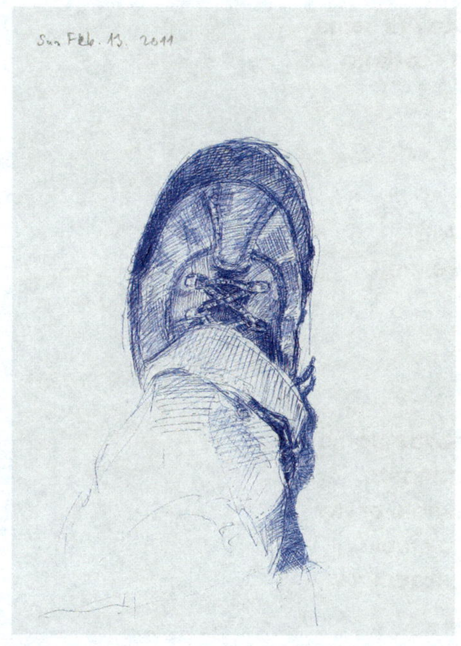

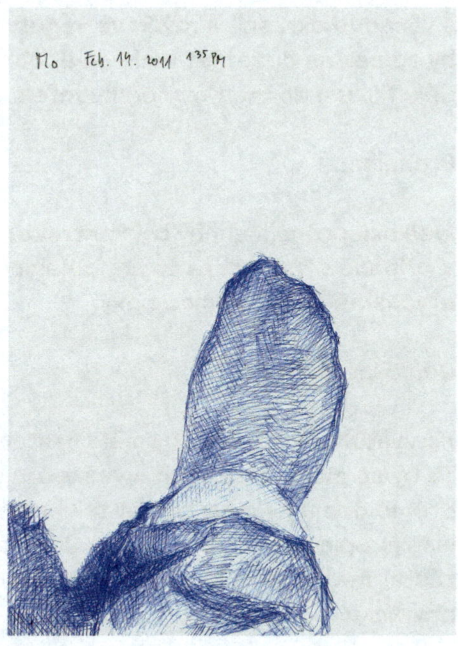

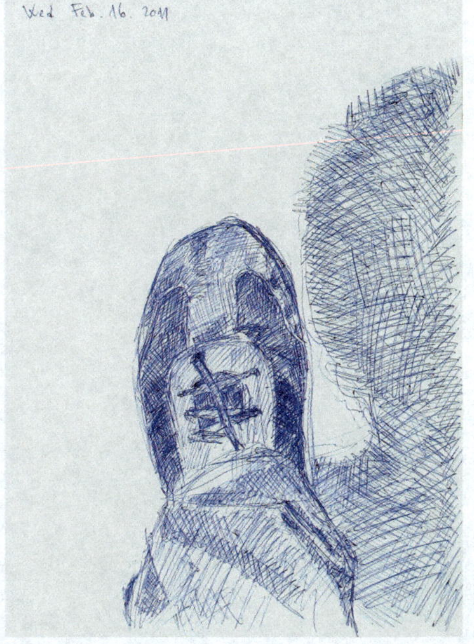

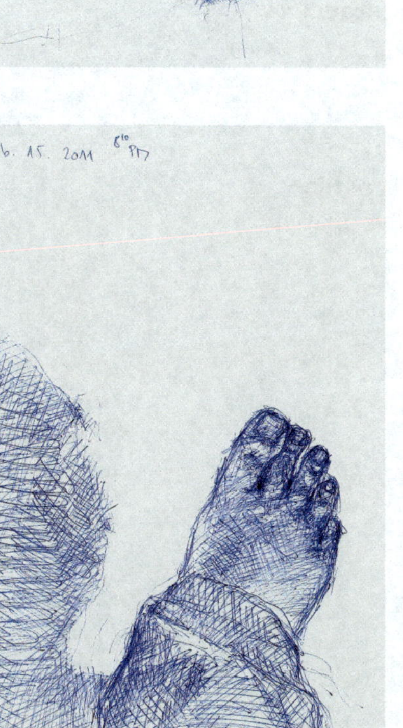

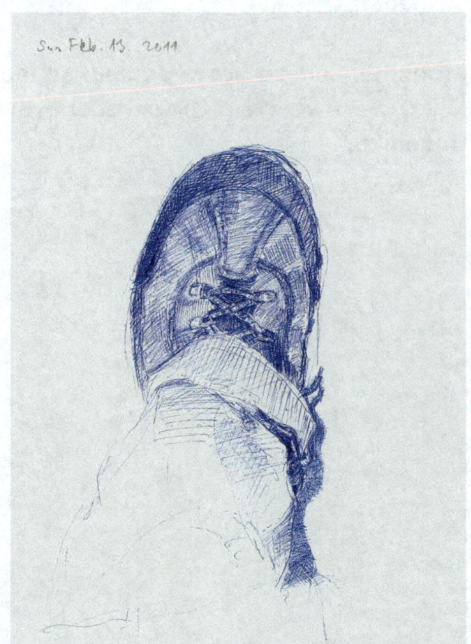

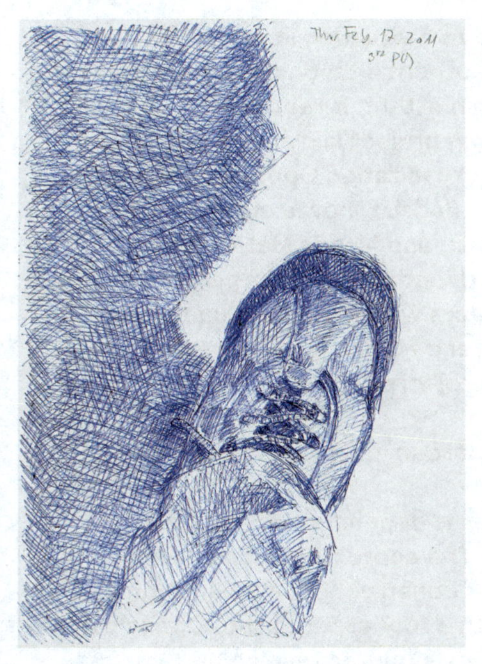
Thu Feb. 17. 2011
3:12 PM

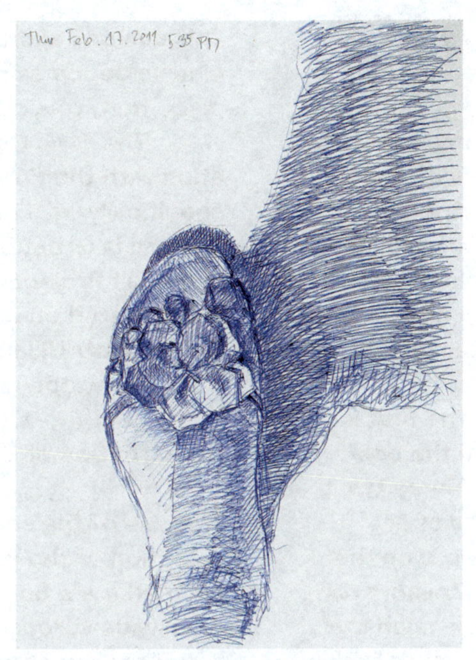
Thu Feb. 17. 2011 5:55 PM

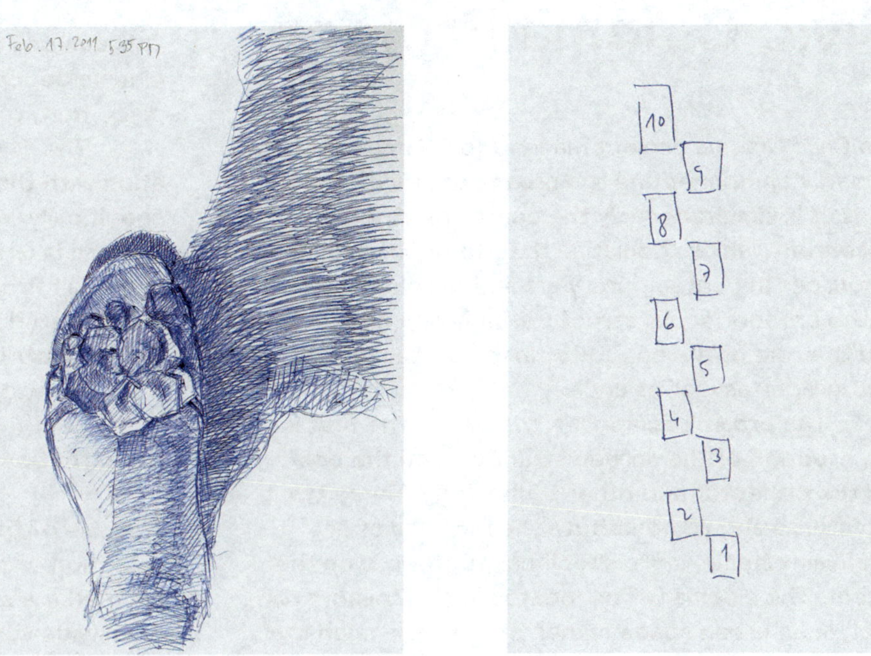
10
9
8
7
6
5
4
3
2
1

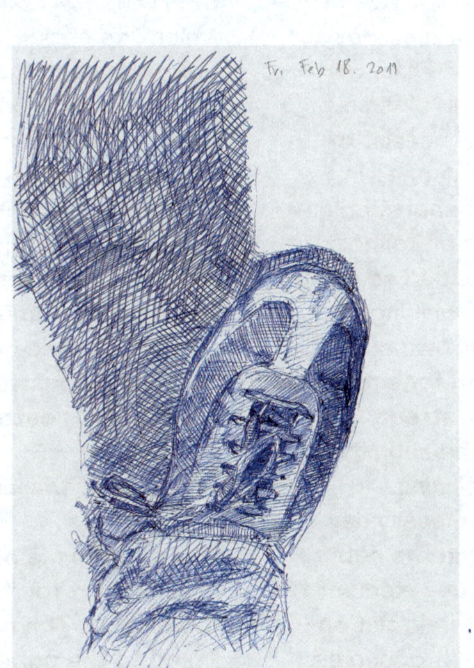
Sat Feb. 19. 2011
Fri Feb 18. 2011

Civic Cinema Project, Warsaw 2011

Projekt Občanské kino, Varšava 2011

Civic Cinema Project

The *Civic Cinema* project planned for Warsaw focuses primarily on connecting the urban space with its citizens. It is simultaneously the bearer of other layers of content, which thematize the use of filmmaking resources in contemporary art and their connection to the broader social structure, including distribution and the role of the spectator in the system of cinematography as well as art.

The project comprises two parts. The first is the erection of the screen structure and the box for the projector and other technology. These two structures should constitute the facilities of an open-air cinema, more specifically outdoors on the street. The cinema will be located in the Żoliborz district, in an urban space rather than a park, such that the site would be part of the everyday bustle of the city, and the audience would consist of passers-by as well as the citizens involved in the project. Films will be screened every evening in the open-air cinema.

The second part of the project will consist of the creation of three films that will be screened in the cinema. These should be made in collaboration with the local citizens, particularly those of Żoliborz, where the cinema will be located. A classified ad will appear in the local newspapers at the beginning of June 2011 inviting citizens to submit their own outlines for films, their own stories, intended for screening in the *Civic Cinema* project, i.e. in the street cinema. The author will select three of the submitted entries for subsequent processing and filming.

The resulting films will be screened every day at certain hours (evening and nighttime) in the public cinema. In this way the originally anonymous element of the street cinema will enter into a natural relationship with the people residing in the place it occupies.

This can be regarded as a situation in which the cinema becomes an authentic testimony about the place that, to a certain extent, it represents.

The *Civic Cinema* project is planned in collaboration with the Polish organization Open Art Projects, specifically with Kasia Redzisz, now a curator of Tate Modern in Great Britain, and Magda Materna. The Open Art Projects production team has previously collaborated on projects with Paweł Althamer, Peter Coffin, Piotr Uklański and Mirosław Bałka. http://www.openartprojects.org

Construction of the screen and projection box:

The size of the screen is dependent on the final selection of the site. The approximate dimensions planned are a 5m high construction, a 2.53m high by 4.5m wide screen with a 16:9 aspect ratio. Opposite the screen will be a box mounted on a column, in which the projector and player will be installed. The box will be serviceable from outside. The material will be galvanized iron and the surface of the screen will be sprayed with a white coating for outdoor screens. The construction is based on a previously realized open-air cinema in a private collection in the USA.

For operation of the cinema it will be equipped with a HDV 16:9 projector and a BlueRay media player. The projector and player will be equipped with a timer that will run the daily film screenings.

The construction will also have two stereo speakers for outdoor use.

The films of the *Civic Cinema*

The programme of the *Civic Cinema* will consist only of films shot for it. Nothing else will be screened in the cinema. The nature of the films will be closely linked to the concept of street cinema, i.e. the interconnection between the cinema structure and the films that will constitute its programme will be quite fundamental. At the beginning of June 2011 the opportunity for people to submit to the author of the project their own stories or those of relatives and acquaintances will be announced by means of a classified advertisement, which should be published in the Warsaw press or related media. The classified will briefly describe the project and the invitation will be worded in such a way that the intention to screen the films derived from the outlines in the context of the *Civic Cinema* project, i.e. in the street cinema, will be clear. The author will select three of the submitted entries and subsequently develop and film them.

The intention of the project is an encounter between the personal stories and initiatives of the citizens and the artistic approach of the author. It is a sort of reference to the early avant-garde objectives of artists and their social programme of connecting the activities of the broader masses of the citizenry with the radical approach of an artistic happening. It is an objective that in the environment of contemporary political propaganda and the self-referential nature of commercial media is almost unthinkable.

The format of submission and development of stories is certainly nothing new. Up to now, though, it has in most cases been used only in the context of projects set within the confines of popular culture. The encounter between a radical artistic process and material originating (in authorship terms also) in an environment outside of artistic discourse, specifically in the broadest circles of the citizenry, is an element that carries a somewhat established format to an entirely new level. The development process may be stimulating for both sides, both in the form of the original author's expectations of what will happen to his or her material, and the expectations of the author of the project as to how his artistic input will be received by both the originator of the story and the local community. A large role is played here by the routinely imposed self-censorship of the media and commercial culture in which the spectator is always perceived as a superficial element with a short attention span who must be accommodated to with maximum simplicity and straightforwardness of the material. Quite the opposite is the case in the *Civic Cinema* project. The spectator or the community from which the stories will be acquired for development will be an equal partner sharing in the creation of a work of a radical nature. All of this will be accentuated by the form of dissemination of the resulting material, which in the context of the "street cinema" will play a part in the appearance of the district/city.

The material submitted and subsequently selected by the author will first be developed as a script. At this stage, the author will apply the principles of cinematic deconstruction both in the context of syntax and working with language and in the context of development of the screen characters and their setting in the fictional environment. In this the author will build on his previous film projects: *Killer Without a Cause* (2006), collection of Thyssen Bornemisza Art Contemporary, Vienna, *Reflection* (2008), Andrew Kreps Gallery, New York, City Gallery Prague — Golden Ring House, and *Lost Memory* (2010), Meyer Riegger Karlsruhe and Kunstverein Braunschweig.

On the basis of the script an audition will be called for the cast. There should be a limited number of protagonists — a maximum of 3 — 5 parts with the possibility of a small number of volunteer extras. Each film should take one day to shoot. Preparation of the auditions and production and post-production of the films will be carried out in collaboration with the Andrzej Wajda Master School of Film, Warsaw. The format of the final material will be short films (video) of 8 — 15 minutes duration.

The films will subsequently be screened every day in the "street cinema" at certain hours (evening and nighttime).

Individual phases of project development:

Manufacture of screen and projection equipment box:

1) selection of a suitable site in the Żoliborz district of Warsaw
2) engineering design of the construction (David Kraus, engineer)
3) commissioning of manufacture, manufacture
4) preparation of final location (foundations, power line installation etc.)
5) installation on the final site
6) installation of projection equipment

Creation of films:

1) publication of a classified call for submission of personal stories for filming
2) selection of three stories for development

3) creation of script
4) translation
5) casting audition
6) selection of filming locations
7) rehearsals
8) three shooting days
9) post-production
10) provision of technical conditions
for screening (timer etc.)

____

Projekt
Občanské kino

Projekt *Občanské kino*, připravovaný pro Varšavu,
je primárně zaměřený na propojení městského
prostoru s jeho obyvateli. Zároveň je nositelem
dalších obsahových vrstev, které tematizují používání
filmových prostředků v současném umění a jejich
napojení na širší společenskou strukturu, včetně
distribuce a role diváka v systému kinematografie
i umění.

Projekt sestává ze dvou částí. První je postave-
ní konstrukce projekční plochy a boxu pro projektor
a další techniku. Tyto dva objekty by měly vytvořit
prostředí veřejného kina pod širým nebem, přesněji
venku na ulici. Kino bude umístěno ve čtvrti Żoliborz,
v situaci spíše městského prostředí než parku, tak,
aby místo bylo součástí každodenního rušného provo-
zu města a diváky se stali jak kolemjdoucí, tak obyva-
telé do projektu zapojení. Filmy se ve venkovním kině
budou promítat každý den ve večerních hodinách.

Druhou částí projektu je vznik tří filmů, které se
budou v kině promítat. Ty by měly vzniknout ve spo-
lupráci s obyvateli města, potažmo čtvrti Żoliborz, ve
které bude kino stát. Na začátku června 2011 vyjde
v místních novinách inzerát vyzývající obyvatele, aby
zaslali vlastní náměty na filmy, vlastní příběhy, určené
pro promítání v rámci projektu *Občanského kina*, tedy
v kině na ulici. Ze zaslaných příběhů vybere autor tři,
které následně zpracuje a zfilmuje.

Filmy budou pak promítány každý den v určitý
čas (večerní a noční hodiny) ve veřejném kině. Tím
se původně anonymní prvek kina na ulici dostane

do přirozeného vztahu k lidem, kteří místo, jež kino
okupuje, obývají. Lze to označit za situaci, kdy se kino
stane určitou autentickou výpovědí o místě, které do
jisté míry reprezentuje.

Projekt *Občanské kino* je připravován ve spo-
lupráci s polskou organizací Open Art Projects, jme-
novitě Kasiou Redzisz, nyní kurátorkou Tate Modern
v Británii, a Magdou Maternou. Produkce Open Art
Projects na předchozích projektech spolupracovala
již s Pawłem Althamerem, Peterem Coffinem, Piotrem
Uklańským či Mirosławem Bałkou. http://www.open-
artprojects.org

Konstrukce projekční plochy a boxu pro promítací
techniku:

Velikost promítací plochy je podmíněna finálním vý-
běrem místa, její rozměry jsou plánovány přibližně na
5 m — výška konstrukce, 2,53 m — výška a 4,5 m —
šířka promítací plochy, při poměru stran 16 : 9. Naproti
promítací ploše bude stát box na noze, kde bude
umístěn projektor a přehrávač. Box bude obsluhova-
telný zvenku. Materiálem bude pozinkované železo, na
promítací ploše bude povrch opatřen bílým nástřikem
barvy pro venkovní projekční plochy. Konstrukce vy-
chází z již zrealizovaného venkovního kina v soukromé
sbírce v USA.

Pro provoz kina bude opatřen projektor HDV
16 : 9 a BlueRay přehrávač. Projektor a přehrávač
budou vybaveny časovým spínačem, který bude
spouštět každodenní přehrávání filmů.

Konstrukce bude doplněna dvěma stereo-
reproduktory pro venkovní použití.

Filmy *Občanského kina*

Filmy natočené pro *Občanské kino* budou jeho jedi-
ným programem. Nic jiného se v kině promítat nebude.
Povaha filmů bude úzce spjata s ideou kina na ulici.
Tedy propojení objektu kina a filmů, které budou
tvořit jeho program, bude zcela zásadní. Na začátku
června 2011 bude prostřednictvím inzerátu vyhláše-
na možnost zaslat vlastní příběhy či příběhy známých
a příbuzných na adresu autora projektu. Inzerát by
měl vyjít ve varšavských novinách a v příbuzných
médiích. V inzerátu bude stručně popsán projekt
a výzva bude formulována tak, aby byl jasný záměr
promítat zpracované náměty na filmy v rámci projektu
Občanského kina, tedy v kině na ulici. Ze zaslaných
příběhů vybere autor tři, které následně zpracuje
a zfilmuje.

Záměrem projektu je setkání osobních příběhů, podnětů ze strany obyvatel města a uměleckého přístupu autora. Je to jakési navázání na raně avantgardní cíle umělců s jejich sociálním programem o propojení aktivit širokých vrstev obyvatel s radikálním přístupem umělecké akce. Cíl v prostředí současné politické propagandy a autoreferenční povahy komerčních médií téměř nemyslitelný.

Formát zaslaných a zpracovaných příběhů jistě není nový. Dosud však byl ve většině případů použit jen v rámci projektů pohybujících se v mantinelech populární kultury. Setkání radikálního uměleckého procesu s materiálem pocházejícím (i autorsky) z prostředí mimo umělecký diskurs, konkrétně od nejširšího okruhu obyvatel města, je elementem, který převádí již do jisté míry zaběhnutý formát do zcela nové roviny. Proces zpracování může být podnětný pro obě strany, jak ve formě očekávání původce, co se s jeho materiálem stane, tak v očekávání autora, jakým způsobem bude jeho umělecký vklad přijat tvůrcem příběhu a místní komunitou. Zde hraje velkou roli běžně vnucovaná autocenzura médií a komerční kultury, kdy je divák vždy vnímán jako povrchní a netrpělivý element, kterému je třeba vyjít vstříc maximální jednoduchostí a nenáročností látky. V projektu *Občanského kina* je tomu právě naopak. Divák či komunita, ze které budou zpracovávané příběhy pocházet, je zde rovnocenným partnerem, podílejícím se na tvorbě díla radikální povahy. Vše je ještě umocněno formou distribuce výsledného materiálu, který se v rámci „kina na ulici" bude podílet na podobě čtvrti/města.

Zaslaný materiál, který posléze autor vybere, bude nejprve scénáristicky zpracován. V této fázi autor uplatní principy filmové dekonstrukce jak v rámci syntaxe a práce s jazykem, tak v případě utvoření filmové postavy a jejího zasazení do fiktivního prostředí. Naváže tím na své předešlé filmové projekty: *Vrah bez příčiny* (2006), sbírka Thyssen Bornemisza Art Contemporary, Vídeň), *Odlesk* (2008), Andrew Kreps Gallery, New York; GHMP, expozice současného umění, Dům U Zlatého prstenu, nebo *Ztráta paměti* (2010), Meyer Riegger Karlsruhe / Kunstverein Braunschweig.

Na základě scénáře bude vypsán konkurs na herce. Mělo by jít o omezený počet protagonistů, tři až maximálně pět herců s možností malého komparsu z řad dobrovolníků. Počítá se s jedním dnem natáčení pro každý film. Při přípravě konkursu, produkci a postprodukci filmů se bude spolupracovat se školou Andrzej Wajda Master School of Film, Varšava. Formátem výsledného materiálu by měl být krátkometrážní (video) film o délce od osmi do patnácti minut.

Filmy budou pak promítány v „kině na ulici" každý den v určitý čas (večerní a noční hodiny).

Jednotlivé fáze vzniku projektu:

Výroba projekční plochy a boxu pro techniku:

1) vybrání vhodného místa ve varšavské čtvrti Żoliborz
2) projektování konstrukce (ing. arch. David Kraus)
3) zadání výroby, výroba
4) příprava finální lokace (základy, přívod elektřiny atd.)
5) instalace na finálním místě
6) umístění promítací techniky

Vznik filmů:

1) vypsání inzerátu pro zaslání osobních příběhů ke zfilmování
2) výběr tří příběhů na zpracování
3) vznik scénářů
4) překlad
5) konkurs na herce
6) výběr lokace pro natáčení
7) zkoušení
8) tři natáčecí dny
9) postprodukce
10) zajištění technických podmínek pro promítaní (časový spínač atd.)

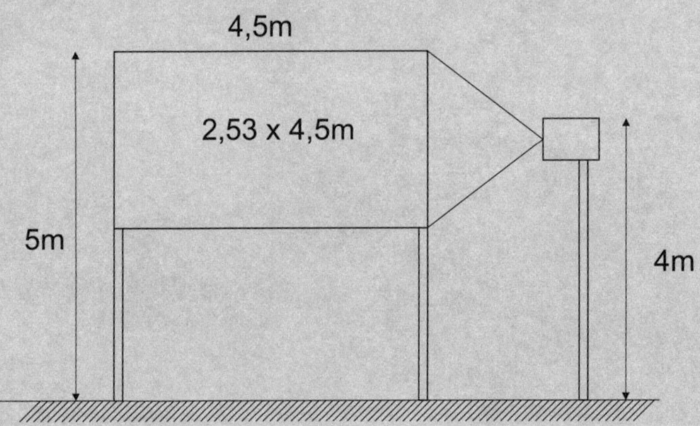

2011

This Line Follows the Movement of My Hand, 2011.
Pencil and black marker on paper, 21 × 29.7 cm.
Study for an exhibition at Jocelyn Wolff Gallery, Paris

———————

Tato linka sleduje pohyb mé ruky, 2011. Tužka a černý
fix na papíru, 21 × 29,7 cm. Studie pro výstavu v galerii
Jocelyn Wolff, Paříž

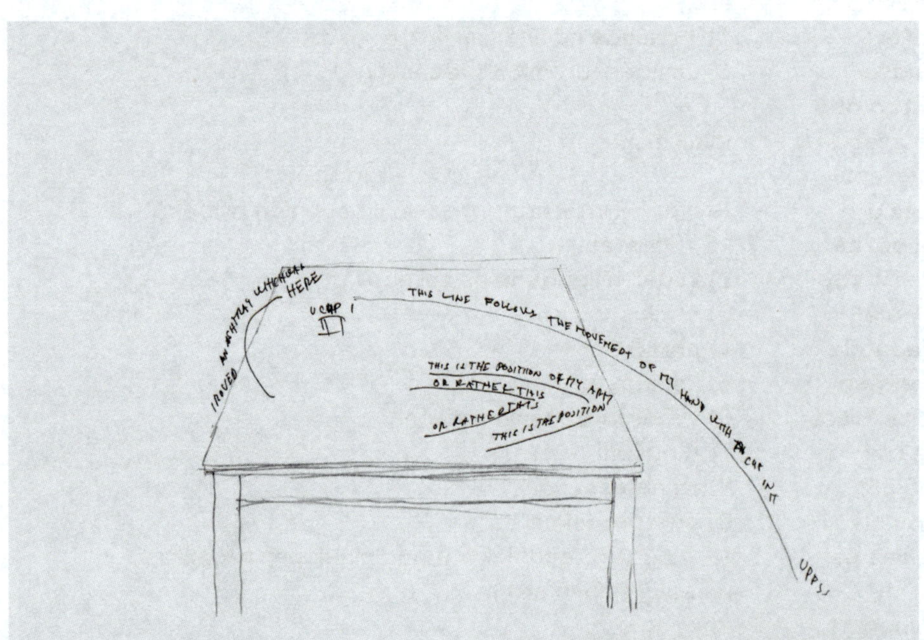

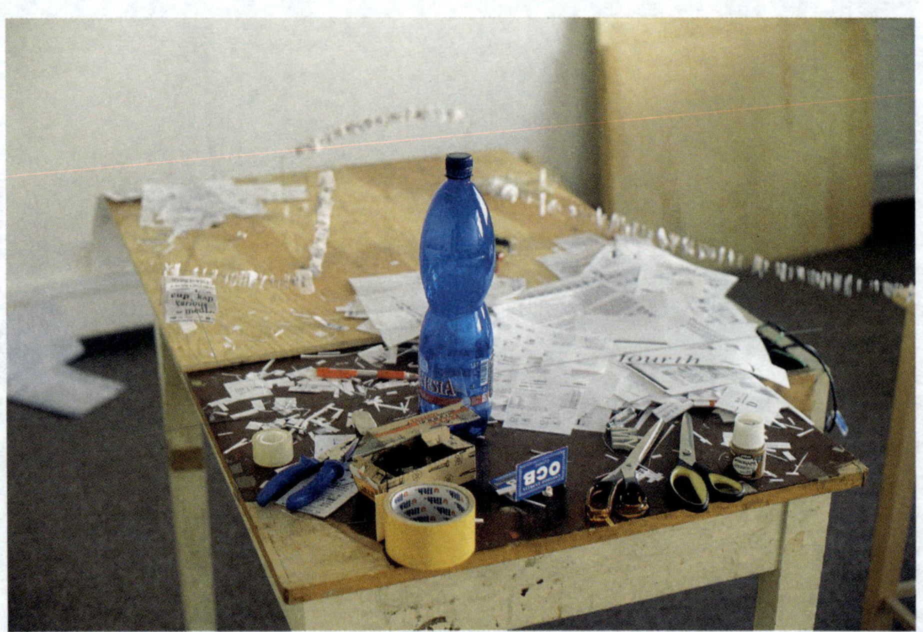

This line follows the movement of my
hand, which is holding a mug and at
any moment will place it next to the
right edge of the table, oops...

This is the position of my arm, here is
the elbow. Or rather this... somewhere
here, this...

I stretch out my hand to reach
an ashtray, which is here.

———————

Tato linka sleduje pohyb mé ruky,
která drží hrnek a každou chvíli ho
položí u pravé hrany stolu uppsss...

Toto je pozice mojí paže, zde je loket.
Nebo spíše tohle... tady někde, tohle...

Rukou se natahuju, abych dosáhl na
popelník, který stojí zde.

Notes on a Lecture for the Authentic Structures Symposium

terms:
asymmetry
immediate context
permanent criticism
virtuality of power
everyday life
asynchronous history
satiation
absence
appropriation — everything is mine,
everything mine is yours

It can be said that in the last 15 years Prague has disappeared from the contemporary art map of Europe. Czech art since 1989 has not been capable of formulating its own base. There have been several attempts at facing the new situation — building on dissidence or looking back to the end of modernism, which constituted the last phase of free development of society.

In reaction to 40 years of communism, Czech society initially positioned itself as right-wing, which still persists in the case of elites such as journalists, for example, even though in other matters certain liberal currents began to identify themselves with movements such as ecology.

The only prospect of the transformation of society, or rather its direction, was limited to attaining the level of Western societies, or even a return to the structure of society prior to WWII and the advent of communism. The (oft repeated) project of the revolution was devalued by historical experience and became exclusively a marketing and advertising strategy (a new revolutionary car model every year).

Artists also turned only to the West in their activities, with the idea of incorporating their own ambitions into the existing hierarchy of the art industry. It was an individual solution, in many cases rejecting in principle connections with the local scene or those of countries with a similar history. Furthermore, the Czech environment suffered from the cultural proximity of the German-speaking countries, in which art production closely resembled in formal terms the general production of Western countries. The aura of exoticism rapidly faded. The specific signs of Czech art could only be appreciated on the basis of a knowledge of the environment, which, however, had to be won by means of the intensive work of the art community.

This environment gave rise to an alliance of people with the working title *Nonspekta*, which attempted to formulate points of departure for artistic practice.

Our situation was moulded by the fundamental question as to what strategy to adopt in forming the position of art in society. And what did we actually stand against?

I would like to point to a number of basic models that I regard as the central themes that have formed, and are still forming contemporary Czech art. In the first place, we are faced with the issue of the nature of power.

EVENTS

Virtuality of power

The concept of the concentration camp, in which people end up with others that they would not otherwise meet, quite apart from the social structure, merely on the basis of race, for example. The once rich and powerful were in one bunk with people from the opposite end of the social spectrum. The only thing they had in common was Jewish origin. This total debacle of the traditional order of society was a side effect of the modernist idea of substituting existing society with a better one.

To my mind it is a proof of the virtuality of power, i.e. social position is a thing that is based on the foundations of an intricate tangle of social relations, which have no immediate justification, but are rather the outcome of historical progress and established rules. The power structure, therefore, is only valid on the basis of a social and historical agreement and can change from one day to the next. It is interesting to observe how in postwar developments this fact has been reflected in the understanding of society. In Western Europe a tendency can be observed towards maintaining the status quo in which the social structure of power applies. I see the counter-revolutionary attempts of the 1960s in the same way. In Eastern Europe, which experienced a different offshoot of totalitarianism, the situation is different. Following the fall of the Wall, the society of postcommunist Europe is again faced with the issue of how to rebuild a power structure. The only solutions that are put forward as a counter-argument to the totalitarian Left are either to return to the precommunist model or to approach as closely as possible some existing arrangement... i.e. to create a sort of double virtual power.

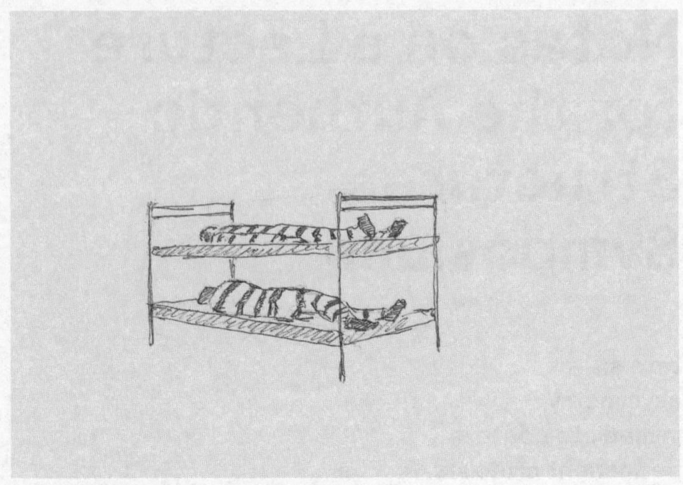

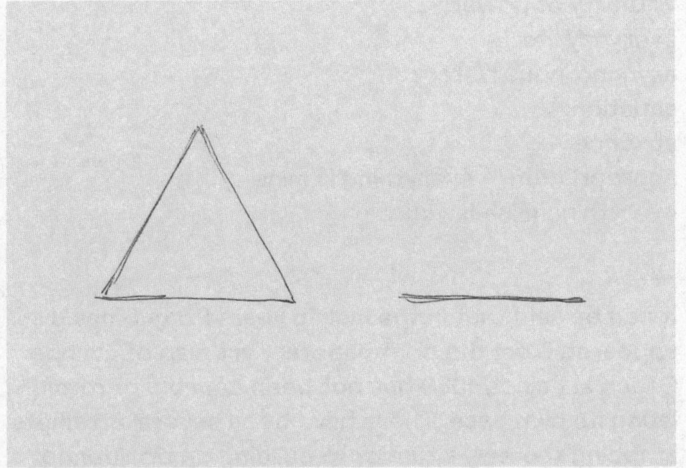

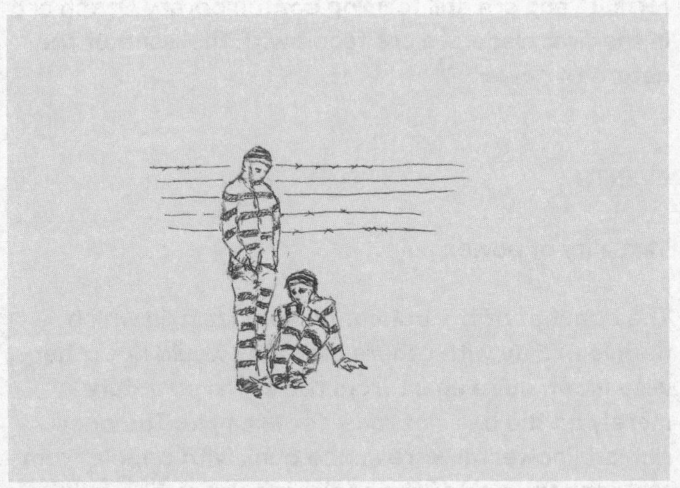

Tourism

Another situation that Prague society in particular found itself in was that of tourism. Prague is in this respect quite exemplary: masses of people crowding the streets, people who have nothing in common. It is a sample of society similar to that in a hospital, where people end up together because they share the same, or any, illness, or in the aforementioned concentration camp. The city and Czech society react to it in an entirely mercenary way, and to an extent that likely has no equal anywhere. Everything must be accessible to everyone. In order for that somewhat difficult condition to be satisfied, the level of the entertainment on offer must be lowered to a minimum that really anyone at all can digest. That which in previous decades was noted for its genuine value (which anyway was already depreciated following the genocide of the Jews and the expulsion of the Germans; actually the city and its history do not entirely belong to the Czechs) is today empty. Only a backdrop is on offer. An important condition, apart from entertainment, is the provision of a level of basic needs — board, lodging and sanitary facilities. Here is born a new ontology, which has no link to the intellect and is entirely physical. The city thus becomes a stage set in which its visitors experience the most superficial and least demanding activity and desire on their part. A Czech apocalypse.

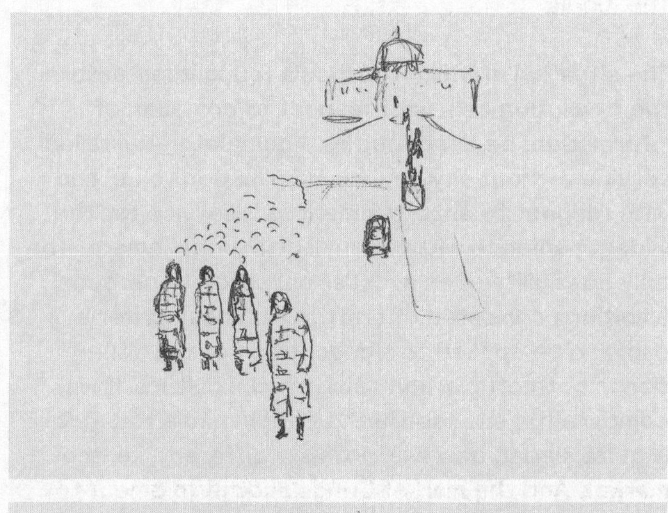

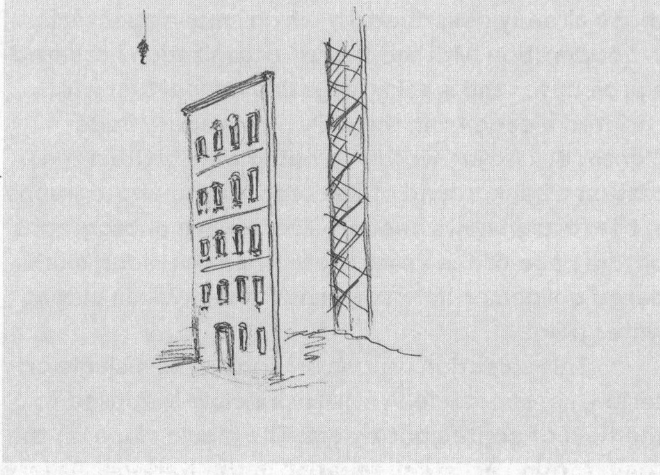

History

Prague is a historical city and some stages of its history are well-known worldwide - roughly to the extent that Charles Bridge is known to tourists. History is one of the few contexts through which Czech society identifies itself as a whole. It doesn't matter how it is interpreted, the important thing is that it is perceived as a primary and stable value. A proof of this is this very building in which we find ourselves. Its unobtrusive extension symbolized by a glass cube at the top of the stairway rising above the roof was perceived as a blatant interference in the historical appearance of Prague that destroyed the skyline of the Lesser Quarter and the view of Prague Castle. I would like to draw attention to certain moments in modern history that demonstrate well the misunderstanding and distorted grasp of Czech art and history in a view from outside arising from different historical experience.

One of the high points in the development of Czech culture, as more or less everywhere else in the world, occurred in the 1960s, symbolized in the case of the Czech environment by the year 1968. From a superficial view many similarities with, for example, movements on the cultural scene in Western Europe, the student movement etc. can be deduced. On closer inspection, though, the view differs distinctly. While 1968 was seen in Western Europe as a rebellion against the attempts of the power structures to maintain their status quo at all costs, as if WWII had never happened at all, in the Czech environment the movements in society can be regarded almost as the opposite, i.e. an attempt to return society to traditional structures. Each of the two principles has its own grounds. The differences arise only from the different political circumstances.

It may be more interesting to compare the 1960s here and in Hungary. While Czechoslovakia enjoyed a period of relative freedom prior to 1968, Hungary underwent more stringent control after roughly 1956. I cannot say, however, what kind of period it actually went through, because the Hungarian and Czechoslovak societies lived next to each other quite separately. This also eliminates the possibility of perceiving the space of Eastern Europe with a communist past as a monolithic whole.

Furthermore, Czech history is valid only in the Czech lands, not only because it is interpreted differently in the surrounding countries, but because it is practically unknown and therefore non-existent. Who outside of the Czech environment knows Bohumil Hrabal, Egon Bondy, Pavel Juráček, Zdeněk Pešánek, Vladimír Boudník or, maybe apart from a few, Karel Teige?

The notion of history as values that stabilize and restore traditional power structures, resistance to the artist's political engagement and the other phenomena described are the reasons why contemporary art is at best misunderstood and ignored in society and in the worst case attacked.

K. TEIGE   Z. SÝKORA   E. BONDY
J. KOVANDA   J. HAŠEK   Z. PEŠÁNEK
J. KREJCAROVÁ   P. JURÁČEK   B. HRABAL
E. FILLA   TOYEN   V. BOUDNÍK   S. FILKO
F. KUPKA   M. FORMAN   J. KOLÁŘ
A. MLYNÁRČIK   M. JESENSKÁ   J. KOLLER
E. KMENTOVÁ   I. M. JIROUS   P. HUMHAL
J. SEIFERT   F. VLÁČIL   J. ŠTEMBERA
K. HUBÁČEK   J. PATOČKA   V. SKREPL
J. A J. ŠEVČÍKOVI   J. ČAPEK   V. CHYTILOVÁ

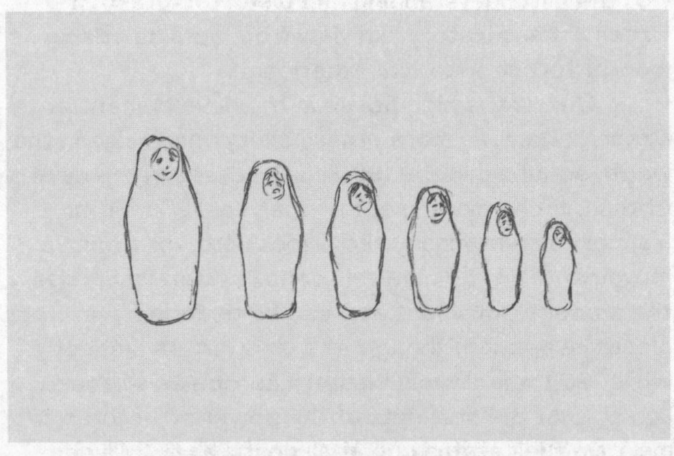

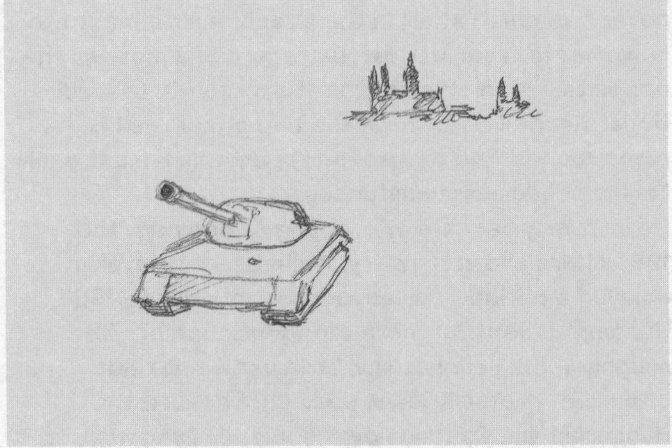

The media

The situation in which the media found itself before the revolution can, with respect to provision of information, be described as a completely curtailed service without any genuine information value, and with respect to entertainment as a service for the widest audience without any social engagement. The only possibility of an artist's realization of personal ambitions consisted of craft skills. These criteria can also be applied to a description of the situation in both official and semi-official culture. If we compare the situation in the Czech media today, it is quite similar, only the motive is different, i.e. the market. And the market brings another element to those already described, by which I mean spectacle. In cooperation with the *tranzit* organization I created a project for the weekly magazine *Respekt*, in which I printed a page from the daily newspaper *Mladá fronta*. By circling words I created a text within the text on a background of the reports and photographs in the foreign news section. There were photographs on the page of the assassinated Hamas leader, murdered policemen in Kosovo and Prince William playing water polo.

This selection was visibly subject to a single criterion, i.e. spectacle. A similar principle is applied to the field of contemporary art. The media place on the same footing artists defecating in the National Gallery in protest, a regional painter using probably the same technique as the Gothic painter Master Theodoricus and Milan Knížák's crash, in which German tourists were killed.

The spectacular is the language of pop-culture and the artists who draw from it, and indeed their opponents (radical art in Russia). In the field of Czech media in the situation in which I have described, however, it is almost a catastrophe. At the same time, it is clear that spectacle is a practice of the powers that be.

REACTIONS

My generation was faced with the question of how to react to this grim situation. As I already described in the introduction, the 1990s in Czech art were characterized by individualist solutions, turning attention to the West in an effort to fit our own work (however much it might have been a fragment of our own discourse) into the international structures of the art industry, turning to a global spectator, who, however, shared similar characteristics with tourists and thus the same criteria of quality. It can be said that, but for a few, again individual exceptions, no programme of art-making emerged.

I think a fundamental turnaround came for my community in the direction of artistic activity and understanding of the value model. We feel it to be an important, or rather egalitarian connection in the context of the community to create a programme to which we can relate, if only because it is intimately familiar to us and develops permanently on the basis of discussion.

Another task that we feel to be essential is the creation of a new (at least to a certain extent) terminology that facilitates a more precise formulation of viewpoints.

Also important for us is the interconnection of our activities at least with the neighbouring contemporary arts scenes. This step is for me symbolized by the founding of the Display Gallery, the programme of which has a priority interest in art in Central Europe.

In the course of two years a certain theoretical structure has emerged based on artistic practice and to a certain extent the conceptual apparatus has stabilized. It has stabilized in order that it can be abandoned.

Asynchronous history is an important term of our stance.

It is important for us to construct history as an infinite number of experiences that can offer resistance within the fiction of a linear timeline. It is impossible to locate our history in the project of academic history, because it would be necessary to include in it all the references on the basis of which art practice and cultural events in general arise. An asynchronous perception of history is in a tense relationship with constructed history.

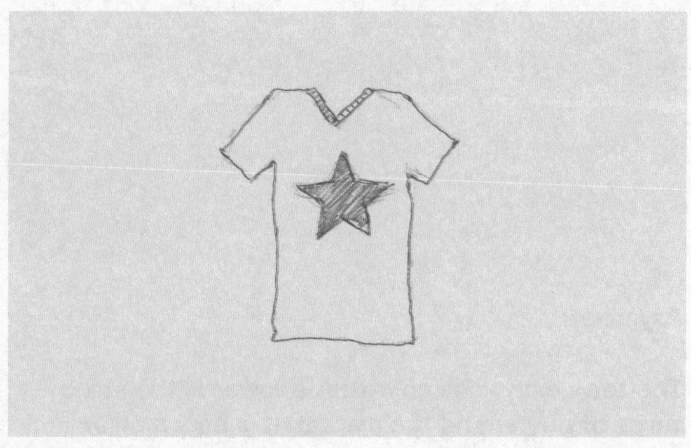

Immediate context

In order to perceive history thus, it is necessary to have a precise knowledge of it and especially a knowledge of the environment. It is clear that the ideal solution is to be a part of society, which in the case of a member of another society is not possible. It is important, however, to be aware of this ideal case.

The immediate context consists of a natural knowledge of the environment. A good example is the phrase Bílá labuť (in English White Swan). Every citizen of Prague knows it refers to a department store and not the bird. For the artist it is very important to somehow maintain such a quality.

We feel it is important to mention that art always has a different nature depending on what environment it persists in, whether it is a matter of a position in the context of linguistic circles, e.g. in relation to the majority English-speaking world, or geopolitical differences.

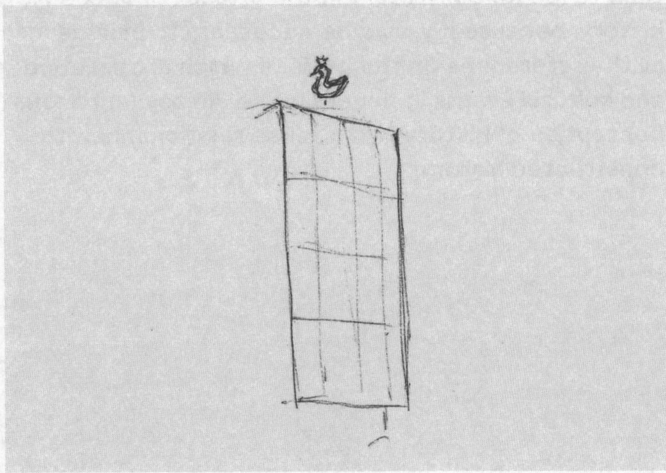

The symposium took place on 8–10 December 2004, organized by tranzit.cz, MoMA New York and Goethe Institute Prague, venue Museum Kampa.

Asymmetry

The term embodies an attitude towards the structures of power and the market. It is based on an infinite number of revolutions and subsequent resignation and rejects a polarizing stance in which it is sometimes difficult to recognize the difference between action and reaction. Instead of rejection, to offer an actual solution arising from the specific situation, independent of acceptance or rejection as stances. A typical example of an asymmetrical reaction to a power structure is early Christianity, which did not respond to the issue of loyalty to the Roman Empire, but created its own structure of values. The precise misunderstanding was in the form of the word 'king', mistakenly understood in its secular sense.

Everyday life ...

Clippings

January:
I started off 2005 with a clipping of a portrait of
Che Guevara. In January last year I had an exhibition
in the Bratislava City Gallery. In the contract I had to
sign beforehand, they wrote that any food and drink
for guests was to be provided at my own expense.
I spent my free time reading the local press. The clip-
ping is from a newspaper titled *Domino forum*. Beside
a listing of TV programs with a Catholic weekly in
a prime time slot, I was struck suddenly by an article
containing a listing of leftist and revolutionary activi-
ties since the death of Che Guevara and the demise
of the RAF, filled with figures like Hakim Bey and
subcomandante Marcos. I spent the rest of my stay
in Bratislava thinking about the Tobin tax on interna-
tional financial transactions. According to an article
I read, it proposed a 1% tax on all uncontrolled finan-
cial transactions, which would go (or maybe it already
goes) towards helping the Third World. I'm still not
sure whether it would be a better idea to stop pillag-
ing around the globe or to return to the Third World
1% of what has already been stolen.

February:
In February last year I was in Bratislava to take down
the same exhibition, among other things. After the
experience with the contract, I decided to do it
myself. I bought the same newspaper. This time I cut
out an advert for the television station TA3. In the
visual part of the advert, it's important to understand
the caption 'Reality in Context.'

March:
In March I cut out an article that appeared in the
Prague weekly *Respekt* describing several conflicts
and court cases in Russia in which minorities were
defending their right to freedom of religion in the
face of official Orthodox Christianity. One of the
events described is a trial involving the organisers
of an exhibition titled 'Beware of Religion!', which
was demolished in an attack by a group of defenders
of Orthodoxy. So those who were on trial were
artists. According to the article, whereas 72% of
Russia's population declared itself to be Orthodox in
1897, today the figure is 85.6%. I remembered a plan
from the days of the communist Soviet Union accord-
ing to which the altar of some ruined church was sup-
posed to be transformed into a diving platform for
a pool to be built in the main nave. I don't know if it
was ever carried out.

April and October:
From April and October I have two clippings of
weather forecasts. One is from early April and the
other from 1 October, I think. Both forecast exactly
the same temperature and weather. Originally, in April
I'd saved the clipping as a sort of record of the cold
or, seen in hindsight, as a piece of completely useless
information. This was quite upended by my discovery
in October.

May:
From May I have a page taken from a newspaper
published in Berlin in Russian and English by a Russian
friend of mine. I'm fascinated by the area occupied by
text. All the articles are on revolution.

June:
In June I cut out a photograph of Moldavian Cossacks
along the Dniester in 2005.

July:
After the terrorist attacks in London a moderate
representative of the Islamic community in the Czech
Republic gave an aggressive interview published in
the Prague newspaper *Lidové Noviny*. It was titled
'Muslims Can *Attack* Only in *Self Defense*.' It occurred
to me that this simultaneous attacking and defending
was rather preposterous.

August:
In an article titled 'The Pope Is Not a Rock Star' which
appeared in the Discussion section of *Mladá fronta*,
columnist Tomáš Kohl wrote: 'Christopher Hitchens,

a pagan and a reformed leftist, described Pope John Paul II in *Slate* magazine as senile…'

September:
In September I saved a photo from some magazine with the following caption: 'One of the highlights of Milan Wolf's collection is a 1933 Czech poster for the American film *King Kong*. At the time, this Czech production was considered to be the best *King Kong* poster the world over'…

December:
I don't have anything for September. On the last Monday before Christmas there was an article in the Prague newspaper *Mladá fronta* which read: 'People Are Buying Recklessly. On Credit If Necessary' with the subtitle 'Christmas Shopping Peaks. Even the Church Warns against Going into Debt.'

That same day in the same newspaper there was an obituary written in verse by a widow on the first anniversary of the passing away of her husband. One line reads: 'It's been a long time since I heard that loving voice, a spring breeze played its song while you ran your fingers through my hair.'

With this last clipping, I'd like to call attention to the fact that the selection consists of a series of portraits.

Ján Mančuška
(July 17, 2006)

I was born in 1972, in Bratislava, Slovakia. At the time, my mother and father were both studying at FAMU (the film academy) in Prague. Both came from families that lived in a village called Ivanka, which is on the Danube close to Bratislava.

My parents' marriage broke up soon afterwards and I stayed with my mother. I lived with her unofficially in a dorm in Prague, spending my days at school and at screenings. I was terrified of Kurosawa. Later my mother sent me to live with her parents. After FAMU, she went back to Slovakia for a while. In 1979 we moved back to Prague. My mother got married again and my half-brother Martin was born.

I started elementary school in Slovakia, but I transferred to Prague after half a year. My mother never did do anything in the film world. Eventually, my father settled in Bratislava and made documentaries that were shown regularly as weekly newsreels before feature films at the movies. He also remarried and in 1982 my half-sister Magdalena was born. In 1986 I started studying at the Academy of Arts, Architecture and Design in Prague, with a major in furniture design. It was a rather technical field. I hated the classes and I got awful grades. I hung out a lot with Tomáš Drvota, who ended up studying philosophy after school. I felt ignorant next to him, so I tried to make up for my deficiencies. One of my friends from school, Denis Cipranov, introduced me to Vít Havránek, whom I've worked with a lot and been friends with ever since. In 1990, I started going out with Denis' sister Petra, who later became my wife. We finished high school with a strike and, along with many others, took part in the upheaval. It was an incredibly thrilling period I don't remember too fondly. Then communism ended.

When I was between schools, I hung out a lot with Tomáš Smetana, an artist who my father and mother knew. Thanks to him I eventually enrolled at the Academy of Arts in Prague to study drawing.

After the revolution, the entire faculty at the Academy changed and conditions were pretty good. During my first year there I became friends with Tomáš Vaněk and met Josef Bolf; later on, we — along with Jan Šerých — founded an art group we called Bezhlavý jezdec [the Headless Horseman]. As for drawing, though, it was a really conservative environment, as I was to find out several years later.

There was an openness in the air in Prague. There were a lot of foreigners and it wasn't clear where the society was heading. There was still a small chance that something new might be created. Eventually, capitalism came. In 1991 my brother Martin, who was 12 then, had a serious accident, after which he remained forever mentally and physically disabled. That was also the time when my mother's second marriage fell apart.

Back then I was devoting half my energies to music and the other half to art. In the early 1990s, drugs made their appearance in Prague.

Czechoslovakia split up.

In 1994, the first commercial television station, Nova, started broadcasting. That's when I first realized how much Czech society had changed and what direction it was heading. To this day, the symbol of that change remains a fatal car crash shown as the main item on Nova's evening news — a strategy that ensured the channel's top place in the TV ratings.

I switched over to the studio of Vladimír Kokolia and then to that of Vladimír Skrepl. There started to be a lot of exhibitions. The Luxus group was created at Jiří David's studio, which became a great inspiration to us. In 1995 we formed the Bezhlavý jezdec (BJ) group and organized our first exhibition at the Academy of Visual Art's gallery. That exhibition at the Academy catapulted Josef Bolf among the famous. I started hanging out with Vít Havránek again, who was working at the National Gallery at the time. He got to know the guys in BJ as well, and we eventually accepted him into the group.

In 1996 I was first diagnosed with a chronic blood condition known as hemolytic anemia. Periodically ever since, every two years, I've ended up in hospital for three months to get infusions. That meant the end of my experimentation with partying into the night.

Jiří Kovanda, who worked as an assistant at Vladimír Skrepl's studio, is probably the Czech artist that's had the biggest influence on me. It was then that things started picking up for me in the art world. The people in BJ and I started exhibiting regularly in quasi-underground exhibitions. But they were mostly solo, not group BJ exhibitions. At the time, we started to pay a lot of attention to the curator couple, Jana and Jiří Ševčík, who would later help me out an awful lot. At first, we took to them pretty critically. But thanks to them and Skrepl and Kovanda I made my entry into the world of contemporary art.

The year before my final-year thesis my haemolytic anaemia acted up again and I had to interrupt my studies for half a year. The art I started doing after my illness was completely different. Even before that I'd already developed an interest in sinks, the nozzles on gas stoves and other elements found in homes. I started using different materials and making objects out of them. Ever since then, with the exception of one exhibition, I've never painted again.

While I was still at school, Josef Bolf introduced me to Zbyněk Baladrán and David Kulhánek, who would later open the Display Gallery along with Jesper Alvaer.

I moved out of the apartment my mother and brother lived in, finished school, and married Petra.

After school, Jana and Jiří Ševčík helped me out a lot. The first thing we did together was an exhibition titled *Perplex* in the Špálova Gallery. Then Radek Váňa offered me a solo exhibition at the Starter & Sorter Gallery, because another one with a different artist had fallen through. Thanks to these exhibitions I started getting a lot of work.

In 1999, a year after graduating, the Ševčíks and I did an exhibition titled *Distant Similarities — Something Better than Cosmetics* at the National Gallery. It was probably the first attempt ever to formulate the context of Eastern European art. They invited Paweł Althamer, Miroslaw Balka, and Vadim Fiškin. I also met Roman Ondák, Denisa Lehocká and Boris Ondreička there.

Then the Ševčíks introduced me to the MXM Gallery, which was falling apart at the time. Later I had an exhibition there in 2000. In 2001 I did the *Colony* project at the National Gallery. It was one of my works I never liked and they were constantly wanting to put it on exhibit.

In 2001 our son Vojtěch was born. We were living in a one-room apartment. We had absolutely no money, but otherwise things were going pretty well. I tried making money doing film, but I hated the work. It was really well paid, but I had the feeling that I should be doing art. Pavel Šmíd helped me a lot. We had a studio together back then and he would always get me some kind of work. I was in hospital again.

The BJ group broke up. All of us were doing different things and looking for new spaces. In 2001 Vít Havránek and I started preparing a catalogue. Vít introduced me to Petr Babák, who did graphic design. We came up with the idea of dividing the catalogue into three sections. The idea foundered when it got to the publisher, Divus, though. I waited several times at home for copies because they'd called me to say the catalogue was ready, when actually not even the films were ready. In the end, only the first part came out in full.

At the same time I was preparing an exhibition at the Špálova Gallery, which was awfully important for me, because it was a big space normally reserved for more well-known artists. *Prague 13*, as the exhibition was called, was my first big project and also the end of my work with materials.

Then 2002 came, with an invitation to *Manifesta 4* in Frankfurt. I met a lot of people on that occasion, which was for me I guess the most important result. Boris Ondreička introduced me to Jonas Dahlberg there, whom I started working with later. Things started going well for Jonas after *Manifesta*, which was true for others as well. I think that exhibition acted as a sort of generational impetus and a lot of good artists exhibited their work there.

Then came an invitation to the *Baltic Triennial*, which was very good. Since then I've been friends with the people from the Azzoro group.

I was very scared of coming back to Prague. The atmosphere was at its most complicated for art in the Czech Republic at that time. MXM, the Špálova Gallery and Behémót closed down, and the director of the National Gallery was Milan Knížák, who ran the institution into the ground. Jiří David was thrown out of school. There was absolutely no art criticism.

On the other hand, the Display Gallery was opened and the people there started inviting good artists to Prague. I started writing. First, Boris Ondreička and I exchanged long e-mails. We tried, along with Vít, to formulate some kind of critical discourse for our artistic environment. I was influenced by the writing of Anatoly Osmolovsky, whose work I know only in part. Boris and I did two exhibitions, one right after the other, in Prague and Bratislava (where Jesper Alvaer also exhibited some of his work with us)—again, in pretty improvised spaces. In Prague, there was almost nowhere to have an exhibition. Ondreička, Havránek and I formed the group Les Band. Zbyněk Baladrán and I made *Vide*, a film about the continuity of the Czech avant-garde. We called what we were doing *Nonspekta*.

I started working with text.

An initiative to support art projects called tranzit was formed. Vít took the helm in Prague, Boris in Bratislava.

In the fall of 2003 I got a grant to go to the ISCP in New York. There were a lot of good people there, such as Christoph Weber, who was later to exhibit his work at Display. I thought up many new projects, but otherwise I didn't do a thing. I just thought, mostly. Thanks to Christina Végh, who was also at the ISCP, I met Andrew Kreps.

After New York I went to Berlin for a short time thanks to a grant related to an exhibition called *Things You Don't Know...* done by Karel Císař. My stay there was connected to the activities of the Künstlerhaus Bethanien. I exhibited my piece *While I Walked... in My Studio in ISCP, 323 W 39th Street #811, New York.*

In 2003 I started working with the Andrew Kreps Gallery in New York. First I participated in a group exhibition and then in 2004 I had my first solo exhibition, which was called *Read it*. Thanks to this exhibition things started happening for me. And I didn't have to do anything else for a living anymore, either.

We moved into a bigger apartment. Our daughter Agáta was born.

After returning from New York, my haemolytic anaemia came back.

Zbyněk Baladrán went to *Manifesta 5* in San Sebastian. Things started going very well for Jirka Kovanda.

I played in a group called InkFish. We made a recording, our last. Then the drummer, Jakub Geisler, broke both legs when he fell out of a window and our foreign musicians moved back to England. I stopped playing music.

In the fall of 2004 I prepared an exhibition titled *Time and Again...* for the Stedelijk Museum in Amsterdam. I was put in contact with the curator by the Display Gallery. I exhibited *Fragment of Asynchronous History — True Story / Jana's Story*, criss-crossing strips of text. This exhibition was very important for me. Roman Ondák, Deimantas Narkievicius and Wilhelm Sasnal also participated in the exhibition.

Vít and I got an article printed in the Austrian magazine *Springerin*. I took it as a continuation of what we'd been doing before within the framework of *Nonspekta*. We'd already gone past the name *Nonspekta*, though.

Bush was re-elected. Worldwide, the atmosphere became horrible. The Czech political scene was nauseating and getting worse all the time. The war in Iraq began.

I used the proceeds of the Jindřich Chalupecký Award to buy a laptop.

In 2005 I got a grant to go to the Künstlerhaus Bethanien. We moved partially to Berlin, but I constantly went back and forth between Prague and Berlin. I met Jochen Meyer and Thomas Riegger and started working with their gallery. I had another exhibition, *True Story*, at the Andrew Kreps Gallery.

2006

Boris Ondreička, Stano Filko and I started preparations for a project for our pavilion at the 51ˢᵗ Venice Biennale. Marek Pokorný was curator.

Jonas Dahlberg and I prepared a project for the Bonner Kunstverein, where Christina Végh had become director in the meantime. We saw each other in New York, where we worked together a bit when I did *True Story*. Then I went to Sweden to see Jonas at his summer cottage, where we tried to avoid getting stung by jellyfish. We drew up the Bonn project.

The Venice pavilion didn't quite turn out according to my expectations. The Bonner Kunstverein was one of the best exhibitions I've ever done. Jonas and I worked together well. Venice was seen by thousands of people, Bonn by almost no one.

At the Berlin ArtForum we tried to put on *800 Ways to Describe a Chair*.

Unfortunately, it turned out that it was forbidden to shoot air rifles on the premises of the Berlin showgrounds. I later found out this was true for all of Berlin. We ended up doing the shooting surreptitiously in our own studio.

I became interested in theatre.

My stay in Berlin ended; Bethanien was great. I thought about us moving to Berlin. During Art Basel Miami Beach I saw a nude mermaid whose job was to swim around in a hotel swimming pool.

In February of 2006 I was in New York. Vít Havránek came to see me and we did some writing for a new catalogue / artist's book. I think we worked really well together. Again, P. Babák did the book. At the Czech Center in New York I was the curator of an exhibition which I conceived as a play.

After New York I went to Berlin to do the installation for the *4ᵗʰ Berlin Biennale*. I wasn't sure the project would work until three days before it opened.

The family decided we would stay in Prague.

In April, Jonas and I made another installation of the Bonn project, which was transferred to the Kunsthalle St. Gallen. We thought up something new for the space there called *Shadow*. The Kunsthalle was run by Gianni Jetzer and Burkhard Meltzer was curator. We all worked together wonderfully.

After St. Gallen I prepared a film installation for Art Unlimited in Basel. I was helped a lot by Michal Bregant, the dean of FAMU, where I did the project. It was the first time in a long while that I had an unmediated sense of creating something; I wrote the screenplay for the film that was part of the installation in a day. The assistant who prepared the 35mm projectors took a train to Basel with nothing but a plastic bag filled with dictionaries and took down the installation two hours before the exhibition was over. Otherwise, everything went well.

At present I'm relaxing.

Source: Vít Havránek (ed.), *Autobiographies*, tranzit, Secession, Revolver, Frankfurt am Main 2006, 81 pp. (En/Cz).

DOX Letter

My non-participation in the exhibition of Jindřich Chalupecký Award laureates is a reaction to the exhibition activities and programme of the DOX Centre for Contemporary Art. Following several circumstances connected with this institution, such as the removal of the installation by the previous award winner Jiří Skála without any consultation and the fact that David Černý's piece *Entropa*, which I regard as very poor, was presented here, I decided not to participate in any exhibitions mounted in DOX.

I regard as the main significance of the Chalupecký Award the fact that it publicizes activities in the field of contemporary art. Due to the work of the organizers, the artists who take part in the course of awards are accorded great space in the media, in which they have an opportunity both to formulate their own creative points of view and more generally to mediate the image of contemporary art to the wider public. All the greater, then, is the responsibility they have for how they do that. For this reason I feel a responsibility with respect to the Chalupecký Award to object to the venue of this exhibition.

My decision not to participate in the exhibition in the DOX Centre for Contemporary Art is based on my legitimate efforts to exhibit my work in a context that is appropriate for it and allows it to be understood in the way I am hoping for. And unfortunately DOX cannot mediate such an environment. I have become convinced of this, among other things, by the fact that this institution exhibited David Černý's *Entropa*. This piece in my opinion is not of a quality that belongs in the context of art, but at most that of entertainment or the tabloid press. To make a comparison, all my life I have been coming to terms with the fact that our daily press does not by a long shot offer any Art column with real content and we have to make do with the heading 'Culture', which everything is packed into. *Entropa*, though, belongs by its nature and quality in the [entertainment magazines — trans.] *Koktejl, Zajímavost* or *Relax*. And it is precisely this context that DOX has placed itself in by exhibiting *Entropa*.

The deplorable balance, the way in which the media reported Černý's piece and the circumstances surrounding its presentation together with the activities of an institution like DOX, presents very bad information on the state of contemporary art, which on the basis of such an affair is legitimately perceived as superficial slapstick. Even though such a decision might temporarily increase visitor numbers, at the end of the day it will deter and disgust the public. That will push art further and further to the peripheries of the tastes of this society. Unfortunately, that cannot be undone even by the inclusion of quality artists in the DOX exhibition programme, such as Douglas Gordon or Pavel Büchler. Quite the contrary, in my opinion.

Such a gesture can be taken as highly unprofessional. A response might consist of one theory, i.e. that the author must be rigorously separated from his work and, after all, anyone may exhibit anything he wants. My decision is purely directed at the DOX Centre for Contemporary Art.

The contemporary art market, especially in an international context, demands of the artist many compromise decisions. It may be that I have made much greater comprises in my activities than exhibiting something in DOX. By means of my refusal, though, I am trying to position myself in the context of the scene here. Where else should an artist openly and precisely express himself, if not in the environment that he understands best, in which he obviously knows the language and the immediate context?

Without the setting of an intelligible image of contemporary art and thereby the criteria of quality, which are created, among other things, on the platform of art criticism and institutional operations, every conflict or opinion becomes personal. My gesture is not, however, intended in that way, but rather as an attempt to establish some such criteria.

Prague, 30 October 2010
Ján Mančuška

The Museum of
the Third Millennium

I regard the museum as an expression of the social contract. It is one of the visible concepts of free space in the midst of social and political events. As a space, the museum is intrinsically linked to the arts, and its operation alters according to how art, as a phenomenon of civilization, is viewed by the current political regime, various fragments and layers of society, or the social climate in general.

At the present time the museum has many forms. Apart from individual focuses, they are separated precisely according to the political and social order of their respective countries. There are two main models relating to our [Czech] environment.

The most remote, in our context rather a theoretical model, is the American one. The collections of these institutions come primarily from donations by private collectors. This model is still dominant at the present time. The concept of the museum in this environment could be called elitist. Society's financial and political elite usually decides at the end of life to donate its personal estate to an institution, thus offering to the public access to something that it would not normally have a right to due to its social status. Logically, these collectors also share in the programme of the museum, thus emphasizing even more its narrowly elitist nature. With regard to the type of elitism, even though the American or Anglo-Saxon environment can in general be considered the best in terms of academic learning, it is not in essence a matter of intellectual elitism, but rather social or class elitism. These circumstances also give rise to the active influence of these institutions in the area of the art system. Their activities can at the present time be regarded as entirely power-based. The values that the museum generates by its operations are much less concerned with the level of pure art. This activity is paradoxically left to the gallery system, to a space that is commercial in nature.
The primary activity of such an institution is the creation of a hierarchy within the art system.

Source: Alena Krkošková (ed.), "How Do You Imagine the Museum of the Third Millennium? (poll)," *66th Bulletin of the Moravian Gallery in Brno*, Moravian Gallery in Brno, Brno 2010 (Cz/En).

Staged Reality

What is a gesture? [...] The gesture is the exhibition of a mediality: it is the process of making a means visible as such. [...] The gesture is, in this sense, communication of a communicability. It has nothing to say of itself, because what it shows is the being-in-language of human beings as a purely mediational capability. However, because being-in-language is not something that could be said in sentences, the gesture is always essentially a gesture of not being able to figure something out in language; it is always a gag in the proper meaning of the term, indicating first of all something that could be put in your mouth to hinder speech, as well as in the sense of the actor's improvisation to compensate for a loss of memory or an inability to speak.[1]

Nonspekta

Around 2002 the group involved in the display Gallery, Boris Ondreička, Vít Havránek and I, developed the idea of Non-Spectacular Art, i.e. a form that rejected communication with the spectator that is based on the evil eye, the effect of forgetfulness, choking with entertainment, which we perceived as a highly political act focused on the application of power.

In further work with texts in my installations, I programmatically rejected fiction at the outset. I was concerned with "true stories", which I termed a form of linguistic ready-made. What was important for me was a certain verification, the fact that the story had happened and at the same time was a sort of epic (I came across the label "epic theatre" in relation to Bertolt Brecht much later). It was only later that I began writing my own fiction, my own stories. Undoubtedly certain principles from my previous development stood me in good stead. One of the main elements was working with character.

Character

I had already dealt with the issue of the character in my text installations that were created on the basis of selected true stories, especially in the criss-crossing texts, such as *A Fragment of Asynchronous History — True Story / Jana's Story* (2005). I stretched three lines of text on steel cables at eye height in different directions. Each line signified one character, who told the same story from a personal perspective and each character was also connected to the story from a different point in time. The heroine featured in the story in the present tense, while the next character was told what had happened after a short lapse of time and the last character found out about the whole story several years later. The lines of text, each representing one character, criss-crossed in the space. I compiled the texts in such a way that at the point where they crossed it was possible to skip from one to the other and smoothly carry on reading, which was possible both grammatically and in terms of the storyline.

What happened when one crossed from one line of text to another? One changed character and therefore his or her psychology and engagement in the story, but also the time changed. The installation itself offered in all thirteen different ways of reading one story. It wasn't just about interrupting the rigid linear nature of text (of the story) as such, but also about the fact that once the spectator became involved in several possible readings of my installation, the psychology of the characters, their engagement in the story and the chronological continuity of the story all lost their urgency. The result was a sort of generality, an impersonal condition in which the protagonists (paradoxically originally real) were left floating.

After a certain time I began to focus on writing my own fictional stories. This change was connected with the creation of my first film and video installations.

1
Giorgio Agamben, *Means Without End: Notes on Politics*, (trans. Vincenzo Binetti, Cesare Casarino), University of Minnesota Press, Minneapolis 2000, pp. 55—58.

In the case of the character, I actually continued with its deconstruction on the basis of principles I had already introduced in my text pieces. This time, though, I had no real character at hand, only a character created by me. Again based on my experience of my earlier text pieces dedicated to description (of objects), I exclusively employed the narrator's voice instead of dialogue. In the situation in which in *Layer 1,* i.e. in the image, the actions of the actors simulated or presented the action subordinated to the plot rather than acting it out (the actors appeared in my films more as mannequins), and in *Layer 2* it was about narration (of the story), a description of the action in the image, I found for myself a powerful quality — the liberation of the image and the performance of the actors from descriptiveness.

In the context of the role of narrator in my pieces, I retrospectively confronted my processes with Alain Robbe-Grillet's theories of description: *[He] begins by defining a traditional 'realist' description: it is that which presupposes the independence of its object, and hence proposes a discernibility of the real and the imaginary. [...] Neo-realist description in the* nouveau roman *is completely different: since it replaces its own object, on the one hand it erases or destroys its reality, [...] but on the other hand it powerfully brings out all the reality which the imaginary or the mental create through speech and vision [...], the most objectivist determinants do not prevent their realizing a 'total subjectivity'.[2]*

My first act in the field of fiction was a short film as part of an installation with the title *Killer Without a Cause* (2006). At the very end of the film is a short passage in which one of the protagonists on screen speaks, but because the only voice in the film is that of the narrator, the character is actually speaking with someone else's voice.

I'd like to pause here, because this aspect, though at first sight simple, represented for me an important moment that conditioned my work with the character. In a situation in which an actor on screen speaks, but his voice is substituted with the commentary of the narrator, where is the identity of the character located? It is somewhere in between. Between the voice of the narrator, to whom the listener always forms some kind of relationship (even though I aim for an impersonal form), and the actor, who in the image represents a given character, but whose identity, displaced by the layer of the narrator, is more generalized. And the identity of the character (usually created by a synthesis of several layers, i.e. the physical person of the actor/actress representing the character, the form of performance/acting, name, fictional history, language, costume etc.) became one of the central themes of my subsequent works.

Theatre and Gesture

I brought this experience into my work in the context of theatre. I realized that these principles could be even more powerful in the situation of live performance. And, paradoxically, gesture began to play a large role for me. My first piece was the performance *The Invisible — Acting in Sequences* (2007). But I only fully developed it in *Reverse Play* (2007).

In the interim, though, I had created a number of video and film pieces *A Gap* (2007), *Reflection* (2008), *Double* (2009), and a performance *If There Is Anything Good About Me, I Am the Only One Who Knows* (2007), in which I gradually created certain rules by which I approached my characters, but which obviously had to develop.

The character has no name (or if so, then usually Czech or Slovak, so that in the English language environment in which I mostly work it would be difficult to pronounce and therefore hard to establish a relationship with). Names are substituted by personal pronouns or merely letters.

I try if possible not to specify the gender of at least one of the characters in the story.

I dissuade an identification of the physical person of the actor with the character. In the performance *The Invisible — Acting in Sequences,* the

2
Gilles Deleuze, *Cinema 2: The Time-Image,* (trans. Hugh Tomlinson and Robert Galeta), University of Minnesota Press, Minneapolis 1989, p. 7.

main protagonist was played by four different actors, in *Reflection* the actress playing the main role is replaced by a different one at the end of the first part etc.

The characters do not have a fictional personal history.

The environment in which they are set is general, unspecified or in some way improper. In *Reflection* the dialogue revolves around an unknown room and everything suggests that the couple are in a flat. In the longer scenes, however, we discover that it is a space with furniture in it, but there is too much of it and it is piled up. In reality it was a second-hand furniture shop. This mismatch with the antici-pated environment I call a "gap".

The scene in which the characters are is the one it must be and none other. Its nature must have logical justification. No backdrops, no aesthetic dominance. In *Reverse Play* I used light primarily on account of two things: firstly, I used it to edit and add dynamism to the storyline; secondly, it is intangible, or, to put it even more simply, you can't trip over it. In a case where the actors are dashing backwards around the stage, it would be difficult to avoid super-fluous objects. In that respect I am in favour of radical minimalism.

In order to explain the reasons for the afore-mentioned principles, I have to go back again to my previous work. In 2007, Vít Havránek and I together published the book *Absent*. The title already suggests a certain principle that could be regarded as a con-necting thread between almost all my pieces. Here I could again offer a link to the departure points of *Nonspekta* as my initial intellectual source. Vít and I wrote:

In reality, our surroundings don't manifest themselves in their entirety. We humans view the world selectively and instrumentally. If we describe our immediate surroundings by concentrating on the character of what is absent in things, turning not to contents but to absence, we arrive at the most precise description we could possibly give.

The concept of absence is to be distinguished from the word "emptiness." If a space is empty, it means there's nothing there. If a particular object is absent, though, reference is made to its unrealized presence; that is, to the fact that it should be there. In this respect, the feeling of absence is an active apprehension of some content through its absence. Absence is what surrounds content.[3]

To clarify the above: if the character (pre-sented normally in the overall synthesis of the con-ventional layers on which the fictional character is built) appears in fragments, in separate layers, in short, if the character appears disrupted by means of the deconstructive apparatus, its identity is totally in the hands of the spectator. Because it is only the spectator who, compelled by the absence of a con-ventional hero, can put one together in his head.

Here it would be worthwhile once again to return to Robbe-Grillet's theory of description as presented by Gilles Deleuze in *Cinema 2: Robbe-Grillet at least at the beginning of his reflections, was even harsher: he renounced not merely the tactile, but even sounds and colours as inept for the report, too tied to emotions and reactions.*[4]

These were and are considerations about the construction of the character in my works. At the moment that I began to concern myself with theat-rical expression, I began looking for my immediate surroundings in that field. In relation to Beckett I had long been rather in the role of a reader, until I discov-ered his quite radical stage directions (*Not I, Happy Days*). His last works made for TV (*Quad I and II*) are well-known in the context of contemporary art. In relation to what I was writing I would like to mention a fragment from an essay by Bertolt Brecht of trivial significance in Germany:

3

Vít Havránek (ed.), *Ján Mančuška: Absent*, tranzit and JRP/Ringier, Prague and Zürich 2006.

4

Op. cit. Gilles Deleuze, p. 12.

It is comparatively easy to set up a basic model for epic theatre. For practical experiments as my example of completely simple, 'natural' epic theatre an incident such as can be seen at any street corner: an eyewitness demonstrating to a collection of people how a traffic accident took place. The bystanders may not have observed what happened, or they may simply not agree with him, may 'see things a different way'; the point is that the demonstrator acts the behaviour of driver or victim or both in such a way that the bystanders are able to form an opinion about the accident.

Such an example of the most primitive type of epic theatre seems easy to understand. Yet experience has shown that it presents astounding difficulties to the reader or listener as soon as he is asked to see this kind of street-corner demonstration as a form of major theatre...[5]

That is actually precisely what I deal with (obviously with a great shift in time and therefore in a completely different situation), although from the position of an different discipline originally, a different sensitivity and education.

The Story

At this point it is necessary to dwell on the role that the story assumes for me. In the context of my work with language, the story might appear to be an anachronism, something inappropriate. In my opinion, that is based on references to events in literature in the 1950s and 60s (Nathalie Sarraute and the anti-novel etc.). But I regard that as a conservative approach.

There are other reasons, however, for my interest in the story. In the book *Absent,* Vít Havránek and I wrote:

The past that's recorded in memory is dramatic in character. In memory, thought doesn't turn to reality itself, but how that reality was recorded. Working with an all-embracing consciousness of the past and its continuity is impossible. In the context of constant, untraceable changes in the environment and even one's own body, memory is obliged to construct a continuous past through a process of selection. [...]

In order for thought about the past to be feasible at all, it separates off small wholes from it, which are fragments of past events and in consequence the past we end up remembering.

Nonetheless, these fragments, or small wholes, aren't merely bounded units of time that have been set apart, thus sectioning off the continuity of events, for that continuity is indivisible. In order for them to fulfil their function, shed light on the past, and be understandable (and thus of use to memory), thought must give them some sort of structure. This happens when thought introduces among them a foundational dramatic structure [...]

Through this idea of the creation of experience out of the short, dramatic wholes we construct the past with, art, in a certain basic form, can not only come before history and culture, but can acquire an animal character as well.[6]

So far I have not delved too far into examining the origin of the story, but I intuitively see here a step from ritual to story.

I often approach my work from two directions. One we can call conceptual, and from the other direction comes the story. These are actually two contradictory tendencies that at the moment of meeting are transformed into a collision. And that is exactly my intention, to confront the spectator precisely with that sort of collision.

At the end of the 60s the story did not appear to be a theme that had any great future. From later developments in both literature and cinema it is clear that everything turned out a little differently. I believe

---

5
Bertolt Brecht, "The Street Scene (1938): A Basic Model for an Epic Theatre," (trans. John Willet). In: *The Routledge Drama Anthology and Sourcebook: From Modernism to Contemporary Performance.* Maggie B. Gale, John F. Deeney (eds.), Routledge, New York 2010, p. 469.

6
Op. cit. Vít Havránek (ed.)

that is in large part due to the massive dominance of commercial culture synchronously with world political developments in the 80s and onwards. And this glut of fiction cannot be ignored in my opinion. I am again and again faced with the need to raise the moments of collision that the viewer of my work is continually confronted with. For me it is close to the term "permanent criticism", which was one of the phrases from the *Nonspekta* circle.

Why the Theatre Space?

The reason why I employ the nature of the theatre space, like other similarly clearly established spaces with clear distribution and structure, only as a citation, is in essence the fact that by its nature it participates in that which I want to convey.

Up to that time I had really only used the theatre space (and as yet I have not done much work in that environment) from outside. I did not try to change it in any way or disturb its structure (except maybe for the positioning of an actor/narrator in the auditorium). That, however, as has happened in my previous activities in various media, will probably change. Another argument for the use of the theatre is that the space itself shares in the presentation (e.g. the actor's) of a specific work. Various media demand various kinds of expression. This fact, which can be rephrased as an equally trite truism about the distance of the spectator from the events on stage and the ensuing requirement for more expressive gestures on the grounds of (among other things) intelligibility, can be accepted to a certain extent. Naturally with the objection that an even greater share in that is surely due to the rooted tradition of this type of presentation, which refers less to simple, intelligible grounds than to its tradition, to language (i.e. to itself).

Much more interesting, however, is the difference between various degrees of expression in the broader spectrum of media. In my experience, film and digital video demand an entirely different quality and dynamism of gestures. Here one can no longer offer the argument of the distance of the lens from the face of the actor. There is something more here. I believe that every medium demands its own inherently particular expression. And it is this very "ontology of the medium", as one might call it, that I process in my activities (even though I then subject them to criticism, deconstruction or even radically violate the rules established in the given medium by history).

Staged Reality and the Gesture

In the context of my work I find the gesture to be the most powerful tool in the environment that I called "staged reality". It also comes from the fact that I feel in the context of contemporary art a strong need to again find some sort of common mode of understanding, a certain concept of unified truth and a unified goal.

For some time now a rediscovery of the gesture as an instrument of understanding has been happening in the field of contemporary art. I dealt with the reasons why this development occurred in part of the text that could not be published due to space restrictions. I do not want to risk oversimplification in an attempt to formulate this issue in abbreviated form. I created for this situation in general the term "staged reality", which for me constitutes a huge space between the ambition towards an authentic testimony (very problematic in the context of international art) and a work of art that operates outside the genre of fiction or a derivative documentary in an entirely new environment. This environment is quite new and as such has the potential to generate a strong level of understanding, a sort of new language, a synthesis. Its dominant instrument is the gesture that, rather than referring to an authentic context, places art in the environment of a sort of staged play.

And that is because it provides a certain detachment, for example from the possible misinterpretation by an audience that erroneously perceives the action performed in the environment of "staged reality" as an objective (i.e. an artefact). At the same time it is consistently about an act of initiation referring to future performance in everyday life. Because people… *caught in the act of performing a gesture that is simply a means addressed to the end of giving pleasure to others [...] can become the medium of a new pleasure for the audience (a pleasure that would otherwise be incomprehensible).*[7]

7
Op. cit. Agamben, p. 57.

Poznámky k přednášce pro sympozium Authentic Structures

Pojmy:
asymetrie
bezprostřední kontext
permanentní kritika
virtualita moci
každodenní život
asynchronní historie
nasycení
chybění
přisvojení — všechno je moje, všechno moje je vaše

Dá se říci, že Praha v posledních patnácti letech vymizela z evropské mapy současného umění. České umění po roce 1989 nebylo schopné formulovat vlastní zázemí. Proběhlo několik pokusů, jak se postavit k nové situaci. Navazování na disent, nebo pohled nazpátek ke konci moderny, která byla poslední etapou svobodného vývoje společnosti.

Jako reakce na 40 let komunismu se česká společnost zpočátku profilovala jako pravicová, což také přetrvává stále u elit, jako jsou například novináři, i když v jiných otázkách se určité liberální proudy začaly identifikovat s hnutími, jako například ekologové.

Jediný horizont přeměny společnosti, nebo lépe řečeno směřování společnosti, byl omezen na přibližování se k úrovni západních zemí, či dokonce návrat ke struktuře společnosti před druhou světovou válkou a komunismem. Projekt revoluce (tolikrát opakované) byl devalvován historickou zkušeností a stal se výhradně strategií marketingu a reklamy (každý rok nový, revoluční model auta).

Umělci se ve svých aktivitách také obrátili pouze na Západ s ideou včlenění vlastních ambicí do existující hierarchie uměleckého provozu. Šlo o individuální řešení, v mnoha případech principiálně odmítající propojení s lokální scénou nebo scénami zemí s podobnou historií. České prostředí navíc trpělo kulturní blízkostí s prostředím německy mluvících zemí, kde se umělecká produkce formálně velmi podobala běžné produkci západních zemí. Aura exotismu rychle opadla. Specifické znaky českého umění lze ocenit pouze na základě znalosti prostředí, která však musí být vydobyta intenzivní prací umělecké komunity.

Z tohoto prostředí vzniklo spojení lidí, pracovně nazvané *Nonspekta*, které se pokusilo formulovat východiska pro uměleckou praxi.

Naši situaci modeluje základní otázka: Jakou strategii zvolit při formování pozice umění ve společnosti? A proti čemu vlastně stojíme?

Chtěl bych upozornit na několik základních modelů, které chápu jako ústřední témata, jež formovala a formují současné české umění. Za prvé stojíme před otázkou povahy moci.

AKCE

Virtualita moci

Koncept koncentračního tábora, kde se lidé ocitli společně s těmi, s nimiž by se jindy nesetkali, zcela mimo společenskou strukturu, pouze na základě např. rasové příslušnosti. Kdysi mocní a bohatí byli na jedné palandě s lidmi z opačné strany společenského spektra. Jediné, co spolu sdíleli, byl židovský původ. Tento totální debakl tradičního uspořádání společnosti byl side-effectem modernistické myšlenky nahradit stávající společnost společností lepší.

Pro mě je to důkazem virtuality moci, tj. že společenské umístění je věcí stojící na základech složité spleti společenských vztahů, které nemají bezprostřední opodstatnění, jsou spíše výsledkem historického vývoje a ustálených pravidel. Mocenská struktura je platná pouze na základě společenské a historické dohody, a může se tedy ze dne na den změnit. Je zajímavé sledovat, jakým způsobem se

v poválečném vývoji tento fakt odrazil na chápání
společnosti. V západní Evropě je možné vidět tendenci udržet stávající podmínky, za kterých společenská struktura moci platí, tak chápu i protirevoluční
snahy v šedesátých letech. Ve východní Evropě, která
má zkušenosti s jinou odnoží totality, je situace jiná.
Po pádu zdi stojí společnosti postkomunistické Evropy
před problémem, jak znovu postavit strukturu moci.
Jako jediná řešení, jež jsou podsouvána, jako protiargument vůči totalitní levici je vrátit se k modelu před
nástupem komunismu, anebo se co nejvíce přiblížit
nějakému již existujícímu uspořádání. Tedy vytvořit
jakousi dvojitou virtualitu moci.

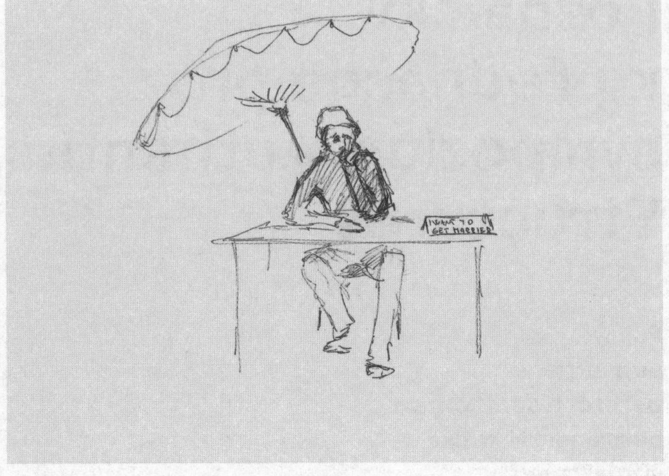

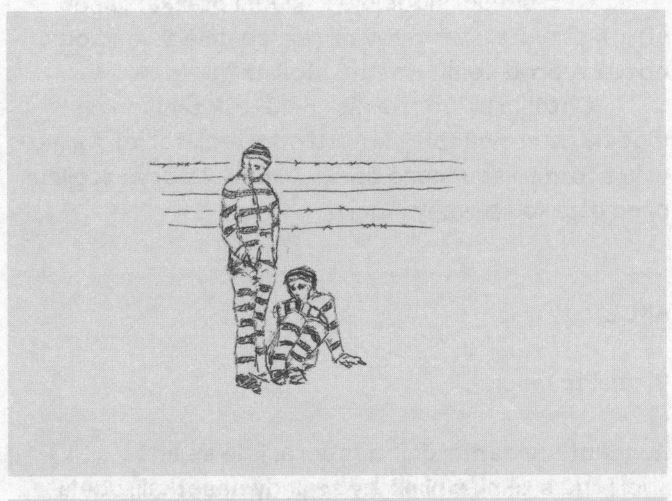

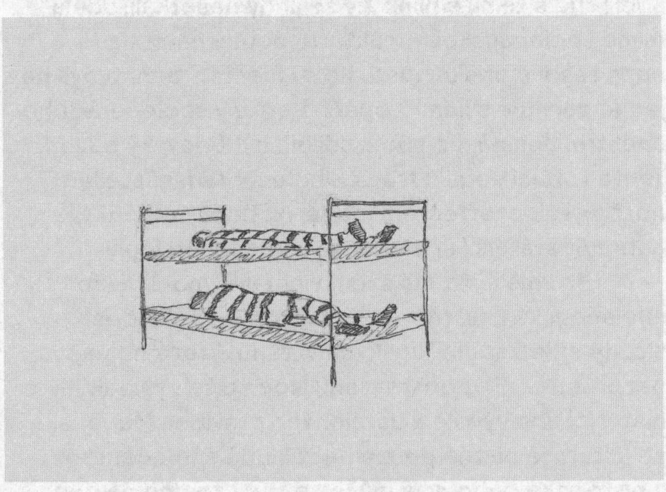

Turismus

Další situací, ve které se ocitla hlavně pražská společnost, byl turismus. Praha je jím obzvlášť příkladná.
Obrovské masy lidí valící se po ulicích. Masy, které
nemají nic společného. Je to podobný vzorek společnosti jako nemocnice, kde se lidé ocitli společně,
protože sdílejí stejnou či podobnou nemoc, anebo již
zmíněný koncentrák. Město, česká společnost na to
reaguje zcela podbízivě. A to v takovém rozměru, že
to snad nemá nikde obdoby. Všechno musí být přístupné pro každého. Aby tato nelehká podmínka byla
splněna, musí se úroveň nabízených zážitků snížit na
minimum, které stráví opravdu kdokoliv. To, co bylo
v minulých desetiletích vnímáno pro svoji opravdovou
hodnotu (která již byla stejně snížená po vyvraždění
Židů a odsunu Němců — město a jeho historie vlastně
Čechům úplně nepatří), je dnes prázdné. Nabízí se jen
kulisa. Důležitou podmínkou kromě zábavy je zajištění
úrovně základních potřeb. Strava, nocleh, vyměšování. Tady se rodí nová ontologie, která nemá žádnou
vazbu na intelekt, je zcela tělesná. Tak se město stává
kulisami, mezi kterými jeho návštěvníci prožívají maximálně povrchní a minimum vyžadující vlastní aktivitu
a chtění. Česká apokalypsa.

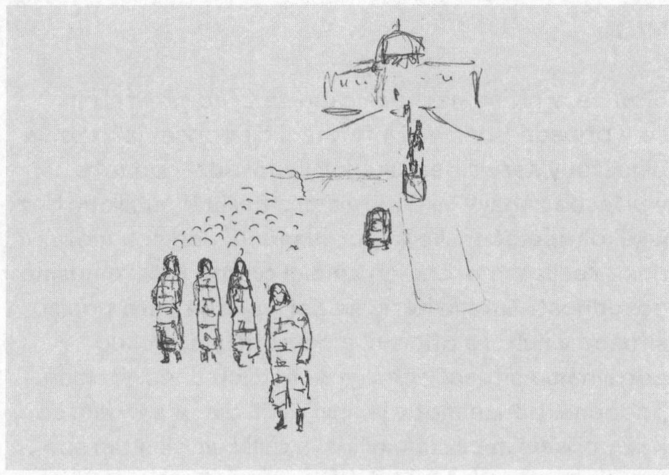

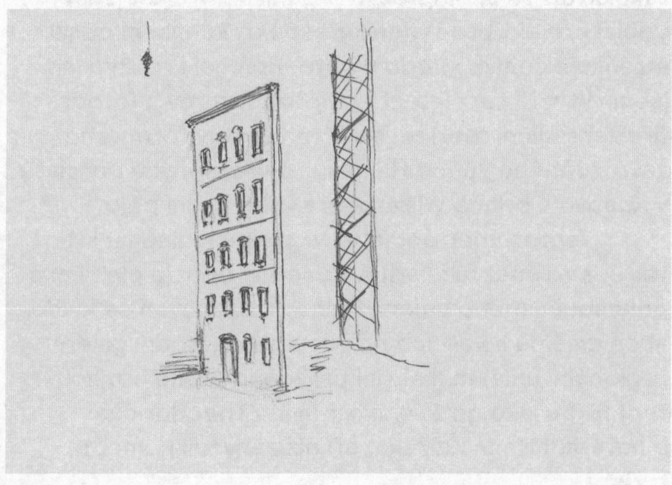

Historie

Praha je historické město a některé etapy historie jsou světově dobře známé. Asi tak, jako pro mnohého turistu Karlův most.

Historie je také jedním z mála rámců, kterými se česká společnost identifikuje jako celek. Je již jedno, jakým způsobem se vykládá, důležité je, že je vnímána jako hlavní a stabilní hodnota. Dokladem toho je samotná budova, ve které se nacházíme. Její decentní dostavba, symbolizovaná skleněnou krychlí na konci schodiště nad střechou, byla chápána jako nehorázný zásah do historické podoby Prahy, ničící panorama Malé Strany a pohled na Pražský hrad. Chtěl bych

upozornit na několik momentů z novodobé historie, na kterých se dá dobře demonstrovat nedorozumění a mimoběžnost chápání českého umění a historie při pohledu zvnějšku, vyplývající z rozdílných historických zkušeností.

Jednou z vrcholných etap vývoje české kultury byla stejně jako více méně všude ve světě šedesátá léta. V případě českého prostředí symbolizovaná rokem 1968. Z povrchního pohledu se dá odvodit mnoho podobností s pohyby na kulturní scéně například v západní Evropě, ve studentském hnutí atd. Při bližším porovnání se však pohled výrazně liší. Zatímco rok 1968 v západní Evropě vnímám jako vystoupení proti snahám za každou cenu udržet stávající strukturu moci, jako by se druhá světová válka ani nekonala, v našem prostředí je možné pohyby ve společnosti označit jako téměř opačné. Tedy jako snahu vrátit společnost do tradičních struktur. Oba principy mají své opodstatnění, rozdíly vyplývají pouze z rozdílných politických okolností.

Ještě zajímavější může být srovnání šedesátých let u nás a v Maďarsku. Zatímco Československo zažívalo období relativní svobody před rokem 1968, Maďarsko mělo asi po roce 1956 zesílené kontroly. Jaké období ale vlastně zažívalo, neumím zodpovědět, protože maďarská a československá společnost vedle sebe žily zcela odděleně. Tím také padá možnost vnímat prostor východní Evropy s komunistickou minulostí jako monolitní celek.

Navíc česká historie je platná pouze v Česku. Nejenom že je jinak interpretovaná v okolních státech, ale je prakticky neznámá, tím pádem neexistující. Kdo mimo Česko zná B. Hrabala, E. Bondyho, P. Juráčka, Z. Pešánka, V. Boudníka? Možná někdo K. Teigeho.

Představa historie jako hodnoty, jež stabilizuje, restauruje tradiční struktury moci, odpor k politickému angažmá umělce a další popsané jevy jsou důvodem, proč je současné umění ve společnosti v lepším případě nechápané a ignorované, v tom horším napadané.

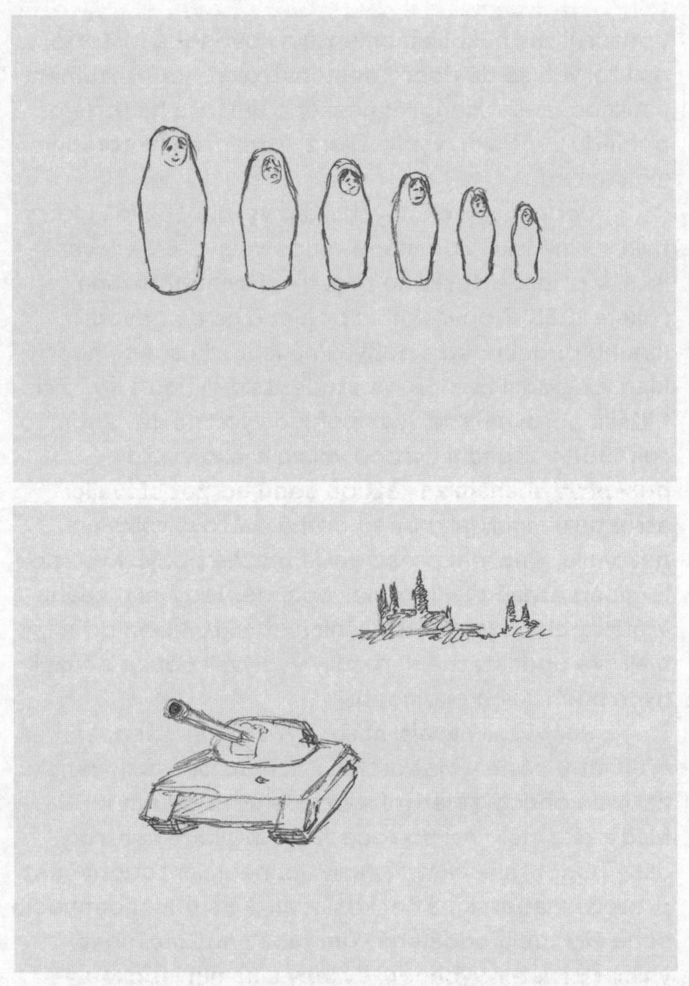

Média

Situace, v níž se nacházela média před převratem, se v případě podávání informací dá popsat jako zcela okleštěný servis bez jakékoli výpovědní hodnoty, v případě zábavy jako servis pro nejširší publikum bez jakékoli společenské angažovanosti. Jedinou možností realizace osobních ambicí tvůrce byla řemeslná dovednost. Tato kritéria se dají uplatnit i pro popis situace v kultuře oficiální a poloofíciální. Pokud porovnáme situaci v českých médiích dnes, je dost podobná, pouze motiv je jiný, totiž trh. A s trhem se k již popsaným prvkům přidává další, myslím tím spektakularitu. Ve spolupráci s organizací Tranzit jsem udělal projekt pro týdeník *Respekt*, kde jsem otiskl stránku z deníku *Mladá fronta*. Pomocí kroužkování jsem vytvořil text v textu na pozadí zpráv a fotografií v zahraniční rubrice. Na stránce byly fotografie zavražděného vůdce Hamásu, zavražděných policistů v Kosovu a prince Williama hrajícího vodní pólo.

Tento výběr podléhal viditelně jedinému kritériu, a to spektakularitě. Podobný princip platí i pro pole současného umění. Na stejnou úroveň se klade akce umělců kálejících na protest v Národní galerii, regionální umělec malující pravděpodobně stejnou technikou jako gotický malíř Mistr Theodoricus a havárie Milana Knížáka, při níž zahynuli němečtí turisté.

Spektakularita je jazykem popkultury i umělců, kteří z ní čerpají, a vlastně i jejich protivníků (radikální umění v Rusku). Na poli českých médií, nacházejících se v situaci, kterou jsem popsal, se však jedná téměř o katastrofu. Přitom je jasné, že spektakularita je mocenská praktika.

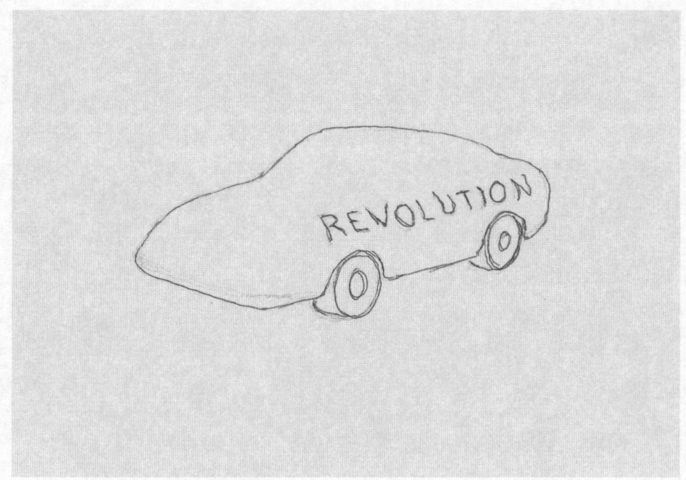

REAKCE

Moje generace stála před otázkou, jakým způsobem reagovat na tuto neradostnou situaci.

Jak jsem již popsal v úvodu, devadesátá léta v českém umění charakterizovala individualistická řešení, obrat pozornosti na Západ se snahou včlenit vlastní tvorbu (jakkoliv byla fragmentem našeho diskursu) do mezinárodních struktur provozu umění, obrácení se ke globálnímu divákovi, který však sdílí podobnou charakteristiku jako turista, a tedy i stejná kritéria kvality. Dá se říci, že opět až na individuální výjimky nevznikl žádný program umělecké tvorby.

Myslím, že pro moji komunitu nastal zásadní obrat ve směřování uměleckých aktivit a chápání hodnotového modelu. Pociťujeme jako důležité, nebo lépe řečeno rovnocenné propojení v rámci komunity, vytvoření programu, k němuž se můžeme vztáhnout, už snad jen proto, že je nám důvěrně známý a že se permanentně vyvíjí na základě rozhovorů.

Dalším úkolem, který cítíme jako zásadní, je vytvoření alespoň do jisté míry nového pojmosloví, které umožní přesnější formulaci stanovisek.

Důležité pro nás je také propojení našich aktivit přinejmenším s okolními scénami současného umění. Tento krok je pro mě symbolizován založením galerie Display, která má ve svém programu prioritní zájem o umění ve střední Evropě.

V průběhu dvou let vznikla určitá teoretická struktura vycházející z umělecké praxe a do jisté míry se ustálil i pojmový aparát. Ustálil se, aby ho bylo možné opustit.

Asynchronní historie je důležitým pojmem našeho postoje.

Je pro nás důležité postavit dějiny jako nekonečné množství zkušeností, které si ve fikci lineárního času mohou odporovat. Je nemožné včlenit naši historii do projektu akademické historie, protože by bylo nutné do ní včlenit veškeré reference, na jejichž základě umělecká praxe a vůbec kulturní dění vzniká. Asynchronní vnímání historie je v napětí vůči konstruované historii.

Bezprostřední kontext

Aby bylo možné takto vnímat historii, je nutná její přesná znalost a především znalost prostředí. Je jasné, že ideálním případem je být součástí společnosti, což v případě člena jiné společnosti není možné. Je však důležité si tohoto ideálního případu být vědom.

Bezprostředním kontextem je samozřejmá znalost prostředí. Dobrým příkladem je pojem Bílá labuť v překladu White Swan. Každý obyvatel Prahy samozřejmě ví, že jde o obchodní dům, a ne o popis ptáka. Pro umělce je velmi důležité si takovouto kvalitu nějak uchovat.

Cítíme jako podstatné zmiňovat, že umění má vždy jinou povahu, podle toho, v jakém prostředí trvá. Ať už jde o postavení v rámci jazykových okruhů, tj. například vůči majoritnímu anglofonnímu světu, či o geopolitické rozdíly.

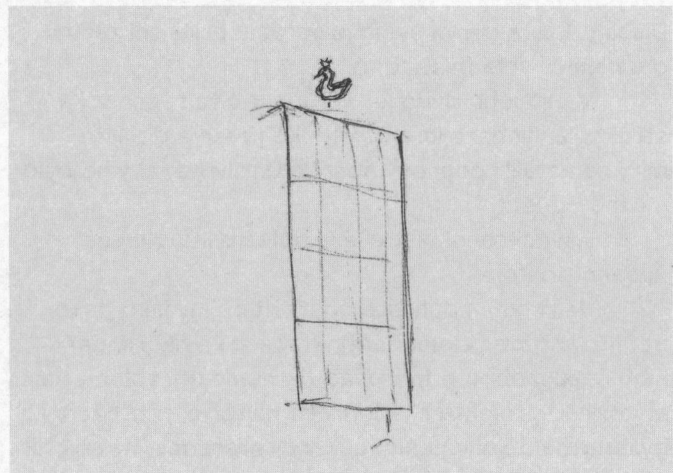

Asymetrie

Pojem ztělesňuje postoj vůči strukturám moci a trhu.
Vychází z reakce na nekonečné množství revolucí
a výslednou rezignaci a odmítá polarizující postoj,
kdy je někdy těžké rozeznat rozdíl mezi akcí a reakcí.
Místo odmítnutí nabídnout vlastní řešení vycházející
z konkrétní situace, nezávislé na přijetí či odmítnutí
jakožto postoji. Typickým příkladem asymetrické
reakce na mocenskou strukturu je rané křesťanství,
které na otázku loajality vůči Římské říši neodpovídá,
vytváří vlastní hodnotovou strukturu. Přesné je nedo-
rozumění v podobě slova král, mylně chápaného v jeho
světském významu.

Každodenní život...

Sympozium se uskutečnilo 8.—10. 12. 2004, organizace
tranzit.cz, MoMA New York, Goethe Institut Praha,
místo konání Museum Kampa.

Výstřižky

Leden:
Rok 2005 začínám výstřižkem s portrétem Che
Guevary. V lednu minulého roku jsem dělal výstavu
v Galerii města Bratislavy. Do smlouvy o provedení díla
mi napsali, že si mám hradit občerstvení pro hosty
sám. Volné chvíle jsem trávil četbou místního tisku.
Výstřižek je z novin Domino fórum. Vedle shluku tele-
vizních programů s katolickým týdeníkem v hlavním
vysílacím čase mě zaujal zčistajasna článek s výčtem
levicových a revolučních aktivit od smrti Che Guevary
a konce RAF, plných postav jako Hakim Bey, subco-
mandante Marcos. Zbytek pobytu v Bratislavě jsem
strávil přemýšlením o Tobinově dani z mezinárodních
finančních transakcí. Podle článku jde o jedno pro-
cento daně z nekontrolovaného finančního toku,
z kterého se má hradit (nebo se již hradí) pomoc
třetímu světu. Dosud jsem nepřišel na to, zda je lepší
přestat krást po celém světě, nebo vrátit třetímu
světu jedno procento z toho, co se už ukradlo.

Únor:
V únoru minulého roku jsem mimo jiné byl v Bratislavě
tutéž výstavu deinstalovat. Po zkušenosti se smlou-
vou jsem to radši dělal sám. Koupil jsem si ty samé
noviny. Tentokrát jsem si schoval reklamu na televizi
TA3. V kontextu obrazové části je důležité rozumět
titulku „realita v souvislostech".

Březen:
Z března mám článek z pražského týdeníku *Respekt*.
Popisuje několik konfliktů a soudních procesů v Rusku,
kdy se minoritní občanské iniciativy snaží hájit právo
na svobodu vyznání proti státnímu pravoslavnému
náboženství. Jedna z líčených událostí je soudní
proces s organizátory výstavy *Pozor, náboženství!*,
která byla zdemolovaná útokem zastánců pravoslaví.
Tedy obžalovaní byli umělci. Podle článku se v roce
1897 hlásilo k pravoslaví 72 % obyvatel Ruska, dnes je
to 86,5 %. Vzpomněl jsem si na plán, podle kterého
měl být ještě v komunistickém Sovětském svazu místo
oltáře jakéhosi zničeného chrámu skokanský můstek

do bazénu umístěného v hlavní lodi. Nevím, jestli to
tehdy stihli zrealizovat.

Duben a říjen:
Za duben a říjen mám dva výstřižky předpovědi
počasí. Jeden je ze začátku dubna, druhý myslím
z prvního října. Na obou jsou úplně ty samé teploty
a to samé počasí. V dubnu jsem si původně výstři-
žek nechal jako takový záznam zamrzlého času nebo
zpětně úplně zbytečné informace. To se zcela obrátilo
mým nálezem ze října.

Květen:
Z května mám jednu stránku z novin, které vydává
jeden můj ruský kamarád. Noviny jsou vydávané rusky
a anglicky v Berlíně. Na stránce mě fascinuje rozměr
textu. Všechny články jsou o revoluci.

Červen:
V červnu jsem si vystřihl fotku moldavských podněs-
terských kozáků z roku 2005.

Červenec:
Po teroristických útocích v Londýně podal umírněný
představitel islámské komunity v České republice
pražským *Lidovým novinám* agresivní rozhovor. Měl
titul „Muslimové smějí *útočit* jen v *sebeobraně*". Přišlo
mi trochu nemožné, jak se lze najednou bránit i útočit.

Srpen:
V článku „Papež není rocková hvězda", který vyšel
v rubrice Diskuse v českých novinách *Mladá fronta*,
Tomáš Kohl, publicista, napsal: „Christopher Hitchens,
pohan a polepšený levičák, označil papeže Jana
Pavla II. v magazínu *Slate* za senilního…"

Září:
Za září mám schovanou fotku z nějakého magazínu
s titulkem: „Jedním ze zlatých hřebů v kolekci Milana
Wolfa je český plakát na americký film *King Kong* z roku
1933. Ve své době bylo české zpodobení King Konga
považováno ze nejlepší plakát na tento film na světě…"

Prosinec:
Za listopad nic nemám. V pondělí po Zlaté neděli před Vánoci vyšel v pražské *Mladé frontě* článek „Lidé bezhlavě utrácejí. I na dluh", s podtitulkem „Předvánoční nákupy vrcholí. Před zadlužením varuje už i církev".

Ve stejný den ve stejných novinách vyšel nekrolog veršovaný pozůstalou manželkou k ročnímu výročí smrti manžela. Jeden verš zní: „Už plynul dlouhý čas, co slyšela jsem milý hlas, svou písničku jarní vánek hrál, když jsi mi po vlasech hladíval."

V kontextu tohoto posledního výstřižku bych chtěl upozornit na portrétní řadu, která se výběrem článků vytvořila.

Ján Mančuška
(17. července 2006)

Narodil jsem se v roce 1972 v Bratislavě na Slovensku. Matka i otec v té době studovali na FAMU v Praze. Oba pocházeli z rodin, které žily ve vesnici Ivanka pri Dunaji blízko Bratislavy.

Manželství mých rodičů se brzy rozpadlo a já zůstal s matkou. Bydlel jsem s ní v Praze načerno na koleji, den trávil ve škole a na projekcích. Měl jsem hrůzu z Kurosawy. Později mě matka dala ke svým rodičům. Po škole se vrátila na chvíli na Slovensko. V roce 1979 jsme se přestěhovali zpět do Prahy. Matka se znovu provdala a narodil se můj nevlastní bratr Martin.

Na základní školu jsem začal chodit ještě na Slovensku, ale po půl roce jsem už nastoupil v Praze. Matka se už ve filmu nikdy neuplatnila. Otec se nakonec usadil v Bratislavě a točil dokumentární filmy, které se tehdy pravidelně uváděly jako týdeníky před hlavním představením v kinech. Také se opět oženil a v roce 1982 se narodila má nevlastní sestra Magdalena. V roce 1986 jsem nastoupil na Uměleckoprůmyslovou školu v Praze, obor nábytkářství. Byl to spíš technický obor. Vyučování mě strašně nebavilo a měl jsem hrozné známky. Hodně jsem se kamarádil s Tomášem Drvotou, který po škole studoval filosofii. Připadal jsem si vedle něho nevzdělaný, tak jsem se to snažil dohnat. Kamarád ze třídy Denis Ciporanov mě seznámil s Vítem Havránkem, který je dodnes mým důležitým spolupracovníkem a kamarádem. V roce 1990 jsem začal chodit s Denisovou sestrou Petrou, která se pak stala mou ženou. Střední školu jsme ukončili stávkou a spolu s dalšími školami podnikli převrat. Bylo to strašně exaltované období, na které nerad vzpomínám. Pak skončil komunismus.

Mezi školami jsem se hodně kamarádil s Tomášem Smetanou, umělcem, který byl známý mého otčíma a matky. Díky němu jsem se nakonec přihlásil do ateliéru kresby na Akademii výtvarných umění v Praze. Po revoluci se na Akademii úplně obměnil profesorský sbor a byly tam docela dobré podmínky. Hned v prvním ročníku jsem se začal kamarádit s Tomášem Vaňkem a seznámil se s Josefem Bolfem, s nímž a s Janem Šerých jsme později založili uměleckou skupinu Bezhlavý jezdec. Na kresbě ale bylo hodně konzervativní prostředí, což jsem si byl schopen uvědomit až za několik let.

V Praze byla otevřená situace. Spousty cizinců a nejasné společenské směřování. Byla ještě malá šance, že vznikne něco nového. Nakonec nastoupil kapitalismus. V roce 1991 měl můj bratr Martin, kterému bylo tehdy 12 let, vážnou nehodu, po níž zůstal navždycky mentálně a fyzicky postižený. Ve stejné době se rozpadlo druhé manželství mé matky.

V tomto období jsem se věnoval půl na půl hudbě a umění. Na začátku devadesátých let dorazily do Prahy drogy.

Rozpadlo se Československo.

V roce 1994 začala vysílat první komerční televize Nova. Tehdy jsem si poprvé uvědomil, jak moc se česká společnost změnila a jakým směrem. Dodnes je pro mě symbolem této přeměny smrtelná bouračka jako hlavní zpráva ve večerním zpravodajství televize Nova. Strategie, která zajistila stanici největší sledovanost.

Přestoupil jsem do ateliéru Vladimíra Kokolii a pak Vladimíra Skrepla. Začalo se hodně vystavovat. V ateliéru Jiřího Davida vznikla skupina Luxus, což se pro nás stalo docela impulsem. V roce 1995 jsme založili skupinu Bezhlavý jezdec (BJ) a měli první výstavu v galerii na AVU. Výstava na AVU vystřelila Josefa Bolfa mezi slavné. Znovu jsme se začali víc stýkat s Vítem Havránkem, který v té době pracoval v Národní galerii. Seznámil se i s kluky z BJ a nakonec jsme ho přizvali do skupiny.

V roce 1996 se u mě poprvé objevila chronická krevní choroba — hemolytická anémie. Od té doby periodicky každé dva roky končím na čtvrt roku na infuzích v nemocnici. To byl konec pokusů s dlouhými večírky.

V ateliéru Vladimíra Skrepla dělal asistenta Jirka Kovanda, který mě z českých umělců ovlivnil asi nejvíc. Tady se mi poprvé začalo trochu dařit v umění. S lidmi s BJ jsme začali pravidelně vystavovat na polopodzemních výstavách. Ale spíš samostatně než v rámci skupiny. Hodně jsme tehdy začali vnímat kurátorskou dvojici Janu a Jiřího Ševčíkovy, kteří mi později strašně pomohli. Původně jsme je přijímali dost kriticky. Ale díky nim a Skreplovi s Kovandou jsem poprvé vstoupil do světa současného umění.

V ročníku před diplomkou se mi zase vrátila hemolytická anémie a musel jsem školu na půl roku přerušit. Umění, které jsem začal dělat po chorobě, bylo úplně jiné. Už předtím mě hodně zajímaly výlevky od umyvadel, trysky od sporáků a podobné části bytu. Začal jsem používat různé materiály a sestavovat z nich objekty. Od té doby jsem — s výjimkou jedné výstavy — už nikdy nemaloval.

Ještě na škole jsem se začal přes Josefa Bolfa kamarádit se Zbyňkem Baladránem a Davidem Kulhánkem, kteří později založili galerii Display, a taky s Jesperem Alvaerem.

Odstěhoval jsem se od bratra a matky, skončil školu a oženil se s Petrou.

Po škole mi dost pomohli Jana a Jiří Ševčíkovi. Jako první jsme spolu dělali výstavu *Perplex* ve Špálově galerii. Potom mi Radek Váňa nabídl samostatnou výstavu v galerii Starter & Sorter, protože mu vypadl termín s jiným umělcem. Díky těmto výstavám jsem začal hodně pracovat.

V roce 1999, rok po skončení školy, jsme v Národní galerii dělali se Ševčíkovými výstavu *Vzdálené podobnosti — Něco lepšího než kosmetika*. Byl to v Praze snad první pokus formulovat kontext východoevropského umění. Pozvali tam Pawła Althamera, Miroslawa Balku, Vadima Fiškina. Taky jsem se takto seznámil s Romanem Ondákem, Denisou Lehockou a Borisem Ondreičkou.

Ševčíkovi mě pak přivedli do galerie MXM, která se v té době už spíš rozpadala. Tam jsem měl pak výstavu v roce 2000. V roce 2001 jsem udělal v Národní galerii projekt *Kolonie*. Je to jedna z prací, které jsem nikdy neměl rád, a stále ji chtěli všichni vystavovat.

V roce 2001 se nám narodil syn Vojtěch. Bydleli jsme v bytě o jedné místnosti. Neměli jsme vůbec peníze, ale jinak se nám docela dařilo. Snažil jsem se vydělávat u filmu, ale tu práci jsem nenáviděl. Byla sice hrozně dobře placená, ale měl jsem pocit, že bych měl dělat umění. Hodně mi pomáhal Pavel Šmíd, se kterým

jsme tehdy měli ateliér a který mi vždy sehnal nějakou práci. Byl jsem znovu v nemocnici.

Skupina BJ se rozpadla. Každý už dělal něco jiného a taky vyhledával nové prostředí.

V roce 2001 jsme začali připravovat s Vítem Havránkem katalog. Vít mě seznámil s Petrem Babákem, který dělal grafickou úpravu. Vymysleli jsme koncept, který rozdělil katalog na tři části. Koncept zkrachoval na vydavatelství Divus. Několikrát jsem čekal na výtisky doma s tím, že mi volali, že už je katalog hotový, přitom nebyly hotové ani filmy. Nakonec plně fungoval jenom první díl.

Ve stejné době jsem připravoval výstavu ve Špálově galerii, což bylo pro mě hrozně důležité, protože šlo o velký prostor normálně vyhrazený známějším umělcům. *Praha 13*, jak se ta výstava jmenovala, byla mým prvním velkým projektem a zároveň to byl konec období práce s materiály.

Pak přišlo v roce 2002 pozvání na *Manifestu 4* ve Frankfurtu. Na téhle akci jsem se seznámil se spoustou lidí, což byl pro mě bezprostředně asi nejdůležitější výsledek. Boris Ondreička mě tam seznámil s Jonasem Dahlbergem, se kterým jsme později začali spolupracovat. Jonasovi se po *Manifestě* začalo hodně dařit, stejně jako jiným. Myslím, že ta výstava byla určitým generačním impulsem a vystavovalo tam dost dobrých umělců.

Pak přišlo pozvání na *Baltské trienále*, které bylo hodně dobré. Od té doby se kamarádím s lidmi ze skupiny Azzoro.

Návratu do Prahy jsem se hodně bál. V Čechách byla v té době pro umění asi nejsložitější situace. Skončila MXM, Špálova galerie, Behémót, ředitelem Národní galerie byl Milan Knížák, který tu instituci zlikvidoval. Na škole vyhodili Jiřího Davida. Neexistovala umělecká kritika.

Na druhou stranu vznikla galerie Display a kluci začali zvát do Prahy dobré umělce.

Začal jsem psát. Nejprve jsme si s Borisem Ondreičkou vyměňovali dlouhé e-maily. Pokoušeli jsme se ještě spolu s Vítem vytvořit nějaký kritický diskurs našeho uměleckého prostředí. Byl jsem ovlivněný texty Anatolije Osmolovského, které jsem ale znal jen částečně.

S Borisem jsme udělali krátce po sobě dvě výstavy v Praze a Bratislavě (kde s námi vystavoval i Jesper Alvaer). Opět v polonouzových prostorech. V Praze už skoro nebylo kde vystavovat. S Ondreičkou a Havránkem jsme založili skupinu Les Band. Se Zbyňkem Baladránem jsme natočili film *Vide* o kontinuitě české avantgardy. Našim aktivitám jsme říkali Nonspekta.

Začal jsem pracovat s textem.

Byl založen tranzit, iniciativa pro podporu umění. V Praze ji začal vést Vít, v Bratislavě Boris.

Na podzim roku 2003 jsem odjel na stipendium do ISCP v New Yorku. Byla tam spousta dobrých lidí, například Christoph Weber, který měl pak výstavu v Display. Vymyslel jsem hodně nových projektů, jinak neudělal ani čárku. Hlavně jsem přemýšlel. Díky Christině Végh, která byla taky v ISCP, jsem se seznámil s Andrewem Krepsem.

Po New Yorku jsem jel do Berlína na krátké stipendium spojené s výstavou *Things You don´t Know*, kterou dělal Karel Císař. Pobyt byl napojený na aktivity Künstlerhaus Bethanien. Vystavoval jsem *Během chvíle kdy jsem kráčel... po místnosti ve svém studiu v ISCP, 323 W 39th Street #811, New York*.

V roce 2003 jsem začal spolupracovat s Andrew Kreps Gallery v New Yorku. Napřed jsem tam měl skupinovou a v únoru 2004 první samostatnou výstavu, která se jmenovala *Read it*. Díky této výstavě se mi začalo dařit. A také jsem už nemusel dělat něco jiného kvůli tomu, abych nás uživil.

Přestěhovali jsme se do většího bytu. Narodila se nám dcera Agáta.

Po návratu z New Yorku se mi vrátila hemolytická anémie.

Zbyněk Baladrán byl na *Manifestě 5* v San Sebastianu. Jirkovi Kovandovi se začalo hodně dařit.

Hrál jsem ve skupině InkFish. Udělali jsme poslední nahrávku. Pak si bubeník Jakub Geisler zlomil obě nohy pádem z okna a zahraniční muzikanti se přesunuli zpět do Anglie. Skončil jsem s muzikou.

Na podzim 2004 jsem připravoval výstavu *Time and Again* ve Stedelijk Museum v Amsterdamu. Kontakt s kurátory zprostředkovala galerie Display. Vystavoval jsem křížící se linie textů *Fragment asynchronní historie — Skutečný příběh / příběh Jany*. Tahle výstava pro mě byla hodně důležitá. Vystavovali tam taky Roman Ondák, Deimantas Narkievicius, Wilhelm Sasnal.

V rakouském *Springerinu* nám s Vítem vyšel článek. Bral jsem to jako pokračování našich dřívějších aktivit v rámci Nonspekty. Název Nonspekta ale pro nás byl už překonaný.

Byl znovuzvolen Bush. Situace ve světě se stala příšernou. Česká politická scéna byla na zvracení a stále se to zhoršovalo. Začala válka v Iráku.

Za Cenu Jindřicha Chalupeckého jsem si koupil laptop.

V roce 2005 jsem nastoupil na stipendium v Künstlerhaus Bethanien. Přesunuli jsme se částečně do Berlína, ale spíš jsem neustále jezdil po trase Praha—Berlín. Seznámil jsem se s Jochenem Meyerem a Thomasem Rieggerem a začal spolupracovat s jejich galerií. V Andrew Kreps Gallery jsem měl druhou výstavu *True Story.*

S Borisem Ondreičkou a Stanem Filkem jsme začali připravovat projekt pro pavilon na 51. Benátském bienále. Kurátorem byl Marek Pokorný.

S Jonasem Dahlbergem jsme připravovali projekt pro Bonner Kunstverein, kde se mezitím stala ředitelkou Christina Végh. Viděli jsme se v New Yorku, kde jsme trochu pracovali, když jsem dělal *Skutečný příběh*, pak jsem za Jonasem jel do Švédska na jeho letní chatku, kde jsme se snažili nepožahat se od medúz. Vymysleli jsme projekt pro Bonn.

Pavilon v Benátkách nedopadl úplně podle mých představ. Bonner Kunstverein byla jedna z nejlepších výstav, které jsem udělal. S Jonasem se nám dobře spolupracovalo. Benátky viděly tisíce lidí, Bonn téměř nikdo.

Na ArtForum Berlin jsem se pokoušel zrealizovat *800 způsobů jak popsat židli*.

Bohužel se ukázalo, že je v prostorech berlínského výstaviště zakázáno střílet ze vzduchovky. Potom jsem zjistil, že tento zákaz platí pro celý Berlín. Nakonec jsem střílel pokradmo ve vlastním ateliéru.

Začalo mě zajímat divadlo.

Skončil pobyt v Berlíně, Bethanien byla super. Uvažoval jsem, že se přestěhujeme do Berlína. Během

2006

Art Basel Miami Beach jsem viděl nahou mořskou pannu, jejímž zaměstnáním v jednom hotelu bylo plavat v bazénu.

V únoru 2006 jsem byl v New Yorku. Přijel za mnou Vít Havránek a dopisovali jsme texty pro nový katalog / Artists' Book. Myslím, že se nám spolu hodně dařilo pracovat. Knihu zase dělal P. Babák. V New Yorku v Českém centru jsem kurátoroval výstavu, kterou jsem pojal jako divadelní hru.

Po New Yorku jsem jel do Berlína instalovat 4. berlínské bienále. Tím, že bude projekt fungovat, jsem si byl jistý až tři dni před otevřením.

Padlo rodinné rozhodnutí, že zůstaneme v Praze.

V dubnu jsme s Jonasem dělali druhou instalaci projektu z Bonnu, který se přenesl do Kunsthalle St. Gallen. Pro prostor jsme vymysleli další novou věc, *Shadow Piece*. Kunsthalle vedl Gianni Jetzer, kurátora dělal Burkhard Meltzer a byla to skvělá spolupráce.

Po St. Gallen jsem připravoval filmovou instalaci pro Art Unlimited v Basileji. Hodně mi pomohl Michal Bregant, děkan FAMU, kde jsem projekt realizoval. Po dlouhé době jsem měl bezprostřední pocit tvorby, scénář k filmu, který byl součástí instalace, jsem napsal za den. Asistent, který připravoval 35mm projektory, přišel na vlak do Basileje s jedinou igelitkou, ve které měl slovníky, a zrušil instalaci o dvě hodiny dřív, než končila výstava. Vše jinak dopadlo dobře.

V současné době se rekreuji.

Zdroj: Vít Havránek (ed.), *Autobiographies* [Autobiografie], tranzit, Secession, Revolver, Frankfurt nad Mohanem 2006, 81 s. (angl./čes.).

Dopis DOX

Moje neúčast na výstavě laureátů Ceny Jindřicha Chalupeckého je reakcí na výstavní činnost a program Centra pro současné umění DOX. Po několika okolnostech spojených s touto institucí, jako bylo například odstranění instalace minulého vítěze soutěže Jiřího Skály bez jakékoli konzultace, a faktu, že zde bylo prezentováno dílo Davida Černého *Entropa*, které pokládám za velmi nekvalitní, jsem se rozhodl neúčastnit jakýchkoli výstav zde pořádaných.

Za hlavní význam Chalupeckého ceny pokládám fakt, že zviditelňuje aktivity na poli současného umění. Umělcům, kteří se podílejí na průběhu udělování cen, je dán díky práci organizátorů soutěže velký prostor v médiích, kde mají možnost formulovat jak svá tvůrčí stanoviska, tak obecněji zprostředkovat obraz současného umění širšímu publiku. O to větší je podle mne zodpovědnost, jakým způsobem se tak činí. Z toho důvodu cítím vůči Ceně J. Chalupeckého povinnost ohradit se proti místu konání této výstavy.

Moje rozhodnutí neúčastnit se výstavy v Centru pro současné umění DOX vychází z podle mě legitimní snahy vystavovat své práce v kontextu, který je pro ně vhodný, a umožňuje jim rozumět způsobem, o který usiluji. A takový kontext bohužel DOX nemůže zprostředkovat. O tom jsem se přesvědčil mimo jiné na základě faktu, že tato instituce vystavila dílo Davida Černého *Entropa*. Tato práce podle mého názoru svou kvalitou nepatří do kontextu umění, maximálně do kontextu zábavy či bulváru. Pokud bych měl použít přirovnání, celý život se vyrovnávám s tím, že naše deníky rubriku Umění v jeho pravém obsahu zdaleka nenabízejí a musím se spokojit s rubrikou Kultura, kam se vejde všechno. Dílo *Entropa* ale svou povahou a kvalitou patří do rubriky *Koktejl*, *Zajímavost* či *Relax*. A přesně do tohoto kontextu se podle mě DOX vystavením *Entropy* zařadilo.

Žalostná bilance, jakým způsobem se o díle D. Černého a okolnostech spojených s jeho prezentací informovalo v médiích, spolu s aktivitami institucí, jako je DOX, podává velmi špatnou informaci o stavu současného umění, které je na základě takovéto

kauzy legitimně chápané jako povrchní taškařice. I když se takovýmto rozhodnutím možná dočasně zvedne návštěvnost, v konečném důsledku to veřejnost odradí, znechutí. Což posouvá v preferencích této společnosti umění dál a dál na periferii. Bohužel tomu pak nepomůže ani fakt, že se do výstavního programu DOX dostanou i kvalitní umělci, jako je Douglas Gordon či Pavel Büchler. Podle mého názoru spíše naopak. Takovéto gesto lze brát jako vysoce nekolegiální. Odpovědí by mohla být jedna z teorií, tedy že je nutné důsledně oddělovat autora od jeho díla. A nakonec, každý si může vystavovat, co chce. Moje rozhodnutí je čistě vedeno směrem k Centru pro současné umění DOX.

Provoz současného umění, především v mezinárodním kontextu, vyžaduje od umělce spousty kompromisních rozhodnutí. Je možné, že jsem se dopustil ve svých aktivitách mnohem větších kompromisů než vystavit nějakou věc v DOX. Svým odmítnutím se ale snažím zařadit do kontextu naší scény. Kde jinde by se měl umělec otevřeně a přesně vyjadřovat než v prostředí, kterému sám nejvíce rozumí? Kde samozřejmě ovládá řeč a bezprostřední kontext?

Bez nastavení srozumitelného obrazu současného umění a tím kritérií kvality, která se vytvářejí mimo jiné na platformě umělecké kritiky a institucionálního provozu, samozřejmě každý spor či názor přechází do osobní roviny. Tak ale moje gesto není míněno. Spíše jako pokus takováto kritéria nastavit.

V Praze 30. 10. 2010
Ján Mančuška

Muzeum třetího tisíciletí

Muzeum považuji za výraz společenské smlouvy. Je jedním z viditelných konceptů svobodného prostoru uprostřed společenského a politického dění. Jako prostor je muzeum bytostně spjaté s uměním a jeho provoz se proměňuje podle toho, jakým způsobem je umění jakožto civilizační fenomén nazíráno momentálním politickým zřízením, různými fragmenty a vrstvami společnosti či obecně, společenským klimatem.

V současné době má muzeum různé podoby. Kromě jednotlivých zaměření se dělí přesně podle politického a společenského uspořádání dotyčných zemí. Našeho prostředí se týkají především dva modely.

Ten vzdálenější, v našem kontextu spíše teoretický, je model americký. Sbírky těchto institucí pocházejí především z darů soukromých sběratelů, tento model je dominantní i v současné době. Pojetí muzea v tomto prostředí by se dalo nazvat elitářské. Ekonomická a politická elita společnosti se většinou v závěru života rozhodne věnovat svůj soukromý majetek instituci, a tak nabídnout veřejnosti přístup k něčemu, na co by s ohledem na svůj společenský status normálně neměla právo. Logicky se tito sběratelé také podílejí na programu muzea a tím ještě zvýrazňují jeho úzce elitní povahu. Pokud jde o druh elitnosti, i když americké či anglosaské prostředí obecně se může označit za nejlepší s ohledem na akademické vzdělání, nejde tu v zásadě o elitnost intelektuální, ale společenskou či třídní. Z uvedených okolností vychází i aktivní působení těchto institucí na poli systému umění. Jejich aktivita by se v současné době dala označit jako veskrze mocenská. Hodnoty, které svým provozem muzeum generuje, se daleko méně týkají roviny čistého umění. Tato činnost je paradoxně přenechána galerijnímu systému, tedy svou povahou komerčnímu prostoru. Hlavní aktivitou takovéto instituce je utváření hierarchie uvnitř systému umění.

Zdroj: Alena Krkošková (ed.), „Jak si představujete muzeum umění třetího tisíciletí? (anketa)", *66. bulletin Moravské galerie v Brně*, Moravská galerie v Brně 2010.

Inscenovaná realita

Co je to gesto? Gesto je prezentace schopnosti zprostředkovat, je to zviditelnění prostředku jako takového. Je to oblast čistého zprostředkování bez účelu. Gesto je v tomto smyslu sdělením sdělitelnosti. Nemá samo o sobě co říci, protože to, co ukazuje, je lidské bytí v jazyce jako čistá schopnost zprostředkování. Poněvadž ale bytí v jazyce je něco, co nelze vypovědět v pouhých větách, gesto je ve své podstatě vždy signálem, že si neumíme nějak poradit s jazykem, je to vždy gag v původním slova smyslu, což je cosi, co se vkládá do úst, aby to znemožnilo řeč, a také improvizace, k níž se uchyluje herec, selže-li mu náhle paměť či hlas.[1]

Nonspekta

Okolo roku 2002 jsme v okruhu galerie Display a také s Borisem Ondreičkou a Vítem Havránkem rozváděli ideu nonspektakulárního umění. Tedy projevu, který odmítá komunikaci s divákem založenou na uhranutí, efektu zapomnění, zalknutí se zábavou, které jsme vnímali jako vysoce politický akt zaměřený na aplikaci moci.

Při další práci s texty v mých instalacích jsem zpočátku programově odmítal fikci. Věnoval jsem se takzvaným true-stories, které jsem nazýval jakýmsi jazykovým ready-made. Důležitá pro mě byla určitá verifikace, fakt, že se příběh skutečně stal a zároveň byl jakousi epikou (s označením „epického divadla" u Bertolta Brechta jsem se seznámil o dost později). Až později jsem se začal zabývat psaním vlastní fikce, příběhu. Je jasné, že z předchozího vývoje pro mě vystaly určité principy. Jedním z hlavních prvků byla práce s postavou.

1
Giorgio Agamben, *Prostředky bez účelu*, Sociologické nakladatelství, Praha 2003, s. 51—53, přeložila Naděžda Bonaventurová.

Postava

Problematikou postavy v příběhu jsem se zabýval již v textových instalacích, které vznikaly na základě sbíraných true-stories. Především v tzv. křížících se textech, jako to bylo v případě práce *Fragment asynchronní historie — Skutečný příběh / příběh Jany* (2005). Ve výšce očí jsem napnul na ocelových lankách tři linky textu v různých směrech. Každá linka znamenala jednu postavu, která vyprávěla stejný příběh ze své perspektivy. A zároveň se každá postava vázala k příběhu z jiného časového odstupu. Hlavní hrdinka v něm figurovala v přítomnosti, další postavě bylo to, co se stalo, vyprávěno s krátkým časovým odstupem. Poslední charakter se o celém příběhu dověděl o několik let později. Linky textů, představující každá jednu postavu, se v prostoru křížily. Texty jsem sestavil tak, aby v místě, kde se linky kříží, bylo možné přeskočit z jedné na druhou a plynule pokračovat ve čtení, což bylo možné jak gramaticky, tak dějově.

Co se stalo, pokud člověk přešel z jedné linky textu na druhou? Změnil postavu, tedy její psychologii, angažmá v příběhu, ale změnil také čas. Instalace samotná nabízela dohromady 13 možných variant, jak číst jeden příběh. Nešlo tu jen o porušení rigidně lineárního charakteru textu (příběhu) jako takového, ale také o to, že pokud divák podstoupil několik možností čtení mé instalace, psychologie postav, jejich angažmá v ději, návaznost na časový sled příběhu přicházely o svoji naléhavost. Výsledkem byla jakási obecnost, neosobní stav, v němž se hrdinové (paradoxně původně skuteční) vznášejí.

Po určité době jsem se začal věnovat psaní vlastní fikce/příběhů. Tato změna se pojí se vznikem prvních filmových instalací a videoinstalací.

V případě postavy jsem vlastně pokračoval v její dekonstrukci na principech, které jsem již začal v mých textových věcech. Jen jsem tentokrát už neměl v rukách skutečnou postavu, ale postavu mnou vytvořenou. Opět ze zkušenosti z mé minulé práce z raných textových věcí věnovaných popisu (předmětů) jsem místo dialogů používal výhradně hlas vypravěče. V situaci, kdy ve *vrstvě 1*, tedy v obraze, herci spíše simulovali/předváděli akci podřízenou ději, než by ji hráli (vystupovali v mých filmech spíše jako figuríny), a kdy ve *vrstvě 2* šlo o vyprávění (příběhu), popisu akce v obraze, jsem pro sebe nalezl silnou kvalitu. A to v osvobození obrazu a oproštění herců od popisnosti.

V kontextu role vypravěče v mých pracích jsem své postupy zpětně konfrontoval s teorií popisů A. Robbe-Grilleta: *…který začíná definicí tradičního „realistického" popisu: ten předpokládá nezávislost popisovaného předmětu, a tudíž stanovuje rozlišení reálného a imaginárního… Zcela jinak je tomu s neorealistickým popisem v „novém románu": když zastupuje svůj vlastní objekt, na jedné straně přitom vygumuje, destruuje realitu…, avšak na druhé z ní přitom nechá vystoupit veškerou realitu, kterou imaginárno… slovem a viděním vytváří…, a že tedy ani ta nejobjektivnější určení jim nebrání dosahovat naprosté subjektivity.*[2]

Mým prvním počinem na poli fikce byl krátký film, jako součást instalace, pod názvem *Vrah bez příčiny* (2006). Na úplném konci filmu je krátká pasáž, kdy jedna z postav v obraze promluví, ale protože jediný zvuk ve filmu je hlas vypravěče, promluví vlastně ústy někoho jiného.

Tady bych se chtěl pozastavit, protože tento moment, jakkoliv na první pohled jednoduchý, pro mě představoval důležitý okamžik, který podmínil moji další práci s postavou/charakterem. Kde se v situaci, kdy herec na obraze mluví, ale jeho hlas nahrazuje komentář vypravěče, nachází identita postavy? Je to někde mezi. Mezi hlasem vypravěče, ke kterému (i když se snažím o odosobněnou formu) si posluchač vždy vytvoří nějaký vztah, a hercem, který v obraze reprezentuje danou postavu, ale odsunut vrstvou vypravěče je jeho identita ještě obecnější. A identita postavy (obyčejně syntéza několika vrstev, tj. fyzická postava herce/herečky, představující/ho postavu, forma vystupování/hraní, jméno, fiktivní historie, jazyk, kostým atd.) se stala jedním z ústředních témat mých dalších prací.

2
Gilles Deleuze, *Film 2, Obraz.čas*, Národní filmový archiv, Praha 2006, s. 14—15, přeložil Čestmír Pelikán.

Divadlo a gesto

Tuto zkušenost jsem si přinesl i do své práce v rámci divadelních prostředků. Uvědomil jsem si, že tyto principy by mohly být ještě silnější v režimu živého představení. A velkou roli pro mě paradoxně začalo hrát gesto. První prací byla performance *Neviditelný — Hraní v sekvencích* (2007). Ale plně jsem je rozvinul až ve *Hře pozpátku* (2007).

Mezitím ale vzniklo několik video a filmových prací *Mezera* (2007), *Odlesk* (2008), *Dvojník* (2009) a performance *Jestli je něco na mně dobrého, jsem to jen já, kdo to ví* (2007), kde jsem si pomalu vytvořil určitá pravidla, v jejichž rámci ke svým postavám přistupuji, ale které se samozřejmě musí vyvíjet.

Postava nemá jméno (pokud ano, tedy většinou české nebo slovanské, aby v anglicky fungujícím prostředí, ve kterém především pracuji, bylo těžko vyslovitelné a zapamatovatelné, tedy aby se k němu těžko vytvářel vztah). Jména jsou nahrazena zájmeny nebo pouhými písmeny.

Snažím se pokud možno alespoň u jedné z postav příběhu nespecifikovat gender.

Zpochybňuji ztotožnění fyzické postavy herce s jeho postavou. V performanci *Neviditelný — Hraní v sekvencích* byl hlavní hrdina hrán čtyřmi různými herci, ve filmu *Odlesk* se představitelka hlavní hrdinky na závěr první části vyměnila s jinou herečkou atd.

Postavy nemají fiktivní osobní historii.

Prostředí, ve kterém se nacházejí, je obecné, nespecifikované, nebo nějakým způsobem nepřístojné. V *Odlesku* se dialogy točí okolo neznámé místnosti a vše nasvědčuje tomu, že se dvojice nachází v bytě. V delších prostřizích se ale dozvídáme, že jde sice o prostor s nábytkem, ale že toho nábytku je tam nějak moc, je skladovaný. Ve skutečnosti jde o bazar s nábytkem. Tomuto nedoléhání předpokládaného prostředí říkám „mezera".

Scéna, ve které se postavy nacházejí, je taková, jaká jenom musí být, a žádná jiná. Její charakter musí mít logické odůvodnění. Žádné kulisy, žádná estetická dominance. Ve *Hře pozpátku* jsem použil světlo hlavně kvůli dvěma věcem. Za prvé jsem jím editoval a dynamizoval děj, za druhé je nehmotné, ještě jednodušeji:

nelze o něj zakopnout. V případě, že se herci ženou po pódiu pozpátku, asi by bylo těžké se jakýmkoli nadbytečným předmětům vyhýbat. V tomto ohledu zastávám radikální minimalismus.

Abych osvětlil důvody výše zmíněných principů, musím se opět vrátit k předchozí práci. V roce 2007 jsme spolu s Vítem Havránkem vydali knihu *Chybění*. Již název napovídá určitý princip, který by se dal označit jako pojítko snad pro všechny mé práce. Tady se dá opět nabídnout odkaz k východiskům *Nonspekty* jako mého iniciačního intelektuálního zdroje. S Vítem jsme napsali:

Okolí se v realitě nevyskytuje ve své celistvosti. Člověk pojímá skutečnost selektivně a instrumentálně. Pokud se soustředíme na povahu věcí ve významu chybějící, otočíme-li se nikoli k obsahu, ale k chybění, může to být nejpřesnější popis našeho bezprostředního okolí.

Pojem chybění se odlišuje od slova prázdnota. Pokud je prostor prázdný, znamená to, že tam nic není. Pokud však někde určitý předmět chybí, odkazuje to k jeho neuskutečněné přítomnosti. Tedy k tomu, že by tam měl být. Pocit chybění je v tomto ohledu aktivním uvědoměním si obsahu skrze jeho absenci. Chybění je okolím obsahu.[3]

Abych tyto řádky vysvětlil: pokud se postava (normálně nabízená v celkové syntéze tradičních vrstev, na kterých se fiktivní postava buduje) objeví ve fragmentech, v oddělených vrstvách, zkráceně pokud se postava objeví narušená prostřednictvím dekonstrukčního aparátu, její identita je plně v rukou diváka. Protože jen ten si ji může, tlačen pocitem absence tradičního hrdiny, dát v hlavě dohromady.

Zde by ještě jednou stálo za to vrátit se k Robbe-Grilletově teorii popisu, tak jak ji prezentuje G. Deleuze ve *Filmu 2*, a to, že ...*Robbe-Grillet alespoň na počátku svých úvah je ještě přísnější: odmítá nejen to, co je hmatatelné, nýbrž i zvuky a barvy jako něco, co je nezpůsobilé ke konstatování, co je příliš spjato s emocemi a reakcemi...*[4]

Toto byly a jsou úvahy o stavbě postavy v mých pracích. Ve chvíli, kdy jsem se začal zaobírat divadelním projevem, začal jsem i vyhledávat v tomto oboru mně blízké prostředí. Ve vztahu k Beckettovi jsem byl dlouho v roli spíše čtenáře, než jsem objevil jeho zcela radikální scénická řešení (*Ne Já*, *Šťastné dny*). Jeho poslední práce, které realizoval pro televizi (*Quad*), jsou v kontextu současného umění známé. Rád bych ve vztahu k tomu, co jsem napsal, zmínil fragment z Brechtova v Německu triviálně známého eseje:

Vypracovat základní model pro epické divadlo je poměrně jednoduché. Při praktických pokusech jsem volil obvykle jako příklad nejprostšího, tak říkajíc „přirozeného" epického divadla událost, která se může odehrávat na nějakém nároží: očitý svědek dopravní nehody demonstruje houfu shromážděných lidí, jak k neštěstí došlo. Kolemstojící událost neviděli nebo jen nesouhlasí s jeho názorem, „vidí ji jinak" — hlavní je to, že demonstrátor předvádí chování obou, šoféra nebo přejetého, takovým způsobem, aby si kolemstojící mohli o nehodě udělat úsudek.

Tento příklad nejprimitivnějšího epického divadla se zdá být snadno srozumitelný. Zkušenosti však ukazují, že působí posluchači nebo čtenáři neobyčejné obtíže, jakmile se po něm žádá, aby pochopil dosah rozhodnutí přijmout takový demonstrovaný výjev na nároží jako základní formu velkého divadla...[5]

To je vlastně přesně to, čím se (samozřejmě s velkým časovým posunem, a tedy v úplně jiné situaci) zabývám, i když ze strany původně jiného oboru, citlivosti a vzdělání.

Příběh

Na tomto místě cítím nutnost pozastavit se nad rolí, jakou pro mě zaujímá příběh. V kontextu mé práce

[3]
Vít Havránek (ed.), *Ján Mančuška: Chybění*, tranzit, Praha 2006.

[4]
Gilles Deleuze, *Film 2*, *Obraz.čas*, Národní filmový archiv, Praha 2006, přeložil Čestmír Pelikán.

[5]
Bertold Brecht, *Dobrý člověk ze Sečuanu*, Národní divadlo, Praha 2003, přeložil Ludvík Kundera.

s jazykem se může příběh jevit jako anachronismus, jako něco nepatřičného. Vychází to podle mě z referencí k dění v literatuře padesátých a šedesátých let (Nathalie Sarraute a antiromán atd.). Ale to je podle mě již konzervativní přístup.

Můj zájem o příběh má však ještě jiné důvody. V knize *Chybění* jsme s Vítem Havránkem napsali:

Minulost tak, jak je zaznamenaná pamětí, má dramatickou povahu. Myšlení se v paměti neobrací k samotné realitě, ale k tomu, jak byla realita zaznamenaná. Nelze pracovat s celistvým vědomím minulosti a její kontinuity. To je v prostředí neustálých změn, jejichž původ není možné vystopovat, nuceno konstruovat paměť výběrem…

Aby mohlo myšlení s minulostí vůbec pracovat, vyděluje z ní malé celky, které jsou fragmenty předešlého dění a ve svém důsledku tou minulostí, kterou si pamatujeme.

Tyto fragmenty — malé celky — však nejsou pouhým výsekem určité ohraničené časové jednotky, tedy výčtem dění v její kontinuitě. Už proto, že ta je nedělitelná. Aby plnily svoji funkci, ozřejmovaly minulost a byly pochopitelné (použitelné pro paměť), muselo jim dát naše myšlení nějakou strukturu. Děje se tak tím, že jim myšlení vkládá jakousi základní dramatickou formu…

Představou vytváření zkušenosti z malých dramatických celků, z nichž sestavujeme minulost, se umění může v jakési základní formě dostat před historii a kulturu a získává tím animální charakter.[6]

Zatím jsem mnoho nepostoupil ve zkoumání, ale intuitivně právě zde spatřuji krok od rituálu k příběhu.

Často pracuji ze dvou směrů. Jeden je řekněme konceptuální. A z druhé strany je to příběh. Jsou to vlastně dva protichůdně směry, které se v momentu setkání promění v kolizi. A to je přesně můj záměr, konfrontovat diváky s takovýmto druhem kolize.

Na konci šedesátých let se příběh nezdál jako téma, které by mělo velkou budoucnost. Z pozdějšího vývoje, jak v literatuře, tak ve filmu, je jasné, že vše se vyvinulo trochu jinak. Velký podíl na tom vidím

v obrovské dominanci komerční kultury, synchronní s politickým vývojem ve světě v osmdesátých letech a dál. A tohle zahlcení fikcí se podle mě nedá ignorovat. Zde u mě vyvstává potřeba znovu a znovu nastolovat momenty kolize, s kterými je divák mých prací neustále konfrontován. Je to pro mě blízké pojmu „permanentní kritiky", který byl jedním z výrazů z okruhu *Nonspekty*.

Proč divadelní prostor?

Jako u jiných takto zavedených prostorů s jasnou distribucí a strukturou, důvodem, proč používám charakter divadelního prostoru jen jako citaci, je ve své podstatě skutečnost, že takto svou povahou participuje na tom, co chci sdělit.

Do této doby jsem prostor divadla (také jsem zatím mnoho prací v tomto prostředí neudělal) používal skutečně pouze zvenčí. Nijak jsem se ho nesnažil měnit, narušovat jeho strukturu (snad jen pozicí herce/vypravěče v auditoriu). To se však, tak jak tomu bylo v mých předešlých aktivitách v různých médiích, bude pravděpodobně měnit.

Dalším argumentem pro použití divadla je to, že sám prostor se podílí na podání (např. hereckém) konkrétního díla. Různá média vyžadují různé druhy exprese. Tento fakt, který je možné opsat stejně triviální floskulí o vzdálenosti diváka od dění na jevišti a tím daným požadavkem po výraznějším gestu, lze z důvodu (mimo jiné) srozumitelnosti do jisté míry přijmout. Samozřejmě s výhradou, že se na tom snad ještě výrazněji podílí zakořeněná tradice tohoto typu podání, které víc než k jednoduchým a srozumitelným důvodům odkazuje ke své tradici, jazyku (tedy k sobě samému).

Daleko zajímavější je však rozdíl v různých mírách exprese u širšího spektra médií. Podle mé zkušenosti vyžaduje naprosto rozdílnou kvalitu a razantnost gest film a digitální záznam. Zde se již nedá argumentovat vzdáleností objektivu od tváře herce. Je zde něco navíc. Myslím, že každé médium vyžaduje svůj bytostně vlastní projev. A právě tuto, dalo by se říci, „ontologii média" ve svých aktivitách

---

[6] Cit. d. Vít Havránek (ed.)

zpracovávám (i když je potom podrobuji kritice, dekonstrukci, nebo snad radikálně porušuji pravidla, historií v tom kterém médiu etablovaná).

Inscenovaná realita a gesto

V rámci své práce shledávám gesto jako ten nejsilnější nástroj v prostředí, které nazývám „inscenovanou realitou". Vychází to i z toho, že cítím v kontextu současného umění silnou potřebu najít opět jakýsi společný modus porozumění, určitý koncept jednotné pravdy a jednotného cíle.

Již delší dobu na poli současného umění dochází ke znovuobjevení gesta jako nástroje porozumění. Důvodům, proč k tomuto vývoji došlo, se věnuji v části textu, který kvůli jeho rozsahu nešlo uveřejnit. Nechci při pokusu o zkrácenou formulaci tohoto problému v kontextu současného umění riskovat zjednodušení. Obecně jsem si pro tuto situaci vytvořil pojem „inscenované reality". Ten pro mě tvoří obrovský prostor mezi ambicí autentické výpovědi (velmi problematické v kontextu mezinárodního umění) a uměleckým dílem, které pracuje mimo žánr fikce nebo odvozeného dokumentu ve zcela novém prostředí. Podle mého názoru je toto prostředí zcela nové, a jako takové má potenci vytvořit silnou hladinu porozumění, jakýsi nový jazyk, syntézu. Jeho dominantním nástrojem je gesto, které spíš než by odkazovalo k autentickému kontextu, dává umění do prostředí jakési inscenované hry.

A to proto, že poskytuje určitý odstup. Například od možné dezinterpretace diváky, kteří chápou akci konanou v prostředí „inscenované reality" mylně jako cíl (tedy artefakt). Přitom jde důsledně o iniciační akt odkazující k budoucímu konání v každodenním životě. Protože osoba ...*zachycená při vykonávání gesta, které je prostředkem k tomu, aby jiní... dosáhli libosti..., se může stát pro diváky zprostředkovatelem nového požitku (který by byl jinak nesrozumitelný).*[7]

7
Cit. d. Agamben, s. 57.

No Values Endure Forever

Sylvie Petráková: You were a finalist for the Jindřich Chalupecký Award last year, but only became a laureate this year. How do you explain that?

Ján Mančuška: The award is meant to be some valid expression of quality, but in actual fact it depends on who is on the committee. Last year I was more confident. The piece I showed represented a great shift in my work. Actually, it foreshadowed the things I'm working on now. This year the decision was between me and Zbyněk Baladrán and Jiří Skála was also shortlisted. I can relate to that, which pleases me. Last year I had my doubts.

(SP) What are you working on, then?

(JM) For some time now I've been interested in a theme that could be described as the relationship between language and perception. That is the essence of improvised art and thinking in general. It's also why I use the principle of the cut-up text. In the second phase, I'm working with history. The question of how histories can be constructed was dealt with throughout the 1990s. There was a coherent history that came exclusively from the Western world, from the centres. After the Iron Curtain opened, all of a sudden there were lots of countries here that had quite different historical experiences. I think it is possible in this way to characterize the art of the post-communist countries, which brings a historical reference that is totally unknown in the West.

(SP) How do you come to terms with that idea in the project you prepared for this year's Jindřich Chalupecký Award?

(JM) This project aims at criticizing something that seems to be a unified style, let's call it Modernism, on the level of contemporary Czech society and art. It draws attention to how the legacy of Modernism has been twisted, altered and distorted in the course of forty years. In the permanent exhibition in the Moravian Gallery in Brno I covered certain paintings with aluminium boxes with text cut out of the front. The painting under the text can be seen through it. The text in general arose from the specific works of art. The boxes carry the names of the paintings beneath them, which is important, because identity emerges only on the basis of a connection. The text in connection with the image creates a context. The project is called ...*and Back Again* (2004).

(SP) Where does the title come from?

(JM) It's taken from Warhol. His book *From A to B and Back Again* illustrates for me an attempt to reinvent history. I have said many times that the terms 'history' and 'the past' are often confused. History is not the past, but an interpretation of it that exclusively concerns the present, because the past is interpreted differently in every era.

(SP) In your view art, too, is concerned exclusively with the present. Maybe your statement that art is an ephemeral matter is a little perplexing.

(JM) I don't believe that there are any values there that endure forever. Art arises from a certain situation and reacts to that situation. The situation changes. A person is not capable with the hindsight of a few years or the detachment of a different location to see what that entails. What is important and healing is to make not a qualitative, but an inherent distinction between that which is art and cultural residue. I like going to museums and looking at old paintings, but I would never approach them in the same way as art that is made now.

(SP) How then can old art be viewed?

(JM) As a section through culture. Obviously they are beautiful things, but I see the beauty primarily in the fact that I am aware of the overall circumstances under which the current state of society exists. And that is the beauty of old art.

(SP)   You are represented in America by Andrew Kreps Gallery. Can you compare how the art industry here is different from that in the USA?

(JM)   It's an enormous difference. There is no market here, no structure of private galleries. I would compare the USA rather with Europe in general. In Europe the most important member of the art industry is the curator, who creates the final hierarchy. And because as a rule the curator represents an institution funded by the state or the city, the art industry in Europe is terribly politicized. This approach makes it impossible for me and people of my generation to get away from the fact of being an East European artist. In the USA it's all set up differently. There, everything is held together by the market. The most important figure is the collector. The question of whether someone is from Prague or from Helsinki, say, is eliminated. In that it is incredibly free. But then again everything is subject to the omnipotent market and that is evident. Artists that I know in Europe have pieces in the USA that are much more marketable. They restrict their work, for example, to objects and pieces. The concise restriction that whatever is a piece sells better still applies.

(SP)   How should exhibition institutions operate in order to be acceptable for young artists?

(JM)   The main mycelium from which art emerges should be outside of institutions. The institutions should try in some way to support prominent trends, mediate contact between the Czech and foreign scenes and enable artists to implement certain things. In that respect absolutely all the important exhibition institutions fail, with the exception of the Moravian Gallery, and hopelessly. In terms of private galleries, only Švestka Gallery functions. Otherwise, there were a few galleries here that tried and then went bust. Then we have a few art spaces, such as Display Gallery, which is run by people who don't

make a penny out of it, who look after it themselves and don't even have a telephone line set up. They are doing a wonderful thing, obviously, but I'm a little afraid it won't last very long, because that method is devastating.

(SP)   At the *Prague Biennale* you'll have a chance to try the job of curator.

(JM)   I'm not entirely a curator. This is a trend of recent years, that the artist is invited to take on the role of curator. The artist thus becomes part of the network of power ambitions, because he is co-creating the industry. Today, though, it is often used as an excuse. I don't even want to know to what extent this model was a cliché in my contact with the Prague Biennale. All I want is to do a good thing.

Source: Sylvie Petráková, "Žádné hodnoty nejsou navždy trvalé" [No Values Endure Forever], *Lidové noviny*, 14 December 2004, p. 9. (Cz).

What We Have in Common

Eastern Europe

Displayer: You grew up in former Czechoslovakia, where everyday life was influenced by socialism. To what extent did that have an impact on your thinking and artistic work back then and today?

Ján Mančuška: The art industry in socialist Czechoslovakia at that time wasn't developed like it is here in the West. In the 70s and 80s, there were no institutions fulfilling functions similar to West European ones; artists operated in a totally different environment. What's more, East European art existed quite outside the postwar history of art. This wasn't due to some conspiracy by Western culture. The history of art is created, or at least has been in modern times, by the system of the art industry. In my opinion, the reason why East European art was not included in the history of art is that there was no system of this kind (the circle comprising private galleries, collectors, institutions and art critics) working there. The generation before mine had worked in a specific environment. An important aspect of that was that that generation did not become a part of art history in its own day.

(D)   Do you consciously refrain from any political connotations in your work?

(JM)   The 80s generation, for instance, shared a certain distaste for political interpretation of their work, probably for a number of reasons. One of these was the official doctrine that art should be politically engaged, naturally within the constraints of Communist ideology, and so being apolitical became a political gesture. One important aspect of this was that everydayness became strongly politicized. And here it starts to get interesting, because it is this very point of view that influences how I understand the political dimension in my work. For me, the fundamental element of political life is the concept "I" — the "I" and its relation to others. When I call certain aspects of my work "political", I mean it in this most basic, primal sense of the term.

Diversity and Aesthetics

(D)   The aesthetic language of your work is very reduced but the materials that you use to realize your concepts are much more versatile. One can find film works, textual installations, projections, as well as sculptural works in your oeuvre. What does materiality mean to you and how do you find the right media for each conceptual approach?

(JM)   I don't like making decisions that arise from some aesthetic model, though of course you can't escape that. In each case I try to find the simplest solution, one that allows no other way of doing it. For example, when I use text as an object and I want to hang it in a big space, it must be lightweight. At the same time, text is for me specifically connected to typesetting, so the material has to be metal, and the lightest metal is aluminium. It is this way of thinking, then, that most influences the decision-making process. Only rarely do I use surface finishing. I work with the materials as they are, because it seems the purest way of working.

Not concentrating on a single medium is important for me. So the physical process of creation comes more from the other side — from what the thing is about. It's not possible to be a professional in all fields. The fragility of the beginner is always present, at least at the moment when I begin working with a particular medium. That can be quite demanding on the psyche, but it has its place. My work has certain, let's say, spheres. Previously I worked a lot with text, now it's film. But I never stick with only one medium.

(D)   Does this mean that when you go back and forth from media to media as you say from text to film, that you feel as if you start all over again? That you can sort of clear your mind?

(JM)   Various media demand various approaches. For instance, I have a certain idea, maybe a story. When I work with text installations, I always have in mind a certain architectural solution as well as a notion about the material I will use. In the case of other media, during the process I encounter different problems and therefore arrive at different solutions.

Process

(D)   What can one imagine your work process to be like? Are there, for example, drawings to the concepts?

(JM)   I have two starting points when I work, one is drawing, as you mentioned, and more and more I like to start with writing because it doesn't immediately take a visual form.

(D)   Do you only do the concept and then there's someone else who does the realization?

(JM)   What is fundamental for me is to be there during installation, especially when the piece is being shown for the first time. I deal mostly with space, so it is important that I make the decisions regarding the installation. Actually, that is a huge part of the given piece: its presence in the space and how the space reacts to it, how it is organized.

(D)   Is the text like a background for you or a concept that you display publicly?

(JM)   In the ideal case my work should be composed of many layers, whereby each layer and each element should have its own independent quality and the capability of existing as a work of art in itself. For example, *Killer Without a Cause* (2006) is a piece that consists of several elements. It can be regarded as a sculpture, an acoustic installation or a film. What is important for me is that if you extract the film from

the overall installation of which it forms a part, it must work autonomously, even from the phase of the initial script.

This also significantly influences the way people view my work. *Killer Without a Cause* is again a good example. When you see it for the first time, you might think that the work is a sound installation, because it consists of huge 35mm film projectors making noise, and then there's the story being narrated over loudspeakers. So you might not even notice at first sight that an image also comprises part of the installation. After a while, or when you come back again, you now notice the image, because you're not concentrating completely on the sound anymore as you've heard it already. So you have a chance to come back several times and notice the different qualities of the same piece.

Reification in space

(D)   Is there a close cooperation with exhibition architects and curators during the setting up of an exhibition? Could you explain this especially with the example of the exhibition *Between Two Deaths* (2007) in the ZKM Karlsruhe when *Killer Without a Cause* was shown?

(JM)   As I said, I handle the spatial solution of my pieces myself. I design panels or partitions, because they are part of the piece itself — the architectural arrangement is part of the work. Even the certificates describe in detail the arrangement of the specific piece in space. During the preparations of an exhibition I also work a lot with the technicians. It's a funny thing that the starting point is always the line "That can't be done". You have to know yourself that it is possible in some way, which sets off the lengthy process of persuading everyone around that it can be done. First you have to convince the curator so you have someone on your side, but you still have a long way to go before you get just what you want.

In ZKM, though, it was completely different. I was the one answering the simplest questions, such as "Where do you want the exit sign?" and saying to myself, "Oh my, that's a good question...". But that was partly due to the fact that the piece had already been shown twice, once in Basel (Art Basel Unlimited 2006) and once in Vienna (Thyssen-Bornemisza Art Contemporary 2006/07). I was convinced what I wanted was right, because I had seen it already, so I had experience with the thing. What's more, I had a big collection backing me up, so we basically came to look at the ZKM space and there was already someone there from the collection who knew exactly what they wanted.

(D)   Is it important to you that your work is shown under the same circumstances?

(JM)   I created a certain line of defence for this particular piece. The architectural solution consisted of a projection booth as one layer and a curtain forming a second layer – a sort of box inside a box. So it was an independent and somehow unique space.

But if you're asking about the circumstances of the art world, then private collections differ greatly from institutions. Thyssen Bornemisza Art Contemporary (TBA21) is maybe exceptional, because it works almost like a public institution. The other collections are different. Often they are essentially warehouses. I believe that at a certain point all art becomes culture, and that all happens very rapidly. These things, which are mine, are shown and maybe sold, no longer belong to me mentally afterwards. For instance, recently in London one of the collections wanted to show one of my pieces in Frieze. They asked me how I would like it to be shown, but I felt total alienation from it. I had no relationship with the piece, as if it were no longer my own. The situation had changed and the piece was now more a cultural relic than art.

Production – Specificity

(D)   We were at TBA21 in Vienna and spoke to their curator Daniela Zymann. She said that it is very important for TBA21 to collect production-specific works, i.e., they have this special documentation on every piece of art, which includes the way it is to be shown and no other way.

(JM)   That's true, because they interviewed me and asked how it was supposed to be. The situation is different in smaller, private collections.

(D)   What was the interview about?

(JM)   I think the interview primarily concerned their archives. They were interested mainly in two points: We talked about my own work, the circumstances of its creation etc., and then they were interested in how it should be maintained and stored, not only in the narrow, technical sense. The (35mm Meopta) projectors, part of the *Killer Without a Cause* installation, are, I think, 1960s models and some of the components are irreplaceable if they should get damaged. For example, the cables are covered with a unique fabric insulation. So when they bought the installation piece, they also bought two identical projectors so they could replace parts as necessary.

What I like about that is the fact that is says a lot about the essence of art. I think that in this matter it is not only the material that is important, but also the theoretical meaning. What happens when the tangible form of an artwork changes or it even ceases to exist? Or if you create a replica of something by fixing it? Is it still the same work of art, which was meant to be a certain way, or has that vanished? That's interesting especially with regard to these massive chunks of metal (as in the case of the two 35mm film projectors of *Killer*).

(D)   What about architectural solutions?

(JM)   Since the time I did the exhibition with Jonas Dahlberg (Kunstverein Bonn, 2005), I began to focus more on the architectural design. I really like the moment when I'm standing in the empty space I want to work with. Then I decide on something, work on it for a while and suddenly it's all ready. That's a really great feeling. The space demands something and you can feel it. Of course, there's a great deal of difference between the virtual nature of the floor plan or visualization and physical presence in the space. Success is one thing, but having an opportunity to work with a space like that of Kunstverein Bonn is another thing entirely.

Language

(D)   Regarding text installations, such as *While I Walked… in My Studio in ISCP, 323 W 39th Street #811, New York* (2004): do you like the moment when the space influences your work?

(JM)   The space influences my work, but also vice versa. I use the term 'organization of the space' because that corresponds exactly to my experience of working with text in space. Text installations have a specific quality that is very authentic. We automatically read text from left to right, because we know where the start is and what direction to read. It actually dramatizes the space and it's a huge experience. Even now, when I create things in which text does not play the main role, I immediately think about how to instil a certain narrative character into the space.

(D)   What is your specific interest in the medium of language? What role does poetry play in this context?

(JM)   Prior to the text installations I had undergone a period in which I was using everyday, commonplace materials, creating various objects from them etc. Many of the issues I was dealing with at the time were closely concerned with basic physical experiences, primarily perception. And from there we come to the topic of language. Can we separate perception from language? That was a massive new theme that I only touched on marginally.

So in working with language I came to an entirely different body of work. The dematerialization of art was also very important for me at that time. I suddenly arrived at a stage where, on account of the aforementioned development, I could no longer use materials. I also faced that situation when I began exhibiting abroad. There are ten million Czechs in the world and Slovaks understand Czech, which means there are 15 million people in total who understand the language. That's something we have in common with all small nations, especially those that do not feature greatly in the history of art: we all have to be translated. Maybe for that very reason I started to become interested in the tools and structures of language, more than in language itself. I mean by that especially storytelling. I have to say I've never used language in a poetic fashion, because actually I'm not able to.

(D)   The textual installations often grant the viewer a deep insight into very personal and intimate worlds of thought. Where does this content originate?

(JM)   I started collecting the personal stories of my friends and relatives: 'true stories'. What was important was that every story had a point that I called point zero. This occurs when the entire dramatic development of the story is reversed or inverted. The story needs to have a certain structure that refers to the form in which it is presented. It is like using a very dry conceptual form, such as text alone in a space, which is contrary to the form of narration and all traces of emotion. Similarly, in my stories you will encounter the same impossibility of involving emotions. This is the paradox concealed in the 'point zero' of the story. I was collecting these true stories for almost two years because I was not interested in writing my own. It was also important to me to have a personal relationship with the people who told me the stories. That gave the story another dimension. *Killer Without a Cause* was the first thing I wrote myself.

Site specificities

(D)   Textual installations such as *While I Walked… in My Studio in ISCP, 323 W 39th Street #811, New York* (2004) are produced in a variety of sizes; the video work *A Gap* (2007) is produced for specific spaces/premises. What significance do site specifics have for you?

(JM)   For me the exhibition space is always a part of the content. The language is somehow physically connected to the space. *While I Walked…* consists of one long sentence printed on an elastic material. The sentence has the exact length of the walk through the space I describe in the text. The language refers here in a certain way to physical qualities, but because the text is printed on an elastic material, during exhibition it is stretched to a different length. It is a reference to the virtual quality of the exhibition space. I dealt with the converse of this issue when I started making *A Gap,* for example, which was specifically written for the space of Meyer Riegger Gallery. This was a big challenge, because if you wanted to re-exhibit the piece, you would ideally have to reconstruct the space of Meyer Riegger. Maybe that explains how the idea of space is materialized in my work; if I want to re-create a certain thing, then I have to re-address the corresponding space in order for it to be comprehensible. In the case of film installations, it's often a specific space or floor plan from which the writing of the script is derived. It's a powerful experience.

(D)   In *The Invisible — Acting in Sequences* (Frankfurter Kunstverein, 2007), as well as in *Reverse Play* (Kunstverein Hannover, 2007), you worked with actors once more. The work in Hanover was shown on video whilst the work in Frankfurt was until then a unique live performance. What impact does the 'live' moment have on the performances? Do you regard the recording solely as documentation material or as the final result, which would be the actual piece of art?

(JM)   In the case of *The Invisible — Acting in Sequences,* I wrote the script directly for the staircase in Kunstverein Frankfurt and divided the whole story into sequences corresponding to the floors. The people then had to pass through all parts to see the whole performance, which meant that the space again played a very important role. The whole story was about a person who gradually began losing the ability to distinguish reality from a staged scene. The audience was standing on a very narrow staircase watching the performance and it was not clear from the situation who was an actor and who was not, so they ended up in the same situation as that described in the story. This aspect of the "live" encounter was the crucial point of the whole piece. You can't achieve anything like that using the medium of film. The most you can do is document the whole process. *Reverse Play* is an ongoing project for me. First I made a film and now I'm preparing a live performance for theatre, but it's a totally new piece and only corresponds with the initial idea. That's the way I work; I progress from one piece to another and the previous piece supports the subsequent one and makes it more comprehensible.

Dramaturgy

(D)   How important is it to you in your artistic approach to physically activate the viewer?

(JM)   Sometimes I say that my work has a performative element. In a certain way I direct people to perform in my installations. That was how I worked with text in *While I Walked….* People read the text of the installation set at eye-height, repeating what I had done before them, according to the text in which my actions are described, so they were actually re-performing them over again. Walking was the important element there. In the case of *A Gap,* the viewers had to decide for themselves how to see the film. At first it was I who was the director, but one could say that it has now developed to the point where that role is left more and more to the spectators. They have to make decisions, because there is no one fixed way to see the film. It's up to them. Again, I regard the term 'decision' in a political sense. Sometimes we make decisions without being conscious of it and other times we truly decide. Basically we are surrounded by an environment we know perfectly, and then a shift occurs and we have to rediscover it. By arriving at a position where we have to re-decide, we can discover what it is that actually constitutes our everydayness. It's about a certain essence of freedom in its basic form — the fact that we can see everyday life in a completely different light. A lot of our behaviour is conditioned by habit. When that conditionality is interrupted for a moment, the conditions under which our behaviour is constituted are revealed.

(D)   In *A Gap* you also intervene dramaturgically in the structure of space. Where does your interest for narrative and dramaturgy come from?

(JM)   My parents were filmmakers, which was something I have tried to avoid all my life. I began getting interested in narration as a mental tool for understanding the surrounding environment in the course of my artistic practice. So this interest basically arose from different circumstances. Now I work with both sides of my personality. I think that is my material.

Source: Katharina Domokosch, Felicity Grobien, "What We Have in Common," *Displayer, Austellungsdesign und kuratorishe Praxis*, Staatliche Hochschule für Gestaltung Karlsruhe, no. 2/2007, http://www.tranzitdisplay.cz/sites/default/files/JM_Displayer_EN.pdf, accessed on 19 January 2015.

Jiří Kovanda (Interview)

Ján Mančuška: I'm interested in the initial impulse that led to your 'actions'. What did you do before them?

Jiří Kovanda: I was doing drawings in a notepad. Then I did collages.

(JM)   Have you ever exhibited them?

(JK)   Last year, for the first time.

(JM)   So your first public events were your actions?

(JK)   I had my first exhibition in Warsaw, in a student gallery, with photographs of my actions. Untitled *(Standing on Wenceslas Square with arms outstretched…)* (19 November 1976) was in it, as was Untitled *(Waiting for someone to call me…),* (18 November 1976) and other things I had done.

(JM)   How did you end up in Poland?

(JK)   I went there for the first time in the Spring of 1975 with friends. By chance we visited Repassage Gallery — a small student space in Warsaw's old town — and started talking with some guy there. Through him we met Zofía Kulik and Przemysław Kwiek, who showed me around the local scene. Paradoxically, it was through them that I got Petr Štembera's phone number here in Prague. When I got back, I called him right away. He was really helpful and invited me over. That's how I met Jan Mlčoch and Karel Miler, too.

(JM)   What led up to that first exhibition in Warsaw?

(JK)   Kulik and Kwiek arranged it at the Mospan student gallery.

(JM)   Did you do any actions there, or simply present them in the form of documentation?

(JK)   There was only documentation.

(JM)   Did you conceive your actions, or the documentation of them, with an exhibition space in mind from the outset?

(JK)   The documentation was intended for exhibition spaces from the start, but the actions happened elsewhere.

(JM)   I'm very interested in the transition that occurred between the performance of your actions and their translation into documentary photographs. There are no audiences present at some of your actions. The only people who know they're art are you and the photographer. But the resulting photograph isn't the art work, it's the action, isn't it?

(JK)   The question is when communication takes place. I think it's at the moment when the thing is referred to as art. That means that if an action has an audience, it happens straight away. If no spectators have been invited, however, I think it doesn't take place until afterwards, in the artistic space — in other words, either at an exhibition, or in print, it doesn't matter. In short, when it's presented as art.

(JM)   In retrospect, then?

(JK)   Yes in retrospect, although you can't draw a clear dividing line. Without the action, it wouldn't exist. The action has to take place.

(JM)   In this respect time has quite a particular status. In the act of documentation, you're calling attention to something that happened earlier: the action without an audience.

(JK)   But the action has to be there. An idea isn't enough, it has to really take place. I've had many ideas and scripts for different actions that I haven't carried out, but I've never published the ones that didn't happen.

(JM)   Could you imagine doing 'remakes' of the original actions today?

(JK)   I've already done so. For instance at Tate Modern last year I not only reinterpreted the kiss through the glass *Kissing Through Glass* (10 March 2007), but also the one on the escalator Untitled *(On an escalator… turning around, I look into the eyes of the person standing behind me …)* (3 September 1977). I don't have anything against 'remakes' in principle, but I have to say that my experiences of them haven't been good. As I said, it's important for me that an action really takes place. And when it's happened once, it doesn't make much sense for it to happen again. My experience of it is completely different then, substantially weaker.

(JM)   Did you perform any of your original actions more than once during the 1970s?

(JK)   No, never.

(JM)   Let's come back to what was going on in the 1970s in Prague, to the body art scene represented by people like Štembera and Mlčoch. Your pieces are quite different. But you actually worked together, didn't you?

(JK)   They had started about four years before me; for a while we worked simultaneously, until it all ended at around the same time.

(JM)   It seems to me that you rejected the fervent, expressive language of body art. You've never worked with the body or with pain; you've never even staged your actions, which is quite an essential difference. Did you ever talk about that? Did you approach them critically?

(JK)   No, not critically. We never talked about things that way. At the time I didn't notice such a big

difference. I liked Miler's work the most. But I wasn't trying to set myself apart from them at all: in fact, they fascinated me. The first action by Štembera I saw live profoundly moved me.

(JM)   Which one was it?

(JK)   He was barefoot; there was a heavy iron rod lying by the wall and he walked up to it and tied the iron rod to his feet. He jumped with all his might away from the wall, but the rod held him, so he didn't jump far. After that, he untied it and poured some acid on the spot he'd jumped off from. Next, he made a mark at the spot he'd jumped to and turned around and then he jumped back without the iron rod. But the wall was there; normally, without the iron rod he would have jumped further. He fell feet first into the acid. It was a powerful experience for me.

(JM)   So you think the differentiation was rooted in your personal dispositions instead?

(JK)   It wasn't calculated in any way, it came from inside. It was my way of seeing and feeling things. We never did things together, we never sat down and worked together on one thing, for example. Each one of us always did his own work. Although, at the time I thought we were closer. But — as opposed to Štembera, for example — I set myself apart from performance, imposing a limit that was uncrossable. I had to make do with the way I was. Štembera used different props, for instance. I just always wanted to be, with nothing else. And I stuck to this with absolute awareness and consistency.

(JM)   What were your views on happenings and on what The Plastic People of the Universe, the underground rock group founded by Ivan Martin Jirous, were doing?

(JK)   There was no direct link. As for happenings, I liked some of Milan Knížák's things, his really simple demonstrations. When happenings tended too much towards 'theatricality' I never enjoyed them.

(JM)   Speaking of Knížák, what was your relationship to Fluxus?

(JK)   Fluxus never interested me, because of what I've just said. Fluxus seemed like little theatre pieces to me.

(JM)   When I encounter the term 'Eastern European art' I always assume that different scenes are subsumed under one term when in fact they were isolated from each other. But you entered the art world through Poland. So there must have been some interconnection?

(JK)   I'd take issue with making such a distinction between 'Eastern' European and 'Western' art. Although contact with the West was highly restricted, there was some interaction — even if it might not have been direct. In my view, you can't think of Eastern European art without the West. Eastern European art *is* European art.

(JM)   Did you have contacts anywhere else, besides Poland?

(JK)   I didn't personally, but Štembera certainly had many.

(JM)   Was there any contact with what was happening in Slovakia? For example, did you know Július Koller?

(JK)   I knew Koller and some other Slovak artists, too. But there was very little contact with them.

(JM)   What did you think of Koller back then?

(JK)   That's an interesting question. For me his work was almost embarrassing. UFO — 'Universal Futurological Orientation'. Was he crazy? What was he on about? To tell the truth, I kind of looked down on Slovaks generally at the time. Today, you can clearly see how the interpretations of things has shifted from back then. There was a lot more

expressiveness, there were more personal layers than we allow ourselves today. I don't know why, but Koller was absolutely incomprehensible to me at that time. Today our approaches might seem similar, but at the time they were totally different.

(JM)   Were you in sustained contact with anyone from the West?

(JK)   I wasn't in any sort of sustained personal contact with anybody. Štembera handled all that, actually. He was in touch with various people — through letters and things they'd send each other and so on. With Chris Burden, for instance.

(JM)   Did they tend to be chance personal connections?

(JK)   I don't think so. Burden was very important for us then. Štembera kept in touch with him for a long time. So you see, our scene wasn't all that isolated. A lot of the things we did were reactions to what was being done abroad, even if it was mediated. For example, *Following Piece* (1969) by Vito Acconci was a big discovery for me.

(JM)   And what about the Viennese Actionists?

(JK)   I never liked them. I thought they went 'out of bounds'. But back when we were doing performances people talked a lot about them. They were always part of the scene.

(JM)   I wanted to ask about the turning point in your work from actions to interventions.

(JK)   The earliest interventions arose in places where others were doing actions and to which an audience had been invited, so they could take part in the performance. Like the flower behind a column which was my very first intervention *Installation 1* (December 1978), these works were carried out before people arrived, my physical presence remaining as a trace in the space, as if I'd just disappeared.

At the time I didn't think of the works as objects, but as traces of activities after an action: I'd hide a flower behind a column, or tie two slats together and lean them against a beam supporting the ceiling. Back then interventions were a smooth transition from actions, it was just that I personally had disappeared. As in my last action, in which I ran away from a group of people in the Old Town Square – Untitled *(I arranged to meet a few friends... we were standing in a small group on the square, talking... suddenly, I started running, I raced across the square and disappeared into Melantrich Street...)* (23 January 1978).

(JM)   Did you knowingly make that your last action?

(JK)   No, that's just it. I had no idea it wouldn't be followed by any others. I'd always directed myself towards people in my actions, but in the last one I was running away from them. The first impulse behind the interventions that followed weren't the objects themselves, but the activity which led up to their being there.

(JM)   Did photographs play a similar role in the interventions as in the actions?

(JK)   I think they played exactly the same role. The transition from one to the other was smooth. There was no watershed.

(JM)   Why did you 'disappear'?

(JK)   I can't say. I've always done things in an intuitive way. My ideas have always appeared out of the blue. They've never been the result of some intensive reflection or rational justification. My presence just died out, somehow. It's interesting that it happened to everyone at around the same time. My fellow artists did go on doing performances for a while, but they acquired a somewhat different character; they didn't seem to be as intensively charged as they were in the beginning. There was something about them that just wasn't quite right anymore. They'd depleted themselves.

(JM)   Then in the 1980s you started painting?

(JK)   Unlike my colleagues, I continued drawing the whole time I was doing my actions and interventions. As a matter of fact, I understood them as documentations of simple activities — traces left on paper.

(JM)   Were they meant to be drawings? They weren't 'instructions'?

(JK)   No. They were intended as drawings, even though they straddled the line between 'art' and documentation. They always involved a contrast between a geometric form and something organic. For instance, I once outlined a square in ink and then traced it out in pencil by hand. The title itself often indicated that it was a record of some activity: *I Drew Copies of Two Squares* (1977), for example. The format gradually got bigger, and in the late 1980s I started with a couple of paintings.

(JM)   Did your environment change a bit back then as well? You did things with Vladimír Skrepl a lot.

(JK)   That was related to the transition. My former colleagues had abandoned art completely. So naturally I looked around for someone who was doing things that interested me. The form of the new painting at the time was quite powerful. There was a strong opposition to the received forms. It might seem today as if those paintings were a return to something conventional or conservative. But it wasn't like that at the time at all. At least I didn't see it that way; they really were 'new'.

(JM)   There were no actions involved in any way: were the paintings a reaction to those earlier works in some sense?

(JK)   It was more as if suddenly they were of no importance; as if they'd been forgotten. But today it's clear that the experience persisted.

(JM)   I want to ask you about recycling, mainly in connection to the object—related pieces you did in the 1990s, although it has a bearing on your entire oeuvre. Some of your pieces came back from exhibitions in a box. Then you took that box and put it back in circulation as a new work of art. As in your actions, you chose to make do with what you had, to use only what was at your disposal. There's nothing added.

(JK)   That's very important. I've always been attracted by the idea of making do with whatever I have at my disposal. That's why I was so deeply impressed and immediately influenced when I first encountered Conceptual art. You didn't have to know a craft, you didn't need expensive materials, you didn't have to be extremely skilled — and yet you could still do something worthwhile. That absolutely fascinated me and I wanted to come into contact with it somehow.

(JM)   You've never had a studio. Does that have anything to do with it?

(JK)   It does. But it wasn't some sort of programmatic refusal to have a studio. I just didn't have one and didn't particularly want one, either. I felt I didn't even have the right to one. At the time, only those who were a member of the Foundation of Czech Visual Artists or who were graduates of some art school could. I never went to any art school and I wasn't in the Foundation. I never really felt the lack of a studio, though, because I enjoyed doing small things in big series much more than doing one single big thing. So it was kind of a combination of what I wanted and the possibilities open to me.

(JM)   It's only now that a lot of interest is being shown in your work. What's your view on that? I know you stopped working for an indeterminate period. Do you think it's typical that the system is capable of understanding simpler concepts only when they've actually become historical?

(JK)   Of course I'm pleased about the current interest, but I also ask myself what it would have been like if my art had been widely recognized when I first made it. It doesn't really bother me all that much though, that it's only come after so many years.

(JM)   And what are you working on now?

(JK)   I'm doing things that are related to the work I was doing in the late 1970s and early '80s. Often they're interventions/installations for a particular space: objects in which materials from previous works are recycled; performances that deal with interpersonal relationships. The difference is that now I conceive of them for gallery spaces from the start.

Source: Ján Mančuška, "Jiří Kovanda (Interview)," *Frieze*, no. 113/2008, pp. 146—149.

Artist in Residence: Ján Mančuška

Laura McLean-Ferris: There seems to be a strong relationship with film and cinema in the work you have created for artreview.com, is this something that you are interested in creating?

Ján Mančuška: The work links two areas of my activities — work with language in text installations, and film. It is a fragment of an older text, which is part of *True Story*, an ongoing project. At that time I was not yet interested in creating my own fiction or writing my own stories. On the contrary, I was collecting real life stories from friends and relatives. On this, to a certain extent readymade, field of dramatically closed "true story" formations, I was thinking up methods of analysing the structure and mediating it for the viewer in some way in order for the structure to become evident. I understood, and still understand, the dramatic structure of storytelling as the basic instrument by which we constitute our thinking: an instrument that has a pre-cultural origin. It was with this analysed dramatic structure of text that I worked in the case of the text installations in relation to space. Now, with regard to the medium that was offered to me, as well as with regard for my recent work, I shifted this analysis to the form of the "motion picture." It is mainly about the element of timeframe, which has an entirely different character in simple text than in the environment of the "motion picture." This tension between text and film was one of my goals.

(LMF) The connections that the viewer is forced to make seem to be the shifting of threats, or violence within the texts....

(JM) I would describe the principle I am working with in this work as this: the story reveals itself as from within the text. It is a somewhat opposite direction to the telling of a story. At the end is the complete text, which had been previously revealed by means of presenting fragments of it and their gradual expansion, until the text fills up and is completed. From the outset the fragments can create the impression of proposals of how the story might look, which are eliminated during the course of the story – as in the case of the words "*the ..man*," which become "*the woman.*" That is, the perspective of the main protagonist is radically changed.

Alongside the growth of the text and the various alternatives and possibilities of how the text might progress, which are repeatedly transformed and eliminated, extreme tension is generated. It is suspenseful, sometimes really to the point of frightening. I think what makes this feeling possible is the fact that there is something missing in the gaps between the words. We know that there must be something there and we can do nothing but wait and find out what it is.

This all arises from the aforementioned tension between the text and its use within the "motion picture." While in the text form the story has its climax at the end, in this case there are several climaxes as the story develops and they are constantly replaced by more and more. They are sort of subverted by the further development of the story. The fact that the story concerns a certain kind of violence connects its content with the manner in which it is presented. And actually it supports and strengthens it.

(LMF) What was your starting point for this work? Could you say a little bit about how it developed?

(JM) I had been thinking about this work for some time. The fact that I was invited to create something for a web presentation was an impulse for realising it. That is, the medium was the starting point. As I said, it is a fragment of an older text, which I had earlier used in a different way, using different media. This procedure is very close to me, I mean processing the same material by means of different media and in different contexts. Because every medium must also be the carrier of the content and, in the case of identical material, this claim is especially visible. With each new use, the original material is transformed, and that is the thing that interests me. It says a lot about the character of the medium. It could be said that in my work the nature of the medium becomes the subject of analysis via the story. I would call it a kind of ontology of the media.

(LMF) There also seems to be a comment on sexual politics and cinematic stereotypes. The viewer constantly assumes that the woman is a victim of a threatening man, and then this man switches to become her husband. Were you thinking about this when creating the piece?

(JM)   I would say it was rather the other way around. The story is about a woman who is observed unawares through a window. She only discovers that she is being observed when she picks up the telephone and becomes the victim of a threat. That is the content of the final text, but during the course of the projection, the story wraps itself in various versions. For a long time it seems that the man and woman are together in the apartment. The man is actually, from the beginning, the main protagonist of the story, although in the final version he only appears right at the end, via the telephone. And that he is a man is only clear due to the sexual stereotype, i.e. that the woman is the victim and the man must be the aggressor. Yes, the stereotype you name, which is often used in cinematography, is a conscious element of this work. All the stronger is the fact that it really is a "true story", that it really happened.

(LMF) Can you tell us a bit about the original piece in which this story was used?

(JM)   Originally it was a text accompanying a small installation. I abandoned the installation, rejected and lost it. The text, however, remained, but it had a different form. It was a matter of the development of individual stages in a story, which altered their chronology. I exhibited it separately for the first time in a small show in NY. This text has an important significance for me. Through it, friends drew my attention

to the French "nouveau roman". Literature became an important source for me. My text installations had already been in existence before some stronger influence from this direction, which rather just processed them retrospectively. But my film works already had a clear literary source.

In the same period in which this text came about, I gave up drawing as the primary, initial form of recording and began writing. At one point I stopped drawing entirely. So text always took first place, even in non-textual installations, for example. I was interested in the fact that text as a record has no visual quality. It only gets this concrete thing by means of definitive realization.

This text was also a good example of the fact that however much contemporary art may look formally like a completely free space, it has certain evident limits within it and a concrete work of art must find its niche. As text on its own, a piece of work was suspended in empty space. Any kind of medium for processing text seemed to be rather restricting. Thanks to this I realized the great pressure towards the materialization of a work of art that the art system creates. This is probably why text has taken on so many different appearances or realizations. Perhaps it is a method of a certain dematerialization of the work of art. By this I mean the metamorphic quality.

(LMF) Could you tell us a bit about how you approached the theme of this series — *Apophenia* — the abstract drawing together of connections?

(JM)   I don't use this term myself, but it is interesting to come across it. In school I was involved with automatic drawing. I was interested in the process of work without conscious control, where in an apparently random form, often rather in an abstract form, things would appear that were stored in the brain, things that had quite specific links. I started to get interested in the processes that underlie perception. So it is actually a matter of an approach that is counter to apophenia. What is often important in my work is the moment when two opposite (or several various), or disparate, movements meet at one point and together make sense. I see this as a clear policy, as a model of an attitude towards the surroundings and society that is dynamic. The important thing is that this point at which something makes sense is processional and constantly changing, so it is necessary to search for it again and again. On the other hand, I use the principle of absurdity as a certain performance element.

Source: Laura McLean-Ferris, "Artist in Residence: Ján Mančuška," *Art Review online,* 2 March 2009, http://4art.com/profiles/blogs/artist-in-residence-jan, accessed on 16 February 2015.

My Ambition Is to Reach an Understanding

Václav Magid: Perhaps I could start our interview with *Nonspekta.*[1] What inspired you to found that initiative?

Ján Mančuška: The initial impulse for me was the need to do something together. For many reasons, the idea of an individual artistic career is not enough for me. I think that today's prevailing individualism, which is related to the view of art as an elitist activity, is one of the symptoms of art's failure to be socially engaged. Another reason why I started *Nonspekta* was my first experience with exhibiting abroad. At the time, I felt like I was part of the local scene, and I found the local perspective to be the most substantial. And when I came back from Manifesta, I felt that the international scene was seriously lacking in any critical intellectual discourse from our point of view. The conflict between East and West, which has been an issue since the 1990s and unfortunately is still an issue today, was universally seen from the West, with its logically functioning art scene. I found that very few theoretical activities were coming from the opposite direction, from the East, that might have formulated what kind of environment we exist in, what our local intellectual foundations are. I felt that our region possessed tremendously strong qualities of its own, which were authentic merely by the fact that they had existed 40 years in an environment lacking a market among other things. But these qualities were not fully realized, and instead the capitalist system was adapted here. That is why Eastern European art began to do well on the international scene only after a system took root here that structured the local environment according to its own logic. I see one proof of this fact in the success of the Polish artists associated with the Foksal Gallery, which was the first Eastern European gallery to adapt to the international scene.

(VM) So you wanted to create some kind of intellectual foundation that would best fit the art that was being made here while at the same time presenting the local discourse to the outside world so that it could compete on the international level?

(JM) You mentioned competition, but what I found extremely important at the time was to reject the bipolar view of Europe after the Cold War. I didn't want to answer questions of "for/against", or of the structure of the two poles between which individuals or cultural units oscillate. I wanted to create a certain authentic quality that, by its very essence, would be impossible to ignore and thus also more intelligible within the international context. It was to a certain extent associated with a lack of familiarity with similar discussions that, in a slightly different context, had already taken place in the West. But I think that in this case such a lack of familiarity can even be positive because it allows for a certain level of freedom.

(VM) Lack of education encourages creativity, because you are forced to fill in the blanks yourself and somehow fully formulate things that are only half-said.

(JM) Exactly. Today, of course, my education is far broader, but back then I was working primarily with bits and pieces of articles by Osmolovsky, where I was attracted by the concept of asymmetry. Those debates were founded on something that had taken place, for instance, in the 1960s with Debord and situationism, but I didn't see it as a handicap because I felt that the discussion must take place again, here

---

1
Nonspekta describes an intense exchange of texts among Czech and Slovak artists and theorists around 2002—2004, in which they tried to address their own position in contrast to the global art industry. The project was initiated by Ján Mančuška, with active discussion by Boris Ondreička and Vít Havránek. The name was inspired by the "non-spectacular art" of Russian artist Anatoly Osmolovsky.

and in a different form, based on different principles and with different material. It might have seemed quite naïve, but to this day I feel that it wasn't, and that it had its role to play. One of the few practical outcomes of this activity was the article Revolution in an Asynchronous Space,[2] which was published in *Springerin* and was received quite constructively as a whole. Unfortunately, those debates stopped there, thus making *Nonspekta* a typical artefact of the Czech art scene, which is characterized by "virtual history" ("what if..."). It is the thing I absolutely hate the most about Czech culture.

(VM) Osmolovsky, whom you mentioned, basically intentionally misinterpreted Guy Debord and Gilles Deleuze, applying their ideas to his own local situation. We only knew a few of his writings, which we understood pretty much in our own way. With the benefit of hindsight, I find this layering of misunderstandings or 'dis-interpretations' fruitful, because they create the possibility of a distinctive creativity that plays out on the boundary between theory and artistic practice. In order for it to be a plausible theory, it would require us to fathom the sources and push aside the layers of dis-interpretation. But this doesn't match your ambitions at the time.

(JM) It does match them. It was my ambition to create a circle of artists as well as theorists who would fine-tune these ideas. At the time, Osmolovsky was a source of inspiration that I was capable of understanding. In his imperfection, I found him somehow right-on — more emotionally than theoretically. But Karel Císař for example had immediate reservations. That was exactly my objective: the obstinacy that came partially from a lack of knowledge enabled the emergence of conflicts that created some tangible quality for the future. From

today's perspective, it seems to me that it enriched my art a lot. Unfortunately, nobody continued on this track. All of a sudden, there were possibilities for working individually within the international context, which all of us preferred to do. I think that to a certain extent it was logical. As for criticizing the system, a person who doesn't have access to it will criticize it completely differently than someone who has been through it. Those are two different things. I wanted to go through it in order to know what I am criticizing, because the discussions that were going on there were always academic.

(VM) I'd like to now maybe leave the subject of *Nonspekta* behind and turn to your work. Some of your art shows a clear philosophical inspiration. For example, you started with the description of an object such as a pot, and added the largest possible number of meanings associated with that particular phenomenon, which I interpreted as having been inspired by Husserlian phenomenology. Or you created an object that was based on the shape of a chair but also represented an unidentifiable wire construction, and interpreted it with a reference to the academic dispute between nominalism and realism. When making your art, to what extent do you let yourself be inspired by reading philosophy?

(JM) I do read philosophy, but I don't know to what extent the things that you mentioned came from philosophy itself. If anything, it was a kind of mental exercise that develops according to what a person is reading, what he sees, and who he associates with. That is my approach for getting to know things: I try to find similar foundations in various fields. I am constantly trying to learn new things and to expand the possibilities for understanding them. But at the same time, I can't stand the argument: "I'm an artist, and I understand things the way I want." It is my ambition to gradually understand the field I am currently exploring. The question is how much I am capable of doing so.

2
Vít Havránek, Ján Mančuška, "Revolution im asynchronen Raum. Zum modellhaften Begriff der konstruierten Geschichte," *Springerin*, vol. 9, no. 1/2004 (in Czech: "Revoluce v asynchronním prostoru," Korpus, vol. 3, no. 3/2004, pp. 22—23).

(VM)   It is one thing how you understand it; it is another how you work with it when creating a work of art, which is a completely different category than a philosophical text.

(JM)   I have always had a tendency to associate my work with a particular intellectual environment — what I read and so on. This connection forms the framework for what I do, which of course is independent from the creative trigger but appears extremely early, perhaps earlier that among people who work more intuitively than emotionally. I think that my type — meaning that type of person who has the ambition to somehow theoretically structure his own art and who also has an artistic foundation — should be as convincing either verbally or in writing as someone who is interpreting a work as a theorist. A lot of people try to avoid interpreting their own work, claiming that it should be stronger on its own. But I think exactly the opposite in relation to my own work. To a certain extent, interpretation is an independent thing that at the same time somehow shifts and transforms your thinking. In my case, it may not be completely equal with artistic work, but it comes really close. I have mostly failed so far, but that ambition is there. Naturally, there exists an immense range of possibilities for how to engage in interpretation — you can choose an interpretation that is an artistic act itself, or you can choose a truly theoretical experiment. I don't want to reject either possibility.

(VM)   If I understand it correctly, for you it is important to distinguish between the artist who is a critic of himself and a theorist who interprets his own art.

(JM)   Art is an extremely intellectual matter for me. I have always been interested in a highly intellectual model of creating art. But I also respect more intuitive and emotive positions. It would be limiting to reduce artistic creation to just one type. Generally speaking, however, I believe that even artists who work intuitively should have and do have a self-referential potential.

(VM)   How do you see the view of professional critics or theorists whose writings interpret your work from the outside?

(JM)   With a few exceptions, I have so far not had any deep personal experience with good quality criticism. I have a close relationship with Vítek Havránek. I liked how David Kulhánek wrote about my things. I feel a close affinity to the way Karel Císař writes. I am grateful to Tomáš Pospiszyl for discovering the "nouveau roman". But it is all terribly personal. It is characteristic of a small scene that we all know each other. Sometimes it is difficult to call it criticism.

In the international field of contemporary art, among the large magazines, one could describe criticism as being closely tied to the system of power. Things like who writes about you in what magazine, how long a text is and how long after they wrote about you last, who will be on the cover — it is all so much determined by the rules of power that it is beginning to preclude criticism as such. Only rarely does criticism, as a somewhat autonomous intellectual activity, respond to what is alive. Criticism that is free from the practice of power far more often enters onto the scene only after a creation has already been accepted. I think that this could be used as an analogy for artistic creation as well. One huge problem with the current art industry is that it essentially makes it impossible for art to focus on what it should.

(VM)   Are there any schools of contemporary art theory that you find inspiring? It seems to me that Nicolas Bourriaud was probably the last author to have tried to comprehend contemporary tendencies and to give them some kind of theoretical framework.

(JM)   It is true that Bourriaud tried to formulate a foundation for contemporary art on a somewhat more comprehensive level, including connections to other cultural circles. It was important for me to learn this, but today I find relational aesthetics quite passé. I take an equally problematic view of the essayistic model of contemporary theory and cultural studies. The way Žižek, Badiou and the others write. I cannot stand the popularized form of philosophy, very often with references to psychoanalysis, which is applied using models adopted from popular culture. Ideologically, it is based on a conservative interpretation of left-wing political views and Marxism. What is important for me is that for the most part this approach is widespread (as, for instance, with Žižek) in the academic environment at Anglo-Saxon universities — in other words, in an environment that in my view is about as far as you can get from understanding leftist thinking as a real tool for political agency and the transformation of society.

(VM)   It is basically the intellectual branch of the entertainment industry.

(JM)   Precisely. All of a sudden, people have the illusion that they should write this way, that this is contemporary theory. I find it horribly arrogant and boring. Of course, I am simplifying it a bit. Of course, a lot of interesting things have been created as well. I consider Agamben to be terribly important. In my view, even Bauman's book *Modernity and the Holocaust* is quite important. If someone were to ask me when I was born, I would say that it was a little less than 30 years after the Holocaust. Although I don't have any Jewish roots, it is a trauma that I inherited and that I have been incapable of even partially coming to terms with. It is something that absolutely determines my way of thinking.

(VM)   Did you ever have a phase of pure conceptualism?

(JM)   Some of my things came closer than others. They are associated with my time in the United States. Minimalism or conceptual art cannot be understood anywhere else. You have to familiarize yourself with a system that has a pure and unquestionable logic, that functions absolutely flawlessly — and, as with minimalism, with an absolute lack of content, which (in the Western world) is probably possible only in America. Here I am to a certain extent

returning to my previous answer and my reference to World War II.

(VM)   I am still not clear as to your attitude towards the art industry. You neither reject it outright nor do you purely identify with it. It is somehow ambivalent. For me personally it is difficult to accept that art functions as a flawless system involving enormous sums of money, but on the other hand I must admire it.

(JM)   My attitude is critical. Better said: self-critical, because I have been an active part of the system for a longer time now. I think that minimalism and conceptualism were actually milestones of how the art world functions today. In the late 1960s, people became disillusioned by the realization that a pure idea that was uninstitutionalizable, unsaleable and completely non-material was an impossibility. I think that this trauma opened the doors even for the remaining space that the system had not devoured. But I wouldn't limit it to just the market. Traditional conceptualism defines itself in relation to the artefact. But if you get rid of the artefact — meaning something that physically endures in and of itself — then you are completely dependent on the environment that gives art value. And what is that? It is the system — the interconnected circle of institutions, criticism, commercial galleries and collectors. If you get rid of the artefact, you end up fundamentally and completely dependent on the system that gives it value. But this in no way is my defence of the artefact. If anything, I am describing the internal conflict that is playing out inside me.

My desire — associated with the idea of how I should function as an artist — is not aimed at transforming the system, because it has its ineluctable logic, which I think is difficult to change. Nor is it aimed against the system, because I think that it is a waste of time — both because previous generations have already tried and failed, and also because by defining yourself against something you are again dependent on the thing against which you have defined yourself. If anything, I am looking for a platform that could exist alongside the system. I haven't found one yet, but I'm not giving up.

(VM)　Isn't it a misguided theoretical foundation to imagine that it is possible to step out of the system? A system that is necessary for art to exist? After all, it is not just institutions and the market, but also the culture and language in which a person is rooted.

(JM)　In my view, conceptualism's final trauma was the discovery that institutionalization already takes place in language. But I think that it is good to differentiate. After all, I am talking about the system more specifically as the art industry, which consists of the institutions of the market, criticism and educational mechanisms. When *Frieze* magazine gave rise to an art fair, you could also hear calls for the creation of a school of the same name. They would educate people, then promote them through the magazine, then sell them, and from the sales get funding for the school...

(VM)　...where they would certainly also teach criticism.

(JM)　This is a bit of a daring claim, but I believe that the system makes it impossible for art to do its mission. Or at least it detracts attention away from it. But I am not so simple-minded not to realize that it also gives it value. My idea is not to constantly take a stand against the system, to be "anti", but to create a distinctive, asymmetric quality. Here I am holding on to certain principles that were born in *Nonspekta*. When I talk about the possibility of existing "alongside the system", I am thinking of the possibility of stepping outside of its hard logic. But for now it is more of a wish for the future.

(VM)　In conclusion, could you formulate where you see the mission of art, which you talked about earlier.

(JM)　The art industry is a closed circle that has minimum contact with life. It employs the people who function within it in such a way so that they have

absolutely no contact with outside life. Your life and exhibitions are planned two years in advance. You spend your time trying to keep pace. You feel good that you are doing something. Two years later you have exhibitions planned for the next two years. But that isn't what art is about. It's just appearances! The fundamental thing in art, the main goal that you are searching for, lies outside. That goal is to process the world we all share. Everyday life. Turning art into a profession is an extremely problematic thing. You are so firmly bound to a predefined role that in the end it makes it difficult for you to make art. I allow for the possibility of an artistic position that is capable of using the system and working with it, but I am not interested in that position. I think that at a certain point you have to be able to not care about it anymore.

Source: Václav Magid, "Mám ambici dostat se k porozumění" [My Ambition Is to Reach an Understanding], *Sešit pro umění, teorii a příbuzné zóny*, no. 6—7/2009, pp. 169—176 (Cz).

Freedom Exists Only in the Moment of Its Origin

Vít Havránek: In your theoretical texts and live performances the artist is perceived as "Homo politicus" and political self-identification has for several years been at the centre of the debates that we participate in. To what extent are political issues present in your works?

Ján Mančuška: It's a particular reaction to the climate of the 1990s in the Czech milieu. The generation before me was united by a common aversion to a political perception of their work. It was logical in view of the situation in the 1980s and the doctrine of passive resistance to the previous regime. Actually, consistent apoliticism after 1968 was a form of opposition shared on the artistic scene. This was the case of Jiří Kovanda, for example. It was to a certain extent strongly political to be non-political. Being apolitical resulted in one interesting thing — everyday life became strongly politicised. I think this could be regarded as a theme inherent to our environment. This is also my background, but it's not in itself enough for me.

(VH)   Could you explain this paradoxical claim of an apoliticism that politicised the everyday, and does it relate somehow to Agamben's "lifeform", for example?

(JM)   I feel a need to formulate the things I do that work with the environment of everyday life in the sense of a political discourse. I have to say that I share the trauma arising from what happened at the end of the 1930s, when the avant-garde was thrown out of its social and political programme, both by Stalinism in the Soviet Union and through its relocation to the US, where it became a narrowly elitist discipline.

I think that political or engaged art can be labelled in simplified terms in two ways. Both are obviously possible, but it is necessary to name them, in order to accelerate discussion on this theme.

One method explicitly formulates a concrete political standpoint. I would call it — and you might not agree with me — the illustrative model. But I don't mean this in a pejorative sense. It's a matter of citing specific political problems. There's obviously a wide spectrum of artists dealing with this, each in a slightly different way, so it cannot be oversimplified. But out of all of them I would name Artur Zmijewski, if I were to choose an artist that I consider to be of high quality. My problem is that at the moment when this type of artistic production stands face-to-face with real political problems, which it's perhaps expected to outline a solution for, it fails. And at this moment it somehow devalues the effectiveness of art and returns it to the province of sophisticated, academic entertainment, and the reactions of the people who find themselves within the given situation are disappointment and subsequent disinterest. My opinion is that the artistic act as such contains political meaning, that it's a certain concept of processing the world that is capable of shifting the perception of people and their way of life exactly by means of that which it is — an authentic examination of the world performed with a certain degree of detachment. That's where its strength and self-confidence lie. And also the possibility of altering people's thinking in some way with respect to questions of the order of society and power. For example, I have an affinity with Situationist concepts and Guy Debord. And yet this has a clear political profile.

(VH)   That's one of the paradoxes noticed by contemporary political philosophy as well as post-colonial theory. Gyatri Spivak in one of her texts reflects on the separation of theory and political representation. The articulation of the subaltern person that she performs in her texts does not mean, according to her, that the life circumstances of subaltern women will be improved, or will continue to improve. The only way of improving their situation is to find a temporary political representation for them. Here lies the nub of the matter — is the transcendence of theoretical antagonism into political representation possible? And how does contemporary art define itself with regard to this relationship?

(JM)   I've always been interested in working with the foundation on which political identification is realised, in working with the most fundamental circumstances, as, for example, in my work entitled *The Other (I Asked My Wife to Blacken All the Parts of My Body Which I Cannot See)*, (2007). The fact that my model, i.e. my fictitious alter ego, in the end had an entirely blackened face was a powerful experience. That actually the part of the body that is absolutely fundamental for our identification, which we present in ID cards, passports, which to a certain extent represents us as citizens — i.e. the face — is one that we ourselves do not see. This is the environment that interests me and that I have a need to formulate as politics.

(VH)   In your recent works a certain duality emerges even more strongly. Irrespective of the medium, there are two layers present in them: one is focussed on the body, on the physical movement of the spectator in real time in the space of an installation, an interactive situation in a cinema, in a theatre, etc. Alongside this sensual, physically expressive element a motor deconstructing the flow of the story, or rather a theoretical apparatus deconstructing the narrative, is activated. How do you see it? Is there an attempt to connect these two layers?

(JM)   This is one of the fundamental things for me. The collision of these two principles of consideration is always present in my works - the conceptual, which begins already with the critical delimitation of the medium, and the existential, which often refers to incarnation or narration. During the process of emergence of these two things, I perceive them separately for a long time and work with them separately. The concept as such always emerges on its own, and the story either emerges on its own, or an already existing one is selected. The moment at which

these two things meet is then fundamental. That is actually the method of my work. What is important is that it's not some kind of hazy fog in which these two principles overlap. On the contrary, I first try to develop the two approaches as precisely as possible independently, and then place them in critical opposition to each other. That moment of collision is a kind of personal creative model of mine.

In addition, I think that the rigid insistence on processes as defined by the conceptual art of the 1960s and 1970s[1] is a conservative approach.

(VH)   Put yet another way, did the deconstructive apparatus come about to demolish the universalism of the story, to fragment it and actually deprive it of universal, humanistic application? And must this act always occur individually for the viewer while moving through the installation or exhibition?

(JM)   The objective I'm aiming for is precisely that this should happen at one and the same time. For me, it's a really strong moment when the viewer experiences this conflict synchronously. It's actually a matter of a certain model situation, where the principle of deconstruction is applied to some existential standpoint. And the viewer is present in this moment of collision that emerges at this second. For me, it's an opportunity to confront the viewer with the application of deconstruction, thereby exposing it even more.

To a certain extent it can be interpreted as a reaction to developments in post-war art, whether fine art or dramatic and performance art. At the end of the 1960s, following the New Wave and the French "nouveau roman", the story did not seem very topical. It's clear from later developments, though, that everything was ultimately different. I'm interested in the story as a phenomenon.

[1]

For example: Sol LeWitt, *Paragraphs on Conceptual Art*, 1967.

(VH)   Do you return to the story as to some ethnographic (and therefore universalist) constant, to an archetypal equation of expression?

(JM)   It's precisely that prehistoric, or rather I'd say pre-cultural, character of narration that interests me. I think that it concerns a completely fundamental principle by which we deal with the past. Memory has, and must have, a selective character. It selects from the disorganised and the ongoing, from that which has become fragmented and broken up into details, and in order to be comprehensible it must put it into some kind of structure, which in my view has right from the outset the nature of a certain basic dramatic form. I would see the origin of the story here, and from these small dramatic forms there emerge many basic mechanisms by means of which we orient ourselves in our surroundings. Sometimes that quality seems almost animalistic to me.

But via my interest in the story I still subject the narrative form to conceptual criteria. So a certain deconstruction is already present in the reason why I use the story in my works.

(VH)   When you worked with the *True Story* installation (2005), were they in a sense ready-made stories?

(JM)   Precisely. Actually, though, I haven't worked with fiction for a very long time.

(VH)   And to what extent is it important to you where these stories originate, culturally or geographically? Can we also view them through the prism of history, ethnography, political science, sociology, etc. with regard to the place in which they took place?

(JM)   For a long time I developed the concept of immediate context. By this I meant the environment where a certain form of obvious understanding occurs. I used to give a sort of comparison. In Prague there's been a department store called "The White Swan" since the 1930s. When they hear this phrase, all Praguers know that it refers to the department store

and has nothing to do with an actual swan. In my opinion it is very important for an artist to somehow preserve this quality. The position of the international artist very easily slides into the superficiality of the global art system, which is still as centralised and colonialist as if postmodernism had never been.

On the other hand, local contexts are very problematic. They are vulnerable to the issue of comprehensibility and they are often in internal conflict. This is exactly the case of "East European art." I think it's ever clearer that this space has been defined by two things. One, that Eastern Europe is that which it's not, i.e. that which is not Western Europe. Therefore it's defined in purely negative terms. And a further factor that has defined our space has been the absence of an art system in the local scenes.

I think contemporary art deals with this conflict through the new use of gesture (sometimes almost theatrical) that has the nature of a certain means of trying to reach an understanding. It certainly helps, by means of its hyperbole, to bridge the impossibility of authentic understanding of the various local contexts from which artistic creation primarily originates. I call this environment "staged reality". It's the thing that led me to performance.

(VH)   In your works, the story, textuality and the media of depiction (object, installation, video, film, theatre) undergo deconstruction, but at the same time there seems to be present in your work a faith in the potential signification of artistic forms?

(JM)   The one should again make the other problematic. My earlier textual installations worked with text as an object in space. And they were the bearer of the visual. But right from the outset it was clear that this strong visual form is misleading, that text is primarily the bearer of content. Actually the form was undermined by the content and vice versa. In my film sculptures (for example the work *Oppression Born of an Initial Figment* (2009)), this is exactly the case. At first sight it seems that it's the perfect formal side that is fundamental for them. When you study them further, though, it should be gradually more and more clear that the shapes into which the films are formed imitate the movement of the actors/figures in the photographs, e.g. the path of their walk, that they therefore refer to something else. And beyond that you realise that it is actually a storyboard for the text that is written on the walls around the installation. One of the principles employed here critically undermines and deconstructs the other.

It is similar with the last thing I did. It's called *This Is How it Really Happened* (2010) and consists of two slide shows in a special installation. One of them is again a text piece. It is composed of photographs of a still life in each of which is concealed a fragment of text, words, etc. In the correct order, the photographs then form a coherent text. These photographs again have a strong visual aspect. I see them to some extent as my coming to terms with the legacy of the Bauhaus. But the photograph itself is somehow stripped of relevance, because in the overall composition of the slide show it is only a fragment in a subordinate position to the whole. It is merely one word in a sentence. Both of the principles of which we are speaking should exist together in a certain mutual subversion.

(VH)   When one follows your work over a longer period, it seems that its constant is your interest in narrative, while the always carefully constructed form is very mutable and we cannot find a unified aesthetic code in it. Why do you reject some stable aesthetic code?

(JM)   In this context I like what A. Robbe-Grillet wrote about Barthes; that what he was striving for was a constantly reinitiated movement that could never become an institution, because it exists only at the moment of its own origin[2]. For me that defines the idea of freedom. It could be objected that subsequent developments in art proved that even this could become an institution. In my opinion, though, that's a misunderstanding of this idea.

But I have a feeling that in my case it's about something else. In a certain respect I'd call my work an ontology of media. Several times I have processed an identical text or concept in various media: first as a text piece, then as video (*A Middle-Aged Woman* (2009)), as a performance, and then as an animated film within a spatial installation (*The Invisible* (2008)). *The Other (I Asked My Wife to Blacken All the Parts of My Body Which I Cannot See)* was exhibited first as hanging film strips with a light box, then I also did it as a performance before an audience. I do this because I'm interested in the extent to which the chosen medium plays a role in the specific piece — to what extent the medium transforms the material used and to what extent it's inevitable. The aesthetic of my pieces can thus seem to a certain extent unstable, but in fact it's only thematized. I have never stuck to one medium programmatically.

Another thing is that I did a lot of work in quite a short space of time and these pieces developed a lot. I think they make sense when you look at how one piece is linked to another, even from a formalistic perspective. In 2004 I was still doing object installations from which the text works then emerged naturally. And these then led to my film pieces and finally performance. For some reason I have the feeling that if I were to remain for longer in one place, it would mean resignation for me.

Source: Vít Havránek, "Svoboda existuje pouze v okamžiku svého zrodu" [Freedom Exists Only in the Moment of Its Origin], *Flash Art (Czech & Slovak Edition)*, no. 15/2010, pp. 32—35 (Cz).

2
If Barthes' work was never resignation, it is because that for which he has always striven passionately — from Brecht to Bataille, from Proust to the "nouveau roman", from dialectic reversals to analysis of attire — was the constantly reinitiated movement of freedom (which can never become an institution, because it exists at the moment of its own origin). A. Robbe-Grillet.

I Want to Show Why We Surround Ourselves with Fiction

Jana Machalická: How did you come up with the idea of *Reverse Play*?

Ján Mančuška: In 2007 I was invited to the exhibition *Made in Germany*, an overview of the contemporary art scene there that took in the work of artists from other countries who regularly exhibit in Germany. I created a video installation that was already working with the idea of things going backwards in time. Of course, in video, as in all audiovisual media, this is child's play — you just press rewind. Then it occurred to me that the idea of retrograde movement would be far more powerful if it was performed by actors in front of a live audience. Around the same time I was invited to participate at *U-Turn* in Copenhagen, an exhibition of international contemporary art that offered certain artists the possibility of creating a new project. I submitted *Reverse Play*. The exhibition organisers helped me raise money and dealt with the production side of things and cooperation with the Royal Danish Theatre in Copenhagen. The performance took place on the small stage for experimental theatre called Takkelloftet.

(JMCh) What kind of reception did you receive in Copenhagen?

(JM) It's difficult for an artist to judge these things. From my point of view it was incredibly important that, thanks to my collaboration with the choreographer Arim Rosenzweig, the dancers, actor and everyone else involved, I got connected with the local scene. By that I mean the local theatre and dance scene. And even though two such closely related spheres as theatre and fine art don't communicate much, in the end it became apparent just how beneficial such a project could be to all parties. The performance took place as the entire exhibition was opening, so we had a truly international public.

(JMCh) What do you find so interesting about playing with time? Why do you tell a story in chronological sequence and have the action played out in reverse? And why did you opt for movement as your medium?

(JM) The subject of time has been present in my work for quite a while. I've used it in my textual installations and in my most recent films. The performance was created in such a way that the audience had to combine the opposing directions of the action in order to construct the narrative in their memory at the end. For me this is an ideal form of communication. Instead of the audience being merely passive recipients of a spectacle, they become active participants.

The performance takes place both on stage and in the auditorium. An actor sits amongst the viewers and tells a story that I wrote. There are five dancers on stage who act out the same story, but in reverse. All the dancers' movements take place in the opposite direction. The performance opens with the narrator interrogating the entire concept of a beginning, asking what we should designate as the start of a story. Meanwhile the dancers are returning to the stage for the final curtain call. So right from the outset we are presented with both directions of the action.

What appealed to me was the possibility of the narrated events encountering the actual action in reverse sequence. There's a moment in the performance when the hero has his telephone stolen. But looked at from the opposite direction the act of stealing becomes the act of giving. I think that this opportunity to present specific situations in their semantic antitheses is very powerful. It meant I had to create the story in such a way that individual situations in the action were repeated in a mirror structure.

To simplify things greatly, this is a story in which the hero makes a fatal error in his personal life and is obsessed with how to remedy matters. The first half of the plot unfolds linearly up until the moment that the hero decides to go back in time. He goes back further and further into the past, to a point in time that has already taken place in the story, so as to rectify his error, but remains unsuccessful. So everything takes place twice. The journey back in time is clarified through the use of reverse movement, and this in turn creates the possibility of working with the simultaneity of the spoken word and action moving in opposite directions. It is only at the very end of the entire performance that the viewer is able to cast their mind back and place an event within its correct sequence in the story.

As I said at the start, if this were a film, the effect would be completely different, because it could be easily achieved by the rewind function.

(JMCh) What exactly were you attempting to achieve with this concept? What does it tell us?

(JM)   I think it operates on several levels. The first level deals with the way we create a story and the characters that appear in it. The second is about how our memory operates and to what extent this relates to the creation of narrative as such. The next level is crucial, namely the analysis of movement and orientation in space. Each of these layers relates fundamentally to the different disciplines that go to make up the performance, i.e. theatre, fine art and dance.

I often use deconstruction in my work. For instance, in traditional drama the central character simultaneously embodies several mutually connected levels. There is the physical presence of the hero embodied in the figure of the actor, his fictive history, character, name, and his speech and the manner of its rendition. In my performance these layers are deconstructed and examined individually. On the stage there are dancers who appear as characters in the story. However, their lines are delivered by an actor in the other half of the theatre space. In addition, the involvement and development of the characters in the events takes place at a different

time in a different direction than in the story as narrated. I believe that modern society surrounds itself constantly with fiction. This way of working reveals the principles and the purpose behind this. For me the story finds its origins in pre-culture, in ritual. It's a subject that cries out to be studied.

The situation is similar on the level of movement. There's a certain logic to the development of every event. However, in everyday life we're unaware of this. We're directed by an agglomeration of habits that obscure the meaning of the activities and movements we perform. We simply enact them. However, if we attempt to carry out a movement in reverse, suddenly we have to analyse it, because it is an absurd activity that doesn't make sense. For instance, someone claps you on the shoulder. In the normal sequence of events this means someone approaches you, lifts their arm, strikes you, you feel pain in your shoulder and move away. The other way around the sequence runs as follows: you approach someone backwards, there's a pain in your shoulder, physical contact, their hand moves away and then they walk off backwards. It's difficult to imagine because it makes no sense. The pain precedes the physical contact.

I believe that this kind of analysis of movement could be useful for dancers, who are called upon to scrutinise carefully the processes taking place in their bodies. However, in the broader scheme of things it is about the very way we all behave and orient ourselves within our immediate surroundings. It relates to the fundamental processes in a person's behaviour.

(JMCh) Light plays an important role in the creative concept of the project. What possibilities do you see in light, what interests you about it?

(JM)   I use the stage lights to create a fictive space. To a certain extent light is the tool that is closest to fine art in the traditional sense of the word. And the fictive character of the space created by light, for instance the illusion of a staircase on a flat stage, serves to reinforce the absurdity of the reverse movement. At the same time the use of light as something intangible, something that creates no obstacles, has a practical role to play. The reverse movement of the dancers would be very difficult on a stage crammed with scenery. We walk forward and we check to see that nothing is standing in our way. In my performance the stage is basically empty.

(JMCh) How did you get the actors and dancers together?

(JM)   Markéta Vinglerová of the Gallery of the Central Bohemian Region (GASK), who helped out on the production of *Reverse Play*, put me in contact with Petra Hauerová, who was both the choreographer of the Czech performance and one of the dancers on stage. Petra recommended the other dancers. I got in contact with Roman Zach of Divadlo Komedie, who is the narrator, through Jan Horák, the artistic director of MeetFactory. I'd already worked with Jan on the organisation of the performance *The Invisible — Acting in Sequences* (2007), which we staged at the festival *4+4 Days in Motion* last year. The other dancers are Veronika Kocianová, Lotte Nouwkens, Miroslav Kochánek and Ondřej Lipovský, who plays the hero (he has no name but is simply designated by the letter B). We were also lucky to have Denisa Václavová of *4+4 Days in Motion* on board. Denisa took charge of the production side of things and is part of the core team. It was she who showed me that production is a creative activity in its own right.

(JMCh) You're obviously interested in combining genres and in the way they intersect and influence each other. What is it about this that inspires you?

(JM)   I've always been interested in exploring individual media. To a certain extent the medium is the message in my works. That's why I've often used the identical text or concept several times over in different media, for instance as a photo-serial and as a performance. Or as a performance and as an animated film (this is the case with *The Invisible — Acting in Sequences*). When the same sources are used in different media, their essential character rises to the surface by virtue of the transformations they undergo. In *Reverse Play* this all takes place simultaneously in an immediate combination that allows you to approach a thing in a different way each time depending on what genre you are focusing on at any particular moment.

(JMCh) As an artist, what is your relationship to theatre?

(JM)   I believe that generally speaking the relationship of fine art to theatre has changed beyond recognition. For instance, use of the gesture was almost unimaginable during the 1990s. But that's changed and now gesture is suddenly important. But it's used differently than in traditional theatre. It's used as a reference point. I'd go so far as to say it's used as a kind of politics. For me the gesture stands in for or facilitates authenticity. That's a real issue on the international art scene. Local contexts are difficult to understand and some are even pitted against each other. The international scene has a tendency to be superficial. Gesture can operate as a kind of language that deliberately directs content into the space of staged hyperbole, in which certain archetypal situations are created that are then often far more intelligible.

(JMCh) What other projects of this type have you been involved in? Are you planning any others?

(JM)   I've not long been involved in performance art. In 2007 there was a performance at Světozor Cinema in Prague called *If There Is Anything Good About Me, I'm the Only One Who Knows*. At NoD there was a performance *The Other (I Asked My Wife to Blacken All the Parts of My Body Which I Cannot See)* (2007), which is better known in the form of a photo installation. Last summer Jan Lepšík, Lenka Vítková and I created *Civic Play* (2009) for the *Místo a formule* festival of performance art organised by

Lidové noviny 4/2/2010

GASK in Kutná Hora. That's my last such work to date.
As for the future, we'll see...

Source: Jana Machalická, "Chci ukázat, proč se obklopujeme fikcí"
[I Want to Show Why We Surround Ourselves with Fiction],
Lidové noviny, 4 February 2010, p. 9 (Cz).

The Radicalism of the Artistic Gesture: with Ján Mančuška on the Nature of the Media and Changes in Viewpoint

In spring 2011 a catalogue on Ján Mančuška came out in book form as *Against Interpretation* with articles by Mančuška and contributions by the art historians Karel Císař, Hilke Wagner and Katrin Meder. It was published by the German publishing house Hatje Cantz in cooperation with the institution Kunstverein Braunschweig, which organized an eponymous exhibition of Mančuška's work (2010). We discussed it and the problems of Czech arts management with the artist.

Sylva Poláková: For the exhibition *Against Interpretation* in the Kunstverein in Braunschweig in Germany, you again appropriated the space in your own way and several media at the same time. With the help of partitions, you shifted the ground plan of part of the historic building and exhibited your new and earlier installations in this reorganized layout. What was the point of that?

Ján Mančuška: I always try to work with the exhibition space as a whole and I approach this type of exhibition as I would an independent art work, even when it comes to combining earlier work with new — *Sorry for Being so Late* (2007), *Motion Picture — Nude Descending a Staircase* (2007), *This Is How it Really Happened* (2010), *Rules of the Room* (2010), *Lost Memory* (2010). The concept of the exhibition is for me really an independent work. The Braunschweig Kunstverein is an early 19th century building with a striking decorative nature,

something problematic for today's art regime. It was only by organising a new space that I opened up the possibility of working in that environment. A space with a completely new disposition came into existence on the basis of a diagonal shift of the ground plan and its repeated arrangement. But that wasn't all it meant. By layering, I created a relationship between the individual rooms and it enabled me to handle the earlier works included in the exhibition in an unusual way, to open them up again. Their new form was thus indivisibly linked with the space. It was a deconstruction approach which was also legible in the case of the original film installation *Lost Memory,* shown on three screens alongside each other. The story of the film here unfolds indivisibly on one projection screen, but also in the context of neighbouring screens that communicate with each other. In the Kunstverein I displayed the identical piece differently from the original installation in Berlin, exhibiting it in different forms, according to the nature of the newly emerged space — as a triple projection, as a simple linear projection and in the end only as a black band with white windows in the wall with one field cut out, making it possible to see into the garden.

(SP)   In the Braunschweig Kunstverein, you projected the film *Lost Memory (A Post-Catastrophic Story)* digitally, but for the Berlin exhibition in the Meyer Riegger Gallery (*Everything That Really Is, But Has Been Forgotten,* summer 2010) you originally created a complicated installation in which the film strip looped in three interconnected projectors at once. Why did you first choose analogue film, even though from the technical point of view the digital "version" would be much easier to apply?

(JM)   Analogue material involves a completely different method of work from any offered by digital. That influences the reasons for the use of 16mm film. What was essential was for the installation to function also in space. The viewer thus acquires a physical relationship to where in the room — that is, at one of the three projectors or between them — he finds a specific window, which he follows or followed. The movement of the filmstrip in the room also had a logic in regard to the exhibiting of what was to some degree a spiral story. There were actually not many ways of doing the whole thing differently in terms of the possibilities that such an arranged installation offered. The rules of digital technology are far more relaxed. Here, the strict concept is replaced by a voluntary artistic action. That often leads to an aesthetic decision with reference to methods of artistic practice that are not my way of doing things. One can obviously avoid such a decision. But at that moment I'm looking for precision in close — I would say fundamental — contact with the medium I'm currently using. That then influences the way I write the script and how I select the material itself.

(SP)   When working with media, you're known for — and now you've confirmed it — starting from the ontology of the media, which is then reflected in the themes of the individual projects. If the leitmotiv of this film is memory and the cyclic development of time, then the choice of analogue film, capable of repeatedly presenting "the thing that was here", seems logical. What is the main difference when filming the same theme digitally?

(JM)   The context of juxtaposed screens was founded on the simple fact of shifting the identical material — an eight-minute film — to run two minutes later. I constructed the story with this concept. Identical films projected alongside each other, only in a different time, together give an entirely new story — the actors talk to each other between the projection screens and so on. The fact of the two minute delay, physically achieved by placing the copy of the film in loopers, was far stronger and more intelligible for me than if I used a digital clip for the same thing.

Nevertheless, the second time I was forced in the end to present *Lost Memory* as a digital projection. Even though it was an operational compromise — for financial reasons — I think that thanks to the connection with the gallery space it was acceptable.

But obviously every new presentation of this work will aim primarily for a film — an analogue — installation, if possible.

(SP)   In terms of understanding film as a variable medium, your installation *Notion in Progress* (2010), which was part of the Berlin exhibition, seems to me crucial. You shaped each part of the concept *cine-mato-graphy* in a different medium: *cine* in wood, *mato* as a projection on the wall and *graphy* painted on the floor. Other words, like *sculpture*, *metal*, *painting*, *projection*, but also *forgotten*, *immaterial* and the ambiguous *already* are loosely attached to them with the help of links...

(JM)   Each fragment of the word *cine-mato-graphy* is treated differently in the installation. As sculpture, projection, painting, everything in the most general meaning of the word. First of all an associative chain of another text develops from every fragment, a chain whose logical continuation I overturn in a particular place more than once. I change the conceptual starting point. Space is thus created for another chain, for another reflection. For me, two creative principles flow from this. The first, which gives rise to a strong responsibility towards the public, derives from the general social context. The second, which turns the logical sequence towards absurd content, a gag or maybe a particular quality of performance, I see as a pure artistic action. But even that is still dependent on that first method of reasoning, on the strong social connection.

(SP)   Could you give me some examples to illustrate the two principles?

(JM)   By "social connection", I mean the assumption of understanding based on membership of a particular culture and way of thinking. The unfolding of a conceptual chain can obviously in every case differ in its various nuances, but fundamentally has to correspond. On the other hand, it is possible to overturn this chain by a particular paradox, as in the case of the doublet *graphy-painting*, to which *metal* and *music* are attached, through which the conceptual starting point is completely changed. In my opinion, the pure artistic gesture is in the ability to overturn general assumptions. And that requires the artist to understand the society in which he lives. I even consider it the basis of political art, although there is a major debate going on about this designation — above all in understanding the difference between political and politically-committed art.

(SP)   Based on the highlighting of the syllables *cine-mato-graphy* in this installation, would it be an exaggeration to infer an emphasis on the medium of the moving image in your work?

(JM)   The highlighting of this word, or of those words, is primarily with regard to the context of the exhibition. Because when we divide that word into its basic parts, it emerges as the ground on which I move and the society of which I am a part. I often work with tautology. I describe something that we can see at the same time. A descriptive act can lead to absurdity, but it is precisely at such a moment that the separate components can begin to appear for themselves as themes.

(SP)   A certain ambiguity whose perspective we can take into account in interpretation is also proof that your work functions on the basis of understanding followed by doubt. For example, the principle of projection through text (the installation *The Space Behind the Wall* (2004) and the work *The First Minute of the Rest of a Movie* (2005), created with the Swedish artist Jonas Dahlberg) may or may not be considered a form of moving image. Which way would you yourself incline?

(JM)   The things you mention are a kind of original beginning of my work with the moving image. Projection comes first and movement is brought into it as well through the movement of the viewers. With the installation *The Space Behind the Wall*, the whole is visible through the cut-out letters so that it becomes fragmented, which you can understand

as a particular reference to the syntax of the moving image. But here the origin was actually above all linguistic. I again applied that same tautology in which the description of the object is to be found on the thing itself.

(SP)   You mentioned, in connection with the responsibility of the artist, a problematic understanding of political and politically-committed art. What do you mean by this?

(JM)   That is my grand theme. I am still a little unclear how to understand political and politically-committed art. In my own work, I use very basic political expressions and subjects. I start from the grounds on which an understanding of myself is constituted in the context of power as well. For example, the designation "I" is important to me. Maybe this comprehensibility is the reason why the installation *The Other (I Asked My Wife to Blacken All the Parts of My Body Which I Cannot See)* (2007) is exhibited so often. In this I somehow succeeded in fundamentally showing how one depends on one's surroundings, on "that other", in the process of learning about oneself. I thus try to reveal the principles on which an understanding of oneself in the context of the wider community and an understanding of power are constituted. And then I think that politically-committed art should on the contrary be literary and direct and mention the specific circumstances. That is where I see the basic difference.

(SP)   An understanding of political and politically committed art is often coloured by making distinctions in the spectrum of Right to Left. However, according to (not only) your definition, that has the effect of being misleading and unnecessarily restrictive...

(JM)   It has to do with defending the role of art, with the search for its social position. It is an attempt to justify the funding of art in society with reference to its social role. Sometimes it is formulated as educative, at other times almost as social work. In my view that's wrong. Art is a completely authentic activity with all the overlaps mentioned, but to formulate it on their basis in the context of social requirements is terrible impoverishment. This concerns mainly the Left of the social spectrum, because for politicians on the Right it's all one, art being understood as a product even when of an elite nature. I feel myself more and more oriented to the Left, which however obliges me to take a very critical position precisely toward left-wing starting points. After the 1960s, left-wing themes have often turned into mainstream consensus. They frequently predominate in the highest echelons of cultural politics, being presented for example in the context of fine art exhibitions of the *Documenta* or *Manifesta* type. I do somewhat reproach in those terms even one of the best exhibitions of recent years. I'm thinking of the *Monument to Transformation.* It's obviously wrong that such a discussion didn't open while the exhibition was taking place. But one hesitates in the local environment to open a critical debate and risk providing an argument just for a vulgar type of evaluation asking what was actually behind an exhibition where there was not even one painting, etc.

The question is, how far did the *Monument to Transformation*, for example, reflect precisely that mainstream consensus of the left-wing cultural agenda and in that case the demands of society? I fear that this type of exhibited production is sliding into some sort of social design that characterizes the particular aesthetic of graphs and documentary videos.

(SP)   The way in which you've described a certain kind of commercialization, whether of political or of politically-committed art in the form of so-called social design, reminds me of the analogous shift that touches on site-specific art. It gradually developed from ethically motivated practice of the 1960s directed against institutionalized arts management to become another mainstream strategy. Ephemeral artistic expressions linked with site-specific, such as performance or video and other extensions of film, were again swallowed up by arts management when it assigned a value to the variability of an artwork. How do you currently understand art reflecting a specific place and time?

(JM)   I think it is essential in this context to mention the realization reached in the radical concept in the 1970s, that is, that the first threshold of institutionalization involves language. The basic quality of site specific art, which relates precisely to the political and politically committed gesture, still remains the direct placing of people in the role of spectators. It is a completely different type of perception. When I go to an exhibition, it is a particular type of decision and therefore assumption about what I will encounter. In site-specific art, the spectators find themselves in a situation they didn't choose themselves and this influences the way they perceive and react.

Although I always work with an exhibition space, the site-specific situation is very important for me. Maybe I succeeded best in staging the performance *Civic Play* (2009). First I wrote a script for the situation where one orders a meal in a real restaurant. There are maybe fifteen questions the waiter can ask you. For each I wrote several variations of the answer. After a rehearsal with the actor Honza Lepšík and then for real in Kutná Hora with the curator Lenka Vítková, we established certain rules — above all that apart from the "actors" no one at the table must know what it is about. If the others knew it would again establish an awareness of some privileged place, therefore situation, in which one has to behave in a certain way. The action was edited by the waiter's behaviour. If he was abrupt then nothing much would take place. However, on a couple of occasions, the waitresses turned out to be more open. You wouldn't believe for example what one lady from Kutná Hora was capable of knowing about the fragmentation of the image by a Venetian blind. For me it was to some extent a pure artistic action without material. If for example someone had been there with a camera, it would completely have changed everything. Such an action cannot be recorded. There is no risk that the

art will become a marketable culture, it remains just
an experience for the participants and a rumour.

Source: Sylva Poláková, "Radikálnost uměleckého gesta:
s Jánem Mančuškou o povaze médií a změnách hlediska"
[The Radicalism of the Artistic Gesture: with Ján Mančuška
on the Nature of the Media and Changes in Viewpoint],
A2, no. 9/2011, pp. 24—25.

Žádné hodnoty nejsou navždy trvalé

Sylvie Petráková: Finále Ceny Jindřicha Chalupeckého jste se účastnil již loni, ale laureátem jste se stal až letos. Jak si tento fakt vysvětlujete?

Ján Mančuška: Ta cena se sice tváří jako nějaký platný výraz kvality, ale ve skutečnosti záleží na tom, kdo se sejde v komisi. Minulý rok jsem si více věřil. To, s čím jsem se prezentoval, znamenalo velký posun v mé tvorbě. Vlastně to předznamenalo věci, kterými se nyní zabývám. Tento rok se rozhodovalo mezi mnou, Zbyňkem Baladránem a také Jiří Skála byl v užším výběru. Mohu se s tím ztotožnit, což mě těší. Minulý rok jsem byl na pochybách.

(SP)   Čím se tedy zabýváte?

(JM)   Už delší dobu mě zajímá téma, které by se dalo popsat jako vztah jazyka a vnímání. To je podstata improvizování umění a myšlení vůbec. Proto také používám princip prořezaného textu. V druhé fázi pracuji s historií. Otázka, jak se dá postavit historie, se řešila celá devadesátá léta. Existovala ucelená historie, která vycházela výhradně ze západního světa, z místa center. Poté, co se opona otevřela, tu ale najednou bylo množství států, které měly úplně jiné historické zkušenosti. Myslím, že tímto způsobem lze charakterizovat i umění postkomunistických států, které přicházejí s historickou referencí na Západě naprosto neznámou.

(SP)   Jak se s touto myšlenkou vyrovnáváte v projektu, který jste připravil pro letošní Cenu Jindřicha Chalupeckého?

(JM)   Ten projekt se snaží něco, co se tvářilo jako jednotný styl, řekněme modernismus, kritizovat v rovině současné české společnosti a umění. Upozorňuje na to, jak se odkazy moderny kroutily, měnily a deformovaly během čtyřiceti let. Ve stálé expozici Moravské galerie v Brně jsem překryl některé obrazy hliníkovými krabicemi, na jejichž přední straně je prořezaný text. Skrze text je vidět obraz pod ním. Ten text je obecný, ale vznikal na základě konkrétního uměleckého díla. Krabice nesou jména obrazů, které jsou pod nimi, což je důležité, protože identita vzniká jen na základě spojení. Text ve spojení s obrazem vytváří kontext. Projekt má název *...a zase zpět* (2004).

(SP)   Z čeho ten název vychází?

(JM)   Je malinko obhlédnutý od Warhola. Jeho kniha *Od A k B a zase zpět* pro mě ilustruje pokus znovu postavit historii. Několikrát jsem říkal, že se často zaměňuje pojem historie a minulost. Historie není minulost, ale její interpretace, týká se výlučně současnosti, protože minulost se interpretuje v každé době jinak.

(SP)   Podle vás se i umění týká výlučně současnosti. Možná trochu konsternujete tvrzením, že umění je efemérní záležitostí.

(JM)   Já si nemyslím, že tady existují nějaké hodnoty, které jsou navždy trvalé. Umění vzniká na základě nějaké situace a reaguje na tuto situaci. Situace se mění. Člověk tedy s odstupem několika let nebo z jiné lokace není schopen vědět, co to obnáší. Důležité a ozdravné je udělat nikoli kvalitativní, ale povahový rozdíl mezi tím, co je umění a co je kulturní nános. Já také rád chodím do muzea a dívám se na staré obrazy, ale nikdy bych k tomu nepřistupoval jako k umění, které vzniká nyní.

(SP)   Jak lze tedy vnímat staré umění?

(JM)   Jako řez kulturou. Samozřejmě to jsou krásné věci, ale já tu krásu spatřuju hlavně v tom, že si uvědomím celkové okolnosti, za kterých existuje současný stav společnosti. A to je ta krása starého umění.

(SP)   Jste zastoupen americkou galerií Andrew Kreps. Můžete srovnat, v čem se liší výtvarný provoz u nás a ve Spojených státech?

(JM)   To je obrovský rozdíl. U nás neexistuje trh, není tu žádná struktura soukromých galerií. Spojené státy bych spíš srovnával s Evropou. To jsou totiž dvě naprosto rozdílné situace. V Evropě je nejdůležitějším členem uměleckého provozu kurátor. Ten vytváří konečnou hierarchii. A protože zastupuje zpravidla instituci financovanou ze státních nebo městských prostředků, je umělecký provoz v Evropě strašně zpolitizovaný. Takový přístup neumožňuje mně nebo mé generaci, abych se zbavil toho, že jsem východoevropský umělec. Ve Spojených státech je to všechno postavené jinak. Tam všechno drží trh. Nejdůležitější postava je sběratel. Odpadá otázka, jestli je člověk z Prahy nebo třeba z Helsinek. V tomhle je to neuvěřitelně svobodné. Zase ale vše podléhá všemocnému trhu a je to zřetelné. Umělci, které znám z Evropy, mají ve Spojených státech věci, které jsou daleko prodejnější. Omezují svou tvorbu například na objekt nebo kus. Stále platí lapidární omezení, že co je kus, to se lépe prodává.

(SP)   Jak by měly výstavní instituce fungovat, aby byly pro mladé umělce akceptovatelné?

(JM)   Hlavní podhoubí, ve kterém umění vzniká, by mělo být mimo instituce. Instituce by se měly snažit nějakým způsobem podržet výrazné tendence, zprostředkovat kontakt české a zahraniční scény a umožnit umělcům některé věci realizovat. V tomto ohledu u nás selhávají s výjimkou Moravské galerie úplně všechny důležité výstavní instituce, a zoufale. Co se týká privátních galerií, jediná galerie Švestka funguje. Jinak tady bylo pár galerií, které se snažily a pak zkrachovaly. Pak máme několik art space, jako je galerie Display. Tu provozují lidé, kteří z toho nemají ani korunu, hlídají si to sami a nemají zavedený ani telefon. Samozřejmě dělají výbornou věc, ale mám trochu obavy, že to nevydrží dlouho, protože ten způsob je zdrcující.

(SP)   Na Pražském bienále budete mít příležitost zastávat funkci kurátora.

(JM)   Nejsem úplně kurátor. To je tendence posledních let, že je umělec přizván do role kurátora. Umělec se tak stává součástí sítě silových ambicí, protože spoluvytváří provoz. Ovšem dnes se to hodně používá jako alibi. Já ani nechci vědět, nakolik byl v mém kontaktu s Pražským bienále tento model klišé. Jediné, co chci, je udělat dobrou věc.

Zdroj: Sylvie Petráková, „Žádné hodnoty nejsou navždy trvalé", *Lidové noviny*, 14. prosince 2004, s. 9.

Co máme společného

Východní Evropa

Displayer: Vyrostl jste v bývalém Československu, kde byl každodenní život ovlivněn socialismem. Do jaké míry tento fakt ovlivňoval a ovlivňuje vaše myšlení a uměleckou tvorbu?

Ján Mančuška: V Československu v té době nebyl umělecký provoz rozvinut stejným způsobem, jak tomu bylo zde na Západě. V sedmdesátých a osmdesátých letech tam neexistovaly instituce, které by plnily podobnou funkci jako ty západoevropské. Umělci fungovali v naprosto odlišném prostředí. Navíc východoevropské umění existovalo zcela mimo poválečnou historii umění. Nedělo se tak v důsledku nějakého spiknutí západní kultury. Dějiny umění jsou, alespoň v moderní době, vytvářeny systémem uměleckého provozu. Domnívám se, že východní Evropa nebyla zahrnuta do dějin umění, protože tento systém (okruh tvořený soukromými galeriemi, sběrateli, institucemi a uměleckou kritikou) tu nefungoval. To vnímám hodně negativně. Generace přede mnou tvořila ve specifickém prostředí. Důležitým aspektem je, že tato generace se nestala ve své době součástí dějin umění.

(D) Vyhýbáte se ve své tvorbě vědomě politickým významům?

(JM) Například generace osmdesátých let sdílela určitou nechuť k politickému výkladu svých děl. Asi z více důvodů. Jedním byla možná oficiální doktrína politicky angažovaného umění, samozřejmě v intencích komunistické ideologie. A tak se stalo politickým gestem být apolitický. To mělo jeden důležitý aspekt, a to, že každodennost se tak silně zpolitizovala. A tady to začíná být zajímavé, protože právě tento úhel pohledu ovlivňuje, jak chápu politickou rovinu ve své práci. Pro mě je základní jednotkou politického života pojem „já". Pojem „já" a jeho vztah k okolí. Když nazývám určité stránky své tvorby politickými, myslím

tím političnost v té úplně nejzákladnější, primární formě.

Diverzita a estetika

(D) Estetické výrazové prostředky vaší tvorby jsou velmi omezené, nicméně materiály nebo média, která používáte k provedení, jsou mnohem různorodější. Pracujete s filmem, textovými instalacemi, stejně jako s objektem nebo sochou. Čím je pro vás materiál a jak nacházíte vhodná média v procesu vzniku vašich prací?

(JM) Nemám rád rozhodování vycházející z nějakých estetických modelů, ale samozřejmě se tomu nedá uniknout. Pokaždé se snažím nalézt ta nejjednodušší řešení, taková, která se nedají zrealizovat jiným způsobem. Například používám text jako objekt. Když chcete pověsit text do velkého prostoru, musí být lehký. Zároveň je pro mě text určitým způsobem spojený se sazbou, takže materiálem musí být kov a nejlehčí kov je hliník. Tento způsob myšlení pak nejvíce ovlivňuje rozhodování. Jen zřídka upravuji povrch, používám materiály tak, jak jsou, protože tento způsob práce mi připadá nejčistší. Podstatné pro mě je, že se nekoncentruji jen na jedno médium. Takže fyzický proces vzniku vychází spíše z druhé strany, o čem ta věc je… Není možné být profesionálem ve všech oblastech, jakási křehkost začátečníka je vždy přítomna, alespoň ve chvíli, kdy s určitým médiem začínám pracovat. Je to trochu náročné na psychiku, ale má to svůj smysl. Moje umění má určité — řekněme sféry. Dříve jsem hodně pracoval s textem. Nyní je to film. Nikdy se však nesoustředím pouze na jedno médium.

(D) Znamená to, že když se pohybujete mezi médii nebo, jak říkáte, přecházíte mezi textem a filmem, připadáte si, jako byste začínal znovu od začátku? Že si můžete určitým způsobem očistit mysl?

(JM) Rozdílná média vyžadují rozdílný přístup. Například mám určitý nápad, třeba příběh. Když pracuji s textovými instalacemi, tak mám pokaždé v hlavě jisté architektonické řešení, stejně jako představu o materiálu, který použiji. V případě odlišného média se během procesu setkávám s odlišnými problémy, a tím i docházím k jiným řešením.

Proces tvorby

(D)	Co si můžeme představit pod vaším procesem tvorby? Existují například nějaké skici konceptů?

(JM)	Moje práce má dva výchozí body. Prvním je skica, kresba, jak jste se o tom zmínili, a stále více mě baví, když je prvním krokem psaní, protože to na sebe nebere okamžitě vizuální podobu.

(D)	Děláte pouze koncept svých instalací a někdo jiný ho realizuje?

(JM)	Pro mne je podstatné, abych byl přítomen při instalaci, a to hlavně, když se dílo vystavuje poprvé. Většinou se zaobírám prostorem, tak je důležité, abych řešení instalace vymyslel já. Vlastně právě to tvoří velkou část dané práce — přítomnost díla v prostoru a jak na něj prostor reaguje, jak je organizované.

(D)	Pokud začínáte práci textem, je pro vás pouze pozadím, nebo východiskem?

(JM)	Moje věci by se v ideálním případě měly skládat z mnoha vrstev, přičemž každá vrstva či každý prvek by měly mít svou samostatnou kvalitu a schopnost existovat jako samostatné umělecké dílo. Například *Vrah bez příčiny* (2006) je práce, která se skládá z několika prvků. Může být vnímána jako socha, zvuková instalace, může to být film. Pro mě je důležité, že pokud se ten film, který je součástí celkové instalace, vyjme, musí fungovat autonomně. Už, řekněme, od stadia prvního textu.

A to také významně ovlivňuje způsob, jak lidé mé dílo vnímají. *Vrah bez příčiny* je opět dobrým příkladem. Když ho uvidíte poprvé, tak byste si mohli myslet, že se jedná o zvukovou instalaci, protože se skládá z instalace velkých filmových projektorů 35mm, které samy vydávají hluk, a pak je tam příběh, který je vyprávěn z reproduktorů. Proto si dokonce ani

nemusíte na první pohled všimnout, že součástí instalace je i obraz. Za chvíli, nebo když přijdete příště, už si všimnete i obrazu, nesoustředíte se totiž již jen na zvuk, protože ten jste už předtím slyšeli. A tak máte možnost několikrát se vrátit a vnímat různé kvality stejného díla.

Zvěcnění v prostoru

(D)	Spolupracujete během instalace výstavy úzce s jejími architekty a s kurátory? Můžete to osvětlit na příkladu výstavy *Between Two Deaths* (2007), která se uskutečnila v ZKM Karlsruhe, kde byl vystaven i *Vrah bez příčiny*.

(JM)	Jak jsem říkal, prostorové řešení svých prací si dělám sám. Navrhnu panely nebo zdi, protože jsou součástí samotné práce. Architektonické uspořádání je součástí díla. Například i v certifikátech se detailně popisuje, jaké by mělo být řešení konkrétní práce v prostoru. Při přípravě výstavy pak spolupracuji s techniky z jednotlivých institucí. Je legrační, že startovním bodem je pokaždé věta, že to nejde. Člověk musí vědět sám, že to nějak možné je. Tím začíná dlouhý proces, ve kterém o tom, že to jde, musí přesvědčit okolí. Nejdříve musíte přesvědčit kurátora, protože musíte mít někoho, kdo vás podpoří. Ale i potom je před vámi ještě velmi dlouhá cesta, než dosáhnete přesně toho, co chcete.

Avšak v ZKM se vše odehrálo úplně jinak. Tam jsem jen odpovídal na jednoduché otázky typu: „Kde chcete mít značku označující východ?" A pak jsem si říkal: „No ty jo, to je tedy otázka…" Ale bylo to i tím, že tu věc jsem už předtím dvakrát vystavoval. Jednou v Basileji (Art Basel Art Unlimited 2006) a podruhé ve Vídni (Thyssen-Bornemisza Art Contemporary, Vídeň 2006/07). Byl jsem přesvědčený, že to, co chci, je správné, protože už jsem to tak předtím viděl — měl jsem s tou věcí zkušenost. Navíc jsem měl za sebou velkou sbírku. Takže jsme se v podstatě přišli podívat na prostor do ZKM a tam už byl někdo z té sbírky, kdo už přesně věděl, co chce.

(D)   Záleží vám na tom, aby vaše práce byla prezentována za stejných podmínek?

(JM)   Pro tuhle konkrétní práci jsem vytvořil určitý obranný val. Architektonické řešení se skládá z projekční kóje jako jedné vrstvy a závěsu, který vytváří další vrstvu, jakousi krabici v krabici. Takže je to nezávislý a určitým způsobem jedinečný prostor.
        Pokud se však ptáte na prostředí uměleckého světa, tak soukromá sbírka se liší od institucí. Thyssen-Bornemisza Art Contemporary (TBA21) je výjimečná, protože funguje téměř jako veřejná instituce. Ostatní sbírky jsou odlišné, často jsou to v podstatě sklady. Domnívám se, že v určité chvíli se každé umění stává kulturou. A celé se to děje značně rychle. Věci, které jsou mé a které se vystaví a někdy prodají, mi poté již mentálně nepatří. Například nedávno v Londýně jedna sbírka chtěla vystavit moji věc během veletrhu umění Frieze. Ptali se mě: „Jak bys chtěl, abychom to nainstalovali?" Ale já jsem cítil totální odcizení, neměl jsem k té věci žádný vztah, jako by už nebyla moje. Situace se změnila a ta věc spíše než uměním byla kulturním reliktem.

Specifika vzniku díla

(D)   Byli jsme v TBA21 ve Vídni a hovořili s jejich kurátorkou Danielou Zymann. Říkala, že pro TBA21 je velice důležité shromažďovat specifika vzniku díla, což znamená, že každé dílo má vlastní speciální dokumentaci, která zahrnuje možný způsob jeho vystavování.

(JM)   To je pravda, protože se mnou udělali rozhovor, kde se také ptali, jak to má být. V malých soukromých sbírkách je situace odlišná.

(D)   Čeho se ten rozhovor týkal?

(JM)   Myslím, že se to týkalo především jejich archivu. Zajímaly je hlavně dva body. Jednak jsem mluvil o vlastní práci, okolnostech jejího vzniku atd. Pak je zajímalo, jak by ho měli udržovat a skladovat, a to nejen v úzkém technickém smyslu. Projektory (Meopta IV, 35mm), které jsou součástí instalace

Vrah bez příčiny, jsou modely myslím ze šedesátých let a některé části už jsou, když se nějakým způsobem poškodí, nenahraditelné. Například kabely pokrývá jedinečný látkový potah. Proto, když si tuto instalaci koupili, tak ještě přikoupili další dva stejné projektory, aby mohli některé části nahradit.
        Co se mi na tom líbí, je fakt, že to hodně vypovídá o podstatě umění. Domnívám se, že v případě této otázky je důležitý nejenom materiál, ale i teoretický význam. Co se stane, když umělecké dílo změní svou hmotnou podobu, nebo když dokonce přestane existovat. Anebo když vytvoříte repliku téže věci tím, že ji opravíte. Jedná se stále o stejné umělecké dílo, které bylo myšleno určitým způsobem, nebo se už vytratilo? To se mi líbí obzvláště v případě těch obrovských kusů železa (jak je tomu u filmových projektorů ve *Vrah bez příčiny*).

(D)   A co architektonické řešení?

(JM)   Od té doby, co jsme dělali výstavu s Jonasem Dahlbergem (Kunstverein Bonn, 2005), se na architektonické řešení soustřeďuji stále více. Hrozně rád mám chvíli, kdy stojím v prázdném prostoru, se kterým chci pracovat. Pak se pro něco rozhodnu, chvíli se na tom pracuje a najednou je vše hotovo. Ten pocit je skvělý. Prostor něco vyžaduje a vy to cítíte. Je ovšem velký rozdíl mezi virtuální povahou půdorysu nebo vizualizace a fyzickou přítomností v prostoru. Úspěch je jedna věc, ale úplně něco jiného je mít příležitost pracovat s prostorem, jaký je například v Bonner Kunstverein.

Jazyk

(D)   V případě, kdy se jedná o textové instalace, jako například *Během chvíle kdy jsem kráčel… po místnosti ve svém studiu v ISCP, 323 W 39th Street #811, New York* (2004): máte rád chvíli, kdy prostor ovlivňuje vaše dílo?

(JM)   Prostor ovlivňuje moje práce, ale i naopak, moje práce organizují prostor. Hovořím o „organizování prostoru", protože právě to odpovídá zkušenosti s prací s textem jako objektem v prostoru. Textové instalace mají určitou kvalitu, která je velice autentická. Automaticky čteme text zleva doprava, protože víme, kde je začátek a jaký je směr čtení. Vlastně prostor zdramatizujete a to je obrovská zkušenost. Dokonce i nyní, když vytvářím věci, v nichž text nehraje hlavní roli, okamžitě myslím na to, jak bych mohl do prostoru vložit určitý narativní charakter.

(D)   Co vás přesně zajímá na médiu jazyka? Jakou roli v tomto kontextu hraje poezie?

(JM)   Před textovými instalacemi jsem měl za sebou období, kdy jsem používal běžné každodenní materiály, vytvářel jsem z nich různé objekty atd. Mnoho otázek, které jsem v té době řešil, se úzce dotýkalo základních fyzických prožitků, především zkušenosti s vnímáním. A tím se dostáváme k tématu jazyka. Můžeme oddělit vnímání od jazyka? To bylo obrovské nové téma, kterého jsem se jen okrajově dotkl. Takže k práci s jazykem jsem se dostal přes úplně jiný soubor prací. Ve stejné době pro mě byla velice důležitá i dematerializace umění. Najednou jsem se ocitl ve fázi, kdy jsem již, z důvodů zmíněného vývoje, nemohl dále používat materiály. Této situaci jsem čelil také, když jsem začínal vystavovat v zahraničí. Na světě je deset milionů Čechů a i Slováci rozumějí česky, což znamená, že celkem 15 milionů lidí rozumí tomuto jazyku. To máme společné se všemi malými národy, hlavně s těmi, které nejsou hojně zastoupené v dějinách umění: my všichni musíme být přeloženi. Možná právě proto mě začaly zajímat nástroje a struktury jazyka — více než jazyk samotný. Zejména tím myslím vyprávění. Musím říct, že nepoužívám jazyk v jeho poetické kvalitě, protože vlastně nemůžu.

(D)   Textové instalace často poskytují divákovi hluboký ponor do velice osobního a intimního myšlenkového světa. Odkud pochází jejich obsah?

(JM)   Začal jsem sbírat osobní příběhy svých blízkých, kamarádů nebo příbuzných: „skutečné příběhy". Podstatné je, že každý z těchto příběhů měl jistý

bod, který nazývám bod nula. K němu dochází, když se veškerý dramatický vývoj příběhu zvrátí či převrátí. Příběh potřebuje mít určitou strukturu, která odkazuje na formu, jíž je prezentován. Jako když používáte velmi suchou konceptuální formu — například pouze text v prostoru —, která je v protikladu k formě vyprávění a veškerým prvkům emocí. Stejně tak i v mých příbězích najdete podobnou nemožnost uplatnění emocí. To je paradox, který v sobě můj „bod nula" v rámci příběhu skrývá. Takovéto „skutečné příběhy" jsem sbíral asi dva roky. Napsat vlastní příběh pro mě tehdy nebylo zajímavé. Také pro mě bylo důležité mít k lidem, od nichž jsem měl ty příběhy, osobní vztah — to tomu dodávalo další dimenzi. *Vrah bez příčiny* je první věc, kterou jsem sám napsal.

Specifika prostoru

(D)   Textové instalace, jako například *Během chvíle kdy jsem kráčel... po místnosti ve svém studiu v ISCP, 323 W 39th Street #811, New York*, vznikly ve velkém množství velikostí. Video *Mezera* (2007) bylo vytvořeno pro konkrétní místa/prostory. Do jaké míry je pro vás významná specifikace prostoru?

(JM)   Výstavní prostor je pro mě vždy součástí obsahu. Jazyk je určitým způsobem hmotně spojen s prostorem. *Během chvíle kdy jsem kráčel...* se skládá z jedné dlouhé věty, vytištěné na pružném materiálu. Věta má přesnou délku chůze místností, kterou textem popisuji. Jazyk zde určitým způsobem odkazuje na fyzické kvality. Ale protože je text vytištěný na pružném materiálu, tak ho při vystavování můžete roztáhnout do jiné velikosti. Je to reference k virtuální kvalitě výstavního prostoru. V obrácené podobě jsem se zabýval tímto problémem, když jsem například začal tvořit *Mezeru*, která byla napsána specificky pro prostor Meyer Riegger Galerie. To byla velká výzva, protože v ideálním případě, kdybyste pak chtěli exponát znovu vystavit, museli byste i opětovně vybudovat prostor galerie Meyer Riegger. Možná je z toho srozumitelné, jak se v mých věcech idea prostoru materializuje — když chci opětovně vytvořit určitou věc, tak musím zároveň vybudovat i odpovídající prostor, aby se stala srozumitelnou. U filmových instalací je to často konkrétní prostor nebo půdorys, od čeho se odvíjí psaní scénáře. Je to silná zkušenost.

(D)   V instalaci *Neviditelný — Hraní v sekvencích* (Frankfurter Kunstverein, 2007), stejně jako ve *Hře pozpátku* (Kunstverein Hannover, 2007) jste opětovně pracoval s herci. V Hannoveru byla vaše práce prezentována na videu, zatímco ve Frankfurtu to byla živá performance. Jaký má fakt, že se jedná o vystoupení „naživo", dopad na samotné provedení? Slouží nahrávky pouze jako dokumentační materiál, nebo jde o konečný produkt, který je fakticky uměleckým dílem?

(JM)   V případě *Neviditelného* jsem napsal scénář přímo pro schody ve Frankfurter Kunstverein a celý příběh jsem rozdělil do sekvencí, rozdělených podle pater. Lidé pak měli projít všemi částmi, aby uviděli celou performanci. Což znamená, že prostor opětovně hrál velmi důležitou roli. Celý příběh byl o člověku, který postupně přestal rozeznávat realitu od inscenované skutečnosti. Diváci stáli na velmi úzkých schodech, dívali se na performanci a z celé situace nebylo jasné, kdo je herec a kdo ne. Dostávali se tak do stejných situací, které příběh popisoval. Tento moment prožitku „naživo" byl klíčovým bodem celé instalace. K něčemu takovému nemůže dojít při použití média filmu. Nanejvýš můžete celý proces zdokumentovat. *Hra pozpátku* je takovým mým projektem na pokračování. Nejdřív jsem udělal film. Teď připravuji živé performance pro divadlo, jedná se však o kompletně novou věc, shodná je pouze prvotní idea. To je můj způsob práce. Postupuji od jedné věci k druhé, předchozí práce podporuje tu další a dělá ji srozumitelnější.

Dramaturgie

(D)   Jak velkou roli hraje ve vašem uměleckém přístupu fyzické zapojení diváka?

(JM)   Někdy říkám, že má tvorba má performativní element. Určitým způsobem směřuji lidi k účinkování v mé instalaci. Tímto způsobem pracuji s textem v instalaci *Během chvíle kdy jsem kráčel....* Lidé čtou text instalace, který je umístěn ve výšce očí, a opakují, co jsem předtím dělal já, podle textu, v němž je má akce popsaná. Vlastně to celé znovu přehrávají. Důležitým elementem je při tom chůze. V případě instalace *Mezera* se museli diváci sami rozhodnout, jakým způsobem uvidí daný film. Zpočátku jsem byl režisérem já, dá se však říci, že teď už se to rozvinulo do té míry, že lidé stále více přebírají roli režiséra. Musí se rozhodovat, protože není pevně dáno, jak by měli film vidět. Je to na nich. Tento pojem „rozhodnutí" chápu opět v politickém smyslu. Někdy se rozhodneme, aniž bychom si toho byli vědomi, a jindy se opravdu rozhodujeme. V podstatě jsme obklopeni prostředím, které perfektně známe, a pak dojde k posunu a my ho musíme znovu objevit. Tím, že se dostaneme do pozice, kdy se musíme znovu rozhodovat, můžeme odhalit, co vlastně tvoří naši každodennost. Jedná se o určitou podstatu svobody v její základní formě — to, že můžeme vidět všední život v úplně jiném světle. Velká část našeho chování je podmíněná zvykem. Tím, že se tahle podmíněnost na chvíli přetrhne, se odhalí podmínky, za kterých se naše chování konstituuje.

(D)   V instalaci *Mezera* rovněž dramaturgicky zasahujete do struktury prostoru. Z čeho vychází váš zájem o příběhy a dramaturgii?

(JM)   Mí rodiče byli filmaři, což je fakt, kterému jsem se snažil vyhnout celý svůj život. O naraci jakožto mentální nástroj chápání okolního prostředí jsem se začal zajímat v průběhu umělecké praxe. Takže tento zájem v podstatě vychází z odlišných souvislostí. Nyní

Displayer 2/2007

pracuji s oběma stránkami své osobnosti. Myslím, že to je můj materiál.

Zdroj: Katharina Domokosch, Felicity Grobien, „Co máme společného", *Displayer, Austellungsdesign und kuratorische Praxis*, Staatliche Hochschule für Gestaltung Karlsruhe, č. 2/2007, http://www.tranzitdisplay.cz/sites/default/files/JM_Displayer_ČES.pdf, citováno 19. ledna 2015.

Jiří Kovanda
(rozhovor)

Ján Mančuška: Zajímá mě prvotní impuls k tvým akcím. Co jsi dělal před akcemi?

Jiří Kovanda: Nejdříve jsem dělal deníkové kresby do bloků, pak koláže.

(JM)   Vystavoval jsi je někdy?

(JK)   V loňském roce poprvé.

(JM)   Takže první veřejné věci představovaly akce?

(JK)   Ano, první výstavu jsem měl ve Varšavě v jedné studentské galerii, s fotografiemi mých akcí. Mezi nimi Bez názvu (*Stojím na Václavském náměstí s rozpaženýma rukama*) (19. listopadu 1976), Praha, Václavské náměstí) nebo Bez názvu (*Čekám, až mi někdo zavolá...*) (18. listopadu 1976) a další první věci.

(JM)   Jak ses dostal k Polsku?

(JK)   Do Polska jsem jel poprvé na jaře 1975 s kamarády. Úplně náhodou jsme na Starém Městě ve Varšavě narazili na galerii Repassage, což byl malý prostor na studentské půdě, kde jsme se dali do řeči s nějakým klukem. Skrze něj jsem se seznámil se Zofií Kulik a Przemyslawem Kwiekem, kteří mě pak uvedli do místní scény. Paradoxně právě od nich jsem dostal i telefon na Petra Štemberu tady v Praze. Takže když jsem přijel, hned jsem mu volal. Byl velmi vstřícný a pozval mě k sobě. Tak jsem se dostal i k Janu Mlčochovi a Karlu Milerovi.

(JM)   Jak došlo k té první výstavě ve Varšavě?

(JK)   Výstavu dohodli Zofia Kulik a Przemyslaw Kwiek ve studentské galerii Mospan.

(JM)   Udělal jsi tam nějakou akci, nebo jsi akce vystavoval jen ve formě dokumentace?

(JK)   Na této výstavě byly pouze dokumentace.

(JM)   Byly akce nebo jejich dokumentace od začátku myšleny do výstavního prostoru?

(JK)   Dokumentace byla od počátku určená pro výstavní prostory, ale akce se odehrávaly jinde.

(JM)   Velmi mě zajímá tvůj přechod od akce k fotografii. U některých akcí chybí publikum. Tím jediným, kdo tuší, že je to umění, jsi ty a fotograf. Ale výsledná fotografie není uměleckým dílem, tím je akce samotná?

(JK)   Je otázka, kdy dojde ke komunikaci. Myslím, že je to ve chvíli, kdy je na věc poukázáno jako na umění. To znamená, pokud má akce publikum, děje se to okamžitě. Pokud ale nemá žádné pozvané diváky, myslím si, že se to odehrává až pak, v uměleckém prostoru, tedy buď na výstavě, nebo v tisku, to je jedno. Zkrátka když je to prezentováno jako umění.

(JM)   Takže zpětně?

(JK)   Ano, zpětně, ačkoli to nejde úplně oddělit. Bez té akce by to neexistovalo, ta musela proběhnout.

(JM)   V tom je velice zvláštní status času. Dokumentačním činem vlastně upozorníš na to, co se stalo předtím. Myslím tím akce bez publika.

(JK)   Ta akce tam ale musí být. Nestačí jen idea. Musí se to skutečně stát. Samozřejmě jsem měl víc nápadů nebo scénářů k nějakým akcím a ne všechny jsem realizoval, ale nikdy jsem ty nerealizované scénáře nepublikoval.

(JM)   Umíš si představit udělat dnes „remake" těch akcí?

(JK)   Už jsem je dělal. Například loni v Tate Modern *Líbání přes sklo* (10. března 2007). A znovu také svou starou věc na eskalátoru Bez názvu (*Na eskalátoru… otočen hledím do očí člověku, který stojí za mnou…*), (3. září 1977). Proti „remakům" v zásadě nic nemám, ale musím říci, že moje zkušenost je jiná, a že to moc nefunguje. Jak jsem již říkal, pro mě je důležité, aby se akce skutečně stala. A když už se jednou stala, nemá moc smysl, aby se stala podruhé. Můj prožitek je potom úplně jiný, podstatně slabší.

(JM)   Opakoval jsi stejné akce v sedmdesátých letech víckrát?

(JK)   Ne, nikdy.

(JM)   Chtěl jsem se vrátit k dění v sedmdesátých letech v Praze. Ke kontextu body-artu, představovaného například Štemberou a Mlčochem. Tvoje věci jsou ale hodně odlišné. Ale vy jste vlastně pracovali spolu?

(JK)   Oni začali o čtyři roky dřív. Některé věci vznikaly zároveň. Skončilo to zhruba ve stejné době.

(JM)   Zdá se mi, že jsi patetickou, expresivní řeč body-artu odmítl. Nikdy jsi nepracoval s tělem, bolestí, dokonce jsi akce nikdy neinscenoval, což je dost podstatný rozdíl. Bavili jste se o tom někdy? Vystupoval jsi vůči nim kriticky?

(JK)   Ne, kriticky ne. Takhle jsme se o tom nikdy nebavili. Já ten rozdíl v té chvíli vůbec tak velký nevnímal. Měl jsem samozřejmě nejraději věci Karla Milera, ale vůbec jsem se nesnažil vůči nim vymezovat. Musím říct, že mě spíš fascinovaly. První Štemberova akce, kterou jsem viděl naživo, se mě silně dotkla.

(JM)   Která to byla?

(JK)   Zul si boty, byl bos, u zdi ležela těžká železná tyč a on si stoupl k té zdi zády a tu železnou tyč si připevnil k nohám. Vší silou skočil od té zdí, ale ta tyč ho držela, takže neskočil daleko. Pak si ji sundal a na to místo, odkud skákal, nalil nějakou kyselinu. Tam,

kam doskočil, si udělal znamení, a pak se obrátil a bez té železné tyče skočil zpět. Tam ale byla ta zeď, bez železa by normálně skočil dál. Spadl nohama do té kyseliny. Byl to pro mě silný zážitek.

(JM)   Odlišení tedy spíše vycházelo z osobních dispozic?

(JK)   Nebylo nijak chtěné, vycházelo zevnitř. Bylo to moje vidění a moje cítění věci. Nikdy jsme nedělali věci dohromady, nikdy jsme vyloženě nespolupracovali, třeba na jedné věci dohromady. Vždycky každý pracoval sám za sebe, ačkoli jsem v té době cítil, že jsme si blízcí.

Ale třeba na rozdíl od Štembery jsem měl pro performance důsledné omezení, které bylo nepřekročitelné. Vždy jsem musel vyjít jen s tím, jak jsem. Štembera používal například různé rekvizity. Já jsem chtěl jen beze všeho nějakým způsobem být. A to jsem dodržoval naprosto vědomě a důsledně.

(JM)   Jaký jsi měl vztah k happeningu a věcem, které vznikaly okolo Plastic People of the Universe a Ivana Martina Jirouse?

(JK)   Žádné přímé propojení neexistovalo. Co se týče konkrétně happeningu, měl jsem rád některé věci Milana Knížáka, takové ty hodně jednoduché demonstrace. Když happeningy příliš směřovaly k „divadelnosti", tak mě nikdy nebavily.

(JM)   Když se bavíme o Knížákovi, jaký jsi měl vztah k Fluxu?

(JK)   Fluxus mě nikdy nezajímal. Tam přesně platí to, co jsem zmínil před chvilkou. Fluxus mi připadal jako „divadýlko".

(JM)   Když se setkám s pojmem východoevropské umění, vždycky tvrdím, že šlo o odříznuté a osamocené scény a kontaktů bylo velmi málo. Ale ty ses dostal do uměleckého kontextu přes Polsko. Takže nějaké propojení přece jen existovalo?

(JK)   Já bych se tomu dělení na východní a západní umění bránil. Ačkoli byly kontakty se Západem hodně omezené, přece jen existovaly, i když třeba nepřímo. Podle mě si nelze představit východní umění bez západního. Východoevropské umění je evropské umění.

(JM)   Měl jsi kromě Polska ještě další kontakty někde jinde?

(JK)   Já osobně ne. Ale samozřejmě třeba Petr Štembera jich měl podstatně víc.

(JM)   A bylo nějaké propojení se Slovenskem? Znal jsi Júliuse Kollera?

(JK)   Znal jsem Kollera, znal jsem víc slovenských umělců. Ale kontakty s nimi byly velmi řídké.

(JM)   Jak jsi tehdy Kollera vnímal?

(JK)   To je docela zajímavá otázka. Pro mě to bylo něco skoro trapného. UFO — „Univerzálna futurologická orientácia“. Ten člověk se zbláznil, o co mu jde? Po pravdě řečeno, Slováky vůbec jsem tehdy bral trochu skrz prsty.
Je na tom dobře vidět, že čtení věcí, třeba mých teď, je stejně posunuté oproti tomu, jaké bylo v té době. Je v nich daleko víc expresivity, nějakých úplně osobních vrstev, než si třeba teď připouštíme. Nevím, čím to je, že Koller byl v tu chvíli pro mě absolutně nečitelný. Dneska je to brané jako velmi podobný přístup, ale v tu chvíli to vlastně bylo úplně jinak.

(JM)   Byl jsi v trvalém kontaktu s někým ze Západu?

(JK)   V trvalém osobním kontaktu jsem nebyl s nikým. To všechno vlastně obstarával Štembera. Ten byl v kontaktu s různými lidmi, víc samozřejmě přes dopisy a vzájemné posílání věcí apod. Třeba s Chrisem Burdenem.

(JM)   Nebyly to spíš náhodné osobní vazby?

(JK)   To si nemyslím. Burden byl pro nás tehdy velmi důležitý, Štembera s ním byl v kontaktu po dlouhou dobu. Naše prostředí přece jen nebylo tak izolované. Spousta věcí reagovala na to, co se dělo venku. I když zprostředkovaně. Například *Following Piece* (1969) od Vita Acconciho byl pro mě úplným zjevením.

(JM)   A Vídenští akcionisté?

(JK)   Ty jsem neměl nikdy rád, pro mě jsou „za hranou“. Ale v době, kdy jsme dělali performance, se o nich hodně mluvilo, byli vždycky součástí scény.

(JM)   Chtěl jsem se zeptat na přelom od akcí k intervencím.

(JK)   První intervence vznikaly ještě v místech, kde ostatní dělali akce. Bylo to v místech, kam obvykle byli pozváni lidé, aby se účastnili performancí. Třeba kytka za sloupem, což byla moje první intervence *Instalace 1* (prosinec 1978). Moje první intervence byly udělány dřív, než ti lidé dorazili, a moje fyzická přítomnost zůstala ve stopě v prostředí, v tom prostoru, jako bych v tu chvíli vymizel. Tenkrát jsem to ani nevnímal jako objekt, ale jako stopu po něčem, co se tam stalo, jako stopy činnosti po nějaké akci: schoval jsem kytku za sloup nebo svázal dvě latě a opřel je o stropní trám. Intervence pro mě tehdy plynule navazovaly na akce, jenom jsem zmizel já osobně. Jako u mé poslední akce, kdy utíkám na Staroměstském náměstí od lidí pryč – Bez názvu (*Dal jsem si sraz s několika přáteli… stáli jsme v hloučku na náměstí a hovořili… náhle jsem se rozběhl, utíkal jsem přes náměstí a zmizel v Melantrichově ulici…*), (23. ledna 1978).

(JM)   To byla vědomě poslední akce?

(JK)   Právě že nebyla. V tu chvíli jsem nevěděl, že už další akce nebude následovat. Vždycky jsem v akcích směřoval spíše k lidem, ale v té poslední jim utíkám. Prvním impulsem k instalacím tedy vlastně nebyl objekt sám o sobě, ale ta činnost, která vede k tomu, že tam je.

(JM)   Hrála fotografie podobnou roli u intervencí jako u akcí?

(JK)   Myslím, že hrála úplně stejnou roli. Nakonec ta dokumentace měla úplně stejnou formu. Navazovalo to jedno na druhé, nebyl tam žádný předěl.

(JM)   A proč jsi „zmizel"?

(JK)   To říci nedovedu. Vždycky jsem dělal věci intuitivně. Moje nápady pro určitou věc se vždycky objevovaly jakoby zničehonic. Nikdy to nebyl výsledek nějakého usilovného přemýšlení nebo racionálního zdůvodňování.

Má přítomnost nějak odumřela. Je zajímavé, že k tomu došlo u všech zhruba ve stejnou dobu. Moji kolegové sice ještě chvíli performance dělali, ale už to mělo trochu jiný charakter, už se mi to nezdálo tak intenzivně nabité jako na začátku. Prostě už to nebylo úplně ono. Vyčerpalo se to.

(JM)   V osmdesátých letech jsi pak maloval?

(JK)   Na rozdíl od mých kolegů jsem kromě akcí a pak intervencí po celou dobu ještě kreslil. Je to vlastně zase záznam nějaké činnosti, ale ta stopa je na papíře.

(JM)   Bylo to vědomě jako kresba? Nebyl to scénář?

(JK)   Ne. Bylo to jako kresba, mělo to být jako kresba, i když na pomezí „umělecké" kresby a dokumentace. Vždycky tam byl kontrast mezi geometrií a nějakou organickou věcí. Třeba jsem tuší narýsoval čtverec a pak tužkou podle ruky jsem ho obkreslil. Název často naznačoval, že je to záznam nějaké činnosti. Například: *Obkreslil jsem dva čtverce* (1977). Postupně se zvětšoval formát a koncem osmdesátých let jsem začal dělat nějaké obrazy.

(JM)   Tehdy už se trochu proměnilo i tvé okolí? Dělal jsi věci hodně s Vladimírem Skreplem.

(JK)   To souviselo s tímto posunem. Mí bývalí kolegové přestali fungovat, umění úplně zanechali. Takže jsem se pochopitelně poohlížel po někom, kdo dělá věci, co mě zajímaly. Forma nové malby byla tehdy hodně silná. Byla v tom silná opozice vůči tenkrát zaběhnutým formám. Dneska se třeba zdá, že ta malba byla návratem k něčemu konvenčnímu, konzervativnímu. Ale v tu chvíli to tak vůbec nebylo. Aspoň já jsem to tak necítil, byla opravdu „nová".

(JM)   Akce v tom nijak nefigurovaly? Nebyla nová malba v tu dobu trochu i proti nim?

(JK)   Spíš najednou vůbec nebyly důležité, jako by se na ně zapomnělo. Ale dnes je jasné, že ta zkušenost tam zůstávala.

(JM)   Chci se ještě zeptat na fakt „recyklace", který se týká hlavně objektových věcí, které jsi dělal v devadesátých letech, ale vlastně je logický pro celou tvoji práci. Nějaká věc se ti vrátila z výstavy v bedničce a ty jsi ji zase vrátil do oběhu jako umělecké dílo. To je jako u tvých akcí, jak si musíš vystačit s tím, co máš na sobě. Tady také používáš jen to, co máš k dispozici. Není tam nic přidaného.

(JK)   To je velice důležité. Vždycky mě přitahovalo vyjít jen s tím, co mám v danou chvíli k dispozici. A proto mě silně zasáhlo a okamžitě ovlivnilo, když jsem se poprvé setkal s konceptuálním uměním. Nemusíš umět řemeslo, nemusíš mít drahé materiály, nemusíš být extrémně zručný, a přesto můžeš udělat kvalitní věc. To mě naprosto fascinovalo a chtěl jsem se toho nějakým způsobem dotknout.

(JM)   Ateliér jsi nikdy neměl. Souvisí to s tím?

(JK)   To s tím souvisí. Ale zase to není nějaké programové odmítnutí nemít ateliér. Prostě jsem ho neměl a ani jsem po něm nijak zvlášť netoužil a neměl jsem na něj ani nárok. Tehdy ateliér mohli mít jenom ti, kdo byli ve Fondu českých výtvarných umělců anebo byli absolventi umělecké školy. Já jsem uměleckou školu nikdy nestudoval a ve Fondu jsem nebyl.

Ateliér mi ale nechyběl. Daleko více mě totiž bavilo dělat malé věci ve větších sériích než

jednu velkou věc. Takže je to taková souhra chtění
a možností.

(JM) Jak se díváš na to, že tenhle velký zájem o tvoji
práci přišel až teď? Vím, že jsi na určitou dobu přestal
pracovat. Není to příznačné, že systém se chopí věcí,
které jsou jednodušší, ve chvíli, kdy už jsou vlastně
historické?

(JK) Zájem mě samozřejmě těší. Kolikrát si ale taky
říkám, jaké by to bylo, kdyby to, co jsem dělal, bylo
přijaté v době, ve které to vznikalo. Ale nijak mě
netrápí, že to přišlo až po letech.

(JM) A na čem pracuješ teď?

(JK) Teď vlastně dělám věci, které mají dost společ-
ného právě s těmi z přelomu sedmdesátých a osm-
desátých let. Jsou to často intervence/instalace pro
nějaký konkrétní prostor. Objekty, které zase recyk-
lují již použitý materiál, performance, které se týkají
mezilidských vztahů. Rozdíl je v tom, že už jsou větši-
nou od počátku koncipovány pro galerijní prostor.

Zdroj: Ján Mančuška, „Jiří Kovanda (rozhovor)“,
Frieze, č. 113/2008, s. 146—149 (angl).

Umělec na residenci: Ján Mančuška

Laura McLean-Ferris: V projektu, který jste vytvořil pro artreview.com, je patrná silná vazba na film a kinematografii. Jde o oblast, která vás v tvorbě zajímá?

Ján Mančuška: V tom projektu se spojují dvě oblasti, na které se zaměřuji — práce s jazykem v rámci textových instalací a film. Jedná se o fragment staršího textu, který je součástí dlouhodobého projektu *Skutečný příběh*. V době, kdy text vznikl, jsem ještě neměl zájem tvořit vlastní fikci nebo psát vlastní příběhy. Naopak, sbíral jsem historky ze života svých přátel a příbuzných, které se skutečně staly. K takto získanému materiálu, do jisté míry dramaticky uzavřenému ready-made „skutečných příběhů", jsem pak vymýšlel metody, jak analyzovat jeho strukturu a jak tuto strukturu různými způsoby zprostředkovat divákovi. Už tehdy jsem dramatickou strukturu vyprávění příběhu chápal jako základní nástroj, který nám umožňuje myslet, a chápu ji tak dodnes: jako nástroj, který má předkulturní kořeny. Tuto analýzu textové struktury jsem pak zpracovával ve svých textových instalacích souvisejících s prostorem. Teď, s ohledem na médium, které mi bylo nabídnuto, a také s ohledem na svou práci z poslední doby, jsem tuto analýzu posunul směrem k formě „pohyblivého filmu". Jde v ní především o časový rámec, který nabývá zcela odlišného charakteru v rámci prostého textu a v kontextu filmu. Ukázat napětí mezi textem a filmem je jedním z mých cílů.

(LMF) Souvislosti, které je divák nucen rekonstruovat, zdá se souvisejí s jakousi neustále se proměňující hrozbou či s jakýmsi násilím ve vašich textech...

(JM) Princip, se kterým pracuju, bych popsal asi takto: příběh se odhaluje jakoby zvnitřku textu. Jde o směr do jisté míry opačný než při obvyklém vyprávění. Na konci se nachází hotový text, který byl

předtím postupně odhalován prostřednictvím jednotlivých, postupně narůstajících fragmentů, až se celý příběh zaplní a je kompletní. Fragmenty od začátku působí jako náznaky možné podoby příběhu, které jsou ovšem v průběhu vyprávění eliminovány — jako třeba v případě slova „on...", z něhož se stane „ona". Takže perspektiva hlavního hrdiny se radikálně změní.

Spolu s postupným rozrůstáním textu a různých alternativ a možností jeho dalšího vývoje, které se neustále transformují a ruší, vzniká krajní napětí. Jde o napínavý, místy až děsivý příběh. Myslím si, že tenhle pocit je možný jen díky tomu, že v mezerách mezi slovy cosi chybí. My víme, že tam něco musí být, ale nemůžeme dělat nic jiného než čekat, dokud nezjistíme, co to je.

To všechno vzniká díky již zmíněnému napětí mezi textem a jeho využitím v rámci filmu. Zatímco ve formě textu kulminuje příběh na konci, v tomto případě nastává několik různých vrcholů už v průběhu rozvíjení děje, a ty jsou navíc opakovaně nahrazovány novými a novými vrcholy. Další vývoj příběhu vůči nim funguje jakoby subverzivně. Fakt, že v tomto příběhu jde o jistý druh násilí, souvisí s formou, v jaké je prezentován. A ve skutečnosti ho také podporuje a posiluje.

(LMF) Co bylo východiskem tohoto díla? Můžete říct pár slov o tom, jak vznikalo?

(JM) Myslel jsem na něj už dlouho. Výzva k vytvoření projektu určeného k prezentaci na webu zafungovala jako impuls. Chci říct, že východiskem bylo právě médium. Jak jsem už říkal, jedná se o fragment starší práce, kterou jsem už dřív použil jiným způsobem v různých médiích. Takový proces je mi velmi blízký — zpracovávat tentýž materiál pomocí odlišných médií a v odlišných kontextech. Každé médium totiž musí být současně také nositelem obsahu, což je nárok, který je zvlášť zjevný, jestliže se používá tentýž materiál. Původní materiál se s každým dalším použitím transformuje a přesně to mě zajímá. Vypovídá to hodně o povaze daného média. Šlo by říct, že v mé práci je charakter média předmětem analýzy prováděné pomocí příběhu. Nazval bych to jakousi ontologií médií.

(LMF) Zdá se, že se vyjadřujete i k sexuální politice a kinematografickým stereotypům. Divák celou dobu předpokládá, že žena je obětí muže, který jí vyhrožuje, jenomže pak se ukáže, že tento muž je její manžel. Myslel jste na to při tvorbě tohoto projektu?

(JM)   Mně to připadá skoro naopak. Ten příběh je o ženě, kterou někdo bez jejího vědomí pozoruje oknem. Že je pozorována, se dozví až ve chvíli, kdy zvedne telefon a stane se obětí výhrůžek. Takový je obsah finálního textu, jenomže během promítání se příběh odvíjí v různých variantách. Dlouho to vypadá, že muž a žena jsou v bytě spolu. Muž je ostatně hlavním hrdinou příběhu od začátku, přestože se ve finální verzi objevuje až úplně na konci, po telefonu. A že jde o muže, je zřejmé čistě jen na základě genderových stereotypů, tj. že žena je oběť a muž musí být agresor. Ano, stereotypy, o kterých mluvíte a které se v kinematografii často používají, jsou úmyslně součástí tohoto projektu. O to silněji působí fakt, že jde o „skutečný příběh", který se opravdu stal.

(LMF) Můžete nám říct něco víc o původním díle, ve kterém jste tento příběh použil?

(JM)   Původně šlo o doprovodný text k malé instalaci. Tu instalaci jsem pak opustil, zavrhl a ztratil. Text však zůstal, ale nabral jinou formu. Šlo v něm o rozvíjení jednotlivých fází určitého příběhu, časová posloupnost se proměňovala. Samostatně jsem jej poprvé vystavil na jedné malé výstavě v New Yorku. Tento text má pro mě zvláštní význam. Přátelé mě na jeho základě upozornili na „nový román". Literatura se pro mě pak stala důležitým pramenem. Mé textové instalace však existovaly už dřív, než jsem odtud začal silněji čerpat inspiraci — spíš jako by na ně působila zpětně. Mé filmové práce však už mají inspiraci jasně literární.

V téže době, kdy vznikl tento text, jsem přestával jako svůj primární a vlastně původní nástroj zaznamenávání používat kresbu a začal jsem psát. V jednu chvíli jsem pak přestal kreslit úplně. Takže text byl na prvním místě vždycky, dokonce i v netextových instalacích. Zaujalo mě, že text jakožto záznam nemá žádnou vizuální kvalitu. Tuto specifickou vlastnost získává až prostřednictvím konkrétní realizace.

Současně mi tenhle text posloužil jako dobrý příklad toho, že jakkoliv se moderní umění může jevit formálně naprosto svobodným prostorem, má v sobě přesto určité zřejmé limity, uvnitř nichž si každé umělecké dílo musí najít svou niku. Jako text o sobě se však dílo ocitlo jakoby zavěšené v prázdném prostoru. Jakékoli médium zpracovávající text působilo dost restriktivně. Díky tomu jsem si uvědomil, jak velký tlak vytváří umělecký systém na materializaci uměleckého díla. To je pravděpodobně také důvod, proč na sebe text bere tolik různých podob či realizací. Snad se jedná o metodu určité dematerializace uměleckého díla. Mám na mysli metamorfickou kvalitu.

(LMF) Mohl byste nám říct něco k tomu, jak jste přistupoval k tématu této série — *Apofénie* — utváření abstraktních souvislostí?

(JM)   Sám tento pojem nepoužívám, ale je zajímavé se s ním setkat. Ve škole jsem praktikoval automatické psaní. Zajímal mě proces tvorby probíhající bez vědomé kontroly, při kterém se ve zdánlivě nahodilé, často abstraktní formě objevovaly různé věci zasunuté v mysli, mezi nimiž vládly dost specifické souvislosti. Začaly mě zajímat procesy, které probíhají ve vnímání. Takže ve skutečnosti jde o opačný postup než v případě apofénie. V mém díle je často důležitý moment, kdy se dva protichůdné (či několik různých) nebo nesourodé pohyby setkají v jediném bodě a spolu pak začnou dávat smysl. Chápu to jako taktiku, jako model určitého přístupu k okolí a ke společnosti, která je dynamická. Důležité je to, že tento bod, v němž cosi začne dávat smysl, je procesuální a neustále proměnlivý, takže je nutné jej hledat stále znovu a znovu. Jako jistý element performancí však na druhé straně používám i princip absurdity.

Zdroj: Laura McLean-Ferris, „Artist in Residence: Ján Mančuška" [Umělec na residenci: Ján Mančuška], *Art Review online*, 2. března 2009, http://4art.com/profiles/blogs/artist-in-residence-jan, citováno 16. února 2015 (angl.).

Mám ambici dostat se k porozumění

Václav Magid: Možná bych odvinul náš rozhovor od *Nonspekty*.[1] Co tě vedlo k tomu, že jsi založil tuto iniciativu?

Ján Mančuška: Prvotním impulsem pro mě byla potřeba dělat něco společně. Představa individuální umělecké kariéry je pro mě z mnoha důvodů nedostatečná. Myslím, že převládající individualismus, který souvisí s chápáním umění jako elitní aktivity, je jedním ze symptomů selhání umění jako sociálního angažmá. Dalším důvodem, proč jsem s *Nonspektou* začal, byla moje první zkušenost s vystavováním venku. V té době jsem se cítil jako součást místní scény, lokální východisko mi přišlo nejpodstatnější. A když jsem se tehdy vrátil z Manifesty, měl jsem pocit, že na mezinárodní scéně strašně chybí intelektuální kritický diskurs, který by vycházel z naší strany. Střet Východu a Západu, který se řešil od devadesátých let a řeší se bohužel dodnes, byl vesměs brán z pohledu Západu s jeho logicky fungujícím uměleckým systémem. Přišlo mi, že z Východu opačným směrem směřuje velmi málo teoretických aktivit, které by formulovaly, v jakém prostředí se nacházíme, jaká jsou ta lokální intelektuální východiska. Náš prostor měl podle mě strašně silné vlastní kvality, které byly autentické už tím, že existovaly čtyřicet let v prostředí absence např. trhu. Ty se ale nerealizovaly a místo toho se adaptoval kapitalistický režim. Proto se podle mě začalo východoevropskému umění mezinárodně dařit až ve chvíli, kdy se zde zabydlel systém, který místní prostředí strukturoval podle vlastní logiky. Důkazem toho je pro mě

úspěch polských umělců okolo galerie Foksal, která se jako první z východoevropských galerií adaptovala na mezinárodním poli.

(VM)   Chtěl jsi tedy utvářet nějaké intelektuální zázemí, které by bylo adekvátní umění, co vzniká tady, a zároveň by prezentovalo místní diskurs navenek, aby mohl konkurovat na mezinárodní rovině?

(JM)   Zmínil jsi konkurenci, pro mě ale tenkrát bylo strašně důležité zříct se tohoto dvojpolárního vidění Evropy po studené válce. Nechtěl jsem odpovídat na otázky „proti/pro", na strukturu dvou pólů, mezi kterými jedinci nebo kulturní celky oscilují, ale vytvořit určitou autentickou kvalitu, která by byla sama o sobě nepřehlédnutelná, a tím pádem i srozumitelnější v mezinárodním kontextu. Bylo to do jisté míry spojené s neobeznámeností s podobnými diskusemi, které probíhaly na Západě v předchozích etapách a v trochu jiném kontextu. Myslím ale, že v tomto případě může být tahle neobeznámenost i kvalitou, protože do jisté míry umožňuje svobodu.

(VM)   Nevzdělání vybízí ke kreativitě, kdy jsi nucen si věci sám doplnit a nějak doformulovat.

(JM)   Přesně tak. Teď je moje vzdělání samozřejmě daleko širší. V té době jsem ale vycházel především z fragmentů článků Osmolovského, kde mě oslovil pojem asymetrie. Ty debaty byly založeny na něčem, co se například odehrávalo v šedesátých letech okolo Deborda a situacionismu, necítil jsem to ale jako handicap, protože jsem měl pocit, že diskuse musí znova proběhnout tady v jiné formě, na jiných principech, s jiným materiálem. Mohlo se to zdát dost naivní, doteď mám ale pocit, že to naivní nebylo a mělo to svou úlohu. Článek „Revoluce v asynchronním prostoru",[2] který byl jedním z mála praktických vyústění této

---

1

Pod názvem *Nonspekta* probíhala cca v letech 2002—2004 intenzivní výměna textů mezi českými a slovenskými umělci a teoretiky, kteří se v nich pokoušeli reflektovat vlastní pozici v kontrastu ke globálnímu systému umění. Iniciátorem byl Ján Mančuška; diskuse se dále aktivně zúčastnili Boris Ondreička a Vít Havránek. Název byl inspirován projektem „nonspektakulárního umění" ruského umělce Anatolije Osmolovského.

2

Vít Havránek, Ján Mančuška, „Revolution im asynchronen Raum. Zum modellhaften Begriff der konstruierten Geschichte", *Springerin*, roč. 9, č. 1/2004 (Česky: „Revoluce v asynchronním prostoru", *Korpus*, roč. 3, č. 3/2004, s. 22—23).

aktivity, vyšel ve *Springerinu* a byl vcelku konstruktivně přijat. Ty debaty ale bohužel neměly pokračování, čímž se z *Nonspekty* stal klasický artefakt českého prostředí, pro něž je typická „virtuální historie" („co by se stalo, kdyby…"), kterou na české kultuře nenávidím úplně nejvíc.

(VM)   Osmolovskij, kterého jsi zmiňoval, v podstatě dezinterpretoval Guye Deborda nebo Gillese Deleuze, jejichž myšlenky aplikoval na vlastní lokální situaci. My jsme zase od něj znali jenom pár textů, kterým jsme rozuměli víceméně po svém. S odstupem času mi právě toto vrstvení nedorozumění nebo dezinterpretací připadá plodné, protože vytváří možnost svébytné kreativity, která se odehrává na pomezí teorie a umělecké praxe. Aby to byla nějaká plausibilní teorie, vyžadovalo by to dobrat se znalosti zdrojů a vrstvy dezinterpretací odtlačit stranou. To už se ale míjí s tvou tehdejší ambicí.

(JM)   Ne, nemíjí. Mou ambicí bylo vytvořit určitý okruh složený jak z umělců, tak z teoretiků, kteří by ty úvahy korigovali. Osmolovskij pro mě byl v té době impulsem, kterému jsem byl schopen rozumět. V té nedokonalosti mi přišel, spíše emočně než teoreticky, nějak přesný. Ale například Karel Císař měl okamžitě výhrady. Přesně to byl můj cíl: tvrdohlavost, která vycházela částečně z neznalosti, umožňovala vzniknout střetům, které do budoucna vytvářely nějakou kvalitu. Z dnešní perspektivy se mi jeví, že to hodně obohatilo mé umění. Bohužel se v tom nepokračovalo. Najednou se naskytly možnosti individuálně pracovat v mezinárodním kontextu, jemuž každý z nás dal přednost. Myslím, že to bylo do jisté míry logické. Pokud jde o kritiku systému, tak člověk, který k němu nemá přístup, jej kritizuje úplně jinak než ten, kdo jím prošel. Jsou to dvě různé kvality. Chtěl jsem tím projít, abych věděl, co kritizuji, protože diskuse, které se tady odehrávaly, byly vždy akademické.

(VM)   Teď bych možná opustil téma *Nonspekty* a obrátil se k tvé tvorbě. U některých tvých děl nacházíme zjevnou filosofickou inspiraci. Začal jsi například od popisu nějakého předmětu, třeba hrnku, a doplňoval

k němu co největší výčet významů, které s daným fenoménem souvisí, což jsem si vykládal jako inspiraci husserlovskou fenomenologií. Nebo jsi vytvořil objekt, který vycházel z tvaru židle a zároveň představoval neidentifikovatelnou drátěnou konstrukci, a interpretoval jsi jej s odkazem na scholastický spor mezi nominalisty a realisty. Nakolik se při vytváření svých děl necháváš inspirovat čtením filosofie?

(JM)   Filosofii čtu. Ale nevím, nakolik ty věci, které jsi zmiňoval, vycházely z filosofie samotné. Spíše to bylo takové mentální nasycení, které se vyvíjí podle toho, co člověk čte, co vidí a s kým se stýká. Takový je můj přístup, jak věci poznávat: snažím se hledat podobná východiska v různých oborech. Jsou to neustálé pokusy dovídat se nové věci a rozšiřovat možnosti, jak jim rozumět. Zároveň ale nesnáším argument: „Jsem umělec a rozumím tomu, jak chci." Mám ambici se postupně dostat k porozumění v rámci toho oboru, který zrovna zkoumám. Otázka je, nakolik jsem toho schopen.

(VM)   Jedna věc je, jak tomu rozumíš, a druhá, jak s tím pracuješ, když vytváříš umělecké dílo, což je úplně jiná kategorie než filosofický text.

(JM)   Vždycky jsem měl tendenci napojovat svou práci na určité intelektuální prostředí — na to, co čtu, a podobně. Tato napojení tvoří kostru toho, co dělám, která je samozřejmě nezávislá na tvůrčím spouštěči, ale objevuje se hrozně brzo, možná dřív než u lidí, kteří pracují víc intuitivně nebo emočně. Myslím si, že můj typ, tedy typ člověka, který má ambici nějak teoreticky strukturovat vlastní tvorbu a zároveň má umělecké zázemí, by měl být ve verbální nebo psané formě stejně přesvědčivý jako ten, kdo interpretuje dílo jako teoretik. Hodně lidí se snaží vyhnout tomu, aby interpretovali vlastní věci — s tím, že by samy o sobě měly být silnější. Já si ale prostě ve vztahu ke své práci myslím přesný opak. Interpretace je do jisté míry nezávislá věc a zároveň nějak posouvá a proměňuje tvé myšlení. V mém případě sice není zcela rovnocenná s uměleckou tvorbou, ale má k tomu hodně blízko. Zatím jsem spíše selhával, ale ta ambice tam je.

Je samozřejmě obrovská škála možností, jak interpretovat — můžeš zvolit interpretaci, která je samotná uměleckým aktem, a můžeš zvolit skutečně teoretický pokus. Ani jedné z těch možností se nechci vzdát.

(VM)   Jestli tomu tedy dobře rozumím, pro tebe je příznačné rozdvojení na umělce — a kritika sebe sama nebo teoretika, který interpretuje své vlastní umění.

(JM)   Umění je pro mě strašně intelektuální záležitost. Vždycky mě zajímal vypjatě intelektuální model tvorby. Respektuji ale i intuitivnější a emotivnější polohy. Bylo by omezené redukovat uměleckou tvorbu pouze na jeden typ. Ale obecně si myslím, že i umělci, kteří pracují intuitivně, by měli mít a mají autoreferenční potenciál.

(VM)   Jak vnímáš pohled profesionálních kritiků nebo teoretiků, kteří ve svých textech interpretují tvou práci zvenčí?

(JM)   Zatím až na výjimky nemám osobní hlubokou zkušenost s kvalitní kritikou. Mám blízký vztah s Vítkem Havránkem. Měl jsem rád, jak psal o mých věcech David Kulhánek. Hodně je mi blízké, jak píše Karel Císař. Tomáši Pospiszylovi vděčím za objevení „nového románu". To je ale hrozně osobní. Je rysem malé scény, že se všichni známe. Někdy se těžko dá mluvit o kritice.

Na mezinárodním poli současného umění, v prostředí velkých časopisů, je zase kritika strašně napojena na, dalo by se říci, mocenský systém. Okolnosti, jako kdo a kam o tobě napíše, jak dlouhý text a za jak dlouho poté, co se o tobě psalo posledně, kdo bude na obálce, natolik podléhají pravidlům moci, že pomalu znemožňují kritiku jako takovou. Málokdy se stane, že kritika jako do jisté míry autonomní intelektuální činnost bezprostředně reaguje na to, co je živé. Kritika osvobozená od mocenských praktik daleko častěji nastupuje až poté, kdy to, co bylo vytvořeno, je již přijaté. Myslím, že tohle by se dalo použít i jako přímer pro uměleckou tvorbu. Jedním z obrovských problémů současného systému umění je, že v zásadě znemožňuje umění věnovat se tomu, čemu by mělo.

(VM)   Existují nějaké směry v oblasti současné teorie umění, které ti připadají podnětné? Mně se zdá, že snad posledním autorem, který se pokusil uchopit některé současné tendence a dát jim nějaké teoretické zázemí, byl Nicolas Bourriaud.

(JM)   Je fakt, že Bourriaud se pokusil formulovat východiska současného umění v určité celistvější rovině s napojením na další kulturní okruhy. Byla to pro mě důležitá informace, ale teď mi přijde vztahová estetika dost pasé. Stejně tak problematický se mi zdá esejistický model současné teorie a kulturních studií. To, jak píší Žižek, Badiou atd. Na co jsem alergický, je zpopularizovaná forma filosofie, velmi často s odkazem na psychoanalýzu, která je aplikovaná pomocí modelů převzatých z popkultury. Ideologicky stojí na konzervativním pojetí levicových politických východisek a marxismu. Důležitý je pro mě fakt, že tenhle způsob se hodně praktikuje (například v případě Žižeka) v akademickém prostředí většinou anglosaských univerzit. Tedy v prostředí, které má podle mého názoru asi nejdál k pojetí levicového myšlení jako skutečného prostředku politického působení a proměny společnosti.

(VM)   Vlastně se jedná o intelektuální odvětví zábavního průmyslu.

(JM)   Přesně tak. Najednou vzniká iluze, že by se tak mělo psát, že to je současná teorie. Přijde mi to příšerně arogantní a nudné. Samozřejmě to trochu zjednodušuji. Vzniklo i hodně zajímavých věcí. Agamben je pro mě hodně důležitý. I Baumanova kniha *Modernita a holocaust* je podle mě dost podstatná. Kdyby se mě někdo zeptal, kdy jsem se narodil, řekl bych, že to bylo necelých třicet let po holocaustu. Přestože nemám židovské předky, je to trauma, které jsem zdědil a se kterým jsem se nebyl schopen ani zčásti vyrovnat, je to něco, co naprosto určuje můj způsob uvažování.

(VM)   Prošel jsi nějakou fází čistého konceptualismu?

(JM)   Některé věci se tomu víc blížily. Pojí se to s mou zkušeností pobytu v USA. Minimalismus nebo konceptuální umění není možné pochopit nikde jinde. Musíš se seznámit se systémem, který má čistou, nezpochybnitelnou logiku a funguje naprosto bezchybně. A taky v případě minimalismu s naprostou bezobsažností, která je možná snad jenom v Americe (v rámci západního světa). Tím se do jisté míry vracím k mé předešlé odpovědi a odkazu druhé světové války.

(VM)   Tvůj postoj k systému umění mi stále není úplně jasný. Není to ani čisté odmítnutí, ani čisté ztotožnění, ale něco ambivalentního. Pro mě osobně je na jednu stranu obtížné přijmout, že umění funguje jako bezchybný systém, ve kterém se točí obrovské částky, na druhou stranu to musím obdivovat.

(JM)   Můj postoj je kritický. Lépe řečeno sebekritický, protože už delší dobu v rámci systému působím. Myslím si, že zrovna minimalismus a konceptualismus byly mezníkem toho, jak umělecký svět funguje dnes. Na konci šedesátých let přišla deziluze ze zjištění, že čistá idea, která by byla neinstitucionalizovatelná, nezpeněžitelná a totálně imateriální, není možná. Myslím si, že toto trauma otevřelo dveře i pro ten zbytek prostoru, který systém dosud nepožral. Ale neomezoval bych to pouze na trh. Klasický konceptualismus se vymezuje vůči artefaktu. Když se ale zbavíš artefaktu, tedy něčeho, co fyzicky samo o sobě přetrvává, pak jsi totálně závislý na prostředí, které umění zhodnocuje. A co je to? Je to přesně systém — propojený kruh instituce, kritiky, komerční galerie a sběratele. Když se zbavíš artefaktu, tak se staneš bytostně a stoprocentně závislý na systému, který to zhodnocuje. To ale z mé strany v žádném případě není obhajobou artefaktu. Spíš mluvím o vnitřním konfliktu, který se ve mně odehrává.
Moje touha, spojená s představou, jak bych měl jako umělec fungovat, není obrácena směrem k proměně systému, protože ten má svoji neúprosnou logiku, která se dá podle mě těžko změnit. Není namířená ani proti systému, protože je to podle mě ztráta času, a to jak proto, že si už na tom vylámaly zuby předešlé generace, tak proto, že negativním vymezením jsi opět závislý na svém protipólu, vůči kterému se

vymezuješ. Spíš hledám platformu, která by existovala vedle systému. Zatím jsem takovou nenašel, ale nevzdávám to.

(VM)   Není chybné teoretické východisko představovat si, že je možné vystoupit ze systému? Systém potřebný k tomu, aby existovalo umění, přece nejsou jenom instituce a trh, ale jsou jím samotná kultura a jazyk, ve kterém je člověk ukotven.

(JM)   Posledním traumatem konceptualismu bylo podle mě zjištění, že institucionalizace probíhá už v jazyce. Myslím ale, že je dobré rozlišovat. O systému přece jenom mluvím konkrétněji, jako o uměleckém systému, který je vytvářen institucemi trhu, kritiky, vzdělávacími mechanismy. Když vznikl vedle časopisu *Frieze* veletrh, tak se ještě proslýchalo, že by měla být dokonce založena škola stejného jména. Vzdělali by lidi, pak by je skrze časopis prosadili, prodali by je a z prodeje získali prostředky na financování školy…

(VM)   … kde by pro jistotu vyučovali taky kritiku.

(JM)   Je to trochu odvážné tvrzení, ale podle mě systém znemožňuje umění dělat to, co je jeho posláním. Nebo od toho alespoň odvádí pozornost. Ačkoli nejsem tak prostomyslný, abych si neuvědomoval, že ho samozřejmě i valorizuje. Moje idea není vůči systému neustále vystupovat, být „proti", ale vytvářet určitou svébytnou, asymetrickou kvalitu. V tom se stále držím určitých východisek, která vznikla v *Nonspektě*. Když mluvím o možnosti být „vedle systému", mám tím na mysli mít možnost vystoupit mimo jeho tvrdou logiku. Ale zatím je to spíš otázka touhy obrácené do budoucnosti.

(VM)   Na závěr bys mohl zformulovat, v čem podle tebe spočívá poslání umění, o kterém jsi mluvil.

(JM)   Systém umění je uzavřený kruh, který se života dotýká minimálně. Člověka, který v jeho rámci funguje, zaměstnává tak, aby se života mimo něj vůbec nedotkl. Máš dva roky dopředu naplánované výstavy a strukturovaný život. Trávíš čas tím, že se vše snažíš

stihnout. Dodává ti to dobrý pocit, že něco děláš.
Za dva roky budeš mít naplánované výstavy na další
dva roky. O to ale v umění nejde, to je jenom zdání! To,
co je v něm zásadní, hlavní cíl, na který se ptáš, leží
mimo. Tím je zpracovat svět, který sdílíme. Každodenní
život. Dělat z umění profesi je strašně problematické.
Jsi v ní natolik svázán s předem definovanou rolí, že ti
to nakonec znesnadňuje dělat umění samotné. I když
určitě připouštím možnost umělecké pozice, která
systém dokáže využít, pracovat s ním, ta poloha mě
nezajímá. Myslím, že v určité chvíli je nutné dokázat se
na to nějak vykašlat.

Zdroj: Václav Magid, „Mám ambici dostat se k porozumění",
Sešit pro umění, teorii a příbuzné zóny, č. 6—7/2009, s. 169—176.

Svoboda existuje pouze v okamžiku svého zrodu

Vít Havránek: V tvých teoretických textech i v živých vystoupeních se umělcem rozumí „Homo politicus" a politická sebeidentifikace je posledních několik let v centru debat, kterých se účastníme. Nakolik je politika přítomná v tvých pracích?

Ján Mančuška: Je to určitá reakce na klima devadesátých let v Česku. Generaci přede mnou spojovala averze vůči politickému nahlížení její vlastní práce. Bylo to logické vzhledem k situaci v osmdesátých letech a doktríně pasivní rezistence vůči předchozímu režimu. Po roce 1968 byla způsobem odporu vlastně důsledná apolitičnost, sdílená na umělecké scéně. To je například případ Jiřího Kovandy. Bylo to do jisté míry silné politikum, nebýt politický. Apolitičnost měla za následek jednu zajímavou věc, a to, že každodenní život se tím silně zpolitizoval. Myslím, že tohle by se dalo označit jako téma vlastní našemu prostředí. To je také moje zázemí, ale samo o sobě mi nestačí.

(VH)   Mohl bys toto paradoxní tvrzení o apolitičnosti, která politizovala každodennost, vysvětlit a souvisí nějak například s Agambenovou „životaformou"?

(JM)   Cítím potřebu své věci, které pracují s prostředím každodenního života, formulovat ve smyslu politického diskursu. Musím říct, že sdílím trauma z toho, co se stalo na konci třicátých let, to, že avantgarda byla vykopaná ze svého sociálního a politického programu, a to jak stalinismem v Sovětském svazu, tak jejím přemístěním do USA, kde se stala úzce elitní disciplínou.

Myslím, že politické nebo angažované umění se dá zjednodušeně označit dvěma způsoby. Oba jsou samozřejmě možné, ale je důležité je pojmenovat, aby diskuse na tohle téma akcelerovala.

Jeden způsob explicitně formuluje konkrétní politická východiska. Nazval bych ho, a možná se mnou nebudeš souhlasit, ilustrativní model. Ale nemyslím to pejorativně. Jde o citaci konkrétních politických problémů. Zabývá se tím samozřejmě velké spektrum umělců a každý trochu jiným způsobem, takže to nelze moc zjednodušovat. Ale za všechny bych jmenoval Artura Zmijewského, abych vybral umělce, kterého považuji za velmi kvalitního. Můj problém je, že ve chvíli, kdy tento typ umělecké produkce stojí tváří v tvář skutečným politickým problémům, kdy se od něj očekává, že by snad měl nastínit jejich řešení, tak selhává. A v té chvíli se jakoby devalvuje působnost umění, vrací ho to zpět do sféry sofistikované a akademické zábavy. A reakcí lidí, kteří se ocitli v této situaci, je zklamání a následný nezájem. Můj názor je, že umělecký akt jako takový je politikum. Že je to určitý koncept zpracování světa, který dokáže posunout vnímání lidí, jejich způsob života právě tím, čím je. Autentickým nahlížením světa, které se děje v určitém odpojení. V tom je jeho síla a sebevědomí. A také možnost, jakým způsobem proměňovat myšlení lidí v otázkách uspořádání společnosti a moci. Blízké mi je například situacionistické pojetí, Guy Debord. A to je přitom jasně politicky profilované.

(VH)   To je jeden z paradoxů, kterého si všímá současná politická filosofie i postkoloniální teorie. Gyatri Spivak v jednom ze svých textů reflektuje oddělenost teorie a politické reprezentace. Artikulace subalterní ženy, již provedla ve svých textech, podle ní ještě neznamená, že se tím zlepší nebo budou zlepšovat podmínky života subalterních žen. Jediným způsobem, jak zlepšit jejich podmínky, je najít jejich dočasnou politickou reprezentaci. Zde je jádro otázky — zda je transcendence teoretického antagonismu do politické reprezentace možná. A jak se vůči tomuto vztahu definuje současné umění?

(JM)   Mě vždy zajímalo pracovat s podložím, na kterém se uskutečňuje politická identifikace. Pracovat s těmi nejzákladnějšími okolnostmi. Jako je to třeba v práci *Ten druhý* (*Poprosil jsem svoji ženu, aby mi začernila místa na těle, která si nevidím*) (2007).

Flash Art 15/2010

To, že můj model, tedy moje fiktivní alter ego, měl
nakonec začerněný celý obličej, byla silná zkuše-
nost. Že vlastně obličej, část těla, která je naprosto
základní pro naši identifikaci, jíž se prezentujeme v ID,
pasech, pod níž do jisté míry figurujeme jako občané,
je ta, kterou si nevidíme. Toto je prostředí, které mě
zajímá, a mám potřebu ho formulovat jako politikum.

(VH)   V tvých posledních pracích ještě silněji vystu-
puje určitá dualita. Bez ohledu na médium jsou v nich
přítomné dvě vrstvy: jedna je zaměřená na tělo, na
fyzický pohyb diváka v reálném čase v prostoru insta-
lace, interaktivní situace v kině, v divadle ap. Zároveň
s touto senzuální, fyzicky expresivní složkou je aktivo-
ván motor dekonstrukce plynutí příběhu, nebo spíše
teoretický aparát dekonstrukce příběhovosti. Jak to
vidíš? Je to snaha tyto dvě vrstvy propojit?

(JM)   Tohle je pro mě jedna ze základních věcí. V mých
pracích je vždycky přítomná kolize těchto dvou prin-
cipů uvažování. Toho konceptuálního, který začíná
už kritickým vymezením média, a toho existenciál-
ního, který odkazuje často k tělesnosti nebo naraci.
Během procesu vzniku těch věcí je dlouho vnímám
odděleně, pracuji s nimi odděleně. Vždycky vznikne
zvlášť koncept jako takový a zvlášť vznikne příběh,
nebo se rozhodnu pro nějaký už existující. Podstatná
je pak chvíle, kdy se ty dvě věci setkají. Je to vlastně
způsob mé práce. Důležité je, že to není nějaká
nejasná mlha, ve které tyhle dva principy figurují
přes sebe. Naopak, oba přístupy se snažím nejprve
co nejpřesněji samostatně vystavět a pak je postavit
kriticky proti sobě. Ten moment kolize je nějaký můj
osobní tvůrčí model.

   Navíc si myslím, že rigidní trvání na postupech,
tak jak je určilo konceptuální umění v šedesátých
a sedmdesátých letech[1], je konzervativní přístup.

(VH)   Ještě jinak. Ten dekonstruktivistický aparát
vznikl k tomu, aby rozboural univerzalismus příběhu,
fragmentarizoval ho a vlastně mu odňal univerzální

humanistickou platnost? A k tomuto aktu musí
u diváka docházet vždy individuálně, při pohybu insta-
lací, výstavou?

(JM)   Cíl, který sleduji, je, aby se přesně tohle dělo
v té samé chvíli. Je to pro mě hodně silný okamžik,
když divák synchronně zažívá tenhle konflikt. Jde
vlastně o určitou modelovou situaci, kdy je na nějaké
existenciální východisko aplikovaný princip dekon-
strukce a publikum je přítomné momentu kolize, který
v té chvíli vzniká. Je to pro mě možnost konfronto-
vat diváka s aplikací dekonstrukce a tím ji ještě více
exponovat.

   Do jisté míry by se to dalo také vykládat
jako reakce na vývoj v poválečném umění, jak ve
výtvarném, tak v dramatickém a performančním.
Na konci šedesátých let po „nové vlně" a „novém
francouzském románu" se příběh nezdál moc aktuální.
Z pozdějšího vývoje je ale jasné, že bylo nakonec
všechno jinak. Mě zajímá příběh jako fenomén.

(VH)   Vracíš se k příběhu jako k nějaké etnografické
(a tedy univerzalistické?) konstantě, k archetypálnímu
vzorci vyjadřování?

(JM)   Přesně tenhle předhistorický, nebo spíš bych
řekl předkulturní charakter narace mě zajímá. Myslím,
že se to týká úplně základního principu, jakým naklá-
dáme s minulostí. Paměť má a musí mít selektivní cha-
rakter. Vybírá z toho neuspořádaného a spojitého,
z toho, co se stalo, fragmenty a detaily. A aby byly
srozumitelné, musí je dát do nějaké struktury. Ta má
podle mě hned od začátku charakter určité základní
dramatické formy. Tady bych viděl původ příběhu.
A z těchto malých dramatických forem vycházejí
spousty základních mechanismů, kterými se orientu-
jeme ve svém okolí. Někdy mi tato kvalita připadá až
animální.

   Ale ve svém zájmu o příběh stejně podrobuji
narativní formu konceptuálním kritériím. Takže už
v důvodu, proč používám ve svých věcech příběh, je
přítomná určitá dekonstrukce.

1
Například: Sol LeWitt, *Paragraphs on Conceptual Art*, 1967.

(VH)   Když pracuješ s instalací *Skutečný příběh* (2005), tak jsou to vlastně takové ready-made příběhy?

(JM)   Přesně tak. Vlastně jsem hodně dlouho nepracoval s fikcí.

(VH)   A nakolik je pro tebe důležité, odkud kulturně, geograficky tyto příběhy pocházejí — můžeme se na ně dívat také prizmatem historie, etnografie, politologie, sociologie apod. s ohledem na místo, kde se udály?

(JM)   Dlouho jsem rozvíjel pojem bezprostředního kontextu. Myslel jsem tím prostředí, kde dochází k určité formě samozřejmého porozumění. Dával jsem takový přímer. V Praze existuje už od třicátých let obchodní dům Bílá labuť. Všichni Pražané při vyslovení tohoto slovního spojení vědí, že jde o obchodní dům a že to nemá nic společného s labutí. Pro umělce je podle mě velmi důležité si takovouto kvalitu nějak uchovat. Pozice internacionálního umělce velmi lehce sklouzává do povrchnosti globálního systému umění, který je stále stejně centralizovaný a kolonialistický, jako by ani nebylo postmoderny.

Na druhou stranu jsou lokální kontexty velmi problematické. Vyvstává u nich otázka srozumitelnosti a často stojí proti sobě. To je přesně případ tzv. východoevropského umění. Myslím, že je čím dál jasnější, že tento prostor byl definován dvěma věcmi. A to, že východní Evropa je tím, čím není, tedy tím, že není západní Evropou. Tedy to bylo spojení v čisté negaci. A dalším faktorem, který definoval náš prostor, byla absence systému umění na lokálních scénách.

Myslím, že současné umění tenhle rozpor řeší novým použitím gesta (někdy až divadelního), které má charakter jistého prostředku porozumění. Určitě pomáhá svou nadsázkou překlenout nemožnost autentického porozumění různým lokálním kontextům, ze kterých primárně vychází umělecká tvorba. Já tomuto prostředí říkám inscenovaná realita. Je to věc, která mě dovedla k performanci.

(VH)   Dekonstrukcí prochází v tvých pracích příběh, textualita i média zobrazení (objekt, instalace, video, film, divadlo), ale zároveň s tím je v nich přítomná víra v potenciál značení uměleckých forem.

(JM)   Jedno by zase mělo problematizovat druhé. Moje starší textové instalace pracovaly s textem jako objektem v prostoru. A měly silnou vizualitu. Ale hned od začátku bylo jasné, že tahle silná vizuální forma je zavádějící. Že text je hlavně nositelem obsahu. Vlastně forma byla podkopávaná obsahem a naopak.

U mých filmových skulptur (práce se jmenuje *Tíseň z nejprve vymyšleného* (2009)) je to přesně tak. Na první pohled se zdá, že zásadní je u nich dokonalá formální stránka. Když je ale studuješ dál, mělo by být postupně stále jasnější, že tvary, do kterých jsou filmy zformované, sledují pohyb herců/figur na fotkách, například dráhu jejich chůze. Že tedy odkazují k něčemu jinému. A v dalším sledu si uvědomíš, že jde vlastně o story-board k textu, který je napsaný na zdech okolo instalace. Jeden použitý princip tady kriticky podrývá a dekonstruuje ten druhý.

Podobně je to u poslední věci, kterou jsem udělal. Jmenuje se *Tak jak se to skutečně stalo* (2010) a jde o dvě slide-show ve speciální instalaci. Jedna z nich je vlastně opět textová věc. Jsou to fotky předmětů, na kterých se vždy ukrývá fragment textu, slovo atd. Fotky pak ve správném pořadí dávají dohromady souvislý text. Ty fotografie mají zase silnou vizualitu, chápu je do jisté míry jako moje vyrovnání se s odkazem Bauhausu. Ale samotná ta fotka jakoby pozbývá relevance, protože v celkové kompozici té slide-show jde jen o fragment, v podřízeném postavení k celku. Jen o jedno slovo věty. Oba ty principy, o kterých mluvíme, by měly spolu existovat v určité subverzi.

(VH)   Když člověk sleduje tvé práce v průběhu delší doby, tak se zdá, že jejich konstantou je tvůj zájem o příběhovost, zatímco vždy pečlivě vystavěná forma je velmi proměnlivá a nenajdeme v ní jednotný estetický kód. Proč odmítáš nějaký stabilní estetický kód?

Flash Art 15/2010

(JM)   V tomhle ohledu se mi líbilo, co napsal Alain Robbe-Grillet o Barthesovi: že to, o co usiloval, byl stále znovu začínající pohyb, z něhož se nikdy nemůže stát instituce, protože existuje pouze v okamžiku svého vlastního zrodu[2]. Je to pro mě představa svobody. Dalo by se namítnout, že další vývoj v umění dokázal, že instituce se může stát i z tohoto. To je ale podle mě nepochopení té myšlenky.

Mám pocit, že v mém případě jde o něco jiného. V určitém ohledu bych svoji práci nazval ontologií médií. Několikrát jsem zpracoval totožný text nebo koncept v různých médiích: nejprve jako textovou věc, potom jako video *Žena středního věku* (2009), jako performanci a pak jako animovaný film v rámci prostorové realizace *Neviditelný* (2008). *Ten druhý (Poprosil jsem svoji ženu, aby mi začernila místa na těle, která si nevidím)* se vystavoval nejprve jako visící filmy s ligh-boxem, pak jsem to udělal i jako performanci před publikem. Dělám to proto, že mě zajímá, nakolik se zvolené médium podílí na konkrétní věci. Nakolik médium promění použitou látku a nakolik je to nevyhnutelné. Tím se do jisté míry může zdát estetika mých věcí nestabilní, ve skutečnosti je pouze tematizovaná. Programově jsem se nikdy nedržel jednoho média.

Další věc je, že v dost krátké době jsem udělal spoustu práce. A ty věci se dost vyvíjely. Myslím, že dávají smysl, když se díváš, jak jedna na druhou navazuje. A to i formalisticky. Ještě v roce 2004 jsem dělal objektové instalace, ze kterých pak přirozeně vyšly textové práce. A na ty zase navazovaly moje filmové věci a nakonec performance. Z nějakého důvodu mám pocit, že kdybych setrvával déle na jednom místě, bylo by to pro mě rezignací.

2
Jestliže Barthesovo dílo nikdy nebylo rezignací, je to proto, že tím, o co odjakživa vášnivě usiloval — od Brechta k Bataillovi, od Prousta k „novému románu", od dialektických zvratů až k analýze odívání —, byl stále znovu začínající pohyb svobody (z nějž se nikdy nemůže stát instituce, neboť existuje v okamžiku svého vlastního zrodu). A. Robbe-Grillet.

Zdroj: Vít Havránek, „Svoboda existuje pouze v okamžiku svého zrodu", *Flash Art (Czech & Slovak Edition)*, č. 15/2010, s. 32—35.

Chci ukázat, proč se obklopujeme fikcí

Jana Machalická: Jak vznikla idea projektu *Hra pozpátku*?

Ján Mančuška: V roce 2007 jsem byl pozván na výstavu *Made in Germany*, která sledovala současnou scénu v Německu s přesahy v pracích umělců, kteří jsou původem z jiných zemí, ale pravidelně na německé scéně působí. Na výstavu jsem připravil videoinstalaci, která už pracovala s myšlenkou pohybu pozpátku. V médiu videa jde ale o něco běžného. Existuje zde jednoduchá funkce hraní záznamu pozpátku: rewind. To se týká nakonec všech audiovizuálních médií. Tehdy mě napadlo, že idea pohybu zpět by byla daleko silnější, kdyby byla předváděná herci živě před publikem. V té době jsem byl vyzván, abych se zúčastnil výstavy *U-Turn* v Kodani. Jednalo se o přehlídku současného mezinárodního umění, ale některým umělců nabídli, aby pro výstavu vytvořili nový projekt. Navrhl jsem jim *Hru pozpátku* (2007). Oni mi pomohli sehnat peníze a zajistili jak produkci, tak spolupráci s Královským divadlem v Kodani. Představení se hrálo na jeho experimentální scéně Takkelloftet.

(JMCh) Jaký byl ohlas v Kodani?

(JM) Tyhle věci se umělci těžko posuzují. Z mé strany bylo strašně důležité, že jsem se díky spolupráci s choreografem Arim Rosenzweigem, tanečníky, hercem a vůbec všemi, kdo se na představení podíleli, napojil na místní scénu. Myslím tím tu divadelní a taneční. A že i přesto, že spolu tak příbuzné obory, jako je divadlo a výtvarné umění, moc nekomunikují, se nakonec ukázalo, jak moc může obohatit takovýto projekt všechny strany. Představení se také hrálo ve stejnou dobu, kdy se otevírala celá výstava, takže jsme měli dost mezinárodní publikum.
(JMCh) Co vás zajímá na hře s časem, proč stavíte proti sobě vyprávění v normální časové posloupnosti a obrácený sled děje a proč jste zvolil pohybové vyjádření?

(JM) Téma času je v mé práci přítomné už delší dobu. Zpracovával jsem ho jak ve svých textových instalacích, tak v těch novějších filmových. Celé představení je postavené tak, aby si publikum oba opačné směry vyprávění muselo poskládat po představení v paměti. Je to pro mě ideální způsob sdělení. Místo abych diváky omámil nějakou spektakulární podívanou, spíš je pobídnu, aby se na celé věci podíleli.

V představení jsem pracoval s rozdělením prostoru divadla na pódium a hlediště. V hledišti mezi diváky sedí herec a vypráví příběh, který jsem napsal. Na pódiu je pět tanečníků, kteří hrají stejný příběh, jaký je vyprávěný hercem, ale v opačném sledu, tedy pozpátku. Veškerý pohyb herců na pódiu se děje v opačném směru. Představení se otevírá scénou, kdy vypravěč přednáší text o tom, co to je začátek, co lze v příběhu stanovit jako začátek. Ve stejnou chvíli tanečníci předvádějí akci, kterou se tradičně představení uzavírá, tj. klanění. Tedy hned od začátku jsou jasně představené oba směry děje.

Na celé ideji mě ale lákala možnost simultánního setkání vyprávěného děje a akce v opačném sledu. V představení je jeden moment, kdy hlavnímu hrdinovi kradou telefon. Opačně je ale kradení dávání. Tato možnost představit konkrétní situace v jejich významových protipólech je podle mě velmi silná. Aby to bylo možné, musel jsem vybudovat příběh tak, aby se jednotlivé situace v ději opakovaly v zrcadlové struktuře.

Velmi zjednodušeně lze říci, že jde o příběh, kdy hlavní hrdina udělal zásadní chybu v osobním životě a trpí utkvělou představou svoji chybu napravit. První polovina děje se odvíjí lineárně až do chvíle, kdy se hrdina rozhodne vrátit v čase. Vrací se tedy hlouběji a hlouběji do minulosti, na místa děje, která se již v příběhu odehrála, aby svoji chybu napravil, ale vždycky selže. Vše se tedy v příběhu stane dvakrát. Moment vracení se v čase vyjasňuje použití pohybu pozpátku a zároveň umožňuje pracovat se simultaneitou mluveného slova a akce v opačném sledu. Vlastně až po celém představení si diváci mohou v paměti srovnat akci s místem příběhu, k němuž ta která akce skutečně náležela.

Jak jsem říkal na začátku, pokud by se jednalo například o film, bylo by působení pohybu zpět úplně jiné, protože lze stejnou věc velmi snadno nahradit technickou operací obráceného hraní záznamu.

(JMCh) Co jste touto koncepcí sledoval, o čem má vypovídat?

(JM)   Myslím, že tahle práce má hned několik rovin. Jedna se týká otázky, jakým způsobem lze budovat příběh a charaktery, které se v něm objevují. Druhá rovina je, jakým způsobem vůbec pracuje naše paměť a do jaké míry toto souvisí s budováním příběhu jako takového. A velmi zásadní je další rovina, což je pro mě analýza pohybu a orientace v prostoru. Každá z těchto vrstev myslím bytostně souvisí s různými disciplínami, které představení spojuje, divadlem, výtvarným uměním a tancem.

Ve své práci často používám metodu dekonstrukce. Například v klasickém dramatu se charakter hrdiny vytváří několika na sebe navazujícími vrstvami. Je to fyzická prezence hrdiny zosobněná postavou herce, jeho fiktivní historií, povahou, jménem postavy. Jeho replikami a způsobem podání. V mém představení jsou tyto vrstvy rozdělené. Studují se zvlášť. Na pódiu se vyskytují tanečníci, vystupující jako postavy příběhu, ale jejich repliky zaznívají ústy herce na druhé straně prostoru divadla. Angažmá postav v ději a jejich vývoj se navíc na pódiu odehrávají v opačnou chvíli a opačným směrem než ve vyprávění. Myslím, že současná společnost se permanentně obklopuje fikcí. A tento způsob práce může ukázat, na jakých principech a proč se tak děje. Příběh je pro mě něco, co má předkulturní původ. Něco jako rituál. Přijde mi zásadní ho studovat.

Podobně je to v rovině pohybu. Každá akce má určitou logiku vývoje. Tu ale v běžném životě moc nevnímáme, podléháme spoustě návyků, které nám znejasňují význam námi vykonávaných aktivit, pohybů. Prostě je děláme. Pokud se ale pokusíme vykonat pohyb naopak, najednou si jej musíme analyzovat, protože jde o absurdní činnost, která vlastně nedává

smysl. Třeba jednoduché bouchnutí do ramena. V normálním sledu je to příchod k postavě, pohyb rukou, dotyk, bolest v rameni, vzdálení se od postavy. Ale naopak je to: přiblížení se pozpátku k postavě, bolest v rameni, dotyk, pohyb rukou od ramena, vzdálení se postavě. Je velmi těžké si to jednoduše představit, protože to nedává smysl. Třeba ten moment, že bolest předchází uhození do ramene.

Myslím si, že takováto analýza pohybu je nejen důležitá pro tanečníky, kteří musí zkoumat procesy ve vlastním těle, a tohle jim to hodně ujasní. Jde ale i o to, jakým způsobem se chováme, orientujeme ve svém okolí. Týká se to základních procesů v chování člověka.

(JMCh) Ve výtvarném pojetí projektu hraje důležitou roli světlo. Jaké možnosti v něm vidíte, čím je pro vás zajímavé?

(JM)   Světlem na pódiu vytvářím fiktivní prostor. Je to zde prostředek do jisté míry nejbližší výtvarnému umění v jeho řekněme tradičnějším chápání. A fiktivní povaha prostoru vytvořeného světlem, například schodů na plochém pódiu s naznačenou perspektivou, ještě podporuje absurditu pohybu pozpátku. Zároveň má použití světla jako něčeho nehmotného, něčeho, co nepřekáží, i praktickou úlohu. Opačný pohyb tanečníků by byl velmi obtížný na jevišti plném kulis. Chodíme dopředu a díváme se před sebe, jestli nám nestojí něco v cestě. Takhle je pódium až na jednoduché prvky hlavně nábytkuprázdné.

(JMCh) Jak jste dal dohromady herce a tanečníky?

(JM)   Díky Markétě Vinglerové, která pomáhá s produkcí *Hry pozpátku* ze strany GASK (Galerie Středočeského kraje), jsem získal kontakt na Petru Hauerovou, která se nakonec stala choreografkou českého představení a zároveň je jedním z aktérů na pódiu. Petra nám doporučila i další tanečníky. Na Romana Zacha z Divadla Komedie, který je vypravěčem, jsem dostal kontakt od Jana Horáka, dramaturga z MeetFactory. Ten mi podobným způsobem pomohl už při organizování performance *Neviditelný — Hraní v sekvencích* (2007), kterou jsme uvedli v rámci festivalu *4 + 4 dny v pohybu* minulý rok. Dalšími tanečníky jsou Veronika Kocianová, Lotte Nouwkens, Miroslav Kochánek a Ondřej Lipovský, který hraje hlavní postavu (postavám nedávám jména, nazval jsem ji pouze jako B...). Vše se nám nakonec podařilo zorganizovat také díky Denise Václavové ze *4 + 4 dní v pohybu*, která se ujala samotné produkce a která patří do základního týmu. Díky ní jsem si uvědomil, jak je samotná produkce tvůrčí činností.

(JMCh) Evidentně vás zajímá spojování žánrů a jejich vzájemný vztah a vliv. Proč, co je na tom pro vás inspirativní?

(JM)   Vždycky mě zajímalo zkoumat jednotlivá média. Do jaké míry se samotné médium podílí na obsahu mých věcí. Z toho důvodu jsem také často použil totožný text či koncept několikrát, v různých médiích. Například jako fotoseriál a zároveň performanci. Nebo performanci a animovaný film (to je případ performance *Neviditelný — Hraní v sekvencích*). V případě stejné věci zpracované v různých médiích strašně vystoupí jejich zásadní povaha. Způsob, jakým přirozeně použitou látku proměňují. V případě *Hry pozpátku* se tohle děje najednou, v okamžitém spojení, které umožňuje přistoupit k věci vždy jiným způsobem, podle toho, na jaký žánr se zrovna soustředíme.

(JMCh) Jaký je váš vztah jako výtvarníka k divadlu?

(JM)   Myslím, že obecně se ve výtvarném umění vztah k divadlu hodně proměnil. Například použití gesta bylo v devadesátých letech těžko představitelné. Ale tohle se změnilo. Gesto se najednou stalo důležitým. Ale používá se jinak, než je tomu v klasickém divadle. Používá se jako citace. Dokonce bych řekl, že jako určité politikum. Pro mě gesto nahrazuje nebo umožňuje autenticitu. V souvislosti s mezinárodní uměleckou scénou je tohle problém. Lokální kontexty jsou těžko srozumitelné, někdy dokonce stojí proti sobě. A internacionální scéna má tendenci k povrchnosti. Gesto se najednou stalo určitým jazykem, který

vědomě směřuje obsah do prostoru inscenované nadsázky, kde se vytvářejí určité modelové situace, které jsou často mnohem srozumitelnější.

(JMCh) Jaké další projekty tohoto typu kromě *Neviditelného* jste ještě připravil, nebo případně chystáte?

(JM)   Performancí se zabývám poměrně krátkou dobu. V Praze se v roce 2007 hrálo přestavení v kině Světozor pod názvem *Jestli je na mně něco dobrého, jsem to jen já, kdo to ví*. V NoDu jsem udělal performanci *Ten druhý (Poprosil jsem svoji ženu, aby mi na těle začernila místa, která si nevidím)* (2007), která je známější spíše v podobě fotoinstalace. Minulý rok v létě jsme s Janem Lepšíkem a Lenkou Vítkovou připravili v rámci festivalu performance *Místo a formule*, pořádaného GASK v Kutné Hoře, moji zatím poslední věc tohoto typu, kterou jsem nazval *Občanská činohra* (2009). Uvidíme, co se mi podaří zrealizovat dál.

Zdroj: Jana Machalická, „Chci ukázat, proč se obklopujeme fikcí", *Lidové noviny*, 4. února 2010, s. 9.

Radikálnost uměleckého gesta: s Jánem Mančuškou o povaze médií a změnách hlediska

Jánu Mančuškovi vyšel na jaře roku 2011 knižní katalog *Against Interpretation* s autorskými texty a příspěvky teoretiků Karla Císaře, Hilke Wagner a Katrin Meder. Vydalo jej německé nakladatelství Hatje Cantz ve spolupráci s institucí Kunstverein Braunschweig, jež Mančuškovi uspořádala stejnojmennou výstavu (2010). S výtvarníkem hovoříme o ní, ale též o problémech českého uměleckého provozu.

Sylva Poláková: Na výstavě *Against Interpretation* v Kunstverein v německém Braunschweigu jste se opět po svém zmocnil prostoru i několika médií zároveň. Pomocí příček jste posunul půdorys části historické budovy a v tomto staronovém uspořádání jste vystavil své nové i starší instalace. Čemu to posloužilo?

(JM)   Vždycky se snažím pracovat s výstavním prostorem jako celkem a k výstavě tohoto typu přistupuji jako k samostatnému uměleckému dílu, i když složenému ze starších i nových prací — *Omlouvám se za zpoždění* (2007), *Pohyblivý obraz — Akt sestupující ze schodů* (2007), *Tak jak se to skutečně stalo* (2010), *Pravidla místnosti* (2010), *Ztráta paměti* (2010). Koncept výstavy je pro mě vlastně už samostatnou prací. Kunstverein Braunschweig je budova ze začátku devatenáctého století s výrazně dekorativním charakterem, což je v režimu současného umění problematické. Teprve postavením prostoru nového se mi otevřela možnost v tomto prostředí pracovat. Na základě diagonálního posunutí půdorysu a jeho opětovného postavení vznikl prostor se zcela novou povahou. Ale nešlo jen o to. Tím, že se

vrstvením vytvořil vztah mezi jednotlivými místnostmi, umožnilo mi to nakládat se staršími věcmi, zahrnutými do výstavy, neobvyklým způsobem. Znovu je otevřít. Jejich nová podoba se tak neoddělitelně spojila s prostorem. Jde o takový dekonstrukční přístup, který je čitelný i v případě původně filmové instalace *Ztráta paměti*, promítané na tři plochy vedle sebe. Příběh filmu se zde odvíjí jak odděleně v rámci jedné projekční plochy, tak v kontextu sousedních screenů, které mezi sebou komunikují. Oproti původní instalaci v Berlíně jsem v Kunstvereinu totožnou věc rozložil a vystavil v různých podobách, podle charakteru nově vzniklého prostoru. Jako trojprojekci, jednoduchou lineární projekci a nakonec jen jako černý pás s bílými okny na stěně s jedním polem vyřezaným, což umožnilo pohled ven do zahrady.

(SP)   Film *Ztráta paměti (Postkata-strofický příběh)* jste v Kunstverein Braunschweig promítal digitálně, ale původně, pro zmíněnou berlínskou výstavu v galerii Meyer Riegger (*Everything That Really Is, But Has Been Forgotten*, léto 2010), jste vytvořil složitou instalaci, v níž se filmový pás převíjel ve třech propojených promítačkách najednou. Proč jste nejprve zvolil analogový film, ačkoli by digitální „verze" byla z technického hlediska daleko snadněji proveditelná?

(JM)   Analogový materiál přináší úplně jiný způsob práce, než jaký nabízí ten digitální. To ovlivnilo důvody pro použití šestnáctimilimetrového filmu. Zásadní bylo, aby instalace fungovala zároveň v prostoru. Divák tak získal fyzickou relaci k tomu, kde se v místnosti — tedy na některé ze tří promítaček nebo mezi nimi — nachází konkrétní okénko, jež sleduje nebo sledoval. Pohyb filmového pásu v místnosti měl také logiku k vystavění do jisté míry spirálovitého příběhu. Vzhledem k možnostem, které takto postavená instalace nabízela, vlastně nebylo mnoho způsobů, jak celou věc udělat jinak. Pravidla digitální technologie jsou daleko volnější. Striktní koncept je zde nahrazen libovolnou uměleckou akcí. To často vede k estetickým rozhodnutím, což odkazuje ke způsobům umělecké praxe, jež mi nejsou blízké. Samozřejmě, že se takovýmto rozhodnutím člověk nevyhne. Ale já v té chvíli vyhledávám zpřesnění, a to v úzkém, řekl bych fundamentálním kontaktu s médiem, které zrovna používám. A to pak ovlivňuje způsob, jak píšu scénář, jak vybírám samotnou látku.

(SP)   Je o vás známo, a teď jste to potvrdil, že při práci s médii vycházíte z jejich ontologie, která se pak odráží také v tématu jednotlivých projektů. Jestliže leitmotivem tohoto filmu byla paměť a cyklické odvíjení času, pak se zdá být volba analogového filmu, schopného opakovaně prezentovat „věc, která tu byla", logická. V čem by tkvěl hlavní rozdíl při digitálním natočení téhož námětu?

(JM)   Kontext vedle sebe umístěných promítacích ploch byl založený na jednoduchém faktu posunutí totožného materiálu — osmiminutového filmu — o dvě minuty později. S tímto konceptem jsem vybudoval příběh. Totožné filmy promítané vedle sebe, jen v jiném čase, pak daly dohromady zcela nový příběh — herci na sebe mezi projekčními plochami mluví atd. Fakt zpoždění o dvě minuty, fyzicky realizovaný způsobem umístění kopie filmu do looperů, byl pro mě daleko silnější a srozumitelnější, než kdybych pro stejnou věc použil digitální záznam.
Přesto jsem byl nakonec nucen podruhé prezentovat *Ztrátu paměti* jako digitální projekci. Ale i když šlo o provozní kompromis — z ekonomických důvodů —, myslím, že je to díky provázanosti s prostorem galerie akceptovatelné. Ale samozřejmě každá nová prezentace téhle práce bude primárně směřovat k filmové, tedy analogové instalaci. Pokud to bude možné.

(SP)   Z hlediska chápání filmu jako proměnlivého média se mi zdá klíčová vaše instalace *Pojem ve vývoji* (2010), která byla součástí zmíněné výstavy v Berlíně. Každou část pojmu *cine-mato-graphy* jste ztvárnil jiným médiem: cine je ze dřeva, mato je promítané na stěnu a graphy je namalované barvou na podlahu. K nim jsou pak pomocí linek volně napojena další slova, jako *sculpture*, *metal*, *painting*, *projection*, ale také *forgotten*, *immaterial* a mnohoznačné *already*…

(JM)   Každý z fragmentů slova *cine-mato-graphy* je v instalaci zpracovaný jinak. Jako socha, projekce, malba, vše v tom nejobecnějším smyslu slova. A od každého fragmentu se nejprve rozvíjí asociativní řetězec dalšího textu, jehož logické pokračování v určitém místě nejednou zvrátím. Změním konceptuální východisko. Vytvoří se tak prostor pro další řetězení, pro jinou úvahu. Z toho pro mě plynou dva tvůrčí principy. První, z něhož vyplývá silná zodpovědnost vůči publiku, vychází z obecného společenského kontextu. Ten druhý, kde se převrací logická posloupnost směrem k absurdnímu obsahu, vtipu nebo možná určité performanční kvalitě, vidím jako čistou uměleckou akci. Ale i ta je stále závislá na tom prvním způsobu uvažování, na silném společenském napojení.

(SP)   Mohl byste oba principy ilustrovat příkladem?

(JM)   Společenským napojením myslím předpoklad porozumění, které se děje na základě příslušnosti k určité kultuře a myšlení. Odvíjení konceptuálního řetězce se sice samozřejmě u každého může v různých nuancích lišit, ale v základu musí být shoda. Na straně druhé je možné ten řetězec zvrátit určitým paradoxem, jako v případě dvojice *graphy-painting*, na niž navazuje *metal* a *music*, čímž se úplně mění konceptuální východisko. Podle mého je právě schopnost zvrácení obecných předpokladů čistým uměleckým gestem. A právě to vyžaduje od umělce přesné porozumění společnosti, v níž žije. To považuji dokonce za základ politického umění, i když o tomhle označení se vede velká diskuse. Především v chápání rozdílu mezi uměním politickým a angažovaným.

(SP)   Bylo by přehnané na základě zvýraznění slov *cine-mato-graphy* v této instalaci vyvozovat jakési podtržení média pohyblivého obrazu ve vaší práci?

(JM)   Zvýraznění právě tohoto nebo těchto slov je především kvůli kontextu výstavy. Protože když si to slovo rozdělíme na základní části, ukáže se jako podloží, na kterém se pohybuji já i společnost, jejíž jsem součástí. Pracuji často s tautologií. Popisuji něco, co zároveň vidíme. Deskriptivní akt může vést k absurditě, ale právě v takový moment mohou jednotlivé složky začít vystupovat samy o sobě jako témata.

(SP)   Důkazem toho, že vaše díla fungují na základě porozumění a vzápětí zpochybnění, je i určitá nejasnost, kterou perspektivu pak můžeme při interpretaci zohlednit. Například princip projekce skrze text (instalace *Prostor za stěnou…* (2004) či společné dílo *První minuta zbytku filmu* (2005) se švédským umělcem Jonasem Dahlbergem) může a nemusí být považován za formu pohyblivého obrazu. K čemu byste se sám klonil?

(JM)   Věci, které jste zmínila, jsou jakýsi prvopočátek mé práce s pohyblivým obrazem. Za prvé je tam projekce a pohyb je tam vnášen také pohybem diváků. U instalace *Prostor za stěnou…* je celek viditelný skrze vyřezaná písmena, takže dochází k fragmentaci, kterou můžeme chápat jako určitý odkaz k syntaxi pohyblivého obrazu. Ale primárně zde byl původ spíš jazykový. Uplatnil jsem tu opět tutéž tautologii, v níž se deskripce objektu nachází na něm samotném.

(SP)   V souvislosti se zodpovědností umělce jste zmínil problematické chápání politického a angažovaného umění. Jak to myslíte?

(JM)   To je moje velké téma. Způsob chápání politického a angažovaného umění je podle mě stále trochu nejasný. Ve své práci používám ty nejzákladnější politické projevy a témata. Vycházím z podloží, na kterém se konstituuje chápání sebe sama i v kontextu moci. Důležitým je pro mě například označení *já*. Možná je pro tuhle srozumitelnost tak často vystavována instalace *Ten druhý (Poprosil jsem svoji ženu, aby mi na těle začernila místa, která si nevidím)* (2007), v níž se podařilo ukázat nějak základně závislost na okolí, na tom druhém, v procesu poznávání sama sebe. Snažím se tedy odhalovat principy, na kterých se konstituuje chápání sebe sama v rámci širšího společenství a chápání moci. Angažované umění by podle mého naopak mělo být literární, přímé a zmiňovat konkrétní okolnosti. V tom vidím základní rozdíl.

(SP)   Chápání politického a angažovaného umění bývá zabarveno rozlišováním na pravo-levé spektrum. Nejen podle vaší definice to však působí jako zavádějící a zbytečně omezující…

(JM)   Souvisí to s obhajobou role umění, s hledáním jeho společenského umístění. Jde o snahu zdůvodnit financování umění ve společnosti poukazem na jeho společenskou roli. Někdy je formulována jako edukativní, jindy téměř jako sociální práce. To je podle mě špatně. Umění je zcela autentická aktivita, která má všechny zmíněné přesahy, ale formulovat je na jejich základě v rámci společenské poptávky je strašně ochuzující. Týká se to spíše levé části společenského spektra, protože pravicovým politikům je to v podstatě jedno a umění je chápáno jako produkt, i když elitní povahy. Sám se cítím více a více levicově orientovaný, což mě ale zavazuje k velmi kritickému postoji právě směrem k levicovým východiskům. Levicová témata se od šedesátých let mnohdy stala mainstreamovým konsensem. A ta často převládají i v těch nejvyšších patrech kulturní politiky, prezentované například v kontextu výtvarného umění přehlídkami typu *Documenta* či *Manifesta*. To trochu vyčítám i jedné z nejlepších výstav, která tu za poslední roky vznikla. Mám na mysli výstavu *Monument Transformace.* Je samozřejmě chyba, že se takováto diskuse neotevřela během konání výstavy. Ale v místním kontextu se člověk zdráhá otevřít kritickou debatu a riskovat, že tak jen poskytne argument vulgárnímu hodnocení typu, co to bylo vlastně za výstavu, když tam nebyla ani malba, apod.

Je otázka, nakolik třeba *Monument Transformace* zohledňoval právě onen mainstreamový konsenzus levicové kulturní agendy, a tím pádem vlastně společenskou poptávku. Mám obavu, aby tento typ výstavní produkce nesklouzl k jakémusi sociálnímu designu, který charakterizuje určitá estetika grafů a dokumentárních videí.

(SP)   Způsob, jakým jste právě popsal jistou komercializaci ať už politického, nebo angažovaného umění do podoby takzvaného sociálního designu, připomíná obdobný posun, jaký se dotkl site-specific umění.

Z eticky motivované praxe šedesátých let namířené proti institucionalizovanému uměleckému provozu se postupně stala další z mainstreamových strategií. Efemérní umělecké projevy spojené se site-specific, jako je performance či video a další extenze filmu, umělecký provoz znovu pohltil, když valorizoval proměnlivost uměleckého díla. Jak vy sám v současné době chápete umění zohledňující konkrétní místo a čas?

(JM)   Myslím, že v tomto kontextu je zásadní zmínit poznání, ke kterému došlo u radikálního konceptu v sedmdesátých letech, tedy že první práh institucionalizace probíhá už v jazyce. Základní kvalitou site-specific umění, která má vztah právě k politickému nebo angažovanému gestu, pořád zůstává bezprostřední postavení lidí do role diváků. Jde o úplně jiný typ percepce. Když jdu na výstavu, je to určitý typ rozhodnutí, a tím pádem i předpokladu, s čím se tam setkám. Při site-specific se diváci ocitají v situaci, kterou si sami nevybrali, což ovlivňuje jejich způsob vnímání i reakce.

Ačkoli pořád pracuji s výstavním prostorem, situace site-specific je pro mě velmi důležitá. Asi nejvíce se mi podařila nastolit během performance *Občanská činohra* (2009). Nejprve jsem napsal scénář pro situaci objednávání jídla ve skutečné restauraci. Je to asi patnáct otázek, jimiž se na vás může obrátit číšník. Pro každou jsem napsal odpověď v několika variantách. Po zkoušce s hercem Honzou Lepšíkem, a pak už naostro v Kutné Hoře ještě s kurátorkou Lenkou Vítkovou, jsme si stanovili určitá pravidla — především, že nikdo další u stolu kromě „herců" nesmí vědět, oč se jedná. Obeznámenost ostatních by opět nastolila vědomí nějakého privilegovaného místa, potažmo situace, ke které se váže určité chování. Akce jako by byla editovaná vůlí číšníka. Pokud byl strohý, tak se toho moc zahrát nestihlo. Párkrát se to povedlo, ženy číšnice byly ale otevřenější. Nevěřili byste, co je vám třeba paní z Kutné Hory schopná povědět o fragmentaci obrazu žaluzií. Pro mě šlo do jisté míry o čistý umělecký akt bez materie. Přítomnost někoho například s kamerou by vše zcela změnila. Taková akce je totiž

nezaznamenatelná. Nehrozí, že se z umění stane kultura, která je obchodovatelná, zůstane jedině zkušenost zúčastněných a rumor.

Zdroj: Sylva Poláková, „Radikálnost uměleckého gesta: s Jánem Mančuškou o povaze médií a změnách hlediska", *A2*, č. 9/2011, s. 24—25.

Read it — Ján Mančuška at the Andrew Kreps Gallery, New York

Ingrid Chu

What one interacts with on a daily basis holds a continuing interest for Czech artist Ján Mančuška. Frequently incorporating tables, chairs, cabinets, and cups into his installations, Mančuška's works convey how domestic objects not only occupy but also define our experiences in space. Selecting objects that register a direct relationship to the body through their use, collectively they provide a space for human interaction.

In varying degrees in every work, Ján Mančuška exhibits the artist's impulse to merge the domestic and artistic properties of the objects he selects. Often, this manifests in two ways, how they are presented visually and how they are described through text in many of the works. The most obvious example is *The Space Behind the Wall...* (2004), where light strewn through letters cut into a wall made of particleboard reveals the space behind it to contain two cabinets, a chair and a frame on the back wall. Bisecting the main room, this screen of text simultaneously denies viewers physical access to the work while providing them with a lens through which to view it.

Initially, Mančuška's directions appear simple. Only following his instructions to *Read it* (as the exhibition title suggests) reveals the complexity of what the artist's words actually mean. In fact, the words he selects not only describe what Mančuška is showing, but disclose how the artist feigns a strategy for viewers to understand what they see at first glance. Like the words used in the works themselves, Mančuška's titles are explicit in terms of describing what viewers see. *The Space Behind the Wall...* incorporates the first few words in the paragraph Mančuška uses to explain exactly what is behind the wall, while titles like *800 Ways to Describe a Chair* (2004) and *In My Mother's Flat, I Always Sit on the Left Chair* (2002), describe what the works contain or what process was used to create them.

Through his use of text and the specific arrangement of objects, Mančuška visualizes space in a way that extends Joseph Kosuth's "idea" of art as a conceptual framework through which to question how perception is gauged. As the press release aptly states, "Mančuška's treatment of the situation heightens our experience of the language describing our encounter." Thus, what could easily read as an academic exercise and an historical reiteration of conceptual ideology comes off with surprisingly effective results.

In so doing, Mančuška gauges perception as it is experienced spatially and not just visually. By using the same objects again and again in different works, the practical function of domestic objects is usurped by their conceptual function when placed in the context of a gallery. However, his arrangement of objects is based on a specific set of relationships that differ from the minimalist convention of depending significantly on the viewer's interaction with the work. This is highlighted through pieces like *In My Mother's Flat, I Always Sit on the Left Chair*, in which the artist made a drawing using colored thread wrapped around nails hammered into one wall. In creating a dialogue between select objects (being a table and chair) and a certain set of conditions (being personal, historical and familial), Mančuška balances what the objects are, his engagement with them in creating the work, and the viewer's interaction with them once inside the gallery.

Splitting a room in half (á la Gordon Matta-Clark) or weaving thread around an object in order to create an image of it are only a few of the straightforward, if deceptively simple, actions Mančuška uses to engage the viewer. Often, after arranging an individual or a group of objects, Mančuška demarcates the juncture that exists between an object and one's experience of it through a linear gesture. How this is articulated, however, changes with each piece. In one wall, for example, bullet holes that remain from shots made using a BB gun reveal the silhouette of the chair used to formulate *800 Ways to Describe a Chair*. Barely visible to the naked eye, the chair's ghost-like presence exposes how Mančuška has a knack for producing exquisitely subtle works, despite the sometimes violent processes used to create them.

In the end, reading into Mančuška's works does not prove to be easy, but is rewarding nevertheless. Like the experience of art itself, how objects interrelate offers countless possibilities for multiple experiences. Just as letters form words, then sentences, and with any luck, articulate meaning, Mančuška provides the tools for viewers to interact with his works on many levels — first offering them a literal, then a visual, and finally an experiential, encounter. Only those viewers who are willing to travel from surface reading to interior meaning get the full story.

Source: Ingrid Chu, "Read It – Ján Mančuška at the Andrew Kreps Gallery, New York," *Umělec/Artist*, no. 1/2004, pp. 86—87 (En/Cz).

Ján Mančuška:
Andrew Kreps Gallery

Lisa Pasquariello

The sculptural installation in Czech artist Ján Mančuška's sophomore show at Andrew Kreps Gallery proposes that there are not only two sides to every story — there are three. Or, depending on how one counts, thirteen. *True Story* (2005) consists of three sentences, their small words cut from aluminum and suspended at eye level on a thin steel cable anchored to the gallery walls. The "story" in question is banal enough: A man named Kenny waits in a car for a woman who might be his girlfriend; on the way to meet him she crosses paths with a black man who is running from the subway to catch a bus; this man boards the bus.

Each sentence relays the matter-of-fact tale from a different vantage point: Kenny wonders what's taking the woman so long; she is frightened by the man's running and waits until his bus pulls away before continuing to the car; the other man realizes that she has crossed the street to avoid him, and IT MADE HIM SICK THAT WHEN PEOPLE SEE A BLACK MAN RUN THEY THINK THAT HE WANTS TO ATTACK THEM. But the cables cross at three separate points, transecting the gallery space and encouraging the pursuit of alternative diegetic paths. Ten narrative permutations thus augment the three sentences: The black man finds it FUNNY, rather than SICK, that the woman looks scared, or it is the man waiting in the car, not the running man, who is sickened by the woman's fear, and so on.

Although the words conjuring this scenario are bare-bones, the reading process occasioned by *True Story* is hardly straightforward: The sentences intersect and carom off, and other words are visible behind those that one reads, which necessitates a head-bobbing, over-and-under perambulation through the work. Mančuška's formal choices cleverly echo his tale: Text about mirrors and rear views enacts their very effects, and the aluminum letters thicken and fuse in points, foregrounding the story's accelerating convolution. The words most essential to making sense of the scene — HER, HIS, AS IF — are the few that hang in isolation, reinforcing their status as narrative pivots.

Mančuška claims to draw on the nonlinearity of hypertext and the concept of asynchrony (time passes, and history is recorded, differently in different places), but his installation partakes equally of Conceptual art's pared-down textual economies and Minimal sculpture's emphasis on the spectatorial body. With respect to the former influence *True Story* feels a bit thin. As Sol LeWitt wrote in these pages in 1967 in his "Paragraphs on Conceptual Art," "Conceptual art is good only when the idea is good" — and it's not exactly revelatory that even the most unremarkable situation is experientially and temporally distinct for different people, or that (to cite Henry Louis Gates Jr. citing Wallace Stevens) there are thirteen ways of looking at a black man. But another of LeWitt's apothegms, "Any idea that is better stated in two dimensions should not be in three dimensions," does not apply to Mančuška's artwork and suggests a measure of his achievement: The sculptural presence of *True Story* dramatizes the oft-overlooked physical aspect of the activity of reading and stages a memorable confrontation between the two-dimensionality of words and the three-dimensionality of lived experience.

Source: Lisa Pasquariello, "Ján Mančuška: Andrew Kreps Gallery," *Artforum*, no. 10 (June—July)/2005, p. 326.

Ján Mančuška: Words, Cinema, Stories; Loneliness and Heartache

Melissa Gronlund

How does a story tell time? In his text-based installations Ján Mančuška takes this question as his starting-point, unpacking stories and separating them into their constituents of narrative and duration. His project shares many of the concerns of artists working in film — a relationship that Mančuška, whose parents were film directors in the Czech Republic, makes explicit. He often interweaves cinematic elements into his work — at times literally, as in the re-creation of a film cell (Enamel on canvas, Perspex) *The Painting* series (2003—5) or in his recurrent material use of projectors, screens and monitors. In *The First Minute of the Rest of a Movie* (2005), a work produced with Jonas Dahlberg at the Kunstverein in Bonn, text describing the opening of a film was projected across the gallery space.

These references are slightly misleading as signposts: in many ways Mančuška's project is directly opposed to the way film functions. Rather than stories that unfold with frame-by-frame linearity, Mančuška attempts to render narrative visible in its entirety, all at once and all together. While *The First Minute of the Rest of a Movie* took film's remit literally — it projected a narrative onto a wall opposite — it turned cinematic temporality on its head. The entire scene was made available to the viewer at a glance, the minute's temporal duration on film was traded for the episode's visual immediacy in the gallery space.

In other works different narrative perspectives are rendered as physical text. The installation *True Story* (2005) shows three accounts of the same episode — a racially charged encounter between a woman, her boyfriend and a black man she was afraid would attack her. The letters and words are strung onto wires that lace through the gallery at chest-height, crossing at the precise moments when each account intersects. Forsaking parallel editing and leaving temporal consistency behind, the installation preserves each distinct version of the episode intact.

Mančuška's practice owes much to certain strains of conceptual art, particularly in its use of text to create formally self-reflexive and philosophically engaged works. For his first show at Andrew Kreps Gallery in New York, Mančuška erected a fake partition wall from which he excised a textual description of the work that lay behind it ('The space behind the wall on the left side is about three metres deep [...] in front of the wall there stands a two meter high cabinet...'). For the viewer, bulbous letters such as 'O' and 'B' acted as convenient peepholes, allowing glimpses of what lay beyond, a space about three metres deep, and within it the open, empty cabinets that had been described by the text. Light passing through the letters projected the text over the whole otherwise darkened interior, forcing a contrast between the text's linguistic description of the scene and its visual enactment. The subject, both depicted and performed, of *The Space Behind the Wall...* (2004) was emptiness, the literal emptiness of the cabinets and the physical insubstantiality of the text.

As with other young artists working today, Mančuška's Conceptualism appears romantic. A language that once excluded all other frames of reference and later widened to take on political critique, Conceptualism now resonates with a sentimentality that may seem alien to its original intentions. Such notes were present in the 1960s — for example, in Douglas Huebler and Bas Jan Ader — but as time moves on, the hubris of Conceptualism's various calls for objective forms, purely analytical propositions and self-contained systems comes to the fore. The shorthand that now calls art of the late 1960s to mind — minimal gallery installations, site-specific text, deliberately purposeless endeavours — is often paired with works that speak of impossible and failed aspirations. It has become a language steeped in lost opportunity and adaptable to the expression of human futility and pathos.

Exemplary of this tendency, Mančuška's installations often movingly describe loneliness, heartache and the difficulties of being in the world. His work for the 4th Berlin Biennial was a projected text piece that described his mother's grief after she learnt her father was dying — *20 Minutes After* (2006). Another interlaced text piece, titled *A Fragment of Asynchronous History — True Story / Jana's Story* (2005), relates the story of Mančuška's school friend Jana, who was raped on a train on her way to Prague. Mančuška was told the story second-hand and, in order to honour it — Jana never went to the police herself or made the crime public — made its evocation the subject of his work. The 'asynchronous' nature of history suggested by the title is effected formally by the fracturing of time into three separate accounts — in this case the storylines corresponding to Jana, her confidant and Mančuška himself, who heard about it years later. The term 'asynchronous' also speaks to the traumatic nature of the episode for Jana, who sought to exclude it from her life as though it had never happened. In such a piece and others, Mančuška's works reconfigure narrative, separate out duration, render words material, splinter perspective and engulf the viewer, but leave language's ultimate responsibility intact — commemoration and redemption.

Source: Melissa Gronlund, "Ján Mančuška: Words, Cinema, Stories; Loneliness and Heartache," *Frieze*, no. 102/2006, p. 240.

Ján Mančuška:
Kunsthalle Basel

Eva Scharrer

Ján Mančuška's recent exhibition, *Only Those Wild Species That Appeal to People Will Survive*, was an unswerving assault on the linearity of audiovisual perception and spatial movement, in which a formally conceptual approach was intertwined with intimate experience. The exhibition opened with a single frame — an oversize painting of one blank frame from a film strip, almost playfully reversing Malevich's *Black Square* (1915). The single frame became the leit-motif of the show, defining not only its content but its architecture. The rectangular format repeatedly appeared diagonal to the L-shaped ground floor of the Kunsthalle: as black boxes for viewing videos; as light boxes; and as partial copies of the original wood-paneled floor, produced in the Czech artist's home country and raised a foot off the ground to become a kind of stage for viewers at various points in the show.

The first built-in black box that visitors encountered faced away from the entrance. It housed a new work conceived for this exhibition: *Motion Picture - Nude Descending a Staircase* (2007), named after the painting by Marcel Duchamp. The two-minute sequence shows a performer slowly descending a modernist staircase in a university building in Prague; it has been digitally cut into twenty-five single frames per second and randomly rearranged into a flashing of superimposed views and angles, translating Duchamp's painting from still to moving image.

The Other (I Asked My Wife to Blacken All the Parts of My Body Which I Cannot See), (2007), despite its first-person subtitle, depicts a friend undergoing the action described in the title. The photographs documenting the process hang in strips from the ceiling in front of light boxes, allowing the viewer different readings and illustrating how little we are actually able to see of ourselves. As Rimbaud put it: "*Je est un autre*" [I is another].

The very intimate experience performed here to describe a rather abstract cognition is also apparent in Mančuška's sculptural works based on language. The site-specific *The Missing Room* (2008), installed in a corner space, consists of three text blocks made from cutout aluminum words that span the room on wires, similarly connected and disrupted by one continuous line running through. They all attempt to describe a room or the subjective experience of being in a room. At each crossing of strings, the reader must decide which line to follow, each intersection leading to a slightly different conclusion, in effect trapping the reader in a linguistic maze. One experiences a tension between the actual room one is in and the many possible approaches to an imagined room, which not only bring into play different points of view but also vary in feeling and degree of accessibility.

"To separate language from perception" — this is how Mančuška describes the aim of his project. This statement could also be applied to the last work in the show, *Killer Without a Cause* (2006), which tells the story of a lonesome man in his apartment, who tries to capture the course of time by recording the changing light coming in through a window, or by reorganizing pills according to form and color before swallowing them. A gigantic 35mm projector throws the image onto a small screen in exactly the size of one frame of film. The rattling of the projectors makes it difficult to hear the narrative, yet in order to understand, one has to go beyond the visual. The relations between reality and perception, Mančuška seems to suggest, can be framed and reframed; depending on how one arranges and reads them, narratives change their direction, and thus, their meaning.

Source: Eva Scharrer, "Ján Mančuška: Kunsthalle Basel," *Artforum*, no. 5/2008, p. 396.

Ján Mančuška at Andrew Kreps Gallery

Fionn Meade

An accumulation of deliberate false starts, Ján Mančuška's third solo exhibition at Andrew Kreps furthered his exploration of the theatrical space of art as diffracted by design. The video *Reflection* (all works 2008) begins with a man and a woman carrying out a Beckettian go-nowhere dialogue in which they ponder whether anything can be "seen" in a dark nearby space, qualifying each other's lines with such novelistic rejoinders as "he said after a while" and "she answered." With the brisk pace of seasoned performers (and wielding British stage accents), the pair ably enact the twists and turns of melodramatic dénouement minus the revelation or sentiment inherent to it. And though their exchange repeatedly invokes the off-camera (or, as Deleuze more accurately termed it, *l'hors champ* [the out-of-field]) as portending an eventual catharsis through disclosure ("I saw almost nothing there," the woman says; "She answered. Do you think nothing can be there still?," the man says), Mančuška wryly inserts long silent shots between the couple's scenes that confirm the nearby space to be only a room filled with furniture and lighting fixtures.

Projected between nearly ceiling-high walls of stacked furniture — modernist consoles, liquor cabinets, and shelves cut to fit together like puzzle pieces — the video was housed in an absurd domestic space that mirrored the used contents of the room on-screen, while intimating that the sputtering tropes of dramatic convention are equally bereft. Reinforcing this parity, slow zooms and tracking shots, techniques most often employed to heighten mood and locate impending action, frame instead an array of second-hand chandeliers, or a black leather couch and an end table. Further emphasizing the characters' inability to emote or articulate anything beyond a play of transitions, a demonstrably poor American actress stands in

for the woman in the couple's final repartee, in which we hear once more that nothing can be seen.

Similarly fitful attempts to achieve clarity transpire in the video's second act, as two men in a Prague café try to recall their initial meeting and their mutual acquaintances. Banal failures of memory and identification — "What are their names?" and "He really looks like someone else, practically his double" — serve as fodder for a comic routine in which the punch line never arrives. Unable to find direction, the actors, the prototypical "preppy" and "slacker," exist in an almost impotent state alleviated only by the sudden appearance of the characters from the video's otherwise unrelated first half. Yet as the clean-cut actor stands to greet the approaching couple, the female, played again by the stand-in, addresses instead the unkempt, oblivious character: "I've seen you somewhere before," she says, thereby diverting any farcical resolution and reasserting the action's fragmented misdirection.

Located in the back of the gallery, the installation *Someone Else?* carried on the domestic mode, offering wall-mounted display cases holding various housewares on which still another dialogic exercise in futility was printed. Pitchers, creamers, mugs, sugar bowls, and the occasional teapot and ashtray serve in this work as a storyboard for the balky scenario of a man and a woman meeting for an undisclosed purpose. The reason for the tryst is hinted at but never revealed, and the he-said-she-said of the elliptical narrative ends humorously with the woman asking after a third cup: "Are you expecting someone else?"

Previously overindebted to early Conceptual tactics of literalizing language's shortcomings, Mančuška has developed here an art of the set configuration, a scripted installation form all his own, in which the viewer encounters both a failure of subjectivity and a droll repurposing of serial form.

Source: Fionn Meade, "Ján Mančuška at Andrew Kreps Gallery," *Artforum*, no. 7/2009, pp. 243–244.

Čti to — Ján Mančuška v Galerii Andrew Kreps, New York

Ingrid Chu

Český umělec Ján Mančuška pracuje s tím, s čím se člověk potýká každý den. Často do svých instalací včleňuje stoly, židle, skříně a hrnky. Svými díly nám sděluje, jak domácí předměty nejen zaujímají prostor, ale také definují naši zkušenost v prostoru. Volí předměty, jejichž používání přímo odkazuje k tělu a které tak kolektivně utvářejí prostor pro lidskou interakci.

Svou touhu kombinovat domácí a umělecké atributy vybraných předmětů opakuje ve větší či menší míře v každém svém díle. Mnohdy se to projevuje dvěma způsoby: jak jsou prezentovány vizuálně a jak jsou popisovány prostřednictvím textu.Nejzřetelnějším příkladem je *Prostor za stěnou...* (2004), kde světlo prochází skrze písmena vyřezaná do dřevotřískové stěny. V prostoru za písmenky jsou dvě skříňky, židle a na zadní stěně rám. Stěna s textem rozděluje hlavní místnost galerie a zamezuje fyzickému přístupu diváka k dílu, ale zároveň mu poskytuje čočku, kterou do něj může nahlížet.

Mančuškovy instrukce působí zpočátku snadně. Teprve při jejich provádění, při uposlechnutí pokynu *Read it* (jak zní název výstavy), objevíme složitost toho, co umělcova slova skutečně znamenají. Slova, jež Mančuška volí, nejen popisují, co nám umělec ukazuje, ale prozrazují i strategii, jak v divácích vzbudit pocit, že dílu rozumějí na první pohled. Podobně jako názvy Mančuškových děl fungují i slova použitá v rámci jeho instalací jako explicitní popis toho, co diváci vidí. Název *Prostor za stěnou...* obsahuje prvních několik slov z odstavce, jímž Mančuška vysvětluje, co přesně je za stěnou, zatímco jiné názvy, jako třeba *800 způsobů jak popsat židli* (2004) či *V bytě matky — sedávám na židli vlevo* (2002), popisují, co je v dílech obsaženo či jakým způsobem byla vytvořena.

Užíváním textu a specifickým uspořádáním předmětů vizualizuje Mančuška prostor tak, že rozšiřuje „ideu" Josepha Kosutha o umění jako konceptuálním rámci, jehož prostřednictvím vyhodnocujeme vnímání. Jak se trefně píše v tiskové zprávě, „Mančuška pojímá uměleckou situaci tak, že dochází k vystupňování prožitku jazyka popisujícího divákovo setkání s uměním". Proto to, co bychom mohli snadno číst jako pouhé akademické cvičení a prázdné opakování historické ideologie konceptualismu, ústí v dílo s překvapivě silným účinkem.

Mančuška zkoumá vnímání nejen vizuálně, ale i prostorově. Tím, že v různých instalacích používá opakovaně tytéž předměty, dochází k tomu, že praktickou funkci obyčejných domácích potřeb naprosto překrývá konceptuální funkce plynoucí z jejich umístění v kontextu galerie. Nicméně Mančuškovo uspořádání předmětů je založeno na řadě konkrétních vztahů, které se odlišuje od minimalistických postupů silně závislých především na interakci diváků s dílem. To je zdůrazněno v instalacích, jako je *V bytě matky — sedávám na židli vlevo*, kde autor vytvořil kresbu pomocí barevného vlákna napnutého okolo hřebíků vbitých do zdi. Vytvářením dialogu mezi vybranými předměty (třeba stolem a židlí) a konkrétními podmínkami (ať už osobními, historickými či rodinnými) nastoluje Mančuška rovnováhu mezi tím, čím tyto předměty jsou, způsobem, jakým je sám pojal, a divákovou interakcí s těmito předměty jakmile se objeví uvnitř galerie.

Rozdělení místnosti napůl (à la Gordon Matta-Clark) či napnutí vlákna okolo objektu tak, aby vznikl jeho obraz, to jsou jen některé z přímočarých, zdánlivě prostých úkonů, které Mančuška používá. Často poté, co uspořádá jednotlivý předmět či skupinu předmětů, vymezí lineárním gestem kritický bod mezi předmětem a zkušeností jedince s ním. Artikulace tohoto bodu se však mění s každým dílem. Na jedné stěně například zůstaly otvory po výstřelech ze vzduchovky, vykreslující siluetu židle v duchu formulace *800 způsobů jak popsat židli*. Prostým okem sotva viditelná židle, jež vypadá jako pouhý přízrak, dokazuje, jak se Mančuškovi daří vytvářet výjimečně jemná díla, i navzdory mnohdy násilným procesům použitým při jejich vzniku.

Proces čtení Mančuškových děl tedy vposledku není nijak jednoduchý, je nicméně přínosný. Stejně jako prožitek umění, nabízejí i vzájemné vztahy mezi předměty nesčetné možnosti různorodých zkušeností. Podobně jako písmena vytvářejí slova a potom věty, které — máme-li štěstí — zprostředkují nějaký smysl, nabízí i Mančuška divákům nástroje, jejichž prostřednictvím mohou s dílem komunikovat na mnoha úrovních — nejprve jim nabídne doslovné, pak vizuální a nakonec zkušenostní setkání. Jen ti diváci, kteří jsou ochotni vydat se za povrchové čtení až k vnitřnímu obsahu, se dozvědí celý příběh.

Zdroj: Ingrid Chu, „Čti to — Ján Mančuška v Galerii Andrew Kreps, New York", *Umělec/Artist*, č. 1/2004, s. 86—87 (angl./čes.).

Ján Mančuška:
Galerie Andrew Kreps

Lisa Pasquariello

Skulpturální instalace českého umělce Jána Mančušky v Andrew Kreps Gallery, představující jeho druhou samostatnou výstavu v této galerii, vychází z teze, že žádný příběh nemá pouze dvě strany, ale tři. Či dokonce, podle toho, jak kdo počítá, třináct. *Skutečný příběh* (2005) tvoří tři věty sestavené z písmen vyřezaných do hliníkových pásů a přichycených na tenkých ocelových lankách ukotvených do zdí a procházejících místností v úrovni očí. „Příběh", o který tu jde, je docela banální: muž jménem Kenny čeká v autě na ženu, jež je pravděpodobně jeho přítelkyní; žena na cestě za ním míjí černocha, který vybíhá z podzemky a běží na autobus; tento muž nastupuje do autobusu.

Tuto obyčejnou příhodu převypráví každá věta instalace z jiného hlediska: Kenny se podivuje nad tím, co ženu tak zdrželo; ženu vyděsil běžící muž, a tak se neodvážila pokračovat v cestě k autu, dokud autobus neodjede; běžící muž si uvědomí, že žena kvůli němu přešla na druhou stranu ulice, aby se vyhnula setkání, a JE MU ZLE Z TOHO, JAK SI LIDÉ PŘI POHLEDU NA BĚŽÍCÍHO ČERNOCHA HNED MYSLÍ, ŽE JE CHCE PŘEPADNOUT. Ocelová lanka se však ve třech různých bodech kříží, čímž prostor galerie člení tak, že vybízejí ke čtení alternativních dějových linií. Tři výchozí věty jsou rozšířeny o deset narativních permutací: namísto aby se běžícímu muži udělalo ZLE, je mu ženina vylekanost K SMÍCHU, případně je to muž čekající v autě, nikoliv běžící muž, komu je z jejího strachu zle, a tak dále.

Přestože scénář představuje pouze holou kostru příběhu, proces čtení instalace rozhodně neprobíhá neproblematicky: věty se sbíhají a rozcházejí, za slovy, která právě čteme, vykukují jiná slova, takže instalací prochází řada překrývajících se, obtížně dešifrovatelných významových možností. Po formální stránce Mančuškovo ztvárnění chytře odráží samotný příběh: text kopíruje efekty zrcadel a zpětných pohledů, o kterých vypráví; kovová písmena se na jistých místech kumulují a splývají, čímž podtrhují rostoucí spletitost příběhu. Mezi samostatně zavěšená slova naopak patří ta, která jsou z hlediska pochopení zápletky nejpodstatnější — JEJÍ, JEHO, JAKO BY —, čímž se posiluje jejich status coby narativních středobodů.

Za svou inspiraci označuje Mančuška nelineární hypertext a koncept asynchronie (čas plyne a dějiny jsou zaznamenávány na různých místech různě), jeho instalace však stejnou měrou vycházejí z minimalizované textovosti konceptuálního umění a z důrazu, jejž minimalistická plastika klade na diváky. Z hlediska první zmíněné inspirace však *Skutečný příběh* působí poněkud plytce. Jak totiž ve svém eseji „Odstavce o konceptuálním umění" z roku 1967 napsal na stránkách tohoto časopisu Sol LeWitt, „konceptuální umění je dobré, jen pokud je dobrý nápad" — a zjištění, že i ta nejobyčejnější situace se u různých lidí zkušenostně i časově liší, nepředstavuje kdovíjaké odhalení, a rovněž tak ani to, že (abychom citovali Henryho Louise Gatese Jr. citujícího Wallace Stevense) existuje třináct různých způsobů, jak pohlížet na černocha. Avšak další z LeWittových aforismů — „Myšlenka, která je lépe vyjádřena dvojrozměrně, by neměla být vyjádřena trojrozměrně" — v případě Mančuškova díla neplatí, což ukazuje na význam jeho počinu: skulpturální provedení *Skutečného příběhu* dramatizuje často přehlíženou fyzičnost aktu čtení a současně nezapomenutelným způsobem představuje konfrontaci mezi dvojrozměrností slov a trojrozměrností žité zkušenosti.

Zdroj: Lisa Pasquariello, „Ján Mančuška: Andrew Kreps Gallery" [Ján Mančuška: Galerie Andrew Kreps], *Artforum*, č. 10 (červen—červenec)/2005, s. 326 (angl.).

Ján Mančuška:
Slova, film, příběhy;
samota a zármutek

Melissa Gronlund

Jak příběh vypráví čas? Z této otázky vycházejí textové instalace Jána Mančušky, rozkládají příběhy a separují jejich základní stavební složky — narativ a čas. Mančuškův projekt řeší mnoho podobných témat, jakými se zabývají i umělci pracující s filmem — a Mančuška, jehož oba rodiče byli v České republice filmovými režiséry, se k této souvislosti explicitně hlásí. Různé filmové prvky do své tvorby zahrnuje často — někdy i doslovně, jako v případě ztvárnění filmového políčka (email na plátně, plexisklo) ze série *Malba* (2003—2005), či při neustále se opakujícím využívání projektorů, pláten a monitorů. V rámci instalace *První minuta zbytku filmu* (2005), vytvořené ve spolupráci s Jonasem Dahlbergem v bonnské galerii Kunstverein, byl v prostoru galerie promítán text popisující děj filmu.

Jako vodítka jsou však tyto narážky mírně zavádějící: Mančuškův projekt totiž v mnoha ohledech funguje opačně než film. Místo lineárního rozvíjení příběhu okénko za okénkem usiluje Mančuška o takové zobrazení narativu, které by jej učinilo viditelným jako jeden celek, naráz a ze všech stran. V *První minutě zbytku filmu* bylo odmítnutí filmu pojato doslova — děj byl promítán na protější stěnu — a současně došlo k převrácení filmového pojetí času. Divák měl možnost obsáhnout celou scénu jedním pohledem, trvání filmu v čase bylo nahrazeno vizuální naléhavostí scény v prostoru galerie.

V dalších instalacích dochází k přetavení různých narativních perspektiv ve fyzické texty. Instalace *Skutečný příběh* (2005) nabízí tři verze téže epizody — rasově napjatého setkání mezi ženou, jejím přítelem a černochem, kterého se žena bála z obavy, že ji chce napadnout. Písmena a slova jsou připevněna k drátům, které prostorem galerie procházejí ve výšce hrudi a protínají se přesně v těch momentech, kdy dochází k překřížení jednotlivých verzí vyprávění. Tím, že instalace rezignuje na techniku paralelního střihu a opouští i časovou konzistentnost, daří se jí zachovat každou z odlišných verzí v její nedotčenosti.

Mančuškova technika vděčí za mnohé určitým proudům konceptuálního umění, a to především tehdy, když využívá textualitu k vytvoření formálně sebereflexivních a filosoficky zaměřených instalací. Při své první výstavě v galerii Andrew Kreps v New Yorku postavil Mančuška v prostoru galerie falešnou příčku, do níž nechal vyříznout text, jenž popisoval dílo nacházející se za stěnou („Prostor za zdí na levé straně je zhruba tři metry hluboký [...] před stěnou stojí dva metry vysoká skříň…"). Oblá písmenka jako „O" a „B" sloužila divákům jako kukátka umožňující zahlédnout instalaci za zdí: zhruba tři metry hluboký prostor, v němž byly umístěny otevřené, prázdné skříně popsané v textu. Na celý, jinak temný interiér dopadalo pouze světlo procházející otvory písmen, čímž byl podtržen kontrast mezi slovním popisem a vizuálním ztvárněním téže scény. Tématem, a to jak popsaným, tak předvedeným v *Prostoru za stěnou...* (2004), byla prázdnota: doslovná prázdnota skříní i fyzická nehmotnost textu.

Jako i u jiných mladých umělců působí Mančuškův konceptualismus romanticky. Konceptualismus jako umělecký jazyk zpočátku vylučoval jakékoli odlišné referenční rámce a později se rozšířil o politickou kritiku, dnes však rezonuje určitou sentimentalitou, která se může zdát vůči jeho původnímu záměru cizorodá. Určité náznaky v tomto směru byly sice přítomné už v konceptualismu šedesátých let — například u Douglase Hueblera a Base Jana Adera, — postupem času ovšem převážilo volání po objektivních formách, čistě analytických tezích a do sebe uzavřených systémech. Zjednodušené šablony, se kterými si dnes umění ze sklonku šedesátých let spojujeme — minimalistické instalace, site-specific texty, záměrně bezúčelné akce —, šly často ruku v ruce s díly, která hovoří o nedosažitelných a nenaplněných aspiracích. Dnes je konceptualismus jazykem prosyceným promarněnou příležitostí a jako takový je použitelný i k vyjádření lidské nicotnosti a tragičnosti.

Mančuškovy instalace jsou v tomto směru exemplární, neboť velmi často dojemně líčí osamělost, žal a obtížnost bytí na světě. Dílo, které představil na 4. berlínském bienále, sestávalo z projekce textu, který líčil bolest jeho matky poté, co se dozvěděla, že její otec umírá — *20 minut poté* (2006). Další textová instalace, nazvaná *Fragment asynchronní historie — Skutečný příběh / příběh Jany* (2004), vypráví o Mančuškově spolužačce, která byla znásilněna ve vlaku cestou do Prahy. Mančuška znal příběh z druhé ruky a instalace sloužila jako vyjádření účasti a pocty — Jana sama nikdy nešla na policii a zločin nijak nezveřejnila. Konceptu „asynchronicity" naznačeného v titulu je formálně dosaženo rozložením času do tří různých verzí — v tomto případě tedy jde o dějové linie odpovídající Janě, člověku, kterému se svěřila, samotnému Mančuškovi, který příběh slyšel až po letech. Pojem „asynchronní" však vystihuje také Janino trauma spojené i s tím, jak se tuto nešťastnou událost snažila vytěsnit ze svého života, jako by k ní nikdy nebylo došlo. Mančuškovi se tak v tomto i v podobných dílech daří rekonfigurovat narativy, tematizovat trvání, zhmotňovat slova, tříštit perspektivy a pohlcovat diváka, avšak poslední odpovědnost jazyka coby nástroje paměti a vykoupení, zachovává nedotčenu.

Zdroj: Melissa Gronlund, „Ján Mančuška: Words, Cinema, Stories; Loneliness and Heartache" [Ján Mančuška: Slova, film, příběhy; samota a zármutek], *Frieze*, č. 102/2006, s. 240 (angl.).

Ján Mančuška:
Kunsthalle Basel

Eva Scharrer

Nedávná výstava Jána Mančušky, nazvaná *Only Those Wild Species That Appeal to People Will Survive*, představovala odhodlaný útok na linearitu audiovizuálního vnímání a prostorového pohybu, v jehož rámci se prolínal formálně konceptuální postup s intimní zkušeností. Výstavu zahajoval jediný čtverec — malba prázdného filmového okénka v nadživotní velikosti, jakási hravá inverze Malevičova *Černého čtverce* z roku 1915. Filmové políčko se stalo leitmotivem celé výstavy a definovalo nejen její obsah, ale i její architektonické řešení. Čtverhranný formát se opakovaně objevoval diagonálně vůči přízemnímu prostoru galerie tvarované do L — v podobě černých boxů určených ke sledování videí, světelných kvádrů i v podobě replik částí původních dřevěných podlah z rodné země českého umělce, které byly umístěny asi stopu nad úrovní podlahy galerie, čímž na různých místech výstavy vzniklo jakési pódium pro diváky.

První černý box, se kterým se diváci setkali, byl natočen zády ke vchodu. Uvnitř se skrývalo nové Mančuškovo dílo vytvořené pro tuto výstavu: *Pohyblivý obraz — Akt sestupující ze schodů* (2007), pojmenované podle obrazu Marcela Duchampa. Dvouminutová filmová sekvence zachycuje postavu pomalu scházející z modernistického schodiště pražské univerzity. Záznam byl digitálně rozstříhán na dvacet pět samostatných okének za vteřinu a poté náhodně sestaven do série probleskujících a překrývajících se záběrů a úhlů. Duchampovo plátno tak bylo přeloženo z nehybného do pohyblivého obrazu.

Ten druhý (Poprosil jsem svoji ženu, aby mi na těle začernila místa, která si nevidím) (2007) zachycuje — navzdory první osobě podtitulu — autorova přítele podstupujícího proces popsaný v názvu díla. Filmové cívky s fotografiemi dokumentujícími průběh celé akce jsou zavěšeny ze stropu před plochy svítících čtverců, čímž divákovi umožňují různá čtení a současně dokládají, jak málo jsme ve skutečnosti schopni se vidět. Jak to vyjádřil Rimbaud: *„Je est un autre"* [Já je někdo jiný].

Tentýž efekt využití velmi intimního prožitku k popisu spíše abstraktních poznatků je zřejmý také u Mančuškových skulpturálních děl, jejichž základem je jazyk. V rohovém prostoru umístěná site-specific instalace s názvem *Chybějící místnost* (2008) se skládá ze tří textových bloků sestavených z písmen vyříznutých z hliníkových pásů a přichycených na drátech přetínajících místnost od stěny ke stěně a jsou obdobným způsobem přetínány i propojovány jednou kontinuální linkou, která jimi prochází. Jejich úlohou je vymezit onu místnost nebo popsat subjektivní prožitek přítomnosti člověka v místnosti. Na každém místě, kde se ocelové struny protínají, se čtenář musí rozhodnout, po které linii se vydá, přičemž každá taková křižovatka vede k mírně odlišnému vyústění, a čtenář se tak ocitá polapen do pasti lingvistického labyrintu. Člověk zakouší napětí mezi skutečnou místností, v níž se nachází, a místností imaginární, k níž je možno přistupovat mnoha různými způsoby, které netematizují pouze různé úhly pohledu, ale liší se i emocionálním nábojem a mírou fyzické dostupnosti.

„Oddělit jazyk od vnímání" — těmito slovy popisuje Mančuška cíl svého projektu. Totéž motto by bylo možné vztáhnout i na instalaci s názvem *Vrah bez příčiny* (2006), která líčí příběh osamělého muže, jenž se ve svém bytě snaží zachytit plynutí času pomocí zaznamenávání proměn světla procházejícího oknem či rovnáním pilulek, které se chystá spolknout, podle jejich tvaru a barvy. Gigantická promítačka na 35milimetrový film vrhá obraz na maličké plátno rozměrů přesně odpovídajících velikosti filmového okénka. Hluk promítačky ztěžuje možnost vyslechnout si mluvený komentář, současně však instalaci nelze bez překročení pouze vizuální složky porozumět. Mančuška jako by chtěl říct, že vztahy mezi realitou a vnímáním lze přesazovat do různých rámců — a podle toho, jak je člověk uspořádá a jak je bude číst, se pak proměňuje směřování narativů a spolu s ním i jejich význam.

Zdroj: Eva Scharrer, „Ján Mančuška: Kunsthalle Basel", *Artforum*, č. 5/2008, s. 396 (angl.).

Ján Mančuška v Galerii Andrew Kreps

Fionn Meade

Třetí samostatná výstava Jána Mančušky v Andrew Kreps Gallery představuje hromadění vědomě falešných začátků, které navazují na Mančuškovo zkoumání divadelního prostoru umění rozloženého prostřednictvím designu. Video *Odlesk* (všechna díla jsou z roku 2008) zahajuje scéna muže a ženy vedoucích beckettovsky bezcílný rozhovor, jehož tématem je otázka, zda v přilehlém temném prostoru je možné něco „vidět". Své repliky přitom sami doprovázejí románovými dovětky jako „dodal po chvíli on" či „odpověděla ona". Svižným tempem zkušených herců (vybavených navíc britským jevištním přednesem) umně prezentují typické zvraty a přemety melodramatické zápletky, ovšem bez jakéhokoli rozuzlení či sentimentu, které k takové zápletce patří. I když repliky obou postav opakovaně tematizují prostor nacházející se mimo záběr (či, jak jej příhodněji nazval Deleuze, *l'hors champ* [mimo pole]) a evokují tak jakýsi příslib budoucího odhalení a finální katarze („Neviděla jsem tam skoro nic," říká žena; „Odpověděla. Myslíš, že tam pořád může být nic?" říká muž), dlouhé, mlčenlivé záběry, kterými Mančuška dialogické scény sarkasticky prokládá, potvrzují, že sousední prostor je jen místnost plná nábytku a svítidel.

I samotný galerijní prostor, ve kterém promítání videa probíhalo — mezi stěnami téměř ke stropu zaskládanými nábytkem, modernistickými stolky, vitrínkami, minibary a policemi tvarovanými tak, aby do sebe zapadaly jako dílky skládačky —, představoval jakýsi absurdně domácký interiér, který kopíroval opotřebovaně zařízenou místnost promítanou na plátno a současně jako by našeptával, že i ty zakoktané, dramaticky konvenční průpovídky obou postav jsou rovněž tak bezcenné. Toto vyznění ještě umocňuje použití zpomalených záběrů a najíždějící kamery, které zde však namísto své běžné funkce zdůrazňování nálady nebo uvozování blížící se akce jen zachycují bazarové lustry, černou koženou pohovku nebo konferenční stolek. Prokazatelně špatná americká herečka, která ve finální scéně figuruje jako záskok v roli ženy, ještě podtrhuje neschopnost postav vyjádřit cokoli víc než fraškovité přesmyčky. Opět se dozvídáme, že není nic vidět.

Podobně zmatené pokusy dospět k porozumění nastávají i v druhém dějství videa, kde se dva muži v pražské kavárně snaží vybavit si okolnosti svého prvního setkání a své společné přátele. Běžně výpadky paměti a neschopnost určit totožnost — „Jak se jmenují?" a „On vážně vypadá jako někdo jiný, skoro jako jeho dvojník" — působí jako střelivo pro nějaký komický výstup, který však nikdy nedospěje k pointě. Neschopnost obou postav, reprezentujících stereotypního „kravaťáka" a „pohodáře", nalézt jakýkoli směr ústí až v jakousi impotentní existenci, kterou naruší teprve náhlý příchod herců z jinak nesouvisející první poloviny videa. Když se ovšem nažehlený herec zvedne ze židle, aby pozdravil přicházející pár, žena, v jejíž roli opět figuruje záskok, se místo na něho obrátí na druhého, netečného a neupraveného muže a řekne: „Vás už jsem někde viděla," čímž okamžitě zruší možnost jakéhokoli komického rozuzlení a potvrdí roztříštěnost celého výstupu.

V „domáckém" duchu se nesla i instalace v zadní části galerie s názvem *Někdo jiný?*, kde byly k vidění nástěnné vitríny s nádobím a jiným vybavením, na němž byl natištěný text dalšího podobného cvičení v dialogické marnosti. Džbánky, hrnky, cukřenky, čajové konvice a popelníky tu slouží k zápisu potřeštěného scénáře o schůzce muže a ženy, jejíž účel není odhalen. Důvod dostaveníčka je sice předmětem narážek, zůstane však utajen, a nejasný příběh, strukturovaný jako v předchozím případě dovětky „on řekl — ona řekla", končí komickou otázkou, kterou vznese žena, když dopije třetí šálek: „Očekáváte někoho jiného?"

Mančuška, jehož dluh vůči raně konceptuálním taktikám doslovného zpracovávání nedostatků jazyka byl dříve až příliš patrný, zde rozvinul umění založené na jevištním schématu a dospěl ke zcela svébytné formě, opírající se o pevně stanovený scénář instalace, v níž se divák stává svědkem nejen hroutící se subjektivity, ale i komického přepracování seriální formy.

Zdroj: Fionn Meade, „Ján Mančuška at Andrew Kreps Gallery" [Ján Mančuška v Galerii Andrew Kreps], *Artforum*, č. 7/2009, s. 243—244 (angl.).

A Threefold Reflection on Ján Mančuška

Tomáš Pospiszyl

It is not only impossible to look for exact frontiers between film and fine art, it is above all unproductive. It is of no assistance at all in analysing individual artworks on the border of the two disciplines. Ján Mančuška's *Killer Without a Cause* (2006) is an example of such a work. In terms of the places it has been presented up to now, of its distribution and its audiences, it moves more in the world of fine art than film (its last showing was at the exhibition *This Is Not for You*, Thyssen-Bornemisza Art Contemporary, Vienna, 23. 11. 2006–29. 4. 2007). Yet its main theme and means of expression consist of film and film projection.

Reflection on the medium

Killer Without a Cause makes an impression in a gallery by its weight, robustness and noise. Two linked 35-millimetre film projectors face each other in a dark room. A shared film loop runs on both devices. After a while, we discover that one of them is projecting a miniature moving image to the place where the filmstrip is running in the other machine. The projection cannot be wider than 35 millimetres if the image is to fit onto its unusual projection screen, that is, the filmstrip. Since it is so small, one has to follow the luminous image with utmost attention at close range. The image has shimmering coloured contours, even though black and white film was used. A small semi-transparent plate substituting for a screen has been placed between the filmstrip and projection; probably the gap between this plate and the running filmstrip is responsible for these coloured effects. The actors in the film do not speak, but their actions are accompanied by a voice-over that struggles against the noise made by the running of the projectors.

The presentation of a normally hidden projector and of a filmstrip leads to the destruction of the illusion that an ordinary cinema attempts to create: that is, the apparently autonomous existence of the projected image and simultaneously the action taking place on the screen. At first sight, *Killer Without a Cause* makes one think that Mančuška's main aim was to reflect on the technical conditions of film. The overall impression is dominated by the enormous projection apparatus projecting onto itself. The way in which the device dominates the installation – which we can perhaps understand as a metaphor for the technological apparatus of narrating – speaks of a similar reading. The technology required for projecting the film illuminates itself. Yet the resulting projection is no larger than the format of the film from which it is projected. The circle is closed, the image literally returns to the filmstrip. However, in addition to this three-dimensional, technological element of the work, we have the film itself, to whose analysis we should attend – including its relationship to the method of its presentation.

Reflection on Conceptualism

The spoken commentary to the film reminds one of techniques used in experimental literary and theatre texts of the 1950s and 1960s. An impassive voice presents a room inhabited by a young man described as "V.". However, we learn nothing more about him. On the other hand, considerable attention is devoted to a description of the surroundings in which V. lives. Apart from that, it seems that V. is trying above all to orient himself, in his apartment and hence in his life. He does not go out and barely communicates with other people. During the long periods he spends in his room, he observes the relationship between the time of day and the geometrical images cast on the parquet floor by sunlight coming through the multi-paned window. He begins to measure his own time by the projection of the window on the floor. When the light strikes a certain block of parquet or object in the room, he knows it is time to get up or to eat. Time thus measured becomes his security and basic orientation system.[1]

1
Luminous images emerging from the sun's movement around a room appear in Czech art as early as Stanislav Kolíbal's *Three Forms* (1973) and Jiří Kovanda's *Sun on Picture* (1980). However, in the case in question, the luminous image of a window on the floor represents motifs developed from Ján Mančuška's earlier projects. In *The Space Behind the Wall* (2004), light thrown through a wall/textual template not only illuminates the objects standing behind it but at the same time uses words to describe and define their relationships in words. Light serves here as the expression of a relationship between material reality and its conceptual description. In 2004-2006 Mančuška made several more works based on very varied luminous projections of texts. Mančuška's ambitions here tend toward the semiotic field. The texts we read – thanks to light passing through a template, or alternatively, casting shadows of words that supplement a text written on a wall – combine two kinds of signs in an interesting way. Thanks to the method of projection, the text – that is, the conventional symbolic language – at the same time becomes an index, a different kind of sign that is not tied to artificially created linguistic conventions, but whose foundation is the material manifestation of the cause. The nature of writing in shadows and luminous images in combination with material written templates in a special way makes the essence of the text uncertain; it becomes intangible, ephemeral. At the same time, by the transformation of the symbol in the index the text is "objectivized". We can also understand Mančuška's shift from the creation of three-dimensional objects to texts and to the moving image in a similar spirit of semantic experiment. On the substitution of signs of the symbol type for indexes and on its importance for the art of the 1970s, see Rosalind Krauss, "Notes on the Index: Seventies Art in America," in *October*, vol. 3 and 4, Spring and Fall 1971, pp. 68–81 and 58–67.

Besides measuring time by watching the sunlight move across the floor, V. engages in another unusual activity. Using the powders and pills he has amassed in recent years, he arranges various geometrical assemblies on the table. The narrator's voice comments on this activity: "At first, positioning was derived from more apparent, aesthetic properties. The first were colours, then shape. Then more complex traits began to play a role, such as chemical ingredients, applications, the medicine's country of origin, etc. When he had used up most of the combinations, he began to take into consideration the arrangement of the pills on the table. On the table with regard to the room and so forth. And then the positioning of the parquets began to play a role."[2] At the end, V. begins to swallow the pills systematically. It is not quite clear from the last shots of the film whether he survives this suicide attempt or not. V. is lying prostrate on the table, while those close to him – including his mother, whom we know is no longer alive – gather round, trying to understand what drove him to such a step.

The relationship of the room and the light that penetrates it and especially the movement of the pills and their arrangement according to systemizing keys are reminiscent of some of the work by post-minimalist and conceptual artists of the 1960s and 1970s. If we did not know the tragic outcome of the story we could imagine V. as a creator of temporary sculptural installations on a kitchen table. The American artist Mel Bochner, for example, used to carry out a similar activity. He made installations based on various combinatorial-geometric arrangements of little stones that could put one in mind of the assemblies taking shape on the table of Mančuška's hero. However, in the case of the figure created by Mančuška, it is not a general analysis of the combinatorial possibilities as it was with Bochner at the turn of the 1960s and 1970s. For V., the need to organize elements into pictures is more of a diagnosis, a meaningless obsessive activity that is the product of a pathological mental state ending in a suicide attempt. The impassive tone of the narration presents V.'s need to organize the pills and his attempt to orient himself in the spatial and temporal coordinates of the apartment as the desperate reaction of a man who seeks in vain the points of reference in life. His activity, at first glance rational and dryly

2
Quoted according to the text *Killer Without a Cause* printed in the publication by Vít Havránek (ed.). *Ján Mančuška: Absent*, tranzit and JRP/Ringier, Prague and Zürich 2006.

analytic, is in reality full of emotion, an expression of a deepening mental crisis.

In *Killer Without a Cause* Ján Mančuška used elements of Conceptual Art to treat material we do not for the most part link with classic Conceptualism: to narrate a story about hopeless despair and suicide. Conceptual Art originated at the end of the 1960s and became an international trend characterized by active communication despite geographical, political and economic obstacles. Nevertheless, Conceptual Art has only a short tradition in the Czech environment. There were no significant, mutually supporting groups of artists or even individuals who systematically worked in its spirit. The artists who today represent Czech Conceptualism are essentially its founding generation. We can follow a kind of accelerated history of Conceptual Art in the development of the work of some of them, including Ján Mančuška. They belatedly came to terms with what international Conceptualism dealt with thirty years ago, but having learnt a lot about it and with a conscious paraphrase of historical procedures. It is a retrospective reflection of Conceptualism and a reliving of its key moments.

Classic Conceptual Art operates economically. Often these works, presented in the form of text, photography or video rather than as traditional art, remind one of the documentation of scientific experiments. Conceptualism defines itself against the subjectivity, aestheticism and emotionality of preceding trends such as Abstract Expressionism. In its classic phase at the turn of the 1960s and 1970s, instead of revealing the artist's inner self it analysed the ways our perception functions and focused on examining generally functioning systems, whether linguistic, social, communicational or economic. What is called the phase of "systems analysis" played an important role in the early history of Conceptual Art. As one of the classic examples, we can mention the often-quoted work by Hans Haacke, *Shapolsky et al. Manhattan Real Estate Holdings, A Real Time Social System, as of May 1, 1971*. In this, with the help of photographs, texts and graphs, the artist graphically uncovered the functioning of the speculative property market in New York. Systems analysis never existed in this pure form in Czech art. However, in the case of Mančuška, the installation *A Cup* (2003) could be viewed as an example of "pure" systems analysis deliberately overblown and even ironical. With the help of a giant scheme of graphs, the concept "cup" is analysed and laid out in its constituent elements and relationships. The installation is not lacking in absurdity, but is still a defined attempt at looking behind the word and the ordinary object it designates.

In the course of the 1970s, alongside the objective documentation of systems of social or political importance in the style of Haacke, some artists began to use the language of systems analysis for material that seemed completely unsuitable for this method of expression. Mary Kelly, for example, in her work *Post-Partum Document* of 1973–1977, documented the development of her son for the first three years of his life. Among other things, she systematically hoarded and described his used nappies. Afterwards, she exhibited the nappies and the texts in a way very reminiscent of the installation of Haacke's project *Shapolsky et al*. There was no ironic subtext to the use of the same style of analysis for the property market and for a child's faeces; it was a conscious shift from an impassive analysis of impersonal systems to emotional and strongly personal themes. The reason for this shift is apparent in the work by Ján Mančuška as well. Both the personal story and artistic subjectivity return to Conceptual Art in this way.[3]

Reflections on the character, reflections on the viewer

In *Post-Partum Document* Mary Kelly intended to mediate a feminist critique of social mechanisms in the form of a personal story. What aims and what themes, consciously and unconsciously, was Ján Mančuška following? In his last works, not only do we find experimentation with methods of narration, but also the repeated return of an interest in extreme and tragic events of life. In the video-installation *A Gap* (2006), which is directly connected to *Killer Without a Cause*, we follow two parallel stories on four projections placed in various rooms of the gallery. The first describes the history of a triangular relationship. We follow the relationship from the three different angles of its participants. A husband and wife take a woman friend on an outing. A few months later, the husband leaves his wife and begins to live with the other woman. Alongside the description of the event and hint of the inner motivations of the others we learn much

3
Other Czech artists who carry out reflections on "systems analysis" include Zbyněk Baladrán, Tomáš Svoboda, Jan Kotík and, on a significantly personal level, Kateřina Šedá.

information about the environment in which the separate parts of the story take place, about the positions of the objects, about the compositions and directly interpersonal ornaments that the things and the participants in the story create among themselves. After some time, the man who has moved in with his new girlfriend suffers a serious accident. He is taken to hospital and after returning to consciousness wants to see his first partner. Loss of memory has caused him to forget his decision to live with another woman, as though it had never existed.

The second story in *A Gap* introduces us to a similar space and a similar situation to the one we know from the installation *Killer Without a Cause*. The man in the kitchen is even more obsessed with capturing banal events and searching for their rhythms and connections. He makes precise records of the fridge going on and off and analyses his own movements in detail. The meaning of his life becomes the recording of superfluous events; he is paralysed by the need to arrange the random and unimportant events around himself and understand their hidden logic. However, the desire to register the fridge going on and off means that he cannot get up from the table because he might be late with his registration.

The themes of some of Mančuška's other works, insofar as we use moderate force to extract them from his work as a whole, offer similarly threatening moments. *A Fragment of Asynchronous History – True Story / Jana's Story* (2004), is an experiment with the crossing of several lines of narration about a single situation, specifically a rape in a train. The material for another experiment in narration, *The First Minute of the Rest of a Movie* (2005), is a story about an aggressive voyeur. *True Story* (2005) combines a road accident, racism and violence against women. The text installation *20 Minutes After* (2006) describes a woman stressed by reports of her father's serious state of health. Mančuška himself adds that for the most part they are events that really happened to people in his circle.

Mančuška's stories of violence and accidents are told in an impersonal manner and yet have a very personal impact on their protagonists. Similar accidents can literally derail the lives of people whom they concern. Many people who go through some traumatic experience later remember that in these moments they perceived their life from outside; they looked at it like someone else, like a neutral observer. They found themselves in a situation similar to the last scenes of the film *Killer Without a Cause*, where this external view is emphasized by the closing involvement of characters who comment. They probably exist only in the imagination of the prostrate V., as the deadly combination of pills begins to work in his body. Mančuška makes use of this double method of protective psychological mechanism. Similar "derailing" situations have a special attraction for experimentation with narration, as though the main protagonist in the story really is "outside him/herself"; as though he or she can, in spite of the tense situation, examine it coolly and rationally, not as a personal tragedy, but as an interesting linguistic or narratological problem. He/she thus finds him/herself in a similar situation to the visitor to a gallery who approaches a previously unknown work from outside and tries to read it. After a while, the viewer becomes aware he/she has a very tragic situation before him. The protective psychological mechanism shifted the participant in the situation outside his/her own story; he/she thus finds him/herself in the same neutral space as the viewer and the border between the viewer and the participant in the story becomes uncertain.

In the works by Ján Mančuška under discussion, the camera itself concurrently plays an important role, as an external eye that impassively follows the heroes. We can identify the view of the camera with the heroes' view of themselves at key moments. In this sense, the final presentation of the works – that is, the various forms of film projection – is also ambiguous. In psychology, the term "projection" is indicative of psychological defence mechanisms, in which one person projects onto others something that is unsettling him or her internally (anxiety, tension) and thus gets rid of the unpleasant feeling.

We therefore have to include, along with the reflections on the means of expression and on art history, the self-reflection of the characters in the story. If we return to the introduction, the metaphor of self-reflection in the form of two projectors aimed at each other in *Killer Without a Cause* has been fulfilled several times over.

Source: Tomáš Pospiszyl, "Trojí reflexe Jána Mančušky" [A Threefold Reflection on Ján Mančuška], *Cinepur*, no. 52/2007, pp. 13–15 (Cz).

Ján Mančuška:
Expectations of the Past

Christine Macel

Czech philosopher and phenomenologist Jan Patočka, a pupil of
Husserl and Heidegger, wrote a famous work entitled *L'Art et le
Temps* (Art and Time) treating the relationship between art and
history.[1]

It is not so much a person's own history that counts for
Patočka as much as his or her individual capacity to recog-
nize the challenges presented by the monstrosity of History,
a recurrent theme in Czech literature by authors such as Milan
Kundera and Václav Havel. Patocka insists on the positive role
art can play as proof of man's spiritual liberty, as "the most elo-
quent and least ambiguous evidence of creative freedom and the
profound autonomy of spirit."[2]

This may sound rather romantic, and it is, seeing as
how Patočka was marked by German Romanticism. But in the
Czechoslovakia where Ján Mančuška grew up, this conception
of art was a necessity, as Vít Havránek pointed out.[3] It was
a matter of developing what Havránek called an autonomous
resistance as survival strategy, outside of any kind of ideological
fixation.[4]

Patočka's book also bears witness to a conception of time
and art as places of truth, where an "indisputable manifestation
of human liberty" is found.[5]

If Patočka's general conception of art influenced the gener-
ation born in the 1960s and 1970s, it would seem that the 1990s,
with their upheaval of values and the rise of consumerism in
a neoliberal environment, have pretty much changed the way
the cards lie. As we shall see, Mančuška belongs to this genera-
tion that tends to doubt truth depending on the time, moment
and point of view.

[1]
Jan Patočka, *L'Art et le Temps, Essais*,
translated from the Czech by Erika Abrams,
P.O.L., Paris 1990.

[2]
Ibid, p. 368.

[3]
Vít Havránek, *Ján Mančuška: Absent*, tranzit
and JRP/Ringier, Prague – Zürich 2006.

[4]
Ibid.

[5]
Ibid. p. 365.

2008

Mančuška was initiated into cinema early on thanks to his family background, and for the past 10 years he's watched a genuine mini Hollywood develop in Prague. Although he currently calls the Czech capital home, he's also lived in New York and at the Künstlerhaus Bethanien in Berlin, which helped shape his view of his own personal history. His vision also belongs to a posttransitional phase of the Communist era where a need to remember goes hand in hand with the duty to do so, despite a distrust of memory's capacity to actually bring about truth.

Mančuška's early sculptures and installations focus on everyday objects such as the chair. He uses volume or shadow to grasp the reality of the object while underscoring the pitfalls in what he's trying to do. *You Will Never See it All*, presented at the first Prague Biennial in 2003, consists of a cardboard and tape piece depicting a row of tables and chairs partially stuck into a wall so they are only halfway visible. Conversely, *800 Ways to Describe a Chair* is the outline of a chair "drawn" onto a wall with gunshot.

Besides representing objects by their absence, Mančuška's subsequent installations focus on the dimension of time linked to language. He explores in depth the process of memory and the way the past is recorded, notably via dramatic texts of a biographical or autobiographical nature. These stories flirt with the principles of cinema and are presented as invisible films staged by words.

For Mančuška, there seems to be an obligation to respond to past expectations in order to exist in the present. The past has to be a construction, an elaboration and a representation. With this in mind, it needs to be shown with images or in an installation. Mančuška literally revives the threads of the past by creating lines of words.

It was in Berlin in 2003 that Mančuška initially presented *While I Walked… in My Studio in ISCP, 323 W 39th Street #811, New York*, one of his first installations of language in space. The work creates an invisible film loop by stringing strips of silkscreened tape across the room at eye level. As the viewer walks through the space of the room, he or she also progresses through the story printed on the tape. In this case, Mančuška describes the viewer's reality and movement within the exhibition space itself.

Christine Macel / Ján Mančuška: Expectations of the Past

The viewer constructs a mental image of things like a window or red chair as he or she reads and walks through the space. Finally, the viewer makes it back to the starting point and the process repeats itself ad libitum. The central experience the piece offers is the fact that the objects appear as they are named. The power of the word proves to be as strong if not stronger than that of the image, allowing the viewer to "watch" an invisible film repeated over and over again.

Mančuška actually makes language literally visible. Normally, "humans see the world through language, but do not see language," as Giorgio Agamben stresses in one of his essays entitled "The Idea of Language".[6] Here, Mančuška highlights the way language veils. He shows that language exists even before reality does. The paradox revealed is that of language itself, which, especially if we're aware it exists, only allows the object that is named to be unveiled through a constituent veiling of its essence. This is exactly the experience the viewer is given in a spatial and temporal loop that reinforces the inescapable nature of this fact. Indeed, language recreates the visible as much as it veils it.[7]

But even if language is unveiled for us and its limits exposed, it's still the only tool we have for reconstructing the threads of the past.

A Fragment of Asynchronous History – True Story / Jana's Story (2004) continues in this vein. In this work, instead of a description respecting the unity of time and place, we're given the true story of a young girl named Jana. As the title indicates, the story is told asynchronously, not as it actually happened but rather in keeping with the process that allows it to be told. In other words, by memory, which by definition is heterochronic.

Three lines of text made of laser-cut aluminum words are strung on wires through an empty room, intersecting to form a triangle at the center. The first line of text crosses the next, while the third crosses the two others. The viewer can choose to read the three accounts either linearly or by intersecting them.

The first text gives the third-person account of Jana, who was raped on a train. An old woman arrives and Jana, her voice flat and devoid of emotion, says that a man has just raped her.

6
Giorgio Agamben, *La Puissance de la pensée, Essais et conférences* [The Power of Thought, Essays and Conferences], Bibliothèque Rivages, Payot, Paris 2006, p .24.

7
Op.cit. p. 16: Language "conjectures and hides what it brings to light in the very act by which it is brought to light."

Christine Macel / Ján Mančuška: Expectations of the Past

The second account, also in the third person, is that of the old woman taking the night train home. A girl tells her she's been raped. The old woman prefers not to notice her and doesn't speak the rest of the way.

The last account is in the first person. The narrator tells how Jana told him this story and he couldn't believe that the old woman hadn't done anything.

Like a film in space where temporalities intersect rather than succeed one another, the suspended lines of texts metaphorically recreate the various temporal sequences, points of view and action, even adding a subsequent voiceover in the third line. As the viewer walks around the room, he or she can follow the three stories or else completely interrupt their order as if the narration were exploded, as if language could not completely lift the veil that covers the past.

This piece explores a traumatic past event along with the memory of it. It clearly shows that "the time when something happens is different from the time where it has meaning," as psychoanalyst André Green has noted.[8] Indeed, the story was marked by a blank. Due to her state of emotional shock, the protagonist's words didn't mean what they should have at the time. However, they regain their power through recollection. Finally, there's a transfer onto the viewer, who experiences what had been left in suspension, a transfer of memory that allows it to be represented literally.

Memory is by definition – and paradoxically so – amnesiac. As Freud demonstrated, it's the proces of repetition that often substitutes that of recollection.[9] Here, the lines of text exist to articulate the past trauma in space, to give it representation in the present.

The paradoxes of amnesiac memory lie at the heart of the piece presented at the Berlin Biennial in 2006. *20 Minutes After* was selected by the curators Cattelan, Gioni and Subotnik and shown at the Kunst-Werke, where it fit into the theme of autobiographical trauma linked to the family. A text composed of aluminium letters was hung in lines in front of a second text hand-written on the wall. The words hanging horizontally interact with those on the wall, miming the layers of memory to reconstruct the true story of the artist's mother, which is the following.

8
André Green, *Le Temps Eclaté* [Exploded Time], Editions de Minuit, Paris 2000, p. 45.

9
Sigmund Freud, "Remémoration, répétition et perlaboration" [Recollection, Repetition and Working Through], *La Technique Psychanalytique*, Presses Universitaires de France, collection Quadrige Grands Textes, 2007.

Christine Macel / Ján Mančuška: Expectations of the Past

Someone calls. She learns her father is in hospital after a stroke. She goes out to buy something but the saleswoman doesn't seem to understand her. Later, she realizes she'd spoken Russian, a language she hadn't used in 30 years. Twenty minutes have gone by since the phone call. Someone calls. She picks up the phone.

The story ends there, just as it began, leaving the woman stranded in a potential loop of repetition. In this way, Mančuška articulates the contradictory process of an amnesiac memory linked to repetition.

André Green explains this paradox by the fact that "the unconscious isn't aware of time. But the consciousness isn't aware that the unconscious isn't aware of time; it's not even aware that the time within its grasp is miserably poor." Yet in fact, "nothing has disappeared, it's all there, still present, but it could all vanish again at any moment."[10]

Mančuška explored the consciousness as it hovers between waking and sleep in an installation created in collaboration with Jonas Dahlberg at the Neue Kunst Halle Saint-Gallen in 2006. The piece was set in an empty movie theater in which seats faced a blank screen. Suddenly a text appeared explaining the passage from a state of consciousness to unconsciousness that took place in that very space. Memory disintegrated between the two, to such an extent that the scene could be repeated forever.

"I woke up, startled by a loud noise, absolutely no idea where I was...I'm in the cinema...I'll comfortably sit back in the seat, fix my eyes on the screen and...I'll probably fall asleep with absolutely no idea where I am, startled by a loud noise I will wake up," reads the text. This work, insisting on the failings of consciousness, memory and perception, questions the relationship to truth, which appears quite fragile. It's no coincidence that this exploration was situated in the center of a space representing a movie theater – becoming the modern-day Plato's Cave, the exact place we are blinded. The entire exhibition where the piece was shown, called *Shadow*, played with shadows that didn't correspond to anything real. The object that could have been reflected disappeared, as if Mančuška wanted to point out the loss of some transcendence or world of ideas. Truth is submitted to the relativity of perception, to the whims

10
André Green, op. cit., p. 51.

of the unconscious for which time doesn't exist, to the failings of memory and the limits of perceptible time. Truth can only be known after the fact, as in *20 Minutes After*, and turns out to be necessarily partial and deformed, like a shadow. This reality, central to the human psyche and to which we adapt as best we can, jeopardizes any chance of objectivity on both an individual as well as a historical level. In fact, Mančuška's stories concern only individual experiences without any reference to society or history, as if these dimensions were even more fraught with uncertainty. They bear witness to a rupture in the consciousness of Mančuška's generation in relation to the writers of the "monstrosity of history". But if Mančuška remains focused on the individual sphere, unlike many young Czech and Slovak artists bent on exploring the new consumer society, it's to touch these universal truths, the scope of which ultimately reaches beyond these personal stories.

Killer Without a Cause (2006), the story of an overdose, fits into this same investigation of disparities between what's seen, said and done. There's a missing element to the work that makes it impossible to reconstruct what really happened. We're given the story of a solitary man who commits suicide by overdose when he's alone. Other people say they were there with him every day and never saw it coming, yet they never appear on screen. The film, which marks a new phase in Mančuška's work as a filmmaker, is projected onto two screens and chronicles the story of a man named V. What follows is a synopsis.

  V. sits at a table. He's looking at something on the floor. The light falling on the floor creates a figure in the shape of a window. The shape moving across the floor determines the time and the tempo of the action in the apartment. You can tell the time by the shape's position on the floor. Ten a.m. The shape advances. The position of the shape indicates whether it's time to do this or that. V. is forming circles on the table with pills he's been setting aside for several years. Late in the afternoon, he masturbates. The pills form a rectangle parallel to the edges of the table. Thirty minutes later, he collects all the antiallergens. He takes them one after the other. The next day, five people are gathered around a man in a sleeping position. We see a shadow on the floor. A young man picks a sweater up off

Christine Macel / Ján Mančuška: Expectations of the Past

the seat saying he'd left it there the day before. Another says he doesn't understand why V. didn't say anything when they were together every day.

In this piece, Mančuška treats the irremedial moment when everything changes, the *einmal ist keinmal*, but he does so without the slightest pathos. The distance established reinforces awareness just as it makes it commonplace, inscribing it in the course of things along with the failings of memory and language. If Mančuška invents the present by responding to the expectations of the past, it's in a relativism marked by typical Czech humor in which trauma is observed from a distance tinged with irony. No surprise then that today he's interested in another language – that of the body that, as Deleuze stressed in terms of Proust, lies less than words do.[11] Mančuška's interest in body language and choreography has currently led him to reexamine the tradition of Chaplin-like humor in a new episode of "cinéma vérité."[12]

Source: Christine Macel, "Ján Mančuška: Expectations of the Past," in *Time Taken: The Work of Time in the Work of Art*, Musée National d'Art Moderne, Centre Georges Pompidou, Monografik éditions, Paris 2014, pp. 68–74. First published in French 2008.

11
Gilles Deleuze, *Proust et les signes*, PUF, 1970.

12
Mančuška is preparing a theatrical project entitled *Reverse Play*, inspired by the dramaturgy of Charlie Chaplin's gestures and movement.

Christine Macel / Ján Mančuška: Expectations of the Past

Ján Mančuška: The Missing Bit

Guillaume Désanges

1

These days it is no longer art that is false, it is the art viewer. If there are bits of reality in an exhibition, they are immediately destroyed by the visitor's "falsifying" way of looking at things. It is a conscious way of looking, which incorporates in advance the rules of a cultural order involving the simulacrum and does away with any possibility of a real experience. We shall be dealing with experience here in a traditional sense, whose disappearance is observed by Giorgio Agamben, commenting on Walter Benjamin,[1] namely an edifying practice of reality that is strictly distinct from knowledge, but which proceeds by way of "words and narrative" and stems from disorder, uncertainty and imagination[2] → (3.1). What is in fact being played out in art today is overdetermined by its structures, institutions and history, which lay a set of affective and behavioural prescriptions over the exhibition. Henceforth, and despite himself, the visitor becomes his own go-between, passively respecting the terms of a tacit contract which has corrupted his relation to the work → (7.1). It is as if experience (in the diachronic sense) had killed experience (in the synchronic sense). The result is that there is almost no experience possible any longer in the art field, though it might have been experience's last refuge.

Let us imagine some spectators who know nothing about art, or who have forgotten everything they did once know about it. Then the relation to the work ought to be actively reinvented at each and every moment through a kind of cognitive mobility. A jointly productive way of seeing things *out of necessity*. We would then have the conditions of an immediate experience (im-mediacy literally without mediation), relieved of the "false" artificiality projected into the art apparatus by a pernicious

1
Giorgio Agamben, *Enfance et Histoire*, 1978.

2
Giorgio Agamben, "L'expérience trouve son nécessaire corrélat moins dans la connaissance que dans l'autorité, c'est-à-dire dans la parole et le récit/ Experience finds its necessary correlate less in knowledge than in authority, that is to say, in words and narrative," in *Enfance et Histoire*, 1978.

habitus. It would thus be a matter of rehabilitating the notion of experience based on amnesia and ignorance, or, more simply, of organizing the conditions of a subtle form of incomprehension → (8).

It is perhaps this deep-seated design that has guided Ján Mančuška in his critical reconfigurations of the art space → (2.2).

2

What typifies art, as we see it, is first and foremost its space – a physical and symbolic space, a functional architecture that legitimizes a power and conveys an ideology, producing its own rules which guide bodies and affects → (7). Insomuch as Ján Mančuška's work is permanently thwarting these determinations, it proposes a critical examination of the institution, which is based on inversions: forced awareness of what we are supposed to forget about (the visitor's body) and distancing of what is supposed to be in front of us (image, work, narrative). In so doing, the work executes subtle transactions between what is visible and what is felt, the present and reality, consciousness and knowledge, which weaken certainties and disrupt meanings → (8.2).

This specific space of art cannot be separated from a specific time-frame, and it is precisely the complex correlations that are made between these two dimensions of experience that define the limits of Ján Mančuška's ballpark. In the visual arts, all works are set within a de-synchronized relationship between the artist and the onlooker, between the production of an object and its presentation. From now on, the work of art is just the trace of a past situation. In its spatialized narratives, which prompt visitors to physically encompass the outlines of a story, it is precisely this memory (of a gesture, a gaze or an initial experience) that Ján Mančuška projects, both literally and figuratively, into the exhibition space, and which he suggests that the viewer re-interpret – a kind of choreographic transfer of experience → (7.2), which underscores how memory always has to do with space. As France Yates describes in *The Art of Memory* (1966), the ancient tradition of *Ars memoriae* consisted in constructing a mental architecture that was as complex as possible, in order to be able to disguise the facts to be remembered, and all you had to do to rediscover them was mentally criss-cross that architecture[3] → (4) – an updating of a past image whose receptacle can only be topographical.

We know, furthermore, how in Antiquity the Peripatetics saw philosophical praxis merely incarnated in the walk, in a way synchronizing the meanders of intellectual logic with the circulation of bodies in space. A geometry in space does indeed exist, so why would there not exist a philosophy in space? And even a psychology in space? In tangibly formalizing these hypotheses, Mančuška's oeuvre reveals a sort of cognitive and affective spatiality. Like thought, this discursive use of space is based on logical connections as well as on unstable trajectories, leaps, ellipses, intersections and comebacks[4] → (4.1). In so doing, the artist associates a way of thinking *about* space with a way of thinking *in* space. He makes the link between conceptual art and a certain classical art, by constructing its representation in accordance with strict vanishing lines and multiple perspectives.

3

If Ján Mančuška's oeuvre is indebted to conceptual art, it belongs to a corrupted filiation of it. Certainly, the work appears process-bound and analytical, made of theoretical intentions. But its methods of formalization dispute the principles of conceptualism on several fronts. First and foremost, he prefers literature to philosophy and anecdote to demonstration. Next, he directly broaches psychological and even psychic themes sidestepped by the historical advocates of conceptual art. Without veering towards the romanticism of a second generation of conceptual artists, Ján Mančuška's work stems from narrative more than from discourse → (6.1). On this side of a universal truth, what the artist is aiming at is a complex and multifaceted experience of reality – even if this means using the paths of fiction → (3.1) – a radically present praxis of time and space. In Mančuška's oeuvre, there is no "elsewhere" which would be a remote territory of ideas. Here, concrete physical experience precedes and determines intellectual experience, a form of empirical conceptual art. It is precisely this way of making conceptual dogmas comply with a sensual regime that represents the originality of the oeuvre.

Mančuška's oeuvre is opposed to conceptual art insofar as the work is not asking to be deciphered, but directly felt,

3
Frances Yates, *The Art of Memory*, The University of Chicago Press, Chicago 2001. First published 1966.

4
A Cup (2003)

Guillaume Désanges / Ján Mančuška: The Missing Bit

2015

by leaping over the notion of comprehension → (8.2). It is in this sense that the artist managed to make reference to the thinking of Susan Sontag, and in particular her text *Against Interpretation* (a title borrowed for one of his catalogues).[5] Attempts at interpretation destroy the work, so the artistic experience is not situated in a chord of the eligible, but of the ineffable. Running counter to the clearest possible translation of a thought by a form, Ján Mančuška proposes confusions, dissonances and breaks in the fabric of sensibility → 5).

4

We know that dealing with things in space is also dealing with the space between things. Pushing this logic to its limit, Ján Mančuška's works focus mainly on rifts, and even often appear like a sum of space-time intervals. Just as shadow hollows the canvas to bring out figures in the works of classical painters,[6] so it is the absences of things and their missing parts which structure representation in Ján Mančuška's work. Hence his systematic recourse to elliptical narratives that literally have holes in them or are amputated, which propose implicit narratives in the negative, so to speak. It is incidentally in this sense that his oeuvre is deeply cinematographic. Technically speaking, we know that celluloid film records only a very small selection of 24 frames per second, and that it is the interval of black via the closing of the projector's shutter that gives the illusion of movement by playing with retinal persistence. So it is the blind spots of reality, the non-visible and the non-recorded which make it possible to bring forth the image. In a word, there is no moving image without missing images. All films are *flicker films*. In this sense, cinematographic technique mimics the way memory functions, meaning it is also fragmentary and fragmented. There is no memory without forgetting *(absent)*: a system involving permanent selection and rupture, which is not a problem but an actual condition of its possibility.

There are meaningful voids everywhere in Mančuška's oeuvre: cut-out texts in material, through which you can see a concealed scene[7] or a picture,[8] bullet holes in a wall which represent a chair "by default",[9] the remains of a lecture whose subject we will never know.[10] Elsewhere it is the parts of the body which remain invisible to oneself that are designated.[11] More

5
Hilke Wagner (ed.), *Ján Mančuška, Against Interpretation*. Kunstverein Braunschweig, Hatje Cantz Verlag, Ostfildern 2011.

6
Cf. Max Milner, *L'Envers du visible, essai sur l'ombre*, Seuil, Paris 2005.

7
The Space Behind the Wall (2004)

8
...and Back Again (2004)

9
800 Ways to Describe a Chair (2004)

10
Conference (2001)

11
The Other (I Asked My Wife to Blacken All the Parts of My Body Which I Cannot See), (2007)

generally, everything looks as if it is being enacted off-screen
with Mančuška, in the blind pleats of reality, be they material
or psychic. The protagonists of the stories seem to have lapses of
memory, absences, losses of reference in the heart of everyday
life ➔ (6.1). In the textual pieces, instead of specifying the facts,
the relativism created by the many different viewpoints shows
rather how any given perspective designates a dizzy infinity of
excluded perspectives. In a word, in Mančuška's work, as much
in these sculptures of pieces of furniture literally eaten by the
wall[12] as in the narratives, what is hidden is much greater than
what is shown.

5

Memory and thought are also "cinematographic" insomuch
as they are merely matters of editing. All reminiscence is just
a selective recomposition based on the shapeless magma of
simultaneous sensations that every instant is made of. Similarly,
Ján Mančuška's textual works involve a sort of parallel edit-
ing which forces visitors to make ongoing reappraisals of the
perspectives based on the viewpoints. Henceforth, like an end-
less duplication of this arrangement, the actual meaning of the
work depends on the critical perspective of the way we look at
it. Just as certain texts floating in space are only readable from
one viewpoint, which changes with every visitor, an understand-
ing of Ján Mančuška's oeuvre remains contingent and becomes
blurred as soon as you move ➔ (8.1). In cognitive terms, it is
the viewer who will carry out a personal re-editing of the work
based on the disparate elements which are given to him ➔ (7).

6

The psychological motifs which govern Ján Mančuška's narrat-
ives are deliberately commonplace, not to say indifferent ➔ (6.1):
passive descriptions of the context, missed meetings, misun-
derstandings and fleeting moments of paranoia. Even serious
and tragic events (rape,[13] suicide[14]) are broached with a disturb-
ing remoteness. Without any heroism, his characters broadcast
a kind of existentialist philosophy expressing the futility of life
and its fragility, without any excessive affect. But indifferent
does not mean lacking in substance. Because, it just so happens,
these narratives take up *space*. This even seems to be their main

12
You Will Never See it All... (2003)

13
*A Fragment of Asynchronous History – True
Story / Jana's Story* (2004)

14
Killer Without a Cause (2006)

role: occupying the terrain in an absurd way. It is as if the narrative was a pretext for measuring space, a simple utilitarian material, just like Chinese firecrackers are made of folded bits of newspaper which potentially contain anecdotal or tragic events, over and above their function as filler, a volumetric use of fiction. With Mančuška, the narratives are floating, autonomous entities which are "deposited" on objects and forms of matter, or in the mouths of the protagonists – linguistic ghosts, squatters that move readily from one medium to the next.[15] In any event, if the narrative is neutral, if it only arouses a little empathy on the part of the spectator, its psychic consequences are no less profound for the person speaking. In a nutshell, the words work like imprints, meaning that they are at once superficial and leaving marks.

7

(7.1) One of the strategies for dodging the terms of a contract is to get rid of one of the co-contractors. This is what Ján Mančuška does to art, by passing above the figure of the author. In fact, if there is an initial onlooker, the trustee of a lived experience, he does not seem to have his own identity. As such, there is nothing autobiographical in Mančuška's narratives, nothing that reflects the artist's private psychology. Emblematically, when he says "I", in *The Other (I Asked My Wife to Blacken All the Parts of My Body Which I Cannot See),* this is a relative I, because it is a third party who carries out the action described. It is a literary practice which links up with the bases of the "nouveau roman", in which, in a famous lecture given in 1969, Michel Foucault analyzed the self-effacement of the dominant figure of the author starting by quoting these fine words of Samuel Beckett: *"Qu'importe qui parle, quelqu'un a dit 'qu'importe qui parle'"* [No matter who's talking, someone said 'no matter who's talking'].

(7.2) With Mančuška, if the author effaces himself, it is to leave the leading role to the spectator who, when all is said and done, becomes the story's narrator and protagonist. His works appear like an apparatus to be appropriated, proposing that another person should be a staging-post of experience. If Mančuška re-uses conceptual art in the form of an incarnated situation, it is not—in the manner of body art or

15
The Sought-After Object (2010) / *This Is How it Really Happened* (2010)

Guillaume Désanges / Ján Mančuška: The Missing Bit

performance—the body of the artist which is in question, but that of the spectator. So it is not a matter, as with the experiments of artists like Bruce Nauman or Valie Export, of illustrating an already experienced situation in which their body, their eye and their camera become the gauge of space and time. It is rather a matter of reviving the conditions of an experience, by inviting the spectator's body and mind to relive it in his own way.

Far from being a simple manipulation, this type of practice might rather be a homage to the figure of the "Emancipated Spectator" described by Jacques Rancière as a responsible and active person involved in the protocol of art.[16] For Rancière, the principle of an equality of intelligences leads everyone (teacher as much as pupil, artist as much as art viewer) to create his own economy and his own system for producing knowledge. In so doing, the simple gaze and the observation, as well as the links woven between these observations, are already a form of action. Jacques Rancière challenges the classic contrasts of eye/knowledge and eye/action, proposing an abolition of the hierarchies between the so-called activity of the creator and the so-called passivity of the spectator. With this he restores to the latter the re-appropriation of his consciousness and his intelligence in his very position as spectator, as one who uses his power to "associate and dissociate → (5)" (thus his power of editing) and one who composes "his own poem with the elements of the poem facing him → (6)".[17]

8

(8.1) This responsibility on the part of the spectator is only possible if the significance of the work remains suspended, not frozen, and can thus be endlessly appropriated. With Mančuška, as we have seen, it is as much a matter of hiding as showing, in one and the same movement and without contradiction, because one is the condition of the other (and vice versa). In this case, it is not even a matter of hiding but simply of shedding light on the way in which all reality is presented to the intelligence in a fragmented way, naturally masking a part of itself. So, just as the artist (or rather his double) tries to define the blind spots of his body,[18] the whole of Mančuška's oeuvre seems to be trying to define a blind spot in its meaning → (8.2). The work is not

16
Jacques Rancière, *Le spectateur émancipé*, Editions La Fabrique, Paris 2008.

17
In Jacques Rancière, *Le spectateur émancipé*, Editions La Fabrique, Paris 2008.

18
The Other (I Asked My Wife to Blacken All the Parts of My Body Which I Cannot See), (2007)

there to be grasped or understood. It only functions by blurring the meaning that it proposes and the vertiginous abysses of ignorance that it creates before our eyes → (8.2). It is this part of Ján Mančuška's oeuvre which discreetly draws from Mallarmé, hermetic poetry, Samuel Beckett, Maurice Blanchot, and the Kafka of *The Silence of the Sirens*, but which we also find among literary conceptualists such as Ian Wallace and Art & Language. It is this indecisive part of the work which gives the viewer an area of investigation and inclusion within the work. It is this "cognitive withdrawal" that offers the possibility of experience, which, no matter how slight it may be, represents an area of freedom won in the much signposted territory of art. The artist's premature death, which adds to this impossibility of interpretation, emphasizes the impression, which is already so significant in the oeuvre, that the true experience, the ultimate experience, the experience which art can give back to us, is that of a "non-knowledge".

Conceptual Personae. On the Film Installations of Ján Mančuška[1]

Karel Císař

As much as it may have seemed that a radical change took place in Ján Mančuška's works when he moved from the text installations of 2003–2006 towards film and performance events, in reality his late work must be understood as the logical progression from his earlier efforts. Mančuška's oeuvre will appear to us in this light if we undertake a detailed analysis of the language of the installations and of the protagonists in his films and performances. It turns out that in both cases the artist was working with a re-evaluation of the expressive means employed, so that both the language and the people were merely an embodiment of specifically staged events. Mančuška's works take language to be not merely a means of communication but also an instrument for the performance of real actions, and the people in the works always evoke conceptual structures. In this way, Mančuška's oeuvre rethinks the transition from conceptual to post-conceptual artistic practice, enabling him to define himself with respect to both of these types and to put himself in a position where he could pass freely among various media, while remaining exceptionally focused on a limited set of problems connected with questions about the possibility of mutual understanding and of self-comprehension.

This becomes apparent from a comparison of Mančuška's works *A Cup* (2003) and *Chair* (2005) with the installation *The Other (I Asked My Wife to Blacken All the Parts of My Body which I Cannot See)* (2007). Concerning the first two, at first glance we might claim that they make reference to the elementary explorations undertaken in the mid-1960s by Joseph Kosuth.[2] While Kosuth's work, in which the artist differentiates between the subject, photographic reproduction and the

[1]
This is a revised and expanded version of an essay originally published, in German and in English, in the catalogue *Ján Mančuška, Against Interpretation*, Hatje Cantz Verlag, Ostfildern 2011, pp. 133–144, and then included in Czech in my collected *Abeceda věcí. Poznámky k modernímu a současnému umění*, UMPRUM, Praha 2014, pp. 181–192.

[2]
Cf. Joseph Kosuth, "Art after Philosophy," *Studio International*, no. 178 (October–December)/1969, pp. 134–137, 160–161 and 212–213. Reprinted in: Alexander Alberro and Blake Stimson, (eds.), *Conceptual Art: A Critical Anthology*, MIT Press, Cambridge (MA), London 1999, pp. 158–177.

linguistic sign, concentrated on the possibility of conceptualizing art, Mančuška's work was conceptual from the beginning. It illustrates the temporal foundation of all thought processes, which must always proceed by steps. This is shown by the conceptual analysis of the word "cup" that the author wrote directly on the wall of the gallery. He first differentiated conceptual aspects of appearance, function and material, gradually leading him to analyses of social and political principles. From the function of a table he moved towards the reasons for the breakup of the family and from the material he arrived at ecological problems. The writing on the wall came into being through the method of free association without any kind of preparation, so as to capture a train of thought as faithfully as possible. The principles of thought and of its recording are also tackled by the specific execution of the work. While Mančuška did the original analysis of the term "cup" on the central wall of the gallery, he began writing his analysis of the word "chair" (which he had created on a different occasion on a counter clockwise staircase) linearly on the second storey, gradually descending in the direction of the entrance to the gallery on the ground floor. The viewers were thus confronted first with the lowest levels of analysis, from which they were able to proceed in the direction towards the departure points, so that when leaving the gallery they would experience the entire process again, but in reverse order. In the latest variant of this work, this time for the Czech-Slovak pavilion at the 51st Venice Biennale in 2005, Mančuška had the conceptual analysis suspended on plastic panels in the middle of the space. Rather than the dematerialization of an artwork, this was the materialization of a thought process.

Seemingly in direct opposition to the terseness of those works was Mančuška's installation *The Other (I Asked My Wife to Blacken All the Parts of My Body Which I Cannot See)*. This large-scale work consisted of a light panel, in front of which were hung a series of strips of film. On the first level, the very limits of the film medium were approached, so that the medium's elementary principles were shown: the work revealed that the basis of film is not a series of static moments, as is usually asserted, but rather the camera and the projector as "a generalized equivalent of the movements of translation."[3] Without them, the strips of film remain merely photographs, which we

3
Cf. Gilles Deleuze, *Cinema 1: The Movement Image*, Translated by Hugh Tomlinson and Barbara Habberjam, The Athlone Press, London 1986, pp. 4–5.

must put into motion by our own effort. At the same time, we also discover a second aspect of the work, consisting of the synchronization of the documented action with our own reactions. The effectiveness of the work gains from the initial shock we receive as we approach this seemingly formal installation when we perceive an intimate occurrence: a woman is painting those parts of a man's body that he cannot himself see. Just as the man gradually uncovers his nakedness, which is immediately covered with black paint, in this awkward situation we also are subjecting ourselves to observation by other viewers. The surprising discovery that the most blackened, and thus invisible, places are the very same places that are otherwise the most apparent and individualizing, i.e. mainly the face, puts us in the same situation that the male character found himself in during the action. Most indicative of the fact that Mančuška was primarily interested in this identification between the viewer and the person performing the action is the fact that he and his wife were portrayed by a different couple in the installation. This fact likewise expands the field of meaning of the work's title, in which "The Other" need not be reduced merely to the woman, through whom the man is examining his own identity; it might refer to us, as those who are observing him, and finally even to the man who is allowing himself to be observed. As a consequence, the work shows the "I" and the "other" as mutually irreducible components of a single relationship of a purely conceptual nature.

The attempt to materialize a thought process in a seemingly dematerialized analysis of a word, and on the contrary, the purely conceptual nature of a seemingly formal installation were motivated in Mančuška's work both by the local, Central European idiolect of conceptual art of the 1970s and by a theoretical re-evaluation of the role of language in conceptual artistic practice. From this perspective, it is characteristic that taking the central place in the interview between Ján Mančuška and Jiří Kovanda in 2008 was the role of documentation and its specific timing in events from the 1970s, during which Kovanda was exploring the borders between the private and the public.[4] Following a script prepared in advance, he performed on Wenceslas Square a few simple actions, which could not be differentiated from everyday behaviour. With outstretched arms he would face an oncoming stream of pedestrians, while walking

4
"Jiří Kovanda (Interview)," *Frieze*, no. 113/2008, pp. 146-149. Interview published in this volume pp. 271-275. [ed.].

he would unobtrusively touch people passing by, or while riding an escalator he would turn around and look into the eyes of the person standing behind him. In view of the character of the actions, at the moment of their realization they had direct meaning primarily for the author, who was overcoming through these actions the limitations of his own reserved nature. The only thing intended for the viewers from the beginning was terse documentation, in which the description of the event was accompanied by a few illustrative photographs. The matter-of-fact presentation and arrangement of the pictures lacking aesthetic qualities lead the viewer to thorough identification, as it evokes a reaction to the given situation both from the position of the protagonist and of the participant. According to Kovanda, it was not until communication with the viewer had come about through documentation and written commentary that his events became artworks.

Kovanda thus approached the conception of the relationship between language and real action that had been formulated in the 1960s by Vito Acconci, to whose work *Following Piece* (1969) Kovanda attributes a position of importance in his interview with Mančuška. Unlike the majority of artists of his generation, Acconci saw no contradiction between poetry and events. He understood them as being naturally related, because to him the empty page was a space similar to physical space.[5] For this very reason, in his textual works, under the influence of the "nouveau roman" and concrete poetry, he avoided referential words of any kind and limited himself to language that relates to itself, as is in the case with the shifters "I", "you", or "here" and "there". In this way, the language could become a model for his later live events. Just like those events, language was for him another place for human communication and interaction. We can then understand Acconci's textual works as the scripts for events, in which shifters were likewise of central importance. This is the case, for example, in the video *Air Time* (1973), in which for a period of thirty-five minutes the artist turns to his mirror image using the pronouns "I" and "you" in alternation.[6] Also serving the same function is the photographic documentation of his events. Instead of attempting to depict the action exhaustively, the sequence of photos together with the text undertake to provide viewers with sufficient information,

5
Cf. Vito Acconci, "Early Work: Movement over a Page," *Avalanche*, no. 6/1974, p. 4: "The page has to be narrowed in on, treated as a chamber space separated from its surroundings. 1. Use words that play each other and so circle back on themselves, remaining confined on the page. 2. Use material that exists only as it's spoken, that exists only in language – for example use idioms … drawing attention to the language used. (…) Once the limits of the field are determined, a system of flows and stopping places can be established. The page has to recede, pull back: it doesn't compete with elements outside but is used, instead, alongside with them. Use this page as the start of an event that keeps going, off the page; use the page to fix the boundary of an event, or a series of events, that takes place in some outside space."

6
Cf. Rosalind Krauss, "Video: The Aesthetics of Narcissism", October, no. 1/1976, pp. 50–64. Reprinted in: Rosalind Krauss, *Perpetual Inventory*, MIT Press, Cambridge (MA), London 2010, pp. 3–18.

enabling them to create a mental model of the event staged by Acconci.[7]

It was from this conceptual lesson that Ján Mančuška drew his interest in the model use of language, in new forms of interaction with viewers and in such methods of documentation as sequential photography or motion pictures. On the other hand, what separated Mančuška from the conceptualism of the 1970s was a completely different conception of time and memory that led him to use narrativity – as we know not only from his later film and performance events, but also from his work with texts from the years 2003–2006. While the artists of the 1970s were taking an atomized conception of time as a departure point for their analyses, epitomized by a sequence attempting to restore the immediate presence of the artist,[8] Mančuška proceeded from a non-chronological conception of time, as shown in recollection and historical memory. This was apparent in his first work of this kind, *While I Walked… in My Studio in ISCP, 323 W 39th Street #811, New York* (2004), in which he described walking around the space of his studio. The text was printed on rubber textile, so that it corresponded to the time of the physical movement around the room. On various occasions when the text on the strip of material was stretched out in the different spaces of galleries, it has shown that time is not something inside us; rather, it is we who are inside time. This basic observation about the "past which is preserved" necessarily led to the idea of "virtual coexistence between the levels of a pure past", as expressed in the work *A Fragment of Asynchronous History – True Story / Jana's Story* (2004).[9] In the installation, this event was viewed from three different personal and temporal perspectives, which mutually intersect and allow for completely different interpretations when moving through space. Mančuška then arrived at an explicit thematization of this attitude at the level of historicity in his intervention involving the permanent collection of the Moravian Gallery in Brno *…and Back Again* (2004), in which he hid well-known Czech modernist works behind metal sheet coverings. The viewers were then able to see the pictures only through cut-out peepholes arranged in the form of a text, according to which "There exists not one history, but rather several parallel histories that are mutually incommensurable." Just like in the installation *The Other*, here too there was a strong aspect

7

See Liz Kotz, *Words to be Looked at. Language in 1960s Art.* Cambridge (MA), MIT Press, London 2007, pp. 154–174.

8

See Dan Graham, "Muybridge Moments," *Arts Magazine*, no. 3/1967, pp. 23–24; Dan Graham, "Photographs of Motion," in: *End Moments*, 1969, pp. 31–38 and Mel Bochner, "The Serial Attitude," *Artforum*, no. 6/1967, pp. 28–33; Mel Bochner, "Seriality and Photography", in: Mel Bochner, *Solar System and Rest Rooms, Writings and Interviews 1965–2007*, MIT Press, Cambridge (MA), London 2008, p. 49.

9

See Gilles Deleuze, *Bergsonism*, translated by Hugh Tomlinson and Barbara Habberjam, Zone Books, New York 1988, pp. 51-72 and Gilles Deleuze, *Cinema 2: The Time-Image*, Translated by Hugh Tomlinson and Barbara Habberjam, The Athlone Press, London 1989, pp. 68–97. For the importance that Deleuze's work had for the interpretation of temporal art forms, cf. Sven Lütticken, "Transforming Time," *Grey Room*, no. 41/2010, pp. 24–47.

Karel Císař / Conceptual Personae. On the Film Installations of Ján Mančuška

of self reflection, because even before the viewers were able to read the cut-out text or to observe the covered pictures through the peepholes, they encountered their own reflections on the shiny surface of the sheet metal coverings.

It is this non-chronological understanding of time that led Mančuška to film and performance events for which, having formerly used true stories, he then began writing his own scripts. In them, moreover, he developed even further his experiments with the perception of the public, here bordering on a sort of staged choreography. Already indicative of this was the film installation *Killer Without a Cause* (2006), which consisted of a film projection in a created architectural environment. In it, the viewer was first confronted with two projectors that were together playing a loop of 35mm film, so that the film gate of one projector served as the projection surface for the other. Projected onto the film gate was a miniature image corresponding to the actual size of a strip of celluloid film without the usual 300,000-fold enlargement. The installation worked with several levels of alienation that were applied not only to its physical form, but also to the action of the film being projected. Thus, just as the usual expectations for a film projection were successively demolished (movement and carnality are not suspended here; on the contrary they are augmented, and we experience our perception in an entirely personal context instead of a social one), the linearity of the narrative was also fundamentally disrupted. While most of the action evokes the lonely life of a person leading towards suicide, the concluding sequence relativizes the previous facts by the presence of those close to him. The most powerful alienating aspect, however, is the disinterested voice of the narrator, duplicating the entire situation and forcing us to take our own critical stance.[10]

The topic of non-chronological time was captured in an even more lapidary manner in the 2007 one-channel projection *Motion Picture – Nude Descending a Staircase* (2007). Its starting point was a simple two-minute shot, free of cuts and showing a naked woman on a staircase in an unidentified Functionalist building. In the post-production process, Mančuška assigned each of the frames a number in a sequence and then re-combined them, employing special random number generator software. Thus, instead of the illusion of motion,

10
See Ján Mančuška, "Inscenovaná realita," *Flash Art (Czech & Slovak Edition)*, no. 15/2010, pp. 28–31, with reference to Deleuze's interpretation of description in the "nouveau roman" in *Cinema 2: The Time-image* p. 7: "Neo-realist description in the *noveau roman* is completely different: since it *replaces* its own object, on the one hand it erases or *destroys* its reality which passes into the imaginary, but on the other hand it powerfully brings out all the reality which the imaginary or the mental *create* through speech and vision."

the video shows us a chaotic mixture of unconnected movie frames, with the woman moving far quicker than in the original shot. The disorientation of the viewer is even magnified by the sound track, provided by a temporal count, as it accompanied the original sequence, but re-ordered in an analogical way. By the title, *Nude Descending a Staircase*, Mančuška explicitly referred to Marcel Duchamp's thematically related work from 1912. However, whereas the avant-garde artist foresaw a yet upcoming crisis of representation, later due to film, Mančuška returned to the same issue in order to analyze the impact of the film medium on our everyday perceiving and acting. From this viewpoint, he stood closer not to avant-garde art but rather to the analysis of the film discourse procedures as current means of social control.

A consequent use of the avant-garde aesthetics came only a year later, in an object including a reverse negative of the film *Tatlin's Tower* (2009), first employed in the installation *The Other*; on the other hand, the visual style of Neue Sachlichkeit photography was referenced in the 2010 slide projections *This Is How it Really Happened* (2010). In the former case, Mančuška took a film tape with a recording of elementary gymnastic figures and twisted it into a spiral imitating the never built *Monument to the Third International*, as designed by Vladimir Tatlin, the famous representative of the Soviet architectonic avant-garde. The resulting composition was fixated in a acrylic glass box by means of a complex system of strings, thus achieving an effect similar to that of Naum Gabo's 1930s transparent sculptures. In the screening *This Is How it Really Happened*, Mančuška – according to his own claim – developed the possibilities of linking text and image, the subject of the experiments performed by the Bauhaus photographers and graphic designers of the 1930s.[11] Together with the photographer Martin Polák, his collaborator in all his photographic installations, Mančuška made a series of pictures resembling Constructivist collages. However, the words that occur in the images were not inserted into the photograph by means of a montage, but rather positioned directly among objects: once in the form of a standard printed text, once made out of letters cut out of newspapers, once written by hand. Yet most often he employed transparent foils with letters and pasted them directly onto various glass

11
Cf. Vít Havránek, "Svoboda existuje pouze v okamžiku svého zrodu" [Freedom Exists Only in the Moment of Its Origin], *Flash Art (Czech & Slovak Edition)*, no. 15/2010, pp. 32–35 (Cz). Interview published in this volume pp. 287–290.[ed.].

bowls and vessels – and it is these images, achieving a broad gamut of optical effects recalling the 1930s photographic experiments, that were used in one of the two synchronized slide projections in a specific exhibiting environment.

The installation was first presented by itself at an eponymous exhibition in the Viennese gallery Georg Kargl in 2010, and a year later – in a modified form – it became the central segment of the retrospective *Against Interpretation* at the Kunstverein Braunschweig. In both cases, Mančuška mounted the slide projectors onto turn-table pedestals enclosed within round screens made of cloth. The first screening allowed viewers to discover the meaning of the text, the other confronted them with the movement of the slide projector around its own axis. The meaning of the text used in the first screening, on the topic of the necessity of linear narration, corresponded to the self-reflective viewing of the slide projector from the second screening. However, the synchronized movement of the two slide projectors caused a destruction of the original meaning of the presented sentence, as well as of the avant-garde notion regarding the purpose and the universal comprehensibility of the photomontage; instead, the resultant effect is a feeling of disorientation and loss of meaning.

Procedures similar to those employed in the installations *Motion Picture – Nude Descending a Staircase* and *This Is How it Really Happened* were used by Mančuška in the screenings *Reflection* (2008) and *Lost Memory* (2010). The title of the video installation *Reflection* is also its structural principle. At the material level, this is apparent from the use of pieces of Functionalist furniture. These constitute both the setting for the fictional action of the film and the actual wall that defines the projection space. The panning of the camera towards the shining furniture panels also constitutes the beginning and the first two turning points of the first part of the film. The optics of the reflection, however, are mainly incorporated into the script, in which the two main characters exchange with each other the roles of observer and narrator while describing their behaviour. At first they describe their counterpart in the third person, then later their counterpart's actions and position in the room, and finally they describe in this way the description itself from the first part. While the action of the first part takes place in real time, in the second part two more characters just reminisce about it vaguely, without making use of a single name. Identity is introduced here as a set of roles fitted into someone else's story. The alienation here is not achieved by the external voice of a narrator or by a break in the action, as was the case with *Killer Without a Cause*, but instead directly by the structure of the action and of the film's syntax.

The same can also be said about *Lost Memory*, with the difference that here the reflections on the medium of film are made even stronger. The work is based on the internally interconnected temporal and spatial properties of film. From a spatial standpoint, of determinant importance is the dividing of the picture onto three projection surfaces on which are projected two copies of the same film from a single loop and a third copy that contains brief, edited scenes introducing the individual protagonists interspersed with gaps. Decisive with respect to time is the two-minute interval that passes before the introductory scene moves from the first to the second projector. Since we view all three images in parallel, an identical picture in one place has an entirely different meaning than in another place. Further supporting the impression of a self-enclosed system is the manner of the camera recording, with the motion of the characters followed by an equally mobile camera. The first scene consists of two shots that begin and end with the stopping of the movement of the camera. In the shot we first watch the departure of a female character. From there, a time-condensing cut takes us to the scene of her arrival next to the male character. Their meeting is emphasized by the circling motion of the camera going around them, finally stopping briefly at exactly the moment when it leaves the first character, and in the next shot following the second character. The internally articulated choreography of movement of the characters and the camera directing where we look corresponds exactly to the actual mechanical movement of the celluloid film strip through the system of three projectors.

This is also the case within the story of the film, in which the chronological linearity of the narrative is naturally turned on its head, leaving a cyclical sequence of self-contained but always fragmentary scenes. The story is set into motion by a newspaper report about an insignificant catastrophe that is the cause of the loss of memory. We follow the impact of this event in a series of misunderstandings of characters whose amnesia gets them into dead-end situations. Its strongest manifestation seems to be the moment when a driver who has forgotten where he is going is circling endlessly on a roundabout. The last link in the chain of transition between the physical motion of the film and the motion of the action is nothing less than the movement of thought.[12] Just as the driving of the car around the roundabout is merely a transmission of the movement of the strip of celluloid film, our minds are likewise entirely immersed into the circularity of the narrative. Analogously to the way the characters cannot remember where they are going or where they have left their glasses, we are also trying to remember where it was that we have already seen them. Although the story proceeds linearly, the repeating of its episodes leads us to search constantly for a chain of causes and effects, and in the moment of alienation we are no longer critical towards the event being evaluated, but rather towards the limits of our own powers of recognition.

Mančuška seems to have gone the furthest towards the personification of thought processes in the theatrical performance *Reverse Play* (2008). While the protagonists of *Killer Without a Cause* are merely mute figures with a narrator speaking for them, the characters in *Reflection* speak but remain closed in an artificial interior, and the actors in *Lost Memory* go out into the real world, it is in *Reverse Play* that the performers are real people. Through individual motions and the overall action, the difficult choreography leads backwards, while the narrator reads the story forwards from beginning to end. While the basic structural element of *Lost Memory* was delayed repetition, in *Reverse Play* the basic structural element is complex mirroring. The story itself deals with a trip back in time, so all of the events in the play take place twice – once in the present and a second time in the past. The action of the actors and the reading of the story by the narrator in the opposite direction evoke in the audience a feeling of dizziness or even queasiness arising from the discontinuity between the meaning of the words and the status of the action. Like in the film realizations, here too reflection on the used means of expression does not come about through disruption of those means, but rather through motion towards their limits, caused

12
Cf. Gilles Deleuze, *Cinema 2: The Time-image*, p. 156: "It is only when movement becomes automatic that the artistic essence of the image is realized: *producing a shock to thought, communicating vibrations to the cortex, touching the nervous and cerebral system directly.*"

by the type of narration applied to them.[13] Here Mančuška shows himself as a true successor to those artistic stances that attempt to achieve a shake-up of thinking and changes to actions derived from that thinking.[14]

Politicization, meanwhile, does not come about through the illustration of political topics, but rather through the political contemplation of the prerequisites of artistic activity, which need to be sought in the attitudes of everyday life. If in his films Mančuška reinforced Deleuze's conception of cinematography as psycho-mechanical or mental automation, which "erases the fallacious psychological distinction between image as psychic reality and movement as physical reality", his performances drew upon Deleuze's understanding of a gesture as "the exhibition of a mediality: it is the process of making a means visible as such."[15] This is apparent from Mančuška's interest in alternating between different means of expression and in their hybrid combination, like when we are forced to move while reading or to come up close to a projected image or to watch the course of action backwards, and it is also apparent from the theatrical appearance of the exhibition. This has especially been the case with the artist's solo exhibitions *Only Those Wild Species That Appeal to People Will Survive* at the Kunsthalle Basel (2008), *Southwest Pillar and its Shadow at the Beginning of the Novel* at the Prague gallery tranzitdisplay (2008) and *Against Interpretation* at the Kunstverein Braunschweig (2010–2011).

In all these cases, through striking architectural interventions Mančuška transformed the space of the gallery into an open stage, where it was possible for him to experiment in relationship to the world and in relationship to himself. In Basel he achieved this mainly through the physical doubling of the gallery floor, which rose in a few places above its original level, in one case being inserted into the corner of a room with a reflection of light in a second room, elsewhere forming a free-standing platform located asymmetrically in the middle of the gallery. Dominating the Prague exhibition was a system of black theatrical curtains creating separate zones for the presentation of individual works, through which the viewers would pass successively, and *The Big Mirror* (2009), which optically doubled the space. In Braunschweig this doubling was fully realized when he decided to shift the entire layout

13
In this way Mančuška approaches the sort of understanding of media that we know from the work of James Colemen. See: Benjamin H. D. Buchloh, "Memory Lessons and History Tablaux: James Coleman's Archaeology of Spectacle" and Rosalind Krauss, "Reinventing the Medium: Introduction to Photography," in: George Baker, (ed.), *James Coleman*, MIT Press, Cambridge (MA), London 2003, pp. 83–110 and 185–210.

14
The motif of "the emancipated spectator" in Mančuška's oeuvre is examined by Guillaume Désanges in his essay *Ján Mančuška: The Missing Bit*, in this volume pp. 367–374.

15
Giorgo Agamben, "Notes on Gesture," in: *Means without End. Notes on Politics*, translated by Vincenzo Binetti and Cesare Casarino, University of Minnesota Press, Minneapolis 2000, pp. 55 and 58.

Karel Císař / Conceptual Personae. On the Film Installations of Ján Mančuška

of the ground floor diagonally to the right. The built-on architectural additions created space for the installation of works while also determining their scenography, based on the same principles of repetition and symmetry that the artist uses in his films and performance. Unlike his predecessors, through these interventions Mančuška did not want to reveal the hidden institutional support of the exhibiting institution. Instead, he wished to emphasize the staged quality of the reality in which we undergo the experience of thought. "The experience of thought that is here in question is always experience of a common power. Community and power identify one with the other without residues because the inherence of a communitarian principle to any power is a function of the necessarily potential character of any community."[16]

16
Giorgo Agamben, "Form-of-Life," in: *Means without End. Notes on Politics*, pp. 9–10.

Trojí reflexe Jána Mančušky

Tomáš Pospiszyl

Hledat přesné hranice mezi filmem a výtvarným uměním je nejen nemožné, ale především neproduktivní. Nijak nám to nepomůže při analýze jednotlivých uměleckých děl operujících na rozhraní obou disciplín. Příkladem takového díla je i *Vrah bez příčiny* (2006) Jána Mančušky. Vzhledem k místům, kde bylo doposud představeno, se v rovině své distribuce a divácké komunity pohybuje více ve světě výtvarného umění než filmu (naposledy to bylo na výstavě *This Is Not for You*, Thyssen-Bornemisza Art Contemporary, Vídeň, 23. 11. 2006 – 29. 4. 2007). Film a filmová projekce jsou přitom jeho hlavním námětem i výrazovým prostředkem.

Reflexe média

V galerii *Vrah bez příčiny* zaujme svou hmotností, robustností a hlučností: v temné místnosti proti sobě stojí dvě propojené promítačky na 35milimetrový film. Oběma aparáty probíhá společná filmová smyčka. Po chvíli objevíme, že jeden z přístrojů promítá miniaturní pohyblivý obraz na místo, kudy druhým přístrojem probíhá filmový pás. Aby se obraz vešel na svou neobvyklou promítací plochu, tedy pás filmu, nemůže mít výsledná projekce větší šířku než 35 milimetrů. Vzhledem k jeho velikosti je nutné světelný obraz sledovat s maximální pozorností a z velké blízkosti. I když je použit černobílý film, obraz má chvějivé barevné kontury. Mezi vlastním filmovým pásem a projekcí je totiž umístěna malá poloprůhledná destička nahrazující plátno a mezera mezi touto destičkou a běžícím filmovým pásem je pravděpodobně za tyto barevné efekty zodpovědná. Aktéři filmu nehovoří, jejich akce však doprovází mluvený komentář, který zápolí s hlukem způsobeným chodem promítaček.

Prezentací jinak skryté promítačky a filmového pásu dochází ke zničení iluze, kterou se snaží vytvořit běžný kinosál: zdánlivě autonomní existenci promítaného obrazu a zároveň děje, jenž na plátně probíhá. *Vrah bez příčiny* na první pohled působí, že Mančuškovým hlavním záměrem byla reflexe technických podmínek filmu. Celkovému dojmu dominuje obrovský promítací aparát, který sám na sebe promítá. Způsob, jakým přístroj instalaci dominuje – a který snad můžeme chápat jako metaforu pro technologický aparát vyprávění –, si o podobné čtení říká. Technologie nutná k promítání filmu osvětluje sebe samu. Výsledná projekce přitom není větší než formát filmu, ze kterého je promítáno. Kruh je uzavřený, obraz se doslovně vrací zpátky do filmového pásu. Vedle této trojrozměrné, technologické složky díla zde ovšem máme samotný promítaný film, na jehož analýzu – a to i ve vztahu ke zmíněnému způsobu jeho prezentace – bychom neměli rezignovat.

Reflexe konceptualismu

Mluvený komentář filmu připomíná postupy experimentálních literárních či divadelních textů padesátých a šedesátých let. Hlas nezúčastněně představí místnost, kterou obývá mladý muž, označený jako V. Nic podrobnějšího se však o něm nedozvíme. Naopak velká pozornost je věnována popisu prostředí, které V. obývá. Ostatně se zdá, že i V. se snaží ve svém bytě a potažmo ve svém životě především zorientovat. Nevychází ven a téměř nekomunikuje s lidmi. Při dlouhých pobytech v pokoji vypozoroval vztah mezi denní hodinou a geometrickými obrazci, které na parketové podlaze vytváří sluneční světlo procházející několikadílným oknem. Podle pohybujícího se odrazu okna na podlaze začne měřit svůj čas. Když světlo zasáhne určitou parketu nebo objekt v místnosti, ví, že je čas k probuzení nebo k jídlu. Takto měřený čas se stává jeho jistotou a základním orientačním systémem.[1]

V. se vedle měření času pomocí světla na podlaze zabývá i jinou neobvyklou činností. Z prášků a pilulek, které v posledních letech nashromáždil, organizuje na stole různé geometrické sestavy. „Zpočátku vycházel ze zjevnějších, estetických vlastností. První byly barvy, pak tvar. Pak začaly hrát roli složitější znaky, chemické složení, aplikace, země původu léku atd. Když

1
Světelné obrazce vznikající pohybem slunce v místnosti najdeme v českém umění i v práci Stanislava Kolíbala *Trojí podoba* (1973) nebo Jiřího Kovandy *Slunce na obraze* (1980). Světelný obraz okna na podlaze však v diskutovaném případě představuje především rozvinutí motivů ze starších projektů Jána Mančušky. V *Prostoru za stěnou* (2004) světlo vrhané skrze stěnu / textovou šablonu nejen fyzicky osvětluje předměty, jež za ní stojí, ale současně je slovně popisuje a definuje jejich vzájemné vztahy. Světlo zde slouží jako vyjádření vztahu mezi hmotnou realitou a jejím pojmovým popisem. V letech 2004–2006 vznikla řada dalších Mančuškových prací, jejichž základem jsou nejrůznější světelné projekce textů. Mančuškovy ambice tu směřují na pole sémiotiky. Texty, které čteme díky pronikání světla šablonou, nebo naopak stíny slov doplňující na stěně psaný text, zajímavým způsobem kombinují dva druhy znaků. Text, tedy konvenční symbolický jazyk, se v důsledku způsobu promítání současně stává indexem, jiným druhem znaku, který není vázán na uměle vytvořenou jazykovou konvenci, ale jeho základem je hmotná manifestace příčiny. Charakter písma ze stínů a světelných obrazů v kombinaci s hmotnými písmovými šablonami zvláštním způsobem znejišťuje podstatu textu: stává se nehmotným, efemérním, současně je transformací symbolu v index tento text „objektivizován". V podobném duchu sémantického experimentu můžeme chápat i Mančuškův posun od vytváření třídimenzionálních objektů k textům a k pohyblivému obrazu. O nahrazení znaků typu symbolu za indexy a o jeho důležitosti pro umění sedmdesátých let 20. století více Rosalind Krauss, „Obraz, text a index: poznámky k umění 70. let", in: Karel Císař (ed.). *Co je to fotografie?* Herrmann & synové, Praha 2004.

vyčerpal většinu kombinací, začal zohledňovat kompozici léků
na stole. Na stole vůči místnosti a tak dál. Pak už roli hrálo
i rozmístění parket,"[2] komentuje tuto činnost hlas vypravěče.
Na závěr začne V. pilulky s podobnou systematičností konzumo-
vat. Z posledních záběrů filmu není zcela jasné, zda tento pokus
o sebevraždu přežil, či ne. V. leží zhroucený na stole, kolem něj
stojí shromážděni jeho nejbližší – včetně matky, o níž víme,
že již nežije – a snaží se pochopit, co ho k podobnému kroku
dohnalo.

Vztah místnosti a do ní pronikajícího světla a především
přesouvání prášků a jejich organizování podle systematizujících
klíčů připomíná některé práce postminimalistických nebo kon-
ceptuálních umělců šedesátých a sedmdesátých let. Kdybychom
neznali tragické vyústění příběhu, můžeme postavu V. považo-
vat za tvůrce dočasných sochařských instalací na kuchyňském
stole. Podobnou činnost provozoval například americký umělec
Mel Bochner. Vytvářel instalace založené na různém kombinato-
ricko-geometrickém uspořádání kaménků, které mohou připomí-
nat sestavy vznikající na stole Mančuškova hrdiny. Mančuškově
postavě ale nejde o obecnou analýzu kombinatorických možností
jako na přelomu šedesátých a sedmdesátých let Bochnerovi.
Nutkání organizovat prvky do obrazců je u něj spíše diagnóza,
nesmyslná obsedantní činnost, jež je produktem patologického
duševního stavu vyúsťujícího v pokus o sebevraždu. Hrdinova
potřeba organizovat pilulky a snaha orientovat se v prostoro-
vých a časových souřadnicích bytu jsou přes nezúčastněný tón
mluveného komentáře podány jako zoufalé reakce člověka, který
marně hledá záchytné body v životě. Činnost na první pohled
racionální a suše analytická je ve skutečnosti plná emocí, je
vyjádřením prohlubující se duševní krize.

Ján Mančuška použil ve *Vrahovi bez příčiny* elementy
konceptuálního umění na látku, kterou si s klasickým koncep-
tualismem většinou nespojujeme: k vyprávění příběhu o bezvý-
chodném zoufalství a sebevraždě. Konceptuální umění vzniklo
již na konci šedesátých let a stalo se směrem mezinárodním,
charakterizovaným čilou komunikací navzdory geografickým,
politickým a ekonomickým překážkám. V českém prostředí má
přesto konceptuální umění jen malou tradici. Neexistovala zde
výrazná a vzájemně se podporující skupina umělců a ani jed-
notlivci, kteří by v jeho duchu systematicky pracovali. Umělci,

2

Citováno podle textu nazvaného *Vrah bez příčiny*,
který byl otištěn v publikaci Vít Havránek (ed.),
Ján Mančuška: Chybění, tranzit, Praha 2006.

kteří dnes český konceptualismus prezentují, jsou v podstatě jeho zakladatelskou generací. Ve vývoji práce některých z nich, včetně Jána Mančušky, můžeme sledovat jakési zrychlené dějiny konceptuálního umění. S tím, co světový konceptualismus řešil před třiceti lety, se vypořádávají se zpožděním, ale také s velkou mírou poučenosti a s vědomým parafrázováním historických postupů. Jde o zpětnou reflexi konceptualismu a znovuprožití jeho klíčových momentů.

Klasické světové konceptuální umění působí stroze. Často jde o díla, která jsou prezentována v podobě textu, fotografie nebo videa; spíše než tradiční umění připomíná dokumentaci vědeckých pokusů. Konceptualismus se vyhraňoval proti subjektivnosti, estetičnosti a emocionalitě předchozích směrů, například abstraktního expresionismu. Místo odhalování autorova nitra ve své klasické fázi na přelomu šedesátých a sedmdesátých let analyzoval způsoby, jakými funguje naše vnímání, směřoval ke zkoumání obecně fungujících systémů, ať už jazykových, společenských, komunikačních či ekonomických. Takzvaná fáze analýzy systémů hrála důležitou roli v raných dějinách konceptuálního umění. Mezi klasickými příklady můžeme uvést často citované dílo Hanse Haackeho *Shapolsky et al. Manhattan Real Estate Holdings, A Real Time Social System, as of May 1, 1971*. Umělec v něm pomocí fotografií, textů a grafů názorně rozkryl fungování spekulativního realitního trhu v New Yorku. V této čisté podobě analýza systémů v českém umění nikdy neexistovala. Příklad „čisté" analýzy systémů, ovšem úmyslně přebujelé a až ironické, by u Mančušky představovala instalace *Hrnek* (2003). Pojem hrnek je v ní rozebrán a rozložen pomocí obrovského grafického schématu do jednotlivých elementů a vztahů. Instalaci nechybí absurdita, ale i vyhraněný pokus o pohled za slovo a obyčejný předmět, který jím označujeme.

Vedle objektivní dokumentace systémů společenské či politické důležitosti ve stylu Haackeho začali někteří umělci v průběhu sedmdesátých let užívat jazyk analýzy systémů na látky, které se pro tento způsob vyjádření zdály jako zcela nevhodné. Například Mary Kelly ve svém díle *Post-Partum Document* (1973–1977) dokumentovala vývoj svého syna po dobu prvních tří let jeho života. Mimo jiné systematicky schraňovala a popisovala jeho použité pleny. Ty poté, společně se zmíněnými texty, vystavila způsobem velice připomínajícím instalaci Haackeho

projektu *Shapolsky et al.* Stejný styl rozboru realitního trhu
a dětských výkalů neměl ironický podtext, šlo o vědomý posun
od nezúčastněné analýzy neosobních systémů k tématům emo-
cionálním a silně osobním. Důvod tohoto posunu je zjevný
i u diskutované práce Jána Mančušky. Do konceptuálního umění
se tímto způsobem vrací osobní příběh a současně umělecká
subjektivita.[3]

Reflexe postavy, reflexe diváka

V *Post-Partum Document* chtěla Mary Kelly zprostředkovat
feministickou kritiku společenských mechanismů v poloze osob-
ního příběhu. Jaké cíle a jaká témata, vědomě či nevědomě, sle-
doval Ján Mančuška? V jeho posledních dílech nalezneme nejen
experimentování se způsoby narace, ale opakovaně se v nich
vrací zájem o mezní a tragické životní události. Ve videoinsta-
laci *Mezera* (2006), která na *Vraha bez příčiny* bezprostředně
navazuje, sledujeme na čtyřech projekcích, umístěných v růz-
ných místnostech galerie, dva paralelní příběhy. První popisuje
historii partnerského trojúhelníku. Vyprávění sledujeme ze třech
různých úhlů jeho účastníků. Muž a žena vezmou na výlet svou
společnou přítelkyni. O několik měsíců později muž první ženu
opustí a začne žít s ženou druhou. Vedle popisu akcí a náznaku
vnitřních motivací hrdinů se dozvídáme i mnoho informací
o prostředí, ve kterém se jednotlivé části příběhu odehrávají,
o pozicích předmětů, o kompozicích či přímo mezilidských
ornamentech, které mezi sebou věci a účastníci příběhu vytvá-
řejí. Muž, který se přestěhoval k nové přítelkyni, po čase utrpí
vážnou nehodu. Je odvezen do nemocnice a po probuzení z bez-
vědomí chce vidět svou první partnerku. Ztráta paměti způso-
bila, že jeho rozhodnutí žít s jinou ženou bylo zapomenuto, jako
kdyby nikdy neexistovalo.
Druhý příběh z *Mezery* nás zavádí do podobného pro-
storu a do podobné situace, jaké již známe z instalace *Vrah bez
příčiny*. Muž v kuchyni je čím dál posedlejší zaznamenáváním
banálních událostí a hledáním jejich rytmů a souvislostí. Dělá
si přesné záznamy o zapínání a vypínání lednice, podrobně ana-
lyzuje i své vlastní pohyby. Smyslem jeho života se stane zapi-
sování zbytečností, je paralyzován potřebou uspořádat náhodné
a nedůležité události kolem sebe a pochopit jejich skrytou

3
Mezi dalšími umělci, kteří u nás provádějí reflexi
„analýzy systémů“, je nutné jmenovat Zbyňka
Baladrána, Tomáše Svobodu, Jana Kotíka a na
výrazně osobní rovině i Kateřinu Šedou.

logiku. Touha co nejpřesněji registrovat zapnutí a vypnutí lednice ale znamená, že již nemůže vstát od stolu, protože by se mohl se svým zápisem opozdit.

I náměty některých dalších Mančuškových děl, pokud je mírně násilně vypreparujeme z celku práce, nabízejí podobně vyhrocené momenty. *Fragment asynchronní historie – Skutečný příběh / příběh Jany* (2004) je experimentem s křížením několika linií vyprávění o jediné situaci, konkrétně znásilnění ve vlaku. Materiálem pro další narativní experiment *První minuta zbytku filmu* (2005) je příběh agresivního voyeura. *Skutečný příběh* (2005) v sobě kombinuje autonehodu, rasismus a násilí na ženách. Textová instalace *20 minut poté* (2006) popisuje ženu stresovanou zprávou o vážném zdravotním stavu svého otce. Sám Mančuška dodává, že se většinou jedná o události, které se skutečně staly lidem v jeho okolí.

Mančuškovy příběhy o násilí a nehodách jsou podány neosobním způsobem, přesto mají na jejich aktéry velice osobní dopad. Podobné nehody dokážou doslova vykolejit životy lidí, jichž se týkají. Mnoho lidí, kteří projdou nějakou traumatickou zkušeností, později vzpomíná, že v těchto okamžicích vnímali svůj život zvnějšku, dívali se na něj jako někdo cizí, jako neutrální pozorovatel. Ocitají se v situaci podobné posledním scénám z filmu *Vrah bez příčiny*, kde je tento vnější pohled ještě zvýrazněn závěrečným zapojením komentujících postav. Pravděpodobně existují jen v imaginaci ležícího V., v jehož těle začíná pracovat smrtelná kombinace prášků. Mančuška tohoto ochranného psychického mechanismu využívá dvojím způsobem. Podobné „vykolejující" situace mají pro experimentování s narací zvláštní přitažlivost, jelikož hlavní aktér příběhu je ve skutečnosti „mimo něj", může ho, navzdory vypjaté situaci, chladně a racionálně zkoumat nikoliv jako osobní tragédii, ale jako zajímavý lingvistický nebo naratologický problém. Nachází se tedy v podobné situaci jako návštěvník galerie, který k dosud neznámému dílu přistupuje zvenčí a snaží se ho přečíst. Až po chvíli si divák uvědomí, že má před sebou velice tragickou situaci. Obranný psychický mechanismus posunul aktéra situace mimo vlastní příběh, nachází se tedy ve stejném neutrálním prostoru jako divák, hranice mezi divákem a aktérem příběhu se znejišťuje.

V diskutovaných dílech Jána Mančušky současně hraje důležitou roli samotná kamera, vnější oko, které hrdiny nezúčastněně sleduje. Pohled kamery můžeme ztotožnit s pohledem hrdinů na sebe samotné v krizových okamžicích. V tomto pojetí je dvojsmyslná i konečná prezentace zmíněných děl, tedy různé formy filmové projekce. V psychologii se termínem projekce označují psychické obranné mechanismy, při kterých si člověk do druhých lidí promítá to, co jej vnitřně zneklidňuje (úzkost, tenze), a tím se nepříjemného pocitu zbavuje.

K shora uvedeným reflexím výrazových prostředků a reflexím dějin umění je tedy nutné přiřadit i sebereflexi postav příběhu. Vrátíme-li se k samotnému úvodu, metafora sebereflexe v podobě dvou na sebe namířených promítaček byla ve *Vrahovi bez příčiny* hned několikanásobně naplněna.

Zdroj: Tomáš Pospiszyl, „Trojí reflexe Jána Mančušky", *Cinepur,* č. 52/2007, s. 13–15.

Ján Mančuška:
Co od nás chce minulost

Christine Macel

Český filosof a fenomenolog Jan Patočka, žák Husserlův a Heideggerův, napsal svého času slavnou knihu nazvanou *Umění a čas*, která se zabývá vztahy umění a historie.[1] Patočka se v ní ovšem příliš nezaobírá životními příběhy jednotlivých osobností; zajímá ho spíše jejich individuální schopnost uvědomit si výzvy, které s sebou nese absurdita dějin. To je ostatně rekurentní téma moderní české literatury, Milanem Kunderou počínaje a Václavem Havlem konče. Patočka vyzdvihuje pozitivní roli, kterou umění může sehrát jakožto důkaz naší duchovní svobody, jako „nejvýmluvnější a nejméně dvojznačné svědectví svobodné tvůrčí síly, hluboké autonomie ducha".[2]

Uvedený citát vyznívá poněkud romanticky a určitý romantický nádech bezpochyby má, poněvadž Patočka byl ovlivněn německým romantismem. Avšak v Československu, kde vyrůstal Ján Mančuška, byla tato koncepce umění, jak správně poznamenává Vít Havránek, do jisté míry nutností.[3] V daném prostředí bylo totiž nutné rozvíjet to, co Havránek označuje jako svobodný odpor, jakousi strategii přežití, nezatíženou žádným ideologickým balastem.[4]

Patočkova kniha dále rozvíjí koncepci času a umění jakožto míst pravdy, kde se natrvalo usídlil „nezvratný projev lidské svobody".[5]

Jestliže Patočkovo obecné pojetí umění zřejmě ovlivnilo myšlení generace narozené v šedesátých a sedmdesátých letech, pak se v devadesátých letech, silně poznamenaných revizí hodnotového systému a nástupem konzumní společnosti v rámci neoliberální tržní ekonomiky, poněkud mění situace. A jak si ukážeme dále, Mančuška patří právě k této generaci, která musela poněkud přehodnotit své dosavadní představy o pravdě,

[1] Jan Patočka, *Umění a čas* / Filosofia, Praha 2004.

[2] Ibid, s. 318.

[3] Vít Havránek (ed.), *Ján Mančuška: Chybění*, tranzit, Praha 2007.

[4] Vít Havránek, cit. d.

[5] Ibid. s. 316.

poněvadž ta se nyní stala pouhou proměnnou dějinného kontextu, okamžiku hodnocení a úhlu pohledu.

Mančuška vyrůstal v rodinném prostředí, díky němuž velice záhy poznal svět filmu, přičemž byl svědkem toho, jak v uplynulém desetiletí vznikal v Praze jakýsi „Minihollywood". Ačkoliv v současné době bydlí v Praze, pobýval předtím také v New Yorku a v Berlíně, konkrétně v Künstlerhaus Bethanien, což bezpochyby utvářelo umělcovo vnímání jeho vlastního životního příběhu. Mančuškovy umělecké vize byly rovněž ovlivněny společenským kontextem postkomunistické vývojové fáze, v níž nezbytnost či dokonce povinnost udržovat paměť kráčí ruku v ruce s pochybnostmi o tom, zda je tato paměť vůbec schopna pravdu uchovat a reprodukovat.

Mančuškovými náměty se v jeho raném období stávají zcela banální rekvizity každodenního života, jako například obyčejná židle. Tyto předměty zobrazuje prostřednictvím soch a instalací a pokouší se zachytit jejich realitu jak hmotně, tak i například pomocí jejich stínu. Přitom však nikterak nekamufluje nejrůznější úskalí svého snažení. *Nikdy to neuvidíš celé*, vystavená na prvním 1. pražském bienále roku 2003, byla v podstatě skulpturou vyrobenou z kartonu a lepicí pásky, znázorňující řadu stolů a židlí jakoby napůl vnořenou do zdi, takže z nich byla viditelná pouze část. *800 způsobů jak popsat židli* zase zobrazovala negativní siluetu židle vystřílenou do zdi.

Kromě zobrazování předmětů prostřednictvím jejich absence přitahoval Mančušku v jeho pozdějších instalacích zejména rozměr času spojený s jazykovou dimenzí reality. Autor se v první řadě snažil prozkoumat proces paměti, způsob, jakým byla zachycena minulost, zejména za použití dramatických pasáží s biografickým, respektive autobiografickým obsahem. Tyto příběhy, které se již odehrály v minulosti, do jisté míry koketují s kinematografickými postupy. Vytvářejí totiž jakési neviditelné filmy, a to prostřednictvím slov umístěných do prostoru.

Mančuška je tedy zřejmě přesvědčen, že má-li člověk prožívat přítomnost, musí nejdříve splnit to, co od něho chce minulost. Minulost tedy musí být zároveň konstruktem, výtvorem i znázorněním. V tomto duchu musí být ztělesněna obrazem nebo instalací. Mančuška tak doslova kousek po kousku skládá mozaiku minulosti tím, že na její červenou nit navléká korálky slov.

Christine Macel / Ján Mančuška: Co od nás chce minulost

Jednu ze svých prvních instalací vět v prostoru vytvořil Mančuška v Berlíně v roce 2003 a nazval ji *Během chvíle kdy jsem kráčel… po místnosti ve svém studiu v ISCP, 323 W 39th Street #811, New York*. Z textů natištěných na elastické pásce a umístěných v několika horizontálních liniích v úrovni očí složil jakousi neviditelnou filmovou smyčku. Procházení prostorem výstavní síně se tak vlastně stává procházkou uplynulým časem. V tomto případě se Mančuška snaží přepsat své činy a gesta do výstavních prostor. Návštěvník si při čtení nápisů představuje popisované předměty a vzdálenosti mezi nimi, tedy dráhu přesně odpovídající řádkům, zatímco si na základě verbálního popisu na této dráze představí okno či červenou židli a tak dále, dokud se nevrátí zpět do výchozího bodu. Ústřední myšlenka tohoto uměleckého postupu spočívá v tom, že jednotlivé předměty se nám vybavují v momentě, kdy jsou pojmenovány. Ukazuje se přitom, že moc slova je stejně velká jako moc obrazu, ne-li dokonce ještě větší. Pozorovatel tak má před sebou jakýsi neviditelný, donekonečna se opakující film.

Mančuška tím dokázal zbavit jazyk jeho zdánlivé neviditelnosti. Jak v jednom ze svých esejů, *Idea del linguaggio*,[6] píše Giorgio Agamben: „Člověk vnímá svět prostřednictvím jazyka, avšak jazyk samotný vidět není." V této souvislosti Mančuška osvětlil i samotný princip jeho neviditelnosti. Ukázal, že jazyk stojí před realitou. Jím odhalený paradox spočívá v samotné podstatě jazyka, který, zejména pokud si jej uvědomujeme, nám nedovolí odhalit pojmenovanou věc jinak než důkladným zahalením její podstaty. A to je právě to, co autor návštěvníkovi předkládá k ověření ve své časoprostorové smyčce, která jen zdůrazňuje nevyhnutelnost tohoto závěru. Jazyk v podstatě rekonstruuje viditelný objekt, avšak zároveň jej i zamlžuje.[7]

A tak i přesto, že spatříme jazyk v celé jeho nahotě a tím odhalíme jeho hranice, zůstává tentýž jazyk i nadále jediným prostředkem, jímž lze rekonstruovat mozaiku minulosti.

V tomtéž trendu pokračuje i dílo nazvané *Fragment asynchronní historie – Skutečný příběh / příběh Jany* (2004). V tomto případě se rozhodně nejedná o pouhý deskriptivní výčet událostí za dodržení jednoty místa a času, nýbrž o skutečný příběh mladé dívky Jany. Ten, jak napovídá již samotný název díla, vyvolává dojem určité asynchronnosti. Ne snad svým průběhem, nýbrž

6
Giorgio Agamben, *Idea del linguaggio*, citováno z francouzské edice *La Puissance de la pensée, Essais et conférences*, Bibliothèque Rivages, Payot, Paříž 2006, s. 24.

7
Cit. d., s. 16: jazyk „předpokládá a skrývá to, co vynáší na světlo, a to dokonce v samotném aktu vynášení na světlo".

spíše způsobem, jakým je vyprávěn, tedy na základě vzpomínek, a ty jsou již z definice uspořádány krajně heterochronicky.

V prázdné místnosti se nacházejí tři textové sekvence, složené ze slov vyřezaných laserem z hliníkového plechu. Slova jsou zavěšena na lankách a jednotlivé řady se kříží tak, že uprostřed vzniká prázdný trojúhelník. První věta se protíná s druhou a třetí s předcházejícími dvěma. Návštěvník, jemuž mimochodem není vnucován žádný konkrétní směr ani postup četby, může spoluprožívat celkem tři příběhy, a to buď lineárně, anebo v místech křížení plynule přeskakovat od jednoho k druhému.

První příběh vypráví v er-formě příhodu dívky Jany, která byla během jízdy vlakem znásilněna. Do vagónu přistoupí jakási starší paní. Jana jí bez jakýchkoli emocí sdělí, že ji nějaký muž právě znásilnil.

Druhý příběh, rovněž interpretovaný ve třetí osobě, je zkušenost oné starší paní, která se nočním vlakem vrací domů. Jakási mladá dívka jí sdělí, že byla znásilněna. Starší paní raději dělá, že nic neslyšela, a celou cestu mlčí.

A konečně poslední příběh, podávaný v ich-formě, je vyprávění jakési třetí osoby o tom, že Jana se jí se svým zážitkem svěřila a ona nemohla uvěřit tomu, že ta starší paní nic neudělala.

Tak tedy vypadá film naaranžovaný do prostoru, kde se chronologie jednotlivých sekvencí kříží, místo aby byly lineárně řazeny jedna za druhou. Instalace složená ze slov zavěšených do prostoru metaforicky rekonstruuje jednotlivé časové sekvence, úhly pohledu i děj a onou třetí větou k příběhu doplňuje dokonce i dodatečný komentář, pronesený jakoby mimo záběr. Návštěvník procházející se prostorem sleduje jednotlivé příběhy, avšak může libovolně narušovat jejich kontinuitu, jako by do souvislého vyprávění zasahoval nějaký rušivý element, jako by sám jazyk nebyl s to do všech důsledků rozptýlit mlžný opar, do něhož zahalil minulé dění.

Dílo zpracovává jak samotný traumatizující zážitek, který již patří minulosti, tak i pozdější vzpomínky na něj. Jasně ukazuje, že „čas, kdy se něco odehrává, se neshoduje s časem, kdy je zpracováván význam události", jak konstatoval psychoanalytik André Green.[8] Vyprávěný příběh zjevně obsahuje jedno bílé místo. Vyřčená věta již totiž nenesla tentýž význam jako v okamžiku, kdy došlo k činu, a to kvůli mimořádnému emočnímu

8
André Green, *Le Temps Eclaté* [Roztříštěný čas], Editions de Minuit, Paříž 2000, s. 45.

Christine Macel / Ján Mančuška: Co od nás chce minulost

rozpoložení způsobenému šokem, jejž utrpěla protagonistka příběhu. Pouze díky tomu, že protagonistka svůj zážitek vyvolala z paměti, nabývá ona věta na pádnosti. Následně probíhá přenos vzpomínky na diváka, který spoluprožívá to, co se nachází mezi řádky, paměťový přenos, který umožní doslova vybavit si takto zprostředkované vzpomínky.

Jakkoliv paradoxní nám to může připadat, lidská paměť je již z definice zatížena určitou amnézií. Jak dokázal Freud, vybavování vzpomínek je často nahrazováno procesem opakování.[9] V našem případě mají jednotlivé věty za úkol promítnout do prostoru trauma z minulosti a umožnit jeho znázornění v přítomnosti.

Paradoxy zapomnětlivé paměti jsou rovněž ústředním motivem další instalace vystavené na Berlínském bienále v roce 2006, a sice *20 minut poté*. Dílo, vybrané kurátory Cattelanem, Gionim a Subotnick, vychází z téhož konfliktu, tentokrát zaměřeného na autobiografická rodinná dramata. Hliníková písmena byla poskládána do řádků umístěných v jedné rovině za sebou, před rukopisný text napsaný v několika řádcích na zeď. Mezi slovy na zdi a slovy vodorovně zavěšenými před nimi vznikala jedinečná interakce. Díky ní mohl divák poskládat příběh tak, že dílo napodobovalo skladbu paměťových vrstev a před jeho očima nakonec vyvstal skutečný příběh umělcovy matky, který dílo popisovalo.

Někdo volá. Otec je v nemocnici se zlomenou krční páteří. Ona jde na nákup a promluví na prodavačku, která jí však nerozumí. Později si uvědomí, že na prodavačku mluvila rusky, přestože tento jazyk již třicet let nepoužívala. Za dvacet minut po prvním telefonátu opět zadrnčí telefon. Někdo volá. Ona tedy zvedne sluchátko.

V místě, kde příběh končí, se potenciálně ocitáme ve smyčce, poněvadž příběh končí přesně tak, jak začíná. Mančuška tak výborně vystihuje rozporuplný proces věčně zapomínající paměti, odsouzené k neustálému opakování.

André Green tento paradox vysvětluje tak, že „nevědomí neví, co je čas". „Avšak vědomí neví, že nevědomí neví, co je čas; dokonce neví ani to, že čas, který má na dosah, je neskutečně chudý." Přitom ale „nic nezmizelo, vše je stále zde, avšak vše se může kdykoliv znovu rozplynout".[10]

9
Sigmund Freud, „Vybavování vzpomínek, opakování a propracovávání", in: *Sebrané spisy Sigmunda Freuda*, přel. Miloš Kopal – Ota Friedmann, Praha 2000.

10
André Green, cit. d., s. 51.

Christine Macel / Ján Mančuška: Co od nás chce minulost

2008

Poruchy vědomí mezi bdělým stavem a spánkem Mančuška zkoumá ve své instalaci, kterou vytvořil ve spolupráci s Jonasem Dahlbergem v Neue Kunsthalle v Sankt Gallenu v roce 2006. Před prázdnými křesly kinosálu se nachází stříbrné plátno. Divák přímo na místě může číst text, jenž vypráví o přechodu z bdělého stavu do stavu ztráty vědomí. Při tomto přechodu postupně ochabuje i paměť, a to do té míry, že daná scéna se opět může opakovat stále dokola.

„Procitl jsem, vzbudil mě velký hluk a nevěděl jsem, kde to jsem… jsem v kině… tak se pohodlně usadím do křesla a budu se dívat na plátno… určitě u toho usnu a pak mě vzbudí velký hluk," říká text. Toto dílo, vyprávějící o slabinách vědomí, paměti a vnímání, se zamýšlí nad vztahem k pravdě, který vnímá jako velmi křehkou vazbu. Zamyšlení se neocitlo uprostřed místnosti představující kinosál jen tak náhodou – kinosál je moderní formou Platónovy jeskyně, dokonce místem, kde dochází k úplnému oslepení. Ostatně výstava, jíž toto dílo bylo součástí, byla nazvána *Stín* a pohrávala si s různými stíny umístěnými do prostoru, aniž by se zde fyzicky nacházelo to, co je teoreticky mělo vrhat. Tedy předmět, k němuž stín měl patřit, prostě zmizel. Jako by tím Mančuška snad chtěl vyjádřit ztrátu jakési transcendence či myšlenkového světa. Pravda je podrobena relativitě vnímání, rozmarům nevědomí, pro nějž čas neexistuje, nedostatkům paměti a hranicím vnímatelného času. Pravda, kterou můžeme poznat pouze dodatečně, jak to demonstruje *20 minut poté*, je tím pádem pouze částečná a deformovaná, stejně jako stín. Tato ústřední realita lidské psychiky, s níž se člověk jen stěží vyrovnává, zpochybňuje možnost existence jakékoli objektivity, a to jak v oblasti individuálních příběhů, tak i objektivity historické. Mančuškovy příběhy jsou mimochodem pouze čistě individuální prožitky bez jakékoli vazby na společnost či historii, jako by tyto dva rozměry byly ještě bolestněji poznamenány cejchem pochybnosti. Svědčí o myšlenkovém rozchodu Mančuškovy generace se spisovateli „absurdity dějin". Jestliže se tedy Mančuška, na rozdíl od mnoha jiných mladých českých a slovenských umělců snažících se prozkoumat novou tržní společnost, i nadále soustřeďuje na individuální sféru, je to proto, aby se dotkl univerzálních pravd, které svými dopady tyto individuální příběhy značně přesahují.

Christine Macel / Ján Mančuška: Co od nás chce minulost

Film *Vrah bez příčiny* (2006), příběh sebevraždy spáchané předávkováním léky, se zabývá týmiž rozpory mezi tím, co vidíme, říkáme a děláme. V tomto filmovém vyprávění se nachází trhlina, která nám brání v tom, abychom byli schopni rekonstruovat pravdu o celém příběhu. Jsme konfrontováni s příběhem osamělého muže, který se záměrně předávkuje léky, zatímco jiní lidé tvrdí, že ačkoliv neustále byli s ním, jeho čin nemohli předvídat. Tito lidé se však vůbec nedostanou do záběru. Film, promítaný na dvou plátnech současně, otevírá novou etapu v Mančuškově práci režiséra. Vypráví příběh muže, označeného jako V. Jeho děj lze stručně popsat takto:

V. sedí za stolem. Dívá se do země. Na zemi se pomalu pohybuje stín, který jako metronom ukazuje čas a udává tempo dění v bytě. Představu o čase získáváme podle momentální polohy a velikosti stínu na podlaze. Deset hodin dopoledne. Stín se pohne. Jeho poloha ukazuje, zda je čas dělat to či ono. V. skládá z tablet, které si léta dával stranou, na stole kruhy. V podvečer muž onanuje. Z léků je nyní sestaven pravoúhlý obrazec rovnoběžný s hranami stolu. O půl hodiny později muž shromažďuje na kupičku antialergika. Polyká pak jednu tabletu za druhou. Na druhý den stojí kolem spícího muže pět postav. Opět je vidět stín na podlaze. Jeden z hloučku, mladý muž, si bere svetr, který zde před několika dny zapomněl. Další říká, že nechápe, proč V. nikomu nic neřekl, vždyť tam přece pořád byli.

Mančuška v tomto snímku zpracovává námět zlomového momentu, kdy se vše zásadně a nevratně mění, „*einmal ist keinmal*“, avšak bez sebemenšího náznaku patosu. Autorem vytvořený odstup divákovi usnadňuje uvědomění si tohoto momentu, avšak zároveň jej banalizuje tím, že jej vkládá do přízemního běhu věcí, tu a tam přerušovaného výpadky paměti a mezerami v jazyce. Prohlásíme-li o Mančuškovi, že vytváří přítomnost tím, že dělá přesně to, co od něho chce minulost, musíme zároveň dodat, že tak činí prostřednictvím relativismu, který je silně poznamenán humorem, tak typickým pro celou českou kulturu. A že tudíž pozoruje veškerá dramata s odstupem podbarveným určitou ironií. Proto jistě pro nikoho nebude velkým překvapením, když prozradíme, že se umělec v současné době zajímá o další svébytný jazyk, a sice řeč těla. Ta totiž, jak napsal Gilles Deleuze na Proustovu adresu, lže podstatně méně než slova.[11] Jeho zájem o řeč těla a o choreografii jej dnes přivádí k tomu, že se chystá

11
Gilles Deleuze, *Proust a znaky*, Herrmann & synové, Praha 1999.

znovu probádat tradici chaplinovského humoru, a to v dalším dílu „filmového ztvárnění pravdy".[12]

Zdroj: Christine Macel, "Ján Mančuška: Expectations of the Past" [Ján Mančuška: Co od nás chce minulost], in *Time Taken: The Work of Time in the Work of Art*, Musée National d'Art Moderne, Centre Georges Pompidou, Monografik éditions, Paříž 2014, s. 68–74 (angl.). První vydání ve francouzštině 2008.

[12] Mančuška připravuje divadelní projekt nazvaný *Reverse Play* a inspirovaný dramaturgií pohybů Charlieho Chaplina.

Christine Macel / Ján Mančuška: Co od nás chce minulost

Ján Mančuška: Chybějící část

Guillaume Désanges

1

Umění dnes už není nepravdivé, nepravdivý je divák umění.
Obsahuje-li výstava části reality, jsou okamžitě zničeny „falzifikujícím" pohledem návštěvníka. Pohledem vědomým,
který v sobě předem obsahuje zákony kulturního řádu simulakra a který vylučuje jakoukoli možnost skutečné zkušenosti.
Zkušenost zde chápeme v jejím tradičním významu, o němž
Giorgio Agamben ve svém komentáři k Walteru Benjaminovi
tvrdil, že již neexistuje.[1] Tedy jako poučenou praxi reality, zcela
odlišnou od znalosti, kterou ale budujeme prostřednictvím
„slova a vyprávění", jež vychází z nepořádku, nejistoty a fantazie → (3.1).[2] To, co se dnes odehrává v umění, je fakticky předurčeno jeho strukturami, institucemi a historií, které vystavené
podřizují souboru norem pocitů a chování. Návštěvník se tak
okamžitě a proti své vůli stává svým vlastním prostředníkem,
který pasivně respektuje podmínky nepsané smlouvy, čímž
ničí svůj vztah k dílu → (7.1). Jako by zkušenost (v diachronickém smyslu) zabíjela zkušenost (ve smyslu synchronickém).
Výsledkem je, že prožitek v umění je dnes už téměř nemožný,
a přitom by právě umění mohlo být jeho posledním útočištěm.

Představme si diváky, kteří o umění nic nevědí, či všechno,
co kdy věděli, zapomněli. Jejich vztah k dílu se musí v každém
okamžiku znovu aktivně utvářet prostřednictvím kognitivní
mobility. Spoluvytvářejícím pohledem *z nezbytnosti.* Tím by
vznikly podmínky pro bezprostřední prožitek (doslova bez zprostředkování), oproštěný od „falešné" umělosti, kterou na aparát
umění projektuje škodlivý *habitus.* Došlo by tak k rehabilitaci
prožitku, na základě ztráty paměti a neznalosti, nebo ke shromáždění podmínek subtilní podoby neporozumění → (8).

1
Giorgio Agamben, *Enfance et Histoire*, 1978.

2
Giorgio Agamben, „Prožitek/zkušenost nenalézá
svůj nezbytný korelát tolik ve znalostech, jako
v autoritě, tj. ve slově a vyprávění", in *Enfance
et Histoire*, 1978.

Právě tento hluboký úmysl možná vedl Jána Mančušku při jeho kritických rekonfiguracích prostoru umění → (2.2).

2

Umění, tak jak je vidíme, charakterizuje především vlastní prostor. Fyzický i symbolický. Funkční architektura, která legitimizuje moc a rozhýbává ideologii, vytváří vlastní pravidla, která vedou tělo a vjemy → (7). Protože dílo Jána Mančušky tuto určenost neustále rozrušuje, přináší kritický pohled na tuto instituci, který vychází z převrácení perspektiv: vnucené uvědomění si toho, na co máme zapomenout (tělo návštěvníka), a vzdalování se od toho, co má být před námi (obraz, dílo, vyprávění). Vytváří tak jemné transakce mezi tím, co vidíme, a tím, co cítíme, mezi přítomností a realitou, mezi vědomím a věděním, které zpochybňuje jistoty a ruší procesy značení → (8.2).

Specifický prostor nelze oddělovat od specifického okamžiku. Právě komplexní vztahy vznikající mezi těmito dvěma dimenzemi zkušenosti vymezují hrací plochu Jána Mančušky. Ve vizuálním umění je každé dílo zasazeno do desynchronizovaného vztahu mezi umělcem a pozorovatelem, mezi vytvořením objektu a jeho prezentací. Od této chvíle je už jen záznamem uplynulé situace. Ve svých prostorových vyprávěních, která nutí návštěvníka k fyzickému sledování kontur příběhu, promítá Ján Mančuška právě tuto vzpomínku (na gesto, pohled či původní prožitek), jak v původním, tak v přeneseném smyslu slova, do výstavního prostoru a nabízí ji divákovi k nové interpretaci. Je to jakýsi přenos choreografie zkušenosti → (7.2), který zdůrazňuje, jak paměť vždy souvisí s prostorem. Jak píše Frances Yates ve svém *Umění paměti* (1966), antická tradice tzv. *Ars memoriae* (paláců paměti) spočívala ve vytvoření té nejkomplexnější možné mentální stavby, do níž si člověk ukládal fakta k zapamatování a kterou potom stačilo v duchu projít, aby si je znovu připomněl → (4).[3] Aktualizace minulého obrazu, jehož uložení může být jedině topografické.

Víme, že starověcí peripatetici neuvažovali o filosofii jinak než za chůze, při níž synchronizovali zákruty intelektuální logiky s pohybem těla v prostoru. Existuje prostorová geometrie, proč by nemohla existovat prostorová filosofie? A dokonce prostorová psychologie? Mančuškovo dílo dává těmto hypotézám konkrétní tvar a odhaluje jakousi kognitivní a afektivní

3
Frances Yates, *The Art of Memory*, The University of Chicago Press, Chicago 2001. První vydání 1966.

prostorovost. Stejně jako myšlenka spočívá toto diskursivní využívání prostoru na logických vazbách, ale i na nestabilních trajektoriích, skocích, elipsách, kříženích a návratech → (4.1).[4] Umělec spojuje myšlenku *o* prostoru s myšlenkou *v* prostoru. Vytváří spojovací článek mezi konceptuálním uměním a určitou oblastí klasického umění tím, že své představy rozvíjí důsledně podle úběžných přímek a ve více perspektivách.

3

Je-li Mančuškovo dílo poplatné konceptuálnímu umění, je jeho zbloudilým příbuzným. Samozřejmě, jeho práce se zdá být procesuální a analytická, plná teoretických předpokladů a úmyslů. Ale způsob, jakým ji formalizuje, odmítá konceptualismus v několika plánech. Za prvé, dává přednost vyprávění před předváděním, literatuře před filosofií, anekdotě před axiomem. A za druhé, zabývá se psychologickými až psychickými tématy, kterým by se historičtí stoupenci konceptuálního umění vyhnuli. Aniž by se vydával cestou romantismu druhé generace konceptualistů, vychází z řádu vyprávění spíše než z řádu diskursu → (6.1). Při hledání univerzální pravdy usiluje o komplexní prožitek reality ve více formách, i kdyby se měl vydat cestou fikce → (3.1). Postup, který je důsledně přítomný v čase a prostoru. U Mančušky neexistuje ideální a ideové „jinde". Konkrétní fyzický prožitek předchází prožitku intelektuálnímu a určuje jej. Konceptuální umění v empirické podobě. Právě tento způsob podřizování konceptuálních dogmat smyslovému režimu vytváří originalitu jeho díla.

A potom, Mančuškovo dílo se vzpěčuje konceptuálnímu umění v tom smyslu, že nechce být dekódováno, ale přímo pocítěno. Přeskakuje přitom pojem porozumění → (8.2). Právě v tom smyslu odkazuje umělec na myšlenky Susan Sontag, především na text *Against interpretation* (jehož název převzal pro jeden ze svých katalogů[5]). Pokusy o interpretaci dílo ničí, takže umělecký prožitek nepatří do registru vyslovitelného, ale nevysloveného. Na rozdíl od nejjasnějšího možného vyjádření myšlenky určitou formou nabízí Ján Mančuška neklid, nepokoj, zmatek, disonance, narušení látky citlivosti → (5).

4
Hrnek (2003)

5
Hilke Wagner (ed.), *Ján Mančuška, Against Interpretation*, Kunstverein Braunschweig, Hatje Cantz Verlag, Ostfildern 2011.

Guillaume Désanges / Ján Mančuška: Chybějící část

4

(4.1) Víme, že pracovat s věcmi v prostoru znamená také pracovat s prostorem mezi věcmi. Mančuškovo dílo tuto logiku dovádí až k mezi možného, soustředí se totiž především na prázdná místa a často dokonce působí jako soubor mezer v čase a prostoru. Jako když šero v díle klasických malířů prohlubuje plátno, aby lépe vystoupila postava,[6] u Mančušky zobrazení strukturuje absence. Odtud jeho systematické používání opisných vyprávění, doslova proděravělých či amputovaných, která nabízejí jakousi výpověď naruby. Právě v tomto smyslu je jeho dílo bytostně kinematografické. Víme, že technicky vzato zachycuje filmový pás pouze velmi malý výběr dvaceti čtyř obrázků za sekundu a že iluzi pohybu vytváří temný interval způsobený uzavřením závěrky projektoru, který si pohrává se setrvačností lidského oka. Právě slepé úhly reality, neviditelné a nenafilmované, dávají vyniknout obrazu. Stručně řečeno, bez chybějícího obrazu neexistuje obraz. Každý film je svou podstatou *flicker filmem*. V tom smyslu je kinematografická technika otiskem fungování paměti, která je fragmentární a fragmentovaná. Bez zapomnění není paměti: režim výběru a neustálého narušování, které není problémem, ale samotnou podmínkou existence paměti.

Všude v Mančuškově díle se objevuje označující prázdno (chybění): texty vyřezané do hmoty, jimiž můžeme pokradmu pozorovat výjev[7] či obraz[8], otvory vystřílené do zdi, které ohraničují „nepřítomnou" židli[9], pozůstatky po konferenci, jejíž téma se nikdy nedozvíme[10]. Jinde jsme upozorněni na části těla, na které si sami nevidíme.[11] Obecněji, u Mančušky se všechno odehrává mimo zorné pole, ve slepých záhybech reality, ať už materiálních, nebo psychických. Protagonisté jeho příběhů zdá se trpí výpadky paměti, nepřítomností, ztrátou orientačních bodů uprostřed každodennosti → (6.1). V jeho textových instalacích nedochází k zpřesnění faktů, jejich relativismus daný různými úhly pohledu spíše ukazuje, jak každá privilegovaná perspektiva ustanovuje závratně nekonečné množství perspektiv, jež jsou vyloučeny. V Mančuškových pracích, stejně jeho v jeho nábytkových skulpturách doslova požíraných stěnou[12] i v jeho vyprávěních, je mnohem více toho, co je skryto, než toho, co je ukazováno.

6
Srov. Max Milner, *L'Envers du visible, essai sur l'ombre*, Seuil, Paříž 2005.

7
Prostor za stěnou... (2004)

8
...a zase zpět (2004)

9
800 způsobů jak popsat židli (2004)

10
Konference (2001)

11
Ten druhý (Poprosil jsem svoji ženu, aby mi začernila místa na těle, která si nevidím) (2007)

12
Nikdy to neuvidíš celé (2003)

5

Také paměť a myšlenka jsou „kinematografické" v tom smyslu, že jsou záležitostí střihu. Veškeré vzpomínání je jen novým, selektivním zpracováním neforemné hmoty současně zakoušených dojmů, kterými je vyplněn každý jednotlivý okamžik. Stejně tak textové instalace Jána Mančušky uplatňují určitý paralelní střih, který nutí diváka k neustálému přehodnocování perspektiv na základě jeho úhlu pohledu. Tím pádem i samotný smysl díla závisí na kritické perspektivě pohledu. Stejně jako jsou některé texty v prostoru čitelné pouze z určitého úhlu, který se mění při pohybu diváka, pochopení díla Jána Mančušky zůstává omezené a rozostřuje se, jakmile se pohneme ➔ (8.1). V kognitivním vyjádření tu divák sám provádí vlastní sestřih díla na základě rozdílných prvků, jež jsou mu předloženy ➔ (7).

6

Psychologické motivy, které vévodí Mančuškovu vyprávění, jsou úmyslně banální až lhostejné ➔ (6.1): pasivní popisy kontextu, zmeškané schůzky, nedorozumění, přechodná paranoia. Dokonce i vážné či tragické události (znásilnění[13], vražda[14]) jsou zpracovány se znepokojivým odstupem. Jeho postavy šíří bez jakéhokoli hrdinství určitou existenciální filosofii, která vyjadřuje marnost života a jeho křehkost bez přehnaných citů. Lhostejnost ovšem neznamená nezájem, protože jeho vyprávění zabírá *místo*. To se ostatně zdá být jeho základní rolí: zaplnit absurdním způsobem prostor. Jako by vyprávění bylo jen záminkou pro měření prostoru, prostým užitným materiálem na způsob čínských petard, které tvoří složené kousky novin, jež vedle toho, že slouží jako výplň, obsahují navíc anekdotické či tragické události. Objemově měřitelné využití fikce. U Mančušky jsou příběhy samostatně plujícími autonomními jednotkami, které jsou „uloženy" do objektů, hmot či do úst jeho protagonistů. Lingvistické přízraky, squatteři, kteří přecházejí od jednoho média k druhému.[15] V každém případě, je-li jeho vyprávění neutrální, vyžaduje-li jen málo empatie ze strany diváka, pro toho, kdo mluví, není jeho psychický dopad o nic menší. Zkrátka, slova tu fungují jako otisky, to znamená, že zůstávají na povrchu, ale zároveň zanechají stopu.

13
Fragment asynchronní historie – Skutečný příběh / Příběh Jany (2004)

14
Vrah bez příčiny (2008)

15
Hledaný předmět (2010) / *Tak jak se to skutečně stalo* (2010)

2015

7

(7.1) Jednou ze strategií, jak uniknout podmínkám smlouvy, je
zbavit se jedné ze smluvních stran. Právě to dělá Ján Mančuška
s uměním: obchází postavu autora. Skutečně, existuje-li vůbec
původní pozorovatel, strážce prožívaného, zdá se, že nemá
vlastní identitu. V Mančuškových vyprávěních není nic auto-
biografického, nic tu neodráží intimní psychologii umělce.
Symbolické je, že když říká „já" v instalaci *Ten druhý (Poprosil
jsem svou ženu, aby mi začernila místa na těle, která si nevi-
dím)*, je to deiktická hra, protože popisovanou akci provádí
jiný člověk. Literární praxe, která se blíží „novému románu",
z něhož, jak říká Michel Foucault ve slavné přednášce z roku
1969, zmizela dominantní postava autora. Cituje přitom krásnou
větu Samuela Becketta: „Je jedno, kdo mluví, řekl někdo, je
jedno, kdo mluví."

(7.2) Pokud se u Mančušky autor stahuje do pozadí, je
to proto, aby ponechal hlavní roli divákovi, který se nakonec
stává vypravěčem a protagonistou příběhu. Jeho díla působí
jako řada dispozitivů k uchopení, jež nabízejí tomu druhému
stát se článkem prožitku. Využívá-li Mančuška konceptuální
umění v podobě ztělesněné situace, nepracuje – jako v body-artu
a v performanci – s vlastním tělem, ale s tělem diváka. Nejde
tedy jako v experimentech Bruce Naumana či Valie Export
o svědectví o jednou prožité situaci nebo o jejich tělo, v nichž
tělo, oko či kamera je měřítkem prostoru i času. Jedná se spíše
o oživení podmínek pro vznik zkušenosti pozváním divákova
těla i ducha, aby ji prožil po svém.

Tento způsob není ani zdaleka prostou manipulací, ale
spíše poctou postavě „emancipovaného diváka" (*Spectateur
émancipé*), kterého filosof Jacques Rancière popisuje jako zod-
povědného a aktivního aktéra protokolu umění.[16] Podle Rancièra
přivádí princip rovnosti inteligencí každého člověka (učitele
i studenta, umělce i diváka) k vytvoření vlastní ekonomie,
vlastního systému produkce vědění. Tím se z pouhého pohledu,
pozorování, ale také ze vztahů mezi pozorováním stává forma
akce. Rancière zpochybňuje klasické hierarchie mezi díváním
se a věděním a díváním se a jednáním. Navrhuje zrušit nad-
řazenost mezi takzvaným aktivním jednáním tvůrce a takzva-
nou pasivitou diváka. Vrací tím divákovi vědomí a inteligenci,
které má i v roli toho, kdo se dívá a kdo užívá svou schopnost

16
Jacques Rancière, *Le spectateur émancipé*,
Editions La Fabrique, Paříž 2008.

Guillaume Désanges / Ján Mančuška: Chybějící část

„spojovat a oddělovat" → (5) (tedy schopnost střihu) a schopnost sestavit „vlastní báseň z prvků, které se nacházejí před ním" → (6).[17]

8

(8.1) Toto zapojení diváka je možné, jen pokud zůstává význam díla nedopovězený, nikoli zamrzlý, a tudíž nekonečně uchopitelný. Pochopili jsme, že u Mančušky jde stejně o to ukrýt jako ukázat, v jednom hnutí a bez rozporu, protože první je podmínkou druhého (a naopak). Nejde mu o to, aby znejasňoval, ale naopak se snaží osvětlit způsob, jakým se realita představuje naší inteligenci kousek po kousku a přirozeně zakrývá některou svou část. Stejně jako se umělec (či spíš jeho dvojník) snaží ohraničit slepé body svého těla,[18] celé Mančuškovo dílo jako by se snažilo ohraničit slepé body značení → (8.2). Dílo tu není proto, abychom se ho zmocnili či ho pochopili. Funguje jedině tak, že mate význam, který nabízí, a hloubí nám před očima nekonečné propasti neznalosti → (8.2). Tato část práce Jána Mančušky se nenápadně obrací k Mallarmému, hermetické poezii, Samuelu Beckettovi, Maurici Blanchotovi či Kafkovu *Mlčení sirén*, jakož i k literárním konceptualistům jako Ian Wallace či Art & Language. Právě tato nerozhodná část díla dává divákovi prostor ke zkoumání a účasti. Tento kognitivní ústup nabízí možnost prožitku a ten, byť sevřený, představuje zónu svobody vydobyté na rozparcelovaném území umění. Předčasný odchod umělce, který ještě zesiluje nemožnost interpretace, podtrhuje již tak pregnantní dojem toho, že skutečná, výsostná zkušenost, kterou nám umění může přinést, je prožitek neznalosti.

17
In Jacques Rancière, *Le spectateur émancipé*, Editions La Fabrique, Paříž 2008.

18
Ten druhý (Poprosil jsem svoji ženu, aby mi začernila místa na těle, která si nevidím) (2007)

Guillaume Désanges / Ján Mančuška: Chybějící část

Pojmové osoby. K filmovým instalacím Jána Mančušky[1]

Karel Císař

Jakkoli by se mohlo zdát, že v díle Jána Mančušky došlo k radikálnímu obratu, to když se od textových instalací z let 2003–2006 přiklonil k filmovým a performativním akcím, ve skutečnosti je třeba tyto práce chápat jako logické vyústění jeho předchozích snah. Takto se nám Mančuškovo dílo bude jevit při detailnější analýze jazyka v instalacích i při bližším rozboru aktérů ve filmech a performancích. Ukáže se, že umělec v obou případech pracoval s přehodnocením užitých vyjadřovacích prostředků tak, že jazyk i osoby jsou pouze ztělesněním specificky inscenovaných událostí. Jazyk je totiž v Mančuškových pracích pochopen nikoli jako pouhý prostředek sdělování, ale jako performativní nástroj reálných dějů, a osoby zde zase vždy evokují pojmové struktury. Ján Mančuška tak ve svém díle znovu promýšlel přechod od konceptuální k postkonceptuální umělecké praxi, aby se mohl vyhranit vůči oběma těmto typům a situovat se do pozice, v níž mohl volně přecházet mezi odlišnými médii, a to při udržení mimořádného soustředění na omezený soubor problémů spjatých s otázkami po možnosti vzájemného porozumění i porozumění sobě samému.

Patrné je to ze srovnání Mančuškových prací *Hrnek* (2003) a *Židle* (2005) s instalací *Ten druhý* (*Poprosil jsem svoji ženu, aby mi začernila místa na těle, která si nevidím*) (2007). O prvních dvou bychom na první pohled mohli tvrdit, že poukazují k elementárním zkoumáním, která v polovině šedesátých let prováděl Joseph Kosuth.[2] Jestliže se však Kosuth ve své práci, v níž odlišuje předmět, fotografickou reprodukci a jazykový znak, soustředil na možnost konceptualizace umění, Mančuška se od začátku pohyboval v pojmové oblasti. Ukazoval časový základ každého myšlenkového procesu, který vždy nutně

1
Text představuje opravenou a rozšířenou variantu eseje původně publikovaného německy a anglicky v katalogu *Ján Mančuška, Against Interpretation*, Hatje Cantz Verlag, Ostfildern 2011, s. 133–144, a následně přetištěného česky ve výboru z mých textů *Abeceda věcí. Poznámky k modernímu a současnému umění*, UMPRUM, Praha 2014, s. 181–192.

2
Srov. Joseph Kosuth, „Art after Philosophy," *Studio International*, č. 178 (říjen–prosinec)/1969, s. 134–137, 160–161 a 212–213. Přetištěno in: Alexander Alberro – Blake Stimson (ed.), *Conceptual Art: A Critical Anthology*, MIT Press, Cambridge (MA), London 1999, s. 158–177.

postupuje v krocích. To dokládá pojmový rozbor slova „hrnek“, který autor provedl přímo na zdi galerie. V pojmu nejprve odlišil aspekty podoby, funkce a materiálu, což jej postupně dovedlo až k rozborům sociálních a politických principů. Od funkce stolu se dostal k důvodům rozpadu rodiny a od materiálu k ekologickým problémům. Nápis na zdi vznikal ryze asociativní metodou, bez jakékoli předchozí přípravy, aby co možná nejvěrněji zachytil průběh myšlení. Principy myšlení a jeho zápisu jsou uchopeny i konkrétním provedením práce. Zatímco původní rozbor pojmu „hrnek“ Mančuška provedl na centrální zdi galerie, rozbor „židle“, jejž při jiné příležitosti vytvořil na levotočivém schodišti, začal lineárním zápisem ve druhém patře a postupně sestupoval směrem ke vchodu do galerie v přízemí. Diváci byli tedy nejprve konfrontováni s nejnižšími členy analýzy, od níž mohli postupovat směrem k východiskům, aby při východu z galerie celým procesem prošli znovu, ovšem v opačném gardu. V poslední variantě téže práce, tentokrát pro Česko-Slovenský pavilon na 51. benátském bienále v roce 2005, Mančuška nechal pojmový rozbor levitovat na plastových deskách uprostřed prostoru. Nejednalo se tedy o dematerializaci uměleckého díla, nýbrž o zhmotnění procesu myšlení.

V přímém protikladu k lapidárnosti těchto děl se zdá být Mančuškova instalace *Ten druhý* (*Poprosil jsem svoji ženu, aby mi začernila místa na těle, která si nevidím*). Rozměrné dílo sestává ze světelného panelu, před nímž je zavěšena série filmových pásů. V prvním plánu se zde dochází k mezím filmových prostředků, aby se ukázaly jejich výchozí principy. Práce totiž odhaluje, že základem filmu není série statických momentek, jak se obvykle tvrdí, ale kamera a projektor jako „zobecněné ekvivalenty přemísťovacích pohybů“.[3] Bez nich zůstávají filmové pásy pouhými fotografiemi, jež musíme do pohybu uvést vlastním přičiněním. Tehdy také odkrýváme druhý aspekt díla, který spočívá v synchronizaci dokumentované akce s našimi vlastními reakcemi. Působnost práce totiž těží z prvotního šoku, s nímž při přiblížení ke zdánlivě formální instalaci vnímáme intimní událost, při které žena natírá muži ty části těla, na něž si sám nevidí. Stejně tak jako muž postupně odkrývá svou nahotu, která je okamžitě překryta černou barvou, vystavujeme se i my jakožto pozorovatelé v této choulostivé situaci pohledu ostatních diváků. Překvapivé zjištění, že nejvíce začerněná, a tedy neviditelná

3

Srov. Gilles Deleuze, *Film 1. Obraz-pohyb*, Národní filmový archiv, Praha 2000, s. 13.

jsou právě ta místa, která jsou jinak nejvíce patrná a individualizující, tedy hlavně obličej, nás přivádí do stejné situace, v níž se v průběhu akce ocitla mužská postava. O tom, že Mančuškovi šlo především o tuto identifikaci mezi divákem a aktérem, nejlépe svědčí to, že jej s jeho ženou v instalaci představoval jiný pár. Tento fakt rovněž rozšiřuje významové pole názvu práce, v němž „ten druhý" nemusí být redukován pouze na ženu, skrze niž muž ohledává svou identitu, ale můžeme jím být i my, kteří jej pozorujeme, a konečně i on sám, který se nechal pozorovat. Ve výsledku práce ukazuje „já" a „druhého" jako vzájemně neredukovatelné složky jediného vztahu, který má ryze pojmovou povahu.

      Snaha o zhmotnění procesu myšlení ve zdánlivě dematerializované analýze pojmu a naopak ryze pojmová povaha domněle formální instalace byla v Mančuškově díle motivována jednak místním středoevropským idiolektem konceptuálního umění sedmdesátých let a jednak teoretickým přehodnocením role jazyka v konceptuální umělecké praxi. Z tohoto pohledu je charakteristické, že centrální místo v rozhovoru mezi Jánem Mančuškou a Jiřím Kovandou z roku 2008 zaujala role dokumentace a její specifické časovosti v akcích ze sedmdesátých let, v nichž Kovanda ohledával hranice mezi osobním a veřejným.[4] Podle připraveného scénáře tehdy provedl na Václavském náměstí několik jednoduchých úkonů, které nebylo možno odlišit od každodenního chování. S roztaženýma rukama se postavil proudu chodců, během chůze se nenápadně dotýkal kolemjdoucích nebo se při jízdě na eskalátoru otočil a hleděl do očí člověka, který stál za ním. Vzhledem k charakteru měly jeho akce v okamžiku realizace bezprostřední význam především pro autora, který v nich překonával meze vlastní uzavřenosti. Divákům byly od počátku určeny pouze strohé dokumentace, v nichž byl popis akce doplněn o několik ilustračních fotografií. Věcné, estetiky zbavené podání i uspořádání snímků vede diváka k důsledné identifikaci, neboť na danou situaci vyvolává reakce jak z pozice aktéra, tak účastníka. A teprve tehdy, když prostřednictvím dokumentace a psaného komentáře docházelo ke komunikaci s divákem, se podle Kovandy jeho akce stávaly uměleckými díly.

      Kovanda se tím přiblížil k takovému pojetí vztahu mezi jazykem a reálnou akcí, které v sedmdesátých letech formuloval

4
„Jiří Kovanda (rozhovor)", *Frieze*, č. 113/2008, s. 146–149. Rozhovor publikován v tomto svazku s. 309–313.

Vito Acconci, jehož dílu *Following Piece* (1969) Kovanda v rozhovoru s Mančuškou přisuzuje klíčové postavení. Na rozdíl od většiny umělců své generace Acconci mezi poezií a akcemi nespatřoval žádný rozpor. Chápal je v přirozené návaznosti, neboť prázdná stránka pro něj byla prostorem podobným prostoru fyzickému.[5] Právě proto se ve svých textových pracích pod vlivem „nového románu" a konkrétní poezie vyhýbal jakýmkoli referenčním slovům a omezoval se na jazyk, který se vztahuje k sobě samému, jak je tomu v případě posuvných znaků „já", „ty" nebo „tady" a „tam". Jazyk se mu tak mohl stát modelem pro jeho pozdější živé akce. Stejně tak jako ony, i jazyk pro něj byl místem lidské komunikace a interakce. Acconciho textové práce tedy můžeme chápat jako scénáře akcí, v nichž posuvné znaky zaujaly rovněž centrální postavení. Tak je tomu například ve videu *Air Time* (1973), v němž se umělec po dobu pětatřiceti minut obrací ke svému zrcadlovému obrazu střídavě pomocí zájmen „já" a „ty".[6] Stejnou funkci pak plní i fotografické dokumentace jeho akcí. Jejich sekvence se nepokoušejí akci vyčerpávajícím způsobem zachytit, ale naopak se spolu s textem snaží poskytnout divákovi dostatečné informace, které mu umožní vytvořit mentální model Acconcim inscenované události.[7]

Z této konceptuální lekce Ján Mančuška čerpal zájem o modelové užití jazyka, nové formy interakce s diváky i o způsoby dokumentace, jakými jsou sekvenční fotografické snímání či pohyblivý obraz. Co jej naopak od konceptualismu sedmdesátých let dělilo, je zcela odlišné pojetí času a paměti, které Mančušku přivedlo k užívání narativity, jaké známe nejen z jeho pozdějších filmových a performativních akcí, ale již z prací s textem z let 2003–2006. Jestliže totiž umělci sedmdesátých let vycházeli při svých analýzách z atomizovaného pojetí času, ztělesněného sekvencí pokoušející se znovuzpřítomnit bezprostřední prézenci umělce,[8] Mančuška vycházel z nechronologického pojetí času, jak se ukazuje ve vzpomínce a historické paměti. Patrné je to v jeho první práci tohoto typu *Během chvíle kdy jsem kráčel… po místnosti ve svém studiu v ISCP, 323 W 39th Street #811, New York* (2004), v níž popisoval chůzi po prostoru ateliéru. Text je vytištěn na textilní gumě tak, aby odpovídal času fyzického pohybu po místnosti. Při různých příležitostech, kdy byl nápis na pásce napínán v odlišném prostoru galerie, ukazoval, že čas není ničím uvnitř nás, ale naopak že jsme to

5
Srov. Vito Acconci, „Early Work: Movement over a Page", *Avalanche*, č. 6/1974, s. 4: „The page has to be narrowed in on, treated as a chamber space separated from its surroundings. 1 Use words that play each other and so circle back on themselves, remaining confined on the page. 2. Use material that exists only as it's spoken, that exists only in language – for example use idioms […] drawing attention to the language used. […] Once the limits of the field are determined, a system of flows and stopping places can be established. The page has to recede, pull back: it doesn't compete with elements outside but is used, instead, alongside with them. Use this page as the start of an event that keeps going, off the page; use the page to fix the boundary of an event, or a series of events, that takes place in some outside space."

6
Srov. Rosalind Krauss, „Video: The Aesthetics of Narcissism", October, č. 1/1976, s. 50–64. Přetištěno in: Rosalind Krauss, Perpetual Inventory, MIT Press, Cambridge (MA), London 2010, s. 3–18.

7
Viz Liz Kotz, *Words to be Looked at. Language in 1960s Art*. MIT Press, Cambridge (MA), London 2007, s. 154–174.

8
Viz Dan Graham, „Muybridge Moments", *Arts Magazine*, č. 3/1967, s. 23–24; Dan Graham, „Photographs of Motion", in: *End Moments*, 1969, s. 31–38, a Mel Bochner, „The Serial Attitude", *Artforum*, č. 6/1967, s. 28–33; Mel Bochner, „Seriality and Photography", in: Mel Bochner, *Solar System and Rest Rooms, Writings and Interviews 1965–2007*, MIT Press, Cambridge (MA), London 2008, s. 49.

my, kdo je uvnitř času. Tento základní postřeh o „uchované minulosti" nutně vede k myšlence „virtuální koexistence všech úrovní minulosti", jak je vyjádřena v díle *Fragment asynchronní historie – Skutečný příběh / příběh Jany* (2004).[9] Na tutéž událost je v instalaci nahlíženo ze tří odlišných jak osobních, tak časových perspektiv, které se vzájemně protínají a při pohybu prostorem umožňují zcela odlišné interpretace. K výslovné tematizaci tohoto postoje na úrovni dějinnosti pak Mančuška dospěl v intervenci do stálé sbírky Moravské galerie v Brně *...a zase zpět* (2004), v níž překryl známá díla českého modernismu plechovými kryty. Diváci tak mohli obrazy pozorovat pouze skrze vyřezané průzory v podobě textu, podle něhož „neexistuje jedna historie, nýbrž několik souběžných historií, které jsou vzájemně nesouměřitelné". Podobně jako v instalaci *Ten druhý,* i zde byl navíc obsažen výrazný sebereflektivní aspekt, neboť ještě předtím, než byli diváci schopni číst vyřezaný text či jeho průzory pozorovat zakryté obrazy, se v lesklém plechovém krytu setkali se svým vlastním odrazem.

A právě toto nechronologické pochopení času Mančušku dovedlo k filmovým a performativním akcím, pro něž po předchozím užívání skutečných příběhů poté začal psát vlastní scénáře. Zároveň v nich však ještě více rozvinul experimenty s vnímáním publika, které zde hraničí s jakousi inscenovanou choreografií. Svědčí o tom již filmová instalace *Vrah bez příčiny* (2006), která sestává z filmové projekce ve vytvořeném architektonickém prostředí. Divák je v něm nejprve konfrontován s dvěma projektory, které společně ve smyčce promítají 35mm film tak, že okenička jednoho slouží jako projekční plocha druhého, na níž dopadá miniaturní obraz, odpovídající skutečné velikosti celuloidového filmového pásu bez obvyklého 300 000násobného zvětšení. Instalace pracuje s několika úrovněmi zcizení, které nejsou vloženy pouze do její fyzické podoby, ale i do děje promítaného filmu. Tak jako je totiž postupně nabourávána běžná představa o filmové projekci – pohyb a tělesnost zde nejsou suspendovány, ale naopak posíleny a namísto sociálního zde zažíváme zcela individuální vnímání –, je zásadním způsobem narušena i linearita vyprávění. Zatímco většina děje evokuje osamělý život člověka směřujícího k sebevraždě, závěrečná sekvence předchozí fakta relativizuje přítomností jeho blízkých. Nejsilnějším zcizujícím aspektem je však nezúčastněný

9
Viz Gilles Deleuze, *Bergsonismus*, Garamond, Praha 2006, s. 57–84, a Gilles Deleuze, *Film 2. Obraz-pohyb*, Národní filmový archiv, Praha 2006, s. 84–118. Pro význam, jaký Deleuzovo dílo mělo pro interpretaci časových uměleckých forem, srov. Sven Lütticken, „Transforming Time", *Grey Room*, č. 41/2010, s. 24–47.

hlas vypravěče, který celou situaci zdvojuje a nutí nás zaujmout vlastní kritické stanovisko.[10]

Ještě lapidárněji Mančuška téma nechronologického času uchopil v jednokanálové projekci *Pohyblivý obraz – Akt sestupující ze schodů* (2007). Jako výchozí materiál mu sloužil jednoduchý dvouminutový záběr, který bez střihu ukazoval svlečenou ženu kráčející po schodech v blíže neidentifikované funkcionalistické budově. Během postprodukce Mančuška nejprve všechna políčka očísloval a poté přeskládal jejich přirozenou následnost pomocí speciálního softwaru generujícího náhodná čísla. Místo iluze pohybu tak na videu sledujeme chaotickou změť nenavazujících filmových okének, v nichž se žena pohybuje mnohem rychleji než v původním záběru. Dezorientaci vnímatele ještě umocňuje zvuková stopa sestávající z obdobně přeskupeného odpočítávání času, kterým byla doprovázena původní sekvence. Názvem videa *Akt sestupující ze schodů* Mančuška výslovně odkazoval k tematicky blízké práci Marcela Duchampa z roku 1912. Předpovídal-li však avantgardní umělec krizi zobrazení, k níž vlivem filmu mělo teprve dojít, Mančuška se k podobnému problému vrátil proto, aby analyzoval, jaký vliv mělo filmové médium na naše každodenní jednání a vnímání. Z tohoto hlediska se tak spíš než avantgardnímu umění přiblížil zkoumání diskursivních postupů filmu jako zcela soudobých prostředků společenské kontroly.

Avantgardní estetiku Mančuška důsledně využil až o rok později v objektu s inverzním negativem kinofilmu *Tatlinova věž* (2009), který poprvé uplatnil v instalaci *Ten druhý*, a k vizualitě fotografie nové věcnosti zase odkázal v projekci diapozitivů *Tak jak se to skutečně stalo* (2010). V prvním případě Mančuška kinofilmový pás zachycující elementární gymnastické figury zavinul do spirály po vzoru nerealizované *Věže III. internacionály* od významného představitele sovětské architektonické avantgardy Vladimira Tatlina. Výslednou kompozici fixoval v plexisklovém boxu pomocí důmyslného systému provázků, čímž navíc dosáhl podobného účinku jako Naum Gabo ve svých transparentních plastikách z třicátých let. V projekci *Tak jak se to skutečně stalo* Mančuška podle svých slov rozvíjel možnosti propojení textu a obrazu, s nimiž ve třicátých letech experimentovali fotografové a grafičtí návrháři na Bauhausu.[11] Společně s fotografem Martinem Polákem, s nímž spolupracoval na všech

10
Viz Ján Mančuška, „Inscenovaná realita", *Flash Art (Czech & Slovak Edition)*, č. 15/2010, s. 28–31, s odkazem k Deleuzovu výkladu popisu v „novém románu" ve *Film 2. Obraz-pohyb*, cit. d. (viz pozn. 172), s. 14–15: „Zcela jinak je tomu s neorealistickým popisem v „novém románu": když zastupuje svůj vlastní objekt, na jedné straně přitom vygumuje nebo destruuje realitu, jež přechází v imaginárno, avšak na druhé straně z ní přitom nechá vystoupit veškerou realitu, kterou imaginárno či duševno slovem a viděním vytvářejí."

11
Viz Vít Havránek, „Svoboda existuje pouze v okamžiku svého zrodu", *Flash Art (Czech & Slovak Edition)*, č. 15/2010, s. 35. Rozhovor publikován v tomto svazku s. 323–326.

svých fotografických instalacích, pořídil sérii snímků připomínajících konstruktivistické koláže. Slova, která se na záběrech objevují, ovšem Mančuška nezamontoval do fotografie, ale vložil je přímo mezi předměty: jednou jim dal podobu běžného vytištěného textu, jindy je sestavil z písmen vystřižených z novin, někdy je napsal ručně. Nejčastěji však průhledné fólie s literami nalepil na různé skleněné odlivky a nádoby. Právě tyto snímky, širokou škálou optických efektů připomínající meziválečné fotografické experimenty, tvořily obsah jedné ze dvou synchronizovaných projekcí diapozitivů ve specifické výstavní architektuře.

Instalace byla nejprve představena samostatně na stejnojmenné výstavě ve vídeňské galerii Georg Kargl v roce 2010 a o rok později se v upravené podobě stala ústřední částí retrospektivy *Against Interpretation* v Kunstverein Braunschweig. V obou případech Mančuška umístil diaprojektory na otočné sokly v kruhových textilních paravánech. Zatímco na první projekci mohli diváci odkrývat smysl textu, na druhé byli konfrontováni s pohybem diaprojektoru okolo své osy. Smysl textu pojednávající o nutnosti linearity vyprávění z první projekce odpovídal sebereflexivnímu nahlížení diaprojektoru z projekce druhé. Vlivem synchronizovaného pohybu diaprojektorů ovšem docházelo k destrukci původního významu zobrazované věty i k destrukci avantgardní představy o účelnosti a všeobecné srozumitelnosti fotomontáže, což bylo nahrazeno pocitem dezorientace a ztráty smyslu.

Podobné postupy jako v instalacích *Pohyblivý obraz – Akt sestupující ze schodů* a *Tak jak se to skutečně stalo* Mančuška použil v projekcích *Odlesk* (2008) a *Ztráta paměti* (2010). Název videoinstalace *Odlesk* je zároveň i jejím strukturním principem. Na materiálové úrovni je to patrné z použití kusů funkcionalistického nábytku. Ty tvoří jak kulisy fiktivního děje filmu, tak skutečné stěny, jež vymezují projekční plochu. Nájezdy kamery na jejich lesklé desky navíc tvoří začátek a první dva předěly první části filmu. Optika reflexe je však vtělena především do scénáře, v němž si hlavní dvě postavy při popisu svého chování vzájemně vyměňují role pozorovatele a vypravěče. Nejprve ve třetí osobě popisují svůj protějšek, později jeho jednání a postavení v prostoru a nakonec takto popisují sám popis z první části. Pokud se děj první části odehrává v reálném čase, pak v té druhé si na něj další dvě postavy pouze

Karel Císař / Pojmové osoby. K filmovým instalacím Jána Mančušky nejasně vzpomínají, aniž by užily jediné vlastní jméno. Identita je zde představena jako soubor rolí, jenž je vetknut do příběhu někoho jiného. Zcizení tu již není dosaženo vnějším hlasem vypravěče či zlomem v ději, jako tomu bylo ve *Vrahu bez příčiny*, ale přímou výstavbou děje a filmové syntaxe.

Totéž lze říci i o *Ztrátě paměti,* s tím rozdílem, že je zde ještě umocněna reflexe filmového média. Práce je založena na vnitřně propojených časových a prostorových vlastnostech filmu. Z prostorového hlediska má určující význam rozdělení snímku do tří projekčních ploch, na něž jsou z jedné smyčky promítány dvě kopie identického filmu, a kopie třetí, která obsahuje krátký scénický sestřih proložený mezerami, představující jednotlivé aktéry. Z časového hlediska je rozhodující dvouminutový interval, který uplyne, než se úvodní scéna přesune z první do druhé promítačky. Vzhledem k tomu, že všechny tři obrazy sledujeme paralelně, identický obraz má v jednom místě zcela jiný význam než v místě jiném. Dojem do sebe uzavřeného systému podporuje i způsob kamerového snímání, v němž pohyb postav sleduje stejně pohyblivá kamera. První scéna je složena ze dvou záběrů, které začínají a končí zastavením pohybu kamery. V záběru nejprve sledujeme odchod ženské postavy, na nějž je skokovým – čas zhušťujícím – střihem napojena scéna jejího příchodu k mužské postavě. Jejich setkání je zdůrazněno krouživým pohybem, kterým je kamera obchází, aby se nakonec krátce zastavila přesně v tom okamžiku, kdy opouští první postavu a v dalším záběru sleduje postavu druhou. Vnitřně skloubená choreografie pohybu postav a kamery, které vedou náš pohled, přesně odpovídá skutečnému mechanickému pohybu celuloidového pásu systémem tří projektorů.

Stejně je tomu i uvnitř příběhu filmu. I v něm se chronologická linearita vyprávění přirozeně převrací v cyklickou sekvenci uzavřených, ale vždy fragmentárních scén. Příběh uvádí do pohybu novinová zpráva o bezvýznamné katastrofě, která je příčinou výpadku paměti. Dopad této události sledujeme v sérii nedorozumění postav, jejichž amnézie je přivede do bezvýchodné situace. Jejím nejsilnějším ztělesněním je zřejmě moment, kdy řidič, který zapomněl svůj cíl, krouží stále dokola po kruhovém objezdu. Posledním článkem v převodu mezi fyzickým pohybem filmu a pohybem děje není nic jiného než pohyb myšlení.[12] Podobně jako je jízda automobilu po kruhovém

12
Srov. Gilles Deleuze, *Film 2. Obraz-pohyb*, cit. d. (viz pozn. 172), s. 187: „Pouze v případě, když se pohyb stane automatickým, se realizuje umělecká podstata obrazu: *vyvolává otřes myšlení, přináší vibrace do mozkové kůry, dotýká se přímo nervového a cerebrálního systému.*"

objezdu pouze přenosem pohybu celuloidového filmového
pásu, i naše mysl je zcela pohroužena do cirkularity vyprávění.
Obdobně jako si postavy nemohou vzpomenout, kam mají jet
a kde si zapomněly brýle, i my se pokoušíme vybavit si, kde jsme
je již předtím viděli. Přestože příběh postupuje lineárně, opa-
kování jeho epizod nás vede k neustálému dohledávání řetězce
příčin a následků, a ve zcizujícím momentu se tak již nestavíme
kriticky k posuzované události, ale k mezím našich vlastních
poznávacích schopností.

Nejdále v pohybu ke ztělesněním procesů myšlení
Mančuška zřejmě došel v divadelním představení *Hra pozpátku*
(2008). Pokud jsou aktéři *Vraha bez příčiny* pouhými němými
figuranty, za něž mluví vypravěč, postavy *Odlesku* promlouvají,
ale zůstávají uzavřeny v umělém interiéru a herci ve *Ztrátě
paměti* vycházejí ven do reálného světa, teprve představitelé ze
Hry pozpátku jsou skuteční lidé. Náročná choreografie je v jed-
notlivých pohybech i v celku děje vede směrem zpět, když vypra-
věč čte příběh od začátku do konce směrem kupředu. Pokud bylo
základním strukturním prvkem *Ztráty paměti* zpožděné opako-
vání, pak ve *Hře pozpátku* je jím komplexní zrcadlení. Příběh
totiž pojednává o návratu v čase, a všechny akce se tak ve hře
odehrávají dvakrát – jednou v přítomnosti a podruhé v minu-
losti. Opačným směrem vedená herecká akce a čtená narace
vypravěče vyvolávají v divácích pocit závrati až nevolnosti,
který plyne z nespojitosti významu slov a stavu věcí. Podobně
jako ve filmových realizacích, i zde k reflexi užívaných výra-
zových prostředků nedochází pomocí jejich porušování, nýbrž
skrze posun k jejich mezím, jenž je vyvolán typem narace, který
je do nich vložen.[13] Mančuška se zde tedy ukázal jako pravý
pokračovatel těch uměleckých pozic, které se pokoušejí dosáh-
nout otřesu myšlení a od něj odvozené změny jednání.[14]

K politizaci tu přitom nedochází ilustrací politických
námětů, nýbrž politickým promyšlením předpokladů umělecké
aktivity, které je třeba hledat v postojích každodenního života.
Stvrdil-li Mančuška ve svých filmech Deleuzovo pojetí kine-
matografie jako psychomechaniky či duchovního automatu,
které „stírá klamné psychologické rozlišení mezi obrazem jako
psychickou realitou a pohybem jako fyzickou realitou", těží
jeho performance z Deleuzova chápání gesta jako „prezentace
schopnosti zprostředkovat, tedy zviditelnění prostředku jako

13
Tím se Mančuška přibližuje takovému pochopení
média, jaké známe z prací Jamese Colemena.
Viz Benjamin Buchloh, „Memory Lessons and
History Tablaux: James Coleman's Archaeology
of Spectacle" a Rosalind Krauss, „Reinventing
the Medium: Introduction to Photograph",
in: George Baker, (ed.), *James Coleman*, MIT
Press, Cambridge (MA), London 2003, s. 83–110
a 185–210.

14
Motivu „emancipovaného diváka" v díle Jána
Mančušky se podrobně věnuje Guillaume
Désanges, *Ján Mančuška: Chybějící část*,
v tomto svazku s. 403–409.

takového".[15] To je patrné jednak z Mančuškova zájmu o přecházení mezi odlišnými vyjadřovacími prostředky a o jejich hybridní propojování, jako když jsme nuceni se v průběhu čtení pohybovat, bezprostředně se přibližovat k promítanému obrazu či sledovat průběh děje pozpátku, ale také z teatralizace výstavy. Tak tomu bylo především v autorových samostatných expozicích *Only Those Wild Species That Appeal to People Will Survive* v Kunsthalle Basel (2008), *Jihozápadní sloup a jeho stín na začátku novely* v pražské galerii tranzitdisplay (2008) a naposledy ve výstavě *Against Interpretation* v Kunstverein Braunschweig (2010–2011).

Ve všech těchto případech Mančuška výraznou architektonickou intervencí proměnil prostor galerie v otevřenou scénu, kde bylo možné experimentovat ve vztahu ke světu i k sobě samým. V Basileji toho dosáhl především fyzickým zdvojením podlahy galerie, která na několika místech vystupovala nad původní úroveň, jednou vložena do rohu místnosti se světelným odrazem v místnosti druhé, jindy tvořila volně stojící platformu, položenou asymetricky do středu galerie. Pražské výstavě dominoval systém černých divadelních závěsů, který vytvářel oddělené zóny pro prezentaci jednotlivých děl, jimiž diváci postupně procházeli, a *Velké zrcadlo* (2009), které prostor opticky zdvojovalo. V Braunschweigu toto zdvojení dosáhlo úplnosti, když se Ján Mančuška rozhodl celý půdorys přízemí posunout diagonálně směrem doprava. Vestavěné architektonické adice vytvořily prostory pro instalaci jeho děl, zároveň však určily jejich scénografii, vycházející ze stejných principů opakování a symetrie, které umělec používá ve svých filmech a performancích. Na rozdíl od svých předchůdců Mančuška pomocí těchto zásahů nechtěl odkrýt skryté institucionální opory výstavní instituce, ale naopak zdůraznit inscenovanost reality, v níž zažíváme zkušenost myšlení. „Zkušenost myšlení, o niž se zde jedná, je vždy prožitkem nějaké společné potenciality. Komunita a potencialita se beze zbytku ztotožňují, protože obsažení principu komunity v každé potencialitě je funkcí nezbytně potenciálního charakteru každé komunity."[16]

15
Giorgio Agamben, „Poznámky o gestu", in: Giorgio Agamben, *Prostředky bez účelu. Poznámky o politice*, Slon, Praha 2003, s. 49 a 52.

16
Giorgio Agamben, „Životaforma", in: Giorgio Agamben, *Prostředky bez účelu. Poznámky o politice*, cit. d. (viz pozn. 181), s. 16.

Karel Císař / Pojmové osoby. K filmovým instalacím Jána Mančušky

Ján Mančuška

*1972 Bratislava, † 2011 Prague

Education

1986 — 1990   Secondary School of Applied Arts in Prague
1991 — 1998   Academy of Fine Arts in Prague (Drawing studio
of Jitka Svobodová; Printmaking studio of
Vladimír Kokolia; Painting studio of Vladimír Skrepl)

Awards

2004   Jindřich Chalupecký Award

Residencies

2005   Künstlerhaus Bethanien, Berlin
2003   ISCP, New York
2001   Neue Galerie, Graz
2000   Rotterdam

Solo Exhibitions

AFFA Gallery, 1994 (with Jonáš Czesaný).
Vitrínka BJ [Headless Horseman Notice Board], Komunardů
Street, Prague, 1998.
10 cm nad zemí [10 cm Above the Ground], Na bidýlku Gallery,
Brno, 1999.
Sám doma [Home Alone], Černý pavouk Gallery, Ostrava, 1999.
3+1, Starter & Sorter Gallery, Prague, 1999.
Natvrdo [Hard-Boiled], Titanic Gallery, Theatre of Music,
Olomouc, 1999.
Přešlap [Scratch], Studio Noon, Prague, 2000.
Osvobozená domácnost [Liberated Household], Na bidýlku
Gallery, Brno, 2000.
Things around, Tent Gallery, Rotterdam, 2000.
Safe Home, Space Gallery, Bratislava, 2000 (with Drahomíra Lányi).
Já [Me], MXM Gallery, Prague, 2001.
I Don't Like to Go to the Bathroom Anywhere Else but Here,
House of Arts České Budějovice, České Budějovice, 2001.
Jiří Kovanda, Ján Mančuška, Na bidýlku Gallery, Brno, 2002
(with Jiří Kovanda).
Love, Open Gallery, Bratislava, 2002 (with Boris Ondreička
and Jesper Alvaer).
Prague 13, Václav Špála Gallery, Prague, 2002.

Wechselstube [Exchange Bureau], Stuttgarter Kunstverein,
Stuttgart, 2002 (with Josef Bolf).
Next Year in Marienbad…, Czech Center New York, New York, 2003
(with Markéta Othová).
Konceptual [Conceptual], Raketa Gallery, Ústí nad Labem, 2003.
Boris Mančuška Ján Ondreička, Les, NoD Experimental Space,
Prague, 2003 (with Boris Ondreička).
Boris Mančuška Ján Ondreička, Les, Jelení Gallery, Prague, 2003
(with Boris Ondreička).
Ján Mančuška, Marc Foxx (West Gallery), Los Angeles, 2004.
Read it…, Andrew Kreps Gallery, New York, 2004.
Home Alone, Künstlerhaus Bethanien, Berlin, 2005.
True Story, Andrew Kreps Gallery, New York, 2005.
The First Minute of the Rest of a Movie, Kunstverein Bonn, Bonn,
2005 (with Jonas Dahlberg).
The First Minute of the Rest of a Movie, Neue Kunst Halle Sankt
Gallen, St. Gallen, 2006 (with Jonas Dahlberg).
Ján Mančuška, Meyer Riegger, Karlsruhe, 2006.
Sorry for Being so Late, West London Projects, London, 2007.
A Gap, Meyer Riegger, Karlsruhe, 2007.
He: "Have you been there…?", She: "He said after a while",
Andrew Kreps Gallery, New York, 2008.
Southwest Pillar and its Shadow at the Beginning of the Novel,
tranzitdisplay, Prague, 2008.
Only Those Wild Species That Appeal to People Will Survive,
Kunsthalle Basel, Basel, 2008.
Bange vor dem zuerst Ausgedachten [Oppression Born of an Initial
Figment], Karin Guenther Gallery, Hamburg, 2009 (with Jeanne Faust).
Everything That Really Is, but Has Been Forgotten, Meyer Riegger,
Berlin, 2010.
This Is How it Really Happened, Georg Kargl Box, Vienna, 2010.
Against Interpretation, Kunstverein Braunschweig, Braunschweig,
2010.
The Missing Room, Andrew Kreps Gallery, New York, 2013.
Ján Mančuška, Meyer Riegger, Berlin, 2013.
The Big Mirror, Meyer Riegger, Karlsruhe, 2015.
First Retrospective, Prague City Gallery, Prague, 2015.
First Retrospective, Dom umenia / Kunsthalle Bratislava,
Bratislava, 2015.

Performances

If There Is Anything Good About Me I'm the Only One Who Knows,
Světozor Cinema / tranzit.cz, Prague, 2007.
The Invisible — Acting in Sequences, Bonniers Konsthall,
Stockholm, 2007.
The Invisible — Acting in Sequences, Frankfurter Kunstverein,
Frankfurt am Mein, 2007.
Reverse Play — Theatre, Takkelloftet, The Royal Theatre
Copenhagen, U-Turn, The Quadrennial of Contemporary Art,
Copenhagen, 2008.

Falls an mir was Gutes ist, dann bin nur ich das, der das weiss
[If There Is Anything Good About Me I'm the Only One Who Knows],
Stadtkino Basel, Kunsthalle Basel, Theater Basel, Basel, 2008.
The Invisible — Acting in Sequences, 4+4 Days In Motion,
14th International Festival of Contemporary Art, Prague, 2009.
Civic Play, GASK Artfest, Gallery of the Central Bohemian Region,
Kutná Hora, 2009.
Reverse Play, HAU2, Berlin, 2010.
Reverse Play, Archa Theatre, Prague, 2010.
*The Other (I Asked My Wife to Blacken All the Parts of My Body
Which I Cannot See)*, Festival Panorama de Dança, Espaço Cultural
Municipal Sérgio Porto, Rio de Janeiro, 2010.

Group Exhibitions

Doporučené obrazy, výstava ateliéru Vladimíra Kokolii
[Recommended Paintings, exhibition of work from Vladimír
Kokolia's studio], Behémót Gallery, Prague, 1996.
Bezhlavý jezdec [Headless Horseman], AVU Gallery, Prague, 1996.
DUM, Bořivojova 26, Prague, 1997.
Umělecké dílo ve veřejném prostoru [The Work of Art in the Public
Space], SCCA, National Gallery in Prague, Trade Fair Palace,
Prague, 1997.
S...S..., výstava ateliéru Vladimíra Skrepla [S...S..., exhibition of work
from Vladimír Skrepl's studio], Petrské náměstí 3, Prague, 1997.
Bistro, v rámci výstavy Vladimíra Kokolii [Bistro, included in Vladimír
Kokolia's exhibition], Mánes, Prague, 1998.
Dole v Bunkru [Down in the Bunker], Klub Bunkr, Prague, 1998.
City, Bořivojova 26, Prague, 1998.
Metro, Černý pavouk Gallery, Ostrava, 1999.
Perplex, Václav Špála Gallery, Prague, 1999.
Maxisklad [Megastore], Mánes, Prague, 1999.
Open House, Center and Foundation for Contemporary Arts
Prague, Čimelice Castle, Čimelice, 1999.
Petr Nikl: Nests of Games, Rudolfinum Gallery, Prague, 2000.
Bezhlavý jezdec na vzestupu [Headless Horseman Rising],
Jelení Gallery, Prague, 2000.
Distant Similarities — Something Better than Cosmetics,
National Gallery in Prague, Collection of Modern and Contemporary
Art, Prague, 1999.
Laboratory of Contemporary Tendencies, National Gallery
in Prague, Trade Fair Palace, Prague, 2000.
Women Come and Go, Only We Sci-fi Writers Remain..., Gallery 761,
Ostrava, 2000.
ÜberlebensKunst. Junge Künstler aus Prag [The Art of Survival.
Young Artists from Prague], Neuer Berliner Kunstverein, Berlin, 2000.
Pasted Intimacy, Jelení Gallery, Prague, 2001.
4th Biennial of Young Art Zvon, Prague City Gallery, Stone Bell
House, Prague, 2002.
Centre of Attraction, 8th Baltic Triennial of International Art,
Vilnius, 2002.
Pass me the Butterfly, DUMBO Arts Centre, New York, 2002.
Manifesta 4, Frankfurt am Main, 2002.

Artchitektura, Jaroslav Fragner Gallery, Prague, 2002.
*Peter Coffin with Brett Milspaw, Ján Mančuška, Ara Peterson
and Elif Uras*, Andrew Kreps Gallery, New York, 2003.
Things You Don't Know, K&S Gallery, Berlin, 2003.
Survey 03, Futura, Prague, 2003.
Prague Biennale 1, National Gallery in Prague, Trade Fair Palace,
Prague, 2003.
Balkan Consulat, <rotor> association, Graz, 2003.
Time and Again, Stedelijk Museum, Amsterdam, 2004.
Passage d'Europe [Travels Through Europe], Musée d'Art Moderne,
St. Etienne, 2004.
The Ten Commandments, Deutsches Hygiene-Museum, Dresden,
2004.
Jindřich Chalupecký Award 2004, Brno House of Arts, Brno, 2004.
Open, Arcadia University Art Gallery, Glenside, 2004.
Like Beads on an Abacus Designed to Calculate Infinity, Rockwell
Gallery, London, 2004.
Hot Destination, Marginal Destiny, Brno House of Arts, Brno, 2004.
Observatory, Palais im Grossen Garten, Dresden, 2004.
Model of the World, Quadrophonia, La Biennale di Venezia,
51. Esposizione Internazionale Arte, Czech and Slovak Pavilion,
Venice, 2004.
Time in Sequences, Bratislava City Gallery, Pálffy Palace,
Bratislava, 2005.
The Last Generation, Apexart, New York, 2005.
Labyrinths, David Winton Bell Gallery, Providence, 2005.
William Horner, Ján Mančuška, Hollybush Gardens, London, 2005.
Temporary Imports, Art Forum Berlin 2005, Berlin, 2005.
Wall Pieces, Galerie Jan Mot, Brussels, 2005.
Déjà vu, Atelier Augarten, Österreichische Galerie Belvedere,
Vienna, 2005.
Narrow Focus, tranzit studios, Bratislava, 2005.
Gustav Kluge, Ján Mančuška and Clemens von Wedemeyer,
Meyer Riegger, Karlsruhe, 2005.
Cultural Domestication, Instinctual Desire, CVA Gallery, University
of Toledo, Toledo, 2005.
Sutton Lane in Paris, Galerie Ghislaine Hussenot Paris c/o Sutton
Lane Gallery, Paris, 2005.
5th Biennial of Young Art Zvon, Prague City Gallery, Stone Bell
House, Prague, 2005.
The Last Generation, Jousse Entreprise, Paris, 2006.
*Speaking of Others. tranzit: Auditorium, Stage, Backstage.
An Exposure in 32 Acts*, Frankfurter Kunstverein, Frankfurt
am Main, 2006.
Kontakt, MUMOK Vienna and tranzit studios, Bratislava, 2006.
Undo Redo, Kunsthalle Fridericianum Kassel, 2006.
I (Ich) / Performative Ontology, Galerie, Grafisches Kabinett,
Vienna, 2006.
Yes Bruce Nauman, Zwirner & Wirth, New York, 2006.
Of Mice and Men, 4th Berlin Biennale for Contemporary Art, Berlin,
2006.
Sammlung [Collection], Thyssen-Bornemisza Art Contemporary,
Vienna, 2006.

Wood, photographs, aluminium plate, LED, table, book, silkscreen, personal computer, monitor, web connection, Nivea cream, video, paper, graphite, pencil, acrylic, Galerie Jocelyn Wolff, Paris, 2006.
This Is Not for You. Sculptural Discourses, Thyssen-Bornemisza Art Contemporary, Vienna, 2006
Riss / Lücke/ Scharnier A [Crack / Gap / Hinge A], Galerie Nächst St. Stephan, Rosemarie Schwarzwälder, Vienna, 2006.
Pimp My Walls, Stefan Schuster, Berlin, 2007.
Pratiques du (non)visible [Practices of the (In)Visible], FRAC Lorain, Metz, 2007.
Against Time, Bonniers Konsthall, Stockholm, 2007.
The Word in Art, Research and the Avant-Garde in the 20th Century, Mart - Museo d'Arte Moderna e Contemporanea di Trento e Rovereto, Roverto, 2007.
There is No Border, Galerie in Taxipalais, Innsbruck, 2007.
Made in Germany. Überblicksschau zur jüngeren Gegenwartskunst in Deutschland [Made in Germany. Young Contemporary Art from Germany], Sprengel Museum Hannover, Kestnergesellschaft, Kunstverein Hannover, Hannover, 2007.
Between Two Deaths, ZKM Karlsruhe, Karlsruhe, 2007.
Some Time Waiting, Kadist Art Foundation, Paris, 2007.
Tricky, Galería d'art Estrany — De la Mota, Barcelona, 2007.
Doron Sebbag Art Collection, Tel Aviv Museum of Art, 2008.
Scene Missing, Galerie Georg Kargl Fine Arts, Vienna, 2008.
Scene Missing, Galerie Thomas Schulte, Berlin, 2008.
Other than Yourself. An Investigation Between Inner and Outer Space, Thyssen-Bornemisza Art Contemporary, Vienna, 2008.
In the Beginning, University Art Gallery, University of California San Diego, La Jolla, 2008.
6th Biennial of Young Art Zvon, Prague City Gallery, Stone Bell House, Prague, 2008.
Schwarze Galle, Roter Saft — Aspekte des Melancholischen in der zeitgenössischen Kunst [Black Bile, Red Juice - Aspects of the Melancholic in Contemporary Art], b-05 Kunst und Kulturzentrum, Montabaur, 2008.
Je est un autre [I is Someone Else], Galerie Meyer Riegger, Berlin, 2009.
The Eventual, from the Collection of FRAC Bourgogne, Futura, Prague, 2009.
Any—Instant—Whatever, Photomonth i and Bunkier Sztuki, Krakow, 2009.
Curated by_Vienna 09, Engholm Engelhorn Gallery, Vienna, 2009.
The Matrix: An Unstable Reality, 28th Biennial of Graphic Arts, Ljubljana, 2009.
Windows upon Oceans, 8th Baltic Biennial of Contemporary Art, Museum Narodowe, Szczecin, 2009.
Where is the Wind When it isn't Blowing?, Der Kunstverein, Hamburg, 2009.
After the Velvet, Permanent Exposition of Contemporary Czech Art, Prague City Gallery, House of the Golden Ring, Prague, 2009.
Die Welt als Bühne [The World as Stage], Neuer Berliner Kunstverein, Berlin, 2009.
Compass in Hand: Selections from the Judith Rothschild Foundation Contemporary Drawings Collection, Museum of Modern Art, New York, 2009.

Formats of Transformation 89—09, Brno House of Arts, Brno 2009.
At Home / Not at Home, CCS Bard, Bard College, New York, 2010.
Photo I, Photo You, Calvert 22 London, 2010.
Fish Leave No Traces, Künstlerhaus Bremen, 2010.
East Bound, KAI 10 | Raum für Kunst, Düsseldorf, 2010.
Reel Subjects, Andrew Kreps Gallery, New York, 2010.
A Never Ending Story, Calanda, 2010.
There Has Been No Future, There Will Be No Past, ISCP, New York, 2010.
Alice in Wonderland, The Finnish Museum of Photography, Turku, 2011.
Life Stories, Museum of Contemporary Art Detroit, Detroit, 2011.
Salons de Lecture [Reading Rooms], Kunsthalle Mulhouse, Mulhouse, 2011.
…so beautiful?, Nassauischer Kunstverein Wiesbaden, Wiesbaden, 2011
Power to the People: Contemporary Conceptualism and the Object in Art, Australian Centre for Contemporary Art, Victoria, 2011.
Rearview Mirror: New Art from Central & Eastern Europe, The Power Plant, Toronto, 2011.
And Don't Forget the Flowers…, Moravian Gallery Brno, Brno, 2011.
10 × 10, European Culture Congress, Four Domes Pavilion, Wrocław, 2011.
The Beginning of the Century, Gallery of West Bohemia, Pilsen, 2012.
Rearview Mirror: New Art from Central & Eastern Europe, Art Gallery of Alberta, Edmonton, 2012.
For You, Muzeum Sztuki, Łódź, 2012.
Never Odd or Even — A Text Spaced Exhibition, Museet for Samtidskunst / Museum of Contemporary Art, Roskilde, 2012.
Islands of Resistance, National Gallery in Prague, Trade Fair Palace, Prague, 2012.
Formes Brèves, Autres, 25 [Short Forms, Other, 25], 49 NORD 6 EST — Frac Lorraine, Metz, 2012.
Living Together How? Kunstverein Salzburg, Salzburg, 2012.
How to Make — Ideen, Notationen, Materialisierungen [Ideas, Notations, Materializations], Kunsthaus Dresden, Dresden, 2012.
Objects in Mirror are Closer than They Appear, Tate Modern Project Space, London, 2012.
Last Year at Marienbad Redux, Elizabeth Foundation for the Arts, New York, 2013.
1966—79, IAC — Institut d'art contemporain Villeurbanne/Rhône-Alpes, Villeurbanne, 2013.
Objects in Mirror Are Closer Than They Appear, CIC Contemporary Image Collective Cairo, 2013.
Report on the Construction of a Spaceship Module, New Museum, New York, 2014.
The Beginning of the Century, The Gallery of Fine Arts in Ostrava, Ostrava, 2014.
Rekonstrukce [Reconstruction], Emil Filla Gallery, Ústí nad Labem, 2014.
After an Early Death, Kunsthalle Baden-Baden, Baden-Baden, 2015.

1998—2015

Monographs and Catalogues

Vít Havránek, Ján Mančuška (eds.).
U (Umělci) [U (Artists)], Centre for
Contemporary Art, Divus, Prague 2002,
66 pp. (Cz/En/De).

Ján Mančuška. *Já* [Me]. Neue Galerie Graz
am Landesmuseum Joanneum and Divus,
Graz — Prague 2002, 112 pp. (Cz/En/De).

Ján Mančuška, *Texty* [Texts], Divus,
Prague 2004, 130 pp. (Cz).

Vít Havránek (ed.). *Ján Mančuška: Absent*,
tranzit and JRP|Ringier, Prague — Zürich
2006, 120 pp.

Christina Végh (ed.). *The First Minute of
the Rest of a Movie: Ján Mančuška and
Jonas Dahlberg*, Bonner Kunstverein,
Revolver, Frankfurt am Main 2006, 28 pp.
(En/De).

Hilke Wagner (ed.). *Ján Mančuška:
Against Interpretation*, Kunstverein
Braunschweig, Hatje Cantz Verlag,
Ostfildern 2011, 150 pp.

Non-Periodical Publications, Catalogues (Collective)

Vít Havránek (ed.). *Bj*, Divus, Prague 2000,
20 pp. (Cz/En).

Jana and Jiří Ševčík, Alexander Tolnay.
Überlebenskunst [The Art of Survival],
Neuer Berliner Kunstverein, Berlin 2000,
56 pp. (De).

Tobias Berger (ed.). *Centre of Attraction:
8th Baltic Triennial of International
Art / Traukos centras: 8-oji Baltijos
tarptautinio meno trienalė,* Šiuolaikinio
meno centras - Contemporary Art
Centre, Vilnius 2002, 250 pp. (En/Lt).

Iara Boubnova, Nuria Enguita, Stéphanie
Moisdon Trembley (eds.). *Manifesta 4:
European Biennial of Contemporary Art,*

Hatje Cantz, Frankfurt am Main 2002,
254 pp.

Philippe Cyroulnik, Thierry Crombet (eds.).
D'un printemps l'autre: Prague [On the
Other Spring: Prague], L'école d'Art
Gérard Jacot, Belfort, Centre Régional
d'Art Contemporain, Montbéliard 2002,
46 pp. (Fr).

Giancarlo Politi, Helena Kontová (eds.).
*Prague Biennale 1: Peripheries Become
the Center,* Art Pub Incorporated, Prague
2003, 543 pp. (En/Cz).

Rafani. *CO14 (katalog 2002-2003)* [CO14
(Catalogue 2002—2003)], Divus, Prague
2004, 125 pp. (Cz).

Klaus Biesenbach (ed.). *Die Zehn Gebote
/ The Ten Commandments: An Art
Exhibition,* Deutsches Hygiene-Museum,
Dresden 2004, 288 pp. (De/En).

Mária Hlavajová, Jill Winder (eds.). *Who
if not we ...?*, Artimo, Amsterdam 2004,
296 pp.

František Kowolowski. *Cena Jindřicha
Chalupeckého Finále 2014* [Jindřich
Chalupecký Award Final 2004], Prague
and Brno: Jindřich Chalupecký Society
and Brno House of Arts, Brno 2004.
24 pp. (Cz).

Pavlína Morganová (ed.). *Insiders /
Nenápadná generace druhé poloviny
90. let* [Insiders / The Unobtrusive
Generation of the Late 1990s], Brno
House of Arts, Brno 2004, 91 pp. (Cz).

Karel Císař (ed.). *Things You Don't Know,*
K&S Galerie, Berlin 2004, unpag.

Debra A. Davis (ed.). *Cultural
Domestication: Instinctual Desire,
Interpretations and Insights*, The
University of Toledo Department of Art,
Center for the Visual Arts, Toledo 2005,
39 pp.

Stano Filko, Ján Mančuška, Boris
Ondreička, Marek Pokorný. *Model sveta.
Quadrophony / Model of the World:*

Quadrophony, Slovak National Gallery,
Bratislava 2005, 52 pp. (Sk/En).

Vesela Sretenović, David Winton.
*Labyrinths: Ján Mančuška, Domenic
McGill, Alyson Shotz*, Bell Gallery, Brown
University, Providence 2005, 8 pp.

Thomas Trummer (ed.). *Déjà vu: der
Augen-Blick der Nachträglichkeit in der
zeitgenössischen Kunst* [Déjà vu: The
Moment of Belatedness in Contemporary
Art], Zentrum für Zeitgenössische Kunst
der Österreichischen Galerie Belvedere
[Contemporary Art Centre of the Austrian
Gallery Belvedere], Atelier Augarten,
Vienna 2005, 199 pp. (De).

Vít Havránek (ed.). *Autobiographies*,
tranzit, Secession, Revolver, Frankfurt
am Main 2006, 81 pp. (En/Cz).

Margarethe Makovec, Anton Lederer
(eds.). *Balkan Konsulat,* Revolver,
Frankfurt am Main 2006, 127 pp.

Nina Krick, Walter Seidl (eds.). *Kontakt...
aus der Sammlung der Erste-Bank-
-Gruppe / Contact... Works from the
Collection of Erste Bank Group*, O3ONE,
Museum Moderner Kunst Stiftung Ludwig
Wien and tranzit, Vienna 2006, 277 pp.
(De/En).

Barbara Buchmaier, Stefan Schuster
(eds.). *The Copy Book*, Barbara Buchmaier
and Stefan Schuster, Berlin 2006, 70 pp.

Maurizio Cattelan, Massimiliano Gioni,
Ali Subotnick (eds.). *Of Mice and Men
(Checkpoint Charlie), 4th Berlin Biennale
/ Von Mäusen und Menschen: 4. Berlin
Biennale für zeitgenössische Kunst,* Hatje
Cantz, Berlin 2006, 344 pp. (En/De).

Magnus Bergh, Sara Arrhenius (eds.).
Anachronisms: Against Time, Bonniers
Konsthall and Albert Bonniers Förlag,
Stockholm 2007, 384 pp. (En/Sv).

Felix Ensslin, Ellen Blumstein (eds.).
Between Two Deaths, Hatje-Cantz and
ZKM, Karlsruhe 2007, 330 pp.

Martin Engler. *Made in Germany: Überblicksschau zur jüngeren Gegenwartskunst in Deutschland / Young Contemporary Art from Germany*, Kunstverein Hannover and Sprengel Museum, Hatje Cantz, Hanover — Ostfildern 2007, 360 pp. (De/En).

La parola nell'arte. Ricerche d'avanguardia nel '900 dal Futurismo a oggi attraverso le collezioni del MART / The Word in Art. 20th Century Avant-Garde Research. From Futurism to the Present Day Seen Through MART's Collections, Museo d'Arte Moderna e Contemporanea di Trento e Rovereto, Skira / Rizzoli International Publications, Milano 2007, 749 pp. (It/En).

Christine Macel (ed.). *Le temps pris: Le temps de l'oeuvre, le temps à l'oeuvre* [Time Taken: The Work of Time in the Work of Art], Musée National d'Art Moderne, Centre Georges Pompidou, Monografik éditions, Paříž 2008, 184 pp. (Fr).

Judith Schwarzbart, Solvej Helweg Ovesen, Charlotte Bagger Brandt (eds.). *U-TURN 2008, Quadrennial for Contemporary Art*, U-TURN, Copenhagen 2008 (En).

Gabrielle Cram, Daniela Zyman (eds.). *Other than Yourself: An Investigation Between Inner and Outer Space*, Thyssen-Bornemisza Art Contemporary and Distributed Art Pub Incorporated, Vienna 2008, 144 pp.

František Kowolowski (ed.). *Formats of Transformation 89—09: Seven Views on the New Czech and Slovak Identity*, Brno House of Arts, Brno 2009, 268 pp. (Cz/En).

Christian Rattemeyer, Shipley Miller (eds.). *Compass in Hand: Selections from The Judith Rothschild Foundation Contemporary Drawings Collection*, Museum of Modern Art, New York 2009, 304 pp.

Joanna Mytkowska. *Les promesses du passé: une histoire discontinue de l'art dans l'ex-Europe de l'Est: Centre Pompidou* [The Promises of the Past:

A Discontinuous History of Art in Former Eastern Europe], Galerie Sud et Espace 315, Centre Georges Pompidou, Paris 2010, 255 pp.

Karel Císař (ed.). *Věci, o kterých s nikým nemluvím. Současné české umění. Bienále Zvon 2005/08* [Things I Don't Talk About with Anyone. Contemporary Czech Art. Biennale Zvon 2005/08], Agite/Fra, Prague 2010, 272 pp. (Cz).

Heinrich Dunst, Walter Pamminger. *Riss/Lücke/Scharnier A — Rift/Gap/Hinge A*, Galerie nächst St. Stephan and Scheidegger & Spiess, Wien — Zürich 2010, 228 pp. (De/En).

Iara Boubnova, Stefania Batoeva. *Photo I, Photo You*, Calvert 22, London 2010, 31 pp.

Matthew Higgs (ed.). *At Home / Not at Home: Works from the Collection of Martin and Rebecca Eisenberg*, CCS Bard, Bard College, New York 2010, 168 pp.

Alena Krkošková (ed.). *66th Bulletin of the Moravin Gallery in Brno*, Moravian Gallery in Brno, Brno 2010, 192 pp. (Cz/En).

Reetta Haarajoki (ed.). *Alice in Wonderland*, Logomo / Turku, The Finnish Museum of Photography, Helsinki 2011, 180 pp. (En/Sv/Fi).

Christopher Eamon (ed.). *Rearview Mirror. New Art from Central & Eastern Europe*, The Power Plant / Art Gallery of Alberta, Alberta 2011, 99 pp.

Luca Cerizza, Hannah Mathews (eds.). *Power to the People: Contemporary Conceptualism and the Object in Art*, Australian Centre for Contemporary Art, Melbourne, 2011, 48 pp.

Miroslav Vojtěchovský, Jaroslav Vostrý. *Image and Narrative: On Scenicity in the Plastic and Dramatic Arts*, KANT, Prague 2012, 304 pp.

Karolína Jirkalová. *Pořád něco: rozhovory s umělci* [Always Something: Interviews with Artists], Ambit Media, Prague 2013, 137 pp. (Cz).

Christine Macel (ed.). *Time Taken: The Work of Time in the Work of Art*, Musée National d'Art Moderne, Centre Georges Pompidou, Monografik éditions, Paris 2014, 200 pp. (En).

Hendrik Bündge, Johan Holten (eds.). *Nach dem frühen Tod / After an Early Death*, Staatliche Kunsthalle Baden-Baden, Walther Konig Verlag, Baden-Baden, 2015, 216 pp. (De/En).

Periodicals: Papers, Essays, Reviews

Lenka Lindaurová. "BJ, nové tváře" [BJ, New Faces], *Umělec/Artist*, no. 2/1998, pp. 16—17 (Cz).

Lenka Lindaurová. "Pohled vzhůru" [Look Up], *Umělec/Artist*, no. 2/1999, p. 24 (Cz).

David Kulhánek. "Ján Mančuška je do konce května v Detailu" [Ján Mančuška in Detail Until the End of May], *Bazar*, 1 July 1999 (Cz).

Lenka Lindaurová, Vladan Šír. "Současní umělci se nevymezují generačně, rozhovor" [Contemporary Artists Are not Limited by Their Generation, Interview], *Umělec/Artist*, no. 4/1999, pp. 30—31 (Cz).

Simona Hladíková. "3+1," *Ateliér*, no. 14—15/1999, p. 4 (Cz).

Monika Čermáková. "Starter & Sorter vystavuje 3+1" [Starter & Sorter Exhibits 3+1], *MF Dnes* 17 April 1999, p. 4 (Cz).

Vít Havránek. "Kutilství na vzestupu / DIY On the Rise," *Umělec/Artist*, no. 1/2001, p. 91 (Cz/En).

Cotter Holland. "Art in Review: 'Pass Me the Butterfly,'" *The New York Times*. 9 August/2002, p. E33.

Ana Finel-Honigman. "Pass Me the Butterfly," *Time Out New York*, 12 September 2002, p. 12.

David Cohen. "Arts and Letters," *The New York Sun*, September/2002, http://www.nysun.com/arts/chorus-of-yes-in-homage-to-the-king-of-no-no-no/38471/, accessed on 11 February 2015.

Tim Gilman, Františka Ševčík. "Ján Mančuška @ Špála Gallery," *Flash Art International*, vol. 34, no. 223/2002, p. 47.

David Kulhánek. "Řekni, kde kritici jsou? (Rozhovor s Jánem Mančuškou)" [Where Have All the Critics Gone? (Interview with Ján Mančuska)], *Umělec/Artist*, no. 1/2002, pp. 14–19 (Cz).

David Kulhánek. "Hájíme stanoviska ve světě již dávno běžná" [We are defending viewpoints long since commonplace abroad], *Lidové noviny* 17 January 2002, p. 27 (Cz).

Martina Pachmanová. "O hledání vzorců a funkce myšlení aneb Od sunaru až na konec světa" [On Seeking Thinking Patterns and Functions, or from Baby Formula to the End of the World], *Labyrint Revue* no. 11–12/2002, pp. 98–107 (Cz).

Jiří Ptáček, Arlene Tucker. "Thin Czech Line," *Umělec/Artist*, no. 3/2003, http://divus.cc/praha/cs/article/thin-czech-line, accessed on 11 February 2015 (En/Cz).

Ingrid Chu. "Read it — Ján Mančuška at the Andrew Kreps Gallery, New York," *Artist*, no. 1/2004, pp. 86–87 (En/Cz).

Tomáš Pospiszyl. "Ján Mančuška: From Things to Their Meanings," *Artist*, no. 1/2004, pp. 84–85 (En/Cz).

Kim Levin. "Ján Mančuška," *The Village Voice*, 26 February 2004, p. C46.

Roberta Smith, "Ján Mančuška: Read it," *The New York Times*, 5 March 2004, http://www.nytimes.com/2004/03/05/arts/art-in-review-jan-mancuska-read-it.html, accessed on 23 January 2015.

Vít Havránek, Ján Mančuška. "Revolution im asynchronen Raum" [Revolution in an Asynchronous Space], *Springerin*, no. 1/2004, pp. 32–35 (De).

Magdalena Čechlovská. "Umělci se infiltrují na stránky novin" [Artists are Infiltrating the Pages of Newspapers], *Hospodářské noviny*, 20 May 2004, p. 8 (Cz).

Rachel Stevens. "Ján Mančuška," *Flash Art*, no. 235/2004, p. 48.

Sarah Schmerler. "Ján Mančuška at Andrew Kreps," *Art in America*, no. 9–10/2004, p. 148.

Simona Juráčková. "Ján Mančuška: Snažím se umění vrátit do muzea" [Ján Mančuška: I'm trying to get art back into the museum], *Hospodářské noviny*, 19 November 2004, p. 13 (Cz).

Peter Kováč. "Laureát Chalupeckého ceny Ján Mančuška o avantgardě" [Chalupecký Award Laureate Ján Mančuška on the Avant-Garde], *Právo*, 19 November 2004, http://www.novinky.cz/kultura/44147-laureat-chalupeckeho-ceny-jan-mancuska-o-avantgarde.html, accessed on 20 February 2015 (Cz).

Petr Třešňák. "Cena pro Mančušku" [The Award Goes to Mančuška], *Respekt*, no. 48/2004, p. 21. (Cz).

Sylvie Petráková. "Žádné hodnoty nejsou navždy trvalé" [No Values Endure Forever], *Lidové noviny*, 14 December 2004, p. 9 (Cz).

Peter Kováč. "Na Benátském bienále bude vystavovat Ján Mančuška" [Ján Mančuška to Exhibit at The Venice Biennial], *Právo*, 20 January 2005, http://www.novinky.cz/kultura/48074-na-benatskem-bienale-bude-vystavovat-jan-mancuska.html, accessed on 20 February 2015 (Cz).

Klára Kubíčková. "Na umění mě nejvíc baví pátrání po tom, co nevím" [What I Enjoy Most About Art is Finding Out What I Don´t Know], *Ateliér*, no. 1/2005, p. 6 (Cz).

Jiří Ptáček. "Insider, bez insidera, … — Insiders: Brno, Dům pánů z Kunštátu, 14. 12. 2004—30. 1. 2005; Futura, Praha, 17. 2.—1. 5. 2005" [Insider, Without an Insider… — Insiders: Brno, Dům pánů z Kunštátu, 14 December 2004 — 1 January 2005; Prague, Futura Gallery 17 February —1 May 2005], *Umělec/Artist*, no. 1/2005, pp. 90-91 (Cz/En).

Lisa Pasquariello. "Ján Mančuška: Andrew Kreps Gallery," *Artforum*, no. 10 (June—July)/2005, p. 326.

Max Henry. "Ján Mančuška: True Story," *Time Out New York*, 31 March—6 April/2005, p. 63.

Ken Johnson. "Ján Mančuška," *The New York Times*, 1 April 2005, p. E27.

Marie-Luise Knott. "Künstler dieser Ausgabe: Ján Mančuška" [Featured Artist: Ján Mančuška], *Le Monde Diplomatique*, no. 7640 (April)/2005, p. 2 (De).

Vít Havránek. "Very Concrete Options," *Jan Mot Newspaper*, no. 48/2005, p. 2.

Jill Luxenberg. "Three-piece 'Labyrinths' exhibit opens at Bell Gallery," *The Brown Daily Herald*, 21 November 2005, http://www.browndailyherald.com/2005/11/21/threepiece-labyrinths-exhibit-opens-at-bell-gallery/, accessed on 11 February 2015.

Brigit Rieger. "Einer Sieht Alles" [One Sees Everything], *Zitty*, no. 12/2005 (De).

Martin Seidel. "Jonas Dahlberg — Ján Mančuška: The First Minute of the Rest of a Movie," *Kunstforum*, no. 178/2005, p. 336.

Pavlína Morganová. "Ján Mančuška," *Artlist* — Centre For Contemporary Arts Prague, 2005, http://www.artlist.cz/en/jan-mancuska-100188/, accessed on 20 January 2015 (Cz/En).

Sarah Schmerler. "The Last Generation," *New York Time Out*, 5 January 2006, p. 80.

Dominique von Burg. "Warth: 'Gott sehen' in der Kartause Ittingen" [Warth: Seeing God in Ittingen Charterhouse], *Kunstbulletin*, no. 1–2/2006, http://www.kunstbulletin.ch/router.cfm?a=060113152837AJI–17, accessed on 19 January 2015 (De).

Vít Havránek. "Rozhovor s Jánem Mančuškou: Chtěl jsem se soustředit na možnosti vyprávění" [Interview with Ján Mančuška: I Wanted to Focus on the Possibilities of Storytelling], *Flash Art (Czech & Slovak Edition)*, no. 1/2006, p. 42 (Cz).

Tanja Widmann. "Déjà vu. The Moment of Belatedness in Contemporary Art," *Springerin*, no. 1/2006, http://www.springerin.at/dyn/heft.php?id=45&pos=3&textid=1745&lang=en, accessed on 16 February 2015.

Melissa Gronlund. "Ján Mančuška: Words, Cinema, Stories; Loneliness and Heartache," *Frieze*, no. 102/2006, p. 240.

Ursula Badrutt Schoch. "St. Gallen: Jonas Dahlberg und Ján Mančuška in der Neuen Kunst Halle" [St. Gallen: Jonas Dahlberg and Ján Mančuška in the New Art Gallery], *Kunstbulletin*, no. 5/2006, http://www.kunstbulletin.ch/router.cfm?a=0604191658030AW–18, accessed on 19 January 2015 (De).

Marie Haškovcová. "Já — druhé dějství" [I — Second Act], *Ateliér*, no. 13/2006, p. 1 (Cz).

Roberta Smith. "The Body, Electric: Text and, Yes, Videotape," *The New York Times*, 4 August 2006, http://www.nytimes.com/2006/08/04/arts/design/04naum.html?pagewanted=print&_r=0, accessed on 23 January 2015.

Lenka Lindaurová. "Já / Ich Ontology," *Art&Antiques*, no. 7–8/2006, p. 89 (Cz).

Zuzana Štefková. "Umělec pláče? Hledá sebe" [An Artist Crying? He's Searching for Himself], *HN.ihned.cz*, 8 August 2006, http://archiv.ihned.cz/c1-19046060-umelec-place-hleda-sebe, accessed on 16 February 2015 (Cz).

David Cohen. "A Chorus of 'Yes' in Homage to the King of 'No, No, No'," *New York Sun*, 14 August 2006. http://www.nysun.com/arts/chorus-of-yes-in-homage-to-the-king-of-no-no-no/38471/, accessed on 23 January 2015.

Anne-Kathrin Auel. "Kassel: 'undo redo' in der Kunsthalle Fridericianum" [Kassel: 'Undo Redo' in Kunsthalle Fridericianum], *Kunstbulletin*, no 9/2006, http://www.kunstbulletin.ch/router.cfm?a=060816161759FT7–32, accessed on 19 January 2015 (De).

Jiří Machalický. "Já. Rozhraní medií a generací" [I: The Interface Between the Media and the Generation], *Flash Art CZ/SK*, no. 9–10/ 2006, pp. 52–53 (Cz).

Václav Magid. "Druhé dějství" [Second Act], *A2*, no. 30/2006, p. 8 (Cz).

Jens Hinrichsen. "Stilblütenmöbel" [Hoax Furniture], *Tagesspiegel*, 21 April 2007, http://www.tagesspiegel.de/kultur/stilbluetenmoebel/837246.html, accessed on 19 January 2015 (De).

Jan Habrman. "Přednáška Jána Mančušky na AVU" [Lecture by Ján Mančuška at the Academy of Fine Arts], *DigiLab AVU*, 16 May 2007, http://dl.avu.cz/lang/en-us/2007/05/jan-mancuska/, accessed on 19 January 2015 (Cz).

Katharina Domokosch, Felicity Grobien. "What We Have in Common," *Displayer, Austellungsdesign und kuratorische Praxis*, Staatliche Hochschule für Gestaltung Karlsruhe, no. 2/2007, http://www.tranzitdisplay.cz/sites/default/files/JM_Displayer_EN.pdf, accessed on 19 January 2015.

Tomáš Pospiszyl. "Trojí reflexe Jána Mančušky" [A Threefold Reflection on Ján Mančuška], *Cinepur*, no. 52/2007, pp. 13–15 (Cz).

Michael Hübl. "Between Two Deaths," *Frieze*, no. 109/2007, http://www.frieze.com/issue/review/between_two_deaths/, accessed on 11 February 2015.

Francesco Stocchi. "Critics' Picks: Ján Mančuška at West London Projects," *Artforum International Online*, no. 12/2007, http://artforum.com/archive/id=19033, accessed on 19 January 2015.

David Kořínek. "Ján Mančuška," *ČT2 — Kultura.cz* (archived TV programme), Czech Television, Journalism and Documentary Centre, 20 July 2008, http://www.ceskatelevize.cz/porady/1183619616-kultura-cz/208562228000023/video/, accessed on 19 January 2015 (Cz.).

Hans-Dieter Franz. "Peter Friedl — Working: Ján Mančuška," *Kunstforum*, no. 3–4/2008.

Eva Scharrer. "Konstruktionen von Identität und Wahrnehmung: Ján Mančuška in der Kunsthalle Basel" [Constructions of Identity and Perception: Ján Mančuška at Kunsthalle Basel], *Kunstbulletin*, no. 4/2008, http://www.kunstbulletin.ch/router.cfm?a=080317214244A7N–2, accessed on 19 January 2015 (Ge).

Eva Scharrer. "Ján Mančuška: Kunsthalle Basel," *Artforum*, no. 5/2008, p. 396.

Martina Buláková. "Mančuškův sloup a jeho stín" [Mančuška's Pillar and its Shadow], *MF Dnes*, 4 July 2008, p. D4 (Cz).

Ján Mančuška. "Jiří Kovanda (Interview)," *Frieze*, no. 113/2008, pp. 146–149.

Magdalena Platzová. "Mám rád lidi, kteří to pročísnou" [I Like the People Who Unravel Things. Interview], *Respekt*, no. 31/2008, pp. 42–45 (Cz).

Martina Schneiderová. "Ján Mančuška za zrcadlem" [Ján Mančuška Beyond the Mirror], *Literární noviny*, no. 37/2008, p. 13 (Cz).

Jiří Machalický. "Přirozené návaznosti" [Natural Continuity], *Lidové noviny*, 25 July 2008, p. 14 (Cz).

Jan H. Vitvar. "Kam si člověk nevidí" [Where One Cannot See], *Respekt*, no. 29/2008, p. 52 (Cz.).

Martina Faltýnová. "Ján Mančuška v galerii tranzitdisplay. Svět není jen jeden" [Ján Mančuška in Tranzitdisplay Gallery: There isn't Just One World], *Týden*, 21 July 2008, http://www.tyden.cz/rubriky/kultura/vytvarne-umeni/jan-mancuska-v-galerii-tranzitdisplay-svet-neni-jen-jeden_71686.html#.VT58NBcQS1l, accessed on 19 January 2015 (Cz).

Magdalena Čechlovská. "Mančuška ukazuje tvář, na kterou si nevidí" [Mančuška Shows the Face He Cannot See], *Hospodářské noviny*, 7 August 2008, p. 6 (Cz).

Jan Skřivánek, Karolína Jirkalová. "Před vernisáží: S Jánem Mančuškou o vlastní identitě, spolupráci napříč obory a krátkých okamžicích, kdy je umění skutečně živé" [Before the Opening: Ján Mančuška on Identity, Interdisciplinary Cooperation and the Brief Moments in Which Art is Truly Alive], *Art&Antiques*, no. 7—8/2008, pp. 28—35 (Cz).

Linda Mezrová. "Jihozápadní sloup a jeho stín na začátku novely" [Southwest Pillar and its Shadow at the Beginning of the Novel], *Ateliér*, no. 16—17/2008, p. 7 (Cz.).

Roberta Smith. "Ján Mančuška," *New York Times*, 9 January 2009.

Laura McLean-Ferris. "Artist in Residence: Ján Mančuška," *Art Review online*, 2 March 2009, http://4art.com/profiles/blogs/artist-in-residence-jan, accesed on 16 February 2015.

Fionn Meade. "Ján Mančuška at Andrew Kreps Gallery," *Artforum*, 7/2009, pp. 243—244.

Coburn Tyler. "Ján Mančuška," *Art Review*, no. 3/2009, p. 131.

Klára Kubíčková. "New York je úspěch. Ale nic nezaručuje" [New York is a Success, but it's no Guarantee of Anything], *MF Dnes*, 2 May 2009, p. D10 (Cz).

Václav Magid. "Mám ambici dostat se k porozumění" [My Ambition Is to Reach an Understanding], *Sešit pro umění, teorii a příbuzné zóny*, no. 6—7/2009, pp. 169—176 (Cz).

Vít Havránek. "Svoboda existuje pouze v okamžiku svého zrodu" [Ján Mančuška. Freedom Exists Only in the Moment of Its Origin], *Flash Art (Czech & Slovak Edition)*, no. 15/2010, pp. 32—35 (Cz).

Ján Mančuška. "Inscenovaná realita" [Staged Reality], *Flash Art (Czech & Slovak Edition)*, no. 15/2010, pp. 28—31 (Cz.).

Veronika Dospělová. "Tyjátr - Hra pozpátku" [Theatre — Reverse Play], *ČR Radio Wave*, 8 February 2010, http://www.rozhlas.cz/radiowave/kultura/_zprava/691858, accessed on 20 January 2015 (Cz).

Jana Machalická. "Chci ukázat, proč se obklopujeme fikcí" [I Want to Show Why We Surround Ourselves with Fiction], *Lidové noviny*, 4 February 2010, p. 9 (Cz).

Tomáš Pospiszyl. "Mančuška ve světě za zrcadlem" [Mančuška in Wonderland], *Lidové noviny*, 16 February 2010, p. 9 (Cz.).

Nina Vangeli. "Nejdřív je děkovačka, ale za co?" [First Comes the Applause, but for What?], *Hospodářské noviny*, 16 February 2010, p. 13 (Cz).

Tomáš Kůs. "Rafinovaná Hra pozpátku" [Refined Reverse Play], *PragueOut.cz*, 16 February 2010, http://www.pragueout.cz/divadlo/articles/jan-mancuska-hra-pozpatku, accessed on 16 February 2015.

Vladimír Hulec. "Co může být pravdivější než nahé slovo v pohybu?" [What Could be More Truthful than the Naked Word in Motion?], *Divadelní noviny*, 20 April 2010, http://www.divadelni-noviny.cz/co-muze-byt-pravdivejsi-nez-nahe-slovo-v-pohybu, accessed on 23 January 2015 (Cz).

Vít Havránek. "Ján Mančuška, Homo Politicus," *Flash Art (International Edition)*, no. 274/2010, pp. 100—105.

Kateřina Farná. "Ján Mančuška: Produkci přicházející ze škol chybí radikalita" [Ján Mančuška: The Work Coming out of Schools Lacks Radicality], *Právo - Salon*, 24 October 2010, p. S8 (Cz).

Sam Williams. "A Chat with… Ján Mančuška," *ExBerliner*, no. 85/2010, p. 33.

Astrid Mania. "Sinnzerstörender Niederschlag" [Sense-Destroying Precipitation], *ArtNet*, 26 June 2010 (De)

David Ulrichs. "Everything That Really is, but Has Been Forgotten," *ArtInfo/Modern Painters*, 1 July 2010.

Radio Wave. "Výtvarník, performer a režisér Ján Mančuška" [Artist, performer and director Ján Mančuška], recording of a radio interview, *ČR Radio Wave*, 16 February 2010, http://www.rozhlas.cz/radiowave/kultura/_zprava/695598, accessed on 20 January 2015 (Cz).

Vladimír Hulec. "Hra pozpátku: Divadlo jako deskriptivní geometrie" [Reverse Play: Theatre as Descriptive Geometry], *E15*, 19 February 2010, p. 22 (Cz.).

Matthew S. Witkovsky. "Rearview Mirror," *Artforum*, no. 5/2011.

Michael H. Miller. "Ján Mančuška 1972—2011," *New York Observer*, 8 July 2011, http://observer.com/2011/07/jan-mancuska-1972-2011/, accessed on 23 January 2015.

Timothée Chaillou. "Les amis de mes amis sont mes amis, Hommage à Ján Mančuška" [The Friends of My Friends are My Friends: An Homage to Ján Mančuška], *Frieze*, September/2011, http://www.frieze.com/shows/review/les-amis-de-

mes-amis-sont-mes-amis-hommage-a-
jan-mancuska/, accessed on 7 February
2015 (Fr.).

Sylva Poláková. "Radikálnost uměleckého
gesta: s Jánem Mančuškou o povaze médií
a změnách hlediska" [The Radicalism of
the Artistic Gesture: with Ján Mančuška
on the Nature of the Media and Changes in
Viewpoint], *A2*, no. 9/2011, pp. 24—25 (Cz).

Anne Lehut. "Les amis de mes amis sont
mes amis, ˝Hommage à Ján Mančuška˝
[The Friends of My Friends are My
Friends: An Homage to Ján Mančuška],
Paris Art online, September/2011, http://
www.paris-art.com/marche-art/les-amis-
de-mes-amis-sont-mes-amis-hommage-
a-j%C3%A1n-man&269;u%C5%A1ka/
laurent-montaron-roman-ond%C3%A1k/
7564.html#haut, accessed on 7 February
2015 (Fr).

Tomáš Vaněk. "Tato věta, Ján Mančuška
7.4. 1972— 1.7. 2011" [This Sentence:
Ján Mančuška 7 April 1972 — 1 July 2011],
Art&Antiques, no. 12/2011, p. 56 (Cz).

Vít Havránek. "A Constantly Re-Beginning
Movement that Can Never Become an
Institution," *Ján Mančuška* (Newspapers),
Ján Mančuška Estate, Meyer Riegger
Berlin/Karlsruhe and Andrew Kreps
Gallery, New York, 2013, pp. 4—7.

Rachel Mason. "A Message for Ján
Mančuška," *Huffington Post*, 28 March
2013, http://www.huffingtonpost.com/
rachel-mason/a-message-for-jan-
mancuska_b_2952164.html, accessed on
23 January 2015.

Moritz Scheper. "Ján Mančuška," *Frieze*,
no. 19/2015, pp. 128—129.

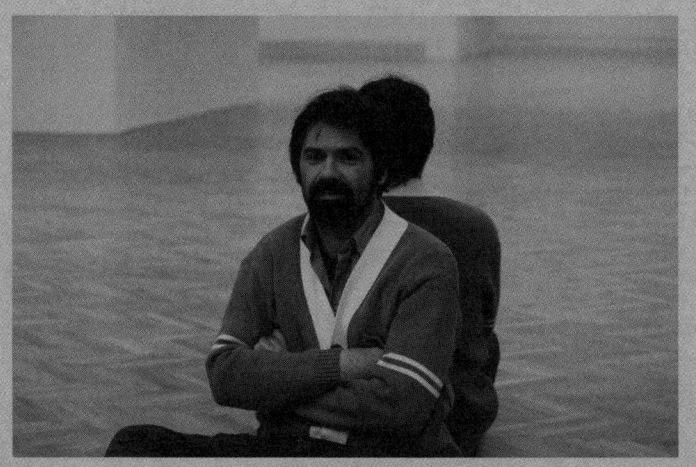

Ján Mančuška

*1972 Bratislava, † 2011 Praha

Vzdělání

1986—1990 Střední uměleckoprůmyslová škola
1991—1998 Akademie výtvarných umění (Ateliér kresby
Jitky Svobodové; Ateliér grafiky Vladimíra Kokolii;
Ateliér malby Vladimíra Skrepla)

Ocenění

2004 Cena Jindřicha Chalupeckého

Stáže

2005 Künstlerhaus Bethanien, Berlín
2003 ISCP, New York
2001 Neue Galerie, Štýrský Hradec
2000 Rotterdam

Samostatné výstavy

Galerie AFFA, 1994 (s Jonášem Czesaným).
Vitrínka BJ, ulice Komunardů, Praha, 1998.
10 cm nad zemí, Galerie Na bidýlku, Brno, 1999.
Sám doma, Galerie Černý pavouk, Ostrava, 1999.
3+1, Galerie Starter & Sorter, Praha, 1999.
Natvrdo, Galerie Titanic, Divadlo hudby, Olomouc, 1999.
Přešlap, Ateliér Noon, Praha, 2000.
Osvobozená domácnost, Galerie Na bidýlku, Brno, 2000.
Things around [Věci kolem], Gallery Tent, Rotterdam, 2000.
Safe Home [Bezpečí domova], Galerie Priestor, Bratislava,
2000 (s Drahomírou Lányi).
Já, Galerie MXM, Praha, 2001.
Nerada chodím na záchod někde jinde než tady, Dům umění
České Budějovice, České Budějovice, 2001.
Jiří Kovanda, Ján Mančuška, Galerie Na bidýlku, Brno, 2002
(s Jiřím Kovandou).
Láska, Open Gallery, Bratislava, 2002 (s Borisem Ondreičkou
a Jesperem Alvaerem).
Praha 13, Galerie Václava Špály, Praha, 2002.
Wechselstube [Směnárna], Stuttgarter Kunstverein, Stuttgart,
2002 (s Josefem Bolfem).

Next Year in Marienbad... [Příští rok v Mariánských Lázních...],
České centrum New York, New York, 2003 (s Markétou Othovou).
Konceptuál, Galerie Raketa, Ústí nad Labem, 2003.
Boris Mančuška Ján Ondreička, Les, Experimentální prostor NoD,
Praha, 2003 (s Borisem Ondreičkou).
Boris Mančuška Ján Ondreička, Les, Galerie Jelení, Praha, 2003
(s Borisem Ondreičkou).
Ján Mančuška, Marc Foxx (West Gallery), Los Angeles, 2004.
Read it... [Čti to...], Andrew Kreps Gallery, New York, 2004.
Home Alone [Sám doma], Künstlerhaus Bethanien, Berlín, 2005.
True Story [Skutečný příběh], Andrew Kreps Gallery, New York,
2005.
The First Minute of the Rest of a Movie [První minuta zbytku filmu],
Kunstverein Bonn, Bonn, 2005 (s Jonasem Dahlbergem).
The First Minute of the Rest of a Movie [První minuta zbytku
filmu], Neue Kunst Halle Sankt Gallen, St. Gallen, 2006 (s Jonasem
Dahlbergem).
Ján Mančuška, Meyer Riegger, Karlsruhe, 2006.
Sorry for Being so Late [Omlouvám se za zpoždění], West London
Projects, Londýn, 2007.
A Gap [Mezera], Meyer Riegger, Karlsruhe, 2007.
He: „Have you been there...?", She: „He said after a while"
[On: „Byla jsi tam...?", Ona: „Řekl po chvíli"], Andrew Kreps Gallery,
New York, 2008.
Jihozápadní sloup a jeho stín na začátku novely, tranzitdisplay,
Praha, 2008.
Only Those Wild Species That Appeal to People Will Survive [Přežijí
jen ty divoké druhy, které se zalíbí lidem], Kunsthalle Basel, Basilej,
2008.
Tíseň z nejprve vymyšleného, Karin Guenther Gallery, Hamburk,
2009 (s Jeanne Faust).
Everything That Really Is, but Has Been Forgotten [Všechno, co
skutečně je, ale bylo zapomenuto], Meyer Riegger, Berlín, 2010.
This Is How it Really Happened [Tak jak se to skutečně stalo],
Georg Kargl Box, Vídeň, 2010.
Against Interpretation [Proti interpretaci], Kunstverein
Braunschweig, Braunschweig, 2010.
The Missing Room [Chybějící místnost], Andrew Kreps Gallery,
New York, 2013.
Ján Mančuška, Meyer Riegger, Berlín, 2013.
The Big Mirror [Velké zrcadlo], Meyer Riegger, Karlsruhe, 2015.
První retrospektiva, Galerie hlavního města Prahy, Praha, 2015.
Prvá retrospektíva, Dom umenia / Kunsthalle Bratislava, Bratislava,
2015.

Performance

Jestli je na mně něco dobrého, jsem to jen já, kdo to ví,
Kino Světozor / tranzit.cz, Praha, 2007.
The Invisible — Acting in Sequences [Neviditelný — Hraní
v sekvencích], Bonniers Konsthall, Stockholm, 2007.

The Invisible — Acting in Sequences [Neviditelný — Hraní v sekvencích], Frankfurter Kunstverein, Frankfurt nad Mohanem, 2007.
Reverse Play — Theatre [Hra pozpátku — Divadlo], U-Turn Quadrennial of Contemporary Art, Takkelloftet, The Royal Theatre Copenhagen, Kodaň, 2008.
Falls an mir was Gutes ist, dann bin nur ich das, der das weiss [Jestli je na mně něco dobrého, jsem to jen já, kdo to ví], Stadtkino Basel, Kunsthalle Basel, Theater Basel, Basilej, 2008.
Neviditelný — Hraní v sekvencích, 4+4 dny v pohybu, 14. mezinárodní festival současného umění, Praha, 2009.
Občanská činohra, GASK Artfest Galerie Středočeského kraje, Kutná Hora, 2009.
Reverse Play [Hra pozpátku], HAU2, Berlín, 2010.
Hra pozpátku, Divadlo Archa, Praha, 2010.
The Other (I Asked My Wife to Blacken All the Parts of My Body Which I Cannot See) [Ten druhý (Poprosil jsem svoji ženu, aby mi začernila místa na těle, která si nevidím)], Festival Panorama de Dança, Espaço Cultural Municipal Sérgio Porto, Rio de Janeiro, 2010.

Skupinové výstavy

Doporučené obrazy, výstava ateliéru Vladimíra Kokolii, Galerie Behémót, Praha, 1996.
Bezhlavý jezdec, Galerie AVU, Praha, 1996.
DUM, Bořivojova 26, Praha, 1997.
Umělecké dílo ve veřejném prostoru, projekt SCCA, Národní galerie v Praze, Veletržní palác, Praha, 1997.
S...S..., výstava ateliéru Vladimíra Skrepla, Petrské náměstí 3, Praha, 1997.
Bistro, v rámci výstavy Vladimíra Kokolii, Mánes, Praha, 1998.
Dole v Bunkru, Klub Bunkr, Praha, 1998.
City, Bořivojova 26, Praha, 1998.
Metro, Galerie Černý pavouk, Ostrava, 1999.
Perplex, Galerie Václava Špály, Praha, 1999.
Maxisklad, Mánes, Praha, 1999.
Open House [Otevřený dům], Nadace a Centrum pro současné umění Praha, zámek Čimelice, Čimelice, 1999.
Petr Nikl: Hnízda her, Galerie Rudolfinum, Praha, 2000.
Bezhlavý jezdec na vzestupu, Galerie Jelení, Praha, 2000.
Vzdálené podobnosti — Něco lepšího než kosmetika, Národní galerie v Praze, Sbírka moderního a současného umění, Praha, 1999.
Laboratoř současných tendencí, Národní galerie v Praze, Sbírka moderního a současného umění, Praha, 2000.
Ženy přicházejí a odcházejí, jenom my spisovatelé sci-fi zůstáváme..., Galerie 761, Ostrava, 2000.
ÜberlebensKunst. Junge Künstler aus Prag [Umění přežít. Mladí umělci z Prahy], Neuer Berliner Kunstverein, Berlín, 2000.
Slepená intimita, Galerie Jelení, Praha, 2001.
4. bienále mladého umění Zvon, Galerie hlavního města Prahy, Dům U Kamenného zvonu, Praha, 2002.

Centre of Attraction [Centrum přitažlivosti], 8th Baltic Triennial of International Art, Vilnius, 2002.
Pass me the Butterfly [Podej mi motýla], DUMBO Arts Centre, New York, 2002.
Manifesta 4, Frankfurt nad Mohanem, 2002.
Artchitektura, Galerie Jaroslava Fragnera, Praha, 2002.
Peter Coffin with Brett Milspaw, Ján Mančuška, Ara Peterson and Elif Uras [Peter Coffin s Brettem Milspawem, Jánem Mančuškou, Arou Petersonem a Elif Uras], Andrew Kreps Gallery, New York, 2003.
Things You Don't Know [Věci, které neznáš], K & S Gallery, Berlín, 2003.
Survey 03 [Průzkum 03], Futura, Praha, 2003.
Prague Biennale 1 [Pražské bienále 1], Národní galerie v Praze, Veletržní palác, Praha, 2003.
Balkan Consulate [Balkánský konzulát], < rotor > association, Štýrský Hradec, 2003.
Time and Again [Zas a znovu], Stedelijk Museum, Amsterdam, 2004.
Passage d'Europe [Cesta po Evropě], Musée d'Art Moderne, St. Etienne, 2004.
The Ten Commandments [Deset přikázání], Deutsches Hygiene-Museum, Drážďany, 2004.
Cena Jindřicha Chalupeckého 2004, Dům umění města Brna, Brno, 2004.
Open [Otevřeno], Arcadia University Art Gallery, Glenside, 2004.
Like Beads On an Abacus Designed to Calculate Infinity [Jako kuličky na počítadle určeném k vypočítání nekonečna], Rockwell Gallery, Londýn, 2004.
Hot Destination, Marginal Destiny [Žhavá destinace, marginální osud], Dům umění města Brna, Brno, 2004.
Observatory [Observatoř], Palais im Grossen Garten, Drážďany, 2004.
Model sveta, Quadrophony, La Biennale di Venezia, 51. Esposizione Internazionale d'Arte, Pavilon České republiky a Slovenské republiky, Benátky, 2004.
Čas v sekvenciách, Galéria hlavného mesta Bratislavy, Pálffyho palác, Bratislava, 2005.
The Last Generation [Poslední generace], Apexart, New York, 2005.
Labyrinths [Labyrinty], David Winton Bell Gallery, Providence, 2005.
William Horner, Ján Mančuška, Hollybush Gardens, Londýn, 2005.
Temporary Imports [Dočasné importy], Art Forum Berlin 2005, Berlín, 2005.
Wall Pieces [Nástěnná díla], Galerie Jan Mot, Brusel, 2005.
Déjà vu [Déjà vu], Atelier Augarten, Österreichische Galerie Belvedere, Vídeň, 2005.
Narrow Focus [Zúžený záběr], tranzit studios, Bratislava, 2005.
Gustav Kluge, Ján Mančuška, Clemens von Wedemeyer, Meyer Riegger, Karlsruhe, 2005.
Cultural Domestication, Instinctual Desire [Kulturní domestikace, pudová touha], CVA Gallery, University of Toledo, Toledo, 2005.
Sutton Lane in Paris [Sutton Lane v Paříži], Galerie Ghislaine Hussenot Paris c/o Sutton Lane Gallery, Paříž, 2005.
5. bienále mladého umění Zvon, Galerie hlavního města Prahy, Dům U Kamenného zvonu, Praha, 2005.

The Last Generation [Poslední generace], Jousse Entreprise, Paříž, 2006.
Speaking of Others. tranzit: Auditorium, Stage, Backstage — Eine Ausstellung in 32 Szenen. [O těch druhých. tranzit: hlediště, jeviště, zákulisí — expozice ve 32 dějstvích], Frankfurter Kunstverein, Frankfurt nad Mohanem, 2006.
Kontakt, MUMOK, Vídeň, a tranzit studios, Bratislava, 2006.
Undo Redo [Zpět Znovu], Kunsthalle Fridericianum, Kassel, 2006.
I (Ich) / Performative Ontology [Já / Performativní ontologie], Secession, Vídeň, 2006.
Yes Bruce Nauman [Ano Bruce Nauman], Zwirner & Wirth, New York, 2006.
Of Mice and Men, 4th Berlin Biennale for Contemporary Art [O myších a lidech, 4. berlínské bienále současného umění], Berlín, 2006.
Sammlung [Sbírka], Thyssen-Bornemisza Art Contemporary, Vídeň, 2006.
Wood, photographs, aluminium plate, LED, table, book, silkscreen, personal computer, monitor, web connection, Nivea cream, video, paper, graphite, pencil, acrylic [Dřevo, fotografie, hliníkový pás, LED, stůl, kniha, sítotisk, osobní počítač, monitor, připojení k internetu, krém Nivea, video, papír, tuha, tužka, akryl], Galerie Jocelyn Wolff, Paříž, 2006.
This Is Not for You. Sculptural Discourses [To není pro tebe. Sochařské diskursy], Thyssen-Bornemisza Art Contemporary, Vídeň, 2006.
Riss / Lücke / Scharnier A [Prasklina / mezera / pant A], Galerie Nächst St. Stephan, Rosemarie Schwarzwälder, Vídeň, 2006.
Pimp my Walls [Nahoď mi zdi], Stefan Schuster, Berlín, 2007.
Pratiques du (non) visible [Praxe (ne) viditelného], FRAC Lorain, Metz, 2007.
Against Time [Proti času], Bonniers Konsthall, Stockholm, 2007.
The Word in Art, Research and the Avant-garde in the 20th Century [Svět v umění, bádání a avantgardě 20. století], MART— Museo d'Arte Moderna e Contemporanea di Trento e Rovereto, Rovereto, 2007.
There Is No Border [Zde není žádná hranice], Galerie in Taxipalais, Innsbruck, 2007.
Made in Germany. Überblicksschau zur jüngeren Gegenwartskunst in Deutschland. [Vyrobeno v Německu. Přehlídka současného mladého umění v Německu.], Sprengel Museum Hannover, Kestnergesellschaft, Kunstverein Hannover, Hannover, 2007.
Zwischen zwei toden [Mezi dvojí smrtí], ZKM Karlsruhe, Karlsruhe, 2007.
Some Time Waiting [Chvilku čekat], Kadist Art Foundation, Paříž, 2007.
Tricky [Ošidný], Galería d'art Estrany — De la Mota, Barcelona, 2007.
Doron Sebbag Art Collection [Umělecká sbírka Doron Sebbag], Tel Aviv Museum of Art, Tel Aviv, 2008.
Scene Missing [Chybějící scéna], Galerie Georg Kargl Fine Arts, Vídeň, 2008.
Scene Missing [Chybějící scéna], Galerie Thomas Schulte, Berlín, 2008.

Other than Yourself. An Investigation Between Inner and Outer Space [Pomineš-li sebe. Zkoumání mezi vnitřním a vnějším prostorem], Thyssen-Bornemisza Art Contemporary, Vídeň, 2008.
In the Beginning [Na začátku], University Art Gallery, University of California San Diego, La Jolla, 2008.
6. bienále mladého umění Zvon, Galerie hlavního města Prahy, Dům U Kamenného zvonu, Praha, 2008.
Schwarze Galle, Roter Saft Aspekte des Melancholischen in der zeitgenössischen Kunst [Černá žluč, rudá šťáva — aspekty melancholie v současném umění], b-05 Kunst und Kulturzentrum, Montabaur, 2008.
Je est un autre [Já je někdo jiný], Meyer Riegger, Berlín, 2009.
Konečné možnosti, Futura, Praha, 2009.
Any—Instant—Whatever [Kdykoliv—cokoliv], Photomonth a Bunkier Sztuki, Krakov, 2009.
Curated by_Vienna 09 [Kurátorem byl(a), ve Vídni 09], Engholm Engelhorn Gallery, Vídeň, 2009.
The Matrix: An Unstable Reality [Matrix: Nestabilní realita], 28th Biennial of Graphic Arts, Lublaň, 2009.
Windows upon Ocean [Okna s výhledem na oceán], 8th Baltic Biennial of Contemporary Art, Museum Narodowe, Štětín, 2009.
Where Is the Wind When it Isn't Blowing? [Kde je vítr, když nefouká?], Der Kunstverein, Hamburk, 2009.
Po sametu, Stálá expozice současného umění, Galerie hlavního města Prahy, Dům U Zlatého prstenu, Praha, 2009.
Die Welt als Bühne [Svět jako jeviště], Neuer Berliner Kunstverein, Berlín, 2009.
Compass in Hand: Selections from The Judith Rothschild Foundation Contemporary Drawings Collection [Kompas v ruce: Výběr ze sbírky současné kresby Nadace Judith Rothschild], Museum of Modern Art, New York, 2009.
Formáty transformace 89—09, Dům umění města Brna, Brno, 2009.
At Home / Not at Home [Doma / Ne doma], CCS Bard, Bard College, New York, 2010.
Photo I, Photo You [Fotografie já, fotografie ty], Calvert 22 London, Londýn, 2010.
Fish Leave No Traces [Ryby nezanechávají stopy], Künstlerhaus Bremen, Brémy, 2010.
East Bound [Na východ], KAI 10 | Raum für Kunst, Düsseldorf, 2010.
Reel Subjects [Reálné subjekty], Andrew Kreps Gallery, New York, 2010.
There Has Been No Future, There Will Be No Past [Nebyla žádná budoucnost, nebude žádná minulost], ISCP, New York, 2010.
A Never Ending Story [Nekonečný příběh], Calanda, 2010.
Alice in Wonderland [Alenka v říši divů], The Finnish Museum of Photography, Turku, 2011.
Life Stories [Příběhy ze života], Museum of Contemporary Art Detroit, Detroit, 2011.
Salons de Lecture [Čítárny], Kunsthalle Mulhouse, Mylhúzy, 2011.
so schön? [Tak krásné?], Nassauischer Kunstverein Wiesbaden, Wiesbaden, 2011.
Power to the People: Contemporary Conceptualism And the Object in Art [Moc lidu: Současný konceptualismus a objekt v umění], Australian Center for Contemporary Art, Victoria, 2011.

1972—2015

Rearview Mirror: New Art from Central & Eastern Europe [Zpětné zrcátko: Nové umění ze střední a východní Evropy], The Power Plant, Toronto, 2011.

…a nezapomeňte na květiny, Moravská galerie v Brně, Brno, 2011.

10 × 10, European Culture Congress, Four Domes Pavilion, Vratislav, 2011.

Začátek století: České umění prvního desetiletí 21. století, Západočeská galerie v Plzni, Plzeň, 2012.

Rearview Mirror: New Art from Central & Eastern Europe [Zpětné zrcátko: Nové umění ze střední a východní Evropy], Art Gallery of Alberta, Edmonton, 2012.

For You [Pro tebe], Muzeum Sztuki, Lodž, 2012.

Never Odd or Even — A Text Spaced Exhibition [Ani sudá, ani lichá — výstava prostorově členěná textem], Museet for Samtidskunst / Museum of Contemporary Art, Roskilde, 2012.

Ostrovy odporu, Národní galerie v Praze, Veletržní palác, Praha, 2012.

Formes Brèves, Autres, 25 [krátké útvary, jiné, 25], 49 NORD 6 EST — Frac Lorraine, Mety, 2012.

Wie zusammen leben? [Jak žít spolu?], Kunstverein Salzburg, Salcburk, 2012.

How to Make — Ideen, Notationen, Materialisierungen [Jak dělat — ideje, scénáře, materializace], Kunsthaus Dresden, Drážďany, 2012.

Objects in Mirror are Closer than They Appear [Předměty v zrcadle jsou blíž, než se zdají], Tate Modern Project Space, Londýn, 2012.

Last Year At Marienbad Redux [Loni v Marienbadu znovu], Elizabeth Foundation for the Arts, New York, 2013.

1966—79, IAC — Institut d'art contemporain Villeurbanne / Rhône-Alpes, Villeurbanne, 2013.

Objects in Mirror are Closer than They Appear [Předměty v zrcadle jsou blíž, než se zdají], CIC Contemporary Image Collective Cairo, Káhira, 2013.

Zpráva o výstavbě vesmírného modulu, New Museum, New York, 2014.

Začátek století: České umění prvního desetiletí 21. století, Galerie výtvarného umění v Ostravě, Ostrava, 2014.

Rekonstrukce, Galerie Emila Filly, Ústí nad Labem, 2014.

Nach dem frühen Tod [Po časné smrti], Kunsthalle Baden-Baden, Baden-Baden, 2015.

Monografické publikace, katalogy

Vít Havránek, Ján Mančuška (eds.), *U (Umělci)*, Centrum pro současné umění, Divus, Praha 2002, 66 s. (čes./angl./něm.).

Ján Mančuška, *Já*, Neue Galerie Graz am Landesmuseum Joanneum a Divus, Graz a Praha 2002, 112 s. (čes./angl./něm.).

Ján Mančuška, *Texty*, Divus, Praha 2004, 130 s.

Christina Végh (ed.), *The First Minute of the Rest of a Movie, Ján Mančuška a Jonas Dahlberg* [První minuta zbytku filmu, Ján Mančuška a Jonas Dahlberg], Bonner Kunstverein, Revolver, Frankfurt nad Mohanem 2006, 28 s. (angl./něm.).

Vít Havránek (ed.), *Ján Mančuška: Chybění*, tranzit, Praha 2007, 120 s.

Hilke Wagner (ed.), *Ján Mančuška, Against Interpretation* [Ján Mančuška, Proti interpretaci], Kunstverein Braunschweig, Hatje Cantz Verlag, Ostfildern 2011, 150 s. (angl.).

Neperiodické publikace, katalogy (kolektivní)

Vít Havránek (ed.), *Bj*, Divus, Praha 2000, 20 s. (čes./angl.).

Jana a Jiří Ševčíkovi, Alexander Tolnay, *Überlebenskunst* [Umění přežít], Neuer Berliner Kunstverein, Berlín 2000, 56 s. (něm.).

Tobias Berger (ed.), *Centrum of Attraction. 8th Baltic Triennial of International Art / Traukos centras: 8-oji Baltijos tarptautinio meno trienalė* [Centrum pozornosti. 8. baltské trienále mezinárodního umění], Šiuolaikinio meno centras, Vilnius 2002, 250 s. (angl./litev.).

Iara Boubnova, Nuria Enguita, Stéphanie Moisdon Trembley (eds.), *Manifesta 4: European Biennial of Contemporary Art* [Manifesta 4: Evropské bienále současného umění], Hatje Cantz, Frankfurt nad Mohanem 2002, 254 s. (angl.).

Philippe Cyroulnik, Thierry Crombet (eds.), *D'un printemps l'autre: Praha* [Od jednoho jara k dalšímu: Praha], L'école d'Art Gérard Jacot, Belfort, Centre Régional d'Art Contemporain, Montbéliard 2002, 46 s. (fr.).

Giancarlo Politi, Helena Kontová (eds.), *Pražské bienále 1: Periferie se stávají centrem*, Art Pub Incorporated, Praha 2003, 543 s. (angl./čes.).

Rafani, *CO14 (katalog 2002—2003)*, Divus, Praha 2004, 125 s.

Karel Císař (ed.), *Things You Don't Know* [Věci, které neznáš], K & S Galerie, Berlín 2004, nestr. (angl.).

Klaus Biesenbach (ed.), *Die Zehn Gebote / The Ten Commandments: An Art Exhibition* [Desatero přikázání: Výstava umění], Deutsches Hygiene-Museum, Drážďany 2004, 288 s. (něm./angl.).

Mária Hlavajová, Jill Winder (eds.), *Who if not we…?* [Kdo, když ne my…?], Artimo, Amsterdam 2004, 296 s. (angl.).

František Kowolowski, *Cena Jindřicha Chalupeckého — Finále 2004*, Praha a Brno: Společnost Jindřicha Chalupeckého a Dům umění města Brna, Brno 2004, 24 s.

Pavlína Morganová (ed.), *Insiders / Nenápadná generace druhé poloviny 90. let*, Dům umění města Brna, Brno 2004, 91 s.

Debra A. Davis (ed.), *Cultural Domestication — Instinctual Desire, Interpretations a Insights* [Kulturní domestikace — Instinktivní touha, interpretace a ponory], The University of Toledo, Katedra umění, Centrum vizuálních umění, Toledo 2005, 39 s. (angl.).

Stano Filko, Ján Mančuška, Boris Ondreička a Marek Pokorný, *Model sveta, Quadrophony / Model of Word, Quadrophony*, Slovenská národná galéria, Bratislava 2005, 52 s. (slov./angl.).

Vesela Sretenović, David Winton, *Labyrinths: Ján Mančuška, Domenic McGill, Alyson Shotz* [Labyrinty: Ján Mančuška, Domenic McGill, Alyson Shotz], Bell Gallery, Brown University, Providence 2005, 8 s. (angl.).

Thomas Trummer (ed.), *Déjà vu: der Augen-Blick der Nachträglich-keit in der zeitgenössischen Kunst* [Déjà vu: Moment zpožděnosti v současném umění], Zentrum für Zeitgenössische Kunst der Österreichischen Galerie Belvedere, Atelier Augarten, Vídeň 2005, 199 s. (něm.).

Vít Havránek (ed.), *Autobiographies* [Autobiografie], tranzit, Secession, Revolver, Frankfurt nad Mohanem 2006, 81 s. (angl./čes.).

Margarethe Makovec, Anton Lederer (eds.), *Balkan Konsulat*, Revolver, Frankfurt nad Mohanem 2006, 127 s. (angl.).

Nina Krick, Walter Seidl (eds.), *Kontakt… aus der Sammlung der Erste-Bank--Gruppe / Kontakt… Works from the Collection of Erste Bank Group* [Kontakt Díla ze sbírky Erste Bank Group], O3ONE, Museum Moderner Kunst Stiftung Ludwig Wien a tranzit, Vídeň 2006, 277 s. (něm./angl.).

Barbara Buchmaier, Stefan Schuster (eds.), *The Copy Book* [Kniha kopií], Barbara Buchmaier a Stefan Schuster, Berlín 2006, 70 s. (angl.).

Maurizio Cattelan, Massimiliano Gioni, Ali Subotnick (eds.), *Of Mice a Men (Checkpoint Charlie), 4th Berlin Biennale / Von Mäusen und Menschen: 4. Berlin Biennale für zeitgenössische Kunst* [O myších a lidech, 4. berlínské bienále současného umění], Hatje Cantz, Berlín 2006, 344 s. (angl./něm.).

1998—2015

Magnus Bergh, Sara Arrhenius (eds.), *Anachronisms: Against Time* [Anachronismy: Proti času], Bonniers Konsthall a Albert Bonniers Förlag, Stockholm 2007, 384 s. (angl./švéd.).

Felix Ensslin, Ellen Blumstein (eds.), *Between Two Deaths* [Mezi dvojí smrtí], Hatje Cantz a ZKM, Karlsruhe 2007, 330 s. (angl.).

Martin Engler, *Made in Germany, Young Contemporary Art from Germany* [Vyrobeno v Německu, Současné mladé umění z Německa], Kunstverein Hannover a Sprengel Museum, Hatje Cantz, Hannover a Ostfildern 2007, 360 s. (něm./angl.).

La parola nell'arte. Ricerche d'avanguardia nel '900 dal Futurismo a oggi attraverso le collezioni del MART / The Word in Art. 20th-Century Avant-Garde Research. From Futurism to the Present Day Seen through MART's Collections [Svět umění. Zkoumání avantgardy 20. století. Od futurismu do současnosti prizmatem Martovy sbírky], Museo d'Arte Moderna e Contemporanea di Trento e Rovereto, Skira / Rizzoli International Publications Miláno 2007, 749 s. (it./angl.).

Christine Macel (ed.), *Le temps pris (Le temps de l'oeuvre, le temps à l'oeuvre)* [Strávený čas (Čas díla, čas v díle)], Musée National d'Art Moderne, Centre Georges Pompidou, Monografik éditions, Paříž 2008, 184 s. (fr.).

Judith Schwarzbart, Solvej Helweg Ovesen, Charlotte Bagger Brandt (eds.), *U-TURN 2008, Quadrennial for Contemporary Art* [Kvadrienále současného umění], U-TURN, Kodaň 2008 (angl.).

Gabrielle Cram, Daniela Zyman (eds.), *Other than Yourself: An Investigation between Inner and Outer Space* [Někdo jiný než ty: průzkum mezi vnitřním a vnějším prostorem], Thyssen-Bornemisza Art Contemporary a Distributed Art Pub Incorporated, Vídeň 2008, 144 s. (angl.).

František Kowolowski (ed.), *Formáty transformace 89—09, Sedm pohledů na českou a slovenskou identitu*, Dům umění města Brna, Brno 2009, 268 s. (čes./angl.).

Miroslav Vojtěchovský, Jaroslav Vostrý (eds.), *Obraz a příběh — Scéničnost ve výtvarném a dramatickém umění*, Akademie muzických umění — Divadelní fakulta a KANT, Praha 2009, 308 s.

Christian Rattemeyer, Shipley Miller (eds.), *Compass in Hand: Selections from The Judith Rothschild Foundation Contemporary Drawings Collection* [Kompas v ruce: Výběr ze sbírky současné kresby Nadace Judith Rothschild], Museum of Modern Art, New York 2009, 304 s. (angl.).

Joanna Mytkowska, *Les promesses du passé: une histoire discontinue de l'art dans l'ex-Europe de l'Est: Centre Pompidou* [Sliby minulosti: přerušená historie umění v bývalé východní Evropě], Galerie Sud et Espace 315, Centre Georges Pompidou, Paříž 2010, 255 s. (fr.).

Karel Císař (ed.), *Věci, o kterých s nikým nemluvím, Současné české umění. Bienále Zvon 2005/08*, Agite/Fra, Praha 2010, 272 s.

Heinrich Dunst, Walter Pamminger, *Riss/Lücke/Scharnier A — Rift / Gap / Hinge A* [Prasklina / mezera / pant A], Galerie nächst St. Stephan, Vídeň, a Scheidegger & Spiess, Curych 2010, 228 s. (něm./angl.).

Iara Boubnova, Stefania Batoeva, *Photo I, Photo You* [Fotografie já, fotografie ty], Calvert 22, Londýn 2010, 31 s. (angl.).

Matthew Higgs (ed.), *At Home / Not at Home, Works from the Collection of Martin a Rebecca Eisenberg* [Doma / Mimo domov, Díla ze sbírky Martina a Rebeky Eisenbergových], CCS Bard, Bard College, New York 2010, 168 s. (angl.)

Alena Krkošková (ed.), *66. bulletin Moravské galerie v Brně*, Moravská galerie v Brně, Brno 2010, 192 s. (čes./angl.).

Reetta Haarajoki (ed.), *Alice in Wonderland*, Logomo / Turku, The Finnish Museum of Photography, Helsinky 2011, 180 s. (angl./švéd./fin.).

Christopher Eamon (ed.), *Rearview Mirror, New Art from Central & Eastern Europe* [Zpětné zrcátko, nové umění ze střední a východní Evropy], The Power Plant / Art Gallery of Alberta, Alberta 2011, 99 s. (angl.).

Luca Cerizza, Hannah Mathews (eds.), *Power to the People: Contemporary Conceptualism and the Object in Art* [Moc lidu: Současný konceptualismus a objekt v umění], Australian Center for Contemporary Art, Melbourne, 2011, 48 s. (angl.).

Karolína Jirkalová, *Pořád něco: rozhovory s umělci*, Ambit Media, Praha 2013, 137 s.

Christine Macel (ed.), Time Taken (The Work of Time in the Work of Art) [Strávený čas (Čas díla, čas v díle)], Musée National d'Art Moderne, Centre Georges Pompidou, Monografik éditions, Paříž 2014, 200 s. (angl.).

Hendrik Bündge, Johan Holten (eds.), *Nach dem frühen Tod / After an Early Death* [Po brzké smrti], Staatliche Kunsthalle Baden-Baden, Walther König Verlag, Baden-Baden, 2015, 216 s. (něm./angl.).

Periodika: články, eseje, recenze

Lenka Lindaurová, „BJ, nové tváře", *Umělec*, č. 2/1998, s. 16—17.

Lenka Lindaurová, „Pohled vzhůru", *Umělec*, č. 2/1999, s. 24.

David Kulhánek, „Ján Mančuška je do konce května v Detailu", *Bazar*, 1. červenec 1999.

Lenka Lindaurová, Vladan Šír, „Současní umělci se nevymezují generačně", rozhovor, *Umělec*, č. 4/1999, s. 30—31 (čes./angl.).

Simona Hladíková, „3+1", *Ateliér*, č. 14—15/1999, s. 4.

Monika Čermáková, „Starter & Sorter vystavuje 3+1", *MF Dnes*, 17. duben 1999, s. 4.

Vít Havránek, „Kutilství na vzestupu / DIY On the Rise", *Umělec*, č. 1/2001, s. 91 (čes./angl.).

Cotter Holland, „Art in Review; Pass me the Butterfly" [Podej mi motýla], *The New York Times*. 9. srpen 2002, s. E33 (angl.).

Ana Finel-Honigman, „Pass me the Butterfly" [Podej mi motýla], *Time Out New York*, 12. září 2002, s. 12 (angl.).

David Cohen, „Arts and Letters" [Umění a písmena], *The New York Sun*, září 2002, http://www.nysun.com/arts/chorus-of-yes-in-homage-to-the-king-of-no-no-no/38471/, citováno 11. února 2015 (angl.).

Tim Gilman, Františka Ševčík, „Ján Mančuška @ Špála Gallery", *Flash Art International*, č. 223/2002, s. 47 (angl.).

David Kulhánek, „Řekni, kde kritici jsou? (Rozhovor s Jánem Mančuškou)", *Umělec*, č. 1/2002, s. 14—19.

David Kulhánek, „Hájíme stanoviska ve světě již dávno běžná", *Lidové noviny*, 17. leden 2002, s. 27.

Martina Pachmanová, „O hledání vzorců a funkce myšlení aneb Od sunaru až na konec světa", *Labyrint Revue*, č. 11—12/2002, s. 98—107.

Jiří Ptáček, Arlene Tucker, „Tenká česká linie", *Umělec*, č. 3/2003, http://divus.cc/praha/cs/article/thin-czech-line, citováno 11. února 2015 (angl./čes.).

Ingrid Chu, „Čti to — Ján Mančuška v Galerii Andrew Kreps, New York", *Umělec*, č. 1/2004, s. 86—87 (angl./čes.).

Tomáš Pospiszyl, „Ján Mančuška: Od věcí k jejich významu", *Umělec*, č. 1/2004, s. 84—85 (čes./angl.).

Kim Levin, „Ján Mančuška", *The Village Voice*, 26. únor 2004, s. C46 (angl.).

Roberta Smith, „Ján Mančuška, Read it" [Ján Mančuška, Čti to], *The New York Times*, 5. březen 2004, http://www.nytimes.com/2004/03/05/arts/art-in-review-jan-mancuska-read-it.html, citováno 23. ledna 2015 (angl.).

Vít Havránek, Ján Mančuška, „Revoluce v asynchronním prostoru", *Korpus*, č. 3/2004, s. 22—23.

Magdalena Čechlovská, „Umělci se infiltrují na stránky novin", *Hospodářské noviny*, 20. květen 2004, s. 8.

Rachel Stevens, „Ján Mančuška", *Flash Art*, č. 235/2004 (angl.).

Sarah Schmerler, „Ján Mančuška at Andrew Kreps Gallery" [Ján Mančuška v Galerii Andrew Kreps], *Art in America*, č. 9—10/2004, s. 148 (angl.).

Simona Juráčková, „Ján Mančuška: Snažím se umění vrátit do muzea", *Hospodářské noviny*, 19. listopad 2004, s. 13.

Peter Kováč, „Laureát Chalupeckého ceny Ján Mančuška o avantgardě", *Právo*, 19. listopad 2004, http://www.novinky.cz/kultura/44147-laureat-chalupeckeho-ceny-jan-mancuska-o-avantgarde.html, citováno 20. února 2015.

Petr Třešňák, „Cena pro Mančušku", *Respekt*, č. 48/2004, s. 21.

Sylvie Petráková, „Žádné hodnoty nejsou navždy trvalé", *Lidové noviny*, 14. prosinec 2004, s. 9.

Peter Kováč, „Na Benátském bienále bude vystavovat Ján Mančuška", *Právo*, 20. leden 2005, http://www.novinky.cz/kultura/48074-na-benatskem-bienale-bude-vystavovat-jan-mancuska.html, citováno 20. února 2015.

Klára Kubíčková, „Na umění mě nejvíc baví pátrání po tom, co nevím", *Ateliér*, č. 1/2005, s. 6.

Jiří Ptáček, „Insider, bez insidera... — Insiders: Brno, Dům pánů z Kunštátu, 14. 12. 2004 — 30. 1. 2005; Futura, Praha, 17. 2. — 1. 5. 2005", *Umělec,* č. 1/2005, s. 90—91.

Lisa Pasquariello, „Ján Mančuška: Andrew Kreps Gallery" [Ján Mančuška: Galerie Andrew Kreps], *Artforum,* č. 10 (červen—červenec)/2005, s. 326 (angl.).

Max Henry, „Ján Mančuška, True Story" [Ján Mančuška, Pravdivý příběh], *Time Out New York*, 31. březen — 6. duben 2005, s. 63 (angl.).

Ken Johnson, „Ján Mančuška", *The New York Times*, 1. duben 2005, s. E27 (angl.).

Marie-Luise Knott, „Künstler dieser Ausgabe: Ján Mančuška" [Umělec tohoto vydání: Ján Mančuška], *Le Monde Diplomatique*, č. 7640 (duben)/2005, s. 2 (něm.).

Vít Havránek, „Very Concrete Options" [Velmi konkrétní možnosti], *Newspaper Jan Mot*, č. 48/2005, s. 2 (angl.).

Jill Luxenberg, „Three-piece ‚Labyrinths' exhibit opens at Bell Gallery" [Výstava Třídílné ‚Labyrinty' v Bell Gallery zahájena], *The Brown Daily Herald*, 21. listopad 2005, http://www.browndailyherald.com/2005/11/21/threepiece-labyrinths-exhibit-opens-at-bell-gallery/, citováno 11. února 2015 (angl.).

Brigit Rieger, „Einer Sieht Alles" [Jeden vidí vše], *Zitty*, č. 12/2005 (něm.).

Martin Seidel, „Jonas Dahlberg — Ján Mančuška, The First Minute of the Rest of a Movie" [Jonas Dahlberg — Ján Mančuška, První minuta zbytku filmu], *Kunstforum*, č. 178/2005, s. 336 (angl.).

Pavlína Morganová, „Ján Mančuška", *Artlist* — Centrum pro současné umění

Praha 2005, http://www.artlist.cz/jan-mancuska-188/, citováno 20. ledna 2015 (čes./angl.).

Sarah Schmerler, „The Last Generation" [Poslední generace], *New York Time Out*, 5. leden 2006, s. 80 (angl.).

Dominique von Burg, „Warth: 'Gott sehen' in der Kartause Ittingen" [Warth: 'Vidět Boha' v Kartause Ittingen], *Kunstbulletin* (22. duben), č. 1—2/2006, http://www.kunstbulletin.ch/router.cfm?a=060113152837AJI-17, citováno 19. ledna 2015 (něm.).

Vít Havránek, „Rozhovor s Jánem Mančuškou: Chtěl jsem se soustředit na možnosti vyprávění", *Flash Art CZ & SK Edition*, č. 1/2006, s. 42.

Tanja Widmann, „Déjà vu. The Moment of Belatedness in Contemporary Art" [Déjà vu. Moment opožděnosti v současném umění], *Springerin*, č. 1/2006, http://www.springerin.at/dyn/heft.php?id=45&pos=3&textid=1745&lang=en, citováno 16. února 2015 (angl.).

Melissa Gronlund, „Ján Mančuška: Words, cinema, stories; loneliness and heartache" [Ján Mančuška: Slova, film, příběhy; samota a zármutek], *Frieze*, č. 102/2006, s. 240 (angl.).

Ursula Badrutt Schoch, „St. Gallen: Jonas Dahlberg und Ján Mančuška in der Neuen Kunst Halle" [St. Gallen: Jonas Dahlberg a Ján Mančuška v New Art Gallery], *Kunstbulletin*, č. 5/2006, http://www.kunstbulletin.ch/router.cfm?a=0604191658030AW-18, citováno 19. ledna 2015 (něm.).

Marie Haškovcová, „Já — druhé dějství", *Ateliér*, č. 13/2006, s. 1.

Roberta Smith, „The Body, Electric, and, Yes, Videotape" [Tělo, elektrizující a, ano, videokazeta], *The New York Times*, 4. srpen 2006, http://www.nytimes.com/2006/08/04/arts/design/04naum.html?pagewanted=print & _r=0, citováno 23. ledna 2015 (angl.).

Lenka Lindaurová, „Já / Ich Onthology", *Art & Antiques*, č. 7—8/2006, s. 89. Zuzana Štefková, „Umělec pláče? Hledá sebe", *HN, ihned.cz*, 8. srpen 2006, http://archiv.ihned.cz/c1-19046060-umelec-place-hleda-sebe, citováno 16. února 2015.

David Cohen, „A Chorus of ‚Yes' in Homage to the King of ‚No, No, No'" [Sbor 'ano' k poctě králi 'ne, ne, ne'], *New York Sun*, 14. srpen 2006, http://www.nysun.com/arts/chorus-of-yes-in-homage-to-the-king-of-no-no-no/38471/, citováno 23. ledna 2015 (angl.).

Anne-Kathrin Auel, „Kassel: 'undo redo' in der Kunsthalle Fridericianum" [Kassel: 'zpět a znovu' v Kunsthalle Fridericianum], *Kunstbulletin*, č. 9/2006, http://www.kunstbulletin.ch/router.cfm?a=060816161759FT7-32, citováno 19. ledna 2015 (něm.).

Jiří Machalický, „Já. Rozhraní médií a generací", *Flash Art CZ/SK*, č. 9—10/2006, s. 52—53.

Václav Magid, „Druhé dějství", *A2*, č. 30/2006, s. 8.

Jens Hinrichsen, „Stilblütenmöbel" [Nábytkový špeky], *Tagesspiegel*, 21. duben 2007, http://www.tagesspiegel.de/kultur/stilbluetenmoebel/837246.html, citováno 19. ledna 2015 (něm.).

Jan Habrman, „Přednáška Jána Mančušky na AVU", *DigiLab AVU*, 16. květen 2007, http://dl.avu.cz/lang/en-us/2007/05/jan-mancuska/, citováno 19. ledna 2015.

Katharina Domokosch, Felicity Grobien, „Co máme společného", *Displayer, Austellungsdesign und kuratorische Praxis*, Staatliche Hochschule für Gestaltung Karlsruhe, č. 2/2007, http://www.tranzitdisplay.cz/sites/default/files/JM_Displayer_ČES.pdf, citováno 19. ledna 2015.

Tomáš Pospiszyl, „Trojí reflexe Jána Mančušky", *Cinepur*, č. 52/2007, s. 13—15.

Michael Hübl, „Between Two Deaths" [Mezi dvojí smrtí], *Frieze*, č. 109/2007, http://www.frieze.com/issue/review/between_two_deaths/, citováno 11. února 2015 (angl.).

Francesco Stocchi, „Critics Picks, Ján Mančuška at westlondonprojects" [Výběr kritiků, Ján Mančuška ve wetlondonprojects], *Artforum International Online*, č. 12/2007, http://artforum.com/archive/id=19033, citováno 19. ledna 2015 (angl.).

David Kořínek, „Ján Mančuška", *ČT2, Kultura.cz*, záznam televizního programu, Česká televize, Centrum publicistiky a dokumentu, 20. leden 2008, http://www.ceskatelevize.cz/porady/1183619616-kultura-cz/208562228000023/video/, citováno 19. ledna 2015.

Hans-Dieter Franz, „Peter Friedl — Working, Ján Mančuška" [Peter Friedl — Práce, Ján Mančuška], *Kunstforum*, (březen—duben)/2008 (angl.).

Eva Scharrer, „Konstruktionen von Identität und Wahrnehmung, Ján Mančuška in der Kunsthalle Basel" [Konstrukce identity a vnímání, Ján Mančuška v Kunsthalle Basel], *Kunstbulletin*, č. 4/2008, s. 29—35 (něm.).

Eva Scharrer, „Ján Mančuška: Kunsthalle Basel", *Artforum*, č. 5/2008, s. 396 (angl.).

Martina Buláková, „Mančuškův sloup a jeho stín", *MF Dnes*, 4. červenec 2008, s. D4.

Ján Mančuška, „Jiří Kovanda (rozhovor)", *Frieze*, č. 113/2008, s. 146—149 (angl.).

Magdaléna Platzová, „Mám rád lidi, kteří to pročísnou", *Respekt*, č. 31/2008, s. 42—45.

Martina Schneiderová, „Ján Mančuška za zrcadlem", *Literární noviny*, č. 37/2008, s. 13.

Jiří Machalický, „Přirozené návaznosti", *Lidové noviny*, 25. červenec 2008, s. 14.

Jan H. Vitvar, „Kam si člověk nevidí",
Respekt, č. 29/2008, s. 52.

Martina Faltýnová, „Ján Mančuška v galerii
Tranzitdisplay. Svět není jen jeden", *Týden,*
21. červenec 2008, http://www.tyden.
cz/rubriky/kultura/vytvarne-umeni/
jan-mancuska-v-galerii-tranzitdisplay-
svet-neni-jen-jeden_71686.html#.VT5o_
hcQS1k, citováno 20. února 2015.

Magdalena Čechlovská, „Mančuška
ukazuje tvář, na kterou si nevidí",
Hospodářské noviny, 7. srpen 2008, s. 6.

Jan Skřivánek, Karolína Jirkalová,
„Před vernisáží: S Jánem Mančuškou
o vlastní identitě, spolupráci napříč
obory a krátkých okamžicích, kdy je
umění skutečně živé", *Art & Antiques,*
č. 7—8/2008, s. 28—35.

Linda Mezrová, „Jihozápadní sloup
a jeho stín na začátku novely", *Ateliér,*
č. 16—17/2008, s. 7.

Roberta Smith, „Ján Mančuška", *New York
Times,* 9. leden 2009 (angl.).

Laura McLean-Ferris, „Artist in
Residence: Ján Mančuška" [Umělec na
residenci: Ján Mančuška], *Art Review
online,* 2. březen 2009, http://4art.com/
profiles/blogs/artist-in-residence-jan,
citováno 16. února 2015 (angl.).

Fionn Meade, „Ján Mančuška at Andrew
Kreps Gallery" [Ján Mančuška v Galerii
Andrew Kreps], *Artforum,* č. 7/2009,
s. 243—244 (angl.).

Coburn Tyler, „Ján Mančuška", *Art
Review,* č. 3/2009, s. 131 (angl.).

Klára Kubíčková, „New York je úspěch.
Ale nic nezaručuje", *MF Dnes,*
2. květen 2009, s. D10.

Václav Magid, „Mám ambici dostat se
k porozumění", *Sešit pro umění, teorii
a příbuzné zóny,* č. 6—7/2009, s. 169—176.

Vít Havránek, „Ján Mančuška. Svoboda
existuje pouze v okamžiku svého zrodu",

Flash Art (Czech & Slovak Edition),
č. 15/2010, s. 32—35.

Ján Mančuška, „Inscenovaná realita",
Flash Art (Czech & Slovak Edition),
č. 15/2010, s. 28—31.

Veronika Dospělová, „Tyjátr — hra
pozpátku", *ČR Radio Wave,* 8. únor 2010,
http://www.rozhlas.cz/radiowave/
kultura/_zprava/691858, citováno
20. ledna 2015.

Jana Machalická, „Chci ukázat, proč
se obklopujeme fikcí", *Lidové noviny,*
4. únor 2010, s. 9.

Tomáš Pospiszyl, „Mančuška ve světě za
zrcadlem", *Lidové noviny,* 16. únor 2010,
s. 9.

Nina Vangeli, „Nejdřív je děkovačka, ale za
co?", *Hospodářské noviny,* 16. únor 2010,
s. 13.

Tomáš Kůs, „Rafinovaná Hra pozpátku",
PragueOut.cz, 16. únor 2010, http://
www.pragueout.cz/divadlo/articles/
jan-mancuska-hra-pozpatku, citováno
16. února 2015.

Vladimír Hulec, „Hra pozpátku: Divadlo
jako deskriptivní geometrie", *E15,*
19. únor 2010, s. 22.

Vít Havránek, „Ján Mančuška, Homo
Politicus", *Flash Art (International
Edition),* č. 274/2010, s. 100—105 (angl.).

Kateřina Farná, „Ján Mančuška: Produkci
přicházející ze škol chybí radikalita",
Právo — Salon, 24. říjen 2010, s. S8.

Sam Williams, „A Chat with… Ján Mančuška"
[Povídání s… Jánem Mančuškou],
ExBerliner, č. 85/2010, s. 33 (angl.).

Astrid Mania, „Sinnzerstörender
Niederschlag" [Déšť ničící smysl],
ArtNet, 26. červenec 2010 (něm.).

David Ulrichs, „Everything That
Really Is, but Has Been Forgotten"
[Všechno, co skutečně je, ale bylo

zapomenuto], *ArtInfo / Modern Painters,*
1. červenec 2010 (angl.).

Radio Wave, „Výtvarník, performer
a režisér Ján Mančuška", záznam
rozhovoru, *ČR Radio Wave,* 16. únor 2010,
http://www.rozhlas.cz/radiowave/
kultura/_zprava/695598, citováno
20. ledna 2015.

Vladimír Hulec, „Co může být pravdivější
než nahé slovo v pohybu?", *Divadelní
noviny,* 20. duben 2010, http://www.
divadelni-noviny.cz/co-muze-byt-
pravdivejsi-nez-nahe-slovo-v-
pohybu, citováno 23. ledna 2015.

Matthew S. Witkovsky, „Rearview Mirror"
[Zpětné zrcátko], *Artforum,* květen 2011
(angl.).

Michael H. Miller, „Ján Mančuška
1972—2011", *New York Observer,*
8. červenec 2011, http://observer.
com/2011/07/jan-mancuska-1972-2011/,
citováno 23. ledna 2015 (angl.).

Timothée Chaillou, „Les amis de mes
amis sont mes amis, Hommage à Ján
Mančuška" [Přátelé mých přátel jsou mými
přáteli, Pocta Jánu Mančuškovi], *Frieze,*
září 2011, http://www.frieze.com/shows/
review/les-amis-de-mes-amis-sont-
mes-amis-hommage-a-jan-mancuska/,
citováno 7. února 2015 (fr.).

Sylva Poláková, „Radikálnost uměleckého
gesta: s Jánem Mančuškou o povaze
médií a změnách hlediska", *A2,* č. 9/2011,
s. 24—25.

Anne Lehut, „Les amis de mes amis sont
mes amis, Hommage à Ján Mančuška"
[Přátelé mých přátel jsou mými přáteli,
Pocta Jánu Mančuškovi], *Paris Art
online,* září 2011, http://www.paris-art.
com/marche-art/les-amis-de-mes-
amis-sont-mes-amis-hommage-a-
j%C3%A1n-man & 269;u%C5%A1ka/
laurent-montaron-roman-
ond%C3%A1k/7564.html#haut, citováno
7. února 2015 (fr.).

Tomáš Vaněk, „Tato věta, Ján Mančuška
7. 4. 1972 — 1. 7. 2011", *Art & Antiques,*
č. 12/2011, s. 56.

Vít Havránek, „A Constantly Re-Beginning
Movement that One Can Never Become
an Institution" [Neustále znovuzačínající
pohyb, díky němuž se nemůžeme stát
institucí], *Ján Mančuška* (noviny), Ján
Mančuška dědicové, Meyer Riegger
Berlin/Karlsruhe a Galerie Andrew Kreps,
New York, 2013, s. 4—7 (angl.).

Rachel Mason, „A Message for Ján
Mančuška" [Vzkaz pro Jána Mančušku],
Huffington Post, 28. březen 2013,
http://www.huffingtonpost.com/
rachel-mason/a-message-for-jan-
mancuska_b_2952164.html, citováno
23. ledna 2015 (angl.).

Moritz Scheper, „Ján Mančuška",
Frieze, č. 19/2015, s. 128—129 (angl.).

Ján Mančuška
First Inventory

This is the 11ᵗʰ volume of the "tranzit series", focusing on Central and Eastern European artists (edited by Vít Havránek, editorial coordination by Lionel Bovier).

Editor: Vít Havránek

Authors: Ingrid Chu, Karel Císař, Guillaume Désanges, Displayer (Katharina Domokosch, Felicity Grobien), Melissa Gronlund, Vít Havránek, Magdalena Juříková, Jiří Kovanda, Václav Magid, Christine Macel, Laura McLean-Ferris, Fionn Meade, Jana Machalická, Ján Mančuška, Lisa Pasquariello, Sylvie Petráková, Sylva Poláková, Tomáš Pospiszyl, Eva Scharrer

Redaction and editorial coordination: Věra Krejčová
Ján Mančuška Estate Archive: Julia Hölz
List of exhibition and bibliography: Věra Krejčová, Hana Sládková
List of Ján Mančuška's works, Prague: Markéta Stará Condeixa, Markéta Magidová

Translation: Jana Chartier, Pavel Černovský, Barbara Day, John Comer, Simon Pleasance, Stephan von Pohl, Martin Pokorný, Phil Jones, Dušan Špitálský

Proofreading: Věra Becková, John Comer, Phil Jones, Tereza Majerová, Dana Mikulejská, Lukas Haller

Graphic design: Adéla Svobodová

Graphs (reconstruction of wall drawings): Matěj Al-Ali, Venuše Tesnerová, Dominik Hejtmánek

Photographs: Ján Mančuška Archive and David Brandt, Uwe Brodmann, Radek Brousil, Michaela Dvořáková, Achim Kukulies, Claus Langer, Štěpán Pech, Gianni Plescia, Martin Polák, Stefan Rohner, Gert Jan van Rooij, Uwe Walter

Prepress photo editing: Radek Typovský (studio Marvil, s.r.o.)

Printer: Helbich, a.s.

First edition: Prague 2015

Published by Prague City Gallery, JRP|Ringier, tranzit.cz

© all authors of the texts, photographs, for the image reproductions Ján Mančuška Estate, tranzit.cz 2015

Wherever ownership of an artwork is not specified, such works belong to the Ján Mančuška Estate represented by Andrew Kreps Gallery, New York and Meyer Riegger Berlin/Karlsruhe. In the case of limited edition works, only the current owners are specified.

All works are courtesy Ján Mancuška Estate, Andrew Kreps Gallery, New York and Meyer Riegger Berlin/Karlsruhe except: Jonas Dahlberg / Ján Mančuška, *The First Minute of the Rest of a Movie*, 2005; *Cinema 1*, 2005; *Shadow*, 2005. Courtesy Jonas Dahlberg; Galerie Nordenhake, Stockholm/Berlin; Ján Mančuška Estate, Meyer Riegger Berlin/Karlsruhe and Andrew Kreps Gallery, New York

ISBN: 978-3-03764-443-0 (JRP|Ringier)
ISBN: 978-80-87259-32-0 (tranzit.cz)

We are especially grateful to the following for their advice and support: Sandra Baborovská, Zbyněk Baladrán, Ondřej Chrobák, Juraj Čarný, Jonas Dahlberg, Anna Himmelsbach, Anna Hrabáková, Michaela Ivaniškinová, Lawren Joyce, Andrew Kreps, Karolína Kunešová, Ivan Mečl, Jochen Meyer, Liz Mulholland, Terezie Nekvindová, Boris Ondreička, Jaromír Pesser, Marek Pokorný, Tomáš Pospiszyl, Christian Rattemeyer, Kasia Redzisz, Thomas Riegger, Jan Skřivánek, Adam Szymczyk, Maria Tanbourgi, Markéta Strnadová, Tomáš Svoboda, Sylva Svobodová, Jan Šerých, Hana Šťastná, Radek Váňa, Christina Végh, Hilke Wagner

Acknowledgments to lenders: The Richard Adam Collection; Marek Collection, Brno; Collection Thea Westreich Wagner and Ethan Wagner; Collection Andrew Kreps, New York; Collection Patricia Pericas, New York; The Museum of Modern Art, New York, The Judith Rothschild Foundation Contemporary Drawings Collection Gift, 2005; Collection Laura Steinberg and Bernardo Nadal-Ginard; Collection Jill and Peter Kraus; Collection Thyssen-Bornemisza Art Contemporary, Vienna; Piktogram, Warsaw; Collection Michel and Martine Samuel-Weis; Collection Nancy and Stanley Singer; Muzeum Sztuki, Łodz; Kontakt. The Art Collection of Erste Group and ERSTE Foundation; Meyer Riegger Berlin/Karlsruhe; Andrew Kreps Gallery, New York and to other private lenders

———————

tranzit (www.tranzit.org) is an initiative in the field of contemporary art it´s main partner is ERSTE Foundation.

The book was published with the support of the Ministry of Culture of the Czech Republic, Andrew Kreps Gallery, New York and Meyer Riegger Berlin/Karlsruhe.

———————

Also available in the same series:
Jiří Kovanda: *Actions and Installations 2005—1976*
ISBN 978-3-905829-66-2
Václav Stratil: *I´m History*
ISBN 978-3-905701-75-3
Ján Mančuška: *Absent*
ISBN 978-3-905701-76-0
Kateřina Šedá: *1977*
ISBN 978-3-905770-95-7 (JRP|Ringier)
Kateřina Šedá: *For Every Dog a Different Master*
ISBN 978-3-905825-66-2 (JRP|Ringier)
Jiří Skála: *One Family of Objects*
ISBN 978-3-03764-113-2 (JRP|Ringier)
Atlas of Transformation
ISBN 978-3-03764-147-7
Boris Ondreička: *Hi. Lo!* (JRP|Ringier)
ISBN 978-3-03764-234-4
Lukáš Jasanský, Martin Polák
ISBN 978-3-03764-312-9 (JRP|Ringier)
Zbyněk Baladrán: *The Nervous System*
ISBN 978-3-03764-342-6 (JRP|Ringier)

Distributed by JRP|Ringier
Limmatstrasse 270
CH—8005 Zurich
T +41 (0) 43 311 27 50
F +41 (0) 43 311 27 51
E info@jrp-ringier.com
www.jrp-ringier.com

JRP|Ringier publications are available internationally at selected bookstores and from the following distribution partners:

Switzerland:
AVA Verlagsauslieferung Ag
Centralweg 16
CH—8910 Affoltern a.A.
verlagsservice@ava.ch
www.ava.ch

France:
Les presses du réel
35 rue Colson
F—21000 Dijon
info@lespressesdureel.com
www.lespressesdureel.com

Germany and Austria:
Vice Versa Distribution
Immanuelkirchstrasse 12
D—10405 Berlin
info@vice-versa-distribution.com
www.vice-versa-distribution.com

UK and other European countries:
Cornerhouse Publications
HOME, 2 Tony Wilson Place
UK—Manchester M15 4FN
publications@cornerhouse.org
www.cornerhouse.org/books

USA, Canada, Asia, and Australia:
ARTBOOK|D.A.P.
155 Sixth Avenue, 2nd Floor
USA—New York, NY 10013
orders@dapinc.com
www.artbook.com

For a list of our partner bookshops or for any general questions, please contact JRP|Ringier directly at info@jrp-ringier.com, or visit our homepage www.jrp-ringier.com for further information about our program.

Ján Mančuška
První inventura

Kniha vychází jako 11. svazek knižní řady „tranzit series", zaměřující se na středo- a východoevropské umělce (editor série: Vít Havránek, nakladatelská koordinace: Lionel Bovier).

Editor: Vít Havránek

Autoři: Ingrid Chu, Karel Císař, Guillaume Désanges, Displayer (Katharina Domokosch, Felicity Grobien), Melissa Gronlund, Vít Havránek, Magdalena Juříková, Jiří Kovanda, Václav Magid, Christine Macel, Laura McLean-Ferris, Fionn Meade, Jana Machalická, Ján Mančuška, Lisa Pasquariello, Sylvie Petráková, Sylva Poláková, Tomáš Pospiszyl, Eva Scharrer

Redakce a ediční koordinace: Věra Krejčová
Archiv Ján Mančuška dědicové: Julia Hölz
Soupis výstav a bibliografie: Věra Krejčová, Hana Sládková
Soupis děl Jána Mančušky, Praha: Markéta Stará Condeixa, Markéta Magidová

Překlady: Jana Chartier, Pavel Černovský, Barbara Day, John Comer, Simon Pleasance, Stephan von Pohl, Martin Pokorný, Phil Jones, Dušan Špitálský

Jazykové korektury: Věra Becková, John Comer, Phil Jones, Tereza Majerová, Dana Mikulejská, Lukas Haller

Grafická úprava: Adéla Svobodová

Grafy (rekonstrukce nástěnných kreseb): Matěj Al-Ali, Venuše Tesnerová, Dominik Hejtmánek

Fotografie: Ján Mančuška Archive and David Brandt, Uwe Brodmann, Radek Brousil, Michaela Dvořáková, Achim Kukulies, Claus Langer, Štěpán Pech, Gianni Plescia, Martin Polák, Stefan Rohner, Gert Jan van Rooij, Uwe Walter

Předtisková úprava fotografií: Radek Typovský (studio Marvil, s.r.o.)

Tiskárna: Helbich, a.s.
První vydání, Praha 2015

Vydali Galerie hlavního města Prahy, JRP|Ringier, tranzit.cz.

© autoři textů, fotografií, obrazové reprodukce Ján Mančuška dědicové, tranzit.cz 2015

Díla bez označení majitele jsou ve vlastnictví Ján Mančuška dědicové v zastoupení Andrew Kreps Gallery a Meyer Riegger. V případě děl existujících v limitovaných edicích jsou uváděni pouze aktuální majitelé děl.

Všechna díla jsou ve vlastnictví Ján Mančuška dědicové, Galerie Andrew Kreps, New York a Meyer Riegger Berlín/Karlsruhe kromě: Jonas Dahlberg / Ján Mančuška, *První minuta zbytku filmu*, 2005; *Kino 1*, 2005; *Stín*, 2005. Vlastnictví Jonas Dahlberg; Galerie Nordenhake, Stockholm/Berlín; Ján Mančuška dědicové, Meyer Riegger Berlín/Karlsruhe a Galerie Andrew Kreps, New York

ISBN: 978-3-03764-443-0 (JRP|Ringier)
ISBN: 978-80-87259-32-0 (tranzit.cz)

Cennými radami a pomocí při přípravě této publikace přispěli: Sandra Baborovská, Zbyněk Baladrán, Ondřej Chrobák, Juraj Čarný, Jonas Dahlberg, Anna Himmelsbach, Anna Hrabáková, Michaela Ivaniškinová, Lawren Joyce, Andrew Kreps, Karolína Kunešová, Ivan Mečl, Jochen Meyer, Liz Mulholland, Terezie Nekvindová, Boris Ondreička, Jaromír Pesser, Marek Pokorný, Tomáš Pospiszyl, Christian Rattemeyer, Kasia Redzisz, Thomas Riegger, Jan Skřivánek, Adam Szymczyk, Maria Tanbourgi, Markéta Strnadová, Tomáš Svoboda, Sylva Svobodová, Jan Šerých, Hana Šťastná, Radek Váňa, Christina Végh, Hilke Wagner

Poděkování zapůjčitelům: Sbírka Richarda Adama; Sbírka Marek, Brno; Sbírka Thea Westreich Wagner a Ethan Wagner; Sbírka Andrew Kreps, New York; Sbírka Patricia Pericas, New York; The Museum of Modern Art, New York. Sbírka současné kresby, dar Nadace Judith Rothschild, 2005; Sbírka Laura Steinberg a Bernardo Nadal-Ginard; Sbírka Jill a Peter Kraus, Sbírka Thyssen-Bornemisza Art Contemporary, Vídeň; Piktogram, Varšava; Sbírka Michel a Martine Samuel-Weis; Sbírka Nancy a Stanley Singer; Muzeum Sztuki, Lodž; Kontakt. Umělecká sbírka skupiny Erste Bank a nadace ERSTE; Meyer Riegger Berlín/Karlsruhe; Galerie Andrew Kreps, New York, a dalším soukromým sběratelům

———————

tranzit (www.tranzit.org) je iniciativa v oblasti současného umění, jejímž hlavním partnerem je nadace ERSTE.

Kniha vychází s podporou Ministerstva kultury České republiky, Galerie Andrew Kreps, New York, a Meyer Riegger Berlín/Karlsruhe.

———————

V této řadě již vyšlo:
Jiří Kovanda: *Akce a instalace 2005—1976*
ISBN 80-903452-2-0
Václav Stratil: *I´m History*
ISBN 80-903452-3-9
Ján Mančuška: *Chybění*
ISBN 80-903452-5-5
Kateřina Šedá: *1977*
ISBN 80-903452-6-3 (tranzit.cz)
Kateřina Šedá: *Každej pes jiná ves*
ISBN 80-903452-9-8 (tranzit.cz)
Jiří Skála: *Jedna skupina předmětů*
ISBN 978-80-87259-04-7 (tranzit.cz)
Atlas transformace
ISBN 978-80-87259-03-0
Boris Ondreička: *Hi. Lo!*
ISBN 978-80-87259-11-5 (tranzit.cz)
Lukáš Jasanský, Martin Polák
ISBN 978-80-87259-15-3 (tranzit.cz)
Zbyněk Baladrán: *The Nervous System*
ISBN 978-80-87259-17-7 (tranzit.cz)

Distribuce JRP|Ringier
Limmatstrasse 270
CH-8047 Zurich
T +41 (0) 43 311 27 50
F +41 (0) 43 311 27 51
E info@jrp-ringier.com
www.jrp-ringier.com

Publikace JRP|Ringier jsou v zahraničí dostupné ve vybraných knihkupectvích a u následujících distribučních partnerů:

Švýcarsko:
AVA Verlagsauslieferung AG
Centralweg 16
CH-8910 Affoltern a.A.
verlagsservice@ava.ch
www.ava.ch

Francie:
Les presses du réel
35 rue Colson
F—21000 Dijon
info@lespressesdureel.com
www.lespressesdureel.com

Německo a Rakousko:
Vice Versa Distribution
Immanuelkirchstrasse 12
D—10405 Berlin
info@vice-versa-distribution.com
www.vice-versa-distribution.com

Velká Británie a ostatní evropské země:
Cornerhouse Publications
HOME, 2 Tony Wilson Place
UK—Manchester M15 4FN
publications@cornerhouse.org
www.cornerhouse.org/books

USA, Kanada, Asie a Austrálie:
ARTBOOK|D.A.P.
155 Sixth Avenue, 2nd Floor
USA—New York, NY 10013
orders@dapinc.com
www.artbook.com

Seznam partnerských knihkupectví a další informace získáte na kontaktním e-mailu JRP|Ringier: info@jrp-ringier.com. Další informace o programu naleznete na adrese www.jrp-ringier.com.

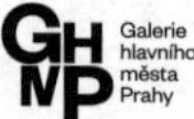

Meyer Riegger

ANDREW KREPS GALLERY

www.tranzit.org

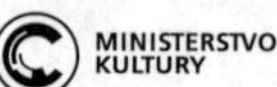